湖北省学术著作
Hubei Special Funds for Academic Publications 出版专项资金

国家社会科学基金项目“文献辨伪新探”（项目号：09BTQ015）研究成果
武汉大学研究生自主科研重点项目“顾炎武学术史研究”（项目号：2014631020203）研究成果
获得“中央高校基本科研业务费专项资金”资助

辨伪研究书系

《红杏山房闻见随笔》辨伪

王献松　著

WUHAN UNIVERSITY PRESS
武汉大学出版社

图书在版编目(CIP)数据

《红杏山房闻见随笔》辨伪/王献松著.—武汉:武汉大学出版社,2018.4
辨伪研究书系
ISBN 978-7-307-17898-4

Ⅰ.红… Ⅱ.王… Ⅲ.《红杏山房闻见随笔》—辨伪 Ⅳ.G256.22

中国版本图书馆 CIP 数据核字(2016)第 118852 号

责任编辑:韩秋婷　　责任校对:李孟潇　　版式设计:马　佳

出版发行:**武汉大学出版社**　(430072　武昌　珞珈山)
(电子邮件:cbs22@ whu. edu. cn　网址:www. wdp. com. cn)
印刷:武汉中科兴业印务有限公司
开本:787×1092　1/16　印张:32　字数:779 千字　插页:1
版次:2018 年 4 月第 1 版　2018 年 4 月第 1 次印刷
ISBN 978-7-307-17898-4　定价:89.00 元

序

司马朝军

王献松博士于2007年自河南滑县考入武汉大学国学班，我那时还在中国排名第一的武汉大学信息管理学院任文献学教席，并为全校学生开设"《四库全书》与中国文化"通识课程，他选了我的这门课，课余他非常诚恳地表示愿意跟随我学习传统学问。我见他朴实憨厚，欣然收在门下，用心调教。他一心向学，心无旁骛，进步较快。适逢我主编《文献学概论》《四库全书与中国文化》等书，他也参与其中，有所奉献。2009年我应邀撰写《续修四库全书》杂家类提要，他也承担了前期的资料搜集与部分条目的编写任务。在全国最美丽的大学校园，我们一道一级一级地登上樱顶，在老图书馆阅览室翻阅《续修四库全书总目稿本提要》，后来又辗转在文理学部图书馆、哲学学院资料室、历史学院资料室等处搜集资料。印象最深的是，在中国传统文化中心资料室里，我们将90巨册的《续修四库全书》杂家类著作摆成一条长龙，加班加点地核查原始资料。2011年，他本科毕业，就从这批撰写的提要稿中选择了九篇作为毕业论文，获得了答辩专家的好评。那年下半年，我转任中国传统文化研究中心专职研究员，同时兼任国学院经学教授，他跟随我继续在国学院读硕士研究生。不幸的是，他们这一届硕士还是两年制，时间匆忙，尽管他很用功，也写出了一篇比较扎实的硕士论文——《〈子华子〉研究》，但还没有学会撰写期刊论文。2013年9月他又考取我的博士生，开始了一段艰辛的寒窗苦读。我当时对他比较严厉，敦促力度较大，他一度也感到苦闷彷徨，一连几个月独自待在学校图书馆内检索文献，反复揣摩学术八股的诀窍，精诚所至，金石为开，忽有一日，豁然开朗。见他开窍，我也欣然自得，任他跑马圈地。在他前后入门的其他几位博士生就没有这么幸运了，他们吃不了这份苦，受不了这等罪，纷纷另谋出路。后来有学生前来联系，我以"九死一生"的实况直言相告，从此门前冷落鞍马稀，只有那些"一不怕苦、二不怕死"的敢死队员才有胆量跟着我。学官们对我意见甚大，批评我管理太严，甚至扬言要追究我的责任，有的学官还假惺惺地现身说法，传授所谓的秘诀(实际上就是"害人经")，而我死不改悔，一直秉承黄焯先生的遗训："博士论文要为国争光。"我决不给任何投机分子以任何投机机会，我的迂腐被视为笑谈。但我要说的是，王献松无愧于博士的称号。我曾三度与珞珈山结缘，也曾为守护珞珈山的学统而自豪，更为培养出合格的博士而欣喜。2017 年 5 月，我特地赶回母校，邀请著名学者詹海云、谢贵安、胡治洪、张固也、徐道彬等，为王献松召开博士论文答辩，并顺利通过。于是，王献松成了我带出来的第一个博士。

这本《〈红杏山房闻见随笔〉辨伪》并不是他的博士论文，而是在写作博士论文之前的一个副产品。我起初让他以顾炎武学术为对象，展开博士论文的前期准备，他就以“顾炎武学术史研究”为题申请了武汉大学博士生自主科研重点项目。此前我为研究生举办了各种读书班，先后研读过《汉书艺文志》《子略》《四库全书简明目录》《四库全书总目》《輶轩语》《书目答问》等书目文献，尽管多多少少也有一些收获，但总的感觉是学生读书太少，功力太浅，难以深入，容易浮在面上。至此我也改弦更张，从自身阅读杂家著作的实际经验出发，开始与研究生一道研读顾炎武的代表作《日知录》。不久，王献松跟我谈到，他发现了一部伪书。我刚好获得了一个“辨伪研究书系”的重点出版项目，就让他赶紧放下手头的杂务，集中精力赶写初稿。他夜以继日，经过一番苦战，拿出了一份沉甸甸的初稿让我审阅。我表面不动声色，甚至吹毛求疵，实则欣欣然有喜色。当时他已经将相对容易的材料基本处理完毕，但还有将近 200 条比较复杂的材料没有查明抄袭来源，我传授了一些检索技巧，让他进一步扩大搜索范围，翻阅相关的文献典籍。他又经历了一番“上穷碧落下黄泉”的辛苦爬梳，最后只剩下 6 条没有查明来源，可以说是很好地完成了文献探源工作。这“第一桶金”对于一个当时尚未毕业的博士生无疑是一份值得庆贺的成果。

《红杏山房闻见随笔》是一部按内容进行分类的学术笔记，全书共 908 条，分经训、读史、解字、舆地、时序、格致、称谓、医药、仙佛、人才、忠孝、巾帼、词翰、学校、选举、职官、葬祭、谈苑、术数、宝玩、怪异、鸟兽虫鱼、草木花果、外域二十四类，内容涉及传统社会生活的各个方面。对这样一部内容纷繁复杂的著作进行文献辨伪工作，无疑对研究者的知识积累和学术训练提出了很高的要求。但王献松博士的这本《〈红杏山房闻见随笔〉辨伪》，基本上很好地完成了这一任务。具体而言，该书主要有以下特点：

第一，追根溯源，考察抄袭来源。在文献辨伪之中，考察文献的抄袭来源是一种最基本的方法，这也是作者运用的主要方法。在全书 908 条中，作者除 6 条(占 0. 66%)未考察到抄袭来源外，其他 902 条(99. 34%)均考察出其文献来源，完全可以判定《红杏山房闻见随笔》的伪书性质。在具体的条目中，作者先列其抄袭来源，以与原书条目相对照，并以按语形式描述其增删改窜情况，逐条展现《红杏山房闻见随笔》的作伪细节，很好地完成了文献探源的工作。

第二，定性定量，分析作伪情况。除对全书条目进行文献来源考察之外，作者在前言部分还从定性、定量方面，对抄袭来源的文献数量、抄袭是否交代文献来源以及抄袭文献的频次作了分类和统计，从整体上展示了《红杏山房闻见随笔》的主要作伪情况：就具体某一条目而言，它以抄袭某一部书中的条目为主(占 95. 594%)，而且大部分条目都隐匿文献来源(占 94. 493%)，在抄袭所涉及的著作中，又以抄袭顾炎武《日知录》、王应麟《困学纪闻》为最多(共 271 条，占 29. 946%)。

第三，总结归纳，指明作伪特点。作者在对抄袭来源所涉文献进行总结时，还进一步归纳了《红杏山房闻见随笔》“连续抄录同一文献”和“抄录丛书”的作伪特点。其中《红杏山房闻见随笔》“抄录丛书”涉及著作共 54 种，条目凡 491 条，占全部条目的一半以上：抄录《知不足斋丛书》中著作 47 种，涉及条目 422 条；抄录《说铃》中著作 4 种，涉及条目

22 条；抄录《陆云士杂著》中著作 3 种，涉及条目 47 条。可以说，《红杏山房闻见随笔》有 80%以上条目，来源于《日知录》《困学纪闻》《知不足斋丛书》《说铃》《陆云士杂著》5 部著作。

2009 年我获得国家社科基金项目“文献辨伪的集成与创新”，2015 年课题结项，当时此书也是其中的一部分。我自 1999 年开始引发辨伪兴趣，经过近 20 年的探索，完成了一系列文献辨伪学的论著，成为辨伪专业户。有道是：“十年树木，百年树人。”我们所从事的专业乃是绝学冷门，成才率极低，学生之中唯有献松君有所发现，有所推进。捧读此书，喜不自胜。顾炎武以“博学于文，行己有耻”自勉，我们研治顾学，也当以此八字交相勉励。献松君今当而立之年，年富力强，博士毕业后入职教育部人文社科重点研究基地安徽大学徽学研究中心从事科研工作，自当再接再厉，戒骄戒躁，勇猛精进。

2018 年 4 月 18 日序于上海文淙阁

目　　录

《红杏山房闻见随笔》真伪考(代前言)

一、问题之提出

《红杏山房闻见随笔》，清末卢秉钧撰。秉钧，字辅臣，四川屏山县人。其生卒年不详。据书前光绪十六年(1890)卢氏所撰《红杏山房闻见随笔小引》(后文简称《小引》)称："年迈神倦，每每过而辄忘。"①则此书成于晚年。其生平事迹可考者有：卢秉钧曾于光绪二年(1876)重新校刻《增订汉魏丛书》。

《红杏山房闻见随笔》(后文简称《随笔》)有光绪十八年卢氏家塾刻本，《四库未收书辑刊》、《清代笔记小说》、《笔记小说大观》皆据以影印收录。全书共二十八卷，前二十四卷分别为经训随笔、读史随笔、解字随笔、舆地随笔、时序随笔、格致随笔、称谓随笔、医药随笔、仙佛随笔、人才随笔、忠孝随笔、巾帼随笔、词翰随笔、学校随笔、选举随笔、职官随笔、葬祭随笔、谈苑随笔、术数随笔、宝玩随笔、怪异随笔、鸟兽虫鱼随笔、草木花果随笔、外域随笔，各一卷；末四卷为补遗，卷二十五为读史、经史随笔补遗，卷二十六为舆地随笔补遗，卷二十七为解字、格致随笔补遗，卷二十八为时序、神鬼随笔补遗。每卷分若干条，每条首字顶格，此后每列低一字，无标题，共908条。

《小引》述该书编纂过程称："因思古人有笔录、笔记、随笔之举，是以不揣冒昧，聊为效颦，遂将耳目所接，有关于日用民生、文章政事者，随得而随笔之，不觉成帙，爰为随类而分次之，共得二十四种，分计二十八卷，颜之曰《红杏山房闻见随笔》。"可见，卢氏宣称该书是记录其耳闻目睹之事的随笔集。但笔者在对其逐条考察之下，却发现《随笔》中除个别叙及卢秉钧自身经历之外者，大多为卢氏抄录他书、点窜润色而成，且大多隐匿文献来源，基本可以判定该书为卢氏伪造之作。

---

① (清)卢秉钧：《红杏山房闻见随笔》，参见《四库未收书辑刊》第9辑第15册，北京出版社1997年版，第346页。下文所引《红杏山房闻见随笔》文本均依据《四库未收书辑刊》影印卢氏家塾刻本，不一一出注。

二、《随笔》作伪的定性分析

现以分类举证的方式，对卢秉钧伪造《随笔》作一定性分析，以展现其作伪的具体情况。

(一)就抄袭的文献来源而言，可分为三大类

第一，抄自某一部书(类型A)。此类情况最多，又可细分为以下三种情况：有抄自某书某一条并加润色、点窜者(A1)；有抄自某书某一条并作补充、按语者(A2)；有拼凑某书中多条并加润色、点窜者(A3)。

属于A1类型者，如卷二第29条：

> 王莽、杨坚，均以后父篡国，以不仁得之，以不仁守之，必及其世，坚、莽之谓也。而坚、莽之女，皆节妇也，为其父者，亦可以少愧矣。

卢氏此条抄自宋王应麟《困学纪闻》卷十三：“杨坚以后父篡国，亦一莽也。以不仁得之，以不仁守之，必及其世，坚之谓矣。莽、坚之女，皆节妇也，为其父者，亦少愧哉!”①王氏侧重于以王莽为参照而批评杨坚，卢氏则将王莽与杨坚平列，而其大旨相同，显系抄袭。

又如卷六第21条：

> 三代狱名不同，夏曰夏台，商曰羑里，周曰图圄。

卢氏此条抄自宋赵令畤《侯鲭录》卷四：“三王各有狱之别名，夏曰夏台，商曰羑里，周曰图圄。”②仅点窜数字而已。

又如卷九第1条：

> 老氏、释氏，皆有所偏，俱非圣人之道，然吾亦有可采焉。老氏，吾取其佳兵不祥；释氏，吾取其戒杀。

卢氏此条抄自元鲜于枢《困学斋杂录》：“‘老氏、释氏，吾有取乎?’曰：‘有。老氏，吾取其佳兵不祥；释氏，吾取其戒杀。’”③改鲜于枢问答体为陈述体，并点窜数字而成，其立论大旨全同。

又如卷十六第22条：

---

① (宋)王应麟著，(清)翁元圻等注：《全校本困学纪闻》，上海古籍出版社2008年版，第1582页。

② (宋)赵令畤：《侯鲭录》，民国十年上海古书流通处影印《知不足斋丛书》本。

③ (元)鲜于枢：《困学斋杂录》，民国十年上海古书流通处影印《知不足斋丛书》本。

汉时博士即今教官。余读《汉书》，成帝阳朔二年，诏曰："古之立太学，将以传先王之业，流化于天下也。儒林之官，四海渊源，宜皆明于古今，温故知新，通达国体，故谓之博士。否则学无述焉，为人所轻，非所以尊道德也。丞相、御史其与中二千石、二千石等官杂举可充博士者，务使卓然可观。"

卢氏此条看似为其读《汉书》而作，其实不然。此条前后数条皆抄自清顾炎武《日知录》，而此条亦见《日知录》卷十七"教官"条："汉成帝阳朔二年诏曰：'古之立太学，将以传先王之业，流化于天下也。儒林之官，四海渊源，宜皆明于古今，温故知新，通达国体，故谓之博士。否则学者无述焉，为下所轻，非所以尊道德也。丞相、御史其与中二千石、二千石，杂举可充博士位者，使卓然可观。'"①卢氏不过于文前冠以"汉时博士即今教官"一句，而顾氏此条标题及引《汉书》文字，亦自具此意，卢氏自谓"余读《汉书》"，显然是以之为自己之发现。卢氏是否核查过《汉书》不可知，但其抄袭《日知录》却是无疑。

属于 A2 类型者，如卷六第 33 条：

成都旧号龟城，父老相传东门外江岸有巨龟，大如厦屋，不易出，出则有数千百龟随之。康熙癸丑，吴藩未乱以前，曾一见之。今光绪庚辰年间，丁制宪创立机器局，改东门河内之水以为局用。修凿时，得龟数十石，悉命人送入东门外江中，始信父老之传闻不妄。此亦物理之不可解者。

卢氏此条前半部分抄自清王士禛《陇蜀余闻》："成都号龟城，父老言东门外江岸间，有巨龟，大如夏屋，不易出，出则有龟千百随之。康熙癸丑，滇藩未作逆，曾一见之。"②后半部分所记光绪年间得龟事，为卢氏补记自己闻见之事。

又如卷十三第 20 条：

"弹压山川"，见《淮南子》，可对《后汉书·党锢传》"荣华丘壑"。余幼年，先大夫常出《左传》"不及黄泉"为对，余对以"有如白水"，先大夫优奖至再，语人曰："此以郑庄誓词对晋文誓词，亦可谓的对。"

卢氏此条前半部分抄自宋吴可《藏海诗话》："弹压山川，见《淮南子》：'弹出山川，压而止之。'仆看《后汉·党锢传》'荣华丘壑'，正可为对。"③后半部分卢氏补记幼年以"有如白水"对"不及黄泉"事。然前人已有以"不及黄泉"对"有如白水"者，如宋沈括《延州谢到任表》中有"有如白水之难移，不及黄泉而弗措"④。不知卢氏所记是否属实。

---

① (清)顾炎武著，(清)黄汝成集释，栾保群校注：《日知录集释(校注本)》，浙江古籍出版社 2013 年版，第 1024 页。

② (清)王士禛：《陇蜀余闻》，参见《四库全书存目丛书》子部第 245 册，齐鲁书社 1995 年版，第 170 页。

③ (宋)吴可：《藏海诗话》，民国十年上海古书流通处影印《知不足斋丛书》本。

④ (宋)沈括：《沈括全集》，浙江大学出版社 2011 年版，第 14 页。

又如卷十八第27条：

诸书载：秦始皇遣徐福入海，求一寸之桑葚，海有扶桑树，长千丈，两根同生，更相依倚，是名扶桑。仙人食其葚，而体作金光，飞腾元宫。余按：扶桑，即今海中扶桑岛，在日本国界内，由燕台乘轮船，不过三昼夜余即可到。上年，余在燕台，曾访问一冯通司者，伊曾到二次，并未见有桑葚。伊又云："古人言日出扶桑，系摹拟之词。今在扶桑观日出处，不知相隔几千里矣。"

卢氏此条前半段抄自南朝梁孝元帝萧绎《金楼子》卷五："秦王遣徐福求桑椹于碧海之中。海中止有扶桑树，长数千丈，树两根同生，更相依倚，是名扶桑。仙人食其椹，而体作金光，飞腾元宫也。"①"余按"以下为卢氏补充其于燕台(即今烟台)经历之事。

属于A3类型者，如卷二十第43条：

今民间输官之物皆用银，而谓之"钱粮"。盖承宋代之名，以当时上下皆用钱也。按《周官·太宰》："以九赋敛财贿。"注："财贿，泉谷也。"又曰："赋口率出泉也。"泉即古钱字。《荀子》言："厚刀布之敛，以夺之财。"言泉刀货布皆钱也。而汉律有口算。每人出口算钱百二十文，故谓之赋口。是则以钱为赋，自汉以上古已有之，至唐初改为租出谷、庸出绢、调出缯布，尚未用钱。自两税法行，遂以钱为正供。

卢氏此条抄自清顾炎武《日知录》卷十一"银"、"以钱为赋"两条。"银"条："今民间输官之物皆用银，而犹谓之'钱粮'。盖承宋代之名，当时上下皆用钱也。"②"以钱为赋"条："《周官·太宰》'以九赋敛财贿'，注：'财，泉(古钱字)谷也。'又曰：'赋口率出泉也。'《荀子》言：'厚刀布之敛，以夺之财。'而汉律有口算。(《孝惠纪》注：汉律，人出一算，算百二十钱。)此则以钱为赋，自古有之，而不出于田亩也。唐初，租出谷，庸出绢，调出缯布，未尝用钱。自两税法行，遂以钱为惟正之供矣。"③

第二，抄自多部书(类型B)。

属于此类型者，如卷二第26条：

世人谓：作史非具才、学、识三长，不能作。余谓读史亦然，纵无三长，亦必要稍有学识者方可读。余读《通鉴纲目》书"征嵩山处士卢鸿为谏议大夫"，误以鸿为单名，而不知为卢鸿一，取《尸子》"鸿常一"之义耳。余家谱系及《隐逸传》可考证。又萧方等注《三十国春秋》，而胡三省注《纲鉴》去"等"字书为"萧方"，而不知其弟兄有萧方诸、萧方等名目，误以"等"字为公共字眼，亦不学之故。又《唐会要》：开元二

① (梁)萧绎：《金楼子》，民国十年上海古书流通处影印《知不足斋丛书》本。

② (清)顾炎武著，(清)黄汝成集释，栾保群校注：《日知录集释(校注本)》，浙江古籍出版社2013年版，第654页。

③ (清)顾炎武著，(清)黄汝成集释，栾保群校注：《日知录集释(校注本)》，浙江古籍出版社2013年版，第659~660页。

十九年冬十月，凝霜封树，当时儒臣谓《春秋》“时雨水冰”即此，亦名“树介”，言其象介胄也。宁王见而叹曰：“此树架也。谚云：‘现树架，达官怕。’必有大臣当之，吾其死矣。”而《新唐书·五行志》作为“树介”，《旧唐书》直误为“树稼”，失之远矣。

卢氏此条前半部分抄自明胡应麟《少室山房笔丛》甲部《丹铅新录》三“萧方等”、“卢鸿一”两条。“萧方等”条：“佛氏有《方等经》，犹云平等世界也，故萧氏取为名。方等尝著《三十国春秋》，胡三省注《通鉴》不知此义，‘萧方’下去一‘等’字，似今人云某人等之‘等’，而不思方等之弟名方诸、方知可证乎。亦犹《纲目》不知卢鸿一为双名，而去一字为卢鸿也。”①“卢鸿一”条：“唐人有卢鸿一，隐于嵩山，其名鸿一者，《尸子》云：‘鸿飞天首，高远难明，楚人以为凫，越人以为乙，鸿常一尔。’《通鉴纲目》书：‘征嵩山处士卢鸿为谏议大夫，不受。’‘鸿’下脱‘一’字，盖误以鸿为单名而削去‘一’字也。”②后半部分记“树稼”事，抄自宋费衮《梁溪漫志》卷八“树稼、灵佺误”：“《唐会要》：开元二十九年冬十月，京城寒甚，凝霜封树。学者以为《春秋》‘雨水冰’即是，亦名‘树介’，言其象介胄也。宁王见而叹曰：‘此所谓树架者也。谚云：‘树架，达官怕。’必有大臣当之，吾其死矣！’《新唐书·五行志》记永徽年凝冻封树，引刘向语，亦谓之‘树介’。而《旧唐书》作‘树稼’。”③

第三，见于多书，未能确定具体抄自何书(类型 C)。

属于此类型者，如卷三第 18 条：

世传：壹贰叁肆伍陆柒捌玖拾陌阡等字，始于明洪武初，刑部尚书开济创之，而不知非也，然余阅宋边实所撰《昆山县志》前已有此等字。盖钱谷之数，进出太烦，积分厘皆成巨款，若用本字，则奸胥滑吏，可以从中盗改，故易以壹贰叁肆等字，以关防之，则笔画多而难改。文章中则非所宜用也。

明陈绛《金罍子》、清赵吉士《寄园寄所寄》均载此事，《金罍子》下篇卷四：“《菽园杂记》：‘壹贰叁肆伍陆柒捌玖拾阡陌等字，相传始于国初刑部尚书开济。然宋边实《昆山志》已有之。盖钱谷之数，用本字则奸人得以盗改，故易此以关防之。’文章中非所宜用也。”④又《寄园寄所寄》卷七：“壹贰叁肆伍陆柒捌玖拾阡陌等字，相传始于明初刑部尚书开济。然宋边实《昆山志》已有之。盖钱谷之数，用本字则奸人得以盗改，故易此以关防之耳。文章中非所宜用也。”⑤(《稗史》)二者所记大致相同，未能确定抄自何书。

又如卷十八第 9 条：

---

① (明)胡应麟:《少室山房笔丛》，上海书店出版社 2001 年版，第 78~79 页。

② (明)胡应麟:《少室山房笔丛》，上海书店出版社 2001 年版，第 79 页。

③ (宋)费衮:《梁溪漫志》，民国十年上海古书流通处影印《知不足斋丛书》本。

④ (明)陈绛:《金罍子》，参见《四库全书存目丛书》子部第 84 册，齐鲁书社 1995 年版，第 288 页。

⑤ (清)赵吉士:《寄园寄所寄》，黄山书社 2008 年版，第 521 页。

唐宣宗封郑光妾为夫人，光辞表云："白屋同愁，已失凤鸣之侣；朱门自乐，难容乌合之人。"

宋赵令畤《侯鲭录》、王谠《唐语林》均载此事，《侯鲭录》卷六："唐宣宗舅郑光镇河中，上封其妾为夫人，不受，表辞曰：'白屋同愁，已失凤鸣之侣；朱门自乐，难容乌合之人。'"①又《唐语林》卷三："宣宗舅郑仆射光，镇河中。封其妾为夫人，不受，表曰：'白屋同愁，已失凤鸣之侣；朱门自乐，难容乌合之人。'"②未能确定抄自何书。

(二)就抄袭时是否交代文献来源而言，可分为三类

第一，完全隐匿文献来源(类型X)。卢氏完全隐匿文献来源的条目极多，这也是笔者判定《随笔》为伪作的依据。上文所举例证中，均属此类，兹不赘述。

第二，隐匿文献来源而留下线索(类型Y)。属于此类型者，如卷十一第18条：

王深宁谓：申包胥与张子房相似，如同一人。楚破矣，请秦师以却吴；韩亡矣，借汉兵以灭秦。其相似一也。入郢之仇未报，则使越，而为之谋以灭吴；韩王成之仇未报，则从汉，为之谋以灭项。其相似二也。楚君既入而逃赏，汉业既成而谢事。其相似三也。自夏靡而后，忠之盛者，其惟二子而已。然楚国复兴，而韩祀不续，天也，子房之志伸矣。我思古人，其后惟诸葛武侯可以继之。何太史公与伍员立传，不传申包胥？非所以劝忠也。余按：靡系夏遗臣，奔于有鬲氏，收二国之烬以灭浞，而立少康。故真文忠公谓：靡忠于王室，世鲜传者。

此条看似卢氏引述王应麟观点之后，并加按语考证。其实，卢氏引述语及按语均抄自王应麟《困学纪闻》。《困学纪闻》卷六："申包胥似张子房，天下士也。楚破矣，请秦师以却吴；韩亡矣，借汉兵以灭秦。其相似一也。入郢之仇未报，则使越，为之谋以灭吴。(见《吴语》)韩王成之仇未报，则从汉，为之谋以灭项。其相似二也。楚君既入而逃赏，汉业既成而谢事。其相似三也。自夏靡之后，忠之盛者，二子而已。然楚国复兴，而韩祀不续，天也，子房之志则伸矣。我思古人，唯汉诸葛武侯可以继之，鞠躬尽力，死而后已。其志一也。……太史公传伍员而不传包胥，非所以劝忠也。"③此其引述王应麟之语。又："魏绛曰：靡自有鬲氏，收二国之烬以灭浞，而立少康。杜氏谓：靡，夏遗臣，事羿者。真文忠辩之曰：靡忠于王室如此，考其本末，乃事相，非羿也，岂有夏之忠臣而肯事羿者哉？张宣公曰：若靡可谓忠之盛者矣。"④卢氏按语即据此点窜而来。

又如卷二十第36条：

---

① (宋)赵令畤：《侯鲭录》，民国十年上海古书流通处影印《知不足斋丛书》本。

② (宋)王谠著，周勋初校证：《唐语林校证》，中华书局1987年版，第282页。

③ (宋)王应麟著，(清)翁元圻等注：《全校本困学纪闻》，上海古籍出版社2008年版，第851~852页。

④ (宋)王应麟著，(清)翁元圻等注：《全校本困学纪闻》，上海古籍出版社2008年版，第824~825页。

余读史至《晋》、《宋》、《齐》、《梁》、《陈》诸书，见人君惟得着白纱帽，余则不敢用，殊为骇异。及观萧道成诛苍梧王，王敬则手取白纱帽以加道成首，令其即位。又沈攸之召诸军士曰："我奉太后令建(议)[义]下都城，大事若克，白纱帽共着耳。"余又阅《邵氏闻见后录》载宋时范琼家藏古画甚多，内有一轴画梁武帝御容，亦戴白纱帽。审是，则王敬则、沈攸之二事为有据。

卢氏此条记《邵氏闻见后录》载范琼家藏有梁武帝画像，其实此条即抄自宋邵博《邵氏闻见后录》卷八："萧道成既诛苍梧王，王敬则手取白纱帽加道成首，令即位。沈攸之召诸军主曰：'我被太后令建义下都，大事若克，白纱帽共着耳。'盖晋、宋、齐、梁以来，惟人君得着白纱帽。家有范琼画梁武帝本，亦着白纱帽也。"①可见萧道成之事及沈攸之之语并非卢氏读史得来，而是直接抄自《闻见后录》，其"余读史至《晋》、《宋》、《齐》、《梁》、《陈》诸书，见人君惟得着白纱帽，余则不敢用，殊为骇异"一句亦点窜"盖晋、宋、齐、梁以来，惟人君得着白纱帽"而来。又卢氏并误以梁武帝画像为范琼所藏，其实该画像为范琼所画，而邵氏家藏，非范琼所藏。

又如卷二十三第 14 条：

上都长春宫库中，有核桃半个，其大如掌，至今犹在，相传为镇库之物。杨瑀到上都曾亲见之，诚希世物也。蟠桃之说，据此则果有之。又古昔时，王琮遇仙人与以核桃，其大如斗，琮携回，遇瘟疫之作，磨而服之，可以愈疾延年，此比上都尤其大者。

卢氏此条记杨瑀曾见长春宫核桃事，其实即抄自元杨瑀《山居新话》卷二："大都长春宫有桃核半个，其大如掌，至今以为常住镇库之物。余尝观之，诚希有也。蟠桃之说，宁或果有之乎？古者王琮遇仙，与桃核，大如斗，磨而服之，愈疾延年。今则未闻也。桃核扇之说，是其类耳。"②

第三，交代文献来源(类型 Z)。

属于此类型者，如卷八第 47 条：

又《赤雅》载：凡中蛊者，其方虽多，惟用三七、荸荠各五钱，研末为丸，外用白矾细茶亦五钱同煎，浓汤服之，得吐下毒物即止。然后治以解毒之药，即愈。此方较为效验。又云：中瘴气者，多失声音，谓之草子瘴。越一二时，血凝即死。治之法，用针刺头额及上唇，使出黑血，再以楮叶擦舌上，亦令出血，然后用药以解其热，应手立效，此方亦便当有验。

---

① (宋)邵博：《闻见后录》，中华书局 1983 年版，第 61 页。

② (元)杨瑀：《山居新话》，民国十年上海古书流通处影印《知不足斋丛书》本。

卢氏此条抄自明邝露《赤雅》卷上“天姬破蛊”条及卷下“症瘴”条。“天姬破蛊”条：“凡中蛊者，颜色反美于常。天姬望之而笑，必须叩头乞药。出一丸啖之，立吐奇怪。或人头蛇身，或八足六翼，如科斗子。斩之不断，焚之不燃。用白矾浇之立死，否则对时复还其家。予久客其中，习知其方，用三七末、荸荠为丸，又用白矾及细茶分为末，每服五钱，泉水调下，得吐则止。”①“症瘴”条：“中瘴失语，俗谓中草子，移时血凝立死。其法，用针刺头额及上唇，仍以楮叶擦舌，令出血，徐以药解其内热，应手立效。”②卢氏交代文献来源。

又如卷十八第22条：

> 《金楼子》云：“不鉴于镜，而鉴于人。鉴镜则只能辨形，鉴人则悉知善恶。是鉴人胜于鉴镜矣。”

卢氏此条全引南朝梁孝元帝萧绎《金楼子》，其卷四称：“古语云：不鉴于镜，而鉴于人。鉴镜则辨形，鉴人则悉知善恶。是知鉴于人胜鉴乎镜矣。”③可见卢氏删“古语云”三字，并略有改窜。

又如卷二十一第11条：

> 余读《岭外代答》云：“木兰皮国，产胡羊，高四五尺，尾大如扇，春来剖羊腹，取脂数十斤，用线再缝而活。不取，则羊以肥死。”亦异事也。

卢氏此条抄自宋周去非《岭外代答》卷三“木兰皮国”条：“木兰皮国所产极异，麦粒长二寸，瓜围六尺，米麦窖地数十年不坏，产胡羊高数尺，尾大如扇，春剖腹取脂数十斤，再缝而活。不取，则羊以肥死。”④卢氏据《岭外代答》记胡羊事，改原文“高数尺”为“高四五尺”，不知何据。

三、《随笔》作伪的定量分析

在对《随笔》作伪的类型和是否交代文献来源进行举证分析的基础上，笔者再对卢秉钧伪造《随笔》作一定量分析，以展现其作伪的整体情况。

（一）《随笔》作伪类型统计

根据全书考证结果，笔者对《随笔》作伪类型数据进行统计，如表1所示。

---

① （明）邝露：《赤雅》，民国十年上海古书流通处影印《知不足斋丛书》本。
② （明）邝露：《赤雅》，民国十年上海古书流通处影印《知不足斋丛书》本。
③ （梁）萧绎：《金楼子》，民国十年上海古书流通处影印《知不足斋丛书》本。
④ （宋）周去非：《岭外代答》，民国十年上海古书流通处影印《知不足斋丛书》本。

表 1 《随笔》作伪类型数据统计

类型	数量	比例			
A	868	95. 594%	A1	826	90. 969%
			A2	24	2. 643%
			A3	18	1. 982%
B	14	1. 542%			
C	20	2. 203%			
待考	6	0. 661%			
总计	908	100%			

从表 1 数据可以看出，全书 908 条中，笔者尚未考出其抄袭出处者仅 6 条，仅占 0. 661%，比重极低。而在三种作伪类型之中，以抄自单独某一书的类型 A 所占比重最高(95. 594%)，并且大多抄自某书中的某一条(A1，90. 969%)。

(二)《随笔》是否交代文献来源统计

根据全书考证结果，笔者对《随笔》是否交代文献来源进行统计，如表 2 所示。

表 2 《随笔》交代文献来源数据统计

类型	数量	比例
X	858	94. 493%
Y	19	2. 093%
Z	25	2. 753%
待考	6	0. 661%
总计	908	100%

从表 2 数据可以看出，卢氏在伪造《随笔》的过程中，隐匿文献来源的比重极高(其中完全隐匿来源比重者(类型 X)占 94. 493%，再加上隐匿来源而留下线索者(类型 Y)，比重高达 96. 586%。可见，卢氏是有意隐匿文献来源而伪造该书的。

(三)《随笔》抄袭文献频次统计

限于《随笔》全书分类，卢氏在抄袭时对不同的文献有所侧重，有些文献抄录很多，有的则仅抄录一两条。笔者将其抄袭来源的频次进行统计，如表 3 所示，按频次高低排列，同频次者略以时代次序排列。

表 3 **《随笔》抄袭文献频次统计**

序号	作者书名	频次	备注
1	(清)顾炎武《日知录》	156	
2	(宋)王应麟《困学纪闻》	115	B类6条
3	(宋)孙奕《示儿编》	60	B类2条
4	(清)赵吉士《寄园寄所寄》	42	C类6条
5	(清)陆次云《八纮译史》	36	B类1条，C类2条
6	(宋)周煇《清波杂志》	30	B类1条
7	(宋)陈鹄《耆旧续闻》	28	
8	(宋)张世南《游宦纪闻》	27	C类1条
9	(宋)赵令畤《侯鲭录》	24	B类1条，C类1条
10	(宋)邵博《闻见后录》	20	
11	(宋)周去非《岭外代答》	20	
12	(清)王士禛《陇蜀余闻》	19	
13	(元)盛如梓《庶斋老学丛谈》	17	
14	(元)陈世隆《北轩笔记》	15	C类1条
15	(明)李时珍《本草纲目》	15	B类2条
16	(明)邝露《赤雅》	15	
17	(宋)王得臣《麈史》	12	
18	(宋)朱翌《猗觉寮杂记》	12	
19	(元)杨瑀《山居新话》	12	
20	(清)南怀仁《坤舆外纪》	12	C类8条
21	(宋)释文莹《玉壶清话》	11	
22	(唐)段成式《酉阳杂俎》	10	
23	(宋)吴炯《五总志》	10	
24	(宋)费衮《梁溪漫志》	10	B类1条
25	(宋)朱弁《曲洧旧闻》	10	
26	(元)白珽《湛渊静语》	9	
27	(五代)何光远《鉴诫录》	8	
28	(明)艾儒略《职方外纪》	8	C类8条
29	(南朝梁)萧绎《金楼子》	7	
30	(宋)周煇《清波别志》	7	
31	(清)陆次云《峒溪纤志》	7	
32	(晋)嵇含《南方草木状》	6	B类1条

续表

序号	作者书名	频次	备注
33	(宋)蔡绦《铁围山丛谈》	6	B类1条
34	(宋)王铚《默记》	6	
35	(清)劳大舆《瓯江逸志》	6	
36	(宋)王辟之《渑水燕谈录》	5	
37	(宋)王灼《碧鸡漫志》	5	
38	(宋)曾敏行《独醒杂志》	5	
39	(明)方鹏《责备余谈》	5	
40	(宋)刘昌诗《芦浦笔记》	5	
41	(宋)叶绍翁《四朝闻见录》	4	B类1条
42	(元)鲜于枢《困学斋杂录》	4	B类1条，C类1条
43	(明)罗日褧《咸宾录》	4	B类1条，C类2条
44	(清)陆次云《湖壖杂纪》	4	
45	(晋)葛洪《西京杂记》	3	
46	(宋)龚明之《中吴纪闻》	3	
47	(宋)范成大《吴船录》	3	
48	(宋)李季可《松窗百说》	3	
49	(宋)罗大经《鹤林玉露》	3	C类1条
50	(清)余怀《板桥杂记》	3	
51	(清)陈鼎《滇黔土司婚礼记》	3	
52	(清)杭世骏《诸史然疑》	3	
53	《尔雅》	2	
54	(北齐)颜之推《颜氏家训》	2	
55	(唐)高彦休《唐阙史》	2	
56	(宋)王巩《闻见近录》	2	
57	(宋)王巩《甲申杂记》	2	
58	(宋)邵伯温《闻见前录》	2	
59	(宋)魏泰《临汉隐居诗话》	2	
60	(宋)吴可《藏海诗话》	2	
61	(宋)彭叔夏《文苑英华辨证》	2	
62	(宋)周密《齐东野语》	2	C类2条
63	(宋)沈某《鬼董》	2	
64	(明)杨慎《升庵集》	2	C类2条

续表

序号	作者书名	频次	备注
65	《(嘉庆)四川通志》	2	
66	(汉)东方朔《十洲记》	1	
67	(汉)戴德《大戴礼记》	1	B类1条
68	(汉)班固《汉书》	1	B类1条
69	(三国魏)刘邵《人物志》	1	C类1条
70	(三国吴)陆玑《毛诗草木鸟兽虫鱼疏》	1	B类1条
71	(南朝宋)刘敬叔《异苑》	1	
72	(唐)范摅《云溪友议》	1	
73	(宋)吴淑《江淮异人录》	1	
74	(宋)苏轼《苏轼文集》	1	
75	(宋)苏轼《仇池笔记》	1	
76	(宋)张舜民《画墁集》	1	
77	(宋)王谠《唐语林》	1	C类1条
78	(宋)马永卿《懒真子》	1	
79	(宋)吴曾《能改斋漫录》	1	
80	(宋)罗愿《尔雅翼》	1	B类1条
81	(宋)王楙《野客丛书》	1	C类1条
82	(宋)韩淲《涧泉日记》	1	B类1条
83	(宋)王偁《东都事略》	1	B类1条
84	(宋)陈櫄《负暄野录》	1	
85	(宋)俞文豹《吹剑录外集》	1	
86	(宋)王应麟《玉海》	1	B类1条
87	(宋)佚名《南窗记谈》	1	
88	(金)刘祁《归潜志》	1	
89	(元)蒋正子《山房随笔》	1	
90	(明)许浩《复斋日记》	1	C类1条
91	(明)霍韬《渭厓文集》	1	
92	(明)郎瑛《七修类稿》	1	
93	(明)周复俊《全蜀艺文志》	1	
94	(明)陈绛《金罍子》	1	C类1条
95	(明)袁袠《世纬》	1	
96	(明)陈师《禅寄笔谈》	1	

续表

序号	作者书名	频次	备注
97	(明)胡应麟《少室山房笔丛》	1	B类1条
98	(清)吴绮《扬州鼓吹词序》	1	
99	(清)玄烨《康熙几暇格物编》	1	
100	(清)江永《群经补义》	1	
101	(清)陈鳣《简庄疏记》	1	B类1条
102	(清)《(同治)嘉定府志》	1	

从表3数据可以看出,《随笔》一书主要是抄袭历代考证、史料笔记而来,尤以抄袭顾炎武《日知录》、王应麟《困学纪闻》频次为高,频次超过20次的著作达11部,频次低于3次的著作有50部,且其中属于B类者有7部,属于C类者有8部。

四、《随笔》作伪特点

笔者通过对《随笔》的逐条考源,发现卢氏在伪造《随笔》时还有两个特点:

(一)连续抄录同一文献

由于《随笔》按类目排列,卢氏在作伪时经常连续抄录某一文献,如卷一第1~3条、第5~15条、第22~25条,卷三第1~7条,卷四第13~21条,卷七第3~10条等,均抄自宋孙奕《示儿编》。卷一第35~39条,卷十第16~20条,卷十三第34~44条,卷十四第1~4条、第20~25条,卷十八第45~49条,卷二十五第1~4条、第10~13条、第16~19条、第21~26条,卷二十七第2~6条、第14~27条等,均抄自宋王应麟《困学纪闻》。卷七第36~42条,卷十五第1~5条、第7~10条、第17~21条,卷十六第1~13条、第15~26条,卷十七第2~7条,卷二十第40~46条,卷二十五第5~9条、第27~32条、第36~41条,卷二十六第2~11条,卷二十七第7~11条、第28~33条,卷二十八第2~10条、第12~17条,均抄自清顾炎武《日知录》。且补遗四卷(卷二十五至二十八)中,除个别条目外,基本为《困学纪闻》与《日知录》交叉抄录。

(二)抄录丛书

通过分析卢氏抄录文献的版本,笔者发现:见于长塘鲍氏刻《知不足斋丛书》的文献有《金楼子》、《颜氏家训》、《鉴诫录》、《江淮异人录》、《玉壶清话》、《渑水燕谈录》、《麈史》、《默记》、《临汉隐居诗话》、《铁围山丛谈》、《侯鲭录》、《碧鸡漫志》、《藏海诗话》、《五总志》、《梁溪漫志》、《中吴纪闻》、《猗觉寮杂记》、《吴船录》、《示儿编》、《清波杂志》、《清波别志》、《耆旧续闻》、《曲洧旧闻》、《独醒杂志》、《负暄野录》、《芦浦笔记》、《吹剑录外集》、《四朝闻见录》、《松窗百说》、《游宦纪闻》、《岭外代答》、《文苑英华辨证》、《画墁集》、《鬼董》、《南窗纪谈》、《山居新话》、《庶斋老学丛谈》、《北轩笔记》、《湛渊静语》、《困学斋杂录》、《山房随笔》、《归潜志》、《责备余谈》、《赤雅》、《世纬》、

《滇黔土司婚礼记》、《诸史然疑》47种，共涉及《随笔》中的422条。见于清康熙年间所编《说铃》者有《板桥杂记》、《扬州鼓吹词序》、《坤舆外纪》、《瓯江逸志》4种，并涉及《随笔》中的22条。又所抄陆次云《峒溪纤志》、《八纮译史》、《湖壖杂纪》三书，皆见于陆次云个人丛书《陆云士杂著》中，涉及《随笔》中的47条。卢氏抄录三种丛书中的著作合计54种，占全部102种的一半以上；涉及条目合计491条，亦占全部908条的一半以上。可见《随笔》中有一半以上内容抄自《知不足斋丛书》、《说铃》、《陆云士杂著》三部丛书。

五、结　论

通过上文对《随笔》从定性和定量两方面的分析以及对其作伪特点的考察，我们可以看到，卢秉钧此书在总体上是抄袭他人成果而成，属于原创的部分极少。并且我们从卢氏隐匿文献来源、改篡被抄文献、据他人考证成果为己有的行为来看，这也与清代学风与学术规范相背离。因为在晚清时期，经过乾嘉征实学风的浸润之后，其学术规范已相当严格，如梁启超总结清代正统派学风之特色时说："凡采用旧说，必明引之，剿说认为大不德。"①剽窃他人研究成果的行为，历来就受到学界诟病。引证必注出处，不据他人研究成果为己有，在清代学界已经成为共识。而卢氏伪造《随笔》一书的行为，显然是与这一学术共识相违背的。

同时需要说明的是，卢氏这种撰述方式，与传统著述体例中的"编述"、"钞纂"不同。张舜徽在区分"著作"、"编述"、"钞纂"三种体例时说："编述的体例，和著作、钞纂都有所不同。著作固然以创造性的理论为多，而钞纂则完全成于辑录，编述便介乎二者之间，它用新创的体例，来整理旧有的文献。和钞纂根本不同之点，便在于钞纂的书，大半必须标明资料的出处，以说明它是有根据的。编述便不然，乃是将那些来自不同时间和不同空间的资料，经过整理、融会的工作，使之成为整齐划一的文体，以崭新的面貌出现。"②

首先，《随笔》不属于"钞纂"性质，因为"钞纂"一般要求标明资料来源，像古代的大多数类书即属于"钞纂"性质，而从《随笔》大量隐匿文献来源的行为来看，它不属于"钞纂"性质。其次，《随笔》也不属于"编述"性质，因为经过"编述"的文献资料，已经发生了质的变化，以全新的面貌出现，张舜徽举司马迁编撰《史记》、司马光编撰《资治通鉴》为例，他们都是采用"编述"的著述方式，而《随笔》则明显与此不同，它只是在文字上有所增删改窜，并没有让被抄袭的内容发生质的变化，所以也不属于"编述"的性质。

更何况，卢氏宣称《随笔》一书是自己效仿古人笔录、笔记、随笔的著作样式，记录自己耳闻目见之事的，并未明确告诉读者他是钞纂他人成果而编成此书的。所以，笔者认为，《随笔》是卢秉钧在抄袭他人成果的基础上有意伪造的，属于伪书无疑。

需说明的是，本书以考证卢氏作伪来源为主，于按语中论述其具体伪造方式，至于个别字词讹误，或由卢氏臆改，或由刻工手误，不一一论述，仅就笔者所见，于文中直接改正。其中原书误字以(　)标识，正字以[　]标识；若原书有缺字而使文意不通，则据其抄袭来源补足，亦以[　]标识；若原书文字与抄袭来源文字意思相通，则各依原文不改。

① 梁启超：《清代学术概论》，中华书局2010年版，第70页。
② 张舜徽：《中国文献学》，华中师范大学出版社2004年版，第28页。

《红杏山房闻见随笔》小引

秉钧束发受书，即随侍先大夫明溪公舌耕于外，奔走四方，凡耳目所得闻见者虽多，奈年幼无知，毫未记忆。弱冠后，又随侍先大夫宦游姑苏。江南为人文会萃之邦，而目之所见、耳之所闻，难以枚举。至异闻异见，亦尝笔之于书，后经兵燹，都为灰烬。近来数年，因纂辑《汉魏丛书续编》告成，恒以校勘为事，终日翻阅群书，互相考证，所得见闻者，类皆古人秘籍、先辈遗言，鸿文宝训，美不胜收。无如年迈神倦，每每过而辄忘，为慊然者久之。因思古人有笔录、笔记、随笔之举，是以不揣冒昧，聊为效颦，遂将耳目所接，有关于日用民生、文章政事者，随得而随笔之，不觉成帙，爰为随类而分次之，共得二十四种，分计二十八卷，颜之曰《红杏山房闻见随笔》，未必不为健忘之一助云。时光绪十有六年，岁次庚寅孟冬月，戎州卢秉钧辅臣氏记于濯锦江边之舟次。

卷　一

经训随笔

1.《蛊》之卦曰：“先甲三日，后甲三日。”《巽》之卦曰：“先庚三日，后庚三日。”夫“先甲三日”者，辛也；“后甲三日”者，丁也。言圣贤当事之蛊坏，必有饬蛊之道，既辛勤于先，又丁宁于后，则天下复归于治矣，故于《蛊》卦言“甲”。“先庚三日”者，丁也；“后庚三日”者，癸也。言圣人当令之申行，必有发号施令之道，既丁宁于其先，又揆度于其后，则天下无不顺矣，故于《巽》言“庚”。又一说甲木主仁，革故鼎新，以示其令之宽也；庚金主义，临深履薄，以示其令之严也。

【**辨伪**】此条抄自宋孙奕《示儿编》卷二“先甲先庚”：

> 《蛊》之卦曰：“先甲三日，后甲三日。”《巽》之卦曰：“先庚三日，后庚三日。”夫“先甲三日”者，辛也；“后甲三日”者，丁也。言圣贤当事之蛊坏，必有饬蛊之道，既更新于其先，又丁宁于其后，则天下复归于治矣，故于《蛊》言“甲”。“先庚三日”者，丁也；“后庚三日”者，癸也。言圣人当令之申行，必有发施之道，既丁宁于其先，又揆度于其后，则天下无不顺矣，故于《巽》言“庚”。一说甲木主仁，以示其令之宽也；庚金主义，以示其令之严也。

今按：卢氏改孙氏“发施之道”为“发号施令之道”，又于末句增“革故鼎新”、“临深履薄”二语，显系抄袭。

2.“无教逸欲，有邦”，《今文尚书·皋陶谟》也。《前汉书》王嘉上封事则云：“咎繇戒帝曰：‘亡敖佚欲，有国，兢兢业业。’”师古注云：“言有国之人，不可傲慢佚欲，当谨戒危惧，以理万事之机也。敖读为傲。”“佚”与“逸”通，“有邦”作“有国”。是以“教”字为“敖”，其理尤长。又“一日二日万机”，当训为“几”。几，微也。《汉书》及诸史多作“机”，则非。

【**辨伪**】此条抄自宋孙奕《示儿编》卷二“无教逸欲”：

《皋陶谟》曰："无教逸欲，有邦。"考之《前汉》王嘉上封事云："咎繇戒帝舜曰：'亡敖佚欲，有国，兢兢业业，一日二日万机。'"颜曰："言有国之人，不可傲慢逸欲，但当戒谨危惧，以理万事之机也。敖读曰傲。"则以"教"字为"敖"，其理尤长。盖自古未有人君教臣下佚欲者也。按"几"字，《尚书》作"几"，训微也。《汉史》作"机"，则非。

今按：卢氏对孙氏引文稍有改动，如改"《皋陶谟》曰：'无教逸欲，有邦'"为"'无教逸欲，有邦'，《今文尚书·皋陶谟》也"，删"一日二日万机"，增"'佚'与'逸'通，'有邦'作'有国'"，删"盖自古未有人君教臣下佚欲者也"，大同小异，显系抄袭。又《知不足斋丛书》本《示儿编》末有卢文弨按语："'万几'，诸史多作'机'字。"卢氏据此及"《汉史》作'机'，则非"改为"《汉书》及诸史多作'机'，则非"。据此亦可知卢氏所抄《示儿编》为《知不足斋丛书》本。

3. "丽泽，《兑》。君子以朋友讲习。"此言《兑》上、《兑》下，是为泽卦邻于泽，则潴蓄者深，交相灌溉，互相流通，此深有益于彼，彼深有益于此，诚朋友之象也。夫同门合志之友，以善相资，以文相接，有过相规，有难相济，两有所利而无寡陋之患，此所谓以附丽为悦，而能有朋友之义也。

【辨伪】此条抄自宋孙奕《示儿编》卷二"丽泽兑"：

"丽泽，《兑》。君子以朋友讲习。"此言《兑》之为卦，《兑》上、《兑》下，是泽邻于泽，潴蓄者深，交相灌溉，互相流通，此深有益于彼，彼深有益于此，诚得朋友之象也。夫同门合志之友，以善相资，以文相接，有过相箴，有难相济，两有所利而无寡陋之患，此所谓以附丽为悦，而有朋友之义也。

今按：卢氏删"《兑》之为卦"一语，其他大致相同，显系抄袭。

4.《诗》，多识鸟兽草木之名。以余考之，似未必然。何以花不及杏，果不及梨与橘，木不及槐？《易》之象，近取诸身，爻词、《说卦》，罔不该矣，而独不言眉与领。

【辨伪】此条抄自宋王得臣《麈史》卷中"经义"：

《诗》，多识鸟兽草木之名者也。然花不及杏，果不及梨橘，草不及蕙，木不及槐。《易》之象，近取诸身，爻词、《说卦》，罔不该矣，而独不言眉与领。

今按：卢氏增"以余考之，似未必然"一句，并删"草不及蕙"一语，改"然"字为"何以"，陈述句转为反问句，其意相同，显系抄袭。

5. 六经倒用文字，难以枚举。如《易》之"西南得朋"、"吉凶者，失得之象"；《诗》之"中谷"、"中林"、"中田"、"中河"、"室家"、"裳衣"、"衡从"、"稷黍"、"瑟琴"、

“鼓钟”、“斯螽”、“南东”、“下上”、“羊牛”、“孙子”、“女士”、“家邦”，不一而足；《书》之“月正元日”、“或四三年”、“北东入于海”；《记》之“吾得坤乾焉”；又《祭义》之“禄爵庆赏”，《祭统》之“备外内之官”，《闲居》之“春秋冬夏”、《中庸》之“设其裳衣”，皆颠倒一字，不徒其理为长，而文亦分外有致。至《归藏》以坤为首，其次序不得不然，非同倒用文字可比。《书经》前有“正月上日”，则后不得不以“月正元日”错综而言之也。如“三四”而曰“四三”，以多至少，宛转而意更无穷矣。

【辨伪】此条抄自宋孙奕《示儿编》卷一“倒文”：

> 六经或倒其文，如《易》之“西南得朋”、“吉凶者，失得之象”，类皆有之，唯《诗》为多。如“中谷”、“中林”、“中河”、“中路”、“中原”、“中田”、“家室”、“裳衣”、“衡从”、“稷黍”、“瑟琴”、“鼓钟”、“斯螽”、“西南”、“南东”、“下上”、“羊牛”、“乐岂”、“息偃”、“甥舅”、“孙子”、“女士”、“京周”、“家邦”、“鼐鼎”、“齐明”，不一而尽。《记》虽有“吾得坤乾焉”，《书》虽有“月正元日”、“或四三年”、“又北东入于海”，皆有说也。盖《归藏易》以纯坤为首，其次第不得不然也。《书》前有“正月上日”，则后不得不以“月正元日”错综言之也。此不言“三四”而曰“四三”者，自多而至少，故“四”言于“三”之上也。又且水之势，北折而东，故“东”言于“北”之下也。然倒此一言，不徒其理为长，而又且文矣。至如《祭义》云“禄爵庆赏”、《祭统》云“备外内之官”，《闲居》云“春秋冬夏”、《中庸》云“设其裳衣”，大率若此。

今按：卢氏改首句“六经或倒其文”为“六经倒用文字，难以枚举”，删“中路”、“中原”、“西南”、“乐岂”、“息偃”、“甥舅”、“京周”、“鼐鼎”、“齐明”等例证，改例证“家室”为“室家”，并置《祭义》、《祭统》、《闲居》、《中庸》诸例证于前，删“又且水之势，北折而东，故‘东’言于‘北’之下也”一句，末增“宛转而意更无穷矣”一句。此条明显为卢氏删改而来，显系抄袭。

6. 放诸桐。“太甲既立，不明政事，伊尹放之。”甚矣，伊尹之不臣！有如此哉？今考《书》文，自“太甲既立”，尹乃举汤“顾諟天命”以训之；及其“罔念文”也，又举汤“坐以待旦”以训之。至于“未克变”也，乃始“营桐宫，以其密迩先王”，始终告戒，务有以启迪其心，无非训之而已，孰谓伊尹而放逐其君哉？观伊尹之意，不处太甲于亳，而处于桐，以其近先王之墓，可终其丧，故曰“王徂桐宫居忧”而已。惟其“克终允德”，所以“惟三祀十有二月朔，以冕服奉王归于亳”，乃服吉服，使终三年之制焉。而曰“伊尹放君”，吾不信也。况《书》云：“密迩先王其训。”《孟子》亦曰：“太甲悔过，以听伊尹之训己。”则知《书序》为“教诸桐”明矣。且舜放驩兜，汤放桀，其罪恶重大。太甲不明，并无大过，何放之有？盖古文“放”、“教”相近，况系篆字于竹简，尤为易讹。（宋儒孙奕季昭作“教诸桐”。）

【辨伪】此条抄自宋孙奕《示儿编》卷二“放诸桐”：

> “太甲既立，不明，伊尹放诸桐。”甚哉，“放”字流传之误，有以溷经旨也。今夷

考于《书》，并无“放之”之文。自“太甲既立，不明”也，乃举汤“顾諟天命”以训之。及其“罔念闻”也，又举汤之“坐以待旦”以训之。至于“未克变”也，乃始“营于桐宫，密迩先王其训”，其终始告戒启迪之意，无非训之而已，孰谓伊尹而肯为放君之丑耶？原伊尹之意，不处太甲于亳，而处于桐，使近先王之墓，以终其丧，故曰“王徂桐宫居忧”而已。惟其“克终允德”，所以“惟三祀十有二月朔，以冕服奉王归于亳”，乃即吉服也，故独止于三年之久焉。虽复辟之后，犹以“终始惟一”之说，反复训戒之，未始少忘。而曰“伊尹为放君”，吾不信也。况《书》曰：“密迩先王其训。”《孟子》亦曰：“太甲悔过，以听伊尹之训己。”则知《书序》为“教诸桐”也，明矣。且舜放驩兜，则驩兜之罪不可赦；汤放桀，则桀之恶不可掩。太甲不明，初无大过，何放之有？则知《书序》为非“放诸桐”也，益明矣。“放”、“教”字相近，以隶古定者，遂从而讹久矣，当读作“伊尹教诸桐”。

今按：卢氏此段与《示儿编》考证相同，仅于文句有所删改，如改“甚哉，‘放’字流传之误，有以溷经旨也”为“甚矣，伊尹之不臣！有如此哉”，删“虽复辟之后，犹以‘终始惟一’之说，反复训戒之，未始少忘”、“则知《书序》为非‘放诸桐’也，益明矣”二句，改“且舜放驩兜，则驩兜之罪不可赦；汤放桀，则桀之恶不可掩”为“且舜放驩兜，汤放桀，其罪恶重大”，删“则知《书序》为非‘放诸桐’也，益明矣”，改“‘放’、‘教’字相近，以隶古定者，遂从而讹久矣”为“盖古文‘放’、‘教’相近，况系篆字于竹简，尤为易讹”，改“当读作‘伊尹教诸桐’”为注文“宋儒孙奕季昭作‘教诸桐’”，已透露其文献来源，显系抄袭。

7. 宋人孙季昭谓：子见南子并非卫灵公夫人，乃南蒯也。其说谓：《家语》云：“孔子适卫，子骄为仆，卫灵公与孔子、南子同车出，而令宦者雍渠骖乘，使孔子为次乘，游过市。孔子耻之。”且圣人方因受女乐去鲁适卫，又耻为灵公、南子次乘，岂肯轻身以先于匹妇哉？且六经、《家语》皆无见南子之文，不知子长何所本而云然。则南子为谁？是必鲁之南蒯也。何以知之？以“佛肸召，子欲往”而知之。佛肸叛中牟，子路不欲子往，而子有“吾岂匏瓜”之喻。南蒯以费叛，子路亦不欲子见也。盖《昭公十四年》：南蒯奔齐，侍饮于景公。公曰：“叛夫？”对曰：“臣欲张公室也。”南蒯欲弱季氏以强公室，夫子所以见之，将以兴鲁，与佛肸事相同。子之见之，正此意耳。季昭以为非卫之南子，乃鲁之南子。余按：《左传》：南蒯叛费，在昭公十二年。是时孔子年二十二岁，子路少孔子九岁，年方十三岁，尚未从学于孔子，何有不悦之理，其说过于穿凿，不足为信。

【辨伪】此条抄自宋孙奕《示儿编》及王应麟《困学纪闻》。《示儿编》卷五“南子”：

说者皆引《史记》以谓孔子见卫灵公之宠姬南子(《仲尼弟子传》)，以愚观之，必非卫之南子。盖尝考《家语》曰：“孔子适卫，子骄为仆，卫灵公与夫人南子同车出，而令宦者雍梁骖乘，使孔子为次乘，游过市。孔子耻之。”且圣人方以季桓子受齐女乐而去鲁适卫，至卫而又耻为灵公、南子次乘，岂肯轻身以先于匹妇哉？又且六经以至《鲁论》、《家语》皆无见卫南子之文，不知子长何所本而云然。则南子者为谁？是必鲁之南蒯也。何以知之？以“佛肸召，子欲往”而知之也。佛肸以中牟畔，子路不欲之往，而夫子有“吾岂匏瓜”之喻。南蒯以费畔，子路亦不悦其见。盖《昭公十四年》：南蒯之奔齐也，侍饮于景公，公曰：“叛夫?”对曰：“臣欲张公室也。”南蒯欲弱季氏而强公室，此夫子所以见之，将以兴鲁也。与佛肸事不约而同，故知其必非见卫之南子，而见鲁之南子也，昭昭矣。

《困学纪闻》卷七：

陈自明以“子见南子”为南蒯。以《传》考之，昭公十二年，南蒯叛，孔子年方二十有二，子路少孔子九岁，年方十三。其说凿而不通矣。

今按：此条看似卢氏引用孙奕观点并加考证，其实其引孙氏观点，乃据《示儿编》而来，并略有点窜。而其“余按”以下考证，其实并非卢氏原创，而已见于《困学纪闻》，仅改“其说凿而不通矣”为“尚未从学于孔子，何有不悦之理，其说过于穿凿，不足为信”。卢氏《随笔》中抄袭《困学纪闻》极多，此按语亦显系抄袭《困学纪闻》而来。

8. 要荒：“五百里要服：三百里夷，二百里蔡。五百里荒服：三百里蛮，二百里流。”盖“要”、“荒”皆在九州以外。曰“夷”，以夷狄待之也，若《春秋》之杞、鄫是。曰“蛮”，以蛮貊待之，若《春秋》之楚、越是。罪轻则蔡于要服，罪重则流于荒服。蔡近于夷，流近于蛮。薛肇明云：“要”读如“久要”、“要约”之“要”，约之而已。孔安国亦云：“要束以文教。”即此意。蔡当读如《左传》“蔡蔡叔”之“蔡”，音素葛反。杜预注：“蔡，放也。”薛肇明云：“放罪人于此，故谓之蔡。”若为本字，则非。

【辨伪】此条抄自宋孙奕《示儿编》卷二“要荒”、“要蔡”二条。“要荒”条：

“五百里要服：三百里夷，二百里蔡。五百里荒服：三百里蛮，二百里流。”盖“要”、“荒”皆在九州之外。曰“夷”者，以夷礼待之，若《春秋》之杞、鄫也。曰“蛮”者，以蛮俗待之，若《春秋》之楚、越也。轻罪则蔡于要服，重罪则流于荒服。蔡近于夷，流近于蛮，则知中国之罪人，尚可变蛮、夷之俗也。

“要蔡”条：

“五百里要服”，薛肇明云：“‘要’读如‘要约’、‘久要’之‘要’。”则约之而已，非治之也。孔安国云：“要束以文教。”亦此意。陆音一遥反，非是。“二百里蔡”，当读如《左氏》“蔡蔡叔”之“蔡”，音素葛反。杜预曰：“蔡，放也。”薛肇明曰：“放罪人于此，故谓之蔡。”则读如本字，非。

今按：孙氏原书“要荒”、“要蔡”相邻而“要蔡”在“要荒”前，卢氏合二为一，列“要荒”于前，“要蔡”于后，并删“要荒”条“则知中国之罪人，尚可变蛮、夷之俗也”，删“要蔡”条“非治之也”、“陆音一遥反，非是”等。其他文字略有改动，如改“蛮俗”为“蛮貊”，改“轻罪”、“重罪”为“罪轻”、“罪重”，而文意无别，显系抄袭。

9. 燕居、闲居，各有次第。《礼记》名篇，既有《仲尼燕居》，又有《孔子闲居》。或谓毋乃太赘。不知郑氏注云："退朝而处曰燕居，退燕避人曰闲居。"是闲与燕大有分别，圣人之仪容，自不同也。王升亦云："退朝曰燕，故有申申夭夭之象；退燕曰闲，故有无可无不可之容。"斯时孔子可以即安，故谓其有次第云。

【辨伪】此条抄自宋孙奕《示儿编》卷四"燕居闲居"：

> 或者谓："《礼记》名篇，既有《仲尼燕居》，又有《孔子闲居》，无乃赘乎?"答曰："郑氏不云乎：'退朝而处曰燕居，退燕避人曰闲居。'王升亦云：'退朝曰燕，退燕曰闲。'孔子可以即安，故次之以《燕居》、《闲居》。"

今按：卢氏改孙氏问答体为叙述体，前增"燕居、闲居，各有次第"一句，中增"是闲与燕大有分别，圣人之仪容，自不同也"一句，大同小异，显系抄袭。

10. 老彭，孙季昭谓非商之彭祖。据《易经·大有》卦"匪其彭"，音"步郎反"，《子夏易传》作"旁"。是老彭之彭，当音旁。旁，侧也，孔子欲自比老氏之侧，盖谦辞也。又据《曾子问》有云："孔子闻老聃者屡矣。"《家语》亦云："孔子问礼于老聃。"此诚欲自附于老子之侧之验也。而谓为彭祖，六经皆不载，必非夫子愿比者。余按：此说亦最穿凿难信，可与南子并录之，以备解经者阅焉。

【辨伪】此条抄自宋孙奕《示儿编》卷五"老彭"：

> "窃比于我老彭。"按《大有》卦："匪其彭。"陆音："步郎反。子夏作旁。"老彭当读如"匪其彭"之"彭"，音旁。旁，侧也。欲自比于老子之侧，盖谦辞也。老子，古之好道者，宜孔子之所自比。尝考诸《曾子问》，有记"孔子闻诸老聃者屡矣"。《家语》亦曰："孔子问礼于老聃。"此诚孔子欲自附于老子之侧之验也。旧说以老彭为彭祖，然六经所不载，圣人所不道，非夫子之愿比者，今不取。

今按：卢氏称"老彭，孙季昭谓非商之彭祖"，已透露其文献来源，而于《示儿编》原文稍有点窜，如改"陆音：'步郎反。子夏作旁'"为"音'步郎反'，《子夏易传》作'旁'"，删"老子，古之好道者，宜孔子之所自比"，改"旧说以老彭为彭祖，然六经所不载，圣人所不道，非夫子之愿比者，今不取"为"而谓为彭祖，六经皆不载，必非夫子愿比者"，其意相同，显系抄袭。而所加按语以其说与"南子为南蒯"说同属穿凿，其实清人于孙氏解经穿凿之病已多有批评，如梁学昌《庭立记闻》卷三载："朱映湑与范建其师坐谈，举宋人解《论语》二条，以南子是南蒯，非卫灵夫人；老彭是老子之侧，训彭为旁，非彭祖。不知宋人为谁，曰：此孙履斋《示儿编》之说也。孙名奕，与东坡同时，坡集有《次韵孙职方苍梧山》诗。履斋说经多新，别不足为准。"又如梁章钜(1775—1849)《论语旁证》卷七载："孙氏弈曰：'《大有》卦：匪其彭。陆音步郎反，子夏作旁，老彭当读匪其彭之彭，音旁，侧也，欲自比于老子之侧，盖谦辞也。'此则强生异端，穿凿无理矣。"又如潘德舆(1785—1839)《养一斋集》卷十五《老彭辨》：或曰："宋孙奕言《大有》'匪其彭'，陆音步郎反，子夏作‘旁’，老彭当读如‘匪其彭’之彭，音旁。旁，侧也，欲自比于老子之侧。子殆宗奕说乎？”曰：“非也，奕之训彭，曲而又曲，不足为经训。且窃比于老旁，究属不辞。”又如徐时栋(1814—1873)《烟屿楼读书志》卷七载：“孙季昭奕《示儿编》中说经多穿凿附会，即其无碍于理者，亦复是故为新奇，求其无愧于理，可以有功经传者，十不能一二也。向在吾婿凌定甫家见此书，记其大略数则。……解窃比老彭之彭为旁，犹云侧也。……解子见南子，谓是见南蒯，其说甚长且辩，吾乡王厚斋先王笑之曰：是时子路年甫十三，又焉能不悦乎？”可见，卢氏按语之观点亦非原创。

11.“岁十一月，徒杠成；十二月，舆梁成。”杠与梁即今之桥也。古人通徒步行者曰徒杠，通车马行者曰舆梁，大有分别。

【辨伪】此条节抄自宋孙奕《示儿编》卷六“行辟人可也”：

> “岁十一月，徒杠成；十二月，舆梁成。民未病涉也。君子平其政，行辟人可也，焉得人人而济之？”杠、梁皆桥也。通徒行者曰徒杠，通车舆者曰舆梁。

今按：卢氏删“民未病涉也。君子平其政，行辟人可也，焉得人人而济之”，改“杠、梁皆桥也”为“杠与梁即今之桥也”，又增“大有分别”，大同小异，显系抄袭。

12.“作者七人”，《艺苑雌黄》不取包氏、郑氏之说，独取王弼之说，亦非。按横渠张子及伊川《语录》俱云：“伏羲、神农、黄帝、尧、舜、禹、汤七人，制作帝王之道。”此说不敢不从。盖作者之谓圣，伊川所言，必有所本。如伏羲画卦，神农教稼穑，黄帝、尧、舜垂衣裳而治天下，故曰伏羲氏作，神农氏作，黄帝、尧、舜氏作，盖无谓欤？继尧、舜而出治者，夏后氏作而平水土，殷汤氏作而伐夏吊民，此即孟子贤圣之君六七作之谓也。信乎！孔子之言作者，为万世之公论；而伊川取作者之名，亦为至当之定论也。

【辨伪】此条抄自宋孙奕《示儿编》卷六“作者七人”：

> 《艺苑雌黄》记“作者七人”，不取包氏、郑氏之说固是，独取王弼之说亦非。至谓伊川《语录》云：“伏羲、神农、黄帝、尧、舜、禹、汤，制法兴王之道，非有述于人者也。”此说亦不敢从。予谓《雌黄》未可信也。“作”即“作者之谓圣”之“作”，伊川所言，盖有所本，此而不从，将焉从哉？尝读《易大传》，见夫伏羲之画八卦，无非具天地人物之理；而神农于耒耜则取诸《益》，日中为市则取诸《噬嗑》，与黄帝、尧、舜衣裳之制，凡舟揖、杵臼、弧矢、宫室之制，皆天理人事之不可废者。是以夫子推其所从始，而云伏牺氏作，神农氏作，黄帝、尧、舜氏作，岂无谓欤？后乎尧、舜而九畴之义未著，于是夏后氏作而叙九畴。后乎禹而夏桀之恶方炽，于是殷汤氏作而伐夏吊民。此贤圣之君六七作，要皆开端创始者之为也。信乎！孔子之言作者，为万世之公论，而伊川之取作者之名，为万世之至当云。

今按：《知不足斋丛书》本《示儿编》“制法兴王之道”前有按语：“馥按：‘以作者其人为伏羲、神农、黄帝、尧、舜、禹、汤，乃横渠张子说也。’鲲按：见《正蒙》。或伊川亦有是说。”故卢氏改孙氏所引“至谓伊川《语录》云”为“按横渠张子及伊川《语录》俱云”。又改“此说亦不敢从。予谓《雌黄》未可信也”为“此说不敢不从”。卢氏又檃栝孙氏读《易大传》之言，如改“见夫伏羲之画八卦，无非具天地人物之理；而神农于耒耜则取诸《益》，日中为市则取诸《噬嗑》，与黄帝、尧、舜衣裳之制，凡舟揖、杵臼、弧矢、宫室之制，皆天理人事之不可废者”为“如伏羲画卦，神农教稼穑，黄帝、尧、舜垂衣裳而治天下”，改“为万世之至当云”为“亦为至当之定论也”，其意相同，显系抄袭。

13.《孟子》只有七篇，何以《前汉书·艺文志》云“儒家有《孟子》十一篇”？以今考之，篇目相悬如此。盖当时尚有《孟子外书》四篇，合而观之，即十一篇矣。而四篇之目，前辈辨驳纷纷，曰《性善辩》，曰《文说》，曰《孝经》，曰《为正》，其时有以“性善辩文”为一句者，有以“说孝经为正”为一句者，四篇作为二篇，大失旨趣，不知古人文字“辩”、“辨”，“正”、“政”原自通用。

【辨伪】此条抄自宋孙奕《示儿编》卷六“孟子篇目”：

> 《前汉·艺文志》曰：“儒家有《孟子》十一篇。”以今考之，篇目少于前，何也？曰：合今之七篇与《外书》四篇即十一篇矣。昔尝闻前辈有曰：亲见馆阁中有《外书》四篇，曰《性善辨》，曰《文说》，曰《孝经》，曰《为政》，则时人以“性善辨文”为一句，“说孝经为”正为一句，甚乖旨趣。古文“辩”、“辨”，“正”、“政”通用。

今按：卢氏改“《前汉·艺文志》曰：‘儒家有《孟子》十一篇。’以今考之，篇目少于前，何也”为“《孟子》只有七篇，何以《前汉书·艺文志》云‘儒家有《孟子》十一篇’？以今考之，篇目相悬如此”，改“曰：合今之七篇与《外书》四篇即十一篇矣”为“盖当时尚有《孟子外书》四篇，合而观之，即十一篇矣”，改孙氏“昔尝闻前辈有曰：亲见馆阁中有《外书》四篇”为“而四篇之目，前辈辨驳纷纷”，大同小异，显系抄袭。

14.“尚书”与“尚公主”不同。“尚书”之“尚”训主也。应劭云读平声，《汉纪》有五尚，尚书、尚冠、尚帐、尚衣、尚食。如淳云：“主天子食物曰尚食，主文书曰尚书。”至“尚公主”之“尚”，师古注云：“尚，犹配也。《易·泰卦》九二曰：‘得尚于中行。’王弼云亦以为配也。而世遂谓尚书、尚公主同训为主，大失其义理。夫公主既尊，原非物类可比，何得以附马主掌其人耶？”训尚主为配，其理甚良。

【辨伪】此条节抄自宋孙奕《示儿编》卷十二“尚书尚公主”：

> 或人有问：“‘尚书’与‘尚公主’同乎？”曰：“否。按《惠帝纪》云：‘宦官尚食比郎中。’应劭曰：‘尚，主也。旧有五尚，尚冠、尚帐、尚衣、尚席亦是。’如淳曰：‘主天子物曰尚食，主文书曰尚书。’《陈余传》：‘赦已出，尚鲁元公主如故。’师古曰：‘尚，犹配也。《易·泰卦》九二爻辞曰：得尚于中行。王弼亦以为配也。诸言尚公主者，其义皆然。而说者乃云尚公主，与尚书、尚食同意，训尚为主，言主掌之，失其理矣。公主既尊，又非物类，不得以主掌为辞。’则‘尚书’之‘尚’训主，‘尚公主’之‘尚’训配，明矣。孔毅父《珩璜论》云：‘尚书与尚食、尚公主同，而世俗相承

> 以平声呼，误矣。见《张耳传》注。’原应、如、颜三家之说，则世俗误呼尚书为平声，诚如孔言，而以‘尚书’与‘尚公主’同，亦非。其说实《陈余传》注，非《张耳传》也。”

今按：卢氏改孙氏问答体为叙述体，于文前增“‘尚书’与‘尚公主’不同”一句，乃提炼孙氏观点而来。孙氏并未明言应劭读“尚”为平声，今检《汉书·惠帝纪》中应劭注文亦无，而卢氏增“应劭云读平声”，不知何据。又改应劭注中旧说五尚为《汉纪》五尚，此《汉纪》当指《汉书·惠帝纪》，而以应劭注文为《惠帝纪》正文，且书名省略失当，易致误解。且应劭注中五尚并无“尚书”，而为“尚席”，卢氏则妄改。又删“《陈余传》：‘敖已出，尚鲁元公主如故’”一句，则“师古注”出处又隐而不显。其他大同小异，显系抄袭。

15.《易经》：“立天之道，曰阴与阳。”又曰：“一阴一阳之谓道。”道在于天，阴得其一则一阴生，阳得其一则一阳生。盖阴极而阳生于子，为冬至，今十一月也，其卦为《复》䷗，一阳在下而五阴在上也。二阳而四阴则为十二月，其卦为《临》䷒。三阳而三阴则为正月，其卦为《泰》䷊。四阳而二阴则为二月，其卦为《大壮》䷡。五阳而一阴则为三月，其卦为《夬》䷪。六画皆阳则为四月，其卦为《乾》䷀。阳极而阴生于午，为夏至，今五月也，其卦为《姤》䷫，谓一阴在下而五阳在上也。二阴而四阳则为六月，其卦为《遁》䷠。三阴而三阳则为七月，其卦为《否》䷋。四阴而二阳则为八月，其卦为《观》䷓。五阴而一阳则为九月，其卦为《剥》䷖。六画皆阴则为十月，其卦为《坤》䷁。自一阳生而为《复》，一阴生而为《垢》，均生生不已，以见天数之周而复始也。

【辨伪】此条抄自宋孙奕《示儿编》卷十七“卦配十二月”：

> 《易大传》曰：“立天之道，曰阴与阳。”又曰：“一阴一阳之谓道。”道在于天，阴得其一则一阴生，阳得其一则一阳生。盖阴极而阳生于子，则冬至矣，今之十一月是也，其卦为《复》䷗，为其一阳在下而五阴在上也。二阳而四阴则为十二月，其卦为《临》䷒。三阳而三阴则为正月，其卦为《泰》䷊。四阳而二阴则为二月，其卦为《大壮》䷡。五阳而一阴则为三月，其卦为《夬》䷪。六画而皆阳则为四月，其卦为《乾》䷀。阳极而阴生于午，则夏至矣，今之五月是也，其卦为《姤》䷫，为其一阴在下，而五阳在上也。二阴而四阳则为六月，其卦为《遁》䷠。三阴而三阳则为七月，其卦为《否》䷋。四阴而二阳则为八月，其卦为《观》䷓。五阴而一阳则为九月，其卦为《剥》䷖。六画而皆阴则为十月，其卦为《坤》䷁。自一阳生而为《复》，进进不已，至于纯阳之《乾》而终焉。自一阴生而为《姤》，进进不已，至于纯阴之《坤》而终焉。以此见天数之运，周而复始者也。

今按：“立天之道，曰阴与阳”、“一阴一阳之谓道”二句分别见《周易·说卦传》、《周易·系辞传》，孙氏称为“《易大传》”（《史记》已有《易大传》之名，即指《易传》），而卢氏则改为“《易经》”，可谓经传不分。其他则与孙氏原文大致相同，而略有改动，如改末句“自一阳生而为《复》，进进不已，至于纯阳之《乾》而终焉。自一阴生而为《姤》，进进不已，至于纯阴之《坤》而终焉。以此见天数之运，周而复始者也”为“自一阳生而为《复》，一阴生而为《垢》，均生生不已，以见天数之周而复始也”，孙氏分言《复》、《姤》

二卦，卢氏则合并言之，并删“至于纯阳之《乾》而终焉”、“至于纯阴之《坤》而终焉”，大同小异，显系抄袭。

16. 太极生两仪，两仪生四象。四象之名，学者往往不能定，盖即元、亨、利、贞也。太极为形之始，生两仪者，天、地也。天尊地卑，乾坤之德可见。元、亨、利、贞，象在其中矣。以用言之，德也；以体言之，象也。四象复生八卦，而乾坤在其中，犹有子而知其父也。待四象而成德，故亦言生元、亨、利、贞。惟乾坤能备，他卦则否。万物由是而生、而长、而老、而死。在道为仁、义、礼、智，在时为春、夏、秋、冬，在物为金、木、水、火，其数则一、二、三、四。散于万殊，未能离此四者；合乎全体，则元、亨、利、贞，足以统而尽之矣。

【辨伪】此条抄自宋李季可《松窗百说》“四象”：

> 有太极是生两仪，两仪生四象。四象，学者往往不能定，盖元、亨、利、贞也。太极为形之始，生两仪，即天、地也。天尊地卑，则乾坤之德可见。元、亨、利、贞，象在其中矣。以用言之，德也；以体言之，象也。四象复生八卦，而乾坤在其中，犹有子而知其父也。待四象而成德，故亦言生元、亨、利、贞。唯乾坤能备，至他卦则异矣。万物由是而生，由是而长，由是而老，由是而死。在道为仁、义、礼、智，在时为春、夏、秋、冬，在物为金、木、水、火，其数则一、二、三、四。散于万殊，未始离此四者。合乎全体，则元、亨、利、贞，足以统而尽之。

今按：卢氏改首句“有太极是生两仪”为“太极生两仪”，改“至他卦则异矣”为“他卦则否”，改“万物由是而生，由是而长，由是而老，由是而死”为“万物由是而生、而长、而老、而死”等，行文有繁简之异，而其意相同，显系抄袭。

17. 班固《汉书》云：“《春秋》五《传》，谓左丘明、公羊高、穀梁赤、邹氏、夹氏。”又云：“邹氏、夹氏，未有书。”余考古书，亦未见有邹、夹二氏《传》者。而韩昌黎《赠卢仝诗》曰：“《春秋》五《传》束高阁，独抱遗经究终始。”想必当时犹有五《传》，故韩诗及之。至宋代以后，邹《传》、夹《传》俱遗佚耳。

【辨伪】此条抄自宋魏泰《临汉隐居诗话》：

> 班固云：“《春秋》五《传》，谓左丘明、公羊高、穀梁赤、邹氏、夹氏也。”又云：“邹氏无书，夹氏未有书。”而韩愈《赠卢仝诗》曰：“《春秋》五《传》束高阁，独抱遗经究终始。”不知此二《传》果何等书也。

今按：卢氏此条增补修改魏氏原文，如改“班固云”为“班固《汉书》云”，改“邹氏无书，夹氏未有书”为“邹氏、夹氏，未有书”，又增“余考古书，亦未见有邹、夹二氏《传》者”一句，并改末句“不知此二《传》果何等书也”为“想必当时犹有五《传》，故韩诗及之。至宋代以后，邹《传》、夹《传》俱遗佚耳”。卢氏于魏氏之论述，仅增补自己的推测而已，显系抄袭。此条又见卷十四第12条。

18. 朱子谓："南轩解《酒诰》一段天降命、天降威，诚为千古诸儒所不及。"盖谓："酒之为物，本以奉祭祀、供宾客，此即天之降命也。而人因酒之故，至于失德丧身，此即天之降威也。释氏本恶天降威，乃并天之降命者而亦去之。吾儒则不然，去其降威者而已，而天之降命者自在。如饮食而至于暴殄天物，释氏恶之，必欲食蔬断荤，吾儒则不至暴殄而已。衣服而至奢侈，释氏恶之，必欲粗衣大布，吾儒则去奢侈而已。至于淫慝为夫妇无别之累，吾儒则去其淫慝而已。释氏因恶淫慝，以绝人欲，并天理之公而亦去之。所以去人欲而坏人伦，畏天威而伤天理，除酒断荤，出家绝欲，不明道理，此其所以为释耶。"

【辨伪】此条节抄自宋叶绍翁《四朝闻见录》卷一甲集《东莱南轩书说》：

> 考亭先生尝观《书说》……又谓："南轩《酒诰》一段解天降命、天降威处，诚千百年儒者所不及。"今备载南轩之说："酒之为物，本以奉祭祀、供宾客，此即天之降命也。而人以酒之故，至于失德丧身，即天之降威也。释氏本恶天降威者，乃并与天之降命者去之。吾儒则不然，去其降威者而已。降威者去，而天之降命者自在。如饮食而至于暴殄天物，释氏恶之，而必欲食蔬茹，吾儒则不至于暴殄而已。衣服而至于穷极奢侈，释氏恶之，必欲衣坏色之衣，吾儒则去其奢侈而已。至于恶淫慝而绝夫妇，吾儒则去其淫慝而已。释氏本恶人欲，并与天理之公者而去之。吾儒去人欲，所谓天理者，昭然矣，譬如水焉。释氏恶其泥沙之浊，而窒之以土，不知土既窒，则无水可饮矣。吾儒不然，澄其泥沙，而水之澄清者可酌，儒释之分也。"

今按：卢氏改叶氏文中"考亭先生"为"朱子"，并删"尝观《书说》"以下。又删"降威者去"一语，改"而必欲食蔬茹"、"必欲衣坏色之衣"为"必欲食蔬断荤"、"必欲粗衣大布"，又改"至于恶淫慝而绝夫妇"为"至于淫慝为夫妇无别之累"，改"释氏本恶人欲"为"释氏因恶淫慝，以绝人欲"，大同小异，显系抄袭。而其改末尾三句为"所以去人欲而坏人伦，畏天威而伤天理，除酒断荤，出家绝欲，不明道理，此其所以为释耶"，与原意已不相同。

19. 或谓四六对偶起于六朝，骈四俪六、对白抽黄，而文体为之大变。以余考之，如《诗经》之"觏闵既多，受侮不少"、"诲尔谆谆，听我藐藐"、"发彼小豝，殪此大兕"，"岂不尔受，既其女迁"，虚实字眼，无一句非的对。又何独始于六朝哉？

【辨伪】此条节抄自宋孙奕《示儿编》卷三"章句对耦"：

> 章句始于《诗》，对耦亦始于《诗》。故三言若"深则厉"之类，四言若"关关雎鸠"之类，五言若"于嗟乎驺虞"，六言若"狂童之狂也且"，七言若"遭我乎猺之间兮"，八言若"十月蟋蟀入我床下"，是以后世由三言至七言，皆自此始。如"觏闵既多，受侮不少"、"诲尔谆谆，听我藐藐"、"发彼小豝，殪此大兕"、"岂不尔受，既其女迁"、"念子懆懆，视我迈迈"之句，无一字非的对。则世之骈四俪六、抽黄对白者，得非又发端于是与？

今按：卢氏改“则世之骈四俪六、抽黄对白者，得非又发端于是与”为首句“或谓四六对偶起于六朝，骈四俪六、对白抽黄，而文体为之大变”及末句“又何独始于六朝哉”，增“以余考之”四字，据孙氏考证为己有。又删孙氏所列《诗》中三言至八言例证，仅取其所列《诗》中对偶例证而加以改窜，如删“念子懆懆，视我迈迈”，显系抄袭。

20. 或谓七言始于《柏梁》，盛于建安，以余考之，岂独《柏梁》哉？《鄘风》曰：“送我乎淇之上矣。”《王风》曰：“知我者谓我心忧。”《郑风》曰：“还予授子之粲兮。”《齐风》曰：“遭我乎猺之间兮。”又曰：“尚之以琼琚乎而。”《魏风》曰：“胡取禾三百廛兮。”《豳风》曰：“二之日凿冰冲冲，三之日纳于凌阴。”《小雅》曰：“以燕乐嘉宾之心。”又曰：“如彼筑室于道谋。”《大雅》曰：“维昔之富不如时，惟今之疚不如兹。”“昔也日辟国百里，今也日蹙国百里。”《颂》曰：“学有缉熙于光明。”又曰：“予其惩而毖后患，仪式型文王之典。”又曰：“自今以始岁其有，君子有谷贻孙子。”楚狂歌曰：“今之从政者殆而。”项籍歌曰：“力拔山兮气盖世，时不利兮骓不逝。”汉祖歌曰：“大风起兮云飞扬。”皆七字也。然则《柏梁》之作，殆亦有所袭取矣。

【辨伪】此条抄自宋王得臣《麈史》卷中“诗话”：

> 世言七言诗肇于《柏梁》，而盛于建安。考之，岂独《柏梁》哉？《鄘风》曰：“送我乎淇之上矣。”《王风》曰：“知我者谓我心忧。”《郑风》曰：“还予授子之粲兮。”《齐风》曰：“遭我乎猺之间兮。”又曰：“尚之以琼华乎而。”《魏风》曰：“胡取禾三百廛兮。”《豳风》曰：“二之日凿冰冲冲，三之日纳于凌阴。”《小雅》曰：“以燕乐嘉宾之心。”又曰：“如彼筑室于道谋。”《大雅》曰：“维昔之富不如时，维今之疚不如兹。”“昔也日辟国百里，今也日蹙国百里。”《颂》曰：“学有缉熙于光明。”又曰：“予其惩而毖后患，仪式刑文王之典。”又曰：“自今以始岁其有，君子有谷贻孙子。”楚狂接舆歌曰：“今之从政者殆而。”项籍歌曰：“力拔山兮气盖世，时不利兮骓不逝。”汉高歌曰：“大风起兮云飞扬。”皆七字之滥觞也。然则《柏梁》之作，亦有所祖袭矣。唐刘存乃以“交交黄鸟止于棘”七言之始，盖合两句以言，误也。

今按：卢氏删末尾“唐刘存”一句，其他则稍作点窜，如改“世言七言诗肇于《柏梁》”为“或谓七言始于《柏梁》”，改“考之”为“以余考之”，则据王氏考证为己有。又改“皆七字之滥觞也”为“皆七字也”，改“亦有所祖袭矣”为“殆亦有所袭取矣”。大同小异，显系抄袭。

21. 梁钟嵘作《诗评》，摭拾本根，总核华实，收昭明之所遗，可谓至矣。其序：“《夏歌》曰‘郁陶乎余心’，《楚词》曰‘名余曰正则’，虽诗体未全，却是五言之滥觞。”余以为不然。《虞书》载《赓歌》之词：“元首丛脞哉。”至《诗》三百篇中，五字甚多，不可枚举。如《行露》曰“谁谓雀无角”四句，《小旻》曰“匪先民是程”亦系四句。《北山》之篇，其下三章率皆五字。《十亩之间》则全篇俱五字耳。谁谓始于夏哉？盖始于虞，衍于夏、商、周，逮汉则专为全体矣。

【辨伪】此条抄自宋王得臣《麈史》卷中“诗话”：

> 梁钟嵘作《诗评》，掎摭本根，总核华实，收昭明之所遗，可谓至矣。其序云：“《夏歌》曰‘郁陶乎余心’，《楚词》曰‘名余曰正则’，虽诗体未全，然略是五言之滥觞。”予以为不然。《虞书》载赓歌之词曰：“元首丛脞哉。”至《周诗》三百篇，其五字甚多，不可悉举。如《行露》曰：“谁谓雀无角，何以穿我屋。谁谓女无家，何以速我狱。”《小旻》曰：“匪先民是程，匪大犹是经。惟迩言是听，惟迩言是争。”至于《北山》之篇，其下三章率皆五字。又《十亩之间》，则全篇五字耳。然则始于虞，衍于周，逮汉专为全体矣。

今按：卢氏于王氏原文有所点窜，如改“予以为不然”为“余以为不然”，据王氏之考证为己有。又王氏引《行露》、《小旻》皆全引四句诗文，而卢氏改为“《行露》曰‘谁谓雀无角’四句，《小旻》曰‘匪先民是程’亦系四句”，又增“谁谓始于夏哉”，改“衍于周”为“衍于夏、商、周”。大同小异，显系抄袭。

22. 周公作《七月》之诗，何以兼用夏正、周正？盖周正建子，明一阳之生，以改正朔，故以日言。夏正建寅，顺四时之序，便于农事，故以月言。是周公以日月分阴阳，谓阴生于午，五月、六月、七月、八月、九月、十月皆属阴，故以月言之。谓阳生于子，一之日、二之日、三之日、四之日皆属阳，故以日言之。若夏之三月，不曰“五之日”，而曰“春日载阳”，言可蚕之时，所谓“季春三月，躬桑以劝蚕事”也。(《月令》)夏之四月，不曰“六之日”，而曰“四月秀葽”，盖正阳之月嫌于无阴，亦犹十月嫌于无阳，所以夏、周兼用。

【辨伪】此条抄自宋孙奕《示儿编》卷三“七月兼夏周正”：

> 周公作《七月》，备陈一岁之事，而正则迭用夏、周，何也？意其夏正建寅，顺四时之序，便于农事，乃以月言。周正建子，明一阳之生，以改正朔，乃以日言。盖周公以日月分阴阳，谓阴生于午，是以五月、六月、七月、八月、九月、十月皆属阴，故以月言之。谓阳生于子，是以一之日、二之日、三之日、四之日皆属阳，故以日言之。若夫夏之三月，不曰“五之日”，而曰“春日载阳”，言可蚕之候，所谓“季春之月，躬桑以劝蚕事”也。(《月令》)夏之四月，不曰“六之日”，而曰“四月秀葽”，盖正阳之月嫌于无阴，亦犹十月嫌于无阳，谓之“岁亦阳止”也。

今按：卢氏改孙氏原文首句“周公作《七月》，备陈一岁之事，而正则迭用夏、周，何也”为“周公作《七月》之诗，何以兼用夏正、周正”，其意相同。而此下孙氏论夏正言月、周正言日，卢氏则颠倒顺序，先列周正言日，后列夏正言月。并改末句“谓之‘岁亦阳止’也”为“所以夏、周兼用”，即孙氏标题之意，显系抄袭。

23. “乡原，德之贼。”朱子云：“原与愿同。”其实非也。按：愿之为言，悫也。原悫则为谨厚之人，必不肯同流合污。如此所谓“乡原”，即推原人之情意，随波逐流，佞伪驰骋，苟合求媚于世，故曰：一乡之原，人是以为德之贼也。司马温公解《杨子》“贼仁近于乡原”，谓：“其徇众，求媚于人者。”其说近之。

【辨伪】此条抄自宋孙奕《示儿编》卷五“乡原”：

> “乡原，德之贼。”晦庵先生云：“原与愿同。”非也。愿之为言，悫也。愿悫则为谨厚之人，必不肯同流合污。所谓“乡原”，即推原人之情意，随波逐流，佞伪驰骋，苟合求媚于世，故曰：一乡之原，人是以为德之贼也。司马温公解《杨子》“贼仁近乡原”，谓：“所至之乡，徇众随俗，求媚于人者。”其说尽之。

今按：卢氏改“晦庵先生”为“朱子”，又于孙氏之考证前加一“按”字，并改司马光解语“所至之乡，徇众随俗”为“其徇众”，可谓妄改。又改“尽之”为“近之”，显系抄袭。

24.“羔羊之皮”、“羔羊之革”，毛注谓：“革，犹皮也。”初无分别。《说文》云：“兽治去其毛曰革。”郑注谓：“皮若虎豹熊罴有文章者，革谓无文章者，去毛而献之。”王光远曰：“未练治谓之皮，已练治谓之革。”此一说也。《周礼》皮车谓革车，去毛得称皮，有毛得称革，此又一说也。《论语》：“虎豹之鞟，犹犬羊之鞟。”是虎豹与犬羊无别，谓无毛文识认也。鞟即革，注云皮去毛者矣。按八音之中，革谓鼗鼓，则革以去毛无疑矣。

【辨伪】此条抄自宋孙奕《示儿编》卷十三“皮革”：

> 《羔羊》诗曰：“羔羊之皮。”又曰：“羔羊之革。”毛曰：“革，犹皮也。”初无区别。孔曰：“《说文》谓：‘兽皮治去其毛曰革。’对文则皮、革异，散文则皮、革通。”郑注“掌皮”曰：“皮谓若虎豹熊罴有文章者，革谓无文章者，去毛而献之。”王光远曰：“未练治谓之皮，已练治谓之革。”此一说也。《司裘》曰：“大裘饰皮革。”谓革辂也。去毛得称皮，有毛得称革。此又一说也。然《论语》：“虎豹之鞟，犹犬羊之鞟。”“虎豹与犬羊别者，并以毛文异耳。”乃知鞟即革也。按八音之中有革，谓鼗鼓也，则革已去毛无疑矣。若夫《帝王世纪》曰：“黄帝煞夔，以其皮为鼓。”庸非毛氏所谓“革，犹皮也”？

今按：卢氏删“《羔羊》诗曰”，直接引用两诗句；又删“孔曰”二字及“对文则皮、革异，散文则皮、革通”，仅录《说文》之语；引郑注亦删“掌皮”二字，此皆致引文出处不明。又删去《司裘》中皮革之说，及末句引《帝王世纪》之语。又改“‘虎豹与犬羊别者，并以毛文异耳。’乃知鞟即革也”为“是虎豹与犬羊无别，谓无毛文识认也。鞟即革，注云皮去毛者矣”，其意相同，显系抄袭。

25.“于橐于囊”，毛注：“小曰橐，大曰囊。”《左传》称：“赵盾见灵辄饿，与之单食与肉，置诸橐而予之。”是橐惟盛食器，此其小者之证也。《公羊传》称：“陈乞欲公子阳生，盛之巨橐。”囊内可以容人，此其大者之证也。《说文》云：“无底曰囊，有底曰橐。”而何以董氏谓：“有底为囊，无底曰橐。”其说不同，《唐韵》亦谓“橐为无底囊”，此二说又与前注迥别，故并录以待参考。

【辨伪】此条抄自宋孙奕《示儿编》卷十三"囊橐":

《公刘》之诗曰:"于橐于囊。"毛曰:"小曰橐,大曰囊。"孔曰:"《左传》称:'赵盾见灵辄饿,为之箪食与肉,置诸橐以与之。'橐惟盛食而已,是其小也。《公羊传》称:'陈乞欲立公子阳生,盛之巨囊。'囊内可以容人,是其大也。"《说文》曰:"无底曰囊,有底曰橐。"董氏曰:"无底曰橐,有底曰囊。"《唐韵》曰:"橐无底囊。"二说不同,并存之。

今按:卢氏删"《公刘》之诗曰"及"孔曰",又改"橐惟盛食而已,是其小也"、"囊内可以容人,是其大也"二句为"是橐惟盛食器,此其小者之证也"、"囊内可以容人,此其大者之证也",其意相同。末尾引《说文》与董氏、《唐韵》二者观点,与《毛诗注疏》不同,卢氏仅改变句式,又改"二说不同,并存之"为"此二说又与前注迥别,故并录以待参考",其意亦同,显系抄袭。

26."有驒有骆,有駵有雒。"注谓:"白马黑鬣曰骆,赤身黑鬣曰駵,黑身白鬣曰雒。"又"乘乘鸨"注:"马白杂毛曰鸨。"

【辨伪】此条节抄自宋彭叔夏《文苑英华辨证》卷八"鸟兽":

张说《陇右监牧碑》:"骓駓驒骆骃,騢駵雒鸨駮。"集以骆作骆,鸨作骝,駵雒作驲骆。按:《诗》:"有驒有骆,有駵有雒。"注:"白马黑鬣曰骆,赤身黑鬣曰駵,黑身白鬣曰雒。"又"乘乘鸨"注:"骊白杂毛曰鸨。"此碑正用《诗》中語,集本恐非。

今按:彭氏此条考证张说《陇右监牧碑》中用《诗》語,并谓其文集中异文为非。卢氏则仅取其中《毛诗》正文与注文,看似从《毛诗》抄来,其实为节录彭氏考证"《诗》"至"骊白杂毛曰鸨"而来,显系抄袭。

27. 学者当以质直为本。《论语》:"质直而好义。"《孟子》曰:"不直,则道不见,我且直之。"放勋曰:"康之直之。"《孟子》:"以直养而无害。"《楞严经》云:"三世诸佛皆以直心成正觉,因地不直,果招迂曲。"《维摩经》言:"直心是菩萨净土。"历观古人为学,只是一个"直"字,学者不可忽也。

【辨伪】此条抄自宋陈鹄《耆旧续闻》卷二:

学者当以质直为本。孔子曰:"质直而好义。"孟子曰:"不直,则道不见,我且直之。"放勋曰:"康之直之。"孟子曰:"以直养而无害。"《楞严经》亦言:"三世诸佛皆以直心成等正觉,因地不直,果招迂曲。"《维摩经》言:"直心是菩萨净土。"但(一作历)观古人为学,只是一个"直"字,学者不可忽也。

今按:卢氏改"孔子曰"为"《论语》",又《楞严经》中缺一"等"字,原文中"但"、"历"为异文,而卢氏取"历"字,其他基本相同,显系抄袭。

28. 徐吾犯之妹美，公孙楚聘之矣。公孙黑强委禽焉，犯告子产，产曰：惟所欲与。犯召二子于家，使女自择。女曰：楚也。遂归楚。黑怒，荷甲而往，将杀楚以夺妻。楚执戈逐之，黑伤焉。子产曰：厥罪惟均，然幼凌长，贱犯贵，罪在楚也。数其罪而放之吴。夫楚信有罪矣，然不能无辞。楚也先聘，黑也强之，直在楚，不在黑也。黑也衷甲，楚也执戈以御而逐之，曲虽在楚，而亦在黑也。乌得谓为均直耶？且子产不能自主，而曰惟所欲与，是国无政也。犯又不能自主，而曰惟妹所择，是家无政也。恶在其为政乎？其后子皙日益骄姿，遂谋作乱，幸其病而赐之死，不然，难未已也。余谓子产失其政刑，宜孟子以不知为政讥之。

【辨伪】此条抄自明方鹏《责备余谈》卷上“子皙昆弟争室”：

> 郑徐吾犯之妹美，公孙楚聘之矣，公孙黑（即子皙）强委禽焉，犯告子产，子产曰：唯所欲与。犯召二子于家，使女自择之。女曰：楚也。遂归于楚。黑怒，櫜甲而往，将杀楚而夺其妻。楚执戈逐之，伤黑。子产曰：均直也，然幼凌长，贱犯贵，罪在楚也。数其罪而放之吴。夫楚信有罪矣，然不能无辞也。楚也先聘，黑也强之，直在楚，不在黑也。黑也櫜甲，楚也逐之，曲在楚，亦在黑也。恶得谓之均直耶？且子产不能主，而曰惟犯所与，是国无政也。犯又不能主，而曰惟汝所择，是家无政也。恶在其为政耶？既而子皙日益骄姿，遂谋作乱，幸其病而赐之死，不然，难未已也。

今按：卢氏除于末尾增“余谓子产失其政刑，宜孟子以不知为政讥之”一句外，其他与方氏之文大同小异，如改“伤黑”为“黑伤焉”，改“均直也”为“厥罪惟均”，改两“櫜甲”为“荷甲”、“衷甲”，改“楚也逐之”为“楚也执戈以御而逐之”，显系抄袭。

29.《诗》：“一发五豝。”读者多谓一箭射五豕，而不知非也。按古制：射毕十二箭，为一发。“一发五豝”，谓射十二箭乃能得五豕耳，非谓一箭射得五豕。见《猗觉寮［杂］记》。何退之作《薛助教志》亦云“三发连三中”，将一发亦误解？

【辨伪】此条抄自宋朱翌《猗觉寮杂记》卷下：

> 世以射一箭为一发，非也。射毕十二箭，方为一发。“一发五豝”，非一箭射五豕也，十二箭乃能射五豕耳。退之作《薛助教志》云：“三发连三中的。”亦误也。

今按：卢氏此条称“见《猗觉寮［杂］记》”，交代文献来源。而于原文多有改动，如改“世以射一箭为一发，非也”为“《诗》：‘一发五豝。’读者多谓一箭射五豕，而不知非也”，又增“按古制”三字。末尾论韩愈“三发连三中”之误，看似卢氏于《猗觉寮［杂］记》之外有所增补，其实亦为抄袭《猗觉寮杂记》之文而来。

30.《舜典》曰：“诗言志，歌永言，声依永，律和声。”《诗序》曰：“在心为志，发言为诗。情动乎中而形于言，言之不足，故嗟叹之；嗟叹之不足，故（歌咏）［咏歌］之；咏歌之不足，不知手之舞之，足之蹈之。”《乐记》曰：“诗言其志，歌咏其声，舞动其容，三者本于心，然后乐器从之。”故有心则有诗，有诗则有歌，有歌则有声律，则有乐歌。永言即诗也。

【辨伪】此条抄自宋王灼《碧鸡漫志》卷一：

> 《舜典》曰：“诗言志，歌永言，声依永，律和声。”《诗序》曰：“在心为志，发言为诗。情动于中而形于言，言之不足，故嗟叹之；嗟叹之不足，故永歌之；永歌之不足，不知手之舞之，足之蹈之。”《乐记》曰：“诗言其志，歌咏其声，舞动其容，三者本于心，然后乐器从之。”故有心则有诗，有诗则有歌，有歌则有声律，有声律则有乐歌。永言即诗也，非于诗外求歌也。

今按：卢氏仅改“有歌则有声律，有声律则有乐歌”为“有歌则有声律，则有乐歌”，并删“非于诗外求歌也”，其他大致全同，显系抄袭。

31. 古人诗与乐原未分别。舜命夔教胄子，诗歌声律，率有次第。故太史采《诗》，命太师播为乐章，而声律随具。非若今时之乐府，有歌有谣，有吟有引，有行有曲，种种名目之各异耳。

【辨伪】此条节抄自宋王灼《碧鸡漫志》卷一：

> 今先定音节，乃制词从之，倒置甚矣，而士大夫又分诗与乐府作两科。……故乐府中有歌有谣，有吟有引，有行有曲。今人于古乐府，特指为诗之流，而以词就音，始名乐府，非古也。舜命夔教胄子，诗歌声律，率有次第。……其君臣《赓歌》、《九功》、《南风》、《卿云》之歌，必声律随具。古者采《诗》，命太师为乐章，祭祀、宴射、乡饮皆用之。

今按：卢氏改“今先定音节，乃制词从之，倒置甚矣，而士大夫又分诗与乐府作两科”为“古人诗与乐原未分别”一句。改“其君臣《赓歌》、《九功》、《南风》、《卿云》之歌，必声律随具。古者采《诗》，命太师为乐章，祭祀、宴射、乡饮皆用之”为“故太史采《诗》，命太师播为乐章，而声律随具”，改“故乐府中有歌有谣，有吟有引，有行有曲。今人于古乐府，特指为诗之流，而以词就音，始名乐府，非古也”为“非若今时之乐府，有歌有谣，有吟有引，有行有曲，种种名目之各异耳”，虽变乱顺序，而其意大致相同，显系抄袭。

32. 古人以诗为乐，非若今世之教坊可比。夫子语太师以乐，良以古者歌工、乐工，皆非庸人，故有适齐、适蔡等举，夫子一一记之。然八人之中，又有襄而曾为夫子学琴之师者，见于《家语》。又子贡可以言《诗》，亦尝学乐于师乙，问赐宜何歌，答曰：“慈爱者宜歌《商》，温良而能断者宜歌《齐》，宽而静、柔而正者宜歌《颂》，广大而静、疏达而信者宜歌《大雅》，恭俭而好礼者宜歌《小雅》，正直而静廉而谨者宜歌《风》。”师乙，贱工也，乃能至此。

【辨伪】此条抄自宋王灼《碧鸡漫志》卷一：

子语鲁太师乐，知乐深矣。鲁太师者，亦可语此耶？古者歌工、乐工，皆非庸人，故挚适齐，干适楚，缭适蔡，缺适秦，方叔入河，武入汉阳，襄入海，孔子录之。八人中，其一又见于《家语》，孔子学琴于师襄子，襄子曰："吾虽以击磬为官，然能于琴，今子于琴已习是也。"子贡问师乙，赐宜何歌。答曰："慈爱者宜歌《商》，温良而能断者宜歌《齐》，宽而静柔而正者宜歌《颂》，广大而静、疏达而信者宜歌《大雅》，恭俭而好礼者宜歌《小雅》，正直而静廉而谦者宜歌《风》。"师乙，贱工也，学识乃至此。

今按：卢氏于前增"古人以诗为乐，非若今世之教坊可比"一句，其后记孔子语鲁太师乐、学琴于师襄子，子贡问师乙歌等事，皆改窜《碧鸡漫志》而来，如改"故挚适齐，干适楚，缭适蔡，缺适秦，方叔入河，武入汉阳，襄入海，孔子录之"为"故有适齐、适蔡等举，夫子一一记之"。又改"其一又见于《家语》，孔子学琴于师襄子"为"有襄而曾为夫子学琴之师者，见于《家语》"，而删"师襄子曰"一句。又改"子贡问师乙，赐宜何歌"为"又子贡可以言《诗》，亦尝学乐于师乙，问赐宜何歌"，改"学识乃至此"为"乃能至此"，大同小异，显系抄袭。

33.《诗序》为子夏作，盖始于毛公耳。班固《汉书》云："晚有毛公，自以为子夏所传，河间王好之，未得立。"是也。则子夏《诗序》，独出于毛而已。后汉卫宏亦以为序出子夏，是袭毛说耳。毛承秦火之余，去古未远，必有所本，但今无考焉。如《关雎》，后妃之德也；《葛覃》，后妃之本也。此一句孔子所题，其下乃毛公申明之言耳。详于逐篇，何以知之？圣人删次风、雅、颂，有其义而亡其辞。康成以为出于毛公之言，此可知矣。故《诗序》只存一句者，《召南》则《草虫》，《邶风》则《式微》及《采葛》，《桧》之《素冠》，《小雅》则《出车》等二十七篇，《大雅》则《明堂》等一十篇，《周颂》则《维清》等二十五篇，《鲁颂》则《有駜》等三篇，《商颂》则《烈祖》、《玄鸟》四篇，皆止于元题一句，盖非孔子不能作，其余篇序，察其文势，自是二公之作明矣。况孔子云："赐与商可与言《诗》。"而独云："起予者，商也。"毛公以为序出于子夏，必有传授之自，惜世远莫得而见也。

【辨伪】此条抄自宋王得臣《麈史》卷中"经义"：

世之说《诗》者，以序子夏所为，盖始于毛公耳。班固《汉书》曰："晚有毛公者，自以为子夏所传，河间王好之，未得立。"是也。则子夏序《诗》，独出于毛公而已。后汉卫宏亦以为子夏序，盖袭毛说耳。毛承秦火之余，去古道为近，必有所本，但今无以考焉。或曰：孔子言："商、赐可与言《诗》。"于子夏独曰："起予者，商也。"是说者之所本与？予以为，序非出于子夏。且圣人删次风、雅、颂，其所题曰美、曰刺、曰闵、曰恶、曰规、曰诲、曰诱、曰惧之类，盖出于孔子，非门弟子之所能与也。然若《关雎》，后妃之德也；《葛覃》，后妃之本也，此一句孔子所题，其下乃毛公发明之言耳。详于逐篇，自可以见。何以知之，六篇之下云："有其义而亡其词。"康成以为出于毛公之言，此可以知矣。故《诗》序止存一句者，若《召南》则《草虫》，《邶风·燕燕》及《式微》，《王》之《采葛》，《桧》之《素冠》，《小雅·出车》、《杕杜》

等二十七篇，《大雅·文王》、《大明》等一十篇，《周颂·维清》等二十五篇，《鲁颂·有駜》、《泮水》、《閟宫》三篇，《商颂·烈祖》、《玄鸟》、《长发》、《商武》四篇，皆止于元题一句，盖非孔子不能作也。其余篇序，察其文势，反复相明，自是二公之作明矣。抑予见于史传，齐鲁解《诗》，以《关雎》本于衽席，又曰："佩玉不鸣，《关雎》刺之。"若《韩诗》则以《汝坟》为思亲之诗。三家者，盖皆不得孔子真。独毛公得之，其自以谓子夏所传，必有传受之自，惜乎世远莫得而见也。

今按：卢氏改"世之说《诗》者，以序子夏所为"为"《诗序》为子夏作"，改"且圣人删次风、雅、颂"、"何以知之，六篇之下云：'有其义而亡其词'"二句为"圣人删次风、雅、颂，有其义而亡其辞"。卢氏所列《毛诗》篇目，较之王氏所列，多有讹误，如改"《邶风·燕燕》及《式微》，《王》之《采葛》"为"《邶风》则《式微》及《采葛》"，而《采葛》属《王风》，非《邶风》。又改"或曰：孔子言：'商、赐可与言《诗》。'于子夏独曰：'起予者，商也'"及末尾"独毛公得之，其自以谓子夏所传，必有传受之自，惜乎世远莫得而见也"为"况孔子云：'赐与商可与言《诗》。'而独云：'起予者，商也。'毛公以为序出于子夏，必有传授之自，惜世远莫得而见也"，大同小异，显系抄袭。

34.《诗》："茑与女萝，施于松上。"诸家解释纷纷，不一其说。原注云："菟丝也。"《吴普本草》："菟丝，一名松萝。"余参考诸书，据陶弘景云："茑是桑上寄生，女萝是松上寄生。"据陆佃《稗雅》云："茑是松柏上寄生，萝是松上浮蔓者。"又云："在木为女萝，在草为菟丝。"据郑樵《通志》云："寄生有二种，大曰茑，小曰女萝。"据陆机《诗疏》云："菟丝，蔓生草上，黄赤如金色，非松萝也。松萝，蔓延松上，生枝叶青，臭与菟丝殊。"据罗愿《尔雅翼》云："女萝，色青而细长，故《离骚》云：被薜荔兮带女萝。谓青长如带也。"菟丝黄赤，不相类。然二者皆附物而生，有时相结。此与陆机《疏》、《古乐府》暗合。据《古乐府》云："南山羃羃菟丝花，北陵青青女萝树。由来花叶同一心，今日枝条分两处。"又据《唐乐府》云："菟丝故无情，随风任颠倒。谁使女萝枝，而来强萦抱。两草犹一心，人心不如草。"今总集诸书考证，以余见解，菟丝、女萝，当是二物，女萝蔓延松上，以二陆、罗氏之为的确。《诗》注菟丝，误矣。

【辨伪】此条抄自明李时珍《本草纲目》卷三十七：

> 时珍曰：按毛苌《诗》注云："女萝，菟丝也。"《吴晋本草》："菟丝，一名松萝。"阳弘景谓："茑是桑上寄生，松萝是松上寄生。"陆佃《埤雅》言："茑是松柏上寄生，女萝是松上浮蔓。"又言："在木为女萝，在草为菟丝。"郑樵《通志》言："寄生有二种，大曰茑，小曰女萝。"陆玑《诗疏》言："菟丝，蔓生草上，黄赤如金，非松萝也。松萝，蔓延松上，生枝正青，与菟丝殊异。"罗愿《尔雅翼》云："女罗，色青而细长，无杂蔓，故《山鬼》云：被薜荔兮带女萝。谓青长如带也。"菟丝黄赤，不相类。然二者附物而生，有时相结，故《古乐府》云："南山羃羃菟丝花，北陵青青女萝树。由来花叶同一心，今日枝条分两处。"《唐乐府》云："菟丝故无情，随风任颠倒。谁使女萝枝，而来强萦抱。两草犹一心，人心不如草。"据此诸说，则女萝之为松上蔓，当以二陆、罗氏之说为的。其曰菟丝者，误矣。

今按：卢氏除增首句“《诗》：‘茑与女萝，施于松上。’诸家解释纷纷，不一其说”以及文中“此与陆机《疏》、《古乐府》暗合”一句外，其考证所引诸书，皆抄袭李时珍考证而来，且有误抄者，如李氏引《尔雅翼》，其中“被薜荔兮带女萝”引自“《山鬼》”，今检《楚辞》及《尔雅翼》皆然，而卢氏改为“《离骚》”，不知何据。其中“余参考诸书”、“今总集诸书考证，以余见解”二语，又据李氏之考证为己有，显系抄袭。

35.《咸》之感无心，感以心也。《兑》之悦无言，悦以诚也。尧之于变时雍，孔子之绥来动和，其感至矣。文王“灵台”之乐，宣王“云汉”之忧，其说深矣。

【辨伪】此条抄自宋王应麟《困学纪闻》卷一：

> 《咸》之感无心，感以虚也。《兑》之说无言，说以诚也。尧之于变时雍，孔子之绥来动和，其感至矣。文王“灵台”之乐，宣王“云汉”之忧，其说深矣。

今按：卢氏改王氏原文“感以虚也”为“感以心也”，改“《兑》之说无言，说以诚也”为“《兑》之悦无言，悦以诚也”，“《咸》之感无心”，如何“感以心”？《兑》有言为“说”，如何称“《兑》之悦无言”？卢氏可谓妄改古书，致文意不通。但其明显系抄袭王氏而来。

36. 吴才老云：“伏生口授与经传所引，有文异而有益于经，有文异而无益于经，有文异而音同者，有文异而义同者。”如“以闰月定四时成岁”，古文作“正”，开元本乃作“定”。“舜让于德，弗嗣”，班固引作“不台”，《史记》亦作“唐尧逊位，虞舜不台”。“高宗亮阴”，《礼记》作“谅闇”，《汉书·五行志》作“谅阴”，《大传》“梁闇”。“钦明文思安安”，《考灵耀》作“晏晏”。“费誓”，《说文》作“粊誓”，《史记》作“肸誓”。“宅嵎夷”，《考灵耀》及《史记》均作“禺铁”，《尧本纪》又作“郁夷”，《正义》“郁”音“隅”，《夏本纪》“嵎夷既略”，而《今文尚书》及《帝命验》又作“禺鐵”，按鐵即古夷字。

【辨伪】此条节抄自宋王应麟《困学纪闻》卷二中两则。其一：

> 吴才老《书裨传·考异》云：“伏氏口传与经传所引，有文异而有益于经，有文异而无益于经，有文异而音同，有文异而义同。”才老所述者，今不复著。“以闰月定四时成岁”，古文“定”作“正”，开元误作“定”。（晁景迂云。）“舜让于德，弗嗣”，班固《典引》作“不台”。（《史记自序》：唐尧逊位，虞舜不台。）……“高宗亮阴”，《礼记》作“谅闇”，《汉·五行志》作“凉阴”，《大传》作“梁闇”。……“钦明文思安安”，《考灵耀》作“晏晏”。……“费誓”，《说文》作“粊誓”，《史记》作“肸”，《大传》作“鲜”。

其二：

> “宅嵎夷”，《释文》云：“《尚书考灵耀》及《史记》作‘禺铁’。”今按《史记·尧本纪》“居郁夷”，《正义》“郁”音“隅”，《夏本纪》“嵎夷既略”，《索隐》云：“《今文尚

书》及《帝命验》并作‘禺鐵’。”(古夷字。)薛氏曰：“今登州之地。”

今按：王氏引吴棫之言出自《书禆传·考异》，而卢氏删去书名；又删“才老所述者，今不复著”一句。王氏举例较多，而卢氏仅节录其中五例，又补《困学纪闻》中“宅嵎夷”一则，合两条为一条。卢氏于所节录之例证中，亦多删节，如“以闰月定四时成岁”例后删注文“晁景迂云”，“宅嵎夷”例中删“《释文》云”、“《索隐》云”，而直接引用《释文》、《索隐》之语。又改“《史记》作‘肹’”为“《史记》作‘朕誓’”，则属误改。又改注文“古夷字”为正文“按鐵即古夷字”，而删“薛氏曰：今登州之地”一句，大同小异，显系抄袭。

37. 君陈，乃周公之子，伯禽之弟。见于《坊记注》，他无所考。《传》中有凡、蒋、邢、茅、胙、祭，岂君陈其一欤？按《礼疏》引康成作《诗谱》云：“元子伯禽封鲁，次子君陈世守采地。”又《王莽传》周公之子七人，盖合鲁与凡、蒋诸国而言，则七人也。不知君陈世袭周公采地，在七人之外否？抑或周公之子有八人欤？考《竹书纪年》：成王十一年，王命周平公治东都。沈约注云：“周平公即君陈，周公之子。”又宣王中兴，辅之者亦有周公，皆属君陈之后裔。而陈少南与苏氏等，均谓君陈非周公子，无所确据，余未敢信以为是，当从郑康成之说为定。

【辨伪】此条抄自宋王应麟《困学纪闻》及阎若璩、全祖望、翁元圻三家注语。《困学纪闻》卷二：

君陈，盖周公之子，伯禽弟，见《坊记注》，它无所考。《传》有凡、蒋、邢、茅、胙、祭，岂君陈其一人欤？凡伯祭公、谋父，皆周公之裔，世有人焉，家学之传远矣。

阎若璩注：

《礼记疏》引郑康成《诗谱》曰：“元子伯禽，封鲁；次子君陈，世守采地。”今《诗谱》无“伯禽”、“君陈”字。

全祖望注：

《汉书·王莽传》谓周公之子七人，盖合鲁与凡、蒋诸国，则七人也。不知王官之世袭周公者，在七人之外，是或即君陈之裔。苏氏疑君陈非周公子，或云特如君奭、君牙之类。然周公之子有八人则无疑矣。

又注：

宣王中兴，辅之者亦有周公。宰孔亦有见识。

翁元圻注：

林氏《尚书全解》曰："君臣，汉孔氏但曰臣名。康成注《坊记》曰：君陈，盖周公之子，伯禽弟也。案：《左传》有周公黑肩、周公阅、周公忌父、周公楚。盖周公之子，伯禽则封于鲁，继世为诸侯。又有一子，则食采于畿内，继世为王朝之臣。康成谓伯禽弟，意者盖指此也。苏氏、陈少南俱以郑氏为非，而陈少南为详，谓周公命康叔，成王命蔡仲，父子之苗裔，见于告戒之辞，如是之审，况周公叔父，有大勋劳于成王，今命其子以继父事，何无懿亲之语，若言他人然？决无是理也。"

今按："按"字之前，卢氏抄《困学纪闻》，而删其末句。"《礼疏》"一句抄阎若璩按语。"又《王莽传》"、"又宣王中兴"二句抄全祖望注，而有改窜。"而陈少南"一句抄自翁元圻注，翁氏引林氏《尚书全解》而无判断，卢氏则谓从郑氏之说。又"考《竹书纪年》"一句，或为卢氏增补。

38.《诗》："韩侯出祖，出宿于屠。"《毛诗》注："屠，地名。"不言所在，潏水李氏以为同州鄜谷。余考《说文》有左冯翊鄜阳亭，冯翊即今同州也。李氏之言可据。

【辨伪】此条抄自宋王应麟《困学纪闻》卷三：

"韩侯出祖，出宿于屠。"毛氏曰："屠，地名。"不言所在。潏水李氏以为同州鄜谷。今按《说文》有左冯翊鄜阳亭(同都切)，冯翊即同州也。潏水之言信矣。

今按：卢氏补王氏引文出处，又改"毛氏曰"为"《毛诗》注"，改王氏"今按"为"余考"，据王氏之考证为己有；又改"潏水之言信矣"为"李氏之言可据"，其意相同，显系抄袭。

39.《诗》："出宿于干，饮饯于言。"说《诗》者，亦未详其地。《隋志》：邢州内丘县，有干言山。而李公绪云："柏人县有干山、言山。"见《太平御览》。又《鲁颂》："徂来之松，新甫之柏。"《后汉书》注：兖州博城县有徂来山。即今山东太符县也。而新甫不注其地所在。余考《后魏·地形志》：鲁郡有新甫山。原注：汉汶阳故城也。今泰安新泰县西北有宫山，即新甫山也。

【辨伪】此条抄自宋王应麟《困学纪闻》及清万希槐注。《困学纪闻》卷三：

《泉水》云："出宿于干，饮饯于言。"说《诗》者，未详其地。《隋志》：邢州内丘县，有干言山。(李公绪记云："柏人县有干山、言山。柏人，邢州尧山县。")《鲁颂》"徂来之松"，《后汉》注：兖州博城县有徂来山。(一名尤来。)"新甫之柏"，传、注不言山之所在，唯《后魏·地形志》：鲁郡汶阳县有新甫山。(《通典》：汉汶阳故城，在兖州泗水县东南。)太史公闻之董生曰："《诗》记山川溪谷，禽兽草木，则山川不可不考也。"

万希槐注：

李说见《太平御览》四十五。《诗地理考》：……又《元和郡县志》："徂来山，亦曰尤来山，在兖州干封县。"今奉符县。……又按：泰安府新泰县西北有宫山，本名新甫山。

今按：首句诗，王氏引自"《泉水》"，而卢氏则改为"《诗》"。又改注文"李公绪记云：柏人县有干山、言山"为正文，并改万氏注语"李说见《太平御览》四十五"为"见《太平御览》"。王氏于《鲁颂》二句诗，先后引述，并加考证；卢氏则先总引二句诗，再作考证，并改万氏注语"又按：泰安府新泰县西北有宫山，本名新甫山"为正文"即今山东太符县也"。又于王氏引证《后魏·地形志》前加"余考"二字，并改王氏注语所引"《通典》"为"原注"，显系抄袭。

卷　二

读史随笔

1. 上古无纪元之说。以一字纪元者，始于西汉文帝之后元年，景帝之前三年、中元年、后元年。以二字纪元者，始于汉武帝之建元。以三字纪元者，始于梁武帝之中大通，继以中大同。以四字纪元者，始于前汉哀帝之太初元将，后汉光武之建武中元，魏太武帝之太平真君，唐武后之天册万岁，又万岁通天，又改万岁登丰，宋太宗之太平兴国，真宗之大中祥符，徽宗之建中靖国。余按：改元始于秦惠王。据《通鉴·周显王四十五年》："秦惠王改其国十四年为元年。"注云："古未有改元者，盖始于此。"又张芸叟《年历辨误》云："汉哀帝建平二年夏，贺良等奏汉家历运中衰，当再受命改元。乃诏改元太初元将元年，称号陈圣刘太平皇帝。八月诏蠲除之。《本纪》但称太初元年，脱去'元将'二字，盖太初本武帝号，不容更袭旧号。"又光武建武三十二年东封泰山，四月诏以建武三十二年改为建武中元元年，而温公《考异》及诸史多脱去"建武"二字，遂以为世祖中元元年四月改元，误矣。

【辨伪】此条抄自宋孙奕《示儿编》卷十四"纪元"：

纪元非古也，其起于谁乎？以一字纪元者，始于西汉文帝之后元年，景帝之前三年、中元年、后元年。以二字纪元者，始于西汉武帝之建元。以三字者，始于梁武帝之中大通，继以中大同。以四字者，始于前汉哀帝之太初元将，申于后汉光武之建武中元，又申于魏大武帝之太平真君，唐武后之天册万岁。又曰万岁登封，又曰万岁通天，继于我宋太宗之太平兴国，真宗之太中祥符，徽宗之建中靖国。唯复周制不改元但称元年者，自西魏废帝始，至于周明帝复改元。……《通鉴·周显王纪四十五年》："秦惠王改其国十四年为元年。"注云："古未有再改元，盖始于此。"张耘叟《年历辨误》云："汉哀帝建平二年夏，待诏夏贺良等言汉家历运中衰，当再受命，宜改元易号。乃诏改为太初元将元年，号曰陈圣刘太平皇帝。八月复诏蠲除之。《本纪》但称太初元年，脱'元将'二字。况太初本武帝号，与哀世相去未远，不容更袭旧号，盖后之校雠者误也。"温公《考异》曰："世祖中元元年四月改元，《续汉志》云：'以建武三十二年为建武中元元年。'《纪年通谱》云：'据《纪》、《志》俱出范氏，而所载不同，此必传写脱误。今官书累经校定，学者失于精审，但见改元复有建武二字，辄以意删去，斯为谬矣。'梁武帝大同、大通之号，俱有中字，是亦宪章于此。今从袁《纪》、范《书》。"《后汉·光武纪》以二月登封泰山，四月己卯大赦，改元为中元。案《礼仪志》载封禅事云："以建武三十二年为建武中元元年。"《东夷列传》亦云："建武中元二年，倭奴国奉贡朝贺。"据《纪》、《传》俱出范氏，而所载不同如此，盖后之校定者，但见改元复有建武二字，辄以意删去之，误矣。

今按：卢氏改孙氏首句"纪元非古也，其起于谁乎"为"上古无纪元之说"，其下所列诸年号与孙氏所列全同，而文字稍有差异，如"万岁登封"改为"万岁登丰"，"继于我宋太宗之太平兴国"改为"宋太宗之太平兴国"，此后又增"余按：改元始于秦惠王"一句，乃据《通鉴》注而来。此下所引《通鉴》及注、张耘叟《年历辨误》之语，与孙氏相同。而末尾一句则归纳孙氏"温公《考异》曰"下文考证而来，显系抄袭。

2.《路史》注：《春秋命历序》云："自开辟至获麟，二百二十七万六千岁，分为十纪。"而《乾凿度》及《春秋元命苞》云："二百七十六万七千年。"《广雅》亦因之，均为妄诞。夫二十九万一千八百四十岁，而及太素冥茎，此道之根本也。以康节《皇极经世书》推之，实十二万九千六百年，只是此数。尧接位之甲辰已在甲午。各说不同。然曾撙斋谓：《路史》引证该博，无书不读，何致与各书相悬如此。据《皇王大纪》：自人皇氏以后，所叙世代与《路史》不同。其述作之法，本乎康节，以《易》、《诗》、《书》、《春秋》为据。故人谓康节之数至精，必不致妄以尧甲辰接位为准，用之以表时序事，可传可信。五峰先生《皇王大纪》成于绍兴辛酉，罗先生《路史》成于乾道庚寅。

【辨伪】此条抄自元盛如梓《庶斋老学丛谈》卷上：

《路史》秦皇氏注：《春秋命历》云："自开辟至获麟，二百二十七万六千岁，分为十纪。"《乾凿度》及《春秋元命苞》皆云："二百七十六万七千年"。《广雅》因之，均为诞妄。夫二十九万一千八百四十岁，而及太素冥茎，此道之根本也。尝举以问陈月观先生，云："康节《皇极经世书》十二万九千六百年，只是此数。帝尧即位之年，甲辰已在午。"又举以问一前辈，云："《路史》不足观，仅可糊壁。"余闻之矍然，观其引援该博，无书不读；且文字奇古，未易及也，曾撙斋为作传，叙其"述作非止一书，博学如斯，古今有几"，此语甚失忠厚之意。《皇王大纪》：自人皇氏以后，所叙世氏与《路史》不同。其述作之法，本乎康节，以《易》、《书》、《诗》、《春秋》为据。谓康节之数精极天地，必不妄以尧即位甲辰为准，用之以表时序事，庶可传信。此书五峰先生成于绍兴辛酉；《路史》，罗先生于乾道庚寅成。

今按：卢氏改"《路史》秦皇氏注"为"《路史》注"，又于"《春秋命历》"下增一"序"字，又改"尝举以问陈月观先生，云：'康节《皇极经世书》十二万九千六百年，只是此数。帝尧即位之年，甲辰已在午'"为"以康节《皇极经世书》推之，实十二万九千六百年，只是此数。尧接位之甲辰已在甲午"，又增"各说不同"，删"又举以问一前辈"一句。又改"余闻之矍然”至“此语甚失忠厚之意”为“然曾撙斋谓：《路史》引证该博，无书不读，何致与各书相悬如此”，已与原文之意不同。又改“此书五峰先生成于绍兴辛酉；《路史》，罗先生于乾道庚寅成”为“五峰先生《皇王大纪》成于绍兴辛酉，罗先生《路史》成于乾道庚寅”，大同小异，显系抄袭。

3. 郑忽不婚于齐，谓：“齐大，非吾偶。”诗人以《有女同车》刺之，君子称其“善自为谋”。其后鲁公娶之，卒陷彭生之祸；庄公不能防闲，污辱两世。取大国之助，乃如此耶？昭公见齐恃大无道，甘受其制则无所不至矣。今人每欲结婚巨室，希图助己，而不知妇女养骄恃势，不能宜其室家，可不以此为戒耶？汉隽不疑辞不娶霍光之女似之。

【辨伪】此条抄自宋李季可《松窗百说》“郑昭公”：

> 郑忽不昏于齐，曰：“齐大，非吾耦也。”诗人以《有女同车》刺之，君子以谓“善自为谋，而不及其国”。后鲁威取之，卒陷彭生之祸。庄公获不能防闲之名，污辱两世。取大国之助，乃如此耶？昭公方见齐恃大无道，受其制则无所不至矣，其不昏何有不可哉？隽不疑辞霍光之女似之。其后失国，不能与贤人图事而已，岂谓此哉？

今按：卢氏删李氏所引“而不及其国”，又改“鲁威取之”为“鲁公娶之”，改“庄公获不能防闲之名”为“庄公不能防闲”，删“其不昏何有不可哉”，又增“今人每欲结婚巨室，希图助己，而不知妇女养骄恃势，不能宜其室家，可不以此为戒耶”一句，并删“其后失国，不能与贤人图事而已，岂谓此哉”一句，大同小异，显系抄袭。

4. 汉高祖微时，贪财好色，无所不为。及入秦宫，天下财色之都会也，而府库无所取，妇女无所淫，此非所谓天下一家哉？宜其卒有天下也。

【辨伪】此条抄自宋李季可《松窗百说》“识轻重”：

> 汉高祖微时，贪财好色，方其为亭长，所得亦几何。及入秦宫，天下财色之都会也，而府库无所取，妇女无所幸，此所谓识轻重，宜卒有天下也。

今按：卢氏改“方其为亭长，所得亦几何”为“无所不为”，改“此所谓识轻重”为“此非所谓天下一家哉”，大同小异，显系抄袭。

5. 世传汉高祖宠戚姬，遂欲夺嫡，然乎，否乎？余曰：正自有说。高祖艰难百战，以得天下，见惠帝懦弱，不足以承大统，而己与吕后皆年高，恐新造之邦反侧未定，一旦身死，太子不能驾驭，特以如意类己，意欲属之。此高祖之本心也。卒以四皓羽翼，不废太子，谓人心所属，恐易之而失天下心也。使其惑于戚姬，不顾失天下之心，则亦何有于四皓哉？且帝之杀韩信，亦此心也。以为太子暗弱，韩信若在，天下事尚未可知，故宁杀信而不惜。使太子英武如帝，信必不杀。谁谓帝真惑于戚姬，信真谋反受诛，此岂帝之本心哉？曰：“若是，则周昌何为强谏？张良何为而羽翼？”曰：“立嫡以长，理之正也。又况开国之君，尤当为后世法。昌亦只谏正理，良亦只了吕后之托。彼惠帝无子，文帝绵长，皆天意也，非人力所能谋也。”

【辨伪】此条抄自元陈世隆《北轩笔记》：

> 世传汉高溺戚姬之宠，遂欲夺嫡，然否？曰：此自有说。盖高帝艰难百战，以有天下，见惠帝懦弱，不足以承大业，而已与吕后年皆渐高，恐新造之邦反侧未定，诸强功臣又皆在列，一旦身死，而太子不能为驾驭，特以如意类己，故意属之。此帝之本情也。卒以四皓羽翼，太子不废，谓人心所属，恐易之而又失天下心也。使帝果惑于戚姬之宠，而不顾失天下之心，则亦何有于四皓？且帝之杀韩信，即其属意赵王之心也。以为信在而太子暗弱，天下事尚未可知，故宁杀信而不惜。使太子英武如帝，信未必诛。今以属意赵王为真惑于戚姬，是亦谓信之诛为真反也，而果帝之本情哉？曰：“若是，则周昌何为强谏？张良何以为之羽翼？”曰：“立嫡以长，理之正。又况开国之君，尤当为后世法。昌亦只说个正理，良亦只了得吕后之托。彼惠帝之无子先死，吕后之后死，文帝之承统，一以衍汉祚之长，皆天意，非人谋也。”

今按：卢氏改首句“然否”为“然乎，否乎”，又改“曰：此自有说”为“余曰：正自有说”，使读者误以为此下皆卢氏语。此下又删“诸强功臣又皆在列”，改“此帝之本情也”为“此高祖之本心也”，改“太子不废”为“不废太子”，改“即其属意赵王之心也”为“亦此心也”，改“以为信在而太子暗弱”为“以为太子暗弱，韩信若在”，又改“今以属意赵王为真惑于戚姬，是亦谓信之诛为真反也，而果帝之本情哉”一句为“谁谓帝真惑于戚姬，信真谋反受诛，此岂帝之本心哉”，改“彼惠帝之无子先死，吕后之后死，文帝之承统，一以衍汉祚之长，皆天意，非人谋也”一句为“彼惠帝无子，文帝绵长，皆天意也，非人力所能谋也”，虽字句稍异，而文意全同，显系抄袭。

6. 七雄之末，善战者，吴起以法，孙膑以智，田单以巧，白起、廉颇、李牧以勇，而公子无忌不与焉。公子特以卑躬下士，差胜孟尝、平原、春申三君，不知善用兵者，固无如无忌者也。当邯郸之围，秦悉关中、河内之卒，臧赵人四十五万，而压其城。城将旦暮下矣，无忌窃符以救，纵归二万人，独留八万人以战，外若削弱其形，内实有以一其心而振其气，偏师直入虎狼之窟，逐之以存赵。此其乘坚而为暇、转弱而为劲者，何如也？秦乘公子出，日夜攻魏，其志已无魏矣。乃公子归而致五国之师，大破秦军于河外，走蒙骜，乘胜逐北，至函谷关而不敢出。此其联散以为整、转弱而为劲者，又何如也？公子不死，魏不致亡，万金入而晋鄙之客之间行，公子终日惟有饮酒、进妇女，以速其死耳。盖不欲以身为秦国虏也。或曰：公子之善用兵，独其客善之。不知客善兵，而公子用之。亦犹淮阴善将兵，而高祖善将将也。

【辨伪】此条节抄自元陈世隆《北轩笔记》：

> 七雄之末，诸善战者，吴起以法，孙膑以智，田单以巧，白起、廉颇、李牧以勇，而公子无忌不与焉。公子特以卑身下士，差胜孟尝、平原、春申三君，不知善为兵者，固无如公子者也。……若邯郸之围，秦悉关中、河内之卒，臧赵人四十五万，而压其城。城且旦暮下矣，公子虽窃符以有魏师，而其人皆嚄唶懦将之所教，而恫胁

不振之余也，纵归二万人，而独留八万人以战，外若削弱其形，而内实有以一其心而振其气，偏师直入虎狼之窟，而逐之以存赵。此其乘坚而为瑕、转弱而为劲者，何如也？秦乘公子出，而日夜攻魏，其志已无魏矣。乃公子归而致五国之师，大破秦军于河外，走蒙骜，乘胜逐北，至函谷关而不敢出。此其联散以为整、转弱而为劲者，又何如也？公子不死，魏几不亡，万金入而晋鄙之客之间行，公子惟有饮酒、近妇女，以速其死耳。盖不欲以身为秦国虏也。或曰："公子之善用兵，独其客善之"。不知客善兵，而惟公子用之。是亦淮阴之善将兵，而高帝之能善将将也。孰谓公子不善用兵哉？

今按：卢氏改陈氏文中两"公子"为"无忌"，又删"而其人皆嚄唶懦将之所教，而恫胁不振之余也"、"孰谓公子不善用兵哉"，其他大致相同，显系抄袭。

7.《职官志》载：园公宣明为秦博士，与(角)[甪]里季、夏黄公避地隐于终南，高祖征之不起，太子召以为友，得以不废，即位后以园公为司徒。今《商山四皓碑》隶字以"园公"为"圈公"，当以碑文为正。

【辨伪】此条抄自宋吴炯《五总志》：

《职官要录》引《陈留风俗传》：园公宣明为秦博士，与甪里先生、绮里季、夏黄公避地于终南山，汉祖征之不至，就惠太子，太子即位，以园公为司徒。今《商山四皓碑》隶字以"园公"为"圈公"，当以碑为正。

今按：卢氏改"《职官要录》引《陈留风俗传》"为"《职官志》载"，是妄改书名。又改"甪里先生、绮里季"为"甪里季"，误二人为一人，是妄改人名。又改"就惠太子"为"太子召以为友，得以不废"，显系抄袭。

8. 汉书武帝元朔三年，诏曰："夫刑罚所以防奸也，内长文所以见爱也。"张晏注云："长文，长文德也。"师古注："诏言有文德者，即亲内而崇长之，所以见仁爱之道。"二说所注如此。刘昌诗云：章子厚家藏古本《汉书》"内长文"三字乃是"而肆赦"，盖"而"讹为"内"，"肆赦"皆缺去偏旁为"长文"。诏云："而肆赦，所以见爱也。"其理甚明白。余按，此条不独《芦浦笔记》所载，即《南窗记谈》所载亦同。

【辨伪】此条抄自宋刘昌诗《芦浦笔记》卷二"内长文"：

汉武帝元朔三年，诏曰："夫刑罚所以防奸也，内长文所以见爱也。"张晏曰："长文，长文德也。"师古曰："诏言有文德者，即亲内而崇长之，所以见仁爱之道。"鲁氏《自备》载：章子厚家藏古本《汉书》，"内长文"乃是"而肆赦"字。盖"而"讹为"内"，"肆赦"皆缺偏旁而为"长文"。诏云："其赦天下。"意甚明白。

今按：卢氏称"余按，此条不独《芦浦笔记》所载"，已交代文献来源。相较《芦浦笔记》，卢氏增"二说所注如此"一句，又改"鲁氏《自备》载"为"刘昌诗云"。又按：《南窗纪谈》载：

> 汉武帝元朔三年，诏曰："夫刑罚所以防奸也，内长文所以见爱也。以百姓之未洽于教化，朕嘉与士大夫日新厥业，祗而不解，其赦天下。"内长文之语，了不可解。张晏曰："长文，长文德也。"师古曰："诏言有文德者，即亲内而崇长之，所以见仁爱之道。见谓显示也。"颜氏之说，虽比张晏为详，然终不能服人意。许少伊右丞言，往年江南旧本乃以"内"为"而"文，为史传写之误，容或有此，而其义通矣。近见一士人言：前辈校正本，乃以"内"为"而"，"长"为"肆"，"文"为"赦"，"而肆赦所以见爱"，其于下文尤为贯穿，但改字太多，不知果有所据否？欧公云：读书有不通，因改易本文而傅会之，最为解经者之敝。此言盖讥郑氏也。近世学者，多或不免如此。

卢氏据此，又补"即《南窗记谈》所载亦同"。

9. 魏文帝既立为嗣，喜极，因抱辛毗颈曰："辛君知我。"君子于此，有以占其器之不宏矣。唐庄宗入梁，喜不自胜，手牵李嗣源衣，以头触之曰："吾有天下，卿父子之力也。当与尔共享之。"君子有以知其业之不远矣。彼二君者，何足道哉？刘先主得蜀，于涪置酒大会，谓庞统曰："今日可谓乐矣。"统曰："伐人之国，而以为欢，非仁者之兵也。"先主醉，怒曰："武王诛纣，前歌后舞，非仁者耶？卿言不当，宜速出。"统即退位。先主寻悔，请统复位，先主曰："向者之言，阿谁为失？"统曰："君臣俱失。"先主大笑而宴。盖先主袭夺璋土，权以继业，昔人譬之断手全躯，何乐之有？而酣醉失言此。先主之不能恢复旧物，其量亦未大也，何况亚子辈。

【辨伪】此条抄自元陈世隆《北轩笔记》：

> 魏文帝既立为嗣，喜，因抱辛毗颈曰："辛君知我喜否。"君子于此，有以占其器之不宏矣。唐庄宗入梁，喜不自胜，手引李嗣源衣，以头触之曰："吾有天下，卿父子之功也。天下与尔共之。"有以知其业之不远矣。呜呼！二君何足道哉？刘先主之得蜀也，于涪置酒大会，谓庞统曰："今日可谓乐矣。"统曰："伐人之国，而以为欢，非仁者之兵也。"先主醉，怒曰："昔武王伐纣，前歌后舞，非仁者耶？卿言不当，宜速起出。"统退。先主寻悔，请还，统复故位，先主曰："向者之论，阿谁为失？"统曰："君臣俱失。"先主大笑，宴乐如初。先主袭夺璋土，权以济业，昔人譬之断手全躯，何乐之有？而酣醉中失辞如此！季汉之不能恢复旧物，其器亦有所未优乎？而吾于亚子辈何讥？

今按：卢氏删"喜否"，又改"呜呼！二君何足道哉"为"彼二君者，何足道哉"，又改"请还，统复故位"为"请统复位"，又改末句"季汉之不能恢复旧物，其器亦有所未优乎？而吾于亚子辈何讥"为"先主之不能恢复旧物，其量亦未大也，何况亚子辈"，文意相同，显系抄袭。

10.《宋昭宪太后本传》：生雍王光济，早逝。次太祖，次太宗，次秦王光美。夔王光赞，幼亡。及燕国、陈国二长公主。则光美为昭宪所出无疑。比廷美被谗，太宗谓宰臣曰："廷美母陈国夫人，朕乳母也，后出嫁赵氏，生廷俊。"而《廷美本传》亦载母陈国夫人耿氏卒。以此观之，又若廷美非昭宪所生者，何也？廷美之出昭宪，路人皆知之，不待辨而已明。廷美之致祸，太后遗之。太后谓太祖曰："女百年后，当传位于女弟。"嗟乎，太宗不能一日忘情于太祖，岂能忘情于廷美乎？反复廷美始终，未尝有一显罪确情，如淮南、江都之逆戾也。初告秦王骄恣，将有阴谋。阴谋，何谋也？王遹辈告以骤擢美官，王荣辈以交通安置。(彼)[比]赵普以私恨怨卢多逊，不藉秦王则不中太宗之妒，不藉秦王以中太宗之妒，则中卢多逊不毒。所云弓箭之遗，犀玉、银碗、锦彩、羊酒之私，皆一时廷臣罗织之词，廷美何罪焉？使廷美果出耿氏，天下莫不闻，何必太宗哓哓然鸣之于大臣，大臣复鸣之于群臣乎？当时又孰敢谓廷美为昭宪出者？况彼时赵普之言，亦不足信。且太祖下滁之日，宣祖无恙，未几，而帝以太祖之仁孝，且忍使其父有壮子之妾媵而改适他人哉？夫既以改适他人，则为失节之妇，与父庙绝，而陈国夫人之封，又孰崇之？盖太宗一时掩饰谋杀廷美之心毒，故多方遮蔽，当时讳之，史臣难之，自相矛盾如此。此太宗之残忍，赵普之阴险，廷美之冤愤，昭昭如日月之行天，岂浮云所能掩哉？

【辨伪】此条抄自元陈世隆《北轩笔记》：

> 予阅《宋昭宪太后本传》：生邕王光济，早死。次太祖、太宗、秦王光美。夔王光赞，幼亡。又燕国、陈国二长公主。则廷美为昭宪出无疑矣。比廷美被谗，太宗谓宰相曰："廷美母陈国夫人耿氏，朕乳母也。后出嫁赵氏，生廷俊。"而《廷美传》言涪陵公廷美母陈国夫人耿氏卒。此又若廷美真非昭宪出者，何也？盖廷美之出于昭宪，路人知之。廷美之致祸，则昭宪贻之。金匮之诏曰："汝百岁后，当传位于汝弟。"嗟乎！太宗不能一日忘情于太祖，能一日忘情于廷美乎？反复廷美始终，未尝有一显罪确情，如淮南、江都之逆戾也。初告秦王骄咨，将有阴谋。阴谋，何谋也？王遹辈以告骤擢美官矣，王荣辈以交通安置矣。比赵普以私怨恨卢多逊，不藉廷美则不中太宗之妒，不藉廷美以中太宗之妒，则中多逊不毒。赵白、樊德明之报多逊弓箭之遗，淮海犀玉之索，潘潾银碗、锦彩、羊酒之私，皆一时廷臣罗织成之，廷美何罪？《传》又云："遣赵怀禄私其同母弟赵廷俊。"夫廷俊果耿氏出，天下莫不闻，何必太宗哓哓然鸣之于大臣，大臣哓哓然鸣之于群臣？又孰敢谓廷美昭宪出也？况彼时宰相，普也，普言亦何可信乎？且太祖下滁，宣祖尚无恙，未几，而帝以太祖之仁孝，忍使其父有壮子之媵妾改适他人者。夫既已适他人矣，已为失节之妇，而陈国夫人之号，又孰崇之？盖太宗一时为涂面之言，以遮饰谋杀廷美之故，当时讳之，史臣难之，故其纪错乱而矛盾，使后世疑之必辨之。则太宗之残忍，赵普之险恶，廷美之冤愤，昭然如日月之行天，万世不能掩也。

今按：卢氏改"邕王"为"雍王"，又删"涪陵公廷美"一词，增"不待辨而已明"一语，改"金匮之诏曰"为"太后谓太祖曰"，改"赵白、樊德明之报多逊弓箭之遗，淮海犀玉之索，潘潾银碗、锦彩、羊酒之私，皆一时廷臣罗织成之"为"所云弓箭之遗，犀玉、银碗、锦彩、羊酒之私，皆一时廷臣罗织之词"，并删"《传》又云：'遣赵怀禄私其同母弟赵廷俊'”一句，改“况彼时宰相，普也，普言亦何可信乎”为“况彼时赵普之言，亦不足信”，改“盖太宗一时为涂面之言，以遮饰谋杀廷美之故”为“盖太宗一时掩饰谋杀廷美之心毒，故多方遮蔽”等，文意相同，显系抄袭。

11. 三代养老之法，渺不可考。所传者，多系汉人拟议之辞。后周以于谨为三老，中楹南向而坐，帝立于黼扆之前。西面有司进馔，帝跪设酱，亲为袒割。谨食毕，帝跪授爵以酳。此拘《礼经》之文而不达其义者矣。盖古人之序，以东向为尊，宾师祭礼，皆正东向之席。惟人主立朝则南面耳。今也以人臣俨然南面，而使人主立于旁，有是理耶？此不达古之方向也。《礼》曰：“授坐不立，授立不跪。”古之所谓跪者，即坐而膝席耳。今以人主跪于前，而使人臣倨坐于上，三代有是礼耶？此不达古之坐起也。且夫礼有时而情有顺逆，古今异礼，不可强也。古之人君，立而听朝，今有立者乎？古之升车者或立而乘，今有立者乎？况三代所谓国老者，其道德行义，足以师表流俗而辅翼人主，所谓师保父兄也。东汉以桓荣为三老，儒者犹或耻之，谨何人哉！猥以不经之礼遵之，陋亦甚矣。宋儒徒取其能行周礼，而不察其是非可否，不亦诬乎？

【**辨伪**】此条抄自元陈世隆《北轩笔记》：

> 三代养老之礼，远不可考。《记》所传者，多汉人拟议之辞。后周以于谨为三老，中楹南向而坐，帝立于黼扆之前。西面有司进馔，帝跪设酱，至亲为袒割。谨食毕，帝跪授爵以酳。此拘《礼经》之文而不达其意者也。盖古人之席，以东向为尊，宾师祭礼，皆正东向之席。惟人主立朝则南面耳。今也以人臣俨然南面，而使人主立于其旁。三代有是礼耶？此不达古之方面也。《礼》曰：“授坐不立，授立不跪。”古之所谓跪者，即坐而膝席耳。今也以人臣倨坐于上，而人主跪于其前，三代有是礼耶？此不达古之坐起也。且夫礼有时而情有顺，古今异便，不可强也。古之人君，立而听朝，今有立者乎？古之升车者或立而乘，今有立者乎？况三代所谓国老者，其道德行业，足以师表流俗而辅翼人主，王之所谓师保父兄也。东京以桓荣为三老，儒者犹或耻之，谨何人哉！猥以不经之礼尊之，陋亦甚矣。宋儒徒取其能行周礼，而不察其是否，不亦诬耶？

今按：卢氏删“《记》”，改“古人之席”为“古人之序”，改“三代有是礼耶？此不达古之方面也”为“有是理耶？此不达古之方向也”，改“今也以人臣倨坐于上，而人主跪于其前”为“今以人主跪于前，而使人臣倨坐于上”，改“东京”为“东汉”，改“是否”为“是非可否”，文意相同，显系抄袭。

12. 州县署御制坊“尔俸尔禄，民膏民脂，下民易虐，上天难欺”四句，以戒监司守令，人皆谓太宗念切恫瘝，民到于今受其赐。而不知其本于蜀主孟昶，孟蜀颁令箴以戒宗人之词，凡十二韵，二十四句，九十六字，而词简意严，详略有体，今并录之：“朕念赤子，旰食宵衣，托之令长，抚养惠绥，政在三异，道在七丝，驱鸡为理，留犊为规，宽猛得所，风俗可移，无令侵削，无使疮痍。下民易虐，上天难欺。付与是切，军国是资，朕之赏罚，固不逾时。尔俸尔禄，民膏民脂。为民父母，莫不仁慈，勉尔为诫，体朕无私。”余按：此诏令出乾德三年。

【辨伪】此条抄自宋孙奕《示儿编》卷十七“太宗戒官吏”：

> 太宗皇帝御书“尔俸尔禄，民膏民脂，下民易虐，上天难欺”四句，以戒监司守令，民到于今受其赐，德至渥也。盖本蜀后主孟氏昶，敚令箴以箴诫宗人之辞，凡十二韵，二十四句，九十六字，而帝实摘取之，始见夫辞简而意严，详略有体。故并录之于左：“朕念赤子，旰食宵衣，托之令长，抚养惠绥，政在三异，道在七丝，驱鸡为理，留犊为规，宽猛得所，风俗可移，无令侵削，无使疮痍。下民易虐，上天难欺。付与是切，军国是资，朕之赏罚，固不逾时。尔俸尔禄，民膏民脂。为民父母，莫不仁慈，勉尔为诫，体朕无私。”(宋乾德三年。景焕《野人闲话》。)

今按：卢氏改“太宗皇帝御书”为“州县署御制坊”，又增“人皆谓太宗念切恫瘝”，删“德至渥也”，改“盖本蜀后主孟氏昶”为“而不知其本于蜀主孟昶”，删“而帝实摘取之”；又改末尾注文“宋乾德三年”为按语“余按：此诏令出乾德三年”，显系抄袭。

13.《宋史》载：韩侂胄用事，其诞日高似孙献诗九章，每章用一锡字，暗藏九锡，辛弃疾以词赞其用兵，引用司马昭假黄钺异姓真王故事，是诚何心哉？士大夫所守必正，可仕可止，一以孔孟为法，庶不失为君子。如疏寮、稼轩，负大文名，而有此作，使秽名留于史册，不亦悲夫！

【辨伪】此条抄自元盛如梓《庶斋老学丛谈》卷上：

> 《宋史》载：韩侂胄用事时，其诞日高似孙献诗九章，每章用一锡字，辛弃疾以词赞其用兵，则用司马昭假黄钺异姓真王故事，是诚何心哉？士大夫所守必正，可仕则仕，可止则止，一以孔孟为法，斯不失为君子，如疏寮、稼轩，负大文名，而有此作，秽名史册，悲夫！

今按：卢氏增“暗藏九锡”一语，又改“可仕则仕，可止则止”为“可仕可止”，改“秽名史册，悲夫”为“使秽名留于史册，不亦悲夫”，文意相同，显系抄袭。

14. 刘先主为平原相时，关、张为别部司马，三人寝食必俱，恩如一体。后来间关患难，刘之藉力于二公居多。张救主于当阳长阪，以二十骑拒操追兵，断桥瞋目，真是神将。一破刘璋，再破张郃，俱以少胜众，所向无前。帐中之变，乃为人出其不意耳。若关之守荆州，威振华夏，操欲迁都以避其锋；司马懿看破关之得志，孙权必不顾，遂劝权蹑其后。权若[无]辞婚之积恨，应之亦未必如此之速。及攻曹仁于樊，权遣于禁救之。禁降而杀其将庞德。操再使徐晃救仁，关不设防，身及妻子并为权害。后庞德子会，随钟、邓入蜀，尽灭关氏之家。是关公死于司马懿，而关族灭于庞德也，岂不惜哉！

【辨伪】此条抄自元陈世隆《北轩笔记》：

> 方玄德为平原相时，关、张为别部司马，三人寝食必俱，恩如一体。后来间关患

难，大抵刘之藉力于二公居多。翼德救主于当阳长阪，以二十骑拒操追兵，断桥瞋目之时，真是神将。一破刘璋，再破张郃，俱以少胜众，所向无前。帐中之变，乃为人袭其卧内耳。若云长之守荆州，威震华夏，曹操欲迁都以避其锋。司马懿看破关之得志，孙权必不愿，遂劝权蹑其后。权若无辞婚之积憾，应之亦未必如此之速。及攻曹仁于樊，操遣于禁救之。禁降矣，又杀其将庞德。逮操再遣徐晃救仁，关不设防，身及妻子并为权所害。后庞德子会，随钟、邓伐蜀，尽灭关氏之家。是关死于司马懿，而关族灭于庞德也，岂不惜哉！

今按：卢氏改“方玄德”为“刘先主”，改“乃为人袭其卧内耳”为“乃为人出其不意耳”。卢氏改“孙权必不愿”为“孙权必不顾”，繁体“願”与“顧”形近，应为笔误。其他大致相同，显系抄袭。

15. 宋光献太后病笃，上纯孝，欲肆赦，以禳病。太后曰：“不须赦天下凶恶，但放了苏轼足矣。”太后又言：“昔仁宗朝策贤良归，喜极，曰：‘吾今日又为子孙得两太平宰相。’谓轼与辙也。而杀之，可乎？”上悟，即改黄州之贬。

【**辨伪**】此条抄自宋陈鹄《耆旧续闻》卷二：

慈圣光献大渐，上纯孝，欲肆赦。后曰：“不须赦天下凶恶，但放了苏轼足矣。”时子瞻对吏也。后又言：“昔仁宗策贤良归，喜甚，曰：‘吾今日又为子孙得太平宰相两人。’盖轼、辙也。而杀之，可乎？”上悟，即有黄州之贬。

今按：卢氏改“慈圣光献大渐”为“宋光献太后病笃”，又增“以禳病”三字，并删“时子瞻对吏也”，显系抄袭。

16. 庆历七年，贝州卒王则叛。文彦博请讨之，仁宗忻然遣之，且曰：“卿擒贼必矣。贝字加文为败，机已先兆。”逾月，捷闻，拜文为平章事，诏改贝州为恩州。此与真宗幸澶渊，校尉宋捷迎驾，上喜甚，谓臣下曰：“此去破虏，可必。”其先兆有如此，二事正相类。

【**辨伪**】此条抄自宋陈鹄《耆旧续闻》卷八：

庆历七年，贝州卒王则叛。参政文彦博请行，仁宗忻然遣之，且曰：“贝字加文为败，卿擒贼必矣。”逾月，以捷报闻，诏拜平章事，改贝为恩。此与真宗幸澶渊，院(一作校)尉宋捷迎驾，上喜，以为必破虏，其先兆相类。

今按：卢氏改“参政文彦博请行”为“文彦博请讨之”，改“贝字加文为败，卿擒贼必矣”为“卿擒贼必矣。贝字加文为败，机已先兆”，改“改贝为恩”为“诏改贝州为恩州”。又陈氏有院、校异文，卢氏则取“校”字而作“校尉”，并改末句“上喜，以为必破虏，其先兆相类”为“上喜甚，谓臣下曰：‘此去破虏，可必。’其先兆有如此，二事正相类”，文意相同，显系抄袭。

17. 沈存中《笔谈》："治平中，有杭州南新县民家析柿木，中有'上天大国'四字，书法笔力似颜真卿，其木剖处，偶当'天'字中分，而"天"字不破，上下两画并脚皆旁挺出半指许，如木中之节，以两木合之，若合契焉。"是时正当中原全盛，安知有南渡临安之事？兆之先见如此。而"天"字不破，乃中兴再造鸿图之征也。在存中但记其字画之妙，事迹之异，不知日后渡江，适都杭州，莫非前定？

【辨伪】此条抄自宋陈鹄《耆旧续闻》卷八：

> 沈存中《笔谈》云："治平初（一作中），杭州南新县（今新城）民家析柿木，中有'上天大国'四字，予亲见之。书法类颜真卿，极有笔力。其木剖，偶当'天'字中分，而'天'字不破，上下两画并一脚皆旁挺出半指许，如木中之节。以两木合之，如合契焉。"是时正中原全盛之时，安知有驻跸临安之事？此正符中兴渡江之兆。偏方之地，谓之"大国"。而"天"字不破，乃中兴再纂绍鸿图之谶也，莫非前定？存中但记其字体之异，岂知有后日之事邪？

今按：陈氏引《梦溪笔谈》有初、中异文，卢氏取"中"字，作"治平中"，并删"予亲见之"四字，改"书法类颜真卿，极有笔力"为"书法笔力似颜真卿"，又改"此正符中兴渡江之兆"为"兆之先见如此"，并删"偏方之地，谓之'大国'"一句，改"乃中兴再纂绍鸿图之谶也，莫非前定？存中但记其字体之异，岂知有后日之事邪"为"乃中兴再造鸿图之征也。在存中但记其字画之妙，事迹之异，不知日后渡江，适都杭州，莫非前定"，其意相同，显系抄袭。

18. 江南保大中浚秦淮，得石碑，上刻有"大宋乾德四年"凡六字，余皆磨灭不可识，命儒臣考核，乃辅公祏反江东时年号。太祖受命号宋，改元乾德，江左始衰，岂非威灵将及，而符谶先著耶？又刘贡父云："太祖改元，必求古来所未有者。宰臣以'乾德'为请，并言前代所无后。三年平蜀，有蜀宫人入掖廷者，太祖见其镜奁，背铸有'乾德四年制'，太祖惊曰：'安得四年所铸乎？'诸臣不能对。陶谷与窦仪对曰：'蜀少主曾有此年号。'太祖乃悟，喜曰：'作相须用读书人。'"然二公只知蜀号，惜其不复知辅公祏已有此号。

【辨伪】此条抄自宋陈鹄《耆旧续闻》卷八：

> 江南保大中浚秦淮，得石志，案其刻有"大宋乾德四年"凡六字，他皆磨灭不可识，令诸儒参验，乃辅公祏反江东时年号。太祖受命号宋，改元乾德，江左始衰，岂非威灵（一作稜）将及，而符谶先著邪？又刘贡父《诗话》云："太祖欲改元，须古来所未有者。宰相以'乾德'为请，且言前代所无。三年正月平蜀，有宫人入掖庭者，太祖因阅其镜奁，背有'乾德四年'。大惊，曰：'安得四年所制乎？'宰相不能对。陶谷、窦仪奏对曰：'蜀少主曾有此号。'太祖叹曰：'作宰相须是读书人。'"然二公又不知辅公祏已有此号矣。

今按：卢氏改"得石志"为"得石碑"，又改"刘贡父《诗话》云"为"刘贡父云"，改"大惊，曰”为“太祖惊曰”，改“宰相不能对”为“诸臣不能对”，又改末句“然二公又不知辅公祏已有此号矣”为“然二公只知蜀号，惜其不复知辅公祏已有此号”，显系抄袭。

19. 尝见宋时一诰词册云：“朕眷礼勋臣，既极异姓王之贵；沛恩私室，并侈如夫人之荣。以尔修态横生，芳性和适，会膺无恤之贵，终隆络秀之家。爰锡命书，无拘常典。用肇封于大郡，俾正位于小君。往服宠光，益循柔履。绍兴某年月制词中用御宝。”余想王言如纶如綍，何等尊重堂皇，“修态横生”、“正位小君”二语，殊属可疑，录之以备参考。

【辨伪】此条抄自宋周煇《清波杂志》卷七：

> 尝得一告词云：“朕眷礼勋臣，既极异姓王之贵；疏恩私室，并侈如夫人之荣。以尔修态横生，芳性和适，会膺无恤之贵，终隆络秀之家。爰锡命书，靡拘常典。用肇封于大郡，俾正位于小君。往服宠光，益循柔履。绍兴间权外制某人行。”“如夫人”及“修态横生”，或者于王言有疑。时勋臣嫡室尚在，“正位小君”之语亦有疑。

今按：卢氏改“尝得一告词”为“尝见宋时一诰词册”，改“绍兴间权外制某人行”为“绍兴某年月制词中用御宝”，并改末句“‘如夫人’及‘修态横生’，或者于王言有疑。时勋臣嫡室尚在，‘正位小君’之语亦有疑”为“余想王言如纶如綍，何等尊重堂皇，‘修态横生’、‘正位小君’二语，殊属可疑，录之以备参考”，大同小异，显系抄袭。

20. 至元六年七月朔，灵台郎张某请同官赴太史院，云：“昨夜景星见，此祥兆也，可具名奏闻，当有厚赐。”太史诸官均欲具奏，独杨瑀不可，曰：“虽见于晦日，恐非吉兆。且景星之现，当有醴泉出，凤凰来，朱草生，庆云至，而相副之。今无一焉。又况陕西灾，福建反叛，畿内多盗贼，似非所宜，何天道相反如是耶？且今之见者，惟灵台六人耳，万一或有天下皆共见之。”众遂曰：“俟再见即奏。”越数日，太白经天，乃服杨瑀之识见。

【辨伪】此条抄自元杨瑀《山居新话》：

> 余任太史同佥，特旨令知天象事。后至元六年七月朔，灵台郎张某来请甚急，及同到院，则李院使者肃衿以待，曰：“夜来景星见，此祥兆也，可即往奏闻，我辈当有厚赐。”余乃以奏目画图，考之志书殊异，余曰：“虽见于晦日，形则少异。且景星之现，当有醴泉出，凤凰来，朱草生，庆云至，而相副之。今陕西灾疫，腹里盗贼，福建反叛，恐非所宜，何天道相反如是耶？”李公之意颇坚，折之不已。余曰：“今见者，惟灵台监候六人也。万一或有天下共见之凶兆，当何如耶？”遂答曰：“伺再见即闻。”乃止。越九日，太白经天。由是言之，凡事不可造次也如此。

今按：杨氏此条以第一人称记自己亲身经历，而卢氏则以第三人称叙述此事，文字间有差异，文意则大致相同，显系抄袭。如删首句“余任太史同佥，特旨令知天象事”，改“灵台郎张某来请甚急，及同到院，则李院使者肃衿以待，曰”为“灵台郎张某请同官赴太史院，云”，改“余乃以奏目画图，考之志书殊异，余曰”为“太史诸官均欲具奏，独杨瑀不可，曰”，已透露其文献来源。又改末二句“越九日，太白经天。由是言之，凡事不可造次也如此”为“越数日，太白经天，乃服杨瑀之识见”。

21. 余阅《宋史》，见外域表章多无文理，必经有司点视，然后进御。宝元间，朝廷遣员外郎刘涣使封唃厮啰，番中不识称谓，但言“赵家天子及东宫赵家阿舅”，盖吐蕃与唐通姻，故称“阿舅”，至今不改。又政和间，朝廷从于阗求大玉，至元丰四年，于阗国来献玉，并上表章，使译者译之，方好答诏书。其表文云：“日出东方、赫赫大光、照见西方五百里国、五百国内条贯主黑汗王，表上日出东方、赫赫大光、照见四天下、四天下条贯主阿舅大官家：你前时要者玉，自家甚是用心，只为难得似你底尺寸，自家已令人两河寻访，才得似你底，便奉上也。”后称“于阗国偻罗大福力量知文法黑汗王，书与东方日出处大世界汉家阿舅大官家”云云。余想此等语言，恐外域必有格式，故录之。

【辨伪】此条抄自宋周煇《清波杂志》卷六：

> 外国表章类不应律令，必先经有司点视，方许进御。宝元间，遣屯田员外郎刘涣奉使唃厮啰，番中不识称朝廷，但言“赵家天子及东君赵家阿舅”，盖吐蕃与唐通姻，故称“阿舅”，至今不改。政和间，从于阗求大玉，表至，示译者，方为答诏。其表有云：“日出东方、赫赫大光、照见西方五百里国、五百国内条贯主黑汗王，表上日出东方、赫赫大光、照见四天下、四天下条贯主阿舅大官家：你前时要者玉，自家甚是用心，只为难得似你底尺寸，自家已令人两河寻访，才得似你底，便奉上也。”元丰四年，于阗国上表称“于阗国偻罗大福力量知文法黑汗王，书与东方日出处大世界田地主汉家阿舅大官家”云云。如此等语言，恐藩服自有格式。

今按：卢氏于前增“余阅《宋史》”，并改“外国表章类不应律令”为“见外域表章多无文理”，使人误以为其下皆其读《宋史》所见，其实皆抄《清波杂志》而来。又改“表至，示译者”为“至元丰四年，于阗国来献玉，并上表章，使译者译之”，改“元丰四年，于阗国上表称”为“后称”，则合二表文为一，并皆以为元丰四年作，误甚。又改末句“如此等语言，恐藩服自有格式”为“余想此等语言，恐外域必有格式，故录之”，显系抄袭。

22.《汉志》载：明帝以李躬为三老，桓荣为五更。见于诸史，而杜氏《通典》又云：“安帝以鲁丕、李充为三老，灵帝以袁逢为三老。”独遗杨赐、伏恭、周泽三人。余按：光和元年冬，行辟雍礼，引杨赐为三老。建初二年，肃宗行飨礼，以伏恭为三老。又周泽本传，数为三老五更。此三人，可补《通典》之阙。

【辨伪】此条抄自清杭世骏《诸史然疑》“后汉书”：

> 杜氏《通典》云：“明帝以李躬为三老，桓荣为五更。安帝以鲁丕、李充为三老，灵帝又以袁逢为三老。”按《杨赐传》：光和元年，其冬，行辟雍礼，引赐为三老。又《伏恭传》：建初二年，肃宗行飨礼，以恭为三老。又《周泽传》：数为三老五更。此三条，可补杜氏之阙。

今按：卢氏将杭氏所引“杜氏《通典》”之李躬、桓荣单列，并改为引“《汉志》”，而鲁丕、李充仍引“杜氏《通典》”，然李躬、桓荣为东汉明帝时人，载《后汉书》，而不载《汉书》，可谓误改。其增“独遗杨赐、伏恭、周泽三人”一句，乃据下文文意而来。杭氏所列三人事迹，皆标明传文出处，而卢氏则仅留一“周泽本传”，并于此前增“余按”二字，据杭氏考证为己有。末句“此三条，可补杜氏之阙”改为“此三人，可补《通典》之阙”，大同小异，显系抄袭。

23. 宋仁宗时，谏官奏王德用进女口，以侍奉左右，欲求为固宠之计。仁宗即谓近珰曰：王德用所进女口，每人赏钱三百贯，即令出内东门，毋庸见朕。谏官即面奏曰：陛下从谏如流，臣等风闻其事，恐女口他日得幸，替王德用攒营耳。不过使陛下知之，此防微杜渐之意，择其贤淑，而进幸之，又何必去之如此其速哉？上曰：此女口实在朕左右，朕虽为帝，然人情同耳，苟见其泣涕，朕亦有不忍矣，又何能出之耶？

【辨伪】此条抄自宋王巩《闻见近录》：

> 先公为谏官，论王德用进女口。仁宗初诘之曰：此宫禁事，卿何从知？先公曰：臣职在风闻有之，则陛下当改；无之，则为妄传，何至诘其从来也？仁宗笑曰：朕真宗子，卿王某子，与他人不同，自有世契。德用所进女口，实有之，在朕左右，亦甚亲近，且留之如何？先公曰：若在疏远，虽留可也。臣之所论，正恐亲近。仁宗色动，呼近珰曰：王德用所进女口，各支钱三百贯，即今令出内东门，急来奏。遂涕下，先公曰：陛下既以臣奏为然，亦不须如此之遽，且入禁中，徐遣之。上曰：朕虽为帝王，然人情同耳。苟见其泣涕不忍去，则恐朕亦不能出之。卿且留此，以待报。

今按：卢氏改“先公为谏官，论王德用进女口”为“宋仁宗时，谏官奏王德用进女口，以侍奉左右，欲求为固宠之计”，改“仁宗色动，呼近珰曰”为“仁宗即谓近珰曰”，改“急来奏”为“毋庸见朕”，改“先公曰：臣职在风闻有之”、“先公曰：陛下既以臣奏为然，亦不须如此之遽，且入禁中，徐遣之”为“谏官即面奏曰：陛下从谏如流，臣等风闻其事，恐女口他日得幸，替王德用攒营耳。不过使陛下知之，此防微杜渐之意，择其贤淑，而进幸之，又何必去之如此其速哉”，改“德用所进女口，实有之，在朕左右”为“此女口实在朕左右”，而并入“上曰：朕虽为帝王”一句中，改动虽大，但其抄袭痕迹显而易见。

24. 正德中，秦藩奏请陕西边境悉入藩封。上允其奏，命大臣草制赐之。兵部、科道交章入奏，极谏不可与。上不听，势难挽回，催草制益切。杨廷和、蒋冕等俱引疾，不预草制。梁储曰：“皆告病，孰与事君？”上震怒，内臣督促梁储承命草制，储就御前，拟制曰：“昔太祖著令曰‘此土不畀藩服’，非吝也，念此土广且饶，藩封得之，多蓄士马，饶富而骄，奸人诱为不轨，不利社稷。今王祈请至切，朕笃念亲亲，畀地于王，王得地，宜益谨，毋收奸人，毋多养士马，毋听狂人劝为不轨，震及边方，危我社稷，是时虽欲保全亲亲，不可得已。王慎之，毋忽。”上览制，骇曰：“若是，其可虑乎？不可与。”事遂寝。余读史至此，梁公可谓不谏之谏也。

【辨伪】此条节抄自明霍韬《渭厓文集》卷六《赠太傅谥文康梁公传》：

……正德间，秦王请陕之边境益其封壤，内交嬖臣江彬、朱宁、宦者张锐，皆有赂，为之祈。武皇帝诏与之。兵曹臣奏曰：祖皇帝有令，禁兹土不得畀藩封。武皇帝曰：与之。兵科臣执奏曰：兹土遂畀秦藩，悖祖皇帝制。武皇帝曰：业已与之。六科十三道谏臣各执奏曰：秦王请益封壤，不可听许。武皇帝曰：朕念亲亲，与之，勿距。大学士杨公当草制，念曰：若遂草制畀地秦藩，恐贻后虞；执不草制，则忤帝怒，辱不可测。遂引疾不视事。大学士蒋公亦继引疾。公曰：如皆引疾，孰与事君。武皇帝震怒，内臣督促草制，公承命草上制，曰："昔太祖皇帝，著令曰'此土不畀藩封'，非吝也，念此土广且饶，藩封得之，多畜士马，饶富而骄，奸人诱为不轨，不利宗社。今王请祈恳笃，朕念亲亲，其畀地于王，王得地，宜益谨，毋收聚奸人，毋多畜士马，毋听狂人劝为不轨，震及边方，危我社稷，是时虽念保全亲亲，不可得已。王慎之，毋忽。"武皇帝览制，骇曰："若是其可虞，其勿与。"回天之力，系于数词，然公未尝自以为功也。

今按：卢氏此条删改霍韬所作梁储传文而来，如改"正德间"至"武皇帝诏与之"为"正德中，秦藩奏请陕西边境悉入藩封。上允其奏，命大臣草制赐之"，改"兵曹臣奏曰"至"与之，勿距"为"兵部、科道交章入奏，极谏不可与。上不听，势难挽回，催草制益切"，改"大学士杨公当草制"至"大学士蒋公亦继引疾"为"杨廷和、蒋冕等俱引疾，不预草制"，其繁简有异，而其意则同，又删"回天之力，系于数词，然公未尝自以为功也"，其他亦大致相同，卢氏又于末尾增"余读史至此，梁公可谓不谏之谏也"一句。显系抄袭。

25. 王深宁先生读史，谓："陈无淮，无荆襄，无蜀，而能立国三十二年，以江左尚有人也。"考《陈书》，高宗百战而百克，后主一战而被擒，岂异人任庙算失也？隋军济江，鲁广达、萧摩诃、樊毅、任忠诸人，南北支离，未战即溃，使贺、韩之众，不血刃而入台，有侥幸焉，固非其战之力矣。陈廷之上，居槐衮者，无纳牖之忠；秉(摩)[麾]钺者，鲜结缨之节。上书极谏，乃二三冗散之俦，傅縡、(韦)[章]华，然犹不免悻悻焉。力战而死，又仅仅一队之士，所谓主忧臣辱，主辱臣死，安在耶？斯时陈之勋臣、世臣，不闻有一人可入忠义之传。呜呼，陈可谓无人矣。深宁之论，殆千古不磨之论也。

【辨伪】此条抄自清杭世骏《诸史然疑》"陈书"：

深宁王先生云："陈无淮，无荆襄，无蜀，而立国三十二年，江左尚有人也。"夷考陈世，高宗百战而百克，后主一战而即擒，岂异人任庙算失也？隋军济江，鲁广达、萧摩诃、任忠、樊毅诸人，南北支离，未战辄溃，使贺、韩之众，不血刃而入台，有侥幸焉，固非其战之力矣。陈廷之上，居槐衮者，无纳牖之忠；秉麾钺者，鲜结缨之节。上书极谏，乃一二冗散之傅縡、章华，然犹不免悻悻焉。力战而死，又仅仅一队主之杨孝辩父子，主忧臣辱，主辱臣死，陈之所谓柄臣、世臣者，不闻有一人可挂于忠义之传。呜呼，陈可谓无人矣。深宁之论，原其始造也。

今按：卢氏改“深宁王先生云”为“王深宁先生读史，谓”，又改“夷考陈世”为“考《陈书》”，改“又仅仅一队主之杨孝辩父子”为“又仅仅一队之士”，改末句“深宁之论，原其始造也”为“深宁之论，殆千古不磨之论也”，显系抄袭。卢氏又改“章华”为“韦华”，则是误改人名，或刊刻有误。

26. 世人谓：作史非具才、学、识三长，不能作。余谓读史亦然，纵无三长，亦必要稍有学识者方可读。余读《通鉴纲目》书“征嵩山处士卢鸿为谏议大夫”，误以鸿为单名，而不知为卢鸿一，取《尸子》“鸿常一”之义耳。余家谱系及《隐逸传》可考证。又萧方等注《三十国春秋》，而胡三省注《纲鉴》去“等”字书为“萧方”，而不知其弟兄有萧方诸、萧方等名目，误以“等”字为公共字眼，亦不学之故。又《唐会要》：开元二十九年冬十月，凝霜封树，当时儒臣谓《春秋》“时雨水冰”即此，亦名“树介”，言其象介胄也。宁王见而叹曰：“此树架也。谚云：‘现树架，达官怕。’必有大臣当之，吾其死矣。”而《新唐书·五行志》作为“树介”，《旧唐书》直误为“树稼”，失之远矣。

【辨伪】此条抄自宋费衮《梁溪漫志》及明胡应麟《少室山房笔丛》。《梁溪漫志》卷八“树稼灵佺误”：

> 《唐会要》：开元二十九年冬十月，京城寒甚，凝霜封树。学者以为《春秋》“雨水冰”即是，亦名“树介”，言其象介胄也。宁王见而叹曰：此所谓树架者也。谚云：“树架，达官怕。”必有大臣当之，吾其死矣。《新唐书·五行志》记永徽年凝冻封树，引刘向语亦谓之“树介”，而《旧唐书》作树稼。

《少室山房笔丛》卷七《丹铅新录》三“萧方等”条：

> 佛氏有《方等经》，犹云平等世界也，故萧氏取为名。方等尝著《三十国春秋》，胡三省注《通鉴》不知此义，“萧方”下去一“等”字，似今人云某人等之“等”，而不思方等之弟名方诸、方知可证乎。亦犹《纲目》不知卢鸿一为双名，而去“一”字为卢鸿也。

“卢鸿一”条：

> 唐人有卢鸿一，隐于嵩山，其名鸿一者，《尸子》云：“鸿飞天首，高远难明，楚人以为凫，越人以为乙，鸿常一尔。”《通鉴纲目》书“征嵩山处士卢鸿为谏议大夫，不受”。“鸿”下脱“一”字，盖误以鸿为单名而削去“一”字也。

今按：卢氏于前增“世人谓：作史非具才、学、识三长，不能作。余谓读史亦然，纵无三长，亦必要稍有学识者方可读”。其下“余读《通鉴纲目》书”一句则改《少室山房笔丛》“卢鸿一”条而来，并于后增“余家谱系及《隐逸传》可考证”一句。“又萧方等注《三十国春秋》”一句是改《少室山房笔丛》“萧方等”条而来，“又《唐会要》”以下数句是改《梁溪漫志》“树稼灵佺误”条而来，文字皆有改省，而文意相同，显系抄袭。

27. 又开元初，突厥数寇边，民不能安其生业，有天武军牙将郝云岑，斩默啜之首，以献阙下，自谓有不世之功。时宋璟为相，以天子好武，恐徼功者生心，痛抑其赏，逾年始授郎将。郝云岑遂恸哭，呕血而死。据此，则名云岑，而《新唐书》作“灵佺”，《旧唐书》作“灵俭”，《资治通鉴》作“灵荃”，《考异》中亦不辨其详。

【辨伪】此条节抄自宋费衮《梁溪漫志》卷八“树稼灵佺误”：

> 白乐天乐府《新丰折臂翁》云：“君不见开元宰相宋开府，不赏边功防黩武。”注云：“开元初，突厥数寇边，天武军牙将郝云岑，斩默啜，献首阙下，自谓有不世之功。时宋璟为相，以天子好武，恐徼功者生心，痛抑其赏，逾年始授郎将。云岑遂恸哭，呕血而死。”按此，则名云岑，而《旧唐书》作“灵俭”，《新唐书》作“灵佺”。《资治通鉴》作“灵荃”，《考异》中亦无之。

今按：费氏据白居易乐府诗注文，而考郝云岑名字异文，卢氏则删白居易诗句，仅录其注文，并增“民不能安其生业”一语。又改“按此”为“据此”，将费氏考证据为已有，并改“《考异》中亦无之”为“《考异》中亦不辨其详”，显系抄袭。

28. 又《史记》及《前汉书》不载汉高祖父太公之名，而马大年著《懒真子》遂云：“前汉初去古未远，风俗质略，故太公无名，母媪无姓。”余谓风俗虽质略，安有无姓、无名之理？后读《唐史》，载汉刘氏世系表云：“丰公生煓，字执嘉，煓生四子，邦即高祖也。”又考《后汉・章帝》建初七年，“冬十月癸丑，西巡狩，丙辰，祠高庙，遂有事于十一陵，遣使祠太上皇于万年”。注：“太上皇，高祖父，名煓，一名执嘉。”欧阳公盖本此，特误以执嘉为名耳。初何尝无名，而创于《唐史》哉？以上数则，若毫无学识，不几为史书所误耶？

【辨伪】此条抄自宋费衮《梁溪漫志》卷六“懒真子辨太公名”：

> 马大年永卿著《懒真子录》言：“前汉初去古未远，风俗质略，故太公无名，母媪无姓。然《唐・宰相世系表》叙刘氏所出云：‘丰公生煓，字执嘉，生四子，邦汉高帝也。’噫！高皇之父，汉史不载其名，而《唐史》乃载之，此事亦可一笑。”予谓风俗虽质略，安有无姓之理？母媪无姓，特史逸之尔。至于太公之名，则汉史已具载。按：《后汉・章帝》建初七年，“冬十月癸丑，西巡狩，幸长安。丙辰，祠高庙，遂有事十一陵，遣使者祠太上皇于万年”。注：“太上皇，高祖父也，名煓，一名执嘉。”欧阳公盖本此，特误以执嘉为字。然太公之名，初非《唐史》创书之也。

今按：卢氏首句“又《史记》及《前汉书》不载汉高祖父太公之名”是改费氏引《懒真子录》中“高皇之父，汉史不载其名”一句而来。而其下卢氏引《懒真子录》仅“前汉初，去古未远，风俗质略，故太公无名，母媪无姓”一句，其实费氏所引，至“此事亦可一笑”，皆《懒真子录》文，而卢氏于中间截断，改费氏“予谓风俗虽质略，安有无姓之理”一句为“余谓风俗虽质略，安有无姓、无名之理”而插入此处。此后“后读《唐史》”一句，则据《懒真子录》文为己有；“又考《后汉·章帝》建初七年”至“而创于《唐史》哉”，则又改费氏按语而来，大同小异，显系抄袭。

29. 王莽、杨坚，均以后父篡国。以不仁得之，以不仁守之，必及其世，坚、莽之谓也。而坚、莽之女，皆节妇也，为其父者，亦可以少愧矣。

【辨伪】此条抄自宋王应麟《困学纪闻》卷十三：

> 杨坚以后父篡国，亦一莽也。以不仁得之，以不仁守之，必及其世，坚之谓矣。莽、坚之女，皆节妇也，为其父者，亦少愧哉！

今按：卢氏改“杨坚以后父篡国，亦一莽也”为“王莽、杨坚，均以后父篡国”，文意相同。改“坚之谓矣”为“坚、莽之谓也”，显系抄袭。

30. 箝语燔书，秦欲愚其民，而不能愚陈涉。指鹿束蒲，高欲愚其君，而不能愚子婴。余按：束蒲见《风俗通》；又“箝”字即“针”字，通用。

【辨伪】此条抄自宋王应麟《困学纪闻》及清何焯注。《困学纪闻》卷十一：

> 箝语燔书，秦欲愚其民，而不能愚陈涉。指鹿束蒲，高欲愚其君，而不能愚子婴。

何焯注：

> 束蒲为脯，见《风俗通》。

今按：首二句，与《困学纪闻》全同，而其按语“束蒲见《风俗通》”则抄自何焯注语，又增“又‘箝’字即‘针’字，通用”一句，显系抄袭。

31. 宋儒谓宋朝治体：“文治可观而武绩未振，名胜相望而干略未优。”余谓此非定论。考之史册，宋与契丹前后八十一战，其一胜者，张齐贤之太原之战也。非儒者乎？一韩一范，使西方之贼骨寒胆破者，儒也。宗汝霖、李伯纪不见阻于耿、汪、黄三奸臣，则中原可复，仇耻可雪。采石矶却敌，乃在一幅巾缓带参赞之功。儒岂无益于国哉？故曰非定论也。

【辨伪】此条抄自宋王应麟《困学纪闻》卷十五：

> 先儒论本朝治体云：“文治可观而武绩未振，名胜相望而干略未优。”然考之史策，宋与契丹八十一战，其一胜者，张齐贤太原之役也。非儒乎？一韩一范，使西贼骨寒胆破者，儒也。宗汝霖、李伯纪不见沮于耿、汪、黄三奸，则中原可复，仇耻可雪。采石却敌，乃眇然幅巾缓带一参赞之功。儒岂无益于国哉？搢绅不知兵，介胄不

知义，而天下之祸变极矣。

今按：卢氏改“先儒论本朝治体云”为“宋儒谓宋朝治体”，并于论治体之语后增“余谓此非定论”一句，末尾又增“故曰非定论也”一句，以相呼应，而删“搢绅不知兵，介胄不知义，而天下之祸变极矣”一句。其他大致相同，显系抄袭。

卷 三
解字随笔

1. 唯、惟、维三字，或从心，或从口，或从丝，皆通语助辞。然有训独者，有训思者，有训系者。《尚书》皆从心，如“我则未惟成德之彦”、“洪惟我幼冲人”是也。《诗》皆从系，多是语助辞，至“(系)[絷]之维之”，则训系；“四方是维”、“绋纚维之”，又有维持之训。只有一字从心，如“载谋载惟”是也。《左氏》、《论》、《孟》均皆以唯、惟通用，为语助。《论语》“唯仁者”、“唯上智”、“唯我与尔”、“唯天为大”，均从口，训为独也。《孟子》则从心，如“非惟百乘之家惟然也”，亦训独，盖字画不一，而所训亦不同。聊举数端，学者当随其文意以求之。

【辨伪】此条抄自宋孙奕《示儿编》卷一“惟唯维字”：

> 六经有惟、唯、维三字，或从心，或从口，或从糸，皆通作助辞，又训独。但从心者，又训思。《尚书》皆从心，乃尽为助辞，如“我则末惟成德之彦”、“洪惟我幼冲人”是也。《诗》皆从糸，亦多是助辞，至如“絷之维之”，则训系；“四方是维”、“绋纚维之”，则有维持之义。止有一字从心，乃作思惟之义，曰“载谋载惟”是也。《左氏传》亦皆以唯为助语，《论语》乃惟字亦助辞，但“唯仁者”、“唯上智”、“唯我与尔”、“唯天为大”、“唯尧则之”，从口而训独也。《孟子》亦有此句，则作惟，故亦训独，其余如“非惟百乘之家为然”之类，皆训独也。盖字画不一，而所训有同异，学者当随其文意求之。若夫《周易》之无字，《周礼》之灋字，虽画异于他经之無与法，而音义同。

今按：卢氏删“六经有”三字，“然有训独者，有训思者，有训系者”一句则总括文中“又训独”、“又训思”、“则训系”而来。所举经书例证中，删“乃尽为助辞”、“乃作思惟之义”二语。并改“《左氏传》亦皆以唯为助语”至“故亦训独”为“《左氏》、《论》、《孟》均皆以唯、惟通用，为语助”，又增“聊举数端”四字，而删末尾“若夫《周易》之无字”一句，大同小异，显系抄袭。

2.“有”、“亾”二字，“有”或作“又”，“亾”或作“无”，不可不辨。如《周礼》：“量其力有三均。”郑康成读“有三”为“又参”。《书》曰：“期三百有六旬有六日。”东坡读为“又六旬又六日”。《诗》曰：“不日有曀。”苏黄门云：“古文‘有’、‘又’相通。故《集韵》‘有’字注云：复也，又通又。”《论语》“有若亾”、“我独亾”、“亾而为有”、“焉能为亾”、“不如诸夏之亾也”，皆读为“无”。至读“存亾”之“亾”，“孔子时其亾也”、“亾之命矣乎”，则读“亡”字。诸子百家，以“亾”作“无”者甚多，当随文意而正之。“亾”今文作“亡”。

【辨伪】此条抄自宋孙奕《示儿编》卷一“有亾字”：

> 《记》曰：“凡养老，五帝宪，三王有乞言。”郑康成读“有”为“又”。(《内则》)《周礼》曰：量其力有三均。郑康成读“有三”为“又参”。(《弓人》)《书》曰：期三百有六旬有六日。东坡读二“有”为“又”。(《尧典》)《诗》曰：不日有曀。苏黄门云：古有、又通。(《终风》)则经意甚明，如本字读，则说不通。《集韵》四十九宥韵中文二十七，而“有”字与其一，注云：复也，通作又。《论语》曰“有若亾”、“我独亾”、“亾而为有”、“今亾矣夫”、“焉能为亾”、“不如诸夏之亾也”、“今也或是之亾也”，以上旧读作“存亾”之“亾”者，非，当读为无。唯“孔子时其亾也”、“自牖执其手曰亾之”，合如本字读。诸子史以“亾”作“无”者甚多，未能概举，当随意是正之。

今按：卢氏删孙氏引《礼记》及郑注，而于前增“‘有’、‘亾’二字，‘有’或作‘又’，‘亾’或作‘无’，不可不辨”一句。其下例证略有繁简之别，而文意相同，如改“《集韵》四十九宥韵中文二十七，而‘有’字与其一”为“故《集韵》‘有’字”，删《论语》中“今亾矣夫”、“今也或是之亾也”两例证，末尾则增“‘亾’今文作‘亡’”一句，显系抄袭。

3. 后、皇、烝、辟、君、主六字。后，继也，谓继治之君也。皇，大也，谓图大之君也。烝，众也，谓御众之君也。辟，法也，谓立法之君也。君，临也，谓临莅之君也。主，宰也，谓宰制天下之君也。

【辨伪】此条抄自宋孙奕《示儿编》卷一“后皇烝辟”：

> 后，继也，谓继治之君也。皇，大也，谓图大之君也。烝，众也，谓御众之君也。辟，法也，谓立法之君也。君，临也，谓临莅天下之君也。主，宰也，谓宰制天下之君也。

今按：孙氏此条解后、皇、烝、辟、君、主六字之义，卢氏于前增“后、皇、烝、辟、君、主六字”一语，其下注解，仅于“君”字改“临莅天下之君”为“临莅之君”，其他全同，显系抄袭。

4. 而、乃、若三字，均训汝。《书》：“惟乃之休。”又：“其害于而家，凶于而国。”《项羽传》：“吾与若北面怀王。”台、卬、朕三字，均谓我也。《书》云：“以辅台德。”《诗》云：“人涉卬否。”又：“巽朕位。”“朕德罔克。”皆自称我。自秦始皇时，不准称朕。他如以词讥之曰刺，以法杀之曰刺。因其世传而继之曰袭，掩其不备而取之曰袭。嚣嚣，泰然自得之象，《诗》：“谗口嚣嚣。”又愁叹也。荡荡，广大也，又放荡也。鞅鞅，若不满也；匈匈，谓扰攘也。不訾谓无限也，不难谓何有也。

【**辨伪**】此条节抄自宋孙奕《示儿编》卷一“字训辩”：

> 台、卬、朕，我也。《书》曰；“以辅台德。”《诗》曰：“人涉卬否。”皆我也。古者上下皆称朕。“巽朕位”，尧自称也；“朕德罔克”，禹自称也。秦始皇方不许臣下称朕。乃、而、若，汝也。《书》曰：“惟乃之休。”又曰：“其害于而家，凶于而国。”《项籍传》：“吾与若北面怀王。”皆训汝也。……荡荡，广大也，又放荡也。……嚣嚣，自得也，又愁叹也。《孟子》：“嚣嚣然曰。”又曰：“人知之亦嚣嚣。”皆自得也。《诗》曰：“谗口嚣嚣。”又愁声也。……鞅鞅，不满也。……匈匈，扰扰之意也。……无限之谓不訾。……不难之谓何有。……以词讥之曰刺。……以法杀之亦曰刺。……因其可传而继之曰袭。……掩其不备而取之亦曰袭。

今按：卢氏节录孙氏文字训诂，且变乱其顺序，如孙氏先解“台、卬、朕”三字，后解“乃、而、若”三字，而卢氏则颠倒之。又将居后之“刺”、“袭”训解前置于“台、卬、朕”三字训解之后；又将居“嚣嚣”、“鞅鞅”等前之“荡荡”训解，置“嚣嚣”、“鞅鞅”二者之间。除变乱训解先后顺序外，卢氏于孙氏训解亦有所改窜，如改“尧自称也”、“禹自称也”为“皆自称我”一句，又改“无限之谓不訾”为“不訾谓无限也”，其意相同，显系抄袭。

5. 古人制字，止戈为武，反正为乏，皿虫为蛊，日月为明，欠土为坎，人言为信，如心为恕，具载经传，此明而易见者。又有似是而实非者，姑录于此。錬(彦)鍊(东)，卬(昂)卭(穷)，鉛(沿)鈆(中)，纸(只)lt;纸(低)，彤肜(同)，逢逄(庞)，趋趍(摘)，隹佳(锥)，睢雎(虽)，蛇虵(迤)，朽杇(乌)，母毋(无)，本夲(滔)，淖淖(朝)，谄謟(韬)，美羙(羔)，芃艽(交)，艽艽(求)，船舡(航)，斛觓(求)，苓(零)芩(琴)，以上平声。芊芈(敉)，改攺(已)，駃駚(央)，豐豊(里)，疉(累)亹(尾)，秬柜(举)，款欵(霭)，瘦瘐(於)，谀謏(小)，宩宷(审)。以上上声。隸肆(异)，糸系(係)，謚諡(示)，伏伏(大)，裸祼(贯)，炙灸(究)，西襾(亚)，孝孝(教)，以上去声。角甪(禄)，苗笛(笛)，僣借(铁)，商啇(滴)，押柙(狎)，戊戉(越)，臼臼(菊)，東朿(吉)，取耴(辙)，以上入声。又有音同而意异者。鐘(乐器)鍾(酒器)，胄(后裔)冑(甲胄)，奕(大也)弈(弈秋)，邵(姓也)卲(高也)，登(升高)豋(礼器)。又有平声音同而用误者，以蹬为蛩，以逄为逢，以泜(池)为低，以黟(伊)为移，以纡为迂，以嵇(兮)为稽，以悝(恢)为里，以蟁(蚊)为氓，以餮(生)为飧，以奸为姦，以攽(班)为汾，以颧(拳)为歡，以莜(樵)为收，以枭为鸮(余按：《荀子》“枭乱天下”，注：与鸮同)，以斯为戕，以葠为侵。上声有：以甬(勇)为桶，以鮬(项)为垢，以庑(武)为府，以壶(梱)为壶，以说为侻，以病为病，以狮为俨。去声有：以篲(遂)为慧，以彗为惠，以异(異)为忌，以淛为浙，以晬为岁。入声有：以倏(叔)为條，以谡(宿)为稷，以屈为诎，以埒为捋。又有字异而义同者。“天地”，《潜虚》作“萇坠”。“雷风”，《周礼》作“靁飌”。“九扈”，《诗》作“桑扈”，《尔雅》作“鳸”，《说文》作“雇”，又作“鹗”。“萱草”，《毛诗》作“谖”，《韩诗外传》、

(稽)[嵇]康《养生论》作"萱"，阮藉、谢惠连作"諠"，《说文》作"藼"、"蕿"、"蕿"三字，其实一萱也。"箫韶九成"，《周礼》作"大磬"，《史记》作"九招"，《孟子》作"徵招"、"角招"。"至治馨香"，《郊特牲》作"羶芗"。"匍匐救之"，《檀弓》作"扶服"。《诗》之"绵蛮黄鸟"，《大学》作"缗蛮"。"毛毪"，《司裘》作"毨(毛)毪"。"和鸾雍雍"，《东都赋》作"龢銮"。《鲁颂》"泮宫"，《王制》作"頖宫"。"委蛇"，《儒林传》作"委它"，《韩诗外传》、《杨秉传》并作"逶迤"，《离骚》、《九辩》作"委蛇"，《九章》作"委移"，《九叹》作"逶移"，《任光传》作"委佗"。《书》之"亮阴"，《丧服记》作"谅闇"。"田猎"，《五子之歌》作"畋"，《无逸》作"于田"，《系词》作"以佃"，《小宗伯》作"大甸"(田)。"析支渠搜"，《地里志》作"渠叟"。"皋陶"，《晁错传》作"咎繇"。"仲虺"，《荀子·法行篇》作"中(仲)蘬(虺)"。"说命"，《学记》作"兑命"。"脊令"，《尔雅》、《左传》、《说难》均作"鹡鸰"。《易》之"于臲卼"，《(泰)[秦]誓》作"杌陧"。"其行次且"，昌黎《盘谷序》作"赼趄"。"包牺"，《汉·律历》作"炮牺"，《通历》作"庖牺"。"伏羲"，《庄子》、《扬子》、班固均作"伏羲"，《扬雄[传]》作"宓牺"，《荀子》作"伏戏"，《前汉·艺文志》作"宓戏"，《文(逸)[选]》作"伏牺"，《后汉书》作"虙羲"。"荜门圭窬(豆)"，《襄公二十五年》作"闺窦"。《礼》"犹与"，(稽)[嵇]康作"犹豫"，来歙作"尤豫"，又作"冘(由)豫"。"呜呼"，《汉·五行志》作"乌嘑"，《孔光》作"于虖"，《王贡》作"恶虖"，《礼记·大学》作"于戏"，《烈文》诗作"于乎"。"子(典)[贡]"，《乐记》、《荀子》、《董仲舒》均作"子赣"。"曾点"，《史记》作"曾蒧(典)"。"吕刑"，《缁衣》、《孝经》作"甫刑"。"显显令德"，《中庸》作"宪"。"洪范"，《汉·艺文》作"鸿范"。"降水儆予"，《孟子》作"警余"。"缧绁之中"，太史公作"累绁"。又有字同而义异者。《尧典》"厥民夷(平也)"，《诗》"我心则夷(悦也)"，《玉藻》"夏后氏以鸡夷(鼎也)"，《孟子》"民之秉夷(彝也)"。"君子所其无逸(安也)"，《孟子》"遗逸(弃)而不怨"，《唐·艺文志》"史家逸(失也)其行事"，《左传》"马逸(奔也)不能止"，杜诗"俊逸(超也)鲍参军"。《禹谟》"儆戒无虞(度也)"，"文王询于八虞(官也)"，《孟子》"欢虞(乐也)如也"，《诗》"驺虞(兽也)"。"小心翼翼(恭也)"，"翼(明也)日乃瘳"，《庄子》"以礼为翼(羽也)"。"谷(生也)则异室"，"既富方谷(禄也)"，"百谷(稻也)用成"。《易》"离卦"、"彼黍离离(盛貌)"，"流离之子(别也)"，班固《东都赋》"僸佅兜离(夷乐名)"，《张良赞》"高祖数离(遭也)困厄"，沈休文诗"紫燕光陆离(明也)"。"拳拳弗膺(胸也)"，"戎狄是膺(击也)"，"诞膺(受也)天命"。《论语》"辟(比也)诸草木"，《戾太子传》"辟(避也)暑甘泉宫"，《书》"惟辟(君也)作福"，《孟子》"放辟(辟幸也)邪侈"，《王制》"正刑明辟(法也)"。

【辨伪】此条拼凑宋孙奕《示儿编》卷十八"画讹"、"声讹"，卷十九"字异而义同"、"字同而义异一"，卷二十"字同而义异二"、"字同而音异"诸条而成。卷十八"画讹"：

> 夫止戈之为武，门玉之为闰，皿虫之为蛊，反正之为乏，日月之为明，欠土之为坎，人言之为信，如心之为恕，具载经传，炳炳如丹，则古人制字之谨严，不可一毫加损也。自俗书淈乱，失其本真，后学缘讹袭舛，不可胜纪，今略是正之。鍊近鍊(音东)，印近卬(音蛩)，鉛近鈆(音钟)，肜近彤(音鼕)，逄近逢(音庞)，趋近趍(音搐)……佳近隹(音锥)，睢近雎(音虽)，蛇近虵(音迤)，朽近杇(音乌)，母近毋(音无)……纸近紙(音低)……淖近漳(音潮)，袄近祆(音妖)，本近夲(音滔)，谄近

謟(音韬)，美近美(音羔)……船近舡(音航)，蚖近蚢(音刚)，芃近艽(音交)，艽近芁(音求)……斛近斛(音求)……苓近芩(音琴)……以上平声。揀近揀(音董)，芊近芈(音敉)，肺近胇(音滓)，駃近駛(音史)，第近笫(音滓)，沘近泚(音此)，改近改(音已)，豐近豊(音礼)，亹近亹(音尾)，秬近柜(音举)……瘐近瘐(音愈)，款近欵(音霭)……谀近谀(音小)……宷近宷(音审)，傒近徯(音喜)，以上上声。隸近肄(音异)，糸近系(音係)……謚近謚(音示)……伏近伏(音大)……祼近裸(音贯)……孝近孝(音教)……西近襾(音亚)……炙近炙(音究)……以上去声。角近甪(音禄)，玉近王(音夙)，苗近苖(音笛)……僣近僣(音铁)，首近首(音蔑)，商近啇(音滴)……取近耴(音辄)……戊近戉(音越)，臼近臼(音匊)，束近朿(音棘)……以上入声。……鐘、鍾，并音终(上乐器，下酒器)；……邵、卲，并音绍(上姓也，下高也)；冑、胄，并音宙(上裔也，下兜鍪)；……奕、弈，并音亦(上大也，下围棋)；……登、豋，并音灯(上升车，下礼器)；……凡此皆声同而画异也。

“声讹”：

字音之讹，甚于乐音之讹久矣。学者之病乎此也。……平声有：以恫(通)为同，以娀(崧)为戎，以芎(凶)为蛩，以逄(庞)为逢……以泜(墀)为低，以黟(伊)为移……以迂(于)为纡……以嵇(兮)为稽……以悝(恢)为里……以蝨(蚊)为珉……以餐(孙)为飡……以奸(干)为姦……以攽(班)为汾……以颧(拳)为歡……以梟(浇)为鸮(经传惟《荀子·非十二子篇》“以梟乱天下”注：“梟与鸮同。”)……以莜(翘)为收……以斨(锵)为戕……以葠(森)为侵……上声有：以愯(悚)为爽，以甬(勇)为桶，以缿(项)为垢……以駛(史)为駃……以庑(武)为府……以壼(阃)为壶……以谠(党)为傥，以寎(丙)为病……以狉(险)为伾。去声有：以玒(贡)为工，以睟(粹)为翠，以篲(音遂，帚也)为慧，以彗(音遂，星也)为惠……以异(異)为忌……以淛(制)为浙……以晬(最)为脆……入声有：……以儵(叔)为倏，以谡(缩)为稷……以屈(橘，姓)为诎……以埒(劣)为捋……凡此皆声之讹也。

卷十九“字异而义同”：

“天地”一也，《潜虚》(温公)作“兲坔”(古“天地”字)。“雷风”一也，《周礼》作“靁飌”(古“雷风”字)。“九扈”，《左传》、《毛诗》“桑扈”，用“扈”字，《尔雅》用“鳸”字，《说文》用“雇”字，又或作“鶚”，其实一也。“萱草”，《毛诗》用“谖”字，《韩诗外传》、嵇康《养生论》用“萱”字，阮籍《咏怀》诗用“諠”(鲲按：《咏怀》诗作“谖”，谢惠连《西陵遇风》诗注作“諠”)字，《说文》用“藼”、“蘐”、“萲”三字，其实一也。……“韶”一也，《书》谓之“箫韶”，《左传》谓之“韶箾”，《周礼》谓之“大磬”，《史记》谓之“九招”，《孟子》谓之“徵招”、“角招”。……《书》“至治馨香”，《郊特牲》作“馨芗”(馨当作馨)。《谷风》“匍匐救之”，《檀弓》作“扶服”。《诗》“绵蛮黄鸟”，《大学》作“缗蛮”。……《鲁颂》“能修泮宫”，《礼器》、《王制》并作“頖宫”。……又“毛毨”，《司裘》作“毴毨”(上音毛)。……《诗》“和鸾雝雝”，《东都赋》

作“穌鑾”。《夬》卦“其行次且”(与赼趄同)，韩愈《盘谷序》“足将进而赼趄”。……《困》卦“于鶃甈”，《秦誓》“邦之杌隉”。《说命》“亮阴三祀”，《丧服四制》作“谅闇”。《儒行》“筚门圭窬”(音窦)，《襄公十五年》作“闺窦”。……《曲礼》“定犹与”，嵇康《养生论》“内怀犹豫”，《马援传》“计冘豫未决”，《来歙传》“冘豫”(冘，音淫。《说文》曰：“冘冘，行貌。”《东观记》：“狐疑未决也。”亦音由，不定也。)……经曰“呜呼”一也，《汉·五行志》作“乌嘑”，《孔光传》作“于虖”，《王贡》作“恶虖”，《董贤传》、《礼记·大学》并作“于戏”，《诗·烈文》作“于乎”。《诗》云“委蛇”一也，《后·儒林传序》作“委它”，《韩诗外传》、《任光传赞》(鲲按：《任光传赞》作“委佗”)、《杨秉传》并作“逶迤”，《楚词·离骚》、《九辩》皆作“委蛇”，《九章》作“委移”，《九叹》作“逶移”，《列子》作“猗移”。……“田猎”一也，《五子之歌》作“畋”，《无逸》作“于田”，《系词》作“以佃”，《小宗伯》作“大甸”(并音田)。……《系词》、《世纪》作“包牺”，《汉·律历志》作“炮牺”，《通历》作“庖牺”，《左·昭公十七年》注、《庄子·大宗师》、《扬子·问道》、班固《东都赋》皆作“伏牺”，《扬雄传》作“宓牺”，《后·蔡邕》、《张衡传》作“羲皇”，《荀子·成相》作“伏戏”，《前汉》作“宓戏”(鲲案《左》注及《文选》作“伏牺”，《庄子》作“伏戏”，《后汉书》作“虑羲”，《解难》作“宓牺”，《艺文志》作“宓戏”，亦见《律历志上》)。《书》有“皋陶”，《晁错传》作“咎繇”。……《书》“仲虺之诰”，《荀子·法行篇》作“中蘬”(与仲虺同)。《书》“说命”，《学记》作“兑命”。《论语》“周任有言”(《季氏》)，《盘庚》作“迟任”。又“子贡”，《乐记》、《荀子》、《董仲舒赞》作“子赣”。又“曾点”，《史记》作“曾蒧”(音点)。……又“吕刑”，《缁衣》、《孝经》作“甫刑”。……《诗》“显显令德”，《中庸》作“宪宪”。又“鹊之疆疆”，《表记》作“姜姜”。又“脊令在原”，《左传》、《尔雅》、东方朔《答客难》作“鹡鸰”。……《大禹谟》“降水儆予”，《滕文公下》“洚水警余”。……又《洪范》有八政，《前·艺文志》作“鸿范”。……《论语》“缧绁之中”，《太史公传》作“累绁之辱”(与缧绁同)。

“字同而义异一”：

……《尧典》“厥民夷(平也)”，《草虫》“我心则夷(悦也)”，《舜典》“蛮夷(夷狄)猾夏”，《序卦》“夷者，伤也”，《玉藻》“灌尊，夏后以鸡夷(读作彝)”，《孟子》引《诗》“民之秉夷(读曰彝)”，韩愈《南海庙碑》“不鄙夷其民”。……《无逸》“君子所其无逸(安也)”，《立政》“乃惟庶习逸德之人(过也)”，《孟子》“遗逸而不怨(遗也)”，《唐·文艺传序》“史家逸其行事(失也)”，《成公二年》“马逸不能止(奔也)”，杜诗“俊逸鲍参军(超也)”。《大禹谟》“儆戒无虞(度也)”，《国语》“文王询于八虞(官也)”，《孟子》“伯者之民，欢虞如也(乐也)”，《诗》“驺虞(兽名)”。……“小心翼翼(恭也)”，《书》“翼日乃瘳(明也)”，《庄子》“以礼为翼(羽也)”。又“谷则异室(谷，生也)”，“谷旦于差(善也)”，《书》“既富方谷(禄也)”，“百谷用成(谷，粟也)”。

卷二十“字同而义异二”：

……《前·地理志》“市明珠、璧流离(与琉璃同)”,《杨雄传》“亡春风之被离(读作披离)”,《易》“明两作,离(卦名)”,《诗》“彼黍离离(盛貌)”,《旄丘》“流离之子(别也)”,班固《东都赋》“傑侏兜离(夷乐名)”,《张良赞》“高祖数离困厄(遭也)”,《古今注》“芍药一名可离(草名)”,《文选》沈休文诗“紫燕光陆离(明也)”。……《中庸》“拳拳服膺(胸也)”,《诗》“戎狄是膺”,《书》“诞膺天命”(上击也,下受也)。

“字同而音异”:

《论语》“辟诸草木”(音譬),《戾太子传》“辟暑甘泉”(音避),《洪范》“惟辟作福”(必益反,君也),《孟子》“放辟邪侈”(与僻同),《礼记·王制》“正刑明辟”(音闢,法也)。

今按:卢氏于前增“古人制字”四字,删“门玉之为闰”,并改“炳炳如丹,则古人制字之谨严,不可一毫加损也”为“此明而易见者”,又改“自俗书涠乱,失其本真,后学缘讹袭舛,不可胜纪,今略是正之”为“又有似是而实非者,姑录于此”。其下按平上去入四声所举之例证,皆节抄孙氏例证而来,顺序或有改易。又改孙氏例证结尾“凡此皆声同而画异也”一句为“又有音同而意异者”,而置例证之前,其所列例证亦节抄而来。以上皆抄自“画讹”。“又有平声音同而用误者”以下,亦分平上去入四声,节抄“声讹”例证。“又有字异而义同者”以下,节抄“字异而义同”例证。“又有字同而义异者”以下,节抄“字同而义异一”、“字同而义异二”例证。末尾“《论语》”一句,则抄自“字同而音异”中的一条。大同小异,显系抄袭。

6.《说文解字》多与六经不同。《书》“旁逑孱功”,今作“方鸠”;“璪火粉米”,今作“藻”;“有能俾嬖”,今作“乂”;“宅堣夷”,今作“嵎”;“五品不愻”,今作“逊”;“娶于嵞山”,今作“涂”;“岊成五服”,今作“弼”;“竄三苗”,今作“窜”;“稘三百有六旬”,今作“期”;“至于岱宗,祡”,今作“柴”;“庶草繁无”,今作“庑”;“彝伦攸斁”,今作“斁”;“西伯戡𨚗”,今作“黎”;“粊誓”,今作“费”;“若颠木之有甹枿”,今作“由孽”。“焯见三友”,今作“灼”;“左杖黄戉”,今作“钺”;“战于坶野”,今作“牧”;“堋淫于家”,今作“朋”。“平豑东作”,今作“秩”;“陈宲赤刀”,今作“宝”。又引《诗》“新台有玼”,今作“泚”;“陶寝陶穴”,今作“復”;“瓶之窒矣”,今作“罄”;“痑痑骆马”,今作“啴啴”;“衣裳髗髗”,今作“楚楚”;“墙有荠”,今作“茨”;“邛有旨鷊”,今作“鹝”;“颜如蕣华”,今作“舜”;“蔽蔽山川”,今作“涤”;“无然呭呭”,今作“泄”;“振旅嗔嗔”,今作“阗”;“辞之卙矣”,今作“辑”;“我埶黍稷”,今作“蓺”;“謍謍青蝇”,今作“营”;“岦兮达兮”,今作“挑”;“无我敫兮”,今作“魗”;“国步斯矉”,今作“频”;“葛藟纍之”,今作“縈”。又引《易》“犕牛乘马”,今作“服”;“夫乾隺然”,今作“確”;“日厢之离”,今作“昃”;“寷其屋”,今作“豐”;“忼龙有悔”,今作“亢”;“天地(壹)[壹]壺”,今作“氤氲”;“𤆶升大吉”,今作“允”;“再三黩”,今作“渎”;“包荒”,今作

“荒”。又引《周礼》“任鄁地”，今作“稍”。“庙门容大鼏”，今作“扃”；“赤魃”，今作“茇”。又引《春秋》“磒石于宋”，今作“陨”；“癹夷蕴崇之”，今作“芟”。又引《孝经》“哭不偯”，今作“偯”。他如“吝”俗作“悋”，“赴”俗作“讣”，“祚”俗作“胙”，“瀓”俗“澄”，“顮”俗作“滨”，“埶”俗作“蓺”，“雅”俗作“鸦”，“创”俗作“疮”，“鮏”俗作“鯹”，“儋何”俗作“担荷”，“橐佗”俗作“骆驼”，“裴回”俗作“徘徊”，“结环”俗作“髻鬟”，“劈历”俗作“霹雳”，“蛧蜽”俗作“魍魉”。又《唐书》载《何逊集》八弓，今作卷，陶宗仪《说郛》亦作弓。又碧虚子《真诰》一卷，作一弔。据小宋《太一宫》诗：“瑞木千寻耸，仙图几弔开。”盖“弔”即“卷”字省文。而陈景元注《真诰》以为篇字，其实误也。又有不读本音而读他音之字者，如外域名字，可汗音“榼寒”；阏支音“胭支”，谷蠡音“禄黎”，狝氏音“权(情)[精]”，冒顿音“墨突”，浩亹音“(阈)[阁]门”，此四夷字音，即《通鉴释文》亦多未载。又有蕃语以华语译之，每因声音相近，而遂转其字者，如天竺转为“捐笃”，又为“身毒”；吐蕃本“秃发乌孤”，今转“吐蕃”；唃厮罗之父名“籛逋”，转为“赞普”；达怛转为“鞑靼”，《新唐书》音“末曷”；龟兹转为“丘慈”，又《宋史》载万俟音墨其，夷人复姓也。

【辨伪】此条抄自宋孙奕《示儿编》卷二十一“集字”：

许慎《说文解字》所引六经，与今六经字多不同。如《说文》于“逑”字引《书》曰“旁逑孱功”，今《书》作“方鸠”；“草木蕲苞”今作“渐”，“璪火粉米”今作“藻”，“有能俾嬖”今作“乂”，“宅堣夷”今作“嵎”，“五品不愻”今作“逊”，“娶于嵞山”今作“涂”，“𠨘成五服”今作“弼”，“竄三苗”今作“窜”，“稘三百有六旬”今作“期”，“元首丛脞哉”今作“脞”，“譒告之修”今作“播”，“至于岱宗，祡”今作“柴”，“高宗梦得说，使百工敻求诸野”今作“营”，“庶草繁无”今作“庑”，“鸟兽毨毛”今作“氄”，“若药不眄眩”今作“瞑”，“彝伦攸殬”今作“斁”。“西伯戡𨚵”今作“黎”，“棐誓”今作“费”，“若颠木之甹枿”今作“由蘖”，“我之不辟”今作“辟”，“焯见三友”今作“灼”，“今汝懖懖”今作“聒”，“左杖黄戉”今作“钺”，“与纣战于坶野”今作“牧”，“一人冕执鈗”今作“锐”，“堋淫于家”今作“朋”，“平豑东作”今作“秩”，“武王惟冃”今作“冒”，“戰我于艰”今作“捍”，“常故常任”今作“伯”，“陈寚赤刀”今作“宝”。……又于“玭”字，引《诗》曰“新台有玭”乃作“泚”，“陶寝陶穴”今作“復”，“瓶之窒矣”今作“罄”，“譬彼瘣木”今作“坏”，……“疼疼骆马”今作“啴”，“衣裳黼黼”今作“楚”，“竴竴舞我”今作“蹲”，“邛有旨鷊”今作“鹝”，“彼薾维何”今作“尔”，“葛藟虆之”今作“萦”，“墙有荠”今作“茨”，“颜如蕣华”今作“舜”，“蔽蔽山川”今作“涤”，“食郁及藿”今作“薁”，“菉竹猗猗”今作“绿”，“克岐克嶷”今作“嶷”，“犬夷呬矣”今作“喙”，“无然呭呭”今作“泄”，“咠咠幡幡”今作“捷”，“振旅嗔嗔”今作“阗”……“词之卙矣”今作“辑”，“诚以溢我”今作“假”，“我埶黍稷”今作“蓺”，“謍謍青蝇”今作“营”，“岦兮达兮”今作“挑”，“无我𣪘兮”今作“魗”，“国步斯矉”今作“频”。又于“犕”字引《易》曰“犕牛乘马”今作“服”……“夫乾隺然”今作“確”，“日𥃳之离”今作“昃”，“豐其屋”今作“豐”，“为馰颡”今作“的”，“再三黩”今作“渎”，“忼龙有悔”今作“亢”，“天地壹壺”今作“氤氲”，“粇升大吉”，今作“允”，“包巟”今作“荒”。又于“鄁”字引《周礼》曰“任鄁地”今作“稍”，“庙门容大鼏七个”今作"扃"，"赤魃"今作"茇"，"煣牙，外不嫌"今作"廉"。又于"碩"字引《春秋》曰"碩石于宋五"今作"陨"，"發夷蕴崇之"今作"芟"。又于"悠"字引《孝经》曰"哭不悠"今作"偯"。……"吝"者，惜也，俗作"悋"；"赴"者，告也，俗作"讣"；"祚"者，祭福也，俗作"胙"；"蹇"者，蹇蹇也，俗作"謇"；"綵"者，襁褓也，俗作"褓"；"澂"者，清也，俗作"澄"；"頻"者，水厓也，俗作"滨"；……"埶"者，种也，俗作"蓺"；"雅"，乌加反，楚乌也，俗作"鸦"；"创"，楚良反，伤也，俗作"疮"；……"鮏"，桑经反，鱼臭也，俗作"鯹"；……"儋何"俗作"担荷"，"橐佗"俗作"骆驼"，"裴回"俗作"俳佪"，"结环"俗作"髻鬟"，"滂沛"俗作"雱霈"，"劈历"俗作"霹雳"，"蝄蜽"俗作"魍魉"。……《东观余论》云："《隋·经籍志》、《唐·艺文志》，《何逊集》皆八弓。晋天福本但诗两弓，今世传本是也。独春明宋氏有旧本八弓特完，因借传之。"又云："小宋《太一宫》诗'瑞木千寻笋，仙图几弔开'，注云：'《真诰》谓一卷为一弔。'殊不知《真诰》所谓弓即卷字，盖从省文，《真诰》音亦尔，非弔字也。碧虚子陈景元据《真诰》以此字即篇字，亦误也。"……《演繁露》云：蕃语以华言译之，皆得其近似耳。"天竺"语转而为"捐笃"、"身毒"；唐有"吐蕃"，本"秃发乌孤"，"秃发"语转遂为"吐蕃"；唃厮罗之父名"籛逋"，乃"赞普"也；"达怛"乃"鞑靼"也；"契丹"之契读如吃，惟《新唐书》有音。"冒顿"读如"墨突"，惟《晋书音义》有之，《汉音义》无也，不知其何所本。……至如"龟兹"，既知其为丘慈，何不竟以丘慈书之？……《新唐书》音鞑，莫曷反；靼，何曷反；又直音末曷。《学林新编》云：蕃夷名号有他音，不读作本字。故"可汗"音榼寒，"阏支"音烟支，"谷蠡"音禄黎，"狝氏"音权精，"浩亹"音阁门，"番汗"音盘寒，"允吾"音鈆牙，"先零"音铣怜，凡此皆为它音书亦不载者。……梁武帝普通六年："万俟丑奴，音墨棋，虏复姓。丑奴，其名。"

今按：卢氏改首句"许慎《说文解字》所引六经，与今六经字多不同"为"《说文解字》多与六经不同"。此下列《说文》引《书》、《诗》、《易》、《周礼》、《春秋》、《孝经》等经书异文，有所节略。"又《唐书》载"以下考"卷"异文数句，改窜自孙氏所引《东观余论》。"又有不读本音而读他音之字者"以下例证则改窜自孙氏所引《演繁露》、《学林新编》，大同小异，显系抄袭。

7. 字学之坏，南北朝专以造字为工，而北朝尤甚。如百念为憂，言反为變，不用为罢，追来为歸，更生为苏，先人为老，载诸经传，难以枚举。又如《字林》以"大一人口八十"为"天保"，以"予舍(而)[西]土瓦中人"为"甄舒仲"，"千里草"为"董"字，"小月走"为"趙"字，"二日了"为"亨"，"十日卜"为"卓"，"十八子"为"李"，"二日"连为"昌"，"軍走"为"運"，"破田"为"丑"，"卯金刀"为"劉"，"白水真人"为"[貨]泉"，"十八公"为"松"，"一日夫"为"春"，"四维"为"羅"，不一而足。又《南粤志》载俗字甚多，如𡇈为匾，奀为矮，尖为尖，奀为稳，亦有数十字，皆经传与《说文》所无者。

【辨伪】此条节抄自宋孙奕《示儿编》卷二十二"集字二"：

《学林》云："'天保'为一大人口八十，'甄舒仲'为'予舍西土瓦中人'，'董'为千里草，‘趙’为小月走，‘亨’为二月了，‘卓’为十日卜，‘李’为十八子，‘昌’为二日，‘運’为軍走，‘隆化’为降死，‘三刀’为州，‘破田’为丑。凡此，皆象形取义，非字书偏旁之法也。”《艺苑雌黄》云：“……熙、丰间，尝有成书是正讹谬，学者不能深考，类以穿凿訾之，至乃妄有增损。如加‘玉’之点，……以‘劉’为卯金刀，以‘貨泉’为白水真人，……以‘松’为十八公，以‘董’为千里草，……以‘春’为一日夫，……‘羅’为四维，……‘昌’为两日，……‘甄舒仲’为予舍西土瓦中人，‘天保’为一大人口八十，‘趙’为小月走，‘亨’为二月了，‘卓’为十日卜，‘李’为十八子，‘運’为軍走，……以破田为‘丑’，以召刀为‘劭’，狃于习俗，恬不为非。……若是之类，岂非俗学之谬欤？”……《颜氏家训》：“……北朝丧乱之余，书迹鄙陋，加以专辄造字，猥拙甚于江南。乃以百念为憂，言反为變，不用为罷，追来为歸，更生为苏，先人为老，如此非一，遍满经传。”……陈晔《琐碎录》云：“《南粤志》载岭南字‘㐫’(音匾)、‘奀’(音矮)、‘坴’(音稳)，似此有数十字，皆以意为之。”

今按：孙氏《示儿编》引《学林》、《艺苑雌黄》、《颜氏家训》、陈晔《琐碎录》四书，卢氏即据此四书节抄改窜而来。其“字学之坏”至“难以枚举”改窜自《颜氏家训》，“又如《字林》”以下所举例证，“破田为丑”以上十例见于《字林》，“卯金刀为劉”以下五例则不见于《字林》，卢氏不分引文起讫，误列入《艺苑雌黄》中例证。又卢氏所举十五例证，皆见于孙氏所引《艺苑雌黄》，“又《南粤志》载俗字甚多”以下抄自陈晔《琐碎录》所引《南粤志》，且卢氏增“尖为尖”一例，不知何意；又改“皆以意为之”为“皆经传与《说文》所无者”。大同小异，显系抄袭。

8. 饧字见于《六经》、《楚辞》者，《周礼·小师》“掌箫”注云：“箫，编小竹管，如今卖饴饧者所吹。”《招魂》云：“粔籹蜜饵，有餦餭些。”注云：“餦餭，饧也。”战国时以饧为餦餭，至后汉始谓之饧耳。

【辨伪】此条抄自宋马永卿《懒真子》卷二：

唐人欲作寒食诗，欲押饧字，以无出处，遂不用，殊不知出于《六经》及《楚辞》也。《周礼·小师》“掌教箫”注云：“箫，编小竹管，如今卖饴饧者所吹也。管如篴并而吹之。”《招魂》曰：“粔籹密饵，有餦餭些。”注云：“餦餭，饧也。”但战国时谓之餦餭，至后汉时乃谓之饧耳。

今按：卢氏改“唐人欲作寒食诗，欲押饧字，以无出处，遂不用，殊不知出于《六经》及《楚辞》也”为“饧字见于《六经》、《楚辞》者”，并删《周礼》注中“管如篴并而吹之”一句，大同小异，显系抄袭。

9. 班史多用古字，以西汉去古未远，至《东汉书》则鲜有用者。所以颜师古注班史，遇某古字则注云“当读如某某字”者，盖亦恐学者未详。何以今之士人，既非平日素习，去古益远，临场多牵强搜检古字，以为奇异，殊属可笑。

【辨伪】此条抄自宋周煇《清波别志》卷下：

> 班史多用古字，以西汉去古未远也，《东汉书》则皆不用。颜师古注班史，遇古字则注云“某读如某”、“某，古某字”，盖亦恐学者之未详。今士人有作一二十字简帖，必旋检本，模仿笔画，从俗就简，转易偏旁者十居七八。既非素习，何苦牵强？有劝人着深衣者，答曰：“某今时人，只合着今时衣服。”是为至论。

今按：卢氏改“《东汉书》则皆不用”为“至《东汉书》则鲜有用者”，又改“‘某读如某’、‘某、古某字’”为“‘当读如某某字’者”，不知何意，当属误改。又改“今士人有作一二十字简帖，必旋检本，模仿笔画，从俗就简，转易偏旁者十居七八。既非素习，何苦牵强”一句为“何以今之士人，既非平日素习，去古益远，临场多牵强搜检古字，以为奇异，殊属可笑”，其意相同，又删末尾“有劝人着深衣者”一句，显系抄袭。

10. 广西俗字甚多，往往见于文案中。如奀为矮，奀为稳。奀为倦，言瘦弱也。歪为终，言死也。孬为躐，言足不能举也。仦为嫋，言小貌也。奻为姊，岙为崖。氽音泅，言人在水上也。氼音魅，言人没在水下也。大理国亦多用此等字，如国字作圀。余按：武则天时，国字写作圀字，亦本于此。

【辨伪】此条抄自宋周去非《岭外代答》卷四“俗字”：

> 广西俗字甚多。如奀音矮，言矮则不长也；奀音稳，言大坐则稳也。奀音倦，言瘦弱也。歪音终，言死也。孬音腊，言不能举足也。仦音嫋，言小貌也。奻，徒架切，言姊也；……岙音磡，言岩崖也。氽音泅，言人在水上也。氼音魅，言没人在水下也。……大理国间有文书至南边，犹用此“圀”字。“圀”，武后所作“国”字也。

今按：卢氏于首句增“往往见于文案中”，所据例证中，改“奀音矮，言矮则不长也；奀音稳，言大坐则稳也”为“奀为矮，奀为稳”，改“奻，徒架切，言姊也”为“奻为姊”，改“岙音磡，言岩崖也”为“岙为崖”，改“大理国间有文书至南边，犹用此‘圀’字。‘圀’，武后所作‘国’字也”为“大理国亦多用此等字，如国字作圀。余按：武则天时，国字写作圀字，亦本于此”，其意相同，显系抄袭。

11. 闽中郑樵字渔仲，尝作《六书略》，最为得法，谓象形、谐声、指事、会意、转注、假借，从六者而生，总计二万四千二百三十五字。其间惟谐声类最多，计二万一千八百一十字。约以简易，尽得作字之义。自《说文》以字画左旁为类，而《玉篇》从之，不知右旁亦多以类相从。如戋有浅小之义，水之可涉者为浅，疾而有不足者为残，货而不足贵者为贱，木而轻薄者为栈；青字有精明之义，故日之无障蔽者为晴，水之无溷浊者为清，目之能明见者为睛，米之去粗皮者为精。凡举两三端，可以类求。

【辨伪】此条抄自宋张世南《游宦纪闻》卷九：

> 王金陵《字说》之作，率多牵合，固不免坡公之讥。建炎间，莆中郑樵字渔仲，作《六书略》，谓象形、谐声、指事、会意、转注、假借，从六者而生，总计二万四

> 千二百三十五。其间惟谐声类最多，计二万一千八百一十。约以简易，而尽得作字之义矣。自《说文》以字画左旁为类，而《玉篇》从之，不知右旁亦多以类相从。如戋有浅小之义，故水之可涉者为浅，疾而有所不足者为残，货而不足贵重者为贱，木而轻薄者为栈；青字有精明之义，故日之无障蔽者为晴，水之无溷浊者为清，目之能明见者为睛，米之去粗皮者为精。凡此，皆可类求，聊述两端，以见其凡。

今按：卢氏删“王金陵《字说》之作，率多牵合，固不免坡公之讥”一句，改“建炎间，莆中郑樵”为“闽中郑樵”，并增“最为得法”四字，而改末句“凡此，皆可类求，聊述两端，以见其凡”为“凡举两三端，可以类求”，大同小异，显系抄袭。

12. 字学之坏，多因前代忌讳所改，致使字画音义，舛谬错误。汉以火德王，都洛阳，忌水克火，遂改“洛”为“雒”，今惟经书作“洛”，而纪传皆作“雒”。秦始皇时嫌“辠”字似“皇”字，改“辠”为“罪”，自出己意，谓非之多则有罪也，今经书俱以“辠”易“罪”，独《礼记》、《尔雅》犹有“辠”字可考。“无”字乃子云奇字古文，“天缺西北为无”，今《易经》“無”皆作“无”，他书则从“無”。唐太宗讳“世民”，凡“葉”、“棄”、“牒”皆去“世”字，而改为“云”字，又“漏泄”、“缧绁”亦去世字，而改为“曳”字。夫“世”，与“云”形相近也，与“曳”声相近也。若皆改从云，则“漏沄”、“缧纭”失之远矣，殊失字体。

【辨伪】此条抄自宋张世南《游宦纪闻》卷九：

> 字学不讲，多因前代讳恶，遂致书画差误。汉以火德王，都于洛阳，恶水能灭火，遂改“洛”为“雒”。故今惟经书作“洛”，而传记皆作“雒”矣。秦始皇嫌“辠”(《韵略》在上声)字似“皇”，改为“罪”，自出己意，谓非之多则有辠也，今经书皆以“罪”易“辠”，独《礼记》、《尔雅》犹有可考。“无”字乃子云奇字古文“天屈西北为‘无’”。今《易》中“無”皆从“无”，它书则杂之矣。“世”字因唐太宗讳“世民”，故今“牒”、“葉”、“棄”皆去“世”而从“云”，“漏泄”、“缧绁”又去“世”而从“曳”。“世”之与“云”形相近，与“曳”声相近，若皆从“云”，则“泄”为“沄”矣，故又从“云”而变为“曳”也。

今按：卢氏改“字学不讲，多因前代讳恶，遂致书画差误”为“字学之坏，多因前代忌讳所改，致使字画音义，舛谬错误”，其意相同。改“今经书皆以‘罪’易‘辠’”为“今经书俱以‘辠’易‘罪’”，改“它书则杂之矣”为“他书则从‘無’”，则文意已不同。又改末句“则‘泄’为‘沄’矣，故又从‘云’而变为‘曳’也”为“则‘漏沄’、‘缧纭’失之远矣，殊失字体”，显系抄袭。

13. 凡字义有一字而变为数义者，如“寺”、“都”等字皆然。即以寺字言之，自古至今，凡三变。不但训释不同，而命意迥别。三代以上言寺者，皆奄竖之名。《周礼》“寺人”注：“寺之为言侍也。”如《易》之阍寺，《诗》之妇寺以及寺人，《孟子》、《左传》之寺人貂、寺人披、寺人孟张、寺人惠墙、伊戾、寺人柳、寺人罗，皆奄寺也。自秦以寺人任外廷之职，而宦者揽权，于是官舍亦通谓之寺。汉兴多沿秦制，遂以太常、光禄、大鸿胪、宗正、大司农、少府、御史府，均谓之寺。颜师古注："官曹通名为寺。"《风俗通》曰："寺者，司也。"谓官府所止司事之处也。未几而城门亦谓为寺门。《后汉书》："张湛告归平陵，望寺门而步。"注云："寺门。即平陵县城门也。"又《吴志·凌统传》亦云"过本县，步入寺门"。是城门亦谓寺门也。随后而释道之居亦变而为寺矣。至梁武帝舍身同泰寺，其后又有法门寺、普济寺、相国寺、灵隐寺、少林寺，皆寺之著名于当世者。

【辨伪】此条抄自清顾炎武《日知录》卷二十八"寺"：

> "寺"字自古至今，凡三变。三代以上，凡言寺者，皆奄竖之名。《周礼》"寺人"注："寺之言侍也。"《诗》云寺人。《孟子》、《易》之阍寺，《诗》之妇寺，《左传》寺人貂、寺人披、寺人孟张、寺人惠墙、伊戾、寺人柳、寺人罗，皆此也。自秦以宦者任外廷之职，而官舍通谓之寺。汉人以太常、光禄勋、卫尉、太仆、廷尉、大鸿胪、宗正、大司农、少府为九寺。（又御史府亦谓之御史大夫寺。《汉书·元帝纪》注，师古曰："凡府庭所在，皆谓之寺。"《风俗通》曰："寺，司也。"《唐书·杨收传》："汉制，总群官而听曰省，分务而专治曰寺。"诸官府所止皆曰寺。《后汉书·安帝纪》："皇太后幸雒阳寺及若卢狱，录囚徒。"注："寺，官舍也。"《张湛传》："告归平陵，望寺门而步。"注："寺门。即平陵县门也。"《乐恢传》："父为县吏，得罪于令。恢年十一，常俯伏寺门。"《吴志·凌统传》亦云："过本县，步入寺门。"）又变而浮屠之居，亦谓之寺矣。

今按：卢氏于前增"凡字义有一字而变为数义者，如'寺'、'都'等字皆然"一句，又改"'寺'字自古至今，凡三变"为"即以寺字言之，自古至今，凡三变。不但训释不同，而命意迥别"。又改"《诗》云寺人。《孟子》、《易》之阍寺，《诗》之妇寺"为"《易》之阍寺，《诗》之妇寺以及寺人"，此处删"《孟子》"，而于"《左传》"前又增"《孟子》"，不知何意。又改"自秦以宦者任外廷之职"为"自秦以寺人任外廷之职，而宦者揽权"，改"汉人以太常、光禄勋、卫尉、太仆、廷尉、大鸿胪、宗正、大司农、少府为九寺。（又御史府亦谓之御史大夫寺）"为"汉兴多沿秦制，遂以太常、光禄、大鸿胪、宗正、大司农、少府、御史府，均谓之寺"。又改顾炎武注文为正文，"《汉书·元帝纪》注，师古曰：凡府庭所在，皆谓之寺"改为"颜师古注：'官曹通名为寺'"，并删"《唐书·杨收传》"、"《后汉书·安帝纪》"、"《乐恢传》"三句，增"是城门亦谓寺门也"一句。又改"又变而浮屠之居，亦谓之寺矣"为"随后而释道之居亦变而为寺矣"，并于末尾增"至梁武帝舍身同泰寺，其后又有法门寺、普济寺、相国寺、灵隐寺、少林寺，皆寺之著名于当世者"一句，大同小异，显系抄袭。

14."都"字亦三变。颜师古注："都者，美好之谓。"如经书中"不见子都"、"彼都人士"、"洵美且都"，此皆指人而言。随后而地之美且大者，亦名为都。如《左传》"都城过百雉"、"都鄙有章"之类。三国以来，帝王所居之地，通谓之都。如魏都、吴都、蜀都，其赋见于《文选》，迄今首善之区，犹曰京都，此皆以地而言矣。至魏、晋间，官阶亦以都字加之，如荆州都督、扬州都督，递及唐、宋、元、明，命官尤多，指不胜数，我朝亦相沿袭，如今之都察院、都御史、都水司、都指挥，与夫武职之都统、都司等，此又以官而命之矣。

【辨伪】此条待考。顾炎武《日知录》卷二十二有“都”条，与卢氏此条相差较大。

15. 王荆公一日过苏东坡座，谓：“古人作字，无一字不无来历。如三人为众，少女为妙，山石为岩，山水土为地，以一贯三为王之类，均有至理。”而东坡曰：“古人谐声、象形，各从其类，然亦有不尽然者，如必拘文牵义，则制字亦难言矣。”荆公曰：“何一非义理而为之，即如波字，乃是水之皮，故能水面成波，此其明证也。”东坡曰：“信如君言，波是水皮，然则滑字，不是水之骨耶？”荆公默然，相与一笑而罢。

【辨伪】此条据宋罗大经《鹤林玉露》铺衍而来，《鹤林玉露》卷十三“字义”：

> 字义固有可得而解者，如一而大谓之天，是诚妙矣。然不可强通者甚多。世传东坡问荆公：“何以谓之波？”曰：“水之皮。”坡曰：“然则滑者，水之骨也？”

今按：卢氏据罗氏所记王安石与苏东坡对话，加以润色铺衍，并补充内容，但其核心字句已见《鹤林玉露》之中，抄袭痕迹依然可见。

16.《千字文》“律吕调阳”，诸书所载，皆如此。而《五总志》载：“智永禅师居长安西明寺，自七十岁时起，至八十岁止，写真草《千字文》八百本，人争取之，俱作‘律召调阳’，并无吕字。徐常侍最号博古，亦误为吕字。”

【辨伪】此条抄自宋吴炯《五总志》：

> 智永禅师居长安西明寺，自七十之八十岁，写真草《千文》八百本，每毕，人争取之。但作“律召调阳”，皆是。徐常侍最号博古，亦误为吕字。

今按：卢氏此条考证《千字文》中“律吕调阳”，且称“《五总志》载”，交代文献来源。仅于前增“《千字文》‘律吕调阳’，诸书所载，皆如此”一句。其抄《五总志》，于原文亦有改动，如改“自七十之八十岁”为“自七十岁时起，至八十岁止”，删“每毕”二字，改“但作‘律召调阳’，皆是”为“俱作‘律召调阳’，并无吕字”。

17.《说文》无“菴”字，盖谓菴为近俗字，而今人取号多用菴字，比比皆然。余考《蜀都赋》“八方菴霭”，又阅王充《论衡》“桃李杏梅，菴丘蔽野”，皆取菴覆之意。至三国及晋，始有菴慢、菴闾之语，是“菴”字非俗字，不可谓不古也。但篆字书以《说文》为宗，凡《说文》不载之字，用于印章，遂多别致。故有任意创造，有作“菶”字者，有止作“弇”字者。又有作者近见元文碑记有作“盦”者，盖《玉篇》中“皿部”有“盦”字，乌含切，覆盖也。又考古阁载《博古图》有“伯盏馈盦”，是器皿，而借为菴舍字也。

【辨伪】此条抄自明杨慎《升庵集》或清赵吉士《寄园寄所寄》。《升庵集》卷六十三“菴字义”：

> 今人别号菴字，印章往往不同。缘《说文》本无“菴”字，“庵”弥俗也。予尝考

之，菴字，古书所用者，《蜀都赋》“八方菴蔼”，王充《论衡》“桃李梅杏，菴丘蔽野”，皆取菴覆之义。至三国及晋，始有菴幔、菴闾之语，与今人所用菴字义同，“菴”字不可谓不古也。但篆籀以《说文》为宗，《说文》不载之字，用于印章，似为未安。又按：古篆有作“莽”者，又止借“弇”者，石鼓文作窨，其字从穴，穴亦人居也。近见温陵古寺一册，有元人“止菴”印章，“菴”字作“盦”，详《玉篇·皿部》有盦，乌含切，覆盖也。《考古图》有“伯戋馈盦”，盦，器名，而借为菴舍字。恐盦形似器，亦犹汉阙之觚稜，其形亦本酒器也。未知是否，以俟知者。

《寄园寄所寄》卷七：

今人别号菴字，印章往往不同。缘《说文》本无“菴”字，“菴”近俗也。予尝考之，菴字，古书所用者，《蜀都赋》“八方菴蔼”，王充《论衡》“桃李梅杏，菴丘蔽野”，此取菴覆之义。至三国及晋，始有菴幔、菴闾之语，与今人所用菴字义同，“菴”字不可谓不古也。但篆籀以《说文》为宗，《说文》不载之字，用于印章，似为未安。又按：古篆有作“莽”者，又止借“弇”者，石鼓文作窨，其字从穴，穴亦人居也。近见温陵古寺一册，有元人“止菴”印章，“菴”字作“盦”，详《玉篇·皿部》有盦，乌含切，覆盖也。《考古图》有“伯戋馈盦”，盦，器皿，而借为菴舍字。恐盦形似器，亦犹汉阙之觚稜，其形亦本酒器也。(《升菴外集》)

今按：赵吉士《寄园寄所寄》此条即据杨慎《升庵外集》而来，赵书改“‘庵’弥俗也”为“‘菴’近俗也”，又删末尾“未知是否，以俟知者”一句，其他全同。卢氏改首句“今人别号菴字，印章往往不同。缘《说文》本无‘菴’字，‘菴’近俗也”为“《说文》无‘菴’字，盖谓菴为近俗字，而今人取号多用菴字，比比皆然”。又改“予尝考之，菴字，古书所用者”为“余考”，据杨氏以下考证为己有。又改“与今人所用菴字义同，‘菴’字不可谓不古也”为“是‘菴’字非俗字，不可谓不古也”，改“似为未安”为“遂多别致”。又改“又按”一句为“故有任意创造，有作‘莽’字者，有止作‘弇’字者”，改“近见温陵古寺一册，有元人‘止菴’印章，‘菴’字作‘盦’”为“又有作者近见元文碑记有作‘盦’者”，而删“恐盦形似器”以下二句，大同小异，显系抄袭。

18. 世传壹贰叁肆伍陆柒捌玖拾陌阡等字，始于明洪武初，刑部尚书开济创之，而不知非也。然余阅宋边实所撰《昆山县志》前已有此等字。盖钱谷之数，进出太烦，积分厘皆成巨款，若用本字，则奸胥滑吏可以从中盗改，故易以壹贰叁肆等字，以关防之，则笔画多而难改。文章中则非所宜用也。

【辨伪】此条抄自明陈绛《金罍子》或清赵吉士《寄园寄所寄》。《金罍子》下篇卷四：

《菽园杂记》：“壹贰叁肆伍陆柒捌玖拾阡陌等字，相传始于国初刑部尚书开济。然宋边实《昆山志》已有之。盖钱谷之数，用本字，则奸人得以盗改，故易此，以关防之。”文章中非所宜用也。

又《寄园寄所寄》卷七：

> 壹贰叁肆伍陆柒捌玖拾阡陌等字，相传始于明初刑部尚书开济。然宋边实《昆山志》已有之。盖钱谷之数，用本字，则奸人得以盗改，故易此，以关防之耳。文章中非所宜用也。(《稗史》)

今按：赵氏所抄《稗史》较陈氏少“《菽园杂记》”，其他大致相同。卢氏改“壹贰叁肆伍陆柒捌玖拾阡陌等字，相传始于明初刑部尚书开济”为“世传壹贰叁肆伍陆柒捌玖拾陌阡等字，始于明洪武初，刑部尚书开济创之”，增“而不知非也”、“进出太烦，积分厘皆成巨款”，改“则奸人得以盗改，故易此”为“则奸胥滑吏可以从中盗改，故易以壹贰叁肆等字”，增“则笔画多而难改”，大同小异，显系抄袭。

19. 袠、秩、帙、袟四字，古人通用之，无甚分别。盖一为衣袠，一为爵秩，一为书帙，一为福袟，似于年寿无相涉，而古人贺寿恒用之，不识称者何意。余读白乐天诗：“年开第七袠，屈指几多人。”自注云：“余与刘郎中同为壬子年一命生，今年六十有二。”又诗云：“行开第八帙，可谓尽天年。”注云：“古人谓七十以上为开第八秩。”若谓过此而及彼也。今人不知古意，故贺七十曰七袠，贺八十曰八秩，甚非所宜。又字书，袟与秩同。考《唐·萧忠传》：“官袟益轻。”是则袠、秩、帙、袟四字，皆可通为一义，随人用之而已。

【辨伪】此条抄自清赵吉士《寄园寄所寄》卷七：

> 今人贺寿者，七十曰七袠，八十曰八袠。按字书，袠与袟、帙同，书衣又书卷编次也，与年寿绝无涉，不识称者何居。因观白乐天诗：“年开第七袠，屈指几多人。”自注云：“余与苏州刘郎中同壬子岁，今年六十二。”又诗：“行开第八帙，可谓尽天年。”注云：“时俗谓七十以上为开第八秩。”字书训袟字与帙同，又与秩同，《唐·萧至忠传》：“官袟益轻。”是则袠、帙、袟、秩四字，皆可通为一义。而白诗所引，则谓过此而及彼，若翻书帙然也。信如此解，则称庆七十者当云八袠，八十者当云九袠，乃与古语合。第如其年而称之，殊未宜也。(《云谷卧余》)

今按：卢氏改“今人贺寿者，七十曰七袠，八十曰八袠。按字书，袠与袟、帙同，书衣又书卷编次也，与年寿绝无涉，不识称者何居”、“字书训袟字与帙同，又与秩同”二句为“袠、秩、帙、袟四字，古人通用之，无甚分别。盖一为衣袠，一为爵秩，一为书帙，一为福袟，似于年寿无相涉，而古人贺寿恒用之，不识称者何意”、“今人不知古意，故贺七十曰七袠，贺八十曰八秩，甚非所宜。又字书，袟与秩同”二句，又改“而白诗所引，则谓过此而及彼，若翻书帙然也”为“若谓过此而及彼也”，并前置，又增“随人用之而已”，而删“信如此解”以下。大同小异，显系抄袭。

20.《墨池篇》论字体之学，有擘窠大书，今书家多不明其义。按《颜真卿集》有云：“点画稍细，恐其不能堪久。臣谨据石擘窠大书。”又按《玉堂嘉话》云：“东坡《洗玉池铭》

擘窠大字极佳。”又据韩魏公书《杜少陵全集诗》亦用擘窠大字书之。审是，则擘窠又书法一之种耳。

【辨伪】此条抄自明杨慎《升庵集》或清赵吉士《寄园寄所寄》。《升庵集》卷六十二“擘窠书”：

> 《墨池编》论字体，有擘窠书，今书家不解其义。按《颜真卿集》有云：“点画稍细，恐不堪久。臣今谨据石擘窠大书。”王恽《玉堂嘉话》云：“东坡《洗玉池铭》擘窠大字极佳。”又云：“韩魏公《书杜少陵画体诗》擘窠大字。”此法宋人多用之，墨札之祖也。

又《寄园寄所寄》卷七：

> 《墨池编》论字体，有擘窠书，今书家不解其义。按《颜真卿集》有云：“点画稍细，恐不堪久，臣今谨据石擘窠大书。”王恽《玉堂嘉话》云：“东坡《洗玉池铭》擘窠大字极佳。”又云：“韩魏公《书杜少陵画体诗》擘窠大字。”此法宋人多用之。(《升菴外集》)

今按：赵吉士《寄园寄所寄》此条即据杨慎《升庵集》而来，赵书除末尾少“墨札之祖也”一句外，其他全同。卢氏改“《墨池编》论字体，有擘窠书”为“《墨池篇》论字体之学，有擘窠大书”，其下引证各书与杨、赵二书皆同，仅文字稍有差异，如改“又云：‘韩魏公《书杜少陵画体诗》擘窠大字’”一句为“又据韩魏公书《杜少陵全集诗》亦用擘窠大字书之”，并删末尾“此法宋人多用之，墨札之祖也”一句，而增“审是，则擘窠又书法一之种耳”一句，显系抄袭。

卷　四
舆地随笔

1.《昆山县志》载：县东三十里，地名黄姑。古老相传：昔有牵牛、织女星降于此地，织女以金篦划河，河水涌溢，牵牛不得渡。今庙之西有水，名百沸河，乡人异之，所以为之立庙。余按《荆楚岁时记》载：黄姑者，河鼓也。牵牛亦名河鼓，后人讹其音为黄姑，不可不知。

【辨伪】此条抄自宋龚明之《中吴纪闻》卷四"黄姑织女"：

> 昆山县东三十六里，地名黄姑。古老相传云：尝有织女、牵牛星降于此地，织女以金篦划河，河水涌溢，牵牛因不得渡。今庙之西有水，名百沸河，乡人异之，为之立祠。按《荆楚岁时记》：黄姑者，河鼓也。牵牛谓之河鼓，后人讹其声为黄姑。

今按：龚氏不载黄姑出处，而卢氏据文中"昆山"，于前增"《昆山县志》载"，又改龚氏按语为"余按"，据为己有。末尾增"不可不知"四字，显系抄袭。

2. 洞庭有二：一在岳州，今所谓洞庭湖者，即郦善长《水经注》云"洞庭之(波)[陂]"是也。一在松江府，有洞庭山者，即皮、陆唱和所咏"洞庭"是也。杜子美诗："笠泽鱼肥人脍玉，洞庭橘熟客分金。"又洞庭余柑三寸长，皆在吴江之洞庭。

【辨伪】此条抄自宋王得臣《麈史》卷中"辨误"：

> 吴松江有洞庭山，韦苏州诗、皮陆唱和所言"洞庭"，及近时子美诗曰："笠泽鱼肥人脍玉，洞庭橘熟客分金。"皆在吴江矣。今岳州之南，所谓"洞庭"者，即郦善长注《水经》云"洞庭之陂，乃湘水，非江水"，盖斥此湖耳。比见岳州集古今题咏刻石龛于岳阳楼，如苏州皮、陆、子美之属，皆在焉，乃知地志不可不考也。

今按：王氏考洞庭有二，先列吴松江之洞庭，后列岳州之洞庭，而卢氏则颠倒之，并于前增“洞庭有二”四字。其所举例证大致相同，删“韦苏州诗”、“及近时”、“‘乃湘水，非江水’，盖斥此湖耳”数语，又增“又洞庭余柑三寸长，皆在吴江之洞庭”一句，并删末句“比见岳州集古今题咏刻石龛于岳阳楼，如苏州皮、陆、子美之属，皆在焉，乃知地志不可不考也”，显系抄袭。

3. 熊耳山亦有二：一在卢氏县，一在伊阙。《禹贡》：“导洛自熊耳。”《水经注》云：“(路)[洛]出京兆上洛县东北，过卢氏县南。又经东过熊耳山。”此《禹贡》之熊耳也。至伊阳之熊耳，乃山同名，更始败赤眉，贼积甲与熊耳齐者，即此山也，此更始败贼之熊耳也。

【辨伪】此条抄自宋王得臣《麈史》卷中“辨误”：

> 予守官洛中，伊阙阳熊耳山在洛河南去数十里，不知《禹贡》何以谓“导洛自熊耳”。君实曰：“昔有兄子，主簿虢州卢氏县。邑中自有熊耳山，正洛水所出也。”予因考《水经》云：“洛水出京兆上洛县讙举山东北，过卢氏县南。”郦善长注云：“路出冢岭山东北，经获兴川，又东经熊耳山北。《禹贡》所谓‘导洛自熊耳’，《博物志》曰‘洛出熊耳’，盖开导其滞者是也。”按此即洛亦非正出于熊耳，盖禹始导于此耳。予按，伊阳之熊耳，乃山同名者，更始败赤眉，积甲与熊耳齐者，即此山也，在洛矣。

今按：王氏记其任官洛中时所考熊耳山有二，卢氏于前增“熊耳山亦有二”，其言“一在卢氏县”，据王氏引司马光之言而来；言“一在伊阙”，据王氏经历而来。卢氏引《禹贡》、《水经注》二句，据王氏“予因考《水经》云”以下所引《水经》及郦注而来，而有删改，如列郦注中“《禹贡》所谓‘导洛自熊耳’”为正文，删“《博物志》曰”一句，增“此《禹贡》之熊耳也”。卢氏又删“按此”一句，改“在洛矣”为“此更始败贼之熊耳也”，大同小异，显系抄袭。

4.《中吴纪闻》载：常熟县海隅山，有石室十所，昔太公避纣居东海之滨，此地是也。常熟隔东海止六七十里，故谓之海滨。今石室尚存，其说近理。

【辨伪】此条抄自宋龚明之《中吴纪闻》卷四“太公避地处”：

> 常熟海隅山，有石室十所，昔太公避纣居之，孟子谓“太公避纣居东海之滨”者，此也。常熟去东海止六七十里，故谓之海滨。杨备郎中尝作诗纪其事。

今按：卢氏称“《中吴纪闻》载”，交代文献来源，而有所删改，如改“昔太公避纣居之，孟子谓‘太公避纣居东海之滨’者，此也”为“昔太公避纣居东海之滨，此地是也”，而删“杨备郎中尝作诗纪其事”，又增“今石室尚存，其说近理”一句。

5. 南粤伏波庙，海康令王约作《忠显王庙记》以为马伏波，琼州太守李时亮作庙记以为路伏波，苏东坡作庙记则以为有两伏波，夏侯安雅作庙记又以为马伏波，纷纷各执一是。以余考之，前后汉有两伏波，武帝时有邳离路博德，封伏波将军，讨南越相吕嘉之乱，遂开九郡，此路伏波也。后汉光武时伏波将军新息马援，讨交趾二女子侧、贰之乱，遂平其地，此马伏波也。是二人皆有功于南越，立庙祀之，东坡之说，为足信矣！

【辨伪】此条抄自宋孙奕《示儿编》卷十二“两伏波”：

> 或人问：“汉有两伏波。海康令王约作《忠显王庙记》以为马伏波，琼州守李时亮作庙记以为路伏波，苏子瞻作庙记则以为两伏波，夏侯安雅作庙记又以为马伏波，纷纷孰是？”曰：“尝考之，两汉有二伏波。前汉伏波将军邳离路博德，武帝时，讨南越相吕嘉之叛，遂开九郡。后汉伏波将军新息马援，光武时，讨交趾二女子侧、贰之叛，遂平其地。则是二人皆有功于南粤，东坡之说，渠不信夫？”

今按：孙氏考“两伏波”为问答体，而卢氏改为叙述体，如卢氏删去问句中“或人问：汉有两伏波”，而增“南粤伏波庙”五字，又改问句“纷纷孰是”为“纷纷各执一是”。又改答句中“曰：尝考之”为“以余考之”，据孙氏考证为己有；又改“前汉伏波将军邳离路博德，武帝时”为“武帝时有邳离路博德，封伏波将军”，改“后汉伏波将军新息马援，光武时”为“后汉光武时伏波将军新息马援”，并于二句后分别增“此路伏波也”、“此马伏波也”二语。卢氏于末句又增“立庙祀之”四字，而改反问句“渠不信夫”为肯定句“为足信矣”，其意相同，显系抄袭。

6. 五湖者，太湖之别名。余读《国语》，“吴越战于五湖”，以地考之，即今之太湖也。又按张勃《吴录》云：“五湖者，太湖别名，以其周行五百里，故名之。”非今人谓洞庭、彭蠡、太湖、丹阳、射阳为五湖也。

【辨伪】此条节抄自宋孙奕《示儿编》卷十二“五湖”：

> 尝闻艮斋先生谢公在谏垣，以侍讲当夜直。寿皇尝论及地理曰：“五湖何处为是？”公奏：“或谓洞庭、彭蠡、太湖、丹阳、射阳为五湖，或谓大湖、射贵湖、上湖、洮湖、滆湖为五湖。其实皆非。《周礼·职方氏》：‘扬州其浸五湖。’《国语》：‘吴越战于五湖。’以地考之，汉儒谓：‘五湖者，太湖之别名。’为是也。”上嘉其博洽，奖叹再三。予尝按张勃《吴录》云：“五湖者，太湖之别名，以其周行五百里，故名之。”

今按：孙氏此条记宋孝宗（寿皇）与谢谔（艮斋先生）论“五湖”事，卢氏节抄其中考证部分，而删其叙事。其“五湖者，太湖之别名”一句据谢谔引汉儒言而来，“余读《国语》”一句及末句“非今人谓洞庭、彭蠡、太湖、丹阳、射阳为五湖也”据谢谔奏语而来。又改“予尝按”三字为“又按”，据孙氏按语为己有，显系抄袭。

7. 汉末，高朕为蜀郡守，兴设学校，修周公礼殿，邦人立石室祀之，在文翁石室旁，则是兴学于蜀，又有高朕，不独文翁一人也。余按：范镇《东斋纪事》亦载此事。

【辨伪】此条抄自宋孙奕《示儿编》卷十三“事误”：

高朕汉末为蜀郡守，兴设学校，修周公礼乐殿，邦人立石室祠之，在文翁石室旁，则兴蜀之学，不特文翁一人也。(详见范镇《东斋记事》。)

今按：卢氏改“高朕汉末为蜀郡守”为“汉末，高朕为蜀郡守”，仅语序不同，又增“又有高朕”四字，并改注文“详见范镇《东斋记事》”为“余按：范镇《东斋纪事》亦载此事”，其意相同，显系抄袭。

8. 蜀阆州有三雅池，潘远《纪闻》云：“昔有人凿池，得三铜器，状如杯盏，每器上各有二篆字，一曰伯雅，二曰仲雅，三曰季雅，不知所由，乃因此以名池为三雅。”尝考魏文《典论》云：“灵帝末年，斗酒直万钱，刘表一子好饮，乃制三爵，大曰伯雅，容一斗；次曰仲雅，容七升；小曰季雅，容五升。”今修池所得，乃刘氏酒器也。

【辨伪】此条抄自宋赵令畤《侯鲭录》卷一：

阆州有三雅池，出潘远《纪闻谭》，云：“昔有人修此池，得三铜器，状如杯盏，上各有二篆字，一云伯雅，二云仲雅，三云季雅，不知所由，乃名此池为三雅池。”予尝览魏文《典论》云：“灵帝末，斗酒直万钱，刘表一子好饮，乃制三爵，大曰伯雅(注云：一斗)，次曰中雅(注云：七升)，小曰季雅(注云：五升)。”今三雅池所得，乃刘氏酒器也。

今按：卢氏与“阆州”前增一“蜀”字，又改“出潘远《纪闻谭》”为“潘远《纪闻》”，妄改书名。又改“予尝览魏文《典论》”为“尝考魏文《典论》”，据孙氏考证为己有。并改《典论》引文中三处注文为正文，显系抄袭。

9. 又巴蜀阆中有渝水，獠人居其上，皆刚勇好舞剑，相习成风。汉高祖募取以平定三秦，后使乐府习之，因名曰《巴渝舞》。又唐太宗将讨太原，选军中骁勇趫捷者数百人，教以剑舞，皆能掷高丈余。会北戎使至，宴于便殿，因令剑舞者，科头露体而入，舞剑飞腾，戎使惧形于色，淮南王钱(椒)[俶]不敢仰视。因谓上曰：“正所谓如熊如罴，如虎如貔者也。”高祖与太宗相去千余载，不谋而合，真命世之主也。此事相类，故附录之。

【辨伪】此条抄自宋吴炯《五总志》：

巴西阆中有俞水，獠人居其上，皆刚勇好剑舞。汉高祖募取以平三秦，后使乐府习之，因名曰《巴俞舞》。太宗将讨太原，选军中骄勇趫捷者数百人，教以剑舞，皆能掷高丈余。会北戎使至，宴于便殿，因令剑舞者，科头露体，鼓噪而入。戎使惧形于色，淮海国王钱俶等惊慑不敢仰视。俶言于上曰：“如熊如罴，如虎如貔者也。”汉高祖、太宗相望千载，虽平秦、定晋时异事别，而皆得之谈笑间，顾非不世出之主，曷能如是哉！

今按：卢氏改“巴西阆中有俞水”为“又巴蜀阆中有渝水”，增“相习成风”，改“科头露体，鼓噪而入”为“科头露体而入，舞剑飞腾”。又改“淮海国王钱俶等惊慑不敢仰视”为

“淮南王钱椒不敢仰视”，则属妄改。又改末句“汉高祖、太宗相望千载，虽平秦、定晋时异事别，而皆得之谈笑间，顾非不世出之主，曷能如是哉”为“高祖与太宗相去千余载，不谋而合，真命世之主也”，其意相同，并增“此事相类，故附录之”一句，显系抄袭。

10. 夔州，春秋时巴子国也。今人言夔州，间有称为夔子国，而不知其误，往往以刘禹锡为证。余考禹锡之记云“夔，子国”者，其文意谓夔乃子国，是两句。伪以传伪，后人遂不复辨，殊不知夔子国者今在归州。

【辨伪】此条抄自宋刘昌诗《芦浦笔记》卷四“夔子国”：

> 夔州，春秋时巴子国也。今人言夔州，以至文字间率曰夔子国，而不知其误，往往以刘禹锡为证。余考禹锡之记云：“夔，子国也。”其文意谓夔乃子国，盖是两句。讹以传讹，因不复辨，殊不知夔子国今实在归州。

今按：卢氏改“以至文字间率曰夔子国”为“间有称为夔子国”，又改“讹以传讹，因不复辨”为“伪以传伪，后人遂不复辨”，显系抄袭。

11.《诗·秦风·终南》注：“终南山，即周之中南也。”潘岳《关中记》云：“终南，一名中南，言在天之中，居都之南，故名。”

【辨伪】此条抄自宋彭叔夏《文苑英华辨证》卷四“郡县一”：

> 然《诗·秦风·终南》注：“终南山，即周之中南山也。”潘岳《关中记》云：“终南，一名中南，言在天之中，居都之南，故曰中南。”

今按：卢氏改“故曰中南”为“故名”，其他基本相同，显系抄袭。

12. 禹穴有二，一在会稽禹庙后观，穴上有窆石是也。一在去禹庙十余里，名曰阳明洞，即稽山之麓，有石径丈余，中有裂为一罅，阔不盈尺，相传此为真禹穴。《图经》云：禹治水，投玉简于此穴中。未知孰是？余考洪内翰帅会稽日，曾有以禹穴问者，而洪答云：禹穴二字出司马迁书，虽其事不经，然秦、汉相传，久已如此。张晏注《汉》云：禹巡狩至会稽而奔，因葬焉。上有孔穴，民间相传禹入此穴此，又不经之尤者。要之，子长谓上会稽，探禹穴，极言其高深也。今阳明穴中，投物于内，不知底。止当以此为禹穴可也，非谓禹葬之地矣。

【辨伪】此条抄自宋陈鹄《耆旧续闻》卷四：

> 内翰洪公帅会稽日，余尝乘间问曰：“禹穴有二处，其一在禹庙告成观，穴上有窆石是也。其一去禹庙十余里，名曰阳明洞天，即稽山之麓，有石径丈余，中裂为一罅，阔不盈尺，相传指此为禹穴。《图经》云：禹治水，投玉简于此穴中。未知孰是？”公云：“禹穴二字出司马迁书，虽其事不经，必是秦、汉以来相传如此。张晏注《汉书》云：禹巡狩至会稽而崩，因葬焉。上有孔穴，民间云禹入此穴，又不经之尤

者。要之，子长谓上会稽，探禹穴，言极其高深也。探者，取极深之义。今阳明穴中，投物于中，不知其底。止当以此为禹穴可也，非谓禹葬之地。”

今按：陈氏此条记其问洪迈禹穴事，而卢氏将陈氏问语提前，而改“内翰洪公帅会稽日，余尝乘间问曰”为“余考洪内翰帅会稽日，曾有以禹穴问者”，隐匿发问者陈鹄，并置于陈氏问语之后。其下改“公云”为“而洪答云”，改“必是秦、汉以来相传如此”为“然秦、汉相传，久已如此”，并删“探者，取极深之义”一句，显系抄袭。

13. 三梁：今汝州梁县为南梁，浚仪县为大梁，同州韩城县为少梁。
【**辨伪**】此条抄自宋孙奕《示儿编》卷十四“地名异”：

梁一也，而有南，有大，有少焉。(今汝州梁县为南梁，皇都浚仪县为大梁，同州韩城县为少梁。)

今按：卢氏改“梁一也，而有南，有大，有少焉”为“三梁”，而将孙氏注文改为正文，并删“皇都”二字，显系抄袭。

14. 三蔡：今新蔡县为一蔡，上蔡县为一蔡，下蔡即今颍川是也。
【**辨伪**】此条抄自宋孙奕《示儿编》卷十四“地名异”：

蔡一也，而有新，有上，有下焉。(新蔡、上蔡，今蔡州县。下蔡今颍川县是也。)

今按：卢氏改“蔡一也，而有新，有上，有下焉”为“三蔡”，又改“新蔡、上蔡，今蔡州县”为“今新蔡县为一蔡，上蔡县为一蔡”，其意相同，显系抄袭。

15. 三楚：今江陵为南楚，彭城为西楚，吴郡为东楚。
【**辨伪**】此条抄自宋孙奕《示儿编》卷十四“地名异”：

三齐、三楚之有别。(齐与济北、胶东为三齐。江陵为南楚，彭城为西楚，吴为东楚。)

今按：孙氏合记三齐、三楚，卢氏则仅节取三楚，改注文为正文，显系抄袭。

16. 三吴谓苏州、润州、湖州三州是也。
【**辨伪**】此条抄自宋孙奕《示儿编》卷十四“地名异”：

三蜀、三吴之有异。(三蜀谓蜀都，汉高分置广汉，武帝分置犍为。三吴，今苏、润、湖州。)

今按：孙氏合记三蜀、三吴，卢氏则仅节取三吴，改注文为正文，显系抄袭。

17. 三亳谓：考城县为北亳，谷城县为南亳，偃师县为西亳是也。

【辨伪】此条抄自宋孙奕《示儿编》卷十四“地名异”：

既辨三亳。（今曹州考城县为北亳，今南京谷城县为南亳，今西京偃师县为西亳。）

今按：卢氏改注文为正文，并删“曹州”、“南京”、“西京”等，其意相同，显系抄袭。

18. 三江谓：自豫章而下，入于彭蠡，而东至于海，为南江；自蜀岷山而下，至于九江，会彭蠡，以入于海，为中江；自嶓冢导漾东流为汉，过三澨、大别以入于江，汇于彭蠡，以入于海，为北江。

【辨伪】此条抄自宋孙奕《示儿编》卷十四“地名异”：

又分三江。（自豫章而下，入于彭蠡，而东至海，为南江；自蜀岷山至于九江、彭蠡，以入于海，为中江；自嶓冢导漾东流为汉，过三澨、大别以入于江，汇于彭蠡，以入于海，为北江。）

今按：卢氏改注文为正文，又改“自蜀岷山至于九江、彭蠡”为“自蜀岷山而下，至于九江，会彭蠡”，显系抄袭。

19. 汶水有二：一在莱芜县，所谓“东北会于汶”是；一在泰山，北过淳于县，今潍之东南有大汶、小汶是也。

【辨伪】此条抄自宋孙奕《示儿编》卷十四“地名同”：

汶水有二：鲁之汶水，出泰山莱芜县，所谓“东北会于汶”是也；其一出朱虚县泰山，北过淳于县，今潍之东南有大汶、小汶是也。

今按：卢氏改“鲁之汶水，出泰山莱芜县”为“一在莱芜县”，改“其一出朱虚县泰山”为“一在泰山”，显系抄袭。

20. 武城有四：《襄公十九年》“城武城”，鲁地，即子游所宰邑是也。《僖公六年》“许僖公见楚子于武城”，在楚地是也。《文公八年》“秦人伐晋，取武城”，今同州冯翊是也。又《舆地志》恩州亦有武城县。

【辨伪】此条抄自宋孙奕《示儿编》卷十四“地名同”：

武城有四：《襄十九年》“城武城”，鲁地也，即子游所宰之邑也。《僖六年》“许僖公见楚子于武城”，楚地也。《文八年》“秦人伐晋，取武城”，在今同州冯翊。今恩州亦有武城县。

今按：卢氏改“今恩州亦有武城县”为“又《舆地志》恩州亦有武城县”，显系抄袭。

21. 崆峒有三：在临洮者，秦筑长城之所起也；在安定者，《禹贡》导(经)[泾]水之所出也；在临汝者，黄帝问道于广成子之地也。

【辨伪】此条抄自宋孙奕《示儿编》卷十四“地名同”：

崆峒山有三：在临洮者，秦筑长城之所起也；在安定者，禹导泾水之所出也；在临汝者，黄帝问道于广成子之地也。

今按：卢氏“崆峒山”删“山”字，又改“禹导泾水之所出也”为“《禹贡》导(经)[泾]水之所出也”，“经”字误。显系抄袭。

22. 凤翔，即古雍州，秦穆公羽阳宫故址存焉。土人开深沟，得古瓦数皮，有“羽阳千岁”四字，古篆奇劲，非铜雀瓦所能及。云中马胜公得一片，方仅数寸，贮以锦囊，非亲信之人不得见。

【辨伪】此条抄自元盛如梓《庶斋老学丛谈》卷上：

张橘轩先生，寓轩相公父也，有《杂录》云：“凤翔，古雍州，秦穆公羽阳宫故基存焉，其瓦有古篆‘羽阳千岁’字。昔云中马胜公得之，方仅数寸，贮以囊。虽兵革患难，至于饮食坐卧，未尝少离，其好古一至于此。”

今按：盛氏引张橘轩《杂录》羽阳宫瓦事，而卢氏删去出处，直接记载羽阳宫瓦事。删“张橘轩先生，寓轩相公父也，有《杂录》云”一句，又增“土人开深沟，得古瓦数皮”、“古篆奇劲，非铜雀瓦所能及”二句，改末句“虽兵革患难，至于饮食坐卧，未尝少离，其好古一至于此”为“非亲信之人不得见”，显系抄袭。

23. 阳关去长安一万里，汉将杨兴败走出此关，因以为名。长安城东，出南头名霸城门，其色青，故名青门。见《三辅黄图》。又秦北有甘泉宫，谓其下有甘泉水。见《战国策》。又邯郸今属磁州。邯，山名；郸，尽也，言山至此而尽，以城郭字皆从邑，故作郸字。见《太平寰宇记》。金城郡，一说筑城得金，一说取其坚固，一说郡在京之西方，西属金，故名之。望都，谓登尧山望见帝都。酒泉郡，谓泉水如酒。俱见《地理志》。

【辨伪】此条抄自宋周煇《清波杂志》卷七：

阳关去长安一万里，汉将杨兴败走出此关，因以为名。长安城东，出南头名霸城门，俗以其色青，名曰青门。见《三辅黄图》。范雎曰：秦北有甘泉宫，谓其下有甘泉水。见《战国策》。邯郸属磁州。邯，山名；郸，尽也，言邯山至此而尽，以城郭字皆从邑，故作郸。见《寰宇记》。金城郡，一曰筑城得金，一曰取其坚固，一曰以郡在京之西，金，西方之行。望都，谓登尧山见都。酒泉，谓泉如酒。并见《地里志》。

今按：卢氏删“范雎曰”三字，又改“《寰宇记》”为“《太平寰宇记》”，改“金，西方之行”为“西属金，故名之”，其意相同，显系抄袭。

24. 黎州，汉沈黎郡，今蜀清溪县也，去大渡河二百余里。河外即邛部，为青羌蛮所居。涉水不知舟楫，止束蒲苇以济。魋髻，冬夏披毡衣以蔽体，羁縻良难。

【辨伪】此条抄自宋周煇《清波别志》卷上：

黎州，汉沈黎郡也，三面被边，去大渡河三百里。河之外，邛部、川蛮、青羌部落皆唐八诏族帐。涉水不用舟楫，止束蒲苇以济。魋髻，冬夏披毡以蔽体。既通中国，互市狞犷，良费羁縻。

今按：卢氏改“三面被边”为“今蜀清溪县也”，改“河之外，邛部、川蛮、青羌部落皆唐八诏族帐”为“河外即邛部，为青羌蛮所居”，又改末句“既通中国，互市狞犷，良费羁縻”为“羁縻良难”，大同小异，显系抄袭。

25. 忠州有四贤阁，中奉刘晏、陆贽、李吉甫、白居易四人，以四人皆谪是州，有功于民，绘像祀之。

【辨伪】此条抄自宋范成大《吴船录》卷下：

忠州有四贤阁，绘刘晏、陆贽、李吉甫、白居易像，皆尝谪此州者。

今按：卢氏改“绘刘晏、陆贽、李吉甫、白居易像”为“中奉刘晏、陆贽、李吉甫、白居易四人”、“绘像祀之”，又增“有功于民”四字，其意相同，显系抄袭。

26. 庐山四面形势，迥不相同。虽号九屏，而峰峦叠出，远望似只一独山也。然比他山最高，人行皆绕山之足，云绕山腰则雨，云翳山顶则晴。俗云：“庐山戴帽，平地安灶；庐山系腰，平地安桥。”此语可与蜀谚“滟滪如象，瞿塘莫上；滟滪如马，瞿塘莫下”为的对。

【辨伪】此条抄自宋范成大《吴船录》卷下：

庐山虽号九屏，然其实不甚深。山行皆绕大峰之足，远望只一独山也。比他山为最高，云绕山腹则雨，云翳山顶则晴。俗云：“庐山戴帽，平地安灶；庐山系腰，平地安桥。”此语可与“滟滪如象，瞿唐莫上；滟滪如马，瞿唐莫下”为对。

今按：卢氏于“庐山”后增“四面形势，迥不相同”两语，并改“然其实不甚深”为“而峰峦叠出”，并改“山行皆绕大峰之足”为“人行皆绕山之足”，而置“云绕山腰则雨”前。又改两“滟滪”为“滟滪”，并于前增“蜀谚”二字，显系抄袭。

27. 汉马伏波平交趾，立二铜柱为界。唐马总为安南都护，夷人德之，为建二铜柱于援之处，以明总为援之后身，是铜柱在安南也。唐何履先定南诏，复立马援铜柱。按南诏今大理国，是铜柱在大理也。又占不劳之地，大浦之南，有五铜柱山，形如椅盖，西面重岩，东面界海。占不劳即今占城国也，是铜柱又在占城。又钦州古森峒与安南交界，有马援铜柱，安南人每过其下，以一石培之，迄今已成丘阜。俗云：伏波有誓：“铜柱出，交趾灭。”土人培之，惧铜柱之出也。是交趾境内铜柱亦有数处。大约当日所立，不止一柱，亦不止一处也。

【辨伪】此条抄自宋周去非《岭外代答》卷十“铜柱”：

> 汉马伏波平交趾，立铜柱为汉极西界。唐马总为安南都护，夷獠为建二铜柱于伏波之处，以明总为伏波之嗣，是铜柱在安南矣。又唐何履先定南诏，复立马援铜柱。按南诏今大理国，则是铜柱复当在大理。又占不劳之地，南有大浦，有五铜柱山，形若倚盖，西重岩，东崖海。按占不劳今占城也，然则铜柱又当在占城。闻钦境古森峒与安南抵界，有马援铜柱，安南人每过其下，人以一石培之，遂成丘陵。其说曰：伏波有誓云：“铜柱出，交趾灭。”培之，惧其出也。又云：交趾境内有数铜柱，未知孰是。

今按：卢氏改“立铜柱为汉极西界”为“立二铜柱为界”，改“夷獠”为“夷人德之”，改“伏波之嗣”为“援之后身”。又改“南有大浦”为“大浦之南”，改“西重岩，东崖海”为“西面重岩，东面界海”。又改“遂成丘陵”为“迄今已成丘阜”，改“培之，惧其出也。又云：交趾境内有数铜柱，未知孰是”为“土人培之，惧铜柱之出也。是交趾境内铜柱亦有数处。大约当日所立，不止一柱，亦不止一处也”，大同小异，显系抄袭。

28. 蜀有朐䏰县，属巴东郡，盖谓其地卑湿，多朐䏰虫，故以为名。即韩退之《盛山十二诗序》是也。盛山即今开州，《地理志》云：“古巴东郡之朐䏰县也。”《唐韵会》“朐”音蠢，“䏰”音闰。

【辨伪】此条抄自宋朱翌《猗觉寮杂记》卷上：

> 退之《盛山十二诗序》云：“不知出于巴东，以属朐䏰。”《唐韵》“朐”音蠢，“䏰”音闰。巴东郡之县名，地下湿，多朐䏰虫，因以为名。盛山，今之开州。《唐·地里志》云：“古巴东郡之朐䏰县也。”颜师古于《汉·地里志》“朐”音“劬”，当以《唐韵》音为是。

今按：卢氏改“巴东郡之县名，地下湿”为“蜀有朐䏰县，属巴东郡，盖谓其地卑湿”，改“退之《盛山十二诗序》云：‘不知出于巴东，以属朐䏰’”为“即韩退之《盛山十二诗序》

是也”，并置“《唐韵》‘朐’音蠢，‘䏰’音闰”一句于末尾，并删末尾“颜师古于《汉·地里志》”一句，显系抄袭。

29. 巫山十二峰俱在北岸，前后蔽亏，不能足其数。最东一峰尤奇绝，其顶分两歧，如双玉篸半插霄汉，最西一峰略似之但差小耳。其余诸峰皆崒嵂非常，总不如两峰之特异。十二峰皆有名，不甚切事。神女庙乃在诸峰对岸小岗之上，所谓阳[云]台、高唐观，据人云在来鹤峰上。云雨之事，殆宋玉拟赋以讽襄王，其辞亦止乎礼义，非实有其事也。乃后世不察，一切以儿女之事亵之，殊为可恨。按庙中石刻引《墉城记》：瑶姬，为西王母之女，称云华夫人，助禹驱鬼神，斩石疏流，有功足祀。今封妙用真人，庙建于山峰上，庙号凝真观。但其山不论阴晴，最多云气，映带飘拂，不可绘画。余屡经过其下，皆如此，故有“行云”之说。范石湖《吴船录》所载甚详。

【辨伪】此条节抄自宋范成大《吴船录》卷下：

> 又过夔峡三十五里，至神女庙，庙前滩尤汹怒。十二峰俱在北岸，前后蔽亏，不能足其数。最东一峰尤奇绝，其顶分两岐，如双玉篸插半霄，最西一峰相似而差小。余峰皆郁嵂非常，但不如两峰之诡特。……十二峰皆有名，不甚切事，不足录。神女庙乃在诸峰对岸小冈之上，所谓阳云台、高唐观，人云在来鹤峰上，亦未必是。神女之事，据宋玉赋云以讽襄王，其词亦止乎礼义，如“玉色艳以赪颜”、“羌不可兮犯干”之语，可以概见。后世不察，一切以儿女子亵之。余尝作前后《巫山高》以辩。今庙中石刻引《墉城记》：瑶姬，西王母之女，称云华夫人，助禹驱鬼神，斩石疏波，有功见纪。今封妙用真人，庙额曰凝真观，从祀有白马将军，俗传所驱之神也。巫峡山最嘉处，不间阴晴，常多云气，映带飘拂，不可绘画。余两过其下，所见皆然，岂余经过时偶如此，抑其地固然，“行云”之语，亦有所据依耶？

今按：卢氏于末尾称“范石湖《吴船录》所载甚详”，其实其所记大多据范氏文字改窜而来，已透露其文献来源。如删“不足录”、“亦未必是”二语，而改“神女之事”为“云雨之事”，改“如‘玉色艳以赪颜’、‘羌不可兮犯干’之语，可以概见”为“非实有其事也”，又增“殊为可恨”一语，删“余尝作前后《巫山高》以辩”一句。又改“有功见纪”为“有功足祀”，改“庙额曰凝真观”为“庙建于山峰上，庙号凝真观”，而删“从祀有白马将军，俗传所驱之神也”一句。又改“巫峡山最嘉处，不间阴晴”为“但其山不论阴晴”，改末句“余两过其下，所见皆然，岂余经过时偶如此，抑其地固然，‘行云’之语，亦有所据依耶”为“余屡经过其下，皆如此，故有行云之说”，大同小异，显系抄袭。

30. 三岛十洲，皆海中之地，三岛人多知之，至十洲，人鲜知者。今聊记于左，以备观览焉。一曰祖洲，在东海之中，地方约五百里，上生不死之草，一名养神芝，其叶似菰苗，长四三尺，如人死两三日者，得此草覆之，即活。生人服之，即长生。昔秦始皇时，苑中枉死者多，有鸟衔草覆人，当时即活者。即出祖洲也。一曰瀛洲，在东海中，地方四千里，上生神芝仙草，又有玉高千丈，出泉如酒，味甘，名为玉醴泉。饮之辄醉，令人长生。洲上多人家，其风俗似东吴，山川不异于中国云。一曰(元)[玄]洲，在北海之中，地方七千二百里，上有太玄都，仙伯真公所居。又有风山，声响如雷震。其仙官宫室，多饶玉草金芝，云是三天君下治之处，正对天西北门，甚严肃也(此元洲系避庙讳，讳非真元洲也)。一曰炎洲，在南海之中，地方二千里，上有风生兽，形如豹，青色而大如狸。张网取之，积薪以烧，不燃，灰中而立，毛亦不燋，斫刺不入，惟以铁锤锻其头数十下，乃死。而张口向风，须臾复活，以石菖蒲塞其鼻，即死。取其脑，和菊花服之，食尽十斤，可得寿五百岁。又有火林山，山中有火光兽，状如鼠，毛长三四寸，可缉为布，名火浣布，用以为衣，设有垢，以火烧之，其垢自落，依然洁净如新。一曰长洲，又名青丘，在南海辰巳之间，地方五千里，其上多山林，树大有至二千围者，仙草灵芝，靡所不有，又有风山，山恒震响。一曰元洲，亦在北海中，地方三千里，上有玉芝玄涧，涧水如蜜，饮之长生，与天地同久。若能服玉芝，亦得长生不死。一曰流洲，在西海中，地方约三千里，上多山川积石，名为昆吾。冶其石成铁，作剑，光明洞照，如水晶，其剑割玉如割泥。一曰生洲，在东海丑寅之间，地方二千五百里，与蓬莱相接，上有仙人近万家。天气温和，地无寒暑，亦多仙草、灵药。一洲之水，味如饴(略)[酪]，诚良洲也。一曰凤麟洲，在西海中央，地方一千五百里。洲四面皆弱水绕之，鸿毛不浮，不可渡也。上多麟凤，千万成群，洲人煮凤喙及麟角，合煎作膏，名为续弦胶，又名连金泥。此胶能续弓弩已断之弦，刀剑斫断之金，用胶以连接之，虽他处能断，而所续之处终不断也。汉武帝时，幸北海，西国王献吉光裘并续弦胶四两，即此洲所产也。一曰聚窟洲，在西海中，地方三千里，上多真仙灵宫，宫第不可胜数，上有天鹿、长牙、铜头、铁额，又有狮子，能辟邪，山多大树，与枫木相类，花叶芬芳，香闻数百里，名反魂树。伐其木，并根置玉釜中煮，取汁，更微火煎，如黑饧状，令可为丸，名之曰惊精香，又名反生香，又名震檀香，一名人鸟精，一名震灵丸，一名却死香，一物六名，斯灵物也。若人死经数日，以香熏之，即活。汉武帝幸安定，月支国王所献香，大如雀卵，黑如桑椹，即此香也。

【辨伪】此条节抄自汉东方朔《海内十洲记》:

> 祖洲近在东海之中，地方五百里，去西岸七万里。上有不死之草，草形如菰苗，长三四尺，人已死三日者，以草覆之，皆当时活也，服之令人长生。昔秦始皇大苑中，多枉死者横道，有鸟如乌状，衔此草覆死人面，当时起坐而自活也。……瀛洲在东海中，地方四千里，大抵是对会稽，去西岸七十万里。上生神芝仙草。又有玉石，高且千丈。出泉如酒，味甘，名之为玉醴泉，饮之数升辄醉，令人长生。洲上多仙家，风俗似吴人，山川如中国也。玄洲在北海之中，戌亥之地，方七千二百里，去南岸三十六万里。上有太玄都，仙伯真公所治。多丘山，又有风山，声响如雷电。对天西北门上，多太玄仙官宫室，宫室各异，饶金芝玉草。乃是三天君下治之处，甚肃肃也。炎洲在南海中，地方二千里，去北岸九万里。上有风生兽，似豹，青色，大如狸。张网取之，积薪数车以烧之，薪尽而兽不然，灰中而立，毛亦不焦，斫刺不入，打之如灰囊，以铁锤锻其头数十下，乃死。而张口向风，须臾复活，以石上菖蒲塞其鼻，即死。取其脑，和菊花服之，尽十斤，得寿五百年。又有火林山，山中有火光兽，大如鼠，毛长三四寸，或赤，或白，山可三百里许，晦夜即见此山林，乃是此兽光照，状如火光相似。取其兽毛，以缉为布，时人号为火浣布，此是也。国人衣服垢污，以灰汁浣之，终无洁净。唯火烧此衣服，两盘饭间，振摆，其垢自落，洁白如

雪。亦多仙家。长洲一名青丘，在南海辰巳之地。地方各五千里，去岸二十五万里。上饶山川及多大树，树乃有二千围者。一洲之上，专是林木，故一名青丘。又有仙草灵药，甘液玉英，靡所不有。又有风山，山恒震声。有紫府宫，天真仙女游于此地。元洲在北海中，地方三千里，去南岸十万里。上有玉芝玄涧，涧水如蜜浆，饮之长生，与天地相毕。服此玉芝，亦得长生不死，亦多仙家。流洲在西海中，地方三千里，去东岸十九万里。上多山川积石，名为昆吾。冶其石成铁，作剑，光明洞照，如水精状，割玉物如割泥。亦饶仙家。生洲在东海丑寅之间，接蓬莱十七万里，地方二千五百里。去西岸二十三万里。上有仙家数万。天气安和，芝草常生。地无寒暑，赡养万物。亦多山川仙草众芝。一洲之水，味如饴酪，至良洲者也。凤麟洲在西海之中央，地方一千五百里。洲四面有弱水绕之，鸿毛不浮，不可越也。洲上多凤麟，数万各为群。又有山川池泽，及神药百种，亦多仙家。煮凤喙及麟角，合煎作膏，名之为续弦胶，或名连金泥。此胶能续弓弩已断之弦、刀剑断折之金，更以胶连续之，使力士掣之，他处乃断，所续之际终无断也。武帝天汉三年，帝幸北海，祠恒山。四月，西国王使至，献此胶四两，吉光毛裘，武帝受以付外库，不知胶裘二物之妙用也。……聚窟洲在西海中，申未之地。地方三千里，北接昆仑二十六万里，去东岸二十四万里。上多真仙灵官，宫第比门，不可胜数。及有狮子、辟邪、凿齿、天鹿、长牙、铜头、铁额之兽。洲上有大山，形似人鸟之象，因名之为神鸟山。山多大树，与枫木相类，而花叶香闻数百里，名为反魂树。扣其树，亦能自作声，声如群牛吼，闻之者，皆心震神骇。伐其木根心，于玉釜中煮，取汁，更微火煎，如黑饧状，令可丸之，名曰惊精香，或名之为震灵丸，或名之为反生香，或名之为震檀香，或名之为人鸟精，或名之为却死香，一种六名，斯灵物也。香气闻数百里，死者在地，闻香气乃却活，不复亡也。以香熏死人，更加神验。征和三年，武帝幸安定。西胡月支国王遣使献香四两，大如雀卵，黑如桑椹。帝以香非中国所有，以付外库。

今按：卢氏于前增“三岛十洲，皆海中之地，三岛人多知之，至十洲，人鲜知者。今聊记于左，以备观览焉”一句，其下所记十洲与东方朔《海内十洲记》大致相同，字句稍有改窜，显系抄袭。

31. 今人谓辽东为三韩，不知何据。考《晋志》三韩，一马韩，二辰韩，三弁韩。辰韩在北方，以东西南三面海为限；马韩居山海之间，无城郭，有附庸五六十国，大者万户，小者亦数千户，各有渠帅；辰韩在马韩之东，自言避秦乱入韩，立城栅，语言略似秦人，又名秦韩，亦有附庸十余国，不及马韩之大。又考《辽史》载高州三韩县，辰韩为扶余，弁韩为新罗，马韩为高丽。开泰年中，圣宗伐三韩，俘三国之人民而置县。据此，则三韩是东夷之国，种类各殊，而辽东乃汉晋时内地，乌得以三韩目之哉？余窃怪文人引用古典而不考其详，所误不少。

【辨伪】此条节抄自清顾炎武《日知录》卷二十九“三韩”：

今人谓辽东为三韩者，考之《书序》……《东夷传》：“韩有三种，一曰马韩，二曰辰韩，三曰弁辰。(《晋》、《梁》二书作弁韩。)马韩在西，有五十四国，其北与乐浪，南与倭接。辰韩在东，十有二国，其北与濊貊接。弁辰在辰韩之南，亦十有二国，其南亦与倭接。凡七十八国，百济是其一国焉。大者万余户，小者数千家，各在山海间。地合方四千余里，东西以海为限，皆古之辰国也。马韩最大，共立其种为辰王，尽王三韩之地。”……而《辽史外纪》……其《地理志》有高州三韩县，辰韩为扶余，弁韩为新罗，马韩为高丽。开泰中，圣宗伐高丽，俘三国之遗人置县。据此，乃俘三国之人置县于内地，而取三韩之名尔。……《北史》：“新罗者，其先本辰韩种也，地在高丽东南。辰韩亦曰秦韩。相传言，秦世亡人避役，来适马韩，割其东界居之。以秦人故，名之曰秦韩。其言语名物，有似中国人。辰韩王常用马韩人作之，世世相传。辰韩不得自立王，明其流移之人故也，恒为马韩所制。辰韩之始有六国，稍分为十二，新罗则其一也。”

今按：卢氏增“不知何据”，改“《东夷传》：‘韩有三种，一曰马韩，二曰辰韩，三曰弁辰。(《晋》、《梁》二书作弁韩)’”为“考《晋志》三韩，一马韩，二辰韩，三弁韩”，改“马韩在西，有五十四国，其北与乐浪，南与倭接。辰韩在东，十有二国，其北与濊貊接”、“大者万余户，小者数千家，各在山海间。地合方四千余里，东西以海为限，皆古之辰国也”为“辰韩在北方，以东西南三面海为限；马韩居山海之间，无城郭，有附庸五六十国，大者万户，小者亦数千户，各有渠帅”，改顾氏引《北史》一节为“辰韩在马韩之东，自言避秦乱入韩，立城栅，语言略似秦人，又名秦韩，亦有附庸十余国，不及马韩之大”，改“而《辽史外纪》……其《地理志》有高州三韩县”为“又考《辽史》载高州三韩县”，改“乃俘三国之人置县于内地，而取三韩之名尔”为“则三韩是东夷之国，种类各殊，而辽东乃汉晋时内地，乌得以三韩目之哉”，并增“余窃怪文人引用古典而不考其详，所误不少”一句，大同小异，显系抄袭。

32. 世传长城为秦始皇筑，其实非也。余考诸书始皇之前后筑长城者屡矣。《竹书纪年》：“梁惠王二十年，齐闵王筑防，以为长城。”《后汉志》：“济北国卢有长城至东海。”此齐之长城也。《史记》：“魏襄曰：西有长城之界。”《后汉志》河南郡：“有长城，经阳武到密。”此魏之长城也。《史记》：“秦宣太后伐残义渠，遂有陇西北地，筑长城以拒胡。”此秦先代之长城也。赵武灵王北破林胡、楼烦，筑长城为限，置云中、雁门、代郡。此赵之长城也。燕将秦开攻破东胡，胡退居千余里，筑长城，置上谷、渔阳、右北平、辽东、辽西诸郡，以拒胡。此燕之长城也。秦始皇灭六国，使蒙恬将十万之众，北击胡，悉收其地，筑四十四县城为界，因边山险，堑溪谷，可得治者治之。起自临洮，至辽东万余里。又渡河，据阳山北假中(北假，地名)，此始皇并天下之长城也。其后汉武帝元朔中，使卫青击匈奴，取河南地，复筑蒙恬时长城故址。北齐天保中曾三筑长城，前后东西凡三千余里。周静帝大象元年发山东民筑长城，东至碣石，西至雁门。隋文帝开皇五年使崔仲方发丁三万人筑长城，共七百余里。六年复令崔仲方发丁十五万人，筑朔方以东数十城。七年又发丁十余万人修筑长城，二旬而罢。史书所载筑长城如此。

【辨伪】此条节抄自清顾炎武《日知录》卷三十一“长城”：

春秋之世，田有封洫，故随地可以设关。而阡陌之间，一纵一横，亦非戎车之利也。观国佐之对晋人则可知矣。至于战国，井田始废，而车变为骑，于是寇钞易而防守难，不得已而有长城之筑。《史记·苏代传》："燕王曰：齐有长城巨防，足以为塞。"《竹书纪年》："梁惠成王二十年，齐闵王筑防，以为长城。"《续汉志》："济北国卢有长城至东海。"《泰山记》："泰山西有长城，缘河经泰山一千余里，至琅邪台入海。"此齐之长城也。《史记·秦本纪》："魏筑长城，自郑滨洛以北有上郡。"《苏秦传》："说魏襄王曰：西有长城之界。"《竹书纪年》："惠成王十二年，龙贾帅师筑长城于西边。"此魏之长城也。《续汉志》河南郡："卷有长城，经阳武到密。"此韩之长城也。……其在北边者，《史记·匈奴传》："秦宣太后起兵伐残义渠，于是秦有陇西北地上郡，筑长城以拒胡。"此秦之长城也。……《匈奴传》又言："赵武灵王北破林胡、楼烦，筑长城。自代并阴山，下至高阙为塞，而置云中、雁门、代郡。"此赵之长城也。"燕将秦开袭破东胡，东胡却千余里，燕亦筑长城，自造阳，至襄平，置上谷、渔阳、右北平、辽西、辽东郡，以拒胡。"此燕之长城也。秦灭六国，而始皇帝使蒙恬将十万之众，北击胡，悉收河南地，因河为塞，筑四十四县城临河，徙适戍以充之，而通直道。自九原至云阳，因边山险，堑溪谷，可缮者治之，起临洮，至辽东万余里。又度河，据阳山北假中。(韦昭云："北假，地名。")此秦并天下之后所筑之长城也。自此以后，则汉武帝元朔二年，遣将军卫青等击匈奴，取河南地，筑朔方，复缮故秦时蒙恬所为塞，因河为固。魏明元帝泰常八年二月戊辰，筑长城于长川之南，起自赤城，西至五原，延袤二千余里。太武帝太平真君七年五月丙戌，发司、幽、定、冀四州十万人筑城，上塞围，起上谷，西至河，广袤皆千里。北齐文宣帝天禄三年十月乙未，起长城，自黄栌岭北至社平戍，四百余里，立三十六戍。六年，发民一百八十万筑长城。自幽州北夏口至恒州九百余里。先是自西河总秦戍，筑长城，东至于海，前后所筑，东西凡三千余里，率十里一戍，其要害置州镇，凡二十五所。八年，于长城内筑重城。自库洛拔而东，至于坞纥戍，凡四百余里。而《斛律羡传》云："羡以北卤屡犯边，须备不虞。自库堆戍东距于海，随山屈曲二千余里。其间二百里中，凡有险要。或斩山筑城，或断谷起障，并置立戍逻五十余所。"周宣帝大象元年六月，发山东诸州民修长城，立亭障，西自雁门，东至碣石。隋文帝开皇元年四月，发稽胡修筑长城。五年，使司农少卿崔仲方发丁三万，于朔方灵武筑长城，东距黄河，西至绥州，南至勃出岭，绵历七百里。六年二月丁亥，复令崔仲方发丁十五万，于朔方以东，缘边险要，筑数十城。七年，发丁甲十余万人修长城。大业三年七月，发丁甲百余万筑长城，西距榆林，东至紫河。四年七月辛巳，发丁男二十余万，筑长城，自榆林谷而东。此又后史所载继筑长城之事也。

今按：卢氏增"世传长城为秦始皇筑，其实非也。余考诸书始皇之前后筑长城者屡矣"于前。而删"春秋之世"至"不得已而有长城之筑"一节。其下所举齐长城、魏长城、秦先代长城、赵长城、燕长城、始皇并天下之长城以及后世史书所载筑长城之例证，皆摘录顾氏考证而来，而略有改窜，如改"《续汉志》"为"《后汉志》"，改"此韩之长城也"为"此魏之长城也"，其他例证虽有增删、繁简之别，但均见于顾氏考证之中，又改"此又后史所载继筑长城之事也"为"史书所载筑长城如此"，大同小异，显系抄袭。

33. 蒙山在雅州名山县城西十五里，即《禹贡》之蔡蒙旅平也，上有五峰，最高者为上清峰，其巅有石盘，大如数间屋，石上有茶树七株，相传为甘露大师手种，石无缝罅，不知何以得生，亦怪异也。每茶叶生时，寺僧报官，为记数，采制，不过得数钱耳。入贡，以备郊天用。环石左右则有数十株，曰陪茶，则采以备藩府总制及诸官司而已。

【辨伪】此条抄自清王士禛《陇蜀余闻》：

蒙山在名山县西十五里，有五峰，最高者曰上清峰。其巅一石，大如数间屋，有茶七株生石上，无缝罅，云是甘露大师手植。每茶时叶生，智炬寺僧报有司，往视，籍记叶之多少，采制，才得数钱许。明时，贡京师，仅一钱有奇。环石别有数十株，曰陪茶，则供藩府诸司而已。其旁有泉，恒用石覆之，味清妙在惠泉之上。

今按：卢氏首句增“雅州”二字，以及“即《禹贡》之蔡蒙旅平也”一句，改“其巅一石”为“其巅有石盘”，改“有茶七株生石上，无缝罅，云是甘露大师手植”为“石上有茶树七株，相传为甘露大师手种，石无缝罅”，增“不知何以得生，亦怪异也”。又改“每茶时叶生”至“仅一钱有奇”为“每茶叶生时，寺僧报官，为记数，采制，不过得数钱耳。入贡，以备郊天用”，并删末句“其旁有泉，恒用石覆之，味清妙在惠泉之上”，大同小异，显系抄袭。

34. 李卫公筹边楼，在保县城市中，楼凡二层，每层高二丈余，其柱梁皆当时故物。保县与松、维接壤，唐广德三年，吐蕃入寇，陷松、维、保三城，即其地，地界雪山。明献贼之乱，未到其地，故其楼得以不毁。

【辨伪】此条抄自清王士禛《陇蜀余闻》：

李卫公筹边楼，在保县城市中，楼凡二层，每层高二丈许，其梁柱皆当时故物。保与松、维相连，唐广德三年，吐蕃陷松、维、保三城，即其地，地界雪山。明末，逆献乱蜀，不至其处，楼故不毁。门人知保县事高崇岩，说成都亦有筹边楼。

今按：卢氏改“明末，逆献乱蜀，不至其处，楼故不毁”为“明献贼之乱，未到其地，故其楼得以不毁”，其意相同，并删末尾“门人知保县事高崇岩，说成都亦有筹边楼”一句，显系抄袭。

35. 罗江县废县南落凤坡，有汉龙凤二公祠，祀武侯、庞士元。献逆之乱，其部将张可望烧毁之，夜梦士元为厉，可望惧而重新之，其壮丽百倍于前，数千年灵爽不昧。士元墓在鹿头山。

【辨伪】此条抄自清王士禛《陇蜀余闻》：

罗江废县南落凤坡，有汉龙凤二公祠，祀武侯、庞士元。逆献之乱，其部将张可望毁之，夜梦士元为厉，惧而新之，壮丽倍往日。王屏藩乱蜀，祠复毁，今惟一石狻猊尚在。士元墓在鹿头山。

今按：卢氏改“惧而新之，壮丽倍往日”为“可望惧而重新之，其壮丽百倍于前”，并增“数千年灵爽不昧”一句于后，而删“王屏藩乱蜀，祠复毁，今惟一石狻猊尚在”一句，显系抄袭。

36. 杜宇、鳖灵二冢，皆在郫县。两冢对峙，鳖灵(基)[墓]后入净林寺中，寺僧培修时，夷为台观。今冢址不复可考。惟杜宇墓独存。

【辨伪】此条抄自清王士禛《陇蜀余闻》：

> 杜宇、鳖灵冢，皆在郫，二冢对峙。鳖灵墓入净林寺，寺僧夷为台观，惟杜宇墓在。

今按：卢氏改“寺僧夷为台观”为“寺僧培修时，夷为台观”，并增“今冢址不复可考”一句，显系抄袭。

37. 大雅堂，在丹棱县城南三里，乃宋人杨素请黄山谷书杜工部全集刻石，作堂贮之。记载《豫章集》中。明弘治中，巡按御史荣华，捐银重新建祠宇。

【辨伪】此条抄自清王士禛《陇蜀余闻》：

> 大雅堂，在丹棱县南三里。宋人杨素请黄山谷书杜蜀中全诗刻石，作堂贮之。山谷为之记，见《豫章集》。明弘治丁巳，巡按御史荣华，重新祠宇，立像勒石。知县事江谦，春秋率绅士往祭焉，自然遂为故事，蜀乱后，祭废。

今按：卢氏改“山谷为之记，见《豫章集》”为“记载《豫章集》中”，又改“重新祠宇，立像勒石”为“捐银重新建祠宇”，其意相同，并删末尾“知县事江谦，春秋率绅士往祭焉，自然遂为故事，蜀乱后，祭废”一句，显系抄袭。

38. 梓橦帝君，献贼追尊为太祖高皇帝，重修七曲山祠宇，又建关圣祠于其东，皆极一时之壮丽。献贼赋诗于此，令伪官等和诗，立成者受上赏，稍迟则杀之。其诗刻石，立八卦亭中。顺治时，知县王维坤命碎之。

【辨伪】此条抄自清王士禛《陇蜀余闻》：

> 献贼乱蜀，追尊梓潼神为太祖高皇帝。重修七曲山神祠，又建壮缪侯祠于其东，皆极巨丽。献贼尝赋诗于此，使其伪官属严锡命等皆和，立成，稍迟辄杀之。其诗刻石，置祠八卦亭。知县王维坤(长垣人，顺治辛丑进士)碎之。

今按：卢氏改“献贼乱蜀，追尊梓潼神为太祖高皇帝”为“梓橦帝君，献贼追尊为太祖高皇帝”，仅调整语序。又改“壮缪侯祠”为“关圣祠”，改“皆极巨丽”为“皆极一时之壮丽”，改“使其伪官属严锡命等皆和，立成”为“令伪官等和诗，立成者受上赏”，改“知县王维坤

(长垣人，顺治辛丑进士)碎之”为“顺治时，知县王维坤命碎之”，其意相同，显系抄袭。

39. 自剑州起，至梓橦昭化界，沿途古柏千余株，皆大数十围，形状诡异，高入云表。是明时正德中剑州守李璧所植。而世俗相传为汉张桓侯所种，误矣。

【辨伪】此条抄自清王士禛《陇蜀余闻》：

> 自剑州已南，尽梓潼县界，古柏千株，皆大数十围，形状诡异。有一株，根裂为二，巨石负之，如赑屃之状，又有一根而三四干者，高皆入云，蜀道奇观也。是正德中剑州守李璧所植。

今按：卢氏删“有一株，根裂为二，巨石负之，如赑屃之状，又有一根而三四干者”，改“高皆入云”为“高入云表”，又删“蜀道奇观也”，又增“而世俗相传为汉张桓侯所种，误矣”一句。显系抄袭。

40. 昆仑山，在吐蕃境内，一名天柱山，四时积雪不消。黄河水从地涌出百余泓，即大敦脑，为河之源。

【辨伪】此条抄自清陆次云《八纮译史》卷二“吐蕃”：

> 山川：昆仑山，是为天柱，积雪不消。可跋海。黄河，其水从地涌出百余泓，即大敦脑，为河之源。

今按：卢氏“在吐蕃境内”据条目“吐蕃”而来，改“是为天柱，积雪不消”为“一名天柱山，四时积雪不消”，又删“可跋海”三字，显系抄袭。

41. 涂山有三，解者纷纷不一。据《华阳国志》云：“渝郡涂山，禹后家也。”而说者谓涂山在九江当涂县，禹尝会诸侯于此。又一说涂山在会稽，见有禹穴在焉。余考《东汉·郡志》：涂山在巴郡江州。杜预注云：巴国也，有涂山禹庙在焉。余又考《巴郡志》：涂山在县东五千二百步，岷水东折，高七里，周围三十里。余又考郦道元《水经注》：江州涂山有夏禹庙、涂后祠，九江当涂亦有之。杜预所谓巴国江州，乃重庆之江州，非九江之江州也。《汉史》、《蜀志》历历可稽，至今洞曰涂洞，村曰涂村，此其明证也。又合《帝王世纪》、《华阳国志》、《蜀本纪》、《元和志》等书而参考之，禹乃汶山郡广柔人，其母有莘氏，感星精生禹于石纽乡，隋改广柔为汶川，石纽在茂州境，隶石泉军。生禹之地方百里，夷人共营之，不敢樵牧。而禹之先曾大父曰昌意，为黄帝次子，娶蜀山氏，生颛顼，颛顼生鲧，鲧生禹，禹之娶蜀涂山氏，有自来矣。又考涂山氏肇自人皇，为蜀君长，世掌涂山之国。审是，则禹生于蜀，长于蜀，娶于蜀，乃人之常情，其奠山导江，往来必经生长之地，所以有过门不入之语。是禹之所娶，乃蜀之涂山，非九江之涂山，其理甚明。至会诸侯于涂山，当以九江当涂为是。考《汉郡志》，山在当涂。杜预注：在寿春东北，有禹会村是也。柳子有铭，苏子有诗，且于天下稍居中，会诸侯于此，宜矣。而《通鉴外纪》亦云：禹娶涂山氏之女，生子启，南巡狩，会诸侯于涂山。则是娶而后生子，生子而后南巡，而后会诸侯。是娶在此，而会在彼，次序昭然。余故曰：是九江之涂山也。至会稽涂山，乃崩葬之地，上有禹穴，其山一名栋山，又名防山，而《郡志》亦傅会为涂山。因世代绵远，地名改革，其实非也。余又考会稽涂山，当禹之时，尚未入中国，禹安得而娶之哉？

【辨伪】此条抄自明周复俊《全蜀艺文志》卷四十七"《涂山古碑》(元贾易岩)"：

> 至正十五年三月初四日，涪陵贾易岩撰。《华阳志》云："渝郡涂山，禹后家也。"古庙废宋，至壬辰郡守费著仍建庙。尝考娶于涂山之说，一谓在此，一谓在九江当涂。《东汉郡志》云："涂山在巴郡江州。"杜预考曰："巴国也，有涂山禹庙。"又古《巴郡志》云："山在县东五千二百步，岷江东城，高七里，周围二十里。"郦道元《水经》云："江州涂山有夏禹庙、涂山祠，九江当涂亦有之。"杜预所谓巴国江州，乃今重庆巴县，则江州非九江之江州。《汉史》、《蜀志》可稽。至今洞曰涂洞，村曰涂村，滩曰遮夫，石曰启母。复合《帝王世纪》、《蜀本纪》、《华阳国志》、《元和志》等书参考之，禹乃汶山郡广柔人，其母有莘氏，感星之异，生禹于石纽广柔。隋改广柔为汶川，石纽在茂州域，隶石泉军。所生之地方百里，夷人共营之，不敢居牧，灵异可畏。禹为蜀人，生于蜀，娶于蜀。古今人情不大相远，道江之役，往来必经，过门不顾，为可凭信。先是，帝曾大父曰昌意，为黄帝次子，娶蜀山氏，生帝颛顼，颛顼生鲧，鲧生帝，帝之娶于蜀，又有自来。又谓蜀涂山肇自人皇，为蜀君，掌涂山之国，亦一征也。至会诸侯于涂山，当以九江郡者为是。《东汉郡志》云：山在当涂。杜预云：在寿春东北，今有禹会村。柳子有铭，苏子有诗，且于天下稍向中，会同于此，宜矣。《通鉴外纪》亦云：禹娶涂山之女，生子启，南巡狩，会诸侯于涂山。如是，则娶而生子，生子而后南巡，南巡而后会诸侯。娶则在此，会则在彼，次序昭然。会稽乃致郡臣之地，或崩葬之所，故有禹穴。所谓涂山，一曰栋山，一曰防山，纷纷不一。太平乃晋成帝世，当涂之民，徙居于此，故亦名其县曰当涂，好事者援此以为说，而实非涂山。世次绵远，地名改易，烦乱傅会不足征。况会稽当涂，在禹时未入中国，禹安得娶彼哉？今特辩而正之，庶祠庙之建，得其本真，而禹后受享于诞生之地，尤不可阙尔。

今按：卢氏删文前"至正十五年三月初四日，涪陵贾易岩撰"一句，而增"涂山有三，解者纷纷不一"一句，又删文末"今特辩而正之，庶祠庙之建，得其本真，而禹后受享于诞生之地，尤不可阙尔"一句。中间考证部分，皆抄袭贾易岩《涂山古碑》一文而来，而略有改窜。如改"古庙废宋，至壬辰郡守费著仍建庙。尝考娶于涂山之说，一谓在此，一谓在九江当涂"为"而说者谓涂山在九江当涂县，禹尝会诸侯于此。又一说涂山在会稽，见有禹穴在焉"，改"乃今重庆巴县，则江州非九江之江州"为"乃重庆之江州，非九江之江州也"，删"滩曰遮夫，石曰启母"，而增"此其明证也"一语。又改"禹为蜀人"至"亦一征也"为"而禹之先曾大父曰昌意，为黄帝次子，娶蜀山氏，生颛顼，颛顼生鲧，鲧生禹，禹之娶蜀涂山氏，有自来矣。又考涂山氏肇自人皇，为蜀君长，世掌涂山之国。审是，则禹生于蜀，长于蜀，娶于蜀，乃人之常情，其奠山导江，往来必经生长之地，所以有过门不入之语"，颠倒顺序，并增"是禹之所娶，乃蜀之涂山，非九江之涂山，其理甚明"一句，又于“次序昭然”后增“余故曰：是九江之涂山也”一句。又改“会稽乃致郡臣之地”至“而实非涂山”为“至会稽涂山，乃崩葬之地，上有禹穴，其山一名栋山，又名防山，而《郡志》亦傅会为涂山”，大同小异，显系抄袭。

42. 少陵《和严武军城》诗：“已收滴博云间戍，更夺蓬婆雪外城。”注：滴博岭，在维州。蓬婆山，在柘州。余按：《韦皋传》：“出西山、灵关，踰的博岭，遂围维州。”又《元和志》：“柘州城四面险阻，蓬婆水在州南三十里。”“大雪山，一名蓬婆山。”即今蜀杂谷厅西北有的博岭，松潘厅东有雪栏山，一名雪岭是也。

【辨伪】此条抄自宋王应麟《困学纪闻》及清万希槐注。《困学纪闻》卷十八：

少陵《和严武军城早秋》诗：“已收滴博云间戍，更夺蓬婆雪外城。”的博岭，在维州。(见《韦皋传》。)蓬婆山，在柘州。(见《元和郡县志》。)

万氏《集证》：

《唐书·韦皋传》：“出西山、灵关，破峨和、通鹤、定廉城，逾的博岭，遂围维州，搏栖鸡，攻下洋溪等三城，取剑山屯焚之。”《元和郡县志·剑南道中》：“柘州城四面险阻，易于固守，有安戎江、蓬婆水，在州南三十里。”“大雪山，一名蓬婆山，在柘县西北一百里。”按，今四川茂州杂谷厅西北有的博岭。龙安府松潘厅，唐柘、霸等州地，东有雪栏山，一名雪岭。

今按：卢氏于《困学纪闻》正文，删“早秋”二字，改“的博岭”为“滴博岭”，又删王氏“见《韦皋传》”、“见《元和郡县志》”两注语。于万氏注语，前加“余按”二字，据万氏考证为己有，改万氏所引“《唐书·韦皋传》”为“《韦皋传》”，并删引文中“破峨和、通鹤、定廉城”、“搏栖鸡，攻下洋溪等三城，取剑山屯焚之”二语；又改“《元和郡县志·剑南道中》”为“《元和志》”，并删引文中“易于固守，有安戎江”、“在柘县西北一百里”二语，而改万氏按语为“即今蜀杂谷厅西北有的博岭，松潘厅东有雪栏山，一名雪岭是也”，大同小异，显系抄袭。

43. 又《野望诗》：“西山白雪三奇戍，南浦清江万里桥。”《唐·地理志》：彭州导江县有三奇戍。《韦皋传》：遣大将陈泊出三奇西南。《备边录》谓三奇营也。一本作“三年”，赵氏本作“三城”，当从“三奇”为是。

【辨伪】此条抄自宋王应麟《困学纪闻》卷十八：

《野望诗》：“西山白雪三奇戍，南浦清江万里桥。”按《唐·地理志》：彭州导江县有三奇戍。《韦皋传》：遣大将陈泊等出三奇西南。《备边录》所谓三奇营也。一本作“三年”，赵氏本作“三城”，当从旧本“三奇”为是。

今按：卢氏删王氏“按”字，又改“陈泊等”为“陈泊”，并删“旧本”二字，显系抄袭。

卷　五

时序随笔（五行附）

1.《书》云："期三百有六旬有六日，以闰月定四时成岁。"是一岁有三百六十六日明甚。今以每岁十二月计之，大约三百六十日，除小建外，每岁不过三百五十余日。问解经者，多不精切，余尝疑焉。后考历书，当以今岁立春日算起，数至明岁立春日，止恰有三百六十六日。钧以时刻较之，实有三百六十五日零三时，而《书》云"三百六旬有六日"，盖举其大凡耳。然周天实三百六十五度四分度之一，太阳一日行一度，一岁一周天。从今年冬至数至明年冬至，凡三百六十五日奇三时，所奇三时，即四分日之一也。若以十二月计之，月有小建，尚不满三十日，又将小建之所余，积其余以成闰月。盖月行甚速，有二十七日零，已行一周天进三十度，与日合朔。合朔即为一月，一年十二合朔，故解《书》之"期"，当以节气为断，不以十二月为断。

【辨伪】此条抄自宋张世南《游宦纪闻》卷一：

> 《书》云："期三百有六旬有六日，以闰月定四时成岁。"是一岁三百六十有六日明甚。今以每岁十二月计之，只三百六十日，又有小尽不与焉。世南尝以此问学历者，所对皆未精切。其说当以今岁立春，数至来岁立春，恰三百六十有六日。（以时刻较之，实三百六十有五日零三时。）世南始得其说，未以为然，取《百中经》试加稽考，殊无差者。盖三百六旬有六日，言其凡也。其实，周天三百六十五度四分度之一，日行一度，一岁一周天。一岁云者，自今岁冬至数至明年冬至，凡三百六十有五日奇三时，所奇三时，即四分日之一也。若以十二月计之，不满三百六十日者；月有小尽，又积其余，五度有奇，合之以置闰。其所以有小尽有闰月者，以月行速，二十七日有奇，已周天进三十度，与日合朔。合朔之际即为一月，凡一岁十二合朔，故曰十二月。若论期之一当以气周断，不当以十二月断也。

今按：卢氏改"又有小尽不与焉"为"除小建外，每岁不过三百五十余日"，改"世南尝以此问学历者，所对皆未精切"为"问解经者，多不精切，余尝疑焉"。又改张氏注文为正文，而于前加卢氏名“钧”字，并删“世南始得其说，未以为然，取《百中经》试加稽考，殊无差者”一句。改“若以十二月计之，不满三百六十日者；月有小尽，又积其余，五度有奇，合之以置闰”为“若以十二月计之，月有小建，尚不满三十日，又将小建之所余，积其余以成闰月”，改“其所以有小尽有闰月者，以月行速”为“盖月行甚速”，显系抄袭。

2. 古甲子名，人多未识。十干：甲曰阏逢，乙曰旃蒙，丙曰柔兆，丁曰强圉，戊曰著雍，己曰屠维，庚曰上章，辛曰重光，壬曰玄黓，癸曰昭阳。

【辨伪】此条抄自《尔雅》卷中释天第八：

> 太岁在甲曰阏逢，在乙曰旃蒙，在丙曰柔兆，在丁曰强圉，在戊曰著雍，在己曰屠维，在庚曰上章，在辛曰重光，在壬曰玄黓，在癸曰昭阳。

今按：卢氏于前增“古甲子名，人多未识”一句，其下列十干支名，与《尔雅》同，显系抄袭。

3. 十二枝名：子曰困敦，丑曰赤奋若，寅曰摄提格，卯曰单阏，辰曰执徐，巳曰大荒落，午曰敦牂，未曰协洽，申曰涒滩，酉曰作噩，戌曰阉茂，亥曰大渊献。

【辨伪】此条抄自《尔雅》卷中释天第八：

> 太岁在寅曰摄提格，在卯曰单阏，在辰曰执徐，在巳曰大荒落，在午曰敦牂，在未曰协洽，在申曰涒滩，在酉曰作噩，在戌曰阉茂，在亥曰大渊献，在子曰困敦，在丑曰赤奋若。

今按：卢氏十二枝名，自子至亥，而《尔雅》中所列太岁位置，为自寅至丑，卢氏将子、丑二枝改列于前而已，其名称相同，显系抄袭。

4. 四时节气见于经史者，《管子·幼官》篇言清明、大暑、白露、大寒，《南方》篇言小暑。汉始以雨水为二月节，见《月令》。“处暑之既至”，见《国语》。宋令长以芒种去官，见《南史》。星昏中而正中，为小雪，见《定之方中》注。小雪，为十月中气，见本《疏》。斗指甲为雨水，指乙为清明，指辰为谷雨，见《初学记》。

【辨伪】此条抄自宋朱翌《猗觉寮杂记》卷下：

> 节气见于经史者，《管子·幼官》篇言清明、大暑、白露、大寒。《南方》篇又云小暑。汉始以雨水为二月节，见《月令》注。“处暑之既至，蝱蠁之既多”，见《国语》。宋令长以芒种前去官，见《南史》。星昏中而正中，谓小雪时，见《定之方中》注。小雪，十月中气，见本《疏》注。斗指甲为雨水，指乙为清明，指辰为谷雨，见《初学记》。

今按：卢氏于“节气”前增“四时”二字，又改“见《月令》注”为“见《月令》”，又删“蝱韲之既多”，显系抄袭。

5. 历日家有用《百中经》，乃从唐显庆壬寅年壬寅月积算起。欲知其法，看某年下得若干数，以六十除之。不及六十数，在寅上数(上声)一数(去声)，逆行间一位，是二十。下仿此。则知本年正旦，是何日辰。假令辛巳年得十八万二千九百七十三数，以六数除之，先除三六一十八万数，又除四六二千四百数，又除九六五百四十数，下剩三十三数。自壬寅数到壬申，计三十数。又从壬申数到第三数，即是甲戌，则旦日为甲戌，余仿此。欲知每岁逐月旦，是何甲子？但取九年前次月望日，即是后九年前一月旦日，毫厘不爽。此数学之捷法也。余按：此说载于张世南《游宦纪闻》，颇近理，但余未暇推算，录之以俟考正。

【**辨伪**】此条抄自宋张世南《游宦纪闻》卷一：

> 今日者所用《百中经》，乃从唐显庆壬寅年壬寅日积算起。欲知其法，但看某年下得若干数，以六十除之。不及六十数，然后在寅上数(上声)一数(去声)，逆行间一位，是第二十。下仿此。则知本年正旦，得何日辰。假令辛巳年得十八万二千九百七十三数，以六数除之；先除三六十八，除十八万数；又除四六二十四，除二千四百；又除六九五百四十，剩三十三数。自壬寅数到壬申，计三十位。又自壬申数下第三位，则旦日为甲戌，他仿此。欲知每岁逐月旦日，是何甲子？但取九年前次月望日，即是前九年(案：商本前作后)前一月旦日，毫发无差。乃知数学有捷法，此亦一端也。

今按：卢氏末尾有按语“余按：此说载于张世南《游宦纪闻》”，交代文献来源。但卢氏于原文亦稍有改窜，如改“今日者”为“历日家”，增“即是甲戌”四字。又有“前”、“后”二字异文，卢氏则用“后”字，又改“毫发无差”为“毫厘不爽”，改“乃知数学有捷法，此亦一端也”为“此数学之捷法也”。

6. 历数之学，宋时有同州进士王湜，潜心数学，作《太乙肘后备检》三卷，为阴阳二遁，绘图一百四十有四，上自帝尧以来，至宋绍兴六年止，凡三千四百九十二年，皆随六十甲子，表以分野，如《通鉴》编年之例，前代兴亡，历历可考。然自古及今，应者虽多，不应者亦不少。又景祐间，上命司天监杨维德修《五福太乙占书》，考验行度，亦为精详。其书最重五福，太乙所临分野，即为太平郅治，历观前代，应者十之六七，不应者十之二三。遇阳九、百六之数，即为离乱厄运，以此推之，值阳九、百六者，厄运固不待言，而其中亦有享太平、致中兴者。大抵太乙数中，专考阳九、百六之数，以四百五十六年为一阳九、二百八十八年为一百六。阳九数奇，为阳之穷；百六数偶，为阴之穷。岁运逢之，终有厄数。洪文敏公《五笔》亦载阳九、百六之说，与此间有不同。究心数学者，当合数书而参观之。钧谓太乙临分野，阳九、百六值岁运，古来有验有不验者，皆所以验人君之善恶，临有道之国则昌，若值无道之国则亡，所以有应有不应焉。

【**辨伪**】此条节抄自宋张世南《游宦纪闻》卷七：

渡江后，有北客同州免解进士王湜，潜心此书，作《太乙肘后备检》三卷，为阴阳二遁，绘图一百四十有四，上自帝尧以来，至绍兴六年丙辰，凡三千四百九十二年，皆随六十甲子，表以分野，如《通鉴》编年，前代兴亡，历历可考。然自古及今，应者虽多，不应者亦或有之。景祐间，命司天杨维德修《五福太乙占书》，考验行度，亦为精详。其间云："自石晋天福四年己亥岁入东北辽东分，至国朝雍熙元年甲申岁入东南吴分，至天圣七年己巳岁入西南蜀分。"后人继加考算，至熙宁七年甲寅岁入中宫洛阳分，至宣和元年己亥岁入西北西河分，至隆兴二年甲申岁入东北辽东分，至嘉定二年己巳岁入东南吴分，向后至甲寅年入西南秦分上来。五福太乙所临之分，自合太平至治。今推而上之，后周宣帝元年己亥岁至唐高祖武德六年癸未岁，五福太乙在西南，凡四十五年。中更隋、唐禅代之变，正在本宫分野。又自唐宣宗大中三年己巳岁，至昭宗景福二年癸丑岁，五福太乙在中宫，凡四十五年。中更僖宗广明黄巢之变，中国之祸甚惨。既曰"五福所临"，何为又却如此？……太乙考治人君之善恶，临有道之国则昌，临无道之国则亡。有天下国家者，可不谨哉？已上皆王说。盖太乙数中，专考阳九、百六之数，以四百五十六年为一阳九，二百八十八年为一百六。阳九，奇数也，为阳数之穷。百六，偶数也，为阴数之穷。大抵岁运值之，终有厄会。洪文敏公《五笔》中载阳九、百六之说，与此不同。

今按：卢氏增"历数之学"，改"渡江后，有北客同州免解进士王湜"为"宋时有同州进士王湜"，改"其间云"至"何为又却如此"为"其书最重五福，太乙所临分野，即为太平郅治，历观前代，应者十之六七，不应者十之二三。遇阳九百六之数，即为离乱厄运，以此推之，值阳九百六者，厄运固不待言，而其中亦有享太平、致中兴者"，增"究心数学者，当合数书而参观之"一句，改"太乙考治人君之善恶"至"可不谨哉"为"钧谓太乙临分野，阳九、百六值岁运，古来有验有不验者，皆所以验人君之善恶，临有道之国则昌，若值无道之国则亡，所以有应有不应焉"一节。大同小异，显系抄袭。

7.《农书》云："端午逢夏至，不祥。"曾记绍兴戊子年五月初五日夏至，谚云："夏至逢端午，家家卖男女。"后禾稼不登，至冬艰食，果有卖子女以自给者，亦有委之于路隅者。明年大旱，人相食，弃子女不可胜计。

【辨伪】此条抄自宋王得臣《麈史》卷下"占验"：

戊子五月五日夏至，安陆老农相谓曰："夏至逢端午，家家卖男女。"秋稼不登，至冬艰食，果卖子以自给，至有委于路隅者。明年己丑大旱，人相食，弃子不可胜数。

今按：卢氏增"《农书》云：'端午逢夏至，不祥'"一句，又于"戊子年"前增"曾记绍兴"四字，其实王得臣（1036—1116）为北宋人，卢氏竟误补南宋年号。其他大致相同，显系抄袭。

8. 新月每见于大二、小三之说。盖前月大，则后月初二日见。前月小，则后月初三日见。

【辨伪】此条抄自元杨瑀《山居新话》：

新月每见于大二、小三之说，盖为前月小，则后月初三见。前月大，则初二日见。

今按：卢氏仅将杨氏“前月小”、“前月大”二句颠倒顺序，其意相同，显系抄袭。

9. 五行天一生水，平庵项氏谓：“雨雪霜露，云雾霰雹，成水之物，皆降于天。地二生火，丹砂石火，槐檀柞櫄，取火之物，皆生于地。”此说是也。然即人之一身求之，亦可概见。人贪心动则涎生，哀心动则泪生，愧心动则汗生，欲心动则精生。方心之未动，即太极也。此心之动，即太极之动而生阳也。阳动而生水，即五行天一生水之谓也。盖神存于心，神为气主，神动则气随。气为水母，气聚则水生，所以呵气而成润。

【辨伪】此条抄自元白珽《湛渊静语》卷一：

五行天一生水，平庵项氏谓：“雨雪霜露，云雾霰雹，成水之物，皆降于天，地二生火，丹砂石火，槐檀柞櫄，取火之物，皆生于地。”此说是已。然即人之一身求之，亦可概见。人贪心动则涎生，哀心动则泪生，愧心动则汗生，欲心动则精生。方心之未动，即太极也。此心之动，即太极之动而生阳也。阳动而生水，即天之生水也。盖神存于心，神为气主，神动则气随。气为水母，气聚则水生，所以呵聚而成润。

今按：卢氏改“即天之生水也”为“即五行天一生水之谓也”，又改末句“所以呵聚而成润”为“所以呵气而成润”，其意相同，显系抄袭。

10.《洪范》五行，诸家解释纷纷，惟饶双峰说理最精。“一曰水，二曰火，三曰木，四曰金，五曰土。说者谓为五行始生之序也。盖《河图》之数，一六居北，二七居南，三八居东，四九居西，五十居中。而《传》谓：天一生水，地六成之；地二生火，天七成之；天三生木，地八成之；地四生金，天九成之；天五生土，地十成之。是为五行生成之序。”其说可谓有据而不诬也。然余尝以理推之，则疑其序恐不然也。何以言之？水者，气之精液；火者，气之光芒。既有是气，则其精液、光芒一时皆具，各随寓而成质，固无先生水而后生火之理。至于木，则土之英华；金，则土之精实。必有是土，而后英华有发，精实有所聚，则木、金亦安有先土而生之理哉？且既有是土，则英华、精实一时皆具，各随寓而成质，亦无先生木而后生金之理也。以此观之，则谓天一生水、地二生火、天三生木、地四生金、天五生土为五行始生之序者，吾知其必不然也。况阴阳交感之际，其机间不容发，使天既生水，越五而后地成之；地既生火，越五而后天成之。则阴阳不相逮，亦何自而成生物之功耶？以此观之，谓地六成水，天七成火，地八成木，天九成金，地十成土，为五行所成之序者，吾又知其不必然矣。盖尝思阴阳二气，阴湿而阳燥，阳燠而阴寒，二者相摩，则其寒湿之气蒸润而成水（雨露是也）；燥燠之气激烈而成火（雷电是也）。是二者以气交于空中而成质，无所待于土，故皆轻清。（水、火皆轻清，二者之中，水稍重浊，而火极轻清，故水润下而火炎上，此阴阳清浊之别也。）土则气之升降转旋，而其渣滓结聚于中央，以成形体者也。土既成形体，然后二气之精，得以藏蓄于中，相与酝酿以生物。阳之盛者，必发达条畅而为木；阴之盛者，必收蓄坚凝而成金。是二者，以气交于地中而成质，非土则不生，故皆重浊。（木、金皆重浊，二者木稍轻清，故木浮而金沉。）由是言之，五行之生，水、火居先，木、金居后，而土居中央。其卒不越三者而已。盖《洪范》之序，是本五行方位之序，非始生之序也。五行方位，水北、火南、木东、金西，土居中央。南北为经，东西为纬，东北为首，西南为尾，中央其总会也。故其序先经而后纬，上首而下尾，以总会包括其中焉。

【辨伪】此条抄自元白珽《湛渊静语》卷一：

双峰饶氏，名鲁，余干人也。讲理极精，如《五行说》曰："《洪范》五行之畴，一曰水，二曰火，三曰木，四曰金，五曰土。说者以为此五行始生之序也。盖《河图》之数，一六居北，二七居南，三八居东，四九居西，五十居中。而《传》谓：天一生水，地六成之；地二生火，天七成之；天三生木，地八成之；地四生金，天九成之；天五生土，地十成之。是为五行生成之序。"其说可谓有据而不诬矣。然愚尝以理推之，则疑其序必不然也。何以言之？水者，气之津液也；火者，气之光芒也。既有是气，则其津液、光芒一时皆具，各随寓而成质，固无先生水而后生火之理也。至于木，则土之精华；金，则土之精实。必有是土，而后英华有所发，精实有所聚焉，则木、金亦安有先土而生之理哉？且既有是土，则其英华、精实亦一时皆具，各随寓而成质，无先生木而后生金之理也。以此观之，则谓天一生水、地二生火、天三生木、地四生金、天五生土为五行所以生之序者，吾有以知其必不然矣。况阴阳交感之际，其机间不容发，使天既生水，越五而后地成之；地即生火，越五而后天成之。则阴阳不相逮，亦何自而成生物之功耶？以此观之，谓地六成水，天七成火，地八成木，天九成金，地十成土，而为五行所以成之序者，吾又知其必不然矣。盖尝思之，造化之初，阴阳二气而已。阴湿而阳燥，阳燠而阴寒，二者相摩，则其寒且湿者蒸润而为水（云雨是也），燠且燥者激烈而为火（雷电是也）。是二者以气交于空中而成质，而无所待于土，故皆轻清。（水、火固皆轻清，二者之中，水稍重浊，而火极轻清，故水润下而火炎上，此阴阳清浊之别也。）土则气之升降转旋，而其渣滓团聚凝结于中央，以成形体者也。土之形体既成，然后二气之精，得以蓄藏于其中，相与酝酿以生物。阳之盛者，必发达条畅而为木；阴之盛者，则收缩坚凝而为金。是二者，以气交于地中而成质，非土则不生，故皆重浊。（木、金固皆重浊，二者之中，木犹轻清，而金尤重浊，故木浮而金沉。）由是言之，五行之生，水、火居先，木、金居后，而土居其中，其卒不越乎三而已。《洪范》之序，盖以言五行方位之序，而非始生之序也。五行方位，水北、火南、木东、金西，土居中央。南北为经，东西为纬，东北为首，西南为尾，中央其总会也。故其数之序先经而后纬，上首而下尾，而以总会者包括其中焉。

今按：卢氏改首句"双峰饶氏，名鲁，余干人也。讲理极精，如《五行说》曰：'《洪范》五行之畴’”为“《洪范》五行，诸家解释纷纷，惟饶双峰说理最精”，又改“然愚尝以理推之”为“然余尝以理推之”，据白氏之说为己有。又改“盖尝思之，造化之初，阴阳二气而已”为“盖尝思阴阳二气”，大同小异，显系抄袭。

11. 今试以人始生之序明之。方其禀气赋形，先有阴血，而后阳精聚之。阴血，水象也；阳精，火象也。精与血聚合，然后怀胎而成形体。形体具，然后毛发齿甲有所傅而生。毛发，木象也；齿甲，金象也。造化之始，其事渺茫莫测。人肖天地，其理当亦无异也。若《河图》之数，一六居北，二七居南，三八居东，四九居西，五十居中，是五行方位自然之数。配合而为天一生水，地六成之；地二生火，天七成之；天三生木，地八成之；地四生金，天九成之；天五生土，地十成之。此《河图》之数也。而以类分之，则奇数属天，阳之象也；偶数属地，阴之象也。以列分之，则一二六七经乎南北，太阳、太阴之象也；三四八九纬乎东西，少阴、少阳之象也；五与十综乎中央，阴阳中气之象也。故天一与地六会合于北，是太阳与太阴交而生水；地二与天七合于南，是太阴与太阳交而生火；天三地八合于东，是少阳、少阴交而生木；地四天九合于西，是少阴、少阳交而生金；天五地十合于中央，是阳中与阴中交而生土。观奇偶二数，经纬错综，以成自然之文，则阴阳二气，判合往来，以成天地之化者，其象粲然可见矣。

【辨伪】此条节抄自元白珽《湛渊静语》卷一：

> 今试以人之始生明之。方其禀气赋形之初，惟阴血阳精之聚而已。阴血，水之象也；阳精，火之象也。精血合，然后胚胎而成形体。形体，土之象也，形体具，然后毛发齿甲有所傅而生焉。毛发，木之象也；齿甲，金之象也。造化之始，其事窅芒莫可深诘。人肖天地，其理当无以异也。若夫《河图》之数，一六居北，二七居南，三八居东，四九居西，五十居中，则是五行方位所得自然之数。而《传》所谓“天一生水，地六成之；地二生火，天七成之；天三生木，地八成之；地四生金，天九成之；天五生土，地十成之”者，盖即《河图》之数。而以类分之，则奇数属天，阳之象也；偶数属地，阴之象也。以列分之，则一二六七经乎南北，太阳、太阴之象也；三四八九纬乎东西，少阴、少阳之象也；五与十综乎中央，阴阳中气之象也。……天一与地六合于北，是太阳与太阴交而生水之象也；地二与天七合于南，是太阴与太阳交而生火之象也；天三与地八合于东，是少阳与少阴交而生木之象也；地四与天九合于西，是少阴与少阳交而生金之象也；天五与地十合于中央，是阳中与阴中交而生土之象也。观奇偶二数，经纬错综，以成自然之文，则阴阳二气，判合往来，以成天地之化者，其象粲然可见矣。

今按：卢氏改“方其禀气赋形之初，惟阴血阳精之聚而已”为“方其禀气赋形，先有阴血，而后阳精聚之”，又删“形体，土之象也”一句，改“其事窅芒莫可深诘”为“其事渺茫莫测”，改“而《传》所谓‘天一生水’”为“配合而为天一生水”，大同小异，显系抄袭。

12.《大禹谟》曰：“水火金木土谷惟修。”《洪范》曰：“一水，二火，三木，四金，五土。”《月令》曰：“春木，夏火，中央土，秋金，冬水。”何以先后不同如此？盖圣经之言，各有攸主。《禹谟》之所主者养民之政，故以五行相克言之，克下为财故也。《洪范》之所主者自然之数，故以五行生数言之，举生数则成数可知矣，如天一生水、地二生火是也。《月令》之所主者四时之令，故以五行相生之序言之，如木生火、火生土是也。

【辨伪】此条抄自宋孙奕《示儿编》卷一“五行先后不同”：

> 五行一也。《大禹谟》则曰：“水火金木土谷惟修。”《洪范》则曰：“一水，二火，三木，四金，五土。”《月令》则曰：“春木，夏火，中央土，秋金，冬水。”其言先后不同，何也？曰：圣经之言，各有攸主。《大禹谟》之所主者养民之政，故以五行之相克者言之，克下为财故也。《洪范》之所主者自然之数，故以五行之生数言之，举生数则成数可知矣。《月令》之所主者四时之令，故以五行相生之序言之，是以不同也。

今按：卢氏删“五行一也”四字，又改“其言先后不同，何也”为“何以先后不同如此”，又增“如天一生水、地二生火是也”、“如木生火、火生土是也”二句，而删末尾“是以不同也”五字，显系抄袭。

13. 世传：日短夜长之地，外域最多。余考莫斯哥木亚国，其地极寒，夏、秋皆衣裘绵。室宇常用火温，行旅之人，为严寒所侵，血脉俱冻，蓦入温室，其耳、鼻等辄坠。凡自外入者，必先以温水浸其手足面目，俟僵体渐苏，然后方可入室。虽长至日，每日不过二时。

【辨伪】此条抄自清陆次云《八纮译史》卷二“莫斯哥未亚”：

> 莫哥斯，东土西北之尽境……其地夜长昼短，冬至日止二时，气极寒，雪下则凝，行旅驾车度雪中，其马疾如飞电。室宇多用火温，雪中行者，为严寒所侵，血脉皆冻，如蓦入温室之中，耳、鼻辄堕于地。自外来者，先以水浸其躯，俟僵体渐苏，方可扶入。夏、秋皆衣裘，多狐貉貂鼠之属。

今按：卢氏于前增“世传：日短夜长之地，外域最多”一句，改“莫哥斯，东土西北之尽境……其地夜长昼短，冬至日止二时，气极寒”为“余考莫斯哥木亚国，其地极寒”、“虽长至日，每日不过二时”，改“夏、秋皆衣裘”为“夏、秋皆衣裘绵”，改“先以水浸其躯”为“必先以温水浸其手足面目”，大同小异，显系抄袭。又按：明艾儒略《职方外纪》卷二“莫斯哥未亚”亦载：“亚细亚西北之尽境，有大国曰莫哥斯未亚。……其地夜长昼短，冬至日止二时，气极寒，雪下则坚凝，行旅驾车度雪中，其马疾如飞电。其室宇多用火温，雪中行旅，为严寒所侵，血脉皆冻，坚如冰石，如蓦入温室之中，耳、鼻辄堕于地。每自外来者，先以水浸其躯，俟僵体渐苏，方可入温室内。故八月以至四月，皆皮裘，多兽皮，如狐貉貂鼠之属，一裘或至千金者。”与《八纮译史》亦相似。然卢氏“夏、秋皆衣裘绵”，陆氏作“夏、秋皆衣裘”，艾儒略作“八月以至四月，皆皮裘”，卢氏与陆氏相近，应抄自《八纮译史》，而非《职方外纪》。

14.《古今考隽》载：“仲夏日为长至，仲冬日为短至。”何以今世人，皆以冬至为长至？

其误相承已久，牢不可破。及细审《尧典》“仲夏平秩南讹”，是谓日长至；“仲冬平在朔易”，是日短至。此其明证。而历书亦误冬至为长至，殊不可解。余闻赵恒夫《寄园寄所寄》亦曾辨之，载在“习语误”卷中。

【辨伪】此条抄自清赵吉士《寄园寄所寄》卷八：

> 《古今考隽》：“仲夏日为长至，仲冬日为短至。”今世误以冬至为长至。《尧典》“仲夏平秩南讹”，日长至；“仲冬平在朔易”，日短至。此其证也。(《蓉沚集》)

今按：卢氏此条称“余闻赵恒夫《寄园寄所寄》亦曾辨之，载在‘习语误’卷中”，其实卢氏此条即抄袭《寄园寄所寄》，已透露其文献来源。且赵氏此条抄自《蓉沚集》，并无考辨。卢氏又改“今世误以冬至为长至”为“何以今世人，皆以冬至为长至？其误相承已久，牢不可破”，并增“及细审”三字以及“而历书亦误冬至为长至，殊不可解”一句，大同小异，显系抄袭。

15. 冬至数九，一九、二九，行人不出手。今四海之内，夫人得而言之矣。至夏至数九，世罕闻焉。今备录之：一九、二九，扇子不离手；三九二十七，吃水甜如蜜；四九三十六，争向露天宿；五九四十五，树头秋叶舞；六九五十四，乘凉不入寺；七九六十三，床头寻被单；八九七十二，夜眠添夹被；九九八十一，家家打炭坝。俗语止传冬至，不传夏至，余读冯慕岗《月令广义》，因得见此，可见俗谈巷语，必有来历。

【辨伪】此条抄自清赵吉士《寄园寄所寄》卷七：

> 冬至、夏至谚语，与今南北俗传不一，今揭其二：冬至：一九、二九，行人不出手；三九二十七，篱头吹觱篥；四九三十六，方才冻得熟；五九四十五，穷汉街头舞；六九五十四，乞儿争志气；七九六十三，破衲足头担；八九七十二，猫狗寻阴地；九九八十一，犁耙一齐出。夏至：一九、二九，扇子不离手；三九二十七，吃水甜如蜜；四九三十六，争向露天宿；五九四十五，树头秋叶舞；六九五十四，乘凉不入寺；七九六十三，床头寻被单；八九七十二，夜眠添夹被；九九八十一，家家打炭坝。俗语止传冬至，不传夏至，读冯慕冈《月令广义》，因得见此，俗谈巷语，必有来历。(《客中闲集》)

今按：赵氏据《客中闲集》录冬至、夏至谚语，而卢氏以为“冬至数九”谚语人人知之，故不录，而全录罕见之“夏至数九”谚语，故于前增“冬至数九，一九、二九，行人不出手。今四海之内，夫人得而言之矣。至夏至数九，世罕闻焉。今备录之”，而删赵氏所录冬至谚语，仅录夏至谚语。又于“读冯慕冈《月令广义》”上增一“余”字，据他人读书所得为己有，显系抄袭。

16. 俗以每月初五、十四、二十三日为月忌，凡事必避之。其说不经。后见卫道夫云：闻前辈说，此三日乃河图数之中宫五数也。五为君象，故民庶不得妄用。此说颇有理，故录之。

【辨伪】此条抄自宋周密《齐东野语》或清赵吉士《寄园寄所寄》。《齐东野语》卷二十“月忌”：

> 俗以每月初五、十四、二十三日为月忌，凡事必避之。其说不经。后见卫道夫云：闻前辈之说，此三日即河图数之中宫五数耳。五为君象，故民庶不可用。此说颇有理，因图于此。

《寄园寄所寄》卷七：

> 俗以每月初五、十四、二十三日为月忌，凡事必避之。其说不经。后见卫道夫云：闻前辈说，此三日即河图数之中宫五数耳。五为君象，故民庶不可用。此说颇有理，因图于此。(《野语》)

今按：赵氏此条即抄录周密《齐东野语》而来，而少一“之”字。卢氏抄作“闻前辈说”，亦无“之”字，与《寄园寄所寄》同。又改“不可用”为“不得妄用”，改“因图于此”为“故录之”，显系抄袭。

17. 世俗相传，凡正、五、九月不上官赴任，是五行家拘忌之言，相沿已久，亦不始于唐时。余按《北齐书》，文宣帝将受禅，或曰五月不可入官，犯之不终其位。是隋唐以前已有此忌。复考《唐书》，武德二年正月诏曰：“今正月、五月、九月不得行刑，禁屠宰。”盖谓此三长月不行死刑，所以禁宰杀，非不上官也。《菽园杂记》谓：“新官上任，应祭告神祇，必须宰杀，故并忌之。”然此说不经，不知古人何故拘忌如此，殊不可解。此与初五、十四、二十三日同为禁忌，故附录于此。

【辨伪】此条抄自清顾炎武《日知录》卷三十“正五九月”：

> 唐朝新格，以正、五、九月为忌月，今人相沿以为不宜上任。考《唐书》武德二年正月甲子诏：自今正月、五月、九月不得行刑，禁屠杀。……《菽园杂记》谓：“新官上任，应祭告神祇，必须宰杀，故忌之也。”愚按正、五、九月不上任，自是五行家言，不缘屠杀。其传已久，亦不始于唐时。《南齐书·张融传》：“摄祠部、仓部三曹。仓曹以正月俗人所忌，太仓为可开不？融议不宜拘束小忌。”《北齐书·宋景业传》：“显祖将受魏禅，或曰：‘阴阳书五月不可入官，犯之终于其位。’景业曰：‘王为天子，无复下期，岂得不终于其位乎？’显祖大悦。”

今按：卢氏改“愚按正、五、九月不上任，自是五行家言，不缘屠杀”为“世俗相传，凡正、五、九月不上官赴任，是五行家拘忌之言”，并前置。所举例证皆见于《日知录》，显系抄袭，又于末尾增“此与初五、十四、二十三日同为禁忌，故附录于此”一句。

18. 以卦爻配三百六十日者，其说见于《后汉书·郎(觊)[𫖮]传》：“父宗学京氏《易》，善风角星算之术，六日七分。”章怀注引《易稽览图》：“甲子卦气起中孚，六日八十分日之七。郑玄注：六以候也，八十分为一日之七者，一卦六日七分也。”观者多不解其义。又《易正义》亦引《稽览图》云：“卦气起中孚，故坎、离、震、兑四卦，各主一方，其余六十卦，每卦有六爻，每爻别主一日，凡三百六十爻，分主三百六十日，余五日四分日之一，又为二十分，又共为四百二十分，以六十卦分之，六七四十二卦，别各得七分，是每卦各得六日七也。”又考李鼎祚《易解》谓：“《易轨》一岁有四时、十二月、三百六十五日四分日之一，以坎、震、离、兑四方正卦，分直四时，每一卦司一季，一爻司一气，每卦六爻，以六气合之，得四六二十四气，而以十二辟卦直十二月，每一卦各管四卦，凡五卦直一月，一爻直一日，合之得五六三十日。”朱震亨《易传》解七日来复云：“阳生于子，阴生于午，自午至子，七日必复，此乾坤消息之理也。故以一日言之，自午至夜半，复得子时；以一月言之，自午日起，凡七日，复得子日；以一年言之，自午月起，至十一月，复得子月；以一纪言之，自午岁起，凡七岁，复得子岁。天道运行，其数自尔，合之为一纪，分之为一年、一月、一日，莫不皆然。故六十卦当三百六十日，而两卦相去皆以七日。”又王伯厚云：“易卦之位，震东、离南、兑西、坎北为一说，十二辟卦分属十二辰为一说。焦延寿为卦气直日之法，合二说而一之，既以八卦之震、离、兑、坎二十四爻直四时，又以十二辟卦直十二月，分四十八卦为公卿大夫，而六日七分之说生焉。”余按《唐·律历志》云：“十二月卦出于《孟氏章句》，其说本于气，而后人遂以人事明之耳。”

【辨伪】此条抄自清杭世骏《诸史然疑》：

> 《后汉书·郎顗传》：“父宗学京氏《易》，善风角星算、六日七分。”章怀注引《易稽览图》：“甲子卦气起中孚，六日八十分日之七。郑玄注云：六以候也，八十分为一日之七者，一卦六日七分也。”览者多不明其义。《易正义》亦引《稽览图》云：“卦气起中孚，故离、坎、震、兑各主其一方，其余六十卦，卦有六爻，爻别主一日，凡主三百六十日，余有五日四分日之一，每日分为八十分，五日分为四百分，四分日之一，又为二十分，是四百二十分，六十卦分之，六七四十二卦，别各得七分，是每卦得六日七分也。”李鼎祚《易解》谓：“《易轨》一岁有四时、十二月、三百六十五日四分日之一，以坎、震、离、兑四方正卦，分直四时，每一卦司一季，一爻司一气，每卦六爻，六气合之，得四六二十四气，而以十二辟卦直十二月，每一卦各管四卦，凡五卦直一月，一爻直一日，合之得五六三十日。”朱震《易传》解“七日来复”云：“阳生于子，阴生于午，自午至子，七日必复，乾坤消息之理也。故以一日言之，自午时至夜半，复得子时；以一年言之，首五月，至十一月，复得子月；以一月言之，自午日，凡七日，复得子日；以一纪言之，自午岁，凡七岁，复得子岁。天道运行，其数自尔，合之为一纪，分之为一岁、一月、一日，莫不皆然。故六十卦当三百六十日，而两卦相去皆以七日。”王伯厚云：“《易》卦之位，震东、离南、兑西、坎北为一说，十二辟卦分属十二辰为一说。焦延寿为卦气直日之法，合二说而一之，既以八卦之震、离、兑、坎二十四爻直四时，又以十二辟卦直十二月，分四十八卦为公侯卿大夫，而六日七分之说生焉。”《唐书·历志》卦议曰：“十二月卦出于《孟氏章句》，其说《易》本于气，而后以人事明之。”

今按：杭氏考证卦爻配日之说，先后引证《后汉书》、《周易正义》、李鼎祚《周易集解》、朱震《汉上易传》、王应麟《玉海》、《唐书》六家之论。卢氏考证所列与之相同，又增“以卦爻配三百六十日者，其说见于”于前。又于《后汉书》增“之术”二字于“风角星算”之后，于《周易正义》引《稽览图》，改“凡主三百六十日”为“凡三百六十爻，分主三百六十日”，改“每日分为八十分，五日分为四百分，四分日之一，又为二十分，是四百二十分”为“又为二十分，又共为四百二十分”。又改“朱震《易传》”为“朱震亨《易传》”，误。又改“《唐书·历志》卦议曰”为“余按《唐·律历志》云”，据杭氏之考证为己有，且所引为《新唐书·历志》，卢氏改为“《唐·律历志》”，亦误。大同小异，显系抄袭。

卷　六
格致随笔

1. “夕餐秋菊之落英。”谓始生之英可以当夕粮也。“落”与“访落”及“章华台落成”之“落”同。故凡宫室始成而祭则曰“落成”，菊之始生亦曰“落英”。设或陨落，岂复可餐？况菊花干枯于枝上，而何得有陨落乎？胡荆公不明此理，而反诮人耶？

【辨伪】此条抄自宋孙奕《示儿编》卷十“落英”：

> 《楚辞》云：“夕餐秋菊之落英。”谓始生之英可以当夕粮也。“落”与“访落”(《周颂》)及“章华台成则落”之(《昭公六年》)“落”同，盖嗣王谋之于始则曰“访落”，宫室始成而祭则曰“落成”，故菊英始生亦曰“落英”。设或陨落，岂复可餐？况菊花独干死于枝上而不坠，所谓“秋英不比春花落”，诚如六一居士之语。荆公胡不察此，而返诮人为？(详见《西清诗话》)

今按：卢氏删“《楚辞》云”以及“《周颂》”、“《昭公六年》”二注，又删“盖嗣王谋之于始则曰‘访落’”一句，并改“况菊花独干死于枝上而不坠，所谓‘秋英不比春花落’，诚如六一居士之语”为“况菊花干枯于枝上，而何得有陨落乎”，其意相同，显系抄袭。

2. 李善注《文选》最为博洽。潘岳《闲居赋》云：“周文弱枝之枣，房陵朱仲之李。”善于周文、房陵注下未详所出。余阅王子年《拾遗记》：“北极有岐峰之阴，多枣木，其枝茎皆空，其实长尺，核细而柔，百岁一实。”夫岐乃周文王所居，而枣枝茎皆空，故枝弱。梁任昉《述异记》：“房陵定山有朱仲李园三十八所，故李尤《果赋》云‘三十六园朱李’是也。”以是知潘赋所用，盖本于此。李善未注其详，故表出之。

【辨伪】此条抄自宋王得臣《麈史》卷中“论文”：

> 李善注《文选》最为该洽。然潘岳《闲居赋》曰：“周文弱枝之枣，房陵朱仲之李。”善以周文、房陵未详。予尝读王子年《拾遗》曰：“北极有岐峰之阴，多枣木百

寻，其枝茎皆空，其实长尺，核细而柔，百岁一实。”夫岐乃周文所居，又枣枝茎皆空，核细而柔。任昉《述异志》曰：“房陵定山有朱仲李园三十八所，李尤《果赋》云‘三十六园朱李’是也。”由是知岳赋所用，盖出此。

今按：卢氏改王氏“予尝读王子年《拾遗》曰”为“余阅王子年《拾遗记》”，据王氏考证为己有。又改“核细而柔”为“故枝弱”，并于末尾增“李善未注其详，故表出之”一句，显系抄袭。

3. 世传秦玺刻“受命于天，既寿永昌”八字，诸书所载，大略相同。余考《金石录》：元符中，咸阳获传国玺，初至京师执政，以示将作监李诚，诚手摹印二本，文曰“承天福，延万亿，永无极”九字。又蔡绦《铁围山丛谈》载：元符所得传国玺，系九字，而赵明诚云，所见汉玺，系是受命于天八字。余又考《晋书》所载，玺自汉至魏晋，暨五胡乱华，玺为石勒所收，石既败灭，玺失所在。魏晋间所刻，文多不同，即汉玺亦难辨，何况秦玺？

【辨伪】此条抄自宋陈槱《负暄野录》卷上“秦玺文玉刻”：

《古器物铭》载此玺文，云得于河内向氏家，援《集古印格》所载，谓是秦玺。按《金石录》：元符中，咸阳获传国玺，初至京师执政，以示故将作监李诫，诫手自摹印二本，以一见遗。又蔡绦《铁围山丛谈》载：元符所得，乃汉玺。其文曰：“承天福，延万亿，永无极。”九字。今此玺文乃曰：“受命于天，既寿永昌。”二文不同，则知赵明诚盖未尝见秦玺也。按《晋书》载：此玺自汉传至晋，逮五胡乱华，玺为石勒所收，石既败灭，玺失所在。后戴施得之，归于东晋，但其玺文乃云：“受天之命，皇帝寿昌。”已非是旧文矣。

今按：卢氏据陈氏所引《铁围山丛谈》所载“受命于天，既寿永昌”八字而增首句“世传秦玺刻‘受命于天，既寿永昌’八字，诸书所载，大略相同”，而删“《古器物铭》载此玺文，云得于河内向氏家，援《集古印格》所载，谓是秦玺”一句，并改“按《金石录》”、“按《晋书》载”为“余考《金石录》”、“余又考《晋书》所载”，据陈氏考证为己有。又改“李诫”为“李诚”，误。改引《铁围山丛谈》中“承天福，延万亿，永无极”于《金石录》中，其实《金石录》中并无此九字。又改“今此玺文乃曰：‘受命于天，既寿永昌。’二文不同，则知赵明诚盖未尝见秦玺也”为“而赵明诚云，所见汉玺，系是受命于天八字”。又改末句“后戴施得之，归于东晋，但其玺文乃云：‘受天之命，皇帝寿昌。’已非是旧文矣”为“魏晋间所刻，文多不同，即汉玺亦难辨，何况秦玺”，显系抄袭。

4.《庄子》：“人相忘于道术。”读者多将“道术”误解。盖术谓径术，非法术、学术也。《广雅》曰：“术，亦道路之别名。”《吕氏春秋》云：“子产相郑，桃李垂于术。”谢灵运《登石门》诗：“来人迷新术，去子(感)[惑]故蹊。”注云：“术、蹊，皆山路也。”是途之大者为道，小者为术。故庄周以“江湖”对“道术”，则直指为径路无疑矣。又三国袁术字公路，又杜工部《寄韦丈人》诗：“牢落乾坤大，周流道术空。”此二项可引为证。

【辨伪】此条抄自宋孙奕《示儿编》卷十一"道术"：

《庄子》谓："人相忘于道术。"当读如"经术"之"术"。《广雅》曰："术，亦道路别名。"《吕氏春秋》曰："子产相郑，桃李垂于术。"《文选》谢灵运《登石门最高顶》云："来人迷新术，去子惑故蹊。"注曰："术、蹊，皆山路也。"陈晋之解《学记》"术有序"曰："《月令》'审端径术'，《乡饮酒》、庄周皆有'道术'之说，是途之大者谓之道，小者谓之术。"乃知郑音遂，非也。信乎庄周以"江湖"对"道术"而言，则直指为道路无疑矣。三国袁术字公路，杜甫《朝享大庙赋》押"栗"字韵，有曰："曙黄屋于道术。"又《寄韦尹丈人》云："牢落乾坤大，周流道术空。"以"道术"对"乾坤"，皆明此意。

今按：卢氏改"当读如'经术'之'术'"为"读者多将'道术'误解，盖术谓径术，非法术、学术也"，又改"《文选》谢灵运《登石门最高顶》云"为"谢灵运《登石门》诗"，并删"陈晋之解《学记》'术有序'曰：'《月令》"审端径术"，《乡饮酒》、庄周皆有"道术"之说'"一句、"乃知郑音遂，非也"一句。又孙氏列杜甫二诗为证，卢氏仅录《寄韦尹丈人》一例，并改末句"以'道术'对'乾坤'，皆明此意"为"此二项可引为证"。大同小异，显系抄袭。

5. 人皆知"无恙"为无忧，而不知"无恙"为虫名。人皆知"多能"为多材，而不知"多能"为兽名。盖古者野居露宿，恙，噬人虫也，故人相恤曰："得无恙乎?"按《史记·外戚世家》云："吕后夷戚氏，诛赵王，而高祖后宫独无宠疏远者皆无恙。"又多能，兽名，似熊形，足似鹿，为物坚中而强力，故人之有材力者皆谓之能。按《汉·高帝纪》云："吾非敢自爱，恐能薄。"故以"无恙"配"多能"，尤为的对。

【辨伪】此条抄自宋孙奕《示儿编》卷十四"无恙多能果然率然"：

人皆知"无恙"为无忧，而不知为虫名。人皆知"多能"为多材，而不知为兽名。案《史记·外戚世家》云："吕氏夷戚氏，诛赵王，而高祖后宫独无宠疏远者得无恙。"《索隐》曰："《尔雅》云：'恙，忧也。'一说古者野居露宿，恙，噬人虫也，故人相恤云：'得无恙乎?'"又按《汉·高纪》云："吾非敢自爱，恐能薄。"师古曰："能，谓材也。能本兽名，形似熊，足似鹿，为物坚中而强力，故人之有贤材者皆谓之'能'。"然则以"无恙"配"多能"，尤为的对。

今按：卢氏将孙氏所引《史记索隐》中"一说古者野居露宿"一句改列所引《史记·外戚世家》之前，并删"《索隐》"二字及其中引"《尔雅》"一句；又将孙氏所引《汉书》颜师古注"能本兽名"一句改列《汉·高帝纪》之前，并删"师古曰"三字以及注中"能，谓材也"一句，大同小异，显系抄袭。

6. 又兽有名果然者，出《国史补》：其形似猩猩，扬州得一果然，则数十果然可得。盖此兽不忍伤其类，聚族而啼，杀之不去，兽中最有仁心者也。又有蛇名率然者，出《山海经》：常山有巨蛇，物触，中其首则尾至，中尾则首至，中腰则首尾俱至，名曰率然。

《孙子兵法》云“将之三军，势如率然”者，即谓此也。

【辨伪】此条抄自宋孙奕《示儿编》卷十四“无恙多能果然率然”：

> 又有兽名果然，出《国史补》：“扬州人取果然，得一果然，则数十果然可得。盖果然不忍伤其类，聚族而啼，杀之不去也。此禽兽，而人心薄俗有不如者。果然，大类猩猩。”蛇名率然，出《山海经》：“常山有巨蛇，物触之，中首则尾至，中尾则首至，中腰则首尾俱至，名曰率然。”《孙子兵法》曰“将之三军，势如率然”者，此也。

今按：卢氏改孙氏所引《国史补》中末句“果然，大类猩猩”为“其形似猩猩”，并前置，而删“人取果然”四字，并改“此禽兽，而人心薄俗有不如者”一句为“兽中最有仁心者也”，显系抄袭。

7.《古乐府》云：“文彩双鸳鸯，裁为合欢被。著以长相思，缘以结不解。”注云：“被中著棉，谓之长相思，取绵绵之意；缘者，谓被四边均缀丝缕，结而不解之意。”今人不知长相思为被名。

【辨伪】此条抄自宋赵令畤《侯鲭录》卷一：

> 《文选·古诗》云：“文彩双鸳鸯，裁为合欢被。著以长相思，缘以结不解。”注：“被中著绵，谓之长相思，绵绵之意；缘，被四边缀以丝缕，结而不解之意。”余得一古被，四边有缘，真此意也。“著，谓充以絮。”(出《文选》第五卷。)

今按：卢氏改“《文选·古诗》”为“《古乐府》”，又于末尾增“今人不知长相思为被名”一句，而删赵氏末尾“余得一古被”以下二句，显系抄袭。

8. 诗赋中用绿沉，人多不知为竹。老杜诗：“雨抛金锁甲，苔卧绿沉枪。”皮日休诗：“一架三百本，绿沉森冥冥。”又吴淑《事类赋》：“绿沉亦复精坚。”引《广志》注云：“绿沉，古弓名。”是弓与竹皆名绿沉，不可不知。

【辨伪】此条抄自宋赵令畤《侯鲭录》卷一：

> 绿沉事，人多不知。老杜云：“雨抛金锁甲，苔卧绿沉枪。”又皮日休《竹》诗云：“一架三百本，绿沉森冥冥。”始知竹名矣。又见吴淑《事类·弓赋》云：“绿沉亦复精坚。”注引《广志》曰：“绿沉，古弓名。”又引刘劭《赵郡赋》曰：“其器用则六弓四弩，绿沉黄间，堂溪鱼肠，了令角端。”

今按：卢氏改赵氏首句“绿沉事，人多不知”及中间“始知竹名矣”为“诗赋中用绿沉，人多不知为竹”。并删“《竹》”诗名，改“《事类·弓赋》”为“《事类赋》”，又删末尾“又引刘劭《赵郡赋》曰”一句，而增“是弓与竹皆名绿沉，不可不知”，大同小异，显系抄袭。

9. 进士及第，以泥金书帖附家书中，报登科之喜。至文宗朝，遂寝其事。出《卢氏杂说》。

【辨伪】此条抄自宋赵令畤《侯鲭录》卷六：

进士及第，以泥金书帖附家书中，报登科之喜。至文宗朝，遂寝此仪。出《卢氏杂说》。

今按：卢氏仅改“仪”为“事”，其他全同，显系抄袭。

10. 露布，人多用之，不知始于何自。按《春秋佐助期》曰：“武露布，文露沉。”宋均注：“甘露见其国，布散者人上武，文采者则甘露沉重。”

【辨伪】此条抄自宋赵令畤《侯鲭录》卷三：

露布，人多用之，亦不知其始。《春秋佐助期》曰：“武露布，文露沉。”宋均云：“甘露见其国，布散者人上武，文采者则甘露沉重。”(《初学记》)

今按：卢氏改“亦不知其始”为“不知始于何自”，并删末尾注文“《初学记》”，显系抄袭。

11. 新烧炷火(炷字，字书不载)谓之煴火，见《苏武传》。烧汤谓之燂汤，见《内则》。灶中烧火谓之炀灶，见《战国策》。天色红赤如霞者谓之揄阴，见《广雅》。余按：王逸《楚辞注》：揄阴者，日没已后，天色赤黄气也。今人作“阴揄”，非。

【辨伪】此条抄自宋吴可《藏海诗话》：

新烧炷火(案炷字，字书不载)谓之煴火，见《苏武传》。烧汤谓之燂汤，见《内则》。灶中烧火谓之炀灶，见《战国策》。晓天赤如霞者谓之阴沦，见《尔雅》。(案：《尔雅》无此文。王逸《楚词注》引陵阳子明经曰：沦阴者，日没已后，赤黄气也。又《广雅》引之作‘揄阴’，此盖误《广雅》为《尔雅》，又舛乱其文耳。)汗曰盐汗，浮沤曰覆瓯，见《淮南子》。

今按：卢氏改二“炷”字为“炷”，又改“晓天赤如霞者谓之阴沦，见《尔雅》”及注文“又《广雅》引之作‘揄阴’，此盖误《广雅》为《尔雅》，又舛乱其文耳”为“天色红赤如霞者谓之揄阴，见《广雅》”，并改注文中案语为末尾“余按”一句，并增“今人作‘阴揄’，非”，又删末尾“汗曰盐汗，浮沤曰覆瓯，见《淮南子》”一句，大同小异，显系抄袭。

12. 物去其势，豕曰豮，见《易经》。牛曰犗，见佛书。马曰扇，见《五代史》。鸡曰燉，又曰划；犬曰阉，又曰扇，见方言。

【辨伪】此条抄自宋朱翌《猗觉寮杂记》卷下：

物去其势，豕曰豮，见《易》。牛曰犗，见佛书。马曰扇，见《五代史》。鸡曰敦，犬曰阁，俗语。

今按：卢氏改“《易》”为“《易经》”，改“敦”为“墩”，又增“又曰划”、“又曰扇”二语，并改“俗语”为“见方言”，大同小异，显系抄袭。

13. 齐桓公北伐孤竹，至卑耳之溪，见一人长一尺，形像皆具，右袪衣而走马前，左右俱不见。桓公曰：“吾事不济也。岂有人若此乎？”管仲曰：“臣闻山神有俞儿，状长一尺而人形，见则主霸王之象，君此行必霸。走马前，引导也；袪衣，前有水也；右袪衣，从右方可济也。”至卑耳溪，果有水阻，公从右涉水。既济，公拜仲于马前，曰：“仲父，圣人也。”管仲对曰：“圣人知先见于无形，今已有形，臣非圣人也，善承教尔。”

【辨伪】此条抄自梁孝元帝萧绎《金楼子》卷五《志怪篇》：

> 齐桓公北征孤竹，未至卑耳之溪，见人长一尺，形具焉，右袪衣而走马前，左右皆不见。桓公曰：“吾事之不济也。岂有人若此乎？”管仲曰：“臣闻山神有俞儿，状长一尺而人形，见此霸王之君兴，则山神见也。走马，前导之也；袪衣，前有水也；右袪衣，从右方可涉也。”至卑耳之溪，有赞水者，公乃从右方而涉。既济水，公拜管仲于马前曰：“仲父，圣人也。”管仲曰：“圣人先知无形，今已有形，臣非圣人也，善承教尔。”

今按：卢氏仅改“见此霸王之君兴，则山神见也”为“见则主霸王之象，君行此必霸”，又改“有赞水者”为“果有水阻”，其他大致相同，显系抄袭。

14. 山中寅日有称虞吏者，虎也；称当路者，狼也；辰日称雨师者，龙也。知其物名呼之，则不能为害。又山精如小儿而独足，足向后，喜犯人，其名(岐)[蚑]，呼之即止，一名热六，可兼呼之，则不敢犯人。又夜行深山中，见有如胡人者，铜铁精也；见有如秦人者，百岁木精也。中夜见火光者，亦百年久枯木也。

【辨伪】此条抄自梁孝元帝萧绎《金楼子》卷五《志怪篇》：

> 山中有寅日称虞吏者，虎也；称当路者，狼也。辰日称雨师者，龙也。知其物，不能为害矣。山精如小儿而独足，足向后，喜犯人，名蚑，呼之即止，一名热六，可兼呼之。夜在山中见胡人者，铜钱精也；见秦人者，百岁木也；中夜见火光者，亦久枯木也。

今按：卢氏改“知其物，不能为害矣”为“知其物名呼之，则不能为害”，其意相同，又增“则不敢犯人”，显系抄袭。

15. 凡入名山，牵白犬，抱白鸡，山神大喜，芝草宝玉自出。紫芝煮石，石美如玉，食之调和可更五味，下橘皮葱豉，名山之下生葱、韭者，是古人食石所种也。故谚曰：“宁得一把五加，不用金玉满车；宁得一片地榆，不用明月宝珠。”五加皮一名金盐，地榆一名玉豉，惟此二物，可以煮石。

【辨伪】此条抄自梁孝元帝萧绎《金楼子》卷五《志怪篇》：

用紫芝煮石，石美如芋，食之可更调和五味，下橘皮葱豉，名山之下生葱、韭者，是古人食石种也。故语曰："宁得一把五加，不用金玉满车；宁得一片地榆，不用明月宝珠。"五加一名金盐，地榆一名玉豉，唯此二物，可以煮石。……入名山，牵白犬，抱白鸡，山神大喜，芝草及宝玉等自出。

今按：卢氏仅改"石美如芋"为"石美如玉"，又颠倒顺序，其他大致相同，显系抄袭。

16.《淮南子》载常娥奔月。许慎注云："常娥，羿妻也。羿请不死之药于西王母，常娥窃之以奔月。"后汉张衡遂引为证，且云常娥托身于月中，是为蟾蜍。尤可笑也。余读《汉书》，见黄帝使羲和占日，常仪占月，车区占星。每疑所谓常娥，即常仪之误，然不敢臆断也。及读《周官》注云："仪、义二字，古皆音俄。"又按洪丞相适引《诗》"实维我仪"协"在彼中河"，"乐且有仪"亦协"中阿"。又扬雄《太玄》亦以"各遵其仪"协"不偏不颇"。又见汉碑书"蓼莪"，皆书作"蓼仪"，然后自信常娥即为常仪明甚。后人因其职思占月，生此恍惚怪诞之论。（而张衡等又以讹传讹。）

【辨伪】此条抄自元白珽《湛渊静语》卷一：

《淮南子》载常娥事。许慎注云："常娥，羿妻也。羿请不死之药于西王母，常娥窃之奔月。"后汉张衡遂引为证，且云常娥托身于月，是为蟾蜍。尤可笑也。余旧读《汉志》，见谓黄帝使羲和占日，常仪占月，车区占星。每疑所谓常娥，即常仪之误，然不敢臆决也。及读《周官》注云："仪、义二字，古皆音俄。"而洪丞相适尝引《诗》"实维我仪"协"在彼中河"，"乐且有仪"亦协"中阿"。扬雄《太玄》亦以"各遵其仪"协"不偏不颇"。而汉碑"蓼莪"，皆书作"蓼仪"，然后自信常娥即常仪明矣。后人因其职占月，故启此恍忽怪诞之论。

今按：卢氏改"余旧读《汉志》"为"余读《汉书》"，据白氏考证为己有，又于末尾增小注"而张衡等又以讹传讹"一句，大同小异，显系抄袭。

17. 周元章宰衡阳时，一日，吏报云：甘露降松竹间，光莹如珠。因取一枝送刘贡父，刘曰：速去之，此阴阳戾气所成，非露也，名为爵饧，饮之令人得疾。惟博物君子能辨别甘露、爵饧。又《建康实录》：覆舟山及蒋山冬月松柏林中，常出木醴，后主以为甘露之瑞。当时有识者，谓此即爵饧也，出主不祥，后果失国。

【辨伪】此条抄自宋王巩《甲申杂记》：

周仲元章作漕淮南，谓予曰：尝为衡阳宰，一日邑吏云：甘露降视松竹间，光洁如珠。因取一枝视刘贡父，贡父曰：速弃之，此阴阳之戾气所成，其名爵饧，饮之令人致疾。古人盖有说焉，当求博识之君子，求甘露爵饧之别。（《建康实录》：陈末，覆舟山及蒋山松柏林冬月尝出木醴，后主以为甘露之瑞，俗呼为雀饧。)

今按：王氏记周仲元章向其叙述宰衡阳时之事，而卢氏则直接叙述该事，改“周仲元章作漕淮南，谓予曰：尝为衡阳宰”为“周元章宰衡阳时”，增“非露也”，又改“古人盖有说焉，当求博识之君子，求甘露爵饧之别”为“惟博物君子能辨别甘露、爵饧”。又将王氏注文为正文，删“俗呼为雀汤”，并增“当时有识者，谓此即爵饧也，出主不祥，后果失国”一句，大同小异，显系抄袭。

18. 诗人多用八米卢郎，相沿已久，不知其误。如黄涪翁：“尊前八米句，窗下十年书。”徐师川《与潘邠老诗》：“字值千金师智永，句称八米继卢郎。”是也。余考其原委，盖由齐文宣帝崩，令学士各献挽诗十首，每人不过采择一二首称旨者，惟卢思道诗，独采八首，当时遂称为八采卢郎。“米”字乃“采”之误，言十首中已采得八首耳。若作“米”字，全无义理。余尝笑诗人之好怪如此，后读元微之《酬白乐天诗》：“八采诗成未伏卢。”举此可以证“米”字之误。

【辨伪】此条抄自宋朱翌《猗觉寮杂记》卷上：

> 鲁直《与高子勉》云：“尊前八米句，窗下十年书。”徐师川《与潘邠老》云：“字直千金师智永，句称八米继卢郎。”齐文宣崩，文士各作挽诗十首，择其善者用之，每人不过一二首，唯卢思道独得八首，时人称为八采卢郎。“米”字盖“采”字之误也，十首中采择八首耳。若作“米”字，无义理。诗人不之考，相袭以为八米，盖言精凿，失之甚矣。元微之酬乐天云：“八采诗成未伏卢。”可证“采”字为是。

今按：卢氏于前增“诗人多用八米卢郎，相沿已久，不知其误”一句，又改“鲁直《与高子勉》云”为“如黄涪翁”，又增“余考其原委”五字，删“择其善者用之”，改“诗人不之考”一句为“余尝笑诗人之好怪如此，”并改末尾“可证‘采’字为是”为“举此可以证‘米’字之误”，大同小异，显系抄袭。

19. 瓠巴鼓瑟，而游鱼出听；伯牙鼓琴，而六马仰秣。古人精于音者，其感物如此，况以舜之乐乎？然则百兽率舞，凤凰来仪，不足怪也。故施于人，则庶尹允谐；施于神，则祖考来格。非舜曷以至此？

【辨伪】此条抄自宋王得臣《麈史》卷上“音乐”：

> 瓠巴鼓瑟，而游鱼出听；伯牙鼓琴，而六马仰秣。古人精于音者，其感物如此，况以舜之乐乎？然则百兽率舞，凤凰来仪，不足怪矣。故施于人，则庶尹允谐；施于神，则祖考来格。呜呼！非舜曷以至此？

今按：卢氏仅删“呜呼”二字，其他相同，显系抄袭。

20. 墨名陈玄，取其经久胶不败而黑者为最，故名陈玄。若毛颖、陶泓、褚先生之类，各有所取耳。

【辨伪】此条抄自宋孙奕《示儿编》卷十二“陈玄”：

> 或谓：“毛颖、陶泓、楮先生，退之虽寓言以为文戏，然莫非取象笔砚与纸而言也。独于陈玄若无义。”予曰：“不然。彼三者以象言，陈玄以性言也。故陈君远《告老集》云：‘陈者，久也。玄者，黑也。取其经久胶不败而黑者为最。’故墨曰陈玄，其义尤深。”

今按：卢氏改陈君远《告老集》中语句为“墨名陈玄，取其经久胶不败而黑者为最，故名陈玄”，又改“或谓”一句为“毛颖、陶泓、褚先生之类，各有所取耳”，大同小异，显系抄袭。

21. 三代狱名不同，夏曰夏台，商曰羑里，周曰囹圄。

【辨伪】此条抄自宋赵令畤《侯鲭录》卷四：

> 三王各有狱之别名，夏曰夏台，商曰羑里，周曰囹圄。

今按：卢氏仅改“三王各有狱之别名”为“三代狱名不同”，其意相同，显系抄袭。

22. 唐赋役之制有四：一曰租，二曰税，三曰调，四曰役。

【辨伪】此条抄自宋赵令畤《侯鲭录》卷六：

> 唐制：男子始生为黄，四岁为小，十六为中，二十为丁，六十为老。赋役之制有四：一曰租，二口税，三曰调，四曰役。

今按：卢氏删唐制中的年龄划分，而仅列四种赋役名称，显系抄袭。

23.《汉志》、《七略》载书凡三万三千九十卷，《隋·经籍志》载凡三十七万卷，唐开元间书凡八万九千六百卷。宋庆历间，命儒臣集四库书为籍，名曰《崇文总目》，凡三万六百六十九卷，后于《总目》日益搜罗，命校正为善本。顾求书之诏累下，而天下藏书家未必悉能上册府。唐杜宝撰《大业杂记》，备载隋代书籍最多，凡上书一帙，必加赏赉，秘书省增至百二十员，缮书者凡二千人，所得文籍，历代皆不能及。

【辨伪】此条抄自宋周煇《清波别志》卷中：

> 《汉志》、《七略》，凡为书三万三千九十卷，隋所藏至三十七万卷，唐开元间八万九千六百卷。国朝庆历间，命儒臣集四库书为籍，名曰《崇文总目》，凡三万六百六十九卷。尔后于《总目》外日益搜补校正，皆为善本。顾求书之诏屡下，天下家藏讵能悉上册府？唐杜宝当正观间，撰《大业杂记》，备著隋臣凡上一帙，必加赏赉，秘书省增置百二十员，善书者凡二千人，致所得文籍，视历代为盛。

今按：卢氏改“隋所藏至三十七万卷”为“《隋·经籍志》载凡三十七万卷”，又改“国朝”为“宋”。又改“尔后于《总目》外日益搜补校正，皆为善本”为“后于《总目》日益搜罗，命校正为善本”，又删“当正又见间”四字，改“隋臣”二字为“隋代书籍最多”，改“视历代为盛”为“历代皆不能及”，其意相同，显系抄袭。此条又见卷十四第17条。

24. 安化郡王仲爰，尝宝爱二古铜盂，或问之，王曰：“汉盂也。”或曰：“盂出近世，古未尝有。”王曰：“汝非博物，淳于髡得一豚蹄、酒一盂。《列御寇》书有‘日初出如盘盂’，汉田蚡学盘盂书，东方朔射覆，置守宫于盂下。君岂未读书耶？”一坐叹服。时承平日久，公族读书，少有如王之渊博者。

【辨伪】此条抄自宋周煇《清波别志》卷中：

> 安化郡王仲爰，尝蓄一古铜盂，或问之，王曰：“汉盂也。”或曰：“盂出近世，古未尝有。”王曰：“淳于髡得一豚蹄、酒一盂。《列御寇》书有‘日初出如盘盂’，汉田蚡学盘盂书，东方朔射覆，置守宫盂下。君岂未思耶？”一坐叹服。承平时，公族读书，多以贤称，且好古博雅，有如此者。

今按：卢氏改“一古铜盂”为“二古铜盂”，不知何据。又增“汝非博物”四字，并改“未思”为“未读书”，又改末句“多以贤称，且好古博雅，有如此者”为“少有如王之渊博者”，大同小异，显系抄袭。

25. 李公弼，字仲修，初仕大名府同县尉，因到村落，见所谓鱼鹰者，飞翔水际，问吏，云：“关雎也。”因言：“此禽有异，每栖宿，一窠中有二室。”仲修命取其窠观之，皆一窠二室，盖雌雄各异宿也。因悟《诗》所云“和而有别”者如此。至今同县一带村落，土人犹呼为“关雎”，而“和而有别”，学者多不知其源委。

【辨伪】此条抄自宋王铚《默记》：

> 李公弼，字仲修，登科初，任大名府同县尉，因检验村落，见所谓鱼鹰者，飞翔水际，问小吏，曰：“此关雎也。”因言：“此禽有异，每栖宿，一窠中二室。”仲修令探取其窠观之，皆一窠二室。盖雌雄各异居也。因悟所谓“和而别”者，以此也。“鸷而通”者，习水而善捕鱼也。“和而别”者，因此悟明。（二语疑衍文。）仲修且叹：“村落犹呼曰关雎，而‘和而别’则学者不复辨矣。”

今按：卢氏据注文云“二语疑衍文”，而删“鸷而通”、“和而别”二句，又改“仲修且叹”一句为“至今同县一带村落，土人犹呼为‘关雎’，而‘和而有别’，学者多不知其源委”，大同小异，显系抄袭。

26. 格物之学，辨别古今书画彝器，前辈亦尝立说著书矣。其中亦有未详明者，如临、摹、硬黄、响榻是。四者各有其说。今人皆谓临、摹为一项，殊不知临与摹迥别。临谓置纸于旁，观其大小、形势而学之，若临渊然。摹谓以薄纸覆其上，随其高下曲折宛转而模范之曰“摹”。硬黄谓置纸在热熨斗上，以黄腊涂匀，俨如枕角，毫厘必见。响榻谓以纸覆其上，就明窗牖间，映光而模写之。

【辨伪】此条抄自宋张世南《游宧纪闻》卷五：

> 辨博书画古器，前辈盖尝著书矣。其间有论议而未详明者，如临、摹、硬黄、响榻是。四者各有其说。今人皆谓临、摹为一体，殊不知临之与摹，迥然不同。临谓置纸在傍，观其大小、浓淡、形势而学之，若临渊之临。摹谓以薄纸覆上，随其曲折宛转用笔曰“摹”。硬黄谓置纸热熨斗上，以黄蜡涂匀，俨如枕角，毫厘必见。响榻谓以纸覆其上，就明窗牖间，映光摹之。

今按：卢氏改首句“辨博书画古器，前辈盖尝著书矣”一句为“格物之学，辨别古今书画彝器，前辈亦尝立说著书矣”，其他大致相同，显系抄袭。

27.《博古图》辨古器所谓款识，古铜有蜡茶色，有朱砂斑，有真青绿之类，方为真古鼎。其制作有云纹、雷纹、山纹、轻重雷绞、垂花雷纹、鳞纹、细纹、粟纹、蝉纹、黄目、飞廉、饕餮、蛟螭、虬龙、麟凤、虎熊、龟蛇、鹿马、兕象、双鱼、凫雁、鹦耳、兽耳、虎耳、贯耳、(偃)[匽]耳、兽足、夔足之类。凡古器制度，一有合此，即以名之。如云雷鼎、鹿马洗、鹦耳壶之类是也。如有款识，即以款识名之。古钟名，大曰特钟，中曰镈，小曰编。钟、鼎、尊、罍、彝、舟(似洗，有耳)、卣(音由，似壶有足，尊属)、瓶、爵、斗(有耳，有足，有嘴)卮、觯、角(似彝，无柱)、杯、敦、簠(形方)、簋(似鼎而矮)、豆、甗(无底甑)、斝、觚、鬲(空足为鬲)、壶、(扁)[盦]、瓿(似壶而矮)、罂(似釜)、匜(沃盥器)，此言其大致，难以备举。至款识二字，亦有分别。款谓阴字，是凹入者；识谓阳字，是挺出者。

【辨伪】此条节抄自宋张世南《游宧纪闻》卷五：

> 辨古器则有所谓款识，腊茶色、朱砂斑、真青绿、井口之类，方为真古。其制作则有云纹、雷纹、山纹、轻重雷纹、垂花雷纹、鳞纹、细纹、粟纹、蝉纹、黄目、飞廉、饕餮、蛟螭、虬龙、麟凤、熊虎、龟蛇、鹿马、象鸾、夔牺、雌凫、双鱼、蟠虺、如意、圜络、盘云、百乳、鹦耳、贯耳、偃耳、直耳、附耳、挟耳、兽耳、虎耳、兽足、夔足、百兽、三螭、槤草、瑞草、篆带、星带、辅乳、碎乳、立夔、双夔之类。凡古器制度，一有合此，则以名之。如云雷钟、鹿马洗、鹦耳壶之类是也。如有款识，则以款识名，如周叔液鼎、齐侯钟之类是也。古器之名，则有钟(大曰特，中曰镈，小曰编)、鼎、尊、罍、彝、舟(类洗而有耳)、卣(音酉，又音由。中尊器也。有攀、盖、足。类壶)、瓶、爵、斗(有耳、有流、有足。流即觜也)、卮、觯(之豉反，酒觞也)、角(类彝而无柱)、杯、敦、簠(其形方)、簋(类鼎而矮，盖有四足)、豆、甗(牛偃切。无底甑也)、锭(徒径切，又都定切)、斝、觚、鬲(形制同鼎，《汉志》谓空足曰鬲)、鍑(方宥切。《玉篇》云：似釜而大，其实类小瓮而有环)、盉(户戈切，又胡卧切。成五味之器也，似鼎而有盖，有觜，有执攀)、壶(其类有

四，曰圆，曰匾，曰方，曰温）、盦（於含切，覆盖也，似洗而腰大，有足，有提攀）、瓿（类壶而矮，蒲后切）、铺（类豆。铺陈荐献之义）、罂（类釜）、鉴（盛冰器。上方如斗，镂底作风窗，下设盘以盛之）、匜（弋支切。沃盥器）、盘、洗、盆、鋗（呼元切，类洗，《玉篇》云：小盆也）、杅、磬、錞、铎、钲（类钟而矮）、铙、戚、镦（饰物柄者）、奁、鉴（即镜）、节钺、戈矛、盾、弩机、表、坐旗、铃、刀笔、杖头、蹲龙（宫庙乘舆之饰。或云栏楯间物）、鸠车（儿戏之具）、提梁、龟蛇、砚滴、车辂、杔辕之属。此其大概，难于尽备，然知此者，亦思过半矣。所谓款识，乃分二义：款谓阴字，是凹入者，刻画成之；识谓阳字，是挺出者，正如临之与摹，各自不同也。

今按：卢氏改“辩古器则有所谓款识”为“《博古图》辨古器所谓款识，古铜有”，并于张氏所列制作纹饰、古器名称有所节录。改“此其大概，难于尽备，然知此者，亦思过半矣”为“此言其大致，难以备举”，又删末尾“正如临之与摹，各自不同也”一语，大同小异，显系抄袭。

28. 今之风筝，即古纸鸢也，创于汉淮阴侯。是时陈豨反，高祖自将征之，淮阴与豨约期，作纸鸢为内应，谋败身戮，而纸鸢之制，至今传为儿女戏事。

【辨伪】此条节抄自宋曾敏行《独醒杂志》卷一：

今之风争，古之纸鸢也，创始于韩淮阴。方是时，陈豨反于代，高祖自将征之，淮阴与豨约从中应，作纸鸢以为期，谋败身戮，而纸鸢之制，今为儿戏。使木罂渡军，沙囊壅水，皆如纸鸢之无成，则何以助汉王成业也。争当作筝，盖以竹篾弦其上，风吹之，鸣如筝也。

今按：卢氏改“淮阴与豨约从中应，作纸鸢以为期”为“淮阴与豨约期，作纸鸢为内应”，又删“使木罂渡军”以下，显系抄袭。

29. 致知之学，不可不知。如《西厢》一书，唐宋至今，聚讼纷纷。有谓实有其人，有谓子虚伪托，难以枚举。尧山草堂载：《西厢》系王实甫纂，关汉卿续成之。并未详张生谓何许人。而《侯鲭录》载王（姓）［性］之《传奇辨正》谓：苏翰林《赠张子野》诗有：“诗人老去莺莺在。”遂谓张生为张籍也。以余考元微之莺莺事，在贞元十六年春，因咸宁王减浑薨于蒲，丁文雅不善御众，三军作乱于蒲。又言明年生文战不利，乃在十七年。又考唐《登科记》，张籍以贞元十五年登第，既先二年，决非张籍明矣。又庄季裕云：杨阜公家藏有微之作姨母郑氏墓志云：“既丧夫遭军乱，微之为保护其家室备至。”则传奇所谓，盖微之自叙，特假他人以自避耳。按乐天作微之墓志，以太和五年薨，年五十三。则当在大历十四年己未生，至贞元庚辰十六年，恰二十二岁。与《传奇》所言“生年二十二，未近女色”相合。又退之作微之妻韦丛墓志，作婿韦氏，微之始选为校书郎，与《传奇》谓“岁余生亦有娶”相合。又微之作陆氏姊墓志：余外祖父睦州刺史郑氏名济。又乐天作微之母郑夫人志，亦言夫人郑济女。又考崔氏姓谱，永宁尉崔鹏亦娶郑济女。是莺莺为崔鹏之女，于微之为中表，正《传奇》所谓郑氏为异派之从母者也。合观诸志，张生乃微之寓言，不然为人叙事，安能委曲周详如此。盖昔人事有悖乎礼、乖于义者，往往托之鬼神、梦寐之间，或假他人名姓而为之。余想微之当情浓意热之际，形诸翰墨，不便明言，特易其姓氏，自是才子故态耳。非特此而已，细阅微之《古艳诗》百余篇，中有《春词》二首，皆隐莺字于其间，又有《莺莺诗》、《杂忆诗》，与《传奇》所载，犹一家手笔也。诗中多言双文，意谓二莺字为双文也。《传》中前所叙其所遇，后叙其所离，又叙娶韦氏之年，以年谱考之，明明的系微之自道其生平，又何必嫁名于人哉？

【辨伪】此条节抄自宋赵令畤《侯鲭录》卷五“辨传奇莺莺事”：

> 王性之作《传奇辨正》云：尝读苏翰林《赠张子野》诗有云：“诗人老去莺莺在。”注言所谓张生乃张籍也。仆按元微之所传奇莺莺事，在贞元十六年春。又言明年生文战不利，乃在十七年，而唐《登科记》，张籍以贞元十五年商郢下登科，既先二年，决非张籍明矣。每观其文，抚卷叹息，未知张生果为何人，意其非微之一等人不可当也。会清源庄季裕为仆言，友人杨阜公尝得微之所作姨母郑氏墓志云：“其既丧夫遭军乱，微之为保护其家备至。”则所谓《传奇》者，盖微之自叙，特假他姓以自避耳。仆退而考微之《长庆集》，不见所谓郑氏志文，岂仆家所收未完，或别有他本尔。然细味微之所序，及考于他书，则与季裕所说皆合，盖昔人事有悖于义者，多托之鬼神梦寐，或假之他人，或云见他书，后世犹可考也，微之心不自聊，既出之翰墨，姑易其姓氏耳。不然，为人叙事，安能委曲详尽如此。按：乐天作微之墓志，以大和五年薨，年五十三，则当以大历十四年己未生，至贞元十六年庚辰，正二十二岁矣。(《传奇》言：生年二十二岁，未知女色。)又韩退之作微之妻韦丛墓志文，作婿韦氏，时微之始以选为校书郎，正《传奇》所谓后岁余生亦有所娶者也。(贞元十八年，微之始中书判拔萃，授校书郎，二十四岁矣。)又微之作陆氏姊志云：予外祖父授睦州刺史郑济。白乐天作微之母郑夫人志，亦言郑济女。而唐崔氏谱，永宁尉鹏亦娶郑济女。则莺莺者，乃崔鹏之女，于微之为中表，正《传奇》所谓郑氏为异派之从母者也。非特此而已，仆家有微之作《元氏古艳诗》百余篇，中有《春词》二首，其间皆隐莺字。及自有《莺莺诗》、《离思诗》、《杂忆诗》，与《传奇》所载，犹一家说也。又有《古决绝词》、《梦游春词》，前叙所遇，后言舍之以义，又叙娶韦氏之年，与此无少异者。其诗中多言双文，意谓二莺字为双文也。并书于后，使览之者可考焉。又意《古艳诗》多微之专因莺莺而作无疑。

今按：卢氏于前增“致知之学，不可不知。如《西厢》一书，唐宋至今，聚讼纷纷。有谓实有其人，有谓子虚伪托，难以枚举。尧山草堂载：《西厢》系王实甫纂，关汉卿续成之。并未详张生谓何许人”一节。又称“而《侯鲭录》载王(姓)[性]之《传奇辨正》谓”，交代文献来源，所引与原文顺序多有改动。并于末尾增“《传》中前所叙其所遇，后叙其所离，又叙娶韦氏之年，以年谱考之，明明的系微之自道其生平，又何必嫁名于人哉”一句，删“并书于后，使览之者可考焉。又意《古艳诗》多微之专因莺莺而作无疑”。

30. 又传书载：陈思王《洛神赋》乃思甄后而作也。余考之，信然！按《洛神赋》李善、五臣注云："曹植有所感托而赋焉。"则当时已传有甄后之事也。至赋中云："怨盛年之莫当，抗罗袂以淹涕兮，泪流襟之浪浪。"李善注："盛年，谓少壮之时不能当君王之意，此言感甄后之情。"明白显然。所以李商隐诗："君王不得为天子，半为当年赋洛神。"是也。《世说》载：甄后慧而有色，倾国倾城，初为袁熙妻，甚获宠。方曹公之屠邺也，急召甄，左右对曰："五官中郎将早已将去矣。"曹公叹曰："今之破贼，正为此奴。"由是观之，魏文不独兄弟之嫌，而父子之争，亦可丑也。此与《西厢》皆托名，故附录之。

【辨伪】此条抄自宋王铚《默记》：

> 裴铏《传奇》曰："陈思王《洛神赋》乃思甄后作也。"然无可疑。李商隐诗曰："君王不得为天子，半为当年赋洛神。"是也。按《洛神赋》李善、五臣注云："曹植有所感托而赋焉。"则自昔已传甄后之事矣。至《洛神赋》曰："怨盛年之莫当，抗罗袂以掩涕兮，泪流襟以浪浪。"善注曰："盛年，谓少壮之时不能当君王之意，此言感甄后之情。"已上皆李善之注语也，善已言"感甄后之情"，则此事益明。……《世说》云：甄惠而有色，先为袁熙妻，甚获宠。曹公之屠邺也，疾召甄，左右白曰："五官中郎将已取去。"公曰："今年破贼，正为此奴。"云云。故孔融闻五官将纳熙妻也，以书与曹公曰："武王伐纣，以妲己赐周公。"太祖以孔融博学，谓书传所记，后见问，对曰："以今度古，想其然也。"由是观之，不独兄弟之嫌，而父子之争，亦可丑也。

今按：卢氏改"裴铏《传奇》曰"为"又传书载"，隐匿出处，又改"然无可疑"为"余考之，信然"，又改"已上皆李善之注语也，善已言'感甄后之情'，则此事益明"一句为"明白显然"，并改置王氏前引李商隐诗于此之后。又于《世说》中增"倾国倾城"四字，而删"故孔融闻五官将纳熙妻也"一节。并于末尾增"此与《西厢》皆托名，故附录之"一句。大同小异，显系抄袭。

31. 二十四桥在扬州城西，出郭二里许，有小桥一道，朱栏碧瓦，题曰烟花夜月。相传为二十四桥旧址，原本一桥，当时会集二十四美人于此，因以名之。而《扬州志》载二十四桥，一一均在城内，今因修改，不复辨别，意在举二十四座桥以实之，殊未考耳。细玩杜舍人诗"二十四桥明月夜，玉人何处教吹箫"，则得矣。

【辨伪】此条抄自清吴绮《扬州鼓吹词序》"二十四桥"：

> 出西郭二里许，有小桥，朱栏碧甃，题曰烟花夜月。相传为二十四桥旧址，盖本一桥，会集二十四美人于此，故名。《郡志》谓在城内有二十四桥，今不可考。然当日繁华风流盛事，尚可想见。读杜舍人之作"二十四桥明月夜，玉人何处教吹箫"，则其荒凉景色，在唐季已然矣。

今按：卢氏增"二十四桥在扬州城西"一句，又改"《郡志》谓在城内有二十四桥，今不可考。然当日繁华风流盛事，尚可想见"为"而《扬州志》载二十四桥，一一均在城内，今因修改，不复辨别，意在举二十四座桥以实之，殊未考耳"，改"则其荒凉景色，在唐季已然矣"为"则得矣"，大同小异，显系抄袭。

32.《尔雅·释山》云:“河南,华。”郭璞注:“华阴山也。”“河西,岳。”郭注:“吴岳也。”是以华为中岳,吴为西岳也。下又云:“河东,岱;河北,恒;河南,衡。”又云:“山大而高曰崧,山小而高曰岑。”盖崧与岑对举,非嵩山也。是五岳关内有其二,而无嵩山。然末又云:“泰山为东岳,华山为西岳,霍山为南岳,恒山为北岳,嵩山为中岳。”郭注:“嵩,太室山也。”则又有嵩山而无吴山,有霍山而无衡山,何前后大相刺谬,不同如此。读《尔雅》者,不可不辨。

【辨伪】此条抄自清王士禛《陇蜀余闻》:

> 《尔雅·释山》云:“河南,华。”郭璞曰:“华阴山。”又云:“河西,岳。”郭曰:“吴岳。”是以华为中岳,吴为西岳也。下又云:“河东,岱;河北,恒;河南,衡。”又云:“山大而高,崧;山小而高,岑。”崧与岑对举,非嵩山也。是五岳关内有其二,而无嵩山矣。然末又云:“泰山为东岳,华山为西岳,霍山为南岳,恒山为北岳,嵩山为中岳。”郭曰:“太室山也。”则又有嵩山而无吴山,有霍山而无衡山。与前大相刺谬,不可解也。

今按:卢氏改“与前大相刺谬,不可解也”一句为“何前后大相刺谬,不同如此”。又增“读《尔雅》者,不可不辨”一句,显系抄袭。

33. 成都旧号龟城,父老相传东门外江岸有巨龟,大如厦屋,不易出,出则有数千百龟随之。康熙癸丑,吴藩未乱以前,曾一见之。今光绪庚辰年间,丁制宪创立机器局,改东门河内之水以为局用。修凿时,得龟数十石,悉命人送入东门外江中,始信父老之传闻不妄。此亦物理之不可解者。

【辨伪】此条前半部分抄自清王士禛《陇蜀余闻》:

> 成都号龟城,父老言东门外江岸间有巨龟,大如夏屋,不易出,出则有龟千百随之。康熙癸丑,滇藩未作逆,曾一见之。

今按:卢氏改“滇藩未作逆”为“吴藩未乱以前”,其意相同,其他亦大致相同,显系抄袭。卢氏又补“今光绪庚辰年间”以下,叙自己闻见。

34. 又成都府署内有吴道子画龟蛇碑,每逢端午前后,辄有龟蛇聚集于碑下,庭屋树木皆满。麻城梅郎中守郡时,最厌恶之,命人凿其目,自后遂少。蜀人多榻以悬挂于壁间,谓能辟邪、治疟,问之信然。此亦物理之不解者。

【辨伪】此条抄自清王士禛《陇蜀余闻》:

> 成都府署有吴道子画龟蛇碑,每端午,辄有龟蛇聚碑下,至屋瓦庭树皆满。麻城人梅郎中为守,厌之,凿其目,自后遂少。其墨搨上方押成都府印,可以镇辟邪祟、治疟,亦有验。

今按：卢氏改“其墨搨上方押成都府印，可以镇辟邪祟、治疟，亦有验”一句为“蜀人多榻以悬挂于壁间，谓能辟邪、治疟，问之信然”，并增“此亦物理之不解者”一句，大同小异，显系抄袭。

35. 世传蒙恬造笔，蔡纶造纸，皆未必然。恬乃秦人，而《诗》中先已有彤管，孔子作《春秋》，笔则笔，削则削，又绝笔于获麟。又《尚书中侯》云：玄龟负图，出周公援笔，以时文写之。而马大年乃以简牍之竹笔，非毫笔也，至蒙恬始用兔毫。殊不知《庄子》书有舐笔和墨之语，则是以毫染墨明矣，竹笔岂可舐以和墨耶？庄子在恬之前，其不始于恬，明甚。蔡纶，后汉人，而《前汉·外戚传》已有赫蹏，注云小纸也，是前汉时已有纸，恐亦非始于纶。余想二人所造，精工于前世，则有之，谓始自二人之手，则非也。

【辨伪】此条抄自清赵吉士《寄园寄所寄》卷八：

> 《事始》谓蒙恬造笔，蔡伦造纸，皆未必然。恬乃秦时人，而《诗》中已有彤管，又孔子作《春秋》，笔则笔，削则削，绝笔于获麟。又《尚书中候》云：玄龟负图，出周公援笔，以时文写之。其来尚矣。马大年乃附会，以为简牍之笔，乃今竹笔，非毫也，至蒙恬始用兔毫。殊不知《庄子》书中有舐笔和墨之句，则以毫染墨明矣，竹笔岂可舐耶？庄子在恬之前，笔不始于恬，明矣。又如蔡伦，乃后汉时人，而《前汉·外戚传》云赫蹏乃小纸也，则纸已见于前汉，恐非始于蔡伦。然蒙恬所造，精工于前世，则有之；谓始于二人，则不可也。(《客中闲集》)

今按：卢氏改“《事始》谓蒙恬造笔”为“世传蒙恬造笔”，删“其来尚矣”，改“马大年乃附会，以为简牍之笔，乃今竹笔，非毫也”为“而马大年乃以简牍之竹笔，非毫笔也”，改“竹笔岂可舐耶”为“竹笔岂可舐以和墨耶”，改“而《前汉·外戚传》云赫蹏乃小纸也，则纸已见于前汉”为“而《前汉·外戚传》已有赫蹏，注云小纸也，是前汉时已有纸”，改“然蒙恬所造，精工于前世，则有之；谓始于二人，则不可也”为“余想二人所造，精工于前世，则有之，谓始自二人之手，则非也”，其意相同，显系抄袭。又宋史绳祖《学斋占毕》卷二“纸笔不始于蔡伦蒙恬”载：“传记小说多失实，只如《事始》谓蒙恬造笔，蔡伦造纸，皆未必然。蒙恬乃秦时人，而《诗》中已有彤管……又孔子作《春秋》，笔则笔，削则削，绝笔于获麟。又《尚书》云：玄龟负图，出周公援笔，以时文写之。……马大年乃附会，以为简牍之笔，乃今竹笔，非毫也，至蒙恬而始用兔毫耳。殊不知《庄子》书中有舐笔和墨之句，则以毫染墨明矣，竹笔岂可舐耶？庄子在秦之前，笔非造于蒙恬，明矣。……又如蔡伦，乃后汉时人，而《前汉·外戚传》云赫蹏书，注谓赫蹏乃小纸也，则纸字已见于前汉，恐亦非始于蔡伦。但蒙、蔡所造，精工于前世，则有之；谓纸笔始此二人，则不可也。”卢氏所记虽与史氏亦大致相同，但史氏较赵氏、卢氏为繁，字句亦稍异，如史氏“庄子在秦之前，笔非造于蒙恬”，赵氏作“庄子在恬之前，笔不始于恬”，卢氏作“庄子在恬之前，其不始于恬”，赵、卢相近，故卢氏应抄自赵氏《寄园寄所寄》，而非《学斋占毕》。

36. 古之拜礼，非特头至地，然后为拜也。凡头俯、膝屈、手动，皆谓之拜。按《周礼》“辨九拜之仪”，一稽首，二顿首，三空首，四振动，五吉拜，六凶拜，七奇拜，八褒拜，九肃拜。稽首拜，头至地下也；顿首拜，头叩地也；空首拜，头至手也；振动，以两手相击也；奇拜，一拜也；褒拜，再拜也；肃拜，但俯下手，即今之揖也。何尝专以头至地为拜哉？乃知禹闻善言则拜，如今之揖类是也。或谓稽首施于尊长，顿首施于卑下，不知人以头叩地，岂卑下之所安乎？是亦非礼之正。又古者男女皆跪，男跪尚左手，女跪尚右手，至武后时尊崇妇人，始易跪为拜，而不屈膝。

【辨伪】此条抄自宋王楙《野客丛书》或清赵吉士《寄园寄所寄》。《野客丛书》卷二十三“古者拜礼”：

> 古者拜礼，非特首至地，然后为拜也。凡头俯、膝屈、手动，皆谓之拜。按《周礼》“辨九拜之仪”，一稽首，二顿首，三空首，四振动，五吉拜，六凶拜，七奇拜，八褒拜，九肃拜。注：稽首拜，头至地也；顿首拜，头叩地也；空首拜，头至手也；振动，以两手相击也；奇拜，一拜也；褒拜，再拜也；肃拜，但俯下手，即今之揖也。何尝专以首至地为拜邪？乃知禹闻善言则拜，如揖之类是也。岂仆仆之谓哉？今人或以顿首施于卑下，不知拜头叩地，岂卑下之所安乎？古者男女皆跪，男跪尚左手，女跪尚右手，以此为别。自唐武后尊妇人，始易今拜，而不屈膝。此见张建章《渤海国记》，不为无据。然又观《北史》，周时诏内外命妇，拜宗庙及天台，皆俛伏，则知前此妇人，盖已有不跪者矣。

又《寄园寄所寄》卷七：

> 古者拜礼，非特首至地，然后为拜也。凡头俯、膝屈、手动，皆谓之拜。按《周礼》“辨九拜之仪”，一稽首，二顿首，三空首，四振动，五吉拜，六凶拜，七奇拜，八褒拜，九肃拜。稽首拜，头至地下；顿首拜，头叩地也；空首拜，头至手也；振动，以两手相击也；奇拜，一拜也；褒拜，再拜也；肃拜，但俯下手，即今之揖也。何尝专以首至地为拜也？乃知禹闻善言则拜，如揖之类是也。岂仆仆之谓哉？今人或以顿首施于卑下，不知拜头叩地，岂卑下之所安乎？古者男女皆跪，男跪尚左手，女跪尚右手，以此为别。自唐武后尊妇人，始易今拜，而不屈膝。此见张建章《渤海国记》，然又观《北史》，周时诏内外命妇，拜宗庙及天台，皆俛伏，则知前此妇人，盖已有不跪者矣。（《幽草轩录》）

今按：卢氏改王氏或赵氏所抄《幽草轩录》中“岂仆仆之谓哉？今人或以顿首施于卑下，不知拜头叩地”为“或谓稽首施于尊长，顿首施于卑下，不知人以头叩地”，增“是亦非礼之正”，改“始易今拜”为“始易跪为拜”，其意相同，又删“此见张建章《渤海国记》”以下，显系抄袭。

37. 龙易骨，蛇易皮，象易牙，鹿易角，蟹易壳，惟鹿角一年一换，蛇间岁一换，余皆终身一换。

【辨伪】此条抄自清赵吉士《寄园寄所寄》卷七：

故而新者，龙易骨，蛇易皮，鹿易角，象易牙，蟹易壳，皆终身一换，惟鹿每岁一换，龙、象六十年骨全后换。(莫氏《八林》)

今按：卢氏删“故而新者”四字，增“蛇闲岁一换”，又删“龙、象六十年骨全后换”，大同小异，显系抄袭。

38. 周丞相与幕客闲步园中，观玩白鹤，忽问曰：“此牝鹤耶？牡鹤耶?”客从旁笑曰：“兽称牝、牡，禽为雌、雄。”周曰：“客未读《诗》乎？《诗》有雄狐绥绥，狐非兽乎？又有牝鸡司晨，鸡非禽乎?”客无以为对。而不知牝、牡二字从牛，雌、雄二字从隹，此即禽、兽之别也。自雄狐、牝鸡之外，经史中亦不多见。

【辨伪】此条抄自清赵吉士《寄园寄所寄》卷七：

周丞相与客闲步园中，玩群鹤，问曰：“此牝鹤耶？牡鹤耶?”客从旁曰：“兽称牝、牡，禽为雌、雄。”丞相曰：“雄狐绥绥，狐非兽乎？牝鸡司晨，鸡非禽乎?”客不能对。虽然，牝、牡二字从牛，雌雄二字从隹，乃禽、兽之别也。自雄狐、牝鸡之外，经史中亦不多见。(《博物志》)

今按：卢氏与赵氏所录《博物志》，仅文字稍有差异，如卢氏增“客未读《诗》乎”一句，又于“雄狐绥绥”上增“《诗》有”二字，显系抄袭。

39. 释道两教，兴废不时，亦随人主之好尚。北齐中，敕道士剃发为沙门；宋宣和中，敕沙门着冠为道士。古今事往往相反如此。

【辨伪】此条抄自宋邵博《闻见后录》卷二十九：

北齐，敕道士剃发为沙门；宣和中，敕沙门着冠为道士。古今事不同如此。

今按：卢氏于前增“释道两教，兴废不时，亦随人主之好尚”一句，改末句“古今事不同如此”为“古今事往往相反如此”，其他大致相同，显系抄袭。

40. 崇宁间，大内修池沼，监修臣工患池水易涸。或告曰：多置牛骨于池中，则水不涸。置之，果然。范时老董其役，亲见之。又吕晋伯云：见人家除虱法，吸北方之气喷笔端，书“钦深渊默漆”五字置于床帐之间，则虱自除。余按：此二事亦物理之难解者，时老与晋伯二人不妄言，故并录之。

【辨伪】此条抄自宋邵博《闻见后录》卷二十九：

崇宁年，西都修大内，患苑中池水易涸。或云：置牛骨池中，则水不涸。置之，果然。范时老董役，亲见之。吕公晋伯云：除虱法，吸北方之气喷笔端，书“钦深渊默漆”五字置于床帐之间，即尽除。公资正直，非妄言者。

今按：卢氏改“公资正直，非妄言者”为“余按：此二事亦物理之难解者，时老与晋伯二人不妄言，故并录之”一句，其他大致相同，显系抄袭。

卷 七
称谓随笔

1. 蔡邕《独断》曰："臣与天子言，不敢指斥，故呼为陛下，因卑达尊之意也。臣庶相与言，曰殿下、阁下、执事，皆平等之称也。"而段成式《酉阳杂俎》云："秦汉以来，天子言陛下，皇太子、诸侯王言殿下，将军言麾下，使者言毂下、节下，二千石长史言阁下，父母言膝下，平等言足下。"比蔡氏所言，似有差等矣。以余考之，秦汉间以卑对尊，亦有称足下者，如"大王足下"是也。

【辨伪】此条抄自宋王得臣《麈史》卷中"体分"：

> 蔡邕《独断》曰："群臣与天子言，不敢指斥，故呼在陛下者而告之，因卑达尊之意也。及群臣士庶相与言，曰殿下、阁下、执事之属，皆此类也。"段成式《酉阳杂俎》云："秦汉以来，于天子言陛下，皇太子言殿下，将言麾下，使者言节下、毂下，二千石长史言阁下，父母言膝下，通类相与言足下。"比蔡所言，盖已详而有等矣。然予观秦汉间，卑对尊者亦称足下，如《史》谓"大王足下"者是也，则非特通类相与者之言也。

今按：卢氏改与王氏所引《独断》中"故呼在陛下者而告之"为"故呼为陛下"，改"群臣士庶"为"臣庶"，删"之属"二字，而改"皆此类也"为"皆平等之称也"。又改所引《酉阳杂俎》中"通类相与言足下"为"平等言足下"。并改王氏论断"盖已详而有等矣"为"似有差等矣"。又改"然予观"为"以余考之"，据王氏考证为己有，并删王氏所引《史记》之证中"《史》谓"二字，以及末尾"则非特通类相与者之言也"一语。卢氏于字句虽有改窜，但其意并无差别，显系抄袭。

2. 凡木之称巨细者，始曰拱把，大曰围，引而增之曰合抱。拱把只数寸耳，围则尺也，合抱则五尺也。《庄子》："栎社木，其大蔽牛，挈之百围。"《疏》云"以绳束之，围粗百尺"是也。今人以两手相合而环之，适周一尺。杜子美诗："霜皮溜雨四十围，黛色参天二千尺。”沈存中内翰云：“四十围乃是径七尺，非四丈也。原诗注四丈，非是。”盖沈于算学最精，不知用何法以准之。此条见《麈史》，以余考之，若径七尺，则围当是二丈一尺，盖一尺围只三寸大，今之尺如此。或曰：周之尺，当今七寸五分。

【辨伪】此条抄自宋王得臣《麈史》卷中“辨误”：

> 凡言木之巨细者，始曰拱把，大曰围，引而增之曰合抱。盖拱把之间才数寸耳，围则尺也，合抱则五尺也。《庄子》曰：“栎社木，其大蔽牛，挈之百围。”《疏》云“以绳束之，围粗百尺”是也。今人以两手指合而环之，适周一尺。杜子美《武侯庙柏》诗云：“霜皮溜雨四十围，黛色参天二千尺。”是大四丈。沈存中内翰云：“四十围乃是径七尺，无乃太细长也。”然沈精于算数者，不知何法以准之。若径七尺，即围当二丈一尺。《传》曰：“孔子身大十围。”夫以其大也，故记之。如沈之言，才今之三尺七寸有奇耳，何足以为异耶？周之尺，当今之七寸五分。

今按：卢氏改“盖拱把之间才数寸耳”为“拱把只数寸耳”，并删杜甫“《武侯庙柏》”诗题及“是大四丈”四字。又改王氏引沈括“无乃太细长也”为“非四丈也。原诗注四丈，非是”，改“然沈精于算数者”为“盖沈于算学最精”。并于王氏考证之前增“此条见《麈史》，以余考之”，既交代文献来源，又据王氏考证为己有，又删王氏“《传》曰”一句，改“如沈之言，才今之三尺七寸有奇耳，何足以为异耶”一句为“盖一尺围只三寸大，今之尺如此”，并增“或曰”二字。卢氏于字句虽有改窜，但其意并无差别，显系抄袭。

3. 生为名，死为讳，从古而然。《礼》曰“卒哭乃讳”是也。故名公巨卿为人撰亭台、楼阁及生祠碑碣，则曰“公名某”；及撰神道、墓志、列传，则曰“公讳某”。今古相传，井井不紊。何世人宾主初见，犹有问尊讳、贵讳者？可发一笑。考欧阳修《集古录》载：“《樊毅修华岳庙碑记》云：‘樊君讳毅，字仲德，下车之初，恭肃神祀。’据此，碑文乃当时所立，生称太守之名为讳，何哉？”盖其悖谬之甚，自古恒有，不辨名讳，相沿已久，岂独今人为然哉？

【辨伪】此条抄自宋孙奕《示儿编》卷十一“名讳”：

> 生为名，死为讳，从古而然。《礼》曰“卒哭乃讳”是也。（《曲礼上》）尝以《韵略》推之，其曰“御名”，旧御名盖自生存以前言之；其曰“庙讳”，盖自祔庙之后言之。条于韵首，井井不紊，古今名公巨卿为人撰轩亭、堂楼等记及生祠碑，则曰“公名某”；及撰墓志铭、神道碑与列传，则曰“公讳某”，其别如此。世俗不审乎是，凡宾主相与言，或斥某人名曰讳某，或问某人名为何讳，答者亦曰讳某，可发一笑。故欧公《集古录》亦曰：“《樊毅修华岳庙碑》云：‘樊君讳毅，字仲德。下车之初，恭肃神祀。’据此，碑乃实时所立，而太守生称讳者，何哉？”盖谓其碑之谬，则世俗之名讳，不辩亦久矣。

今按：卢氏删小注“《曲礼上》”以及“尝以《韵略》推之”一句，并改“轩亭、堂楼等记及生祠碑”为“亭台、楼阁及生祠碑碣”，改“条于韵首，井井不紊”、“其别如此”二语为

“今古相传，井井不紊”。又改“世俗不审乎是，凡宾主相与言，或斥某人名曰讳某，或问某人名为何讳，答者亦曰讳某”为“何世人宾主初见，犹有问尊讳、贵讳者”，其意相同。又改孙氏引欧阳修《集古录》中“而太守生称讳者”为“生称太守之名为讳”，改末尾“盖谓其碑之谬，则世俗之名讳，不辩亦久矣”为“盖其悖谬之甚，自古恒有，不辨名讳，相沿已久，岂独今人为然哉”，其意亦同，字句虽有改窜，抄袭痕迹显而易见。

4. 古今命名，有不类名姓者。如冯野王、刁凿齿、刘黑闼、张开地、殷开山、宗楚客、牛仙客、东郭咸阳等，不类名也。又如浩生不害、吾丘寿王，不类姓名也。又如陈宠字昭公，刘昆字桓公，陈重字景公，伏湛字惠公，吕岱字定公，窦融字周公，其字似类古之诸侯。又如李宗字曾祖，刘祐字伯祖，李蜜字令伯，窦婴字王孙，严彭祖字公子，朱买臣字翁子，赵充国字翁孙，杜茂字诸公，张宗字诸君，施延字君子，徐稚字孺子，似类人之称呼，此皆不似字也。

【**辨伪**】此条抄自宋孙奕《示儿编》卷十四“不类名字”：

冯野王、刁凿齿、刘牢之、刘黑闼、张开地(《张良传》，乃良大父也)、殷开山、李百药、刘大真、吴武陵、宗楚客、牛仙客、东郭咸阳(名咸阳，汉武帝时人)，不类名也。窦婴字王孙，严彭祖字公子，朱买臣字翁子，赵充国字翁孙，杜茂字诸公，张宗字诸君，施延字君子，徐稚字孺子，石冲字幼子，胡常字少子，羊祜字叔子，张兴字君上，李宗字尊祖，刘祐字伯祖，李密字令伯，……不类名字也。陈宠字昭公，刘昆字桓公，陈重字景公，伏湛字惠公，吕岱字定公，窦融字周公，袁安字邵公，直类古之诸侯耳。浩生不害、吾丘寿王，不类姓名也。

今按：卢氏改孙氏标题“不类名字”为段首观点句“古今命名，有不类名姓者”，并删二小注。卢氏所举例证，均见于孙氏所列，而有所节略，次序亦稍有变动，并改“直类古之诸侯耳”为“其字似类古之诸侯”，改“尊祖”为“曾祖”、“李密”为“李蜜”，改“不类名字也”为“似类人之称呼，此皆不似字也”。文字及例证顺序虽有改动，而抄袭痕迹显而易见。

5. 古今命名有同姓同名者。鲁有两曾参，一杀人者。有两伯夷，一舜臣，为孤竹君之子。有两羿，均善射，一为尧射十日，一为有穷之君。至同字者，难以枚举。如齐有夷吾，晋亦有夷吾。周有南宫括，鲁亦有南宫括。郑有子西，楚有两子西。纣有左师触龙，赵亦有左师触龙。汉魏隋唐而下，更难仆数，试举一二言之。东方朔、于定国、隽不疑，皆字曼倩；司马相如、施雠、薛广德，皆字长卿；汉枚乘、晋(稽)[嵇]康，皆字叔夜。汉晋俱有孔安国，同姓名；汉晋又有王良，同姓名。如此类甚多。

【**辨伪**】此条抄自宋孙奕《示儿编》卷十四“姓名同”：

曾参与鲁人同姓名，而得杀人之谤(《史记·甘茂传》)。……尧时有羿(《淮南子》云“射十日”)、有穷后羿(《淮南子》云“有穷之君”)，二人皆善射。舜臣有伯夷(《书》注云“姜姓”)，孤竹君之子伯夷(《索隐》曰：“姓墨名允，字公信。伯，长也；

> 夷，谥也。”)一则为名，一则为谥。……齐有夷吾(《庄八年》“管仲”)，晋亦有之(《僖二十四年》注“晋侯夷吾”)。周有南宫括(《君奭篇》，文王臣)，鲁亦有之(仲尼弟子，即南宫绦，《宪问篇》作南宫适)。……纣有左师触龙(《荀子·议兵篇》)，赵亦有左师触龙(《战国策》)。郑有子西(公孙夏)，楚有二子西(大夫宜申，公子申)。……东方朔、隽不疑、于定国，皆字曼倩。司马相如、薛广德、施雠，皆字长卿。……前汉枚乘、晋嵇康，皆字叔夜。……汉晋孔安国同姓名，汉晋王良同姓名。

今按：卢氏改孙氏标题“姓名同”为段首观点句“古今命名有同姓同名者”。其下所举例证，较孙氏有所节略，并更改原文句式，于其小注，则或删之，或改入正文。如改“曾参与鲁人同姓名，而得杀人之谤”为“鲁有两曾参，一杀人者”，改“尧时有羿(《淮南子》云‘射十日’)、有穷后羿(《淮南子》云‘有穷之君’)，二人皆善射”为“有两羿，均善射，一为尧射十日，一为有穷之君”，改“舜臣有伯夷(《书》注云“姜注”)，孤竹君之子伯夷(《索隐》曰：“姓墨名允，字公信。伯，长也；夷，谥也。”)一则为名，一则为谥”为“有两伯夷，一舜臣，为孤竹君之子”。其下又于例证之前增“至同字者，难以枚举”、“汉魏隋唐而下，更难仆数，试举一二言之”二句。并改“汉晋孔安国同姓名，汉晋王良同姓名”为“汉晋俱有孔安国，同姓名；汉晋又有王良，同姓名”，并于末尾增“如此类甚多”一语。字句虽有增删改窜，而抄袭痕迹则显而易见。

6. 古今人物，称谓异名，往往有人不能知者。父曰郎罢，子曰囝。(音蹇。闽人呼父、呼子之称。)舅姑曰尊章，(师古注：尊章，犹舅姑也。)兄弟之妻相谓曰先(去声)后，又曰妯娌。女婿曰倩，又曰甥。操舟人曰榜人，舟工曰长年三老，又曰架长。雕刻工曰手民。

【辨伪】此条节抄宋孙奕《示儿编》卷十五“人物异名”：

> 人物之异名，其来尚矣。……父曰郎罢，子曰囝。(音蹇，闽俗呼父为郎罢，呼子为囝。出《艺苑雌黄》。)舅姑曰尊章。(《汉·广川王传》“皆尊章”，师古曰：“尊章，犹言舅姑也。”)兄弟妻相谓曰先后，曰娣姒，曰妯娌。……女婿曰丘婿(见上)，曰倩，(《淳于意传》曰：“黄氏诸倩。”注：“齐人呼女婿为倩，言可假倩。”《说文》曰：“东齐同，婿谓之倩。”)曰甥。(见前《人物通称》。)……操舟曰榜人。舟师曰长年三老。

今按：卢氏改“人物之异名，其来尚矣”为“古今人物，称谓异名，往往有人不能知者”。又改小注“闽俗呼父为郎罢，呼子为囝”为“闽人呼父、呼子之称”，而删“出《艺苑雌黄》”及“《汉·广川王传》‘皆尊章’”二语。又删正文“曰娣姒”、“曰丘婿”及小注“见上”、“《淳于意传》曰”二句及“见前《人物通称》”，又改“舟师”为“舟工”，并增“又曰架长。雕刻工曰手民”二句。卢氏增删改窜字句，显系抄袭。

7. 其称物，马曰惊帆，曰飞黄，曰肃爽。犬曰韩庐，曰黄耳，曰宋猚(音鹊)。羊曰髯参军，曰胡须郎，曰美髯主簿。猪曰长喙参军，曰乌金。猫曰蒙贵，曰乌员，曰白老。

龟曰玄衣督邮，曰洞玄先生，曰先知君。鳖曰河伯使者。蟹曰无肠公子。虾蟆曰科斗。蛇曰白鸟(见《金楼子》)。蜘蛛曰喜子。蟋蟀曰懒妇。莎鸡曰促织。蚯蚓曰歌女。蝉曰齐女，又曰齐后。萤曰夜光，曰宵烛。猿曰野宾，曰山公。夫人车曰鱼轩。天子旗曰翠华。弓曰大屈，曰繁弱，曰巨黍。矢曰金仆姑。箭曰忘归。纸曰剡藤、褚先生、乌丝栏。笔曰毛锥子、管城子、中书君。墨曰陈玄、松烟使者。砚曰陶泓、石乡侯。交床曰胡床。井栏曰银床。帘曰虾须。席曰龙须。镜曰菱花。扇曰六角、白羽、蒲葵、轻箑。香炉曰博山。琴曰绿绮。围棋曰手谈、坐隐。

【辨伪】此条节抄自宋孙奕《示儿编》卷十五“人物异名”：

> 夫人车曰鱼轩。天子旗曰翠华。楚灵王弓名大屈、繁弱、巨黍。宋矢名金仆姑。箭曰忘归。……纸曰褚先生、剡藤、乌丝栏。笔曰毛锥子、管城子、中书君。墨曰陈玄、黑松使者。砚曰陶泓、石乡侯。交床曰胡床，井栏曰银床。帘曰虾须。席曰龙须。镜曰菱花。扇曰六角、蒲葵、白羽、轻箑。……香炉曰博山。琴曰绿绮。围棋曰手谈，曰坐隐。……马曰惊帆、飞黄、肃爽。犬曰韩卢、宋猎(《毛颖传》：韩卢与宋猎。猎音鹊，宋国之良犬也)、黄耳。羊曰美髯主簿、胡须郎、髯参军。猪曰长喙参军、乌金。……猫曰蒙贵，又曰乌员、白老。龟曰灵蔡、偻句、玄衣督邮、洞玄先生、先知君。鳖曰河伯从事，河伯使者。……蟹曰蛎奴，一名蟹奴、无肠公子。虾蟆子为科斗。蛇曰白鸟(《金楼子》)。小蜘蛛为喜子，蜘蛛名络新妇。蟋蟀名懒妇。莎鸡名促织。蚯蚓名歌女。蝉曰齐女、齐后。萤火一名耀夜，又曰夜光、宵烛。……猿曰野宾、山公、巴西侯、报时猿。

今按：卢氏颠倒异名之先后顺序，改孙氏先器物后动物为先动物后器物。于孙氏所列异名亦略有删改，如删“楚灵王”、“宋”、“灵蔡、偻句”、“河伯从事”、“蛎奴，一名蟹奴”、“一名耀夜”、“巴西侯、报时猿”等，改“黑松使者”为“松烟使者”，改小注“《毛颖传》：韩卢与宋猎。猎音鹊，宋国之良犬也”为“音鹊”，改“小蜘蛛为喜子，蜘蛛名络新妇”为“蜘蛛曰喜子”，显系抄袭。

8. 又雪为滕六，风为巽二，见《幽怪录》。水津为步，村市为墟。手钏曰条脱。汗衫曰厕腧。

【辨伪】此条亦节抄自宋孙奕《示儿编》卷十五“人物异名”：

> 雪为滕六，风为巽二。(《幽怪录》：“萧至忠将猎，黄冠曰：若令滕六降雪，巽二为风，即萧君不复猎矣。”)水津为步，村市为虚。金钏名金条脱。……近身小衫曰厕腧。(师古曰：厕腧者，近身之小衫，若今汗衫也。)

今按：卢氏改孙氏小注“《幽怪录》”一句为“见《幽怪录》”，又改“金钏名金条脱”为“手钏曰条脱”，并据小注中颜师古之语，改“近身小衫曰厕腧”为“汗衫曰厕腧”，而删注文，显系抄袭。

9. 而物又有因人得名者，莫邪作剑，而宝剑曰莫邪；刘白坠酿酒，而美酒曰白坠；毕氏、罗氏好治食，因谓食美者为毕罗。胡人好作饼，名曰胡饼。胡地产核桃，名曰胡桃，倭句之地出龟，名龟曰倭句。蔡地亦出龟，又名为蔡。冀北出马，因以骥名马。卫地出驴，因以驴名卫。巢元修好食此菜，因名为元修菜。郭使君好以此药治小儿，因名为使君子。

【辨伪】此条节抄自宋孙奕《示儿编》卷十五"因物得名"：

> 世有所出、所嗜、所作，因以冠名者多矣。莫邪作宝剑，而名其剑曰莫邪。刘白堕善酿酒，而名其佳酒曰白堕。蕃中毕氏、罗氏好食，因谓所食者为毕罗。胡人常食饼，而名胡饼。胡人常食核桃，而名胡桃。潘州郭使君疗小儿多用此物，医家因名曰使君子。倭句之地出龟，则名龟曰倭句。蔡地出龟，则名龟曰蔡。冀北出良马，则名马曰骥。卫地出驴，则名驴曰卫。巢元修所嗜之菜，谓之元修菜。

今按：卢氏改"世有所出、所嗜、所作，因以冠名者多矣"一句为"而物又有因人得名者"，其下所举例证，与孙氏相同，而字句多有删改，如删"蕃中"二字，改"潘州郭使君疗小儿多用此物，医家因名曰使君子"为"郭使君好以此药治小儿，因名为使君子"，并置末尾，又改"巢元修所嗜之菜，谓之元修菜"为"巢元修好食此菜，因名为元修菜"，显系抄袭。

10. 又推手向前曰琵，却手向后曰琶。外方内圆曰簠，内方外圆曰簋。方曰筐，圆曰筥。有足曰锜，无足曰釜。合乐为柷，止乐为敔。

【辨伪】此条节抄自宋孙奕《示儿编》卷十六"物相反"：

> 推手向前曰琵，却手向后曰琶。合乐为柷，止乐为敔。外方内圆曰簠，内方外圆曰簋。方曰筐，圆曰筥。……有足曰锜，无足曰釜。

今按：卢氏仅将"合乐为柷，止乐为敔"置后，其他与孙氏大致相同，显系抄袭。

11. 草之始生曰荑，滋生曰蔓。小门曰闺，南北曰阡，东西曰陌，有垣曰苑，无垣曰圃。

【辨伪】此条抄自宋赵令畤《侯鲭录》卷四：

> 草之始生曰荑，小门曰闺，南北曰阡，东西曰陌，有垣曰苑，无垣曰圃。

今按：卢氏除增"滋生曰蔓"一语外，其他与赵氏相同，显系抄袭。

12.《苍颉解诂》："种树曰园，种菜曰圃。"又王逸注《楚词》："有菜曰羹，无菜曰臛。"细切曰荠，全物曰菹，今中国人皆言荠，江南人皆言菹。

【辨伪】此条抄自宋赵令畤《侯鲭录》卷四：

《苍颉解诂》云："种树曰园，种菜曰圃。"……王逸注《楚词》云："有菜曰羹，无菜曰臛。"……细切曰齑，全物曰菹。今中国皆言齑，江南皆言菹。

今按：卢氏误改二"齑"字为"荠"，并于"中国"、"江南"下增二"人"字，其他与赵氏全同，显系抄袭。

13. 柳子厚云："盛时一失贵与贱，桃笙葵扇安可当。"桃竹出巴渝，土人用以为簟。六朝人谓簟为笙。余考《苍颉训诂》：筓，簟也。《方言》谓"簟为笙，其粗者为籧篨"，则桃笙为簟明矣。不可不知。

【辨伪】此条抄自宋吴炯《五总志》：

柳子厚云："盛时一失贵与贱，桃笙葵扇安可当。"桃竹出巴渝间，六朝人谓簟为笙。按《苍颉训诂》：筓，簟也。《方言》谓"簟为之笙，其粗者为籧篨"，则笙为簟明矣。

今按：卢氏增"土人用以为簟"一句，并改"按《苍颉训诂》"为"余考《苍颉训诂》"，据吴氏考证为己有，并于末尾增"不可不知"四字，显系抄袭。

14. 不借，草履也，以其易辨，人人自有，不待假借于人，故以不借名之耳。

【辨伪】此条抄自宋吴炯《五总志》：

不借，草履也，谓其易办，人人自有，不待假借，故名不借。介甫曰："窗明两不借。"当是用此。

今按：卢氏改"谓其易办"为"以其易辨"（"辨"或"辦"之误，即"办"也），又增"于人"二字，改"故名不借"为"故以不借名之耳"，其意相同，又删末尾"介甫曰"一句，显系抄袭。

15. 古语云："借书一瓻，还书一瓻。"是以瓻盛酒送藏书家，冀其乐于借也，而后人讹以为"痴"，故难解。独东坡云："不持一鸱酒，肯借五车书？"直以鸱夷之"鸱"，为与"瓻"字相近。余按字书"瓻"字，盛酒四升，酒器也。

【辨伪】此条抄自宋吴炯《五总志》：

古语云："借书与一瓻，还书与一瓻。"是以此媚藏书者，冀其乐借，而后人讹以为"痴"。独东坡云："不持一鸱酒，肯借五车书？"乃以为鸱夷之"鸱"，与古语近之。余于长安崔氏得唐张一字书，其略云："瓻，盛酒肆升器也，好事者持以借书。"当以"瓻"为正。

今按：卢氏于古语中删二“与”字，改“是以此媚藏书者，冀其乐借”为“是以瓻盛酒送藏书家，冀其乐于借也”，并增“故难解”三字，又改“与古语近之”为“为与‘瓻’字相近”，其意相同。又改末尾吴氏所记经历“余于长安崔氏得唐张一字书”以下为“余按字书‘瓻’字，盛酒四升，酒器也”，据为己有，显系抄袭。

16.《楚词》“九畹兰”，余按：三十亩为一畹，九畹亦是二百七十亩。宁馨，人多谓美好之称，而《能改斋漫录》载：山涛叱王衍为宁馨儿。又王太后怒废帝，谓：“何物老妪生此宁馨儿？”据二说，则儿是宁馨，似非美好之称。

【辨伪】此条抄自宋吴曾《能改斋漫录》卷四“宁馨儿”、卷十五“兰蕙”两条。“宁馨儿”条：

> 唐张谓诗：“家无阿堵物，门有宁馨儿。”以宁为去声。刘梦得《赠日本僧智藏诗》云：“为问中华学道者，几人雄猛得宁馨。”以宁为平声。盖《王衍传》曰：“何物老妪生宁馨儿。”山涛叱王衍语也。又《南史》宋王太后疾笃，使呼废帝，帝曰：病人间多鬼，那可往？大后怒，谓侍者：“取刀来剖我腹，那得生此宁馨儿？”按二说，知晋、宋间以宁馨儿为不佳也。故山涛、王太后皆以此为诋叱，岂非以儿为非馨香者耶？虽平、去两声皆可通用，然张、刘二诗义，则乖矣。

“兰蕙”条：

> 《离骚》曰：“予既滋兰之九畹兮，又树蕙之百亩。”以是知不独今人，虽楚人亦贱蕙而贵兰也。按《离骚经》注：三十亩为畹，即是兰二百七十亩。蕙且百亩，岂十一之谓乎？不应以多少分贵贱。

今按：卢氏改“兰蕙”条引《离骚》之语为“《楚词》‘九畹兰’”，改引“《离骚经》注”之语为“余按”一句，据为己有，而删其余。卢氏又增“宁馨，人多谓美好之称”一句，而其下“《能改斋漫录》载”之语，则节略“宁馨儿”条而来，并删张谓、刘梦得二人之诗。卢氏虽标明“宁馨儿”出自《能改斋漫录》，交代文献来源，而于“兰蕙”则故意隐匿出处，显系抄袭。

17.《蜀先主传》云：“汉献帝舅车骑将军董承。”注为：“汉灵帝母董太后之侄，于献帝为丈人。盖古无丈人之名，故谓之舅。”复呼丈人为外舅，盖本于此。而《匈奴传》载：“汉天子，我丈人行。”是前已有此称。若谓为尊老之称，非专指妻之父言也，如必谓古无丈人之名，恐后学者窃有疑焉。

【辨伪】此条抄自宋周煇《清波杂志》卷七：

> 《蜀先主传》载“汉献帝舅车骑将军董承”之语，裴松之注：“案：汉灵帝母董太后之侄，于献帝为丈人。盖古无丈人之名，故谓之舅也。”后呼丈人为“外舅”，其本此乎？然《汉·匈奴传》书且鞮单于云：“汉天子，我丈人行。”若曰此语止为尊老言，非

专指妻之父则可；若谓古无丈人之名，后学窃有疑焉。泰山亦有丈人峰，故俗于妇翁有“泰山”之呼。

今按：卢氏所列例证与周氏相同，字句稍有删改，如改“其本此乎”为“盖本于此”，改“然《汉·匈奴传》书且鞮单于云”为“而《匈奴传》载”，并增“是前已有此称”一语，而删末尾泰山丈人峰之事，显系抄袭。

18.《春秋传》曰：“秦、晋二国世世通姻，所娶之女非舅即姑，故曰舅姑。”《白虎通》曰：“尊之如(舅)[父]，非父，舅也。恭之如母，非母，姑也。”广川王去疾幸姬陶望卿歌曰：“背尊章，嫖以忍。”此可引为证。余谓：尊章，犹言舅姑，见《汉书》。

【辨伪】此条抄自宋周煇《清波杂志》卷六：

《春秋传》曰：“秦、晋二国继世通婚，所娶之女非舅即姑，故曰舅姑。”《白虎通》曰：“尊之如父，非父，舅也；恭之如母，非母，姑也。”广川王去疾幸姬陶望卿歌曰：“背尊章，嫖以忍。”“尊章，犹言舅姑也。”见《前汉书》。

今按：卢氏改“继世通婚”为“世世通姻”，又增“此可引为证”一语，而改“‘尊章，犹言舅姑也。’见《前汉书》”为“余谓：尊章，犹言舅姑，见《汉书》”，则据周氏考证为己有，显系抄袭。

19. 兄弟之妻相呼为妯娌(音卓里)，见《北史·崔子愍传》“欲姊妹为妯娌”是也。又呼为娣姒，至关中人则呼为先(去声)后，见《汉·郊祀志》。

【辨伪】此条抄自宋朱翌《猗觉寮杂记》卷上：

兄弟之妻相呼为妯娌，见《北史·崔子愍传》：“欲令姊妹为妯娌。”古呼为娣姒，关中呼为先后(先，去声)，见《汉·郊祀志》：“长陵女子见神于先后宛若。”宛若，字也。

今按：卢氏仅增“音卓里”三字，又删末尾朱氏所引《汉·郊祀志》之言，其他与朱氏大致相同，显系抄袭。

20. 江浙人谓赘婿为“布袋”，人多不晓其义。大致谓人招赘如入布袋中，极其累赘之意。问之人，无有知之者，后遇一人，乃曰：“语讹之，故谓之补代。人家有女无子，恐其世代自此而绝，不肯嫁女，招婿入室，以补其世代。”此说最有理。又云南永北元谋一带，其风俗招婿为嗣，重生女不重生男，生男被人招去，生女乃成人即招婿入门，随女家姓氏，所以为有后，故妇可嫁夫另招，而夫不可嫁妇另娶。此亦异矣。余向闻人言如是，后有至交周听卿曾官是地，问之信然。

【辨伪】此条前半部分抄自宋朱翌《猗觉寮杂记》卷上：

世号赘婿为“布袋”，多不晓其义。如入布袋，气不得出。顷附舟入浙，有一同舟者，号李布袋。篙人问其徒云“如何入舍婿谓之‘布袋’？”众无语，忽一人曰：“语讹也。谓之‘补代’。人家有女无子，恐世代自此绝，不肯嫁出，招婿以补其世代尔。”此言绝有理。

今按：卢氏前半部分据“世号赘婿为‘布袋’”及朱氏“附舟入浙”事改为“江浙人谓赘婿为‘布袋’”一语，又改“如入布袋，气不得出”为“大致谓人招赘如入布袋中，极其累赘之意”，并节略以下朱氏所记经历之事，显系抄袭。卢氏又补“又云南永北元谋一带”一节。

21. 陶人酒器，有名酒经者。晋安人盛酒以瓦壶，其制，小头、环口、修腹，可容酒一斗，名为酒经。凡馈人酒，或一经，或二经，以致五经不等。有异乡人来是地，不知俗谓一瓶即一经，闻送五经，至有束带迎于门者，可发一笑。

【辨伪】此条抄自宋赵令畤《侯鲭录》卷三：

陶人之为器，有酒经焉。晋安人盛酒以瓦壶，其制，小颈、环口、修腹，受一斗，可以盛酒。凡馈人牲，兼以酒，置书云酒一经或二经，至五经焉。他境人有游于是邦，不达其义，闻五经，至束带迎于门，乃知是酒五瓶为五经焉。

今按：卢氏改“陶人之为器，有酒经焉”为“陶人酒器，有名酒经者”，改“受一斗，可以盛酒”为“可容酒一斗”，增“名为酒经”，改“凡馈人牲，兼以酒”为“凡馈人酒”，改“他境人有游于是邦，不达其义”、“乃知是酒五瓶为五经焉”为“有异乡人来是地，不知俗谓一瓶即一经”，其意相同，而增“可发一笑”四字。字句虽有改窜，抄袭痕迹显然。

22. 伯阳生李树下，遂指为姓。马援本赵奢后，奢能驭马，故号马服君，子孙遂以马为姓。胡广本姓周，以其生于端午日，俗云不祥，用葫芦盛之弃水边，为吴姓所得，及长，托胡为姓。陆羽亦得于水滨，及长，筮得鸿渐于陆，因以陆为姓。车千秋，本齐田氏族也，因年老乘小车出入省中，人以车丞相呼之，其子孙因以车为姓。席豫，本姓籍，因避项羽名，改为席。束晳，本疎广之后，因避难，去疋改姓为束。又棗据避仇，改姓为棘。《代醉篇》中，有姓原可考，凡称人名姓者宜知之。

【辨伪】此条抄自元陈世隆《北轩笔记》：

伯阳生李树下，遂指李为姓。马援本赵奢后，奢能驭马，号马服君，子孙因以为姓。胡广本姓周，以端午日生，不举，用葫芦盛之弃水，为吴姓者所得，及长，托胡为姓。陆羽，有人得之水滨，及长，筮得鸿渐于陆，因以陆为姓。车千秋，齐田氏族也，年老乘小车出入省中，人谓车丞相，子孙因以为氏。席豫，本姓籍，避项羽名，改姓为席。束晳，本疎广后，因避难，去疋为束。棗据以避仇，改姓为棘。《代醉篇》中，尚有姓原之可考者，兹仅录其所见。

今按：卢氏所举例证与赵氏全同，字句稍有改窜，如改“以端午日生，不举”为“以其生于端午日，俗云不祥”，改“人谓车丞相”为“人以车丞相呼之”，改“兹仅录其所见”为“凡称人名姓者宜知之”，显系抄袭。

23. 有人馈东坡以酒，名曰红友。东坡笑曰：“此可与黄封为的对。”酒称红友，人鲜知者。

【辨伪】此条抄自宋罗大经《鹤林玉露》或宋张世南《游宦纪闻》。《鹤林玉露》卷八“红友”：

> 常州宜兴县黄土村，东坡南迁北归，尝与单秀才步田至其地，地主携酒来饷，曰此红友也。坡曰：“此人知有红友，而不知有黄封，可谓快活。”

《游宦纪闻》卷七：

> 往年邑簿朱冠卿续编《图经》云：五十五里地名黄土村，坡公尝与单秀才步田至焉，地主以酒见饷，谓坡曰：此红友也。坡言：“此人知有红友，不知有黄封，真快活人也。”

今按：卢氏所记苏轼事，乃檃括罗氏或张氏之文而来，而隐去时间、地点及具体情节，于东坡之言亦有改窜，但其抄袭痕迹显而易见。

24. 古人居室，贵贱皆通称为宫，初未尝分别也。迨秦汉以来，始以天子所居之屋谓之宫，凡人不得妄称。《礼记》云：“父子异宫。”又云：“儒有一亩之宫。”是也。余读林子中《在京口寄东坡诗》云：“欲唤无家一房客，五云楼殿锁鳌宫。”东坡和云：“昂头莫唤无家客，归扫峨眉一亩宫。”宋时间有称宫者，今则不然。

【辨伪】此条抄自宋费衮《梁溪漫志》卷五“古者居室皆称宫”：

> 古者居室，贵贱皆通称宫，初未尝分别也。秦汉以来，始以天子所居为宫矣。《礼记》云：“父子异宫。”又云：“儒有一亩之宫，环堵之室。”林子中《在京口作诗寄东坡》云：“欲唤无家一房客，五云楼殿锁鳌宫。”而东坡和云：“印头莫唤无家客，归扫峨眉一亩宫。”盖本诸此。

今按：卢氏增“凡人不得妄称”一语，删“环堵之室”一语，又改“林子中《在京口作诗寄东坡》”为“余读林子中《在京口寄东坡诗》”，改“盖本诸此”为“宋时间有称宫者，今则不然”，字句虽有改窜，其意并无区别，显系抄袭。

25. 戎州称外祖父母为家公、家婆，由来已久。余弱冠后，虽从俗相称，总不能释然于心，询之前辈，皆不能道其所由。或谓系外家公婆，世人少称一外字耳。然既外之，而又家之，于义亦未协。今阅诸家方言，以及《风土记》等书，有称为外公、外婆者，有称为伪公、伪婆者，有称为假公、假婆者，余始恍然。戎州之称呼，乃假字之讹耳。录此以证习俗之误。

【辨伪】此条待考。今按：戎州，南朝梁武帝时初置，北宋徽宗时改戎州为叙州，即今四川宜宾市，卢秉钧为清四川叙州府屏山县人，即“戎州”人，其《小引》中即自称“戎州卢秉钧”，此条所记考证戎州方言，或系卢氏平日考证所得。

26. 伯、叔父均称为诸父，兄、弟之子皆谓之犹子，故皆可通称为父子。《二疏传》，受乃广之兄子，班固《汉书》曰：“即日父子俱移病。”又今有称父母为大人者，有称父母为严父、慈母者，各从其俗，皆尊者之通称耳。

【辨伪】此条抄自宋费衮《梁溪漫志》卷五“诸父大人”：

> 伯、叔父谓之诸父，兄、弟之子谓之犹子，故皆可称为父子。《二疏传》，受乃广之兄子，而班固《书》曰：“即日父子俱移病。”又今人称父为大人，而此书受叩头曰：“从大人议。”则诸父亦通称，犹《孟子》之所谓大人者，盖皆尊者之称尔。

今按：卢氏所考与费氏大致相同，改末尾“又今人称父为大人，而此书受叩头曰：‘从大人议。’则诸父亦通称，犹《孟子》之所谓大人者，盖皆尊者之称尔”为“又今有称父母为大人者，有称父母为严父、慈母者，各从其俗，皆尊者之通称耳”，字句虽有改窜，其意无大区别，显系抄袭。

27. 子者，男子之通称耳。若文字间称其师，则曰“子某子”，复冠“子”字于姓氏之上，特异于常称，以明吾所师者也。《列子》乃其门人所集，故曰“子列子”；《公羊》之书，其门弟子亦称“子公羊子”。又《隐公十一年》称“子沈子”，何休注云：“冠‘子’字于姓氏上者，著其为师也。其不冠‘子’字者，他师也。”故陈后山瓣香曾南丰，亦称为“子曾子”，是盖承用古人之法。

【辨伪】此条抄自宋费衮《梁溪漫志》卷五“子者男子通称”：

> 子者，男子之通称。若文字间称其师，则曰“子某子”，复冠“子”字于其上者，示特异于常称，曰吾所师者，则某子云尔。《列子》乃其门人所集，故曰“子列子”；《公羊》之书，其弟子称其为“子公羊子”。至《隐十一年》称“子沈子”，何休注曰：“子沈子，后师。沈子称‘子’冠氏上者，著其为师也。不但言‘子曰’者，辟孔子也。其不冠‘子’者，他师也。”陈后山以南丰瓣香，称为“子曾子”，盖用此法。刘梦得自为传，乃加“子”于上者，非是。而今人承其误，亦多以自称或称其朋友，皆失之矣。

今按：卢氏所考与费氏大致相同，字句稍有删改，如改“曰吾所师者，则某子云尔”为“以明吾所师者也”，又删何休注中“子沈子，后师”、“不但言‘子曰’者，辟孔子也”二语，并改“陈后山以南丰瓣香”为“故陈后山瓣香曾南丰”，改“盖用此法”为“是盖承用古人之法”，而删“刘梦得自为传”以下，显系抄袭。

28.《尔雅》称父曰考，称母曰妣。按：古人自祖母以上，通称为妣。经文多以妣对祖而并言之，若《诗》之“似续妣祖”、“烝畀祖妣”，《易》之“过其祖，遇其妣”是也。

【辨伪】此条抄自清顾炎武《日知录》卷一“妣”：

> 《尔雅》：“父曰考，母曰妣。”愚考古人自祖母以上，通谓之妣。经文多以妣对祖而并言之，若《诗》之云“似续妣祖”，“烝畀祖妣”，《易》之云“过其祖，遇其妣”是也。

今按：卢氏仅改“《尔雅》：‘父曰考，母曰妣’”为“《尔雅》称父曰考，称母曰妣”，改“愚考”为“按”，其他全同，显系抄袭。

29.《尔雅》称夫之兄为兄公，《逸雅》独称为公。又曰：“兄，忪。”然今世俗妇人称夫之父为公，绝不知夫之兄亦呼曰兄公者，又有独呼曰公者，是不知《尔雅》、《逸雅》有此称呼也。《逸雅》系汉时刘熙撰。

【辨伪】此条节抄自清赵吉士《寄园寄所寄》卷七：

> 人伦称呼，古今多不同。《尔雅》称夫之兄为兄公，《逸雅》(汉刘熙撰)独称曰公，又曰：“兄，忪，谓己所敬见之怔忪，自肃齐也。”洪迈初为弟妇保夫祷祠，夫随兄使金，曰：顷以兄伯出使，夫婿随行。迈初谓《汉书》虽有兄伯之言，然非弟妇所称，心疑未妥，后见《尔雅》，乃知当言兄公出使为是。然今俗妇人称夫之父反曰公，而称夫兄为公者，绝不知也。(《云答卧余》)

今按：卢氏删赵氏所抄《云答卧余》中《逸雅》(即《释名》)中“谓己所敬见之怔忪，自肃齐也”一句以及所记洪迈之事，并改“而称夫兄为公者，绝不知也”为“绝不知夫之兄亦呼曰兄公者，又有独呼曰公者”，又据文意增“是不知《尔雅》、《逸雅》有此称呼也”一句，并据注文“汉刘熙撰”于末尾增“《逸雅》系汉时刘熙撰”一句，显系抄袭。

30. 又《尔雅》称夫之弟曰叔，则夫之兄亦可谓伯矣。何乃为此异称而曰兄公者？《尔雅》称父之昆弟，先生曰世父，后生曰叔父；称父之兄妻曰世母，父之弟妻曰叔母。夫既可谓之曰叔父、叔母，则亦可谓之伯父、伯母矣。何以不言伯，而曰世父、世母，与今人不同耳。

【辨伪】此条抄自清赵吉士《寄园寄所寄》卷七：

> 然《尔雅》谓称夫之弟曰叔，则夫兄亦可谓伯矣。何乃为此异称也？又《尔雅》称父之昆弟，先生曰世父，后生曰叔父；称父之兄妻曰世母，父之弟妻曰叔母。夫既可谓叔父、叔母，则亦可谓伯父、伯母矣，何以不言伯也？观《释亲》四章书，总无伯字。(《云答卧余》)

今按：卢氏此条接续上条，改赵氏所抄《云答卧余》中“何乃为此异称也”为“何乃为此异称而曰兄公者”，其意相同；又删“观《释亲》四章书，总无伯字”一句，而于末尾增“而曰世父、世母，与今人不同耳”，显系抄袭。

31. 人之称呼，古今多不同。五代时，称朋友曰周旋人，杨彪称其妻曰乡里。

【辨伪】此条抄自清赵吉士《寄园寄所寄》卷七：

> 五代时，称朋友曰周旋人，杨彪称其妻曰乡里。(《涌幢小品》)

今按：卢氏仅于前增“人之称呼，古今多不同”一句。其他与赵氏所抄《涌幢小品》全同，显系抄袭。

32. 汉文帝七年，令列侯太夫人无得擅征捕。如淳注曰：“列侯之妻称夫人，列侯死，其子复为列侯，乃得称太夫人。子不为列侯，不得称也。”然则妇人称太字，始于文帝起，其不应称夫人者，即以太太字呼之，遂相沿袭。见《孔氏杂识》。

【辨伪】此条抄自清赵吉士《寄园寄所寄》卷七：

> 文帝七年，令列侯太夫人无得擅征捕。如淳曰：“列侯之妻称夫人，列侯死，子复为列侯，乃得称太夫人。子不为列侯，不得称也。”然则妇人称太者，盖如是耳。(《孔氏杂说》)

今按：卢氏此条前后皆抄自《寄园寄所寄》，此条虽言“见《孔氏杂识》”，恐亦据赵氏所抄《孔氏杂说》而来，改自末尾小注而已。又删“盖如是耳”一语，而据文意增“始于文帝起，其不应称夫人者，即以太太字呼之，遂相沿袭”，显系抄袭。

33. 今人称子过其父为跨灶，解者纷纷。后阅冀北相马书，马之前蹄上有两空处，谓之灶门，凡善走之马，前蹄之痕印地，则后蹄之痕反在前蹄之先，故谓之为“跨过灶门，是为骏马”。以此推之，似后人追过前人之意，以拟子过其父，于义为协。

【辨伪】此条抄自清赵吉士《寄园寄所寄》卷七：

> 子过其父为跨灶，解者纷纷。闻边徼中相马者言：马前蹄之上有两空处，名曰灶门，凡善走之马，前蹄之痕印地，则后蹄之痕反在前蹄之先，故军中人谓之跨过灶门。考之东西南北，率同此称。夫跨从足，后步过前，似后人追过前人之意，以拟子父，于义为协。(《幽草轩录》)

今按：卢氏增“今人称”三字，改赵氏所抄《幽草轩录》中“闻边徼中相马者言”为“后阅冀北相马书”，改“故军中人谓之跨过灶门”为“故谓之为‘跨过灶门，是为骏马’”，又增“以此推之”四字，而删“考之东西南北，率同此称。夫跨从足，后步过前”，显系抄袭。

34. 明太监谷大用横暴揽权，擅作威福，凡引见官员，必喜人称誉伊。否则，多遭斥辱，每接见百官时，必先问曰："你纱帽那里来的?"一令引见略不为意，大谷喝问如前，令高声答曰："我纱帽昨在十王府街前威仪斋，去三钱五分白银买来的。"大用一笑而罢，令出，人怪问之，令曰："中官性阴，一笑便不能作威矣，方免受辱。"众为叹服。

【辨伪】此条抄自清赵吉士《寄园寄所寄》卷一：

> 太监谷大用迎驾承天，所至暴横，官员接见，多遭斥辱，必先问曰："你纱帽那里来的?"一令略不为意，大用喝问如前，令曰："我纱帽在十王府前三钱五分白银买来的。"大用一笑而罢。令出，众问之，曰："中官性阴，一笑更不能作威矣。"众叹服。(《珊瑚网》)

今按：卢氏改赵氏所抄《珊瑚网》中"迎驾承天，所至暴横，官员接见，多遭斥辱"为"横暴揽权，擅作威福，凡引见官员，必喜人称誉伊。否则，多遭斥辱，每接见百官时"，其意大致相同，此下又增"引见"、"高声答"、"威仪斋"、"方免受辱"等语，亦无甚区别，显系抄袭。

35. 鄱阳何梅谷之妻某氏，垂老，酷好奉佛，每日自晨至夕，必口称观音菩萨数千遍，梅谷以儒学闻于世，止之则不从，不止恐贻笑于士类。一日，呼其妻，称之曰"夫人"、"老夫人"者，至再、至三，始而随呼随应，后复连声急呼弗辍，妻急怒曰："何聒噪若是耶?"梅谷徐答曰："今日称呼你才三四次，汝即怒我。观音菩萨一日被你千万称呼，安得不怒汝耶?"妻顿悟而止。

【辨伪】此条抄自清赵吉士《寄园寄所寄》卷一：

> 鄱阳何梅谷英妻，垂老，好事佛，自晨至夕，必口念观音菩萨千遍，梅谷以儒学闻于时，止之则弗从，弗止恐贻笑士论。一日，呼妻至再且三，随应随呼弗辍。妻怒曰："何哓噪若是耶?"梅谷徐答曰："呼仅二三，汝即我怒。观音一日被你呼千遍，安得不汝怒耶?"妻顿悟，遂止。(《中洲野录》)

今按：卢氏改赵氏所抄《中洲野录》中"何梅谷英妻"为"何梅谷之妻某氏"，改"好事佛"为"酷好奉佛"，又增"称之曰'夫人'、'老夫人'者"一语，改"随应随呼弗辍"为"始而随呼随应，后复连声急呼弗辍"，改"呼仅二三"为"今日称呼你才三四次"，字句虽有增改，抄袭痕迹显而易见。

36.《尔雅》："父曰考，母曰妣。"古人自祖母以上，通称妣，然经文多以妣对祖而言。按文意，妣当在祖之上。如《诗》："似续妣祖。"《诗笺》云："妣，先妣姜源也。祖，先祖也。"又《周礼·大司乐》"享先妣"在"享先祖"之前。又《国语》"皇妣太姜"，以是将妣先乎祖。与《尔雅》所释稍异。

【辨伪】此条节抄自清顾炎武《日知录》卷一"妣"：

> 《尔雅》："父曰考，母曰妣。"愚考古人自祖母以上，通谓之妣，经文多以妣对祖

而并言之。……"过其祖，遇其妣"，据文义，妣当在祖之上。……《周语》谓之"皇妣大姜"，是以妣先乎祖。《周礼·大司乐》"享先妣"在"享先祖"之前。而《斯干》之诗曰："似续妣祖。"笺曰："妣，先妣姜嫄也；祖，先祖也。"或乃谓"变文以协韵"，是不然矣。

今按：卢氏删"愚考"二字，并删"过其祖，遇其妣"，其下所举例证与顾氏同，而顺序有所改变，并于末尾增"与《尔雅》所释稍异"一句，显系抄袭。

37.《丧服记》云："自祖而上皆谓之曾祖，自孙而下皆谓之曾孙，虽百世可也。故成王之于后稷，亦称曾孙。"又《左传》卫太子祷文王，称"曾孙蒯聩"是也。而《礼记·祭法》又言："嫡子、嫡孙、嫡曾孙、嫡玄孙、嫡来孙。"又《左传》王子虎盟诸侯，曰："及尔玄孙，无有老幼。"然则玄孙之称又见，《左传》以外，则无此称也。所以宗庙之中，皆称曾孙。

【辨伪】此条抄自清顾炎武《日知录》卷五"齐衰三月不言曾祖已上"：

宋沈括《梦溪笔谈》曰："《丧服》但有曾祖、曾孙，而无高祖、玄孙。或曰，经之所不言则不服。是不然。曾，重也，自祖而上者皆曾祖也，自孙而下者曾孙也，虽百世可也。苟有相逮者，则必为服丧三月。故虽成王之于后稷，亦称曾孙，而《祭礼》祝文，无远近皆曰曾孙。"《礼记·祭法》言："嫡子、嫡孙、嫡曾孙、嫡玄孙、嫡来孙。"《左传》王子虎盟诸侯，亦曰："及而玄孙，无有老幼。"(《僖公二十八年》)玄孙之文见于《记》、《传》者如此。然宗庙之中，并无此称。……《左传·哀公二年》，卫太子祷文王，称"曾孙蒯聩"。

今按：卢氏改顾氏所引《梦溪笔谈》中《丧服》之语为直接引用，而删其余。又改变所举例证顺序，改"玄孙之文见于《记》、《传》者如此"为"然则玄孙之称又见，《左传》以外，则无此称也"，改"然宗庙之中，并无此称"为"所以宗庙之中，皆称曾孙"，其意相同，显系抄袭。

38. 今人称曾祖之父为高祖。考之传记，高祖者，乃远祖之名。《左传》：郯子来朝，曰："我高祖少皞挚之立也。"则是以始祖为高祖。《书·盘庚》云："肆上帝将复我高祖之德。"又《康诰》云："张皇六师，无坏我高祖寡命。"则又以受命之君为高祖。是非专指曾祖之父以为高祖也。

【辨伪】此条抄自清顾炎武《日知录》卷二十四"高祖"：

汉儒以曾祖之父为高祖。考之于传，高祖者，远祖之名尔。《左传·昭公十七年》：郯子来朝，曰："我高祖少皞挚之立也。"则以始祖为高祖。《书·盘庚》："肆上帝将复我高祖之德，乱越我家。"《康王之诰》："张皇六师，无坏我高祖寡命。"则以受命之君为高祖。《左传·昭公十五年》：王谓籍谈曰："昔而高祖孙伯黡司晋之典籍。"则谓其九世祖为高祖。

今按：卢氏改“汉儒”为“今人”，又删“昭公十七年”、“乱越我家”等字，并删“《左传·昭公十五年》”以下，而据文意于末尾增“是非专指曾祖之父以为高祖也”一句，显系抄袭。

39. 据《白虎通》云：“天子之配曰后，商以前称妃，至周始称为后。”余考帝喾四妃，舜三妃，以至周之太任、太姒、邑姜，皆无后之名。而《诗》、《书》所载云后者，皆人君也。《春秋·桓公八年》：“逆王后于纪。”《襄公十五年》：“逆王后于齐。”《曲礼》云：“天子有后，有夫人，有世妇，有嫔。”《列女传》，宣王宴起，姜后脱簪以谏。此可见周人立后之据。至夏、商以前，其曰“肆觐东后”、“群后四朝”、“禹乃会群后”，《伊训》曰：“侯甸、群后咸在。”而后稷、后夔、后羿皆诸侯通称，非若今世专指帝王妃配也。

【辨伪】此条抄自清顾炎武《日知录》卷二十四“后”：

> 《白虎通》曰：“天子之配，商之前皆称妃，周始立后。”今考帝喾四妃，帝舜三妃，以至周初太姜、太任、太姒、邑姜，皆无后名。而《诗》、《书》所云后，皆君也。《春秋·桓八年》：“祭公来，遂逆王后于纪。”《襄十五年》：“刘夏逆王后于齐。”于是始称后。《曲礼》：“天子有后，有夫人，有世妇，有嫔，有妻，有妾。”又云：“天子之妃曰后。”而宣王晏起，姜后脱簪，见于《列女》之传。此周人立后之据。……故《书》言：“肆觐东后。”“群后四朝。”“禹乃会群后，誓于师。”《伊训》之祠先王，“侯甸、群后咸在”。周王大告，武成亦曰：“呜呼群后。”而后夔、后羿、伯明后寒之称，皆见于传。

今按：卢氏所举例证与顾氏同，字词句式稍有增删改窜，如增“曰后”、“后稷”等，而删“祭公来，遂”、“刘夏”、“于是始称后”、“有妻，有妾”、“又云：‘天子之妃曰后’”、“故《书》言”、“周王大告，武成亦曰：‘呜呼群后’”、“伯明后寒”等，又改“而宣王晏起，姜后脱簪，见于《列女》之传”为“《列女传》，宣王宴起，姜后脱簪以谏”，改“皆见于传”为“非若今世专指帝王妃配也”，显系抄袭。

40. 今人只知宋太祖为艺祖，而不知艺祖之名由来旧矣。后汉高祖乾祐改元制曰：“昔我艺祖，开基抚运，以武功平祸乱，以文德致升平。”是谓前汉高祖也。唐玄宗十一年，作起义堂，颂：“东西南北，无思不服。山川鬼神，亦莫不灵。实惟艺祖，储福之所致。”十三年，封太山，制曰：“惟我艺祖文考，精爽在天。”均谓唐高祖也。金世宗大定廿五年，祭混同江神册文：“仰艺祖之开基，(惟)[佳]江神之效灵。”亦谓金太祖也。是历代高祖均称得称艺祖，而烈祖之称犹是此意。

【辨伪】此条节抄自清顾炎武《日知录》卷二十四“艺祖”：

> 人知宋人称太祖为艺祖，不知前代亦皆称其太祖为艺祖。唐玄宗开元十一年，幸并州，作起义堂。颂曰：“东西南北，无思不服。山川鬼神，亦莫不宁。实惟艺祖，储福之所致。”十三年，封泰山，其序曰：“惟我艺祖文考，精爽在天。”此谓唐高

祖。……后汉高祖乾祐元年改元制曰："昔我艺祖神宗，开基抚运，以武功平祸乱，以文德致升平。"此谓前汉高祖。金世宗大定二十五年，封混同江神册文曰："仰艺祖之开基，佳江神之效灵。"此谓金太祖。然则是历代太祖之通称也。

今按：卢氏改"人知宋人称太祖为艺祖，不知前代亦皆称其太祖为艺祖"为"今人只知宋太祖为艺祖，而不知艺祖之名由来旧矣"，改"然则是历代太祖之通称也"为"是历代高祖均称得称艺祖，而烈祖之称犹是此意"，其意相同。而中间所举例证，亦与顾氏全同，而顺序有所改动，字词稍有删改，如删"开元"、"幸并州"、"神宗"等，显系抄袭。

41. 亲戚二字，《曲礼》疏云："亲谓族之内，戚谓族之外。"是亲为祖父族，戚为母妻族。明甚。而《左传》"封建亲戚，以蕃屏周"，是以亲戚为子弟也。《韩诗外传》："曾子曰：亲戚既没，虽欲孝，谁为孝?"是以亲戚为父母也。又《左传》"亲戚为戮，不可以莫之报也"，是以亲戚为父兄也。《战国策》：苏秦曰："富贵则亲戚畏惧。"是又以亲戚为妻嫂也。

【辨伪】此条节抄自清顾炎武《日知录》卷二十四"亲戚"：

《史记·宋世家》："箕子者，纣亲戚也。"《路史》谓："但言亲戚，非诸父昆弟之称。"非也。(《曲礼》："兄弟亲戚称其慈也。"疏曰："亲，指族内；戚，指族外。")古人称其父子兄弟亦曰亲戚。《韩诗外传》："曾子曰：亲戚既没，虽欲孝，谁为孝?"此谓其父母。《左传·僖公二十四年》："封建亲戚，以蕃屏周。"此谓其子弟。《昭公二十年》，棠君尚谓其弟员曰："亲戚为戮，不可以莫之报也。"《三国志》：张昭谓孙权曰："况今奸宄竞逐，豺狼满道，乃欲哀亲戚，顾礼制。"此谓其父兄。(《战国策》：苏秦曰："富贵则亲戚畏惧。"盖指其妻嫂。)

今按：卢氏删《史记·宋世家》、《路史》两句，改小注《曲礼》及疏为一句，并改为正文，且增"亲戚二字"于前，增"是亲为祖父族，戚为母妻族。明甚"一句于后。其下所举例证，与顾氏相同，而删《三国志》一例，并改注文《战国策》一例为正文。显系抄袭。

42. 北人称医生为大夫，南人称医生为郎中，镊工为待诏，金、木、石之工为司务。其名起自宋时。而《老学庵笔记》谓："北人称医生为衙推，卜相为巡官，以其巡游卖术，故有此称。"余按所称皆隋唐五代时郡僚之名，亦莫详其所始也。又阅《北梦琐言》："庄宗好(徘)[俳]优，宫中常自负蓍囊药箧，令继岌戴破帽相随。以后父刘叟曾以医卜为业，值后方昼寝，命继岌携药箧蓍囊直达其卧内，自称刘衙推访女。"以此为谑笑。

【辨伪】此条抄自清顾炎武《日知录》卷二十四"郎中待诏"：

北人谓医生为大夫，南人谓之郎中，镊工为待诏，木工、金工、石工之属皆为司务。其名盖起于宋时。《老学庵笔记》："北人谓医为衙推，(《旧唐书·郑注传》：以药术依李愬，署为节度衙推。《北梦琐言》："庄宗好俳优，宫中暇日自负蓍囊药箧，令继岌破帽相随。以后父刘叟以医卜为业，后方昼寝，继岌造其卧内，自称刘衙推访女。”)卜相为巡官，巡官唐五代郡僚之名，或以其巡游卖术，故有此称，亦莫详其所始也。”

今按：卢氏改顾氏所引《老学庵笔记》中“巡官唐五代郡僚之名”、“亦莫详其所始也”二语为“余按所称皆隋唐五代时郡僚之名，亦莫详其所始也”一句，其意相同。其下所引《北梦琐言》即改自顾氏自注，而稍有改窜，并删《旧唐书》例证，而于末尾增“以此为谑笑”一句，显系抄袭。

卷　八
医药随笔

1. 长松产五台山，治大麻风最效，世人不知也。文殊指以示癞僧，僧如其教服之，患即愈。自此著名于《清凉寺传》，而《本草》方书不载。(服法见后。)

【辨伪】此条抄自宋朱弁《曲洧旧闻》卷四：

> 长松产五台山，治大风有殊效，世人所不知也。文殊指以示癞僧，僧如其所教，其患即愈。自此名著于《清凉传》，而《本草》未之载也。

今按：卢氏所记与朱氏相同，仅改窜字句而已，如改“治大风有殊效”为“治大麻风最效”，改“僧如其所教，其患即愈”为“僧如其教服之，患即愈”，改“《清凉传》”为“《清凉寺传》”，并增小注“服法见后”，显系抄袭。

2. 五加皮，其树枝干皆有刺，叶如楸叶，俗呼刺楸。春来芽可食，味甜而稍苦，食之最益人。朱少章尝植后圃，虽无可玩，特其芽味美耳。

【辨伪】此条抄自宋朱弁《曲洧旧闻》卷四：

> 药有五加皮，其树身干皆有刺，叶如楸，俗呼之为刺楸。春采芽可食，味甜而微苦，或谓之苦中甜，云食之极益人。予在东里，山中人岁常以此饷，因移植后圃，盖无可玩者，特为其芽可食耳。

今按：卢氏所记与朱氏相同，文句有所删改，如删“或谓之苦中甜”，又改“予在东里，山中人岁常以此饷，因移植后圃”为“朱少章尝植后圃”，其意相同，显系抄袭。又朱弁字少章，其称“朱少章尝植后圃”，已透露其文献来源。

3. 藜有二种，红心者俗人呼为红灰藋，古人多用为羹食，所谓“黎羹不糁”是也。而今人少有食者，岂疏品甚多而不暇顾乎？然为羹尤宜老人，唐人犹有编为床者，往往见于篇什。仙方用为秘药，烧炼家多取红心者入药，易名为鹤顶草。

【辨伪】此条抄自宋朱弁《曲洧旧闻》卷四：

> 藜有二种，红心者俗呼为红灰藋，古人食之，多以为羹，所谓"藜羹不糁"是也。而今人少有食者，岂园蔬多品而不顾乎？然山人处士未之弃也。其身干轻而坚，以为杖，则于老者尤宜。唐人犹有编为床者，往往见于篇什。仙方用之为秘药，或入烧炼药，多取红心者，易名为鹤顶草。

今按：卢氏改"古人食之，多以为羹"为"古人多用为羹食"，删"然山人处士未之弃也"一句。又改"其身干轻而坚，以为杖，则于老者尤宜"为"然为羹尤宜老人"，已误解原文。又改"或入烧炼药，多取红心者"为"烧炼家多取红心者入药"，其意相同，显系抄袭。

4. 婺源县有一种草，茎叶柔弱，引而不长，叶似甘菊，俗呼为蔗，今误为"遮"字，食之味苦而回甘。性温行血，产妇生产后尤宜多食，去瘀生新，女科中血分要药也。俗又呼为苦益菜，惜诸方书俱不载，余访之医家，亦莫有知者。

【辨伪】此条抄自宋朱弁《曲洧旧闻》卷四：

> 新安郡婺源县境中，产一种草，茎叶柔弱，引而不长，叶类甘菊叶，俗呼蔗，今讹为"遮"字，盖食之味苦而有余甘也。性温行血，尤宜产妇，煮熟，揉去苦汁，产后多食之无害，往往便以为逐血药也。又呼苦益菜，访之医家，莫有知者。

今按：卢氏改"新安郡婺源县境中，产一种草"为"婺源县有一种草"，改"尤宜产妇，煮熟，揉去苦汁，产后多食之无害，往往便以为逐血药也"为"产妇生产后尤宜多食，去瘀生新，女科中血分要药也"，其意相同，又增"惜诸方书俱不载"一语，显系抄袭。

5. 暑月生痱子，虽蛤粉陈粟粉涂之多不差。黄元明云："止用经夕热水濯洗数次，即愈。"试之果效。

【辨伪】此条抄自宋王得臣《麈史》卷下"杂志"：

> 暑月痱子，虽蛤粉陈粟涂之不差。豫章黄元明曰："止用经夕热水濯灌之，即愈。"果然。

今按：卢氏仅增"生"、"粉"、"多"三字，删"豫章"二字，改"濯灌之"为"濯洗数次"，改"果然"为"试之果效"，其意相同，显系抄袭。

6.《笔谈》："淡竹叶，谓对苦竹而言，凡苦竹之外，皆淡竹也。"新安界中，有一种类淡竹，叶稍大而枝细，高者尺许，土人以热水濯之，极香美。药方所用，而存中未载。

【辨伪】此条抄自宋朱弁《曲洧旧闻》卷四：

《笔谈》载："淡竹叶，谓淡竹对苦竹，凡苦竹之外，皆淡竹也。"新安郡界中，自有一种竹，叶稍大于常竹，枝茎细，高者尺许，土人以作熟水，极香美可喜。方药所须，悉用之有效，岂存中未之见耶？

今按：卢氏改朱氏所引《梦溪笔谈》中"谓淡竹对苦竹"为"谓对苦竹而言"，其意相同。又改"自有一种竹，叶稍大于常竹，枝茎细"为"有一种类淡竹，叶稍大而枝细"，改"土人以作熟水，极香美可喜"为"土人以热水濯之，极香美"，改"方药所须，悉用之有效，岂存中未之见耶"为"药方所用，而存中未载"，其意亦同，显系抄袭。

7. 东坡谪儋耳，见野花如芍药而小，红鲜可爱，朴樕丛生。土人呼为"倒粘子花"也。结子如马乳，烂紫可食，殊甘美。中有细核，并嚼之瑟瑟有声，余味颇涩，儿童贪食之，大便艰难。叶皆白，如石苇状。野人秋夏天患痢，食其叶，即止。海南无柿，人取其皮，浸水中烂杵之，得胶，以代漆油，愈于柿油也。东坡苦小便白浊，服百药不瘥，取倒粘子嫩叶蒸之，焙干为末，以酒糊为丸，日服百粒，一月而病愈，然后知为奇药也。因名为"海漆"，惜《本草》亦未载。

【**辨伪**】此条抄自宋朱弁《曲洧旧闻》卷五：

东坡至儋耳，见野花夹道，如芍药而小，红鲜可爱，朴樕丛生。土人云"倒黏子花"也。结子如马乳，烂紫可食，殊甘美。中有细核，并嚼之瑟瑟有声，亦颇涩，童儿食之，或大便难。叶背白，如石韦状。野人秋夏病痢，食其叶，辄已。海南无柿，人取其皮，剥浸烂杵之，得胶，以代柿漆，盖愈于柿也。吾久苦小便白浊，近又大府滑，百药不瘥，取倒黏子嫩叶蒸之，焙燥为末，以酒糊丸，日吞百余，二府皆平复，然后知其奇药也。因名"海漆"，而私记之，贻好事君子。明年子熟，当取子研，滤酒为膏以剂，不复用糊矣。

今按：卢氏所记与朱氏大致相同，文句有所改窜，如改"亦颇涩，童儿食之，或大便难"为"余味颇涩，儿童贪食之，大便艰难"，改"叶背白"为"叶皆白"，改"吾久苦小便白浊"为"东坡苦小便白浊"，删"近又大府滑"，增"惜《本草》亦未载"一句，而删"而私记之"以下，显系抄袭。

8. 僧普明游五台，得风疾，眉发俱落，百骸溃腐，哀号痛苦，人不忍闻。忽有异人教食长松，明不能识，复告曰："长松者，长古松下，取根饵之。皮色荠苨，三五寸，味微苦，类人参，清香可爱，无毒，久服益人，兼解诸虫毒。"明采服，十余日，眉发复生，面色如故。今并、代间士大夫多以长松和甘草、山药煎汤服，甚益人。《本草》及诸方书未俱载。按荠苨二字，钧待考。

【**辨伪**】此条抄自宋王辟之《渑水燕谈录》卷八：

释晋明，齐州人，久止灵岩。晚游五台，得风疾，眉发俱堕，百骸腐溃，哀号苦楚，人不忍闻。忽有异人教服长松，明不识之，复告云："长松，长古松下，取根饵之。皮色荠苨，长三五寸，味微苦，类人参。清香可爱，无毒，服之益人，兼解诸虫毒。"明采服，不旬日，发复生，颜貌如故。今并、代间士人多以长松参甘草、山药为汤，殊佳，然《本草》及诸方书并不著，独释惠祥作《清凉传》始叙之，然失于怪诞。

今按：卢氏删"齐州人，久止灵岩"一句，改"不旬日，发复生，颜貌如故"为"十余日，眉发复生，面色如故"，改"殊佳"为"甚益人"，其意相同。又删末尾"独释惠祥作《清凉传》始叙之，然失于怪诞"一句，而增"按荠苨二字，钧待考"一句，显系抄袭。

9. 虞洮，蜀名医也。董太尉患渴疾，求医于蜀。孟蜀遣虞往视，董曰："璋之疾，经百名医不效，何也?"虞曰："君疾非为渴浆，乃渴士也。能得多士，不劳药石而自愈。"董大悦。时董有南面之志，虞故以此讽之。虞又曰："天有六气，降为六淫；淫生六疾，害于六腑。六气者，阴阳风雨晦明也，是以六淫随焉；六疾者，寒热饮食心腹也，是以六腑随焉。故心为离宫，肾为水脏，晦明劳役，百疾生焉。太凡视听太烦，皆有所损。心烦则乱，事烦则变，机烦则失，兵烦则反，五音烦则损耳，五色烦则损目，滋味烦则生疾，男女烦而减寿。古之君子莫不诫之。君今日有万思，时有万机，乐淫于外，女淫于内，渴之起病，其由此乎？君能内撤女乐，外息事机，节食假寐，疾即乎复。"董公曰："名医也。"厚其礼而归之。

【辨伪】此条抄自五代何光远《鉴诫录》卷三"蜀上医"：

> 虞少卿洮，蜀之上医也。长兴初，佐蜀董太尉璋久患渴疾，遣押衙李彦求医。孟蜀祖遣虞卿而往。虞卿既至，董公曰："璋之所患，经百名医而无征差者，何也?"虞卿对曰："君之疾非唯渴浆，而似渴士。得其多士，不劳药石而自愈矣。"董公大悦。时董公有南面之志，虞卿故以此言讥之。又曰："洮闻天有六气，降为六淫；淫生六疾，害于六腑。六气者，阴阳风雨晦明也，是以六淫随焉；六疾者，寒热末腹惑心也，是以六腑随焉。故心为离宫，肾为水脏，晦明劳役，百疾生焉。大凡视听至烦，皆有所损。心烦则乱，事烦则变，机烦则失，兵烦则反，五音烦而损耳，五色烦而损目，滋味烦而生疾，男女烦而减寿。古者君子莫不诫之。君今日有万思，时有万机，乐淫于外，女淫于内，渴之难疗，其由此乎?"虞卿之在东蜀也，如处贼围，节食假寐。董公疾既平复，于是厚礼归之，乃知蜀上之医有知稽古者也。

今按：卢氏所记与何氏大致相同，文句有所删改，如改"虞少卿洮，蜀之上医也。长兴初，佐蜀董太尉璋久患渴疾，遣押衙李彦求医"为"虞洮，蜀名医也。董太尉患渴疾，求医于蜀"，删"虞卿既至"，误改"寒热末腹惑心也"为"寒热饮食心腹也"，又改"虞卿之在东蜀也，如处贼围，节食假寐。董公疾既平复"为"君能内撤女乐，外息事机，节食假寐，疾即乎复"，则误虞卿之事为虞卿之言，又增"董公曰：'名医也'"一句，删末句"乃知蜀上之医有知稽古者也"，抄袭痕迹显而易见。

10. 艾一名冰(壶)[台]，一名医草。茶一名皋芦，皮日休诗："石盆煎皋芦。"是也。

【辨伪】此条抄自宋赵令畤《侯鲭录》卷四：

艾一名冰台，一名医草。……皋卢，茶名也。皮日休云："石盆煎皋卢。"

今按：卢氏改"冰台"为"冰壶"，又改"皋卢，茶名也"为"茶一名皋芦"，其意相同，显系抄袭。

11. 茶可清心明目，读书人宜饮之；茶能耗气损神，保养人宜戒之。东坡云："除烦去腻，世不可无茶，然暗中损人不少。昔人云：自茗饮盛后，人多患气不患黄，虽损益相半，而消阳助阴，得不偿失。吾有一法，每食已，辙以浓茶漱口，则颊腻既去而脾胃不伤，凡肉菜在齿缝者，得茶浸漱，不觉脱去，不烦挑刺。而齿得茶苦性，因渐坚固，蠹病自除。隔数日一啜，又何得为害哉？"余谓此说大有理，故录之。又《大唐新语》云："右补阙毋景，博学多才，不饮茶，著《茶序》云：释滞消壅，一日之利暂安；耗气浸精，终身之累则大。"可谓至理名言。

【辨伪】此条抄自宋赵令畤《侯鲭录》卷四：

东坡论茶云："除烦去腻，世固不可无茶，然暗中损人不少。昔人云：自茗饮盛后，人多患气不患黄，虽损益相半，而消阳助阴，不偿损也。吾有一法，常自修之，每食已，辄以浓茶漱口，颊腻既去而脾胃不知，凡肉之在齿间者，得茶漱浸，乃不觉脱去，不烦刺挑也。而齿性便苦，缘此渐坚密，蠹病自已。然率用中下茶，其上者亦不常有。间数日一啜，亦不为害也。此大是有理。"而人罕知者，故详述云。《大唐新语》曰："右补阙毋景，博学有著述才，性不饮茶，著《茶饮序》云：'释滞消壅，一日之利暂佳；瘠气侵精，终身之累则大。获益则功归茶力，贻祸则不谓茶灾，岂非福近易知、祸远难见者乎？'"

今按：卢氏于前增"茶可清心明目，读书人宜饮之；茶能耗气损神，保养人宜戒之"一句，其下引苏轼语及《大唐新语》与赵氏相同，文句有所删改，如删"常自修之"，改"凡肉之在齿间者"为"凡肉菜在齿缝者"，删"然率用中下茶，其上者亦不常有"，改"'此大是有理。'而人罕知者，故详述云"为"余谓此说大有理，故录之"，改"博学有著述才"为"博学多才"，删"获益则功归茶力，贻祸则不谓茶灾，岂非福近易知、祸远难见者乎"一句，又于末尾增"可谓至理名言"一句，显系抄袭。

12.《老学庵笔记》载："石藏用，名医也。尝言今人禀受怯弱，照古方用药，多不效。非独人也，即金石草木，亦比古力弱，非倍用之不能取效。故藏用喜用热药。惟晁以道主其说，服多丹药，当时虽未害，后晁为人伏石上书，丹石气冷逼，得阴毒伤寒而死。"是皆丹气热毒所致，终为服热药过多者之咎也。而世人喜服热药者，与夫喜服凉药者，过多亦难免无害。古人云：勿药当中医。诚哉是言也。

【辨伪】此条抄自元杨瑀《山居新话》：

《老学庵笔记》载："石藏用，名用之，高医也。尝言今人禀受怯薄，故案古方用药，多不能愈病。非独人也，金石草木之药，亦皆比古力弱，非倍用之不能取效。故藏用喜用热药，得谤，至有'藏用担头三斗火'，人或畏之。惟晁之道悦其说，故多服丹药，然亦不为害。后因伏石上书，丹为石冷所逼，得阴毒伤寒而死。"盖因丹气热毒所攻，终为所服丹药过多之故也。视过服凉剂者，亦由是欤？

今按：卢氏删杨氏所引《老学庵笔记》中"名用之"、"得谤，至有'藏用担头三斗火'，人或畏之"，改"高医"为"名医"，改"晁之道"为"晁以道"。又改末句"视过服凉剂者，亦由是欤"为"而世人喜服热药者，与夫喜服凉药者，过多亦难免无害"，并增"古人云：勿药当中医。诚哉是言也"于后。显系抄袭。

13. 人有刀斧伤及跌扑烂者，用带须葱头连茎一并捣烂，淡酒炒熟，乘热敷患处，速愈。频换热者，尤妙。

【辨伪】此条抄自元杨瑀《山居新话》：

凡有蹎踣刀斧伤者，但以带须葱炒熟捣烂，乘热罨患处，速愈。频换热者，尤妙。

今按：卢氏改"凡有蹎踣刀斧伤者"为"人有刀斧伤及跌扑烂者"，并增"淡酒炒熟"四字，其他与杨氏相同，显系抄袭。

14. 凡疯狗、毒蛇咬伤者，急用人粪涂伤处，最妙。新人粪尤佳。百药皆不及。

【辨伪】此条抄自元杨瑀《山居新话》：

凡有(风)[疯]狗、毒蛇咬伤者，只以人粪涂伤处，极妙。新粪尤佳，诸药皆不及此。

今按：卢氏所记与杨氏相同，文字略有改窜，如改"只以"为"急用"，改"极妙"为"最妙"，改"诸药皆不及此"为"百药皆不及"，其意相同，显系抄袭。

15. 破伤风能死人，急用桑条如(筋)[箸]长者十余节架空搁起，中用火烧，将两头滴下桑汁，和热酒服之，最良。

【辨伪】此条抄自元杨瑀《山居新话》：

破伤风能死人，用桑条如箸长者十数茎阁起，中用火烧，接两头滴下树汁，以热酒和而饮之，可愈。

今按：卢氏改"十数茎阁起"为"十余节架空搁起"，改"以热酒和而饮之，可愈"为"和热酒服之，最良"，其意相同，显系抄袭。

16. 附子、乌头、天雄，一物也。蜀人以小者为乌头，中者为附子，大者为天雄。按《广雅》云："附子以种一岁曰萴，二岁曰乌(啄)[喙]，三岁曰附子，四岁曰乌头，五岁曰天雄。"则是乌头比附子加一岁，何得为小？（萴音侧，见《广雅》。）

【辨伪】此条抄自宋朱翌《猗觉寮杂记》卷下：

> 附子、乌头、天雄，一种也。蜀人以小者为乌头，中者为附子，大者为天雄。按《广雅》云："附子一岁曰萴子，二岁曰乌喙，三岁曰附子，四岁曰乌头，五岁曰天雄。"则是乌头比附子加一岁矣，不得为小也。见《广雅》"萴"字注。(萴音侧。)

今按：卢氏改"一种也"为"一物也"，改"不得为小也"为"何得为小"，改"见《广雅》'萴'字注。(萴音侧)"为注文"萴音侧，见《广雅》"，其意相同，显系抄袭。

17.《本草》、《图经》，人家最不可少。医者主方，便知药性；饮食菜果，亦知趋避。然其中有常用药，而载以异名者，不可不知。如荆芥谓为假苏香，附谓为莎草根，金铃子为练实。诃子为诃黎勒，花谢结子，为风吹坠，又曰"随风子"。山药为薯蓣，又名玉延，简斋曾作《玉延赋》。苍耳曰葈耳，仙灵脾曰淫羊藿，牛旁子曰恶实，破故纸曰补骨脂，乳香曰熏陆香，凌霄花曰紫威余，柑子曰庵摩勒，萝卜曰莱菔。

【辨伪】此条节抄自宋张世南《游宦纪闻》卷一：

> 《图经》、《本草》，人家最不可缺。医者处方，则便可知药性；饮食果菜，则便可知避忌。然其间有常用之药，而载以异名，卒难寻究。鄱郡官书，有《本草异名》一篇，尽取诸药它名登载，似觉繁冗，今摘常用者书于此，以备博知。荆芥曰假苏香，附子曰莎草根，金铃子曰练实。诃子曰诃黎勒，花谢欲结子，为风吹堕者，曰"随风子"，嘉禾散所用者是也，今医家只以"紧实小诃子"代之。山药曰薯蓣，一名玉延，简斋尝作《玉延赋》。苍耳曰葈耳实，马蔺花曰蠡实，仙灵脾曰淫羊藿，牛蒡子曰恶实，茴香曰蘹香子，破故纸曰补骨脂，乳香曰熏陆香，柏子仁曰柏实，凌霄花曰紫葳余，甘子曰庵摩勒，菱角曰芰，萝卜曰莱菔。已上药名，间亦有医者所未尽知。

今按：卢氏改"则便可知避忌"为"亦知趋避"，改"卒难寻究"为"不可不知"，又删"鄱郡官书，有《本草异名》一篇，尽取诸药它名登载，似觉繁冗，今摘常用者书于此，以备博知"、"嘉禾散所用者是也，今医家只以'紧实小诃子'代之"、"马蔺花曰蠡实"、"茴香曰蘹香子"、"柏子仁曰柏实"、"菱角曰芰"、"已上药名，间亦有医者所未尽知"等，显系抄袭。

18. 泗州有解太素脉者，其术甚精。湖南一士人求诊，医云："明年当得官，然有大病。"士人竦然曰："当得何病？"曰："痈疽。"遂留五日，求为定一方，脉者竟不能主方。乃告以京都某人者，访之求方，必济。士人到京，来年果登第。遂访其人以求诊，医问：

“君所嗜好何物?”答以“凡物皆吃”。医曰：“果子好，梨正熟，可去买某梨二百个。”三五日，将梨吃完，来诊。医问：“食梨多少?”曰：“二百许。”医曰：“可喜。今君无事矣。然须生疮，后乃平善。”既而五日后，遍身生疮，以药调和，寻愈。出京过泗州，见向诊脉者，问：“君得官，又无病，医以何药疗君疾?”曰：“某不曾病，未服药，但生疮耳。”脉者详细诘之，乃告以食梨二百许。脉者呼其子设香案，遥望京师而拜，曰：“不可谓世间无人。”乃志其方。盖以梨发散痈疽之毒，而化为疮耳。

【辨伪】此条抄自宋陈鹄《耆旧续闻》卷七：

> 温叔皮云：三衢柴翼客沪渎，余谒之，因谈兵火以前，湖南一士人过泗州，有解太素脉者，诊之云：“公来年有官，然有病也。”士子竦然曰：“当得何病?”曰：“有痈疽病。”士留五日，求为处一方，脉者竟不能为之。乃指京师某人者，俾访之。士子到京，来年果登第。求诊脉于医，医问：“君所嗜何物?”答曰：“物物皆吃。”医曰：“吃果子否？梨正熟。有某梨者，买二百许，每日食毕，恣啖之。”一两旬复谒医，医问：“啖多少梨?”答云：“二百许。”医曰：“可喜。今君无事矣。然须生疮。”既而三四日间，遍身患大疮，以药调和其内，寻愈。出京过泗州，见向诊脉者，问：“君得官，又安乐，医以何药疗君病?”答云：“某不病，但生疮尔。”医者诘之，乃以食梨事对。脉者呼其子设香案，望京师而拜曰：“不可谓世间无人。”乃志其方。盖以梨发散其痈疽之气，变作浑身疮尔。士子及太素脉者，忘其姓名，唯记京师医者是大马刘家。

今按：卢氏删改陈氏所记温叔皮与柴翼之语，内容大致相同，如删“温叔皮云：三衢柴翼客沪渎，余谒之，因谈兵火以前”，改“湖南一士人过泗州，有解太素脉者，诊之云”为“泗州有解太素脉者，其术甚精。湖南一士人求诊，医云”，改“求诊脉于医”为“遂访其人以求诊”，改“吃果子否”为“果子好”，改“一两旬复谒医”为“三五日，将梨吃完，来诊”，改“既而三四日间”为“既而五日后”，改“医者诘之，乃以食梨事对”为“脉者详细诘之，乃告以食梨二百许”，并删末尾“士子及太素脉者，忘其姓名，唯记京师医者是大马刘家”一句，显系抄袭。

19. 姜芥，一名假苏。《本草》谓性温，不然，实凉性耳。宋蔡绦贬岭峤，见人食黄颡鱼偶犯姜芥，必死，甚于钩吻毒。物性相反，可畏如此。岭南人最禁忌，不可不知。

【辨伪】此条抄自宋蔡绦《铁围山丛谈》卷六：

> 姜芥，一名假苏。《本草》谓性温，不然，实微凉。吾窜峤岭，数见食黄颡鱼偶犯姜芥者，必立死，甚于钩吻毒矣。物性相反，有可畏如是，世于是禁。殆不可不知。

今按：卢氏所记与蔡氏大致相同，文字稍有改窜，如改“实微凉”为“实凉性耳”，改“吾窜峤岭”为“宋蔡绦贬岭峤”，已透露其文献来源。又改“世于是禁”为“岭南人最禁忌”，显系抄袭。

20. 柳州产蛆草，高一二尺不等，状如茅。夏月插一枝于筵盘中，蚊蝇不敢近，食物亦不速腐。

【辨伪】此条抄自宋周去非《岭外代答》卷八“蛆草”：

> 蛆草，高一二尺，状如茅。夏月插一枝盘筵中，蚊蝇不近，食物亦不速腐。柳州有之。

今按：卢氏改末尾“柳州有之”为“柳州产蛆草”，并前置，又增“不等”二字，显系抄袭。

21. 苍耳至贱，随地皆生，不拘泥土、沙石，均产。花、叶、根、实，生熟俱可采食，治病无毒。久食能令人骨髓丰满，肌理如玉，长生药也。治风痹、瘫痪、疮痒，不可胜言。尤治金疮。一名鼠粘子，一名羊负来。《诗》谓之卷耳，《疏》谓之葈耳，俗谓之道人头。海南少药，惟此药人人服之。

【辨伪】此条抄自宋苏轼《苏轼文集》卷七十三《苍耳录》：

> 药至贱而为世要用，未有若苍耳者。他药虽贱，或地有不产，惟此药不问南北、夷夏、山泽、斥卤、泥土、沙石，但有地则产。其花、叶、根、实，皆可食，食之则如药，治病无毒，生熟丸散，无适不可。愈食愈善，乃使人骨髓满，肌如玉，长生药也。主疗风痹、瘫缓、癃疟、疮痒，不可胜言，尤治瘿金疮。一名鼠粘子，一名羊负来。《诗》谓之卷耳，《疏》谓之枲耳，俗谓之道人头。海南无药，惟此药生舍下，迁客之幸也。

今按：卢氏改“药至贱而为世要用，未有若苍耳者。他药虽贱，或地有不产，惟此药不问南北、夷夏、山泽、斥卤、泥土、沙石，但有地则产”为“苍耳至贱，随地皆生，不拘泥土、沙石，均产”，改“皆可食，食之则如药”、“生熟丸散，无适不可”为“生熟俱可采食”，改“愈食愈善”为“久食”，删“癃疟”，改“海南无药，惟此药生舍下，迁客之幸也”为“海南少药，惟此药人人服之”，显系抄袭。

22. 或谓：食梨益齿而损脾，食枣益脾而损齿。一呆子弟思久之，曰：“吾食梨但嚼而不咽，不能伤我之脾；吾食枣但则吞而不嚼，不能伤吾之齿。”

【辨伪】此条抄自元白珽《湛渊静语》卷二：

> 客有曰：梨益齿而损脾，枣益脾而损齿。一呆子弟思久之，曰：“我食梨则嚼而不咽，不能伤我之脾；我食枣则吞而不嚼，不能伤我之齿。”狎者曰：“你真是混沦吞却一个枣也。”遂绝倒。

今按：卢氏改“客有曰”为“或谓”，又增二“食”字，改三“我”字为“吾”字，其意相同，又删末尾“狎者曰：‘你真是混沦吞却一个枣也。’遂绝倒”，显系抄袭。

23. 岭南产铜鼓草，大者如瓜，小如莱菔，治疮毒极佳，磨浓醋涂之。

【辨伪】此条抄自宋周去非《岭外代答》卷八“铜鼓草”：

铜鼓草，其实大者如瓜，小者如莱菔。治疡毒，醋磨涂之。

今按：卢氏于周氏文句稍加改窜，如据书名补“岭南产”三字，又删“其实”二字，改“治疡毒，醋磨涂之”为“治疮毒极佳，磨浓醋涂之”，其意相同，显系抄袭。

24. 蛮洞药箭，用药养之，中人见血即死，惟南丹州最酷。南丹产毒蛇，种类不一，蛮人配合成药，用以傅矢，藏之筒中，其射人也，度必中而后发，苟中见血，一缕必死，惟其土人有解药。其土人将与人战，必先以甘蔗二三节随带衣中，偶尔中矢，即噉甘蔗，则毒气少缓发。急归，以身系于木株，而服解毒之药，少焉毒发，身必奋掷跳空中，以木株系于身，得不掷死。否则药发自跃于虚空，陨地扑杀耳。

【辨伪】此条抄自宋周去非《岭外代答》卷六“药箭”：

溪峒弩箭皆有药，唯南丹为最酷。南丹地产毒虺，其种不一，人乃合集酝酿以成药，以之傅矢，藏之竹筒，矢镞皆重缩，是矢也，度必中而后发，苟中，血缕必死，唯其土人自有解药。南丹之战也，人以甘蔗一节自随，忽尔中矢，即噉蔗，则毒气为之少缓。急归，系身于木株，而服解药，少焉毒作，身将奋掷，于木株系身，得不掷死。否则药作而自跃于虚空，陨地扑杀耳。

今按：卢氏所记与周氏大致相同，字句有所改窜，如改“溪峒弩箭皆有药”为“蛮洞药箭，用药养之，中人见血即死”，改“毒虺”为“毒蛇”，改“矢镞皆重缩，是矢也”为“其射人也”，改“南丹之战也，人以甘蔗一节自随”为“其土人将与人战，必先以甘蔗二三节随带衣中”，显系抄袭。

25. 广西荒野之地，多产恶草，藤生名曰胡蔓草，叶如茶，开小红花，一花一叶，揉其叶渍之水，涓滴入口，百窍皆流血而死。愚民私怨，往往茹以自毙。人近草侧，其叶自摇，盖其恶气好攻人气血如此。人服此草，面黑舌伸，家人知觉，急取抱卵不生鸡子蛋细研，和麻油，抉口灌之，将恶物毒尽吐乃苏。少迟，则不救也。验毒，用银钗插喉中，银变青黑者便是。人死将尸焚化，次日灰骨中已生胡蔓草数寸。此等恶种，火不能焚，天之生恶物如此。每岁朝廷下广西司除胡蔓草，著为令，此亦人代天工好生之意耳。

【辨伪】此条抄自宋周去非《岭外代答》卷八“胡蔓草”：

广西妖淫之地，多产恶草，人民亦禀恶德。有藤生者曰胡蔓，叶如茶，开小红花，一花一叶，揉其叶渍之水，涓滴入口，百窍溃血而死矣。愚民私怨，茹以自毙。人近草侧，其叶自摇，盖其恶气好攻人气血如此。人将期死，采其叶心，嚼而水吞之，面黑舌伸，家人觉之，急取抱卵不生鸡儿细研，和以麻油，抉口灌之，乃尽吐出恶物而苏。小迟，不可救矣。若欲验之，齿及爪甲青，探银钗咽中，银变青黑者是也。人死焚尸，次日灰骨中已生胡蔓数寸。此等恶种，火不能焚，天之生物有如此者。朝廷每岁下广西尉司除胡蔓，此亦人代天工之意，勿谓其不可去而一不问也。

今按：卢氏所记与周氏大致相同，文字稍有删改，如改"妖淫"为"荒野"，删"人民亦禀恶德"，改"人将期死，采其叶心，嚼而水吞之"为"人服此草"，改"乃尽吐出恶物而苏"为"将恶物毒尽吐乃苏"，改"若欲验之，齿及爪甲青"为"验毒"，改"天之生物有如此者"为"天之生恶物如此"，增"著为令"，删"勿谓其不可去而一不问也"，显系抄袭。

26. 余读《游宦纪闻》，见辛稼轩得疝疾，其肾肿坠如杯大。有道人教以服薏苡仁，用东方壁上土炒黄色，然后入水煮烂，再入砂锅内熬成膏，每次用无灰酒调服三钱，数次即愈。又陈沙随先生晚年亦得此疾，服之，疝亦愈。余按《本草》，苡仁一名叶珠，为上上等之药，养民命，去风湿，主治拘挛不可伸屈，下气，除筋骨寒邪，利脾胃，消水肿脚气，甘寒无毒，久服轻身益气，不老延年，巴蜀甚多，真良药也。

【**辨伪**】此条抄自宋张世南《游宦纪闻》卷五：

> 辛稼轩初自北方还朝，官建康，忽得癞疝之疾，重坠大如杯。有道人教以取叶珠(即薏苡仁也)，用东方壁土炒黄色，然后水煮烂，入砂盆内研成膏，每用无灰酒调下二钱即消。沙随先生晚年亦得此疾，辛亲授此方服之，亦消。然城郭人患不能得叶珠，只于生药铺买薏苡仁，亦佳。按《本草》，薏苡仁上等上上之药，为君主养命，多服不伤。人欲轻身养命、不老延年者，本上经。味甘，微寒无毒。主拘挛不可屈伸，除风湿痹，下气，除筋骨寒邪气不仁。利肠胃，消水肿，令人能食。久服轻身益气。其根下三虫，生真定平泽及田野，八月采实，采根无时，今在在有之，真良药也。蜀中巴蓬间甚多，士大夫以此相馈遗，杂之饮食间也。

今按：卢氏已言所记辛弃疾、程沙随二人事乃"余读《游宦纪闻》"而来，交代文献来源。而"余按《本草》"以下，改"辛稼轩初自北方还朝，官建康，忽得癞疝之疾，重坠大如杯"为"见辛稼轩得疝疾，其肾肿坠如杯大"，改"取叶珠(即薏苡仁也)"为"服薏苡仁"、"苡仁一名叶珠"二语，改"每用无灰酒调下二钱即消"为"每次用无灰酒调服三钱，数次即愈"，删"然城郭人患不能得叶珠，只于生药铺买薏苡仁，亦佳"一句。又改"为君主养命，多服不伤"为"养民命"，改"人欲轻身养命"至"久服轻身益气"为"去风湿，主治拘挛不可伸屈，下气，除筋骨寒邪，利脾胃，消水肿脚气，甘寒无毒，久服轻身益气，不老延年"，删"其根下三虫，生真定平泽及田野，八月采实，采根无时，今在在有之"，改"真良药也。蜀中巴蓬间甚多"为"巴蜀甚多，真良药也"，而删末尾"士大夫以此相馈遗，杂之饮食间也"，看似卢氏考证而来，其实皆自《游宦纪闻》中抄来。

27. 又陈沙随守泰州时，有乳妇因食冷肉，心脾发痛，苦不可忍。知县钱寿知以陈茱萸五六十粒，水一大碗，煎百沸取汁，去渣，入平胃散三钱，乘热服，即愈。后宋高宗尝制此药以赐近臣及军中，愈人疾无算，真良方也。

【辨伪】此条抄自宋张世南《游宦纪闻》卷五：

> 沙随先生在泰兴时，有乳妪因食冷肉，心脾发痛，不可堪忍。知县钱仁老名寿之，以药与之，一服痛止，再服即无他。其药以陈茱萸五六十粒，水一大盏，煎取汁，去滓，入官局平胃散三钱，再煎热服。钱云："高宗尝以赐近臣。时有归正官校尉添差县尉，后归军中，以是愈人疾甚多。其妻弟王得中，又以其药归昌国，亦多愈人疾，真奇方也。"

今按：卢氏改"泰兴"为"泰州"，又改"知县钱仁老名寿之"至"再煎热服"为"知县钱寿知以陈茱萸五六十粒，水一大碗，煎百沸取汁，去渣，入平胃散三钱，乘热服，即愈"，并改"钱云"一句为"后宋高宗尝制此药以赐近臣及军中，愈人疾无算，真良方也"，皆檃括其意，显系抄袭。

28. 程沙随偶得淋血之疾，两年不愈，人教以食白冬瓜，能治五淋，日食三大瓯，食至七日而愈。

【辨伪】此条抄自宋张世南《游宦纪闻》卷六：

> 董季兴昔尝为世南言，沙随先生绍兴丙午苦淋血之疾，两年不愈。……偶董阅《本草》，因见白冬瓜治五淋，于是日食三大瓯，七日而愈，前此百药皆无效。董，沙随先生之婿也，先生尝书此事于家庙之壁。

今按：卢氏改张氏所记董季兴谈程沙随事，而隐去张、董二人，文句有所删改，如删"董季兴昔尝为世南言"、"绍兴丙午"、"前此百药皆无效。董，沙随先生之婿也，先生尝书此事于家庙之壁"，改"偶董阅《本草》，因见白冬瓜治五淋"为"人教以食白冬瓜，能治五淋"，显系抄袭。

29. 僧文莹云：余向年见辰帅张不疑帅主，年方五十，齿已动摇，咀嚼艰难。后隔十余年，张又帅武陵，复见招，余往谒之，见其饮食，必巨脔大胾，齿若利刃，年已六十余矣。怪而问之，曰："得仙人传授固齿药。"余满口摇落，危若悬蒂，急求此方以固之，用之神效，名曰《西华岳莲花峰神传固齿药方》，序云："天圣中，元亨邀道友登华顶，遍游三峰，宿于明星馆，在旧址中有断碑数片，仿佛科斗文，洗涤而读之，乃《治口齿乌髭歌》一首，其人名、年代不可考。元亨录此方以治人，其效如神。歌曰：猪牙皂角及生姜，西国升麻蜀地黄。木律旱莲槐角子，细辛荷叶要相当。青盐等分同烧煅，研杀将来使最良。揩齿牢牙髭鬓黑，谁知世上有良方。"（余按：木律未详，一本作木草，待考。）

【辨伪】此条抄自宋释文莹《玉壶清话》卷五：

> 文莹丙午岁访辰帅张不疑师正，时不疑方五十，齿已疏摇，咀嚼颇艰。后熙宁丁巳，不疑帅鼎，复见招，为武陵之游，凡巨脔大胾，利若刀截，已六十二矣。余怪而

诘焉，曰："得药固之。"时余满口摇落，危若悬蒂，谩以此药试之，辄尔再固。因求此方以疗病齿者，凡用之皆效。题曰《西华岳莲花峰神传齿药方》，序曰："元亨在天圣中，结道友登岳顶，斋宿祈祠方已，遍游三峰，酌太上泉，至明星馆，于故基下得断碑数片，仿佛有古文，洗涤而后可辨。读之，乃《治口齿乌髭药歌》一首，虑岁月寖久，剥裂不完，遽录以归。而后朝之名卿巨公，访山中故事，语及者皆传之，修制以用，其效响应。歌曰：猪牙皂角及生姜，西国升麻蜀地黄。木律旱莲槐角子(木一作草)，细辛荷叶要相当。青盐等分同烧煅，研杀将来使最良。揩齿牢牙髭鬓黑，谁知世上有仙方。"

今按：卢氏此条言所记系"僧文莹云"，交代文献来源，此下与《玉壶清话》所载相同，文句稍有改窜，如改"师正"为"帅主"，改"后熙宁丁巳，不疑帅鼎"为"后隔十余年，张又帅武陵"，改"得药固之"为"得仙人传授固齿药"，删"因求此方以疗病齿者，凡用之皆效"。其所引《西华岳莲花峰神传齿药方》序，亦大致相同。改"木律旱莲槐角子(木一作草)"为"余按：木律未详，一本作木草，待考"，本当作"一本作草律"，而又误作"木草"。

30. 岭外风俗，服毒药以死诬人，多死于所诬之家门首，其愚如此。《南州异物志》云："广州乡里负债不能还者，其子弟取野葛一二钱，钩吻草数寸，到债家之门，食药而死，诬债家杀之。债家惧，数倍而偿死家，乃肯收尸去，不以为恨。"相习成为风俗。按：钩吻即断肠草，毒与胡蔓等。又《岭表录异志》云："野葛俗呼为胡蔓，蔓生如兰香，光而厚。置生菜中毒人，用新鲜羊血嚾之，即解。盖人食能断肠，羊食即肥大，亦异物也。"

【辨伪】此条抄自宋朱翌《猗觉寮杂记》卷下：

> 岭外风俗，多服毒药断肠草以死诬人，多死于所诬之门，常怪其愚如此。《南州异物志》曰："广州俚贼，若邻里负其债不时还者，子弟取野葛一钱，钩吻数寸许，到债家门，食而死，诬债家杀之。债家惧，以物辞谢，多数十倍。死家乃收尸而去，不以为恨。"则此风旧矣。钩吻即断肠草，又名胡蔓。《岭表录异记》云："野葛俗呼为蔓，蔓生如兰香，光而厚。置生菜中毒人，用羊血解。羊食之肥大。"

今按：卢氏改"多服毒药断肠草"为"服毒药"，改"广州俚贼，若邻里负其债不时还者"为"广州乡里负债不能还者"，改"以物辞谢，多数十倍"为"数倍而偿死家"，改"则此风旧矣"为"相习成为风俗"，改"用羊血解"为"用新鲜羊血嚾之，即解"，改"羊食之肥大"为"盖人食能断肠，羊食即肥大，亦异物也"，其意相同，又改"又名胡蔓"为"毒与胡蔓等"，则意已不同，而抄袭痕迹显而易见。

31. 犀角能解百毒，然有二种牸犀，文理细腻，斑白分明，俗谓斑犀，只可用以作器皿，不堪入药。惟牯犀文理长大，只可入药。性极寒凉，解真热毒之妙药也。吾亲见治寒大症以及心经病热者，口燥唇焦，百药不效，用犀角磨服数次，其疾顿消，屡试屡验。

【辨伪】此条抄自宋张世南《游宦纪闻》卷二：

又曰：犀之佳者是牸犀，纹理细腻，斑白分明，俗谓斑犀，服用为上，然入药则不如雄犀也。……大率犀之性寒，能解百毒。世南友人章深之，病心经热，口燥唇干，百药不效，有教以犀角磨服者，如其言，饮两碗许，疾顿除。

今按：卢氏改“又曰：犀之佳者是牸犀”为“犀角能解百毒，然有二种牸犀”，改“服用为上，然入药则不如雄犀也”为“只可用以作器皿，不堪入药”，增“惟牯犀文理长大，只可入药”，改“大率犀之性寒，能解百毒”为“性极寒凉，解真热毒之妙药也”，改“世南友人章深之，病心经热”为“吾亲见治寒大症以及心经病热者”，改“有教以犀角磨服者，如其言，饮两碗许，疾顿除”为“用犀角磨服数次，其疾顿消，屡试屡验”，大同小异，显系抄袭。

32. 喘药方：用麻黄三两，连根并节，用汤浴过，诃子二两，去核用肉，二味研为末。每服用三大匕，水二盏，煎减一半，入腊茶一钱，再煎作八分，乘热服之，无不效验。

【辨伪】此条抄自宋刘昌诗《芦浦笔记》卷六“喘药方”：

先君尝施喘药，盖用麻黄三两，不去根节，汤浴过，诃子二两，去核用肉，二味为粗末。每服三大匕，水二盏，煎减一半，入腊茶一钱，再煎作八分，热服，无不验者。

今按：卢氏改刘氏所记“先君尝施喘药”为“喘药方”，又改“不去根节”为“连根并节”，改“热服，无不验者”为“乘热服之，无不效验”，其意相同，显系抄袭。

33. 又方：用新罗参三两，为细末，以生鸡子清和为丸，如梧桐子大，阴干。每服百丸，温茶送下，一服即止。又临江守叶端溪言：其祖石林亦病喘疾，乃纯用附子，至某则非麻黄不可。观其所禀受如何耳。又自谓小女亦喘，而四世用药不同如此。

【辨伪】此条抄自宋刘昌诗《芦浦笔记》卷六“喘药方”：

后于彭子寿侍郎传一方，用新罗参一两，作细末，以生鸡子青和为丸，如梧子大，阴干。每服百粒，温腊茶清下，一服立止。尝见知临江叶守端卿言：其祖石林病此，专服大黄而愈。其尊人亦苦此疾，乃纯用附子，至某则非麻黄不可。然则又观其所禀如何。且自谓其女幼年已喘，传至四世而用药皆不同。

今按：卢氏改“后于彭子寿侍郎传一方”为“又方”，改“一两”为“三两”，改“尝见知临江叶守端卿言”为“又临江守叶端溪言”，又删“专服大黄而愈。其尊人亦苦此疾”，以叶端卿之父所服之药为其祖所服，已与原意不同，又改“传至四世而用药皆不同”为“而四世用药不同如此”，不知卢氏所记如何“四代”？改窜虽有讹误，但抄袭痕迹显而易见。

34.《滇南土司婚礼记》载：土司家女于出阁时，始行缠脚。其缠束甚易，取山中葳灵仙草根茎叶，煎浓汁，每日濯洗二三次，不过十余日频洗，便步步金莲矣。此药《本草》及方书亦不载。

【辨伪】此条抄自清陈鼎《滇黔土司婚礼记》：

> 长官家女有缚足者，民间多不缚，便于工作也。其缚也甚易，山中有草曰“威灵仙”者，取其根汁煎濯之，不数日，而步步金莲矣。

今按：卢氏明言“《滇南土司婚礼记》载”，交代文献来源，而于陈氏所记有所改窜，如改“长官家女有缚足者，民间多不缚，便于工作也”为“土司家女于出阁时，始行缠脚”，又于末尾增“此药《本草》及方书亦不载”一句。

35. 僧智缘善太素脉，能知人休咎。一日为王荆公诊，言当有子登科之喜。时王禹玉在坐，深不然之。明年，雱果及第。僧自是矜其术验，诣公乞文以为荣。公书“妙应大师”四字赠之。翰林王承旨曰：“诊父之脉，而知子之贵，恐古无此法，必有妖术。”僧曰：“昔秦使医和诊晋侯脉，知良臣将死。夫良臣之命，尚系于君脉。况父子乎？有何怪焉。”后僧亦尝召诊御脉，命以官，不就。

【辨伪】此条抄自宋周煇《清波杂志》卷十一：

> 煇尝见父友许志康宧论太素脉，谓可卜人之休咎。因及治平中京师医僧智缘为王荆公诊脉，言当有子登科甲之喜。时王禹玉在坐，深不然之。明年，雱果登第。缘自矜语验，诣公乞文以为宠。公为书曰：妙应大师智缘，诊父之脉，而知其子有成名之喜。翰林王承旨疑古无此，缘曰：“昔秦医和诊晋侯之脉，知其良臣将死。夫良臣之命，尚于晋侯脉息见之；因父知子，又何怪乎？”所书大略如此。许云：“此非荆公之文，特其徒假公重名矜炫，以售其术尔。”（智缘尝从王韶经理洮河边事，亦尝召对诊御脉，命以官，不就。）

今按：卢氏所记与周氏相同，文句有所删改，如改“煇尝见父友许志康宧论太素脉，谓可卜人之休咎。因及治平中京师医僧智缘为王荆公诊脉”为“僧智缘善太素脉，能知人休咎。一日为王荆公诊”，改“公为书曰：妙应大师智缘，诊父之脉，而知其子有成名之喜。翰林王承旨疑古无此”为“公书‘妙应大师’四字赠之。翰林王承旨曰：‘诊父之脉，而知子之贵，恐古无此法，必有妖术’”，删“所书大略如此。许云：‘此非荆公之文，特其徒假公重名矜炫，以售其术尔’”，又改注文为正文，改“智缘尝从王韶经理洮河边事”为“后僧”，显系抄袭。

36. 刘阮天台遇女仙，饲胡麻饭。按：胡麻即脂麻也，神仙家多服食之，见李时珍《本草纲目》。俗作芝麻，非。

【辨伪】此条抄自明李时珍《本草纲目》卷二十二“胡麻”：

释名：巨勝(《本经》)……脂麻(《衍義》)，俗作芝麻，非。……发明：……刘阮入天台，遇仙女，食胡麻饭。亦以胡麻同米作饭，为仙家食品焉尔。

今按：卢氏交代所记“见李时珍《本草纲目》”，交代文献来源，文句有所改窜，如改“释名”一节为“胡麻即脂麻也”、“俗作芝麻，非”，又改“发明”一节中刘阮事为“刘阮天台遇女仙，饲胡麻饭”、“神仙家多服食之”，而删“亦以胡麻同米作饭”。

37. 五运六气之说，一岁五行各主运七十二日。少阴君火，太阴湿土，少阳相火，阳明燥金，太阳寒水，厥阴风木。而火独有二。以六为节，故气以一期为一备，地以五为制，故运以五为一周。《左氏》载医和之言，谓：“天有六气，降生五味。”即《素问》五六之数。《易》与《洪范》、《月令》其致一也。

【辨伪】此条抄自宋王应麟《困学纪闻》卷九：

五运六气，一岁五行主运各七十二日。少阴君火，太阴湿土，少阳相火，阳明燥金，太阳寒水，厥阴风木。而火独有二。天以六为节，故气以六期为一备。地以五为制，故运以五岁为一周。《左氏》载医和之言曰：“天有六气，降生五味。”即《素问》五六之数。《易》、《洪范》、《月令》其致一也。

今按：卢氏所记与王氏相同，文字稍有改窜，如增“之说”二字。又删“天”、“岁”，误改“六期”为“一期”，大同小异，显系抄袭。

38. 又江慎修《群经补义》云：“阴淫寒疾，太阳寒水，司令也。阳淫热疾，少阳相火，司令也。风淫(木)[末]疾，厥阴风木也。雨淫腹疾，太阴湿土也。晦淫惑疾，少阴君火也。明淫心疾，阳明燥金也。”

【辨伪】此条节抄自清江永《群经补义》卷二：

医和言六气“阴、阳、风、雨、晦、明”，与《素问》六气“风、寒、暑、湿、燥、火”若不同，其实一也。今推之，阴淫寒疾，太阳寒水也；阳淫热疾，少阳相火也；风淫末疾，厥阴风木也；雨淫腹疾，太阴湿土也；晦淫惑疾，少阴君火也；明淫心疾，阳明燥金也。

今按：卢氏此条明言“江慎修《群经补义》云”，交代文献来源，但删“今推之”以前的文字，而增二“司令也”，略有改动。

39. 古人用火，必因四时之木，故钻燧改火为政之大端。黄帝《素问》言：“(状)[壮]火散气，少火生气。”季春出火，贵其新者，少火之义也。今人不遵古制，一切取之于石炭、油煤、木炭以作烹饪，其性猛烈而不宜人；疾病之多，年寿之减，有自来也。

【辨伪】此条抄自清顾炎武《日知录》卷五“用火”：

古人用火，必取之于木，而复有四时五行之变。《素问》黄帝言："壮火散气，少火生气。"季春出火，贵其新者，少火之义也。今人一切取之于石，其性猛烈而不宜人；疾疢之多，年寿之减，有自来矣。邵氏《学史》曰："古有火正之官，语曰：钻燧改火，此政之大者也。"

今按：卢氏改"必取之于木，而复有四时五行之变"及"邵氏《学史》曰：'古有火正之官，语曰：钻燧改火，此政之大者也'"二句为"必因四时之木，故钻燧改火为政之大端"，又改"今人一切取之于石"为"今人不遵古制，一切取之于石炭、油煤、木炭以作烹饪"，其意相同，显系抄袭。

40. 孙思邈隐终南山，与宣律和尚往来互参宗旨。时大旱，西域僧请于昆明池设坛祈雨，诏有司备香烛，凡七日，水缩数尺。忽有老人夜叩宣律师求救，曰："弟子昆明池龙也，无雨，非由弟子。胡僧利吾脑为药，欺天子言祈雨，命尽旦夕，乞师法力救护。"宣律辞曰："我特持律而已，可向孙先生求。"老人因至孙所乞求。孙谓曰："我闻昆明池龙宫有仙方三千首，取传与我，我乃救尔。"老人曰："此方上帝不许妄传，今急矣，固无所惜。"有顷，捧方而至。孙曰："汝第归，无虑也。"自是池水忽涨如故，数日溢岸。胡僧羞恚而死。孙遂著《千金方》三千卷，每卷入一方，人不得晓。及卒后，玄宗幸蜀，梦思邈乞武都雄黄，上命中使斋十斤，送于峨眉山顶。中使上山未半，忽见来一人幅巾被褐，须发皓白，有二僮子侍立左右，指大石盘上石臼，谓："中使可致药于此。上有表文，录以上皇帝。"中使视石有朱书数百字，遂录之，随写随灭。写毕，无复有字。须臾，白云漫起，倏忽不见。

【辨伪】此条抄自唐段成式《酉阳杂俎》前集卷二：

孙思邈尝隐终南山，与宣律和尚相接，每来往互参宗旨。时大旱，西域僧请于昆明池结坛祈雨，诏有司备香灯，凡七日，缩水数尺。忽有老人夜诣宣律和尚求救，曰："弟子昆明池龙也。无雨久，匪由弟子。胡僧利弟子脑，将为药，欺天子言祈雨，命在旦夕，乞和尚法力加护。"宣公辞曰："贫道持律而已，可求孙先生。"老人因至思邈石室求救。孙谓曰："我知昆明龙宫有仙方三千首，尔传与予，予将救汝。"老人曰："此方上帝不许妄传，今急矣，固无所吝。"有顷，捧方而至。孙曰："尔第还，无虑胡僧也。"自是池水忽涨，数日溢岸。胡僧羞恚而死。孙复著《千金方》三千卷，每卷入一方，人不得晓。及卒后，时有人见之。玄宗幸蜀，梦思邈乞武都雄黄，乃命中使赍雄黄十斤，送于峨眉顶上。中使上山未半，见一人幅巾被褐，须鬓皓白，二童青衣丸髻，夹侍立屏风侧，以手指大盘石臼："可致药于此。上有表，录上皇帝。"中使视石上朱书百余字，遂录之，随写随灭。写毕，石上无复字矣。须臾，白气漫起，因忽不见。

今按：卢氏所记与段氏相同，文字略有删改，如改"胡僧利弟子脑，将为药"为"胡僧利吾脑为药"，删"时有人见之"，改"二童青衣丸髻，夹侍立屏风侧"为"有二僮子侍立左右"，显系抄袭。

41. 冶葛，毒草也。蔓生，叶如罗勒，一名胡蔓草。置毒者，多杂生蔬以进之，悟者速以药解，否则，半日死矣。山羊食其苗，即肥而大，亦如鼠食巴豆，其大如豚，盖物类有相生也。治冶葛毒，以蕹菜汁滴其苗，当时即萎。世传魏武帝能啖冶葛一尺，云先服此(蕹)[蕹]菜汁故尔，不能染毒。

【辨伪】此条抄自晋嵇含《南方草木状》卷上：

冶葛有大毒，以蕹汁滴其苗，当时萎死。世传魏武能啖冶葛至一尺，云先食此菜。冶葛，毒草也。蔓生，叶如罗勒，光而厚，一名胡蔓草。置毒者，多杂以生蔬进之，悟者速以药解，不尔，半日辄死。山羊食其苗，即肥而大，亦如鼠食巴豆，其大如豚，盖物类有相伏也。

今按：卢氏所记与嵇氏相同，文字略有删改，又颠倒顺序，如改“冶葛有大毒”为“治冶葛毒”，改“先食此菜”为“先服此(蕹)[蕹]菜汁故尔，不能染毒”，删“光而厚”，改“相伏”为“相生”，并改“治冶葛毒”一节于后，显系抄袭。

42. 吉利草，其茎如金钗股，形似石斛，根如芍药。交、广人家，多蓄蛊毒，惟此草能解之，见效甚速，屡试屡验。此药方书未载。

【辨伪】此条抄自晋嵇含《南方草木状》卷上：

吉利草，其茎如金钗股，形类石斛，根类芍药。交、广俚俗，多畜蛊毒，惟此草解之，极验。

今按：卢氏所记与嵇氏相同，文字稍有改窜，如改“交、广俚俗”为“交、广人家”，改“极验”为“见效甚速，屡试屡验”，又增“此药方书未载”一句，显系抄袭。

43. 神仙养生之事，虽不可信，然亦未尝不信。至炼丹飞举，千万中不过一二耳。若其爱养精神，调护气血，慎节起卧，均适寒暑，禁忌饮食，谨服药物，遂其生禀不为夭折者，吾无间然。然服药饵，亦看保养何如耳！庚肩吾服槐实，年七十余，日看细字，须发犹黑。邺中朝士，有单服杏仁、枸杞、黄精、白术者，得益者甚多，不能尽说。颜之推尝患齿，动摇欲落，饮食冷暖，皆痛不能堪，用《抱朴子》牢齿法，早晚叩齿三百下，行之十余日，即愈。此样小术，无损于事，不妨恒久行之。陶隐居《大清方》中，总录甚备，但须精详审，不可轻用。余见王爱州服松脂，不得法，肠塞而死，为药所误不少。

【辨伪】此条抄自北齐颜之推《颜氏家训》卷五《养生篇》：

神仙之事，未可全诬。……而望遁迹山林，超然尘滓，千万不遇一尔。……若其爱养神明，调护气息，慎节起卧，均适暄寒，禁忌食饮，将饵药物，遂其所禀不为夭折者，吾无间然。诸药饵法，不废世务也。庚肩吾常服槐实，年七十余，目看细字，须发犹黑。邺中朝士，有单服杏仁、枸杞、黄精、白术者，得益者甚多，不能一一说尔。吾尝患齿，摇动欲落，饮食热冷，皆苦疼痛，见《抱朴子》牢齿之法，早朝建齿三百下为良，行之数日，即便平愈。今恒持之，此辈小术，无损于事，亦可修也。凡诸饵药，陶隐居《太清方》中，总录甚备，但须精审，不可轻脱。近有王爱州在邺学服松脂，不得节度，肠塞而死。为药所误者甚多。

今按：卢氏所记与颜氏大致相同，文句稍有删改，如改“神仙之事，未可全诬”为“神仙养生之事，虽不可信，然亦未尝不信”，又改“而望遁迹山林，超然尘滓，千万不遇一尔”为“至炼丹飞举，千万中不过一二耳”，改“爱养神明，调护气息”为“爱养精神，调护气血”，改“诸药饵法，不废世务也”为“然服药饵，亦看保养何如耳”，改“吾尝患齿”为“颜之推尝患齿”，已透露其文献来源。又改“早朝建齿三百下为良”为“早晚叩齿三百下”，改“今恒持之，此辈小术，无损于事，亦可修也”为“此样小术，无损于事，不妨恒久行之”，而删“凡诸饵药”，改“近有王爱州在邺学服松脂”为“余见王爱州服松脂”，不知颜之推同时之人，卢氏何以见之？大同小异，显系抄袭。

44. 苗人蛊毒，为害最大，其法以五月五日聚毒虫于一器中，使其互相吞噬，并而为一，乃诸毒之尤者。取以为蛊，中人立死。然造蛊之法多端，所谓金蚕蛊、蜈蚣蛊，最著名。其放蛊，多在冷茶、冷酒及蔬菜、肉食中第一块上。凡入其境者，虑为蛊所害，必先嚼甘草三两钱，咽汁吞下，中毒即吐，仍以炙甘草三两、生姜四两、水六升煎汁为二升，日三四服，则毒随大小便出。若嚼甘草不吐者，则非蛊也。又方：用三七、荸荠各五钱为末服，可解。又方：用白矾、细辛为末各五钱，取新汲水调服之，得吐，亦可解。又苗人解蛊毒方有名三百头牛者，即土常山也；有名三百两银者，即马兜铃也，用以佩带及煎服，皆可解。又有中蛊而卧病者，烧病人所卧之箦，则病者能言放蛊为何人。凡放蛊之家，其门窗几壁，洁净光明，纤尘不染，盖蛊鬼为之拭拂也。觉之，可为女字坐，则蛊不灵。又闻蓄蛊之家，鸡辄飞去，彼或蛊我，方食时，窃其少许，密埋于十字街心，不令放蛊家知之，则蛊鬼反而祟彼。又闻蛊鬼畏猬虫，取猬入蓄蛊之家，其蛊立擒。以上诸说，皆采辑群书之有征验者，以备奔走滇黔、粤岭者择焉。

【辨伪】此条抄自清陆次云《峒溪纤志》卷中“蛊毒”：

苗人能为蛊毒，其法五月五日聚毒虫于一器之中，使相吞噬，并而为一，乃诸毒之尤也。以之为蛊，中者立毙。然造蛊之法多端，如有所谓金蚕蛊、蜈蚣蛊者，其术不可思议。大约其用蛊，恒在冷茶、冷酒中及菜蔬、肉食中第一块上。行其地者，虑为所毒，宜带甘草嚼而咽汁，中毒即能吐出，仍以炙甘草三两、生姜四两、水六升煮二升，日二服，或用都淋藤、黄藤酒煎，温常服，则毒随大小溲出。若含甘草而不吐者，非毒也。又三七末、荸荠皆可解。又白矾、细辛为末各五钱，新汲水调下，得吐即止。又蛮人解蛊毒药有名三百头牛者，土常山也；有言三百两银者，马兜铃藤也，皆宜佩带。有中蛊而卧病者，烧病人所卧之箦，则病者能自言下蛊者为何人也。蛊祟有神，夜出摄死者之魂，光如拽彗，流入人家，当知防御。又下蛊之家，其居必洁，盖蛊死之鬼为之拂拭，故牕牖之上，纤尘不染也。觉之者，为女字坐，则其蛊不灵。又闻蓄蛊之家，鸡辄飞去，彼或蛊我，方食时，窃其少许，密埋十字街心，则蛊神反为彼祟。又蛊神畏猬，取猬入养蛊之家，其蛊立擒。数说皆有征验，故为附及。

今按：卢氏所记与陆氏大致相同，文字有所删改，如改“苗人能为蛊毒”为“苗人蛊毒，为害最大”，改“其术不可思议”为“最著名”，改“宜带甘草嚼而咽汁”为“必先嚼甘草三两钱，咽汁吞下”，改“日二服，或用都淋藤、黄藤酒煎，温常服”为“日三四服”，改“又三七末、荸荠皆可解”为“又方：用三七、荸荠各五钱为末服，可解”，改“皆宜佩带”为“用以佩带及煎服，皆可解”，删“蛊祟有神，夜出摄死者之魂，光如拽彗，流入人家，当知防御”，改“其居必洁”、“故牕牖之上，纤尘不染也”为“其门窗几壁，洁净光明，纤尘不染”，增“不令放蛊家知之”一语，改末尾“数说皆有征验，故为附及”为“以上诸说，皆采辑群书之有征验者，以备奔走滇黔、粤岭者择焉”，显系抄袭。

45. 隐者刘易，在王屋山，见一大蜘蛛为蜂所螫，腹即胀满欲裂，蜘蛛即就草间寻芋禾梗磨腹不已，腹胀即消。后因以治人被蜂螫者，止痛神效。

【辨伪】此条抄自宋邵博《闻见后录》卷二十九：

有隐者刘易，在王屋山，见一蜘蛛为大蜂所螫，腹胀欲裂，亟就草间啮芋梗磨之，胀即平。因以治人之被蜂螫者，痛立止。

今按：卢氏改“腹胀欲裂，亟就草间啮芋梗磨之，胀即平”为“腹即胀满欲裂，蜘蛛即就草间寻芋禾梗磨腹不已，腹胀即消”，改“痛立止”为“止痛神效”，其意相同，显系抄袭。

46. 草木中有莨宕子、防葵、赤商陆、曼陀罗花，冲酒饮，能令人狂惑见鬼。安禄山以莨菪酒醉奚丹，坑杀之。又嘉靖时，有妖僧武如香至张柱家，以红散入饭，举家昏迷，任其淫乱，盖是用此等药。又周密言：“押不芦可作百日丹迷人。”又郎仁宝言：“曼陀罗花泡酒，饮之醉如死。”又御史魏二韩言：“伊会审一大盗，供称威灵仙天茄花粘刺豆，和酒饮之，人即迷而不醒。复询以何药可解，对以蓝叶汁可解，否则口嚼青布，咽津吞之，亦可解，但少缓耳。”(防葵，一作苓。)

【辨伪】此条抄自清赵吉士《寄园寄所寄》卷七：

莨菪子、云实、防苓、赤商陆、曼陀罗花，皆令人狂惑见鬼。安禄山以莨菪酒醉奚丹，坑之。嘉靖中，妖僧武如香至昌黎张柱家，以红散入饭，举家昏迷，任其奸污，盖是横唐方。周密言：“押不卢可作百日丹。”郎仁宝言：“曼陀罗花酒，饮之醉如死。”魏二韩御史治一贼，供称：“威灵仙天茄花粘刺豆，人饮则迷，蓝汁可解，青衣可嚼。”(《物理小识》)

今按：卢氏增“草木中有”、“冲酒饮”二语，改“任其奸污，盖是横唐方”为“任其淫乱，盖是用此等药”，又改“魏二韩御史治一贼，供称：‘威灵仙天茄花粘刺豆，人饮则迷，蓝汁可解，青衣可嚼’”为“又御史魏二韩言：‘伊会审一大盗，供称威灵仙天茄花粘刺豆，和酒饮之，人即迷而不醒。复询以何药可解，对以蓝叶汁可解，否则口嚼青布，咽津吞之，亦可解，但少缓耳'”，其意相同，显系抄袭。又按：《物理小识》此节，“防苓”作“防葵”，小注“防葵，一作苓”应据此而来。

47. 又《赤雅》载：凡中蛊者，其方虽多，惟用三七、荸荠各五钱，研末为丸外，用白矾、细茶，亦五钱同煎，浓汤服之，得吐下毒物即止。然后治以解毒之药，即愈，此方较为效验。又云：中瘴气者，多失声音，谓之草子瘴。越一二时，血凝即死。治之法，用针刺头额及上唇，使出黑血，再以楮叶擦舌上，亦令出血，然后用药以解其热，应手立效，此方亦便当有验。

【辨伪】此条抄自明邝露《赤雅》卷上“天姬破蛊”及卷下“痖瘴”。卷上“天姬破蛊”：

> 凡中蛊者，颜色反美于常。……予久客其中，习知其方，用三七末、荸荠为丸，又用白矾及细茶分为末，每服五钱，泉水调下，得吐则止。

又卷下“痖瘴”：

> 中瘴失语，俗谓中草子，移时血凝立死。其法，用针刺头额及上唇，仍以楮叶擦舌，令出血，徐以药解其内热，应手立效。

今按：卢氏此条明言为“《赤雅》载”，交代文献来源，文字稍有增改，如改“凡中蛊者，颜色反美于常。……予久客其中，习知其方”为“凡中蛊者，其方虽多”，改“泉水调下”为“浓汤服之”，并增“然后治以解毒之药，即愈，此方较为效验”一句。又改“移时”为“越一二时”，并增“使出黑血”、“此方亦便当有验”二语。

卷　九
仙佛神鬼随笔

1. 老氏、释氏，皆有所偏，俱非圣人之道。然吾亦有可采焉。老氏，吾取其佳兵不祥；释氏，吾取其戒杀。

【辨伪】此条抄自元鲜于枢《困学斋杂录》：

> 老氏、释氏，吾有取乎？曰：有。老氏，吾取其佳兵不祥；释氏，吾取其戒杀。

今按：卢氏改“老氏、释氏，吾有取乎？曰：有”为“老氏、释氏，皆有所偏，俱非圣人之道。然吾亦有可采焉”，变换句式，而其意全同，显系抄袭。

2. 近来士大夫多好佛，往往作为偈颂，以发明禅理。独司马温公患之，恐其引儒入释，尝作《解禅偈》六篇，云：“文中子以佛为西方圣人，信如文中子之言，则佛之心可知也。今之言禅者好为隐语以相迷，大言以相胜，使学者伥伥然入于迷途，故余广文中子之言而解之，作《解禅偈》六首。若其果然，虽中国可行矣，何必西方？若其不然，非余之所知也。忿怒如烈火，利欲如铦锋；终朝长戚戚，是名阿鼻狱。颜回甘陋巷，孟轲安自然；富贵如浮云，是名极乐国。孝弟通神明，忠信行蛮貊；积善来百祥，是名结因果。仁人之安宅，义人之正路；行之诚且久，是名不坏身。道德修一身，功德被万物；为圣为大贤，是名菩萨佛。言为百世师，行为天下法；久久不可掩，是名光明藏。”

【辨伪】此条抄自宋王辟之《渑水燕谈录》卷三：

> 近年士大夫多修佛学，往往作为偈颂，以发明禅理。独司马温公患之，尝为《解禅偈》六篇，云：“文中子以佛为西方圣人，信如文中子之言，则佛之心可知已。今之言禅者好为隐语以相迷，大言以相胜，使学之者伥伥然益入于迷妄，故予广文中子之言而解之，作《解禅偈》六首。若其果然，虽中国可行矣，何必西方？若其不然，则非予之所知也。忿怒如烈火，利欲如铦锋；终朝长戚戚，是名阿鼻狱。颜回甘陋

巷，孟轲安自然；富贵如浮云，是名极乐国。孝悌通神明，忠信行蛮貊；积善来百祥，是名作因果。仁人之安宅，义人之正路；行之诚且久，是名不坏身。道德修一身，功德被万物；为贤为大圣，是名菩萨佛。言为百世师，行为天下法；久久不可掩，是名光明藏。”

今按：卢氏改“多修佛学”为“多好佛”，又增“恐其引儒入释”一语，又改《解禅偈》中“迷妄”为“迷途”，改“为贤为大圣”为“为圣为大贤”，其他相同，显系抄袭。

3. 汉明帝时听阳城侯刘峻出家，是为僧之始。济阳妇女阿满出家，是为尼之始。

【辨伪】此条抄自宋赵令畤《侯鲭录》卷一：

汉明帝听阳城侯刘峻等出家，僧之始也。济阳妇女阿潘等出家，尼之始也。

今按：卢氏增“时”字，于“刘峻”后删“等”字，改“僧之始也”、“尼之始也”为“是为僧之始”、“是为尼之始”，其意相同。而其改“阿潘等”为“阿满”，则误矣。显系抄袭。

4. 巫山神女庙两廊碑文，皆言神女助禹开峡有功，是以建庙祀之，其碑文极诋宋玉云雨之妄。余谓与扬州后土韦郎相似。其事旧塑绿衣少年于旁，明道以其亵渎，命撤去。又：月宫姮娥，初无此说，诞妄始于《淮南子》，汉人从而传之，唐宋文人又从而歌咏之，遂成实典，以为真有其事。

【辨伪】此条抄自元盛如梓《庶斋老学丛谈》卷上：

巫山神女庙两庑碑文，皆言神助禹开峡有功，是以庙而祀之，极诋宋玉云雨之妄。余谓与扬州后土韦郎事相似。旧塑绿衣年少于旁，明道以其亵渎，遂撤去之。不特此二事，月宫姮娥，初无此说，诞妄始于《淮南子》，汉人从而传之，唐宋文人又从而诗之、歌之。史先生《学斋占毕》论之详矣。

今按：卢氏改“两庑”为“两廊”，增“其碑文”，改“遂撤去之”为“命撤去”，改“不特此二事”为“又”，改“诗之、歌之”为“歌咏之”，又增“遂成实典，以为真有其事”一句，而删“史先生《学斋占毕》论之详矣”，显系抄袭。

5. 宣和中崇尚道教，黄冠出入紫禁，号“金门羽客”，气焰赫然，林灵素为道教宗主，班秩视太中大夫，颇有法术，如祈雨大小皆有验，上深信之。一日，上有诏，令两学士子问道于林，命士人询于座下，并遣亲近中贵监莅。灵素升座首，召太学博士王俊义，王久不出，既出，乃扬言曰：“昔吾先圣与老聃同德比义，相为师友，岂有抠衣礼黄冠者哉？”闻者大相骇异，各逡巡而罢。王，海陵人，仕至宰(椽)[掾]，终未大用。

【辨伪】此条抄自宋周煇《清波杂志》卷三：

宣和崇尚道教，黄冠出入禁闼，号“金门羽客”，气焰赫然，林灵素为之宗主。

道官自金坛郎至太虚大夫，班秩与庭臣同。灵素初除金门羽客、通真达灵玄妙先生，视中大夫，后驯擢至太中大夫、冲和殿侍晨，视两府。……一日，盛暑，亭午，上在水殿，热甚，诏灵素作法祈雨。久之，奏云："四渎，上帝皆命封闭，唯黄河一路可通，但不能及外。"诏亟致之，俄震雷大霆，霆皆浊流，俄顷即止。中使自外入，言内门外赫日自若。徽宗益神之。……当灵素盛时，一日有诏两学之士问道于其座下，且遣亲近中贵监莅。灵素既升座首，诏太学博士王俊乂，久而不出，既出，乃昌言："昔吾先圣与老聃同德比义，相为师友，岂有抠衣礼黄冠者哉？"闻者骇然，各逡巡而罢。王，海陵人，历宰掾分符而终。

今按：卢氏改"禁闼"为"紫禁"，改"道官自金坛郎至太虚大夫"至"视两府"为"班秩视太中大夫"，而改"一日，盛暑"至"徽宗益神之"为"颇有法术，如祈雨大小皆有验，上深信之"，又改"历宰掾分符而终"为"仕至宰(椽)[掾]，终未大用"，显系抄袭。

6. 老子见称于仲尼，盖亦圣人也。其道以清净无为为本，衣冠丧祭，与凡民同。老子之子名宗，盖有妻妾，曾仕于周，其在四民之中，亦士耳。特所尚不同，非于儒之外，别有教也。秦汉以来言神仙者，繁如猬毛，未尝称老子，况于三清、十极之说哉？祭醮符箓，始于张陵，成于寇谦之徒。原无所本，殆借老子之书，以神其说，实与老子不相干。《老子》书言：有道之国，其鬼不神。岂肯设为三官、九府仙官、将吏，以罔民耶？荐亡一门，不在洞府、洞神、洞真之科，最为后出，模写释氏，而不克肖，以佛本不言荐亡，后人设为之，已自背本教，道士见其利入之厚，因而效焉。盖又张、寇二师所不道也。然今之黄冠道箓，与人作醮招魂，旛竿垂地，奏章时，往往有数十鹤盘旋于坛上，真亦异矣。余阅《宋书》载：丁谓、陈彭年等为天书，每一行礼，必有鹤百十为群翔集，东封时，无日无之，故人谓丁为鹤相，或谓丁有妖术，亦未可知。至林灵素、王老仔，挟左道以惑人，不足怪也。道家法书，有所谓《坠旛咒诀》，试之有验。又奏章时，有鹤翔集，至今犹有其事，余向在苏州玄妙观见之，后在叙州亦见之，此亦理之不可解者。

【辨伪】此条抄自宋沈某《鬼董》卷三：

老子见推于仲尼，盖亦圣人也。其道本以清净无为为宗，衣冠丧祭，与齐民同。老子之子曰宗，盖有妻妾矣，而又尝仕周，其在四民之中，亦士耳。特所尚者不同，非于儒之外，别有教也。秦汉之言神仙者，其繁如猬毛，未尝称老子，况于三清、十极之说哉？祭醮符箓，始于张陵，成于寇谦之。恶其无所本始，乃自托于老子，以神其书，实于老子不相干。《老子》书言：有道之国，其鬼不神。其肯设为三官、九府仙官、将吏，以罔民耶？荐亡一门，不在洞玄、洞神、洞真之科，最为后出，模写释氏，而不克肖，以佛本不言荐亡，后人设为之，已自背本教，道士见其利入之厚，因而效焉。盖又张、寇二师所不道也。余姻家鲁提刑捐馆，其子德清知县继亡，子舍先作黄箓醮，招蜀人苟生为高功，苟非黄冠，特以法自名，一凡民也。召魂之夕，旛重垂至地，奏章时，鹤二十余盘旋坛上，众骇焉。已醮，提刑冢嗣余杭宰梦其父来，如平生而面愠色，拱立叩所以，良久曰：我死家，乃遽无长幼序耶？子先而父后，礼欤？惊而寤，省所梦，泣曰：必为黄箓故也。亟营之，复以命苟，鹤来尤多。余尝观丁谓、陈彭年辈为天书事，每一行礼，必以鹤奏成，至数千鹤，东封时，无日无之，故人呼谓鹤相，谓必能妖术，不然，其徒中亦当有善此者。至王老仔、林灵素辈，真挟左道，不足怪也。余家藏道家法书甚多，有所谓《坠旛咒诀》，盖亦幻惑鲁君之梦，特其心不自安为之耳。

今按：卢氏改“恶其无所本始，乃自托于老子，以神其书”为“原无所本，殆借老子之书，以神其说”，改“洞玄”为“洞府”，隳括“余姻家鲁提刑捐馆”至“鹤来尤多”一节为“然今之黄冠道箓，与人作醮招魂，旛竿垂地，奏章时，往往有数十鹤盘旋于坛上，真亦异矣”，改“余尝观”三字“余阅《宋书》载”，改“必以鹤奏成，至数千鹤”为“必有鹤百十为群翔集”，改“谓必能妖术，不然，其徒中亦当有善此者”为“或谓丁有妖术，亦未可知”，又改末尾“盖亦幻惑鲁君之梦，特其心不自安为之耳”为“试之有验”，而增“又奏章时，有鹤翔集，至今犹有其事，余向在苏州玄妙观见之，后在叙州亦见之，此亦理之不可解者”一句，大同小异，显系抄袭。

7. 伏牛上人、一钵和尚，皆高僧。伏牛著《三伤颂》以劝世，一钵著《歌》以劝人。王蜀乾德时，有陈军校妻高氏，戒杀二十年，而破戒，被冥司摄去，死三宿而还魂，因备述《三伤颂》、《一钵歌》之灵异，阴曹最重。但此颂、此歌少传于世，今录于此。

【辨伪】此条改抄自五代何光远《鉴诫录》卷十“高僧论”：

> 伏牛上人、一钵和尚，皆悟达之士也。一居岩岫，永离嚣尘，著述《三伤》，指谕《一钵》，广开法庙，大扇迷途。聋瞽闻之，往往解悟。王蜀乾德初，有小军使陈失名妻高氏，即高骈相公诸院之孙，先于法门寺受持不杀，戒二十余年，后届蜀，因与男娶妇，亲族劝令屠宰，高亦从之。旬日之中得疾，颇异，不录人事，口但荒言，既而三宿还魂，备述幽途之事。……高平生常念《上生经》，至此蔑然遗忘，只记得《三伤颂》、《一钵歌》，合掌向神厉声而念。神与武士耸耳立听，颜色渐怡，诵至了终，悉皆涕泪。谓高曰：“且归人世，宜复善心。”高氏拜辞未终，飒然起生。乃知大善知识所著句义，与佛齐功。今并录其全篇，仍亦书其灵验，采之真识，非取迦谈。

今按：卢氏改“皆悟达之士也”为“皆高僧”，隳括“一居岩岫”至“往往解悟”一节为“伏牛著《三伤颂》以劝世，一钵著《歌》以劝人”，隳括“王蜀乾德初”至“与佛功齐”为“王蜀乾德时，有陈军校妻高氏，戒杀二十年，而破戒，被冥司摄去，死三宿而还魂，因备述《三伤颂》、《一钵歌》之灵异，阴曹最重”，又改“今并录其全篇，仍亦书其灵验，采之真识，非取迦谈”为“但此颂、此歌少传于世，今录于此”，改动虽大，而其大意相同，显系抄袭。

8.《三伤颂》，其一曰：“伤嗟垒巢燕，虽巧无深见。修营一个窠，往复几千转。双飞碧水头，对语虹梁畔。身缘觅食疲，口为含坭烂。驱驰九夏初，方产巢中卵。停腾怕饥渴，抚养知寒暖。怜惜过于人，衔虫喂皆遍。父为理毛衣，母来将食馔。一旦翅翼成，分飞不相管。世有少智人，悬力忧家眷。男女未长成，颜色已衰变。燕子燕子听吾语，随时且过休辛苦。纵使窠中千个儿，秋风才动终须去。世人世人不要贪，此言是药思足取。饶你平生儿女多，谁能伴你归泉路。”其二曰：“伤嗟鶗刀鸟，夜夜啼天晓。坠翼柳攀枝，垂头血粘草。身随露叶低，影逐风枝袅。一种情相生，尔独何枯槁。驱驱饮啄稀，役役飞腾少。不是官所差，都缘业所造。亦似世间人，贪生不觉老。吃着能几多，强自萦烦恼。咄哉无眼人，织络何时了。只为一六迷，遂成十二到。鶗刀林里叫，山僧床上笑。有人会意解推寻，不假三祇便成道。”(原本系叠用鶗刀鶗刀、山僧山僧，今补载明白。)其三曰：“伤嗟造蜜蜂，忙忙采花蕊。接翼入芳丛，分头傍烟水。抱蕊唼香滋，寻花恋春饵。驰驱如有萦，盘旋若遭魅。蹭蹬遇丝罗，飘零喂蝼蚁。才能翅翼成，方始窠巢备。恶人把火烧，哀鸣树中死。蜜是他人将，美是他人美。虚忙百草头，于身有何利。世有少智人，与此恰相似。只缘贪爱牵，几度虚沉坠。百岁处浮生，十年作童稚。一半悲与愁，一半病与悴。除折算将来，能得几多子。更将有漏身，自翳无生理。永不见如来，都缘开眼睡。蜜蜂蜜蜂休役役，空哉终是他人吃。世人世人不要贪，留富他人有何益。”

【辨伪】此条抄自五代何光远《鉴诫录》卷十“高僧论”：

伏牛上人《三伤颂》，其一曰：“伤嗟垒巢燕，虽巧无深见。修营一个窠，往复几千转。双飞碧水头，对语红梁畔。身缘觅食疲，口为衔泥烂。驱驰九夏初，方产巢中卵。停腾怕饥渴，抚养知寒暖。怜惜过于人，衔虫喂皆遍。父为理毛衣，母来将食馁。一旦翅翼成，分飞不相管。世有少智人，恳力忧家眷。男女未成长，颜色亦衰变。燕子燕子听吾语，随时且过休辛苦。纵使窠中千个儿，秋风才动终须去。世人世人不要贪，此语是药思量取。饶你平生男女多，谁能伴尔归泉路。”其二曰：“伤嗟鶗刀鸟，夜夜啼天晓。坠翼柳攀枝，垂头血沾草。身随露叶低，影逐风枝袅。一种情相生，尔独何枯槁。驱驱饮啄稀，役役飞腾少。不是官所差，都缘业所造。亦似世间人，贪生不觉老。吃着能几多，强自萦烦恼。咄哉无眼人，织络何时了。只为一六迷，遂成十二到。鶗刀鶗刀林里叫，山僧山僧床上笑。有人会意解推寻，不假三祇便成道。”其三曰：“伤嗟造蜜蜂，忙忙采花蕊。接翼入芳丛，分头傍烟水。抱蕊唼香滋，寻花应春饵。驱驰如所萦，盘旋若遭魅。蹭蹬遇丝罗，飘零喂蝼蚁。才能翅翼成，方始窠巢备。恶人把火烧，哀鸣树中死。蜜是他人蜜，美自他人美。虚忙百草头，于身有何利。世有少智人，与此恰相似。只缘贪爱牵，几度虚沉坠。百岁处浮生，十年作童稚。一半悲与愁，一半病与悴。除折算将来，能得几多子。更将有漏身，自翳无生理。永不见如来，却缘开眼睡。蜜蜂蜜蜂休役役，空哉终是他人吃。世人世人不要贪，留富他人有何益。”

今按：卢氏所记与何氏大致相同，改第二首中“鶗刀鶗刀林里叫，山僧山僧床上笑”为“鶗刀林里叫，山僧床上笑”，并加小注“原本系叠用鶗刀鶗刀、山僧山僧，今补载明白”，显系抄袭。

9. 又一钵和尚《歌》云：阿剌剌，闹聒聒，总是悠悠造未挞。如饥吃盐加得渴，枉却一生头戛戛。究竟不能知本末，抛却死尸何处脱。闲事到头须结撮，火落身上当头拨，莫待临时叫菩萨。大丈夫儿须豁豁，莫学痴人受磨捋。也系裹也摆拨，也学柔和也粗粝。亦解剃头亦披褐，也学凡夫作生活。直言向君君未达，更作长歌歌一钵。多中少，少中多。莫笑野人一钵歌，缘持此钵度婆婆。青天寥寥月初上，此时境空含万象。几处浮生自是非，一源清净无来往。莫谩将心作水泡，百毛流火无事交。不如静坐真如地，头上从他鹊作巢。万代金轮圣王子，只这真如是灵觉。菩提树下度众生，度尽众生不生死。真丈夫，无形无相大昆卢，尘劳灭尽真如在，一颗圆明无价珠。眼不见，耳不闻，无闻无见无不闻。从来一钵无言说，今日千言强为分。强为分，须谛听，人人总有真如性。恰似黄金在矿中，炼去金沙全体净。真是妄，妄是真，为求真妄更无人。将心不用生烦恼，衣食随时养色身。好也著，恶也著，一切不贪无染著。亦无恶，亦无好，一际坦然平等道。粗亦餐，细亦餐，莫学凡夫相上看。亦无粗，亦无细，上方香积无根蒂。坐亦行，行亦坐，生死树是菩提果。亦无生，亦无死，三世如来总如此。离即著，著即离，实相门中无实义。不可离，不可著，何处更求治病药。语时默，默时语，语默行踪无定所。亦无语，亦无默，莫唤东西作南北。嗔时喜，喜时嗔，我自降魔转法轮。亦无嗔，亦无喜，水不离波波是水。悭时舍，舍时悭，不离内外与中间。亦无悭，亦无舍，寂寂寥寥无可把。苦时乐，乐时苦，只个修行断门户。亦无苦，亦无乐，本来自性无缠缚。垢即净，净即垢，两边恶境无前后。亦无垢，亦无净，大千同一真如性。药是病，病是药，到头两事浑捻却。亦无病，亦无药，正是真如灵觉性。魔是佛，佛是魔，如影随形水上波。亦无魔，亦无佛，三界比来无一物。凡即圣，圣即凡，色里胶清水里盐。亦无凡，亦无圣，万行除扫无一行。真中假，假中真，自是凡夫起恶尘。亦无真，亦无假，若不呼时谁应者。本无姓，本无名，只应腾腾信脚行。有时市廛并屠肆，一叶莲花火上生。也曾策杖游京洛，身似浮云无住著。究竟从来是寄居，他方处处无缠缚。若觅戒，三毒药病何时瘥。若觅禅，我自纵横大可怜。不是狂，不是颠，在世间中出世间。时人不会此中意，打着南边与北边。若觅法，鸡足山头问迦叶。见说传衣在彼中，无心不用求某甲。若觅修，八万浮图何处求。只知黄叶上啼哭，不学黑云遮日头。莫怪狂言无次第，筛罗渐入粗中细。只这粗中细也无，即是圆明真实谛。亦无真，但有名闻即是尘。若向尘中解真实，便是当时出世人。无造作，独行独坐空索索。无涅盘，本来生死不相干。直须省，莫漫将身入空井。无去来，也无明镜挂高台，侬家见解只如此，不用将心算劫灰。

【辨伪】此条抄自五代何光远《鉴诫录》卷十“高僧论”：

一钵和尚《歌》曰：“阿刺刺，闹聒聒，总是悠悠造未拢。如饥吃盐加得渴，枉却一生头戛戛。究竟不能知本末，抛却死尸何处脱。闲事到头须结撮，火落身上当头拨，莫待临事呼菩萨。大丈夫儿须豁落，莫学痴人受摩捋。也系裹也摆拨，也学柔和也粗粝。亦解剃头亦披褐，也学凡夫作生活。直言向君君未达，更作长歌歌一钵。多中少，少中多，莫笑野人一钵歌，缘持此钵度娑娑。青天寥寥月初上，此时境空含万象。几处浮生自是非，一源清净无来往。莫谩将心学水泡，百毛流火无事交。不如静坐真如他，头上从他鹊作巢。万代金轮圣王子，只这真如是灵觉。菩提树下度众生，度尽众生不生死。真丈夫，无形无相大毗卢，尘劳灭尽真如在，一颗圆明无价珠。眼不见，耳不闻，无见无闻无不闻。从来一钵无言说，今日千言强为分。强为分，须谛听，人人总有真如性。恰似黄金在矿中，炼去金沙全体净。真是妄，妄是真，为求真妄更无人。将心不用生烦恼，衣食随时养色身。好也著，恶也著，一切不贪无染著。

亦无恶，亦无好，一际坦然平等道。粗亦餐，细亦餐，莫学凡夫相上看。亦无粗，亦无细，上方香积无根蒂。坐亦行，行亦坐，生死树是菩提果。亦无生，亦无死，三世如来总如此。离即著，著即离，实相门中无实义。不可离，不可著，何处更求治病药。语时默，默时语，语默寻踪无定所。亦无语，亦无默，莫唤东西作南北。嗔时喜，喜时嗔，我自降魔转法轮。亦无嗔，亦无喜，水不离波波是水。悭时舍，舍时悭，不离内外与中间。亦无悭，亦无舍，寂寂寥寥无可把。苦时乐，乐时苦，只个修行断门户。亦无苦，亦无乐，本来自性无缠缚。垢即净，净即垢，两边恶境无前后。亦无垢，亦无净，大千同一真如性。药是病，病是药，到头两事浑捻却。亦无药，亦无病，正是真如灵觉性。魔是佛，佛是魔，如影随形水上波。亦无魔，亦无佛，三界比来无一物。凡即圣，圣即凡，色里胶清水里咸。亦无凡，亦无圣，万行归除无一行。真中假，假中真，自是凡夫起恶尘。亦无真，亦无假，若不呼时谁应者。本无性，本无名，只么腾腾信脚行。有时市廛并厝肆，一叶莲花火上生。也曾策杖游京洛，身似浮云无住著。究竟从来是寄居，他方处处无缠缚。若觅戒，三毒药病何时瘥。若觅禅，我自纵横大可怜。不是狂，不是颠，在世间中出世间。时人不会此中意，打着南边与北边。若觅法，鸡足山头问迦叶。见说传衣在彼中，无心不用求某甲。若觅修，八万浮图何处求。只知黄叶上啼哭，不觉黑云遮日头。莫怪狂言无次第，筛罗渐入粗中细。只这粗中细也无，即是圆明真实谛。亦无真，但有名闻即是尘。若向尘中解真实，便是当来出世人。无造作，独行独坐空索索。无涅盘，本来生死不相干。直须省，莫漫将身入空井。无去来，也无明镜挂高台，侬家见解只如此，不用将心算劫灰。”

今按：卢氏所录与何氏大致相同，略有改动，如改“学水泡”为“作水泡”，改“寻踪”为“行踪”，改“只么腾腾信脚行”为“只应腾腾信脚行”，改“便是当来出世人”为“便是当时出世人”，显系抄袭。

10. 吕洞宾多游人间。丁晋公判饶州时，吕往见之，谓丁曰：“君貌颇似李德裕，他日富贵亦如之。”厥后丁所历官阶，大略相似，丁尝举以告人。又张洎家居时，忽有隐士通谒，乃洞宾姓名。洎倒屣迎之，吕自言吕渭之后，渭生四子，温、恭、俭、让，让官海州刺史，洞宾系出海州房，所任官唐史不载。索笔题八分书七言四韵以与洎，颇言将佐鼎席之意。末句云：“功成当在破瓜年。”俗以二八为破瓜，而洎年六十四卒，乃其谶也。又滕子京守巴陵，吕亦通谒，滕赠以诗，名之回道士，而回道士亦和诗。有：“三入岳阳人不识，朗吟飞过洞庭湖。”又诗云：“一粒粟中藏世界，二升锅内煮乾坤。”（一本作“煮山川”。）又诗云：“卖墨年年到鼎州，无端知府问踪由。家居北斗魁星下，剑挂南窗日角头。”

【**辨伪**】此条抄自宋陈鹄《耆旧续闻》卷六：

吕洞宾先生多游人间。丁晋公通判饶州日，洞宾往见之，语公曰：“君状貌颇似李德裕，他日富贵皆如之。”公咸平初与杨文公言其事，今已执政。张洎家居，忽外有一隐士通谒，乃洞宾名姓。洎倒屣迎见之，洞宾自言吕渭之后，四子温、恭、俭、让，让终海州刺史，洞宾系出海州房，所任官唐史不载。索笔八分书七言四韵留与洎，颇言将佐鼎席之意。末句云："成功当在破瓜年。"俗以破瓜字为二八，洎年六十四卒，乃其谶也。滕宗谅守巴陵，回道士上谒，滕口占曰："华州回道士，来到岳阳城。别我留何处，秋空一剑横。"回大笑而去。吕有诗在人间极多。"三入岳阳人不识，朗吟飞过洞庭湖。"又："饮海龟儿人不识，烧山符子鬼难看。"又："一粒粟中藏世界，二升锅内煮山川。"并见杨公《谈苑》。又："卖墨年年到鼎州，无端知府问踪由。家居北斗魁星下，剑挂南窗月角头。"

今按：卢氏改"公咸平初与杨文公言其事，今已执政"为"厥后丁所历官阶，大略相似，丁尝举以告人"，改"俗以破瓜字为二八"为"俗以二八为破瓜"，又改"滕宗谅守巴陵"至"回大笑而去"为"又滕子京守巴陵，吕亦通谒滕，赠以诗，名之回道士，而回道士亦和诗"，又删"吕有诗在人间极多"、"又：饮海龟儿人不识，烧山符子鬼难看"、"并见杨公《谈苑》"等句。改"一粒粟中藏世界，二升锅内煮山川"为"一粒粟中藏世界，二升锅内煮乾坤"，并注曰"一本作'煮山川'"。抄袭痕迹显而易见。

11. 又东坡云：熙宁间，有道士过沈东老家饮酒，用石榴皮题绝句于上，自称回道人，出门过桥，不知所在。又坡倅钱唐日，有道士题诗云："西邻已富忧不足，东老虽贫乐有余。白酒酿来缘好客，黄金散尽为收书。"尝游毗陵，青结巾，黄道服，皂帽，草履，手持棕笠，自名曰"知命先生"。荆州守胡公异之，延问命，即云："公寿大，且不日推升，不在清明前五日，即在后五日，有不次之迁。"后皆验。胡始知其异，乃悟"知命"二字皆从口，必是吕无疑。由此以观，其仙踪无日不在人间，但识之者鲜矣。

【辨伪】此条节抄自宋陈鹄《耆旧续闻》卷六：

> 《东坡诗话》云："熙宁元年八月十九日，有道士过沈东老饮酒，用石榴皮写绝句壁上，自称回道人，出门至石桥上，先度桥，数十步，不知所在。或曰此吕洞宾也。诗云：'西邻已富忧不足，东老虽贫乐有余。白酒酿来缘好客，黄金散尽为收书。'"此东坡倅钱塘之日，今在石村沈家画壁犹存。……惟渡江以来，近在辛卯岁，尝游毗陵，系青结巾，黄道服，皂绦，草履，手特棕笠，自题曰"知命先生"，自呼于市。荆门守胡公俦闻其声颇异，延之问命，先生曰："公有寿，且得见次。不在清明前五日，即在清明后七日。"至期，忽得报云："第二政已改受他郡。"七日后，又得报云："见政有召命。"胡始知其为异人，乃悟"知命"字，皆从口，必是吕洞宾无疑。……以此知先生未尝不游人间，但世人少有仙风道骨，遇之者鲜矣。

今按：卢氏改"《东坡诗话》云"为"又东坡云"，改"熙宁元年八月十九日"为"熙宁间"，改"出门至石桥上，先度桥，数十步"为"出门过桥"，删"或曰此吕洞宾也"，改《东坡诗话》中所录吕洞宾诗及"此东坡倅钱塘之日，今在石村沈家画壁犹存"一句为"又坡倅钱唐日，有道士题诗云：'西邻已富忧不足，东老虽贫乐有余。白酒酿来缘好客，黄金散尽为收书'"。又删"惟渡江以来，近在辛卯岁"、"自呼于市"，改"荆门守胡公俦闻其声颇异"为"荆州守胡公异之"，改"且得见次"为"且不日推升"，又增"有不次之迁"一语。

并改“至期，忽得报云：‘第二政已改受他郡。’七日后，又得报云：‘见政有召命’”为“后皆验”，改“以此知先生未尝不游人间，但世人少有仙风道骨，遇之者鲜矣”为“由此以观，其仙踪无日不在人间，但识之者鲜矣”，大同小异，显系抄袭。

12. 开封李长卿，官缙云令，其女名秀萼，字英华，聪敏过人，诗词文翰皆佳，染疠疾而逝，殡于邑之三峰阁。无何，盗起，焚掠无遗，惟三峰阁独在。主簿以廨舍焚，寄居阁中，每见女子姿态绰约，啸歌自如。命玉虚羽士奏词遣之，终不能去。簿遂别建廨宇居之，乃不复见。后任王某有中表曹颖偕来，馆曹于寺东。未几，曹若有所遇。一夕，吏散，空庭月明，曹与女吟诗欢洽。司更者黎明告簿。簿惊，叩曹，曹知不可隐，具言：每夕扣扃而至，容貌绝世，谈论出尘，诘其姓氏，乃前邑令之女名某某者，随侍到任，偶遇真人授丹砂，辟谷有年。身轻于羽，蓬莱虽远，瞬息即至。若青城、紫府、桃源、天台，皆吾游息之地。念子鳏居，时来相慰。更唱迭和，殆无虚日。时长至节，簿于中堂，闻笑语声。簿曰：汝非英华耶？揖而问焉，与曹言无异。自后形迹不秘，去来不时。题窗咏壁，在在可篆。簿尽室见之，不以为怪。其后曹之姻亲(除)[陈]观察者，挽曹从军，将行，英华情不忍释，饯于黄龙僧舍，与诀曰：“妾与子缘断矣，念昔日子尝求辟谷方，妾非靳不与？以子宿缘太浅，尘业未偿，非仙举之姿。他日当有兵难，妾岂能终为保全哉？敬授灵香一瓣，有急难请爇以告，当有阴护；不然，妾亦无如何也。”曹勇于北方之行，女劝不止，不意获从麾下，被害时，追念女言，欲取遗香焚之，奈军行无宿火，竟被正法。英华诗百余篇，另有诗集，缙云令林毅夫有赠《英华诗集》一编，其诗无凄凉悲怨之词，有艳丽欢愜之语，殆亦鬼中之女仙也。

【辨伪】此条抄自宋陈鹄《耆旧续闻》卷七：

> 余闻英华之事旧矣。岁在庚辰，道出缙云，访其遗迹，得缙云令林毅夫赠《英华诗集》一编，考其年代、姓名，乃元丰二年(一作三年)夏五月，县令开封李长卿女也。李有二女，慧性过人，闻诵诗书皆默记之，姿度不凡，俄染疠疾而逝，殡于邑之仙岩寺三峰阁。李公满罢，因舁以归。宣和庚子，盗起严之青溪，所过焚燎无遗，惟三峰阁独存。主簿以为廨舍，每见女子态貌绰约，彩衣翩跹，啸歌自得。命玉虚羽士奏词，终莫能去。簿遂移于寺之浴堂故趾，别创廨宇，遂无所见。代者济南王传庆长兴与弟传及、内表曹颖偕来，馆曹于厅治之东。未几，曹神气恍惚，若有所凭。一夕，吏散，庭空月明，曹与女罗觞豆，献酬欢洽。严更者黎明告于簿。簿惊愕，力扣曹，曹不可隐，具言：有女子每夕扣扃而至，与语皆出尘气象，诘其姓氏，曰：“开封李长卿女，秀萼其名，英华其字。父任邑令，随侍而至，偶遇真人授丹砂，辟谷有年。身轻于羽，蓬莱虽远，一念至则瞬息间耳。若青城、紫府、桃源、天台，吾游息之所也。仙都洼尊，特侨寓尔。知子鳏居，故来相慰。”更唱迭和，殆无虚日。时长至节，传庆休于中堂，空中闻笑语声。王云：“汝非英华邪？”揖而问焉，与曹之言无少异。自是形迹不秘，去来不时。窗壁题染，在在可录。王尽室见之，不以为怪。有亲陈观察者，挽之从军，将就道，英华情不忍释，祖于黄龙之僧舍，与诀曰：“妾与子缘断矣，念寓簿舍日，子尝求我辟谷方，岂靳而不与者？但子宿缘寡浅，尘业未偿，非仙举之姿。他时当有兵难，妾岂能终为子保？敬授灵香一瓣，有急请爇以告，

当阴有所护；不然，亦无如之何也。”曹公勇为朔方之行，不意获谴麾下，追惟英华之言，欲取所遗香爇之，军行无宿火，卒正法。英华诗百余篇……其诗无凄凉悲怨之词，皆艳丽欢愉之语，殆亦鬼中之仙耶。

今按：卢氏改“考其年代、姓名，乃元丰二年(一作三年)夏五月，县令开封李长卿女也。李有二女，慧性过人，闻诵诗书皆默记之，姿度不凡，俄染疠疾而逝”与“开封李长卿女，秀蕚其名，英华其字”为“开封李长卿，官缙云令，其女名秀蕚，字英华，聪敏过人，诗词文翰皆佳，染疠疾而逝”，删“李公满罢，因舁以归”，改“宣和庚子，盗起严之青溪”为“无何，盗起”，增“寄居阁中”，删“彩衣翩跹”，改“代者济南王传庆长兴与弟传及、内表曹颖偕来，馆曹于厅治之东”为“后任王某有中表曹颖偕来，馆曹于寺东”，改“有女子每夕扣扃而至，与语皆出尘气象，诘其姓氏，曰：‘开封李长卿女，秀蕚其名，英华其字。父任邑令，随侍而至’”为“每夕叩扃而至，容貌绝世，谈论出尘，诘其姓氏，乃前邑令之女名某某者，随侍到任”，删“仙都洼尊，特侨寓尔”，改“传庆休于中堂，空中闻笑语声”为“簿于中堂，闻笑语声”，改“有亲陈观察者”为“其后曹之姻亲除观察者”，改“不意获谴麾下”为“女劝不止，不意获从麾下，被害时”，改“余闻英华之事旧矣。岁在庚辰，道出缙云，访其遗迹，得缙云令林毅夫赠《英华诗集》一编”与“其诗无凄凉悲怨之词，皆艳丽欢愉之语，殆亦鬼中之仙耶”为“另有诗集，缙云令林毅夫有赠《英华诗集》一编，其诗无凄凉悲怨之词，有艳丽欢悮之语，殆亦鬼中之女仙也”。大同小异，显系抄袭。

13. 又有曾亨仲者，随表兄陈梦良任嘉鱼尉，秩满，居崔府君祠内。一夕，闻窗外吟咏声：“芳心欲语凭谁诉，惟有清天明月知。”次夕复吟如故。曾穴窗窥之，见一女子过庑下，但觉云鬓攲斜，若未梳妆者，出与之语，叩其姓氏，不告，终强之，乃云：“妾本府君之女。”又问其年几何，答以二八。又问：“何故懒妆？”对云：“对妆慵览镜。”一日，曾往祠下遍看，无有女子容貌者，疑是邻女，恐事泄，欲绝之。女曰：“君若见疑，可同往。”乃引至大府第，童姬百余辈迎候于门，延中堂坐，茶罢，登望月楼，酒殽罗列，佳果满前，酬劝欢洽。旁有碑记其岁月，云“无为子撰”。曾问：“无为子何人？”曰：“妾也。”酒罢，已五更。曾携果归寓，子弟取食，无异人间者。又尝吟云：“欲择纯良婿，须求才学儿。期君终远大，富贵我先知。”曾问：“何以知之？”答云：“吾父掌人间善恶祸福，各有簿，吾尝窃簿视之。”曾叩以终身事，云：“遇鸡年当发。”自此每夕寝处如常，但觉精神颇倦。其家疑为妖魅，请法师驱之，郡有孔法师，符咒甚灵。延之，以状密告于城隍司投焚之。是夕，府君从窗外长叹而过，后有数狱卒押一女随之，女指曾生负约，从此遂不复至。八月，郡以祠为试院，曾遂移居南草市街，女子复来。不可禁止，唱和诗盈轴。其家见其不为祟，亦不复怪。来春，曾欲赴试，女不可，曾在必行，女泣曰：“与君相从[许]，久苦留不得，先动必有灾，前途宜自谨。”曾至黄池，一夕，被寇席卷而去，曾狼狈以归，至中途又丁母艰，始信女言之验。后累举，遇鸡年亦不第。至癸酉科，果获荐，年已七旬矣。女子之言亦异矣哉？余谓妖魅之惑人，未有久而不毙者，今二生所遇，不能为之害。而反欲脱害于二生，惜曹不用其法，以死于兵，曾不信其言，以罹于寇。犹幸曾髦年登第，享八十余年，以寿考终云。

【辨伪】此条抄自宋陈鹄《耆旧续闻》卷七：

余友人曾亨仲，少随表兄陈梦良任岳之嘉鱼尉，秩满，移寓于崔府君祠下，馆曾于东庑。忽一夕，闻窗外异香扑鼻，微吟云："芳心欲割凭谁诉，惟有清风明月知。"次夜复吟。曾穴窗视之，彷佛有女子过庑下，但见云鬟斜軃，若懒妆之态。是夕，忽入与之遇。力扣其姓氏，不告，强绝之，乃云："妾本府君之女。"又问其年若干，云："年当二八时。"又问："何故懒妆?"云："对妆慵览镜。"又问："答我一似吟诗?"云："拈笔爱题诗。"一日，曾往祠下遍阅，无女子像貌，疑是寓居女，恐事觉，欲绝之。女云："君若见疑，可同往。"乃引至一大府，有童姬百辈候迎于门，延至中堂，茶汤罢，登望月台，罗列殽馔，酒果甚设，酬劝浃洽(一作"欢洽")。台旁有碑记其岁月，云"无为子撰"。曾问："无为子是何人?"云："即妾也。"酒罢，已五鼓。曾携果核归，醉寝。其子侄至，取其果与之，无异人间者。又尝吟云："欲择纯良婿，须求才学儿。期君终远大，富贵我皆知。"曾云："何以知之。"云："吾父掌人间善恶祸福，各有簿，吾尝窃视之。"曾遂扣以前程事，云"遇鸡年即发。"自此每夕寝处如常，但神情颇瘁。其家疑为妖魅所惑，力扣之，乃以实告。郡有孔法师，符法甚灵。乃密以状告，孔为具牒，令就城隍司投之，且云："今夜若有影兆见报。"是夕，府君从窗外长叹而过，有数狱卒押其女随后，女举手指曾，数其负约。翌旦，孔咒符与饮，自此遂不至。八月，郡以祠为漕试院，遂移寓南草市，女子复来。自后往来不可禁，唱和诗词盈轴。其家视以为常，亦不复怪。来春，曾欲试上庠，女泣别曰："与君相从许，久苦留不住，先动必有灾，前途宜自谨。"曾至黄池镇，一夕，被寇席卷而去，曾狼狈而归。至中都复丁母艰，始验其言。后累举，遇鸡年皆不验。后馆于赵大资德老之门，至癸酉岁，果请浙漕荐，年几七旬矣。女子之言异哉。余谓妖魅之惑人，未有久而不毙者，独二子所遇，不能为之害。曹果死于兵难，曾虽蹭蹬不第，年逾八袠以寿终。

今按：卢氏改"余友人曾亨仲"为"又有曾亨仲者"，改"移寓于崔府君祠下，馆曾于东庑"为"居崔府君祠内"，改"闻窗外异香扑鼻，微吟云"为"闻窗外吟咏声"，改"是夕，忽入与之遇"为"出与之语"，删"又问：答我一似吟诗？云：'拈笔爱题诗'"一句，改"曾携果核归，醉寝。其子侄至，取其果与之"为"曾携果归寓，子弟取食"，改"其家疑为妖魅所惑，力扣之，乃以实告"为"其家疑为妖魅，请法师驱之"，改"乃密以状告，孔为具牒，令就城隍司投之，且云：'今夜若有影兆见报'"为"延之，以状密告于城隍司投焚之"，改"女举手指曾，数其负约。翌旦，孔咒符与饮，自此遂不至"为"女指曾生负约，从此遂不复至"，改"其家视以为常"为"其家见其不为祟"，增"女不可，曾在必行"，改"至中都复丁母艰"为"至中途又丁母艰"，改"后馆于赵大资德老之门，至癸酉岁，果请浙漕荐，年几七旬矣"为"至癸酉科，果获荐，年已七旬矣"，改"曹果死于兵难，曾虽蹭蹬不第，年逾八袠以寿终"为"而反欲脱害于二生，惜曹不用其法，以死于兵，曾不信其言，以罹于寇。犹幸曾髦年登第，享八十余年，以寿考终云"，大同小异，显系抄袭。

14. 世传紫姑仙为人妾，其家大妇不能容，每以秽事相役，紫姑不胜其苦，于正月十五日，感激而死，故世人以是日作其形，于厕间，或猪栾内迎之。祝曰：子胥不在，曹姑亦归去，小姑可出为戏。捉者觉重，便是神来，即焚钱帛，奠以酒果，神即跳跃不住，以卜一年蚕桑，好则大儛，恶便仰卧。盖子胥是其婿之名，曹姑是其大妇也。事近于戏，人家妇女用以卜事，亦有验。

【辨伪】此条抄自南北朝刘敬叔《异苑》卷五：

> 世有紫姑神，古来相传云是人家妾，为大妇所嫉，每以秽事相次役。正月十五日，感激而死，故世人以其日作其形，夜于厕间，或猪栏边迎之。祝曰：子胥不在(是其婿名也)，曹姑亦归(曹即其大妇也)，小姑可出戏。投者觉重，便是神来，奠设酒果，亦觉貌辉辉有色，即跳躞不住，能占众事，卜未来蚕桑，又善射钩，好则大儛，恶便仰眠。平昌孟氏恒不信，躬试往投，便自跃茅屋而去，永失所在也。

今按：卢氏改“世有紫姑神，古来相传云是人家妾”为“世传紫姑仙为人妾”，增“紫姑不胜其苦”、“即焚钱帛”，删“亦觉貌辉辉有色”、“能占众事”、“又善射钩”及末尾“平昌孟氏恒不信，躬试往投，便自跃茅屋而去，永失所在也”一句，又改二小注为“盖子胥是其婿之名，曹姑是其大妇也”，并于末尾增“事近于戏，人家妇女用以卜事，亦有验”一句，大同小异，显系抄袭。

15. 岭表人多祀龙女，盖容县南百花庄有龙潭，水深泓莫测。昔有女汲水其间，为龙所据，阴云罩羃。既归，尝有寒气逼人，人莫之敢近，女亦不自觉也。岁余，遂产一龙，下地时，即有云雾雷雨扶去，女亦无恙。数年后女卒，龙复来，拥其骸向潭侧立，成丘阜，万峰回抱，龙负骸入穴，埋之。今人呼为龙母山，土人立庙祀之，祷雨辄应。又梧江一带，地方亦多有龙女庙，土人祈以祷雨，亦灵验。

【辨伪】此条抄自明邝露《赤雅》卷上“龙母山”：

> 容县南白花村有龙潭，停泓莫测。瑶女饮水，为龙所据，阴云罩羃。既归，常有寒气，人莫敢近，女亦勿觉也。岁余，产龙，无血，水数升，下云雾扶去，母无恙。数年母卒，既殓，龙拥其骸向潭。潭侧万峰回拱，成一月堂。众随去，石裂，龙负骸入，龙出石合。庙在梧江，祝风雨辄应。

今按：卢氏于前增“岭表人多祀龙女”一句，改“白花村”为“百花庄”，改“停泓莫测”为“水深泓莫测”，改“瑶女饮水”为“昔有女汲水其间”，改“无血，水数升，下云雾扶去”为“下地时，即有云雾雷雨扶去”，改“既殓，龙拥其骸向潭。潭侧万峰回拱，成一月堂。众随去，石裂，龙负骸入，龙出石合”为“龙复来，拥其骸向潭侧立，成丘阜，万峰回抱，龙负骸入穴，埋之”，又据标题“龙母山”及末尾“庙在梧江，祝风雨辄应”改为“今人呼为龙母山，土人立庙祀之，祷雨辄应。又梧江一带，地方亦多有龙女庙，土人祈以祷雨，亦灵验”一句，文句虽多改动，但其抄袭痕迹显而易见。

16. 太史令傅奕上疏，请除佛法，人多未见疏中云何，余录其疏云：“不忠不孝，削发而揖君亲；游手游食，易服以逃租赋。伪起三途，谬张六道，恐喝愚民，欺诈庸品。”又云：“死生寿夭，由于自然。刑德威福，关之人主。贫富贵贱，功业所招。而妖僧皆矫云由佛。”又云：“降自羲皇，至于有汉，皆无佛法，君明臣忠，祚长年永。自明帝始立胡神，洎于苻、石，羌胡乱华，主庸臣佞，祚短政虐，皆由奉佛所致。”云。今人只知韩文公谏佛骨事为特见，而不知傅奕已先有谏疏在前矣。韩公之奏是，盖推广傅奕之意而云然耳。

【辨伪】此条抄自宋邵博《闻见后录》卷八：

> 太史令傅奕上疏，请除佛法云：“不忠不孝，削发而揖君亲；游手游食，易服以逃租赋。伪启三途，谬张六道。恐喝愚民，诈欺庸品。”又云：“生死寿夭，由于自然。刑德威福，关之人主。贫富贵贱，功业所招。而愚僧皆矫云由佛。”又云：“降自羲农，至于有汉，皆无佛法，君明臣忠，祚长年永。汉明帝始立胡神，洎于苻、石，羌氐乱华，主庸臣佞，祚短政虐。”云云。韩退之《论佛骨》奏：“伏羲至周文武时，皆未有佛，而年多至百岁，有过之者。自佛法入中国，帝王事之，寿不能长，梁武事之最谨，而国大乱。”宪宗得奏大怒，将加极法，曰：“愈言我奉佛太过，犹可容；至言东汉奉佛之后，帝王咸至夭促，何其乖刺也。”予谓愈之言，盖广傅奕之言也，故表出之。

今按：卢氏增“人多未见疏中云何，余录其疏”、“皆由奉佛所致”二语，改“韩退之《论佛骨》奏”一节为“今人只知韩文公谏佛骨事为特见，而不知傅奕已先有谏疏在前矣”，并改“予谓愈之言，盖广傅奕之言也，故表出之”为“韩公之奏是，盖推广傅奕之意而云然耳”，显系抄袭。

17. 无量寿佛，姓周，名全，号寂照大师，彬州人。作二十八观，从日月观而入。历游吴粤、三楚，得湘山之笋布台，住持焉。随后觉悟益深。又入一釜山结庵而居，刺史韦宙迎之，四门皆见其入。自唐元和至咸通示寂，已一百三十二年矣。楚粤遭寇，与其徒柴侯多有捍患，甚著灵显，所以楚粤人恒奉祀之。余按：竺典谥法，以慧而觉者谥曰炽盛光佛，以文而觉者谥曰无量寿佛。师由日月观入法，常作偈云：“有物先天地，无形本寂寥。能为万象主，不逐四时凋。”细悟偈语，真所谓以文而觉也。今试问之禅师、长老、护法、高僧，皆以长寿为对，如以寿谥，则宝掌和尚、长爪比丘，当擅此名久矣。末学之陋，不独在儒门也，可发一叹。

【辨伪】此条抄自明邝露《赤雅》卷下“无量寿佛”：

> 无量寿佛，姓周，名全真，号寂照大师，郴州人。作二十八观，从日月观而入。初游吴越，继游罗浮，最后得湘山笋布台，因住持焉。会昌汰大师后，一夕生肉结须发，乃衣紫霞衣，入覆釜山，结閤而居。刺史韦宙迎之，四门各见其入。自唐元和至咸通示寂，计一百三十有二岁。……其徒有柴侯者，讳崇趚，唐末，弃官从师。宋初，州境寇至，侯显神兵鏖之，贼望风溃。南渡绍兴间，孔彦周曹城之难，侯显化如初，楚粤皆祀之。今七星山寺北湘山，尤觉庄严。按：竺典谥法，以慧而觉者曰炽盛

光佛，以文而觉者曰无量寿佛。师由日月观门入三摩地，常作偈云："有物先天地，无形本寂寥。能为万象主，不逐四时雕。"真所谓以文而觉也。今问之讲师，皆以寿对。如以寿，则宝掌和尚、长爪比丘，当擅此名久矣。末学之陋，不独在儒门也。一叹。

今按：卢氏改"名全真"为"名全"，改"初游吴越，继游罗浮"为"历游吴粤、三楚"，改"会昌汰大师后，一夕生肉结须发，乃衣紫霞衣"为"随后觉悟益深"、"其徒有柴侯者，讳崇趫，唐末，弃官从师。宋初，州境寇至，侯显神兵鏖之，贼望风溃。南渡绍兴间，孔彦周曹城之难，侯显化如初，楚粤皆祀之"为"楚粤遭寇，与其徒柴侯多有捍患，甚著灵显，所以楚粤人恒奉祀之"，而删"今七星山寺北湘山，尤觉庄严"，改"入三摩地"为"入法"，并增"细悟偈语"四字，改"讲师"为"禅师、长老、护法、高僧"，其意大同小异，显系抄袭。

卷十
人才随笔

1. 高骈镇蜀，西南夷大举入寇。飞一木夹，盛夸兵甲之富，欲得锦江饮马濯足而已。高公回批其木夹，云："欲慕上交，妄希抗礼，何异持衡秤地，举尺量天。"又云："越嶲新州，不在周封之内；牂牁故地，非居禹迹之中。曩日边将邀功，妄图吞并，得之如手加骈拇，失之如领去赘瘤。九牛之落一毛，六马之亡半毳。何足喻哉?"其词长，难以尽录。只录其《判木夹》诗云："辞天出塞阵云空，雾卷霞开万里通。亲授虎符安宇宙，誓将龙剑定英雄。残霜敢冒高悬日，秋叶怎禁大段风。为报南蛮须屏迹，直同蜀将武侯公。"

【辨伪】此条节抄自五代何光远《鉴诫录》卷二"判木夹"：

> 后高相公骈统临益部，兼号征南，蛮陬闻名，预自屏迹矣。然时飞一木夹，其中惟夸兵革犀象，欲借绵锦之江饮马濯足而已。高相公于是经营版筑，置防城勇士八千，命胡记室曾以檄破之，仍判回木夹。胡曾之檄，天下称为奇绝。其辞云："欲慕平交，妄希抗礼，何异持衡秤地，举尺量天?"又答云："越嶲新州，牂牁故地，不在周封之内，非居禹迹之中。曩日边将邀勋，妄图吞并，得之如手加骈拇，失之若领去赘瘤。九牛之落一毛，六马之亡半毳。何足喻哉?"是以南蛮议曰：……《判木夹》云："辞天出塞阵云空，雾卷霞开万里通。亲受虎符安宇宙，誓将龙剑定英雄。残霜敢冒高悬日，秋叶争禁大段风。为报南蛮须屏迹，不同蜀将武侯公。"

今按：卢氏改"后高相公骈统临益部，兼号征南，蛮陬闻名，预自屏迹矣"为"高骈镇蜀，西南夷大举入寇"，改"其中惟夸兵革犀象"为"盛夸兵甲之富"，改"高相公于是经营版筑，置防城勇士八千，命胡记室曾以檄破之，仍判回木夹。胡曾之檄，天下称为奇绝"为"高公回批其木夹"，并增"其词长，难以尽录"一句，大同小异，显系抄袭。

2.《汉·萧何传》不言著律令，《李邕传》无一字及笔札，《五代·刘昫传》不书修《唐史》。

【辨伪】此条抄自元盛如梓《庶斋老学丛谈》卷上：

《萧何传》不言律令，《李邕传》无一字及笔札，《五代·刘昫传》不书修《唐史》。

今按：卢氏所记与盛氏相同，仅改"《萧何传》不言律令"为"《汉·萧何传》不言著律令"，增"汉"、"著"二字，其他全同，显系抄袭。

3.(稽)[嵇]、阮齐名，皆博学有文才，然二人立身行已，有相似者，有不同者。康著《养生论》，颇言性情，及观其《绝交书》，如出二人。处魏晋之际，不能晦迹韬光，而傲慢忤物，又不能危行言逊，而非薄圣人，竟致杀身，哀哉！籍诗云："宁与燕雀翔，不随黄鹄飞。黄鹄游四海，中路将安归。"刘后村云："非谓甘为燕雀，自伤其志大才广，无所税驾。以史观之，正是其全身远害之术，而寓之于诗。其放荡不检，甚于(稽)[嵇]康。而卒不罹于祸患者，良以有《劝进表》也。"

【辨伪】此条抄自元盛如梓《庶斋老学丛谈》卷上：

嵇、阮齐名，皆博学有文，然二人立身行己，有相似者，有不同者。康著《养生论》，颇言性情，及观《绝交书》，如出二人。处魏晋之际，不能晦迹韬光，而傲慢忤物，又不能危行言逊，而非薄圣人，竟致杀身，哀哉！籍诗云："宁与燕雀翔，不随黄鹄飞。黄鹄游四海，中路将安归。"刘后村云："非谓甘为燕雀，自伤其才大志广，无所税驾。以史观之，此是其全身远害之术，而寓之诗。其放荡不检，则甚于康。不罹于祸者，在《劝进表》也。"

今按：卢氏改"才大志广"为"志大才广"，改"不罹于祸者，在《劝进表》也"为"而卒不罹于祸患者，良以有《劝进表》也"，其意相同，显系抄袭。

4. 樗里子者，秦惠王异母弟也。历事武王、昭王，战胜攻取，号曰智囊，显赫称尊，卒以寿终，可谓人臣之极矣。独可异者，其卜葬渭南章台之东，尝谓人曰："后百年，当有天子之宫夹吾墓。"至汉兴，果建长乐宫于东，未央宫于西，而武库正当其墓。夫秦自惠文庄襄，越百年而为始皇，始皇在位又三十七年。樗里子没后，秦方自王而帝，历百余年之久。而汉兴建宫之地，已暗定于一丘墓之间，盛衰倚仗，孰非前定？谚云："力称任鄙，智称樗里。"自非神圣，乌能前知若此哉？

【辨伪】此条抄自元陈世隆《北轩笔记》：

樗里子者，秦惠王异母弟也。历事武王、昭王，战胜攻取，号曰智囊，显赫尊重，卒以寿终，可谓人臣之极矣。独可异者，其卜葬渭南章台之东，尝谓人曰："后百岁，当有天子之宫夹吾墓。"至汉兴，果建长乐宫于东，未央宫于西，而武库正当其墓。夫秦自惠文至庄襄，越百年而始为始皇，始皇在位又三十七年。樗里子之后，秦方自王而帝，开代以来大一统之盛。而汉宫之地，已默定于一丘墓之间，盛衰倚伏，孰非前定？语曰："力称任鄙，智称樗里。"自非神圣，恶能前知若此哉？

今按：卢氏改“开代以来大一统之盛”为“历百余年之久”，其他与陈氏基本全同，显系抄袭。

5. 李绅镇宣武，性暴燥，不礼于士人，有一士自中途遇之，回避不及，为前驺拘执之，绅(鞠)[鞫]其故，乃宗室子也。答曰：“勤政楼前尚容缓步，开封桥上不许徐行。汴州岂大于帝都，尚书岂尊于天子。”绅失色使去。

【辨伪】此条抄自宋赵令畤《侯鲭录》卷六：

> 新昌李相绅，性暴不礼士，镇宣武，有士人遇于中道，避不及，为前驺所拘，绅鞫之，乃宗室，答曰：“勤政楼前尚容缓步，开封桥上不许徐行。汴州岂大于帝都，尚书未尊于天子。”公失色使去。

今按：卢氏改“新昌李相绅，性暴不礼士，镇宣武”为“李绅镇宣武，性暴燥，不礼于士人”，其他与赵氏所记大致相同，显系抄袭。

6. 唐刘晏死之日，籍其家，惟杂书二车、米麦数斛而已。史称其理财以养民为先，因平准法，干山海，排商贾，制百货低昂，操天下赢赀，以佐军兴。虽用兵数十年，敛不及民，而国用足。唐中偾而振，晏有力焉，是理财之臣也。特以功名日盛，知遇日隆，故妒忌之者多，如常衮辈嫉之，至诛死而不已，因其勘元载，鞫狱伏诛，而其党杨炎坐贬。后炎专政，衔私恨，为载报仇，遂诬构以死，而天下冤之。使晏不勘载，虽理财，必不至死。晏既勘载，即不理财，亦死也。胡致堂谓晏因理财而死，谓言利背义之害大，若天道报恶者然，何所见之左哉？使司国计者，不以足财为务，徒以不言利为高，则国亦何利焉？嗟乎！兵以平乱，乃不论丈人之师、弟子之师，而徒曰“兵凶战危，老氏所忌”，是使天下无兵也。刑以诘奸，乃不论出于哀矜、出于苛刻，而徒曰“皋陶无后，为主刑也”，是盖有纵盗贼以为阴骘者，是使天下无刑也。致堂之说，不可为训。

【辨伪】此条抄自元陈世隆《北轩笔记》：

> 唐刘晏领度支，死之日，籍录其家，惟杂书二乘、米麦数斛而已。史称其理财以养民为先，因平准法，干山海，排商贾，制百物低昂，操天下赢赀，以佐军兴。虽用兵数十年，敛不及民，而用度足。唐中偾而复振，晏有劳焉，是干国之臣也。特以功名日盛，眷遇日隆，故媢嫉之人，如常衮辈者忌之，至其诛死，则因昔勘元载，鞫狱伏诛，而其党杨炎坐贬。后炎专政，衔私恨，为载报仇，遂诬构以死，而天下冤之。使晏不勘载事，虽理财，固不死也。勘载事，即不理财，固亦死也。胡致堂乃谓晏以理财而死，遂谓是言利背义之为害，若天道报恶者然。将使司国计者，不以足国为务，而徒以不言利为高，则国亦何利焉？嗟乎！兵以平乱，乃不论丈人之师、弟子之师，而徒曰“兵者，老氏之所忌”，是天下无兵也。刑以诘奸，乃不论出于哀矜、出于苛刻，而徒曰“皋陶之无后，为主刑也”，而遂有纵盗贼以为阴骘者，是使天下无刑也，而可乎？龙逢、比干之死，亦未必言利背义之为害。甚矣！胡氏之说，不当事

情，不可以为训也。

今按：卢氏改“唐刘晏领度支，死之日”为“唐刘晏死之日”，改“是干国之臣也”为“是理财之臣也”，改“故媢嫉之人”为“故妒忌之者多”，增“何所见之左哉”，又改“兵者，老氏之所忌”，为“兵凶战危，老氏所忌”，而删“而可乎？龙逢、比干之死，亦未必言利背义之为害。甚矣”，改“胡氏之说，不当事情，不可以为训也”为“致堂之说，不可为训”，其意相同，显系抄袭。

7. 汉之京房，晋之郭璞，宋之李石，皆能言人祸福，甚验，而卒不免为术所杀。京房死于恭显，郭璞死于王敦，李石死于秦桧，岂明于知人，而暗于知己哉？盖徒知《易》之术，而不知《易》之道也。《易》者，时而已矣。时语则语，时默则默，此之谓《易》之道也。庸主在上，奸臣在侧，乃炫耀其说，指切其人，适足以杀其躯而已矣。单子曰：“立于淫乱之国，而好尽言以扬人之过失，怨之本也。”盖此之谓也。

【辨伪】此条抄自明陈师《禅寄笔谈》卷六：

> 汉之京房，晋之郭璞，宋之李石，皆能言人祸福，巧发奇中，而卒不免为术所杀。京房死于恭显，郭璞死于王敦，李石死于秦桧，岂明于知人，而暗于昧己哉？盖徒知《易》之术，而不知《易》之变通、语默之道故也。昏主在上，奸臣在侧，乃炫耀其说，指切其人，殊昧时语时默，何益于事，只杀其躯而已。单子曰：“立于淫乱之国，而好尽言以招人之过，怨之本也。”其三子之谓乎？

今按：卢氏改“巧发奇中”为“甚验”，改“《易》之变通、语默之道故也”为“《易》之道也”，改“殊昧时语时默，何益于事”为“《易》者，时而已矣。时语则语，时默则默，此之谓《易》之道也”，置“庸主在上”前，并改“其三子之谓乎”为“盖此之谓也”，其意相同，显系抄袭。

8. 宋时伪学党禁凡五十九人，而伊川、晦翁二先生为最。二先生言为世法，行为世师，道非不弘，学非不粹，而动辙得咎，何也？盖人心不同，所见各异，虽圣人不能律天下之人，尽弃其学而学焉，此孔子所以毋固毋必、无可无不可，甚至欲无言，不得已而应答，则片言数语而止，其不足于列国公卿大夫也，则未尝轻出口，是非褒贬，隐然寓于《春秋》之笔，其不足于由、求、予、赐、樊迟也，则未尝必其从己，忠告而善诱之，不从则已。进互乡，见南子，从佛肸，之公山，削圭角，去崖岸，油油然与众偕，而犹不免于乡人武叔、荷蒉之讥，匡人桓魋、阳虎之害。今二先生以道统自任，以师严自居，别白是非，分毫不贷，与安定角，与东坡争，与龙川、象山辩，必胜而后已，安得不受害哉？

【辨伪】此条节抄自宋俞文豹《吹剑录外集》：

> 侍郎刘珏目为逆党，请置伪学逆党籍，凡五十九人。……今伊川、晦庵二先生，言为世法，行为世师，道非不弘，学非不粹，而动辄得咎，何也？盖人心不同，所见各异，虽圣人不能律天下之人，尽弃其学而学焉，此孔子所以毋固毋必、无可无不

可，甚至欲无言，不得已而应答，则片言数语而止，其不足于列国公卿大夫也，则未尝轻出诸口，是非褒贬，隐然寓于《春秋》之笔，其不足于由、求、予、赐、樊迟也，则未尝必其从己，忠告而善诱之，不从则已。进互乡，见南子，从佛肸，之公山，削圭角，去崖岸，油油然与众偕，而犹不免于乡人武叔、荷蒉者之讥，匡人桓魋、阳虎之害。今二先生以道统自任，以师严自居，别白是否，分毫不贷，与安定角，与东坡争，与龙川、象山辩，必胜而后已。

今按：卢氏改"侍郎刘珏目为逆党，请置伪学逆党籍，凡五十九人"、"今伊川、晦庵二先生"为"宋时伪学党禁凡五十九人，而伊川、晦翁二先生为最"，增"安得不受害哉"，其他基本相同，显系抄袭。

9. 蜀人蒲禹卿谏蜀后主幸秦川，其表云："臣闻尧有敢谏之鼓，舜有诽谤之木，汤有司过之士，周有戒慎之鞀。盖古者明君，克全帝道，欲知己罪，要纳谠言，将引咎而责躬，庶理人而修德。陛下自承祧秉箓，正位当天，爰闻逆耳之忠言，每许犯颜而直谏。且先皇帝许昌振迹，阆苑兴师，历艰辛于草昧之时，受危险于虎争之际。胼胝戈甲，寝寐风霜，申武力而助中原，立战功而平多垒。亡躯致命，事主勤王，方得成家，至于开国。今日鸿基鼎盛，骏业丰崇。地及雍岐，界连荆楚。人物富丽，土产繁华。当四海逐鹿之时，成万代兴龙之业。陛下生当富贵，坐得乾坤。正宜以名教而自节，以礼乐而自防。守道德之规，受师傅之训。知社稷之不易，想稼穑之维艰。无稽之言勿听，弗询之谋勿用。少游观于林亭，多历览于书史。别修上德，无令色荒。常亲政事，勿恣闲游。且天雄地远，路险难行。栈道连云，危峰插汉。稍雨则吹摧阁道，微泥则阻滑山程。岂可鸣鸾，惟堪叱驭。又况秦川敌境咫尺，塞色荒凉。人杂番戎，地多瘴疫。别无风华异境，不可选胜寻幽。营中只带甲之士，城上宿枕戈之人。看狼烟于绝岭，朝朝疑虑；睹龙旆于孤峰，日日提防。是山多云雾之乡，即易动难安之境。当路州县凋残，所在馆驿隘小。止宿尚犹不易，供应固是极难。以此细论，不宜轻动。矧凤州久为仇敌，素蓄奸谋。切虑妄造妖言，致生衅隙。陛下与唐国方申欢好，信币交驰。忽闻圣驾亲行，别怀疑忌，其或专差使命请陛下境上会盟，未审圣躬去与不去。若去，则须似秦赵争强，彼此难屈；不去，则便成鲁卫不睦，战伐频兴。酌彼未萌，料兹先见。昔秦皇之鸾驾不回，炀帝之龙舟不返。陛下圣逾秦帝，明胜隋皇。深知稼穑之艰难，早识古今之成败。自防得失，不事遨游。岂忍致却宗祧，远违宫庭，使蒸民无所托，令太后以何依。若不虑于危亡，实有乖于仁孝，况玉京金阙，宝殿珠楼，内苑则香风满槛，上林则瑞露盈盘。乐奏九韶，舞呈八佾，簇神仙于紫禁，耀珠翠于丹墀。如论万乘之居，便是三清之境。人间仅有，天下所无。时或闲游，足观奇趣。何必倾心绝塞，看彼荒山。方今中原有人，盗贼未靖。纵边庭无烽火之虞，而内地有腹心之患。陛下千年膺运，一国称尊。文德武功，经天纬地。统承社稷之基，复抱山河之险。何不视远察迩，居安思危，辟四门以求贤，总万机而制事。咸修一德，端拱九重。庶使恩威并行，赏罚悉当。平分雨露，遍疗疮痍。彼若稍有微衅，此则大张天威。自然百灵垂祐，四海归仁。众志成城，天下治理。今则蜀都强盛，诸国不如。贤士满朝，圣人当极。臣愿陛下采药石之言，听刍荛之说。同武王谔谔而昌，鄙纣王唯唯而灭。无饰非拒谏之事，有面折廷诤之风。固我皇朝，保我皇化。莫谓京辇繁华，居人稠叠。盖是外邦残虐，寄迹偷安，所以竞来住止，尤宜格外抚绥。况蜀国从来创业，多乏永谋，或德不及于两朝，或祚不延于三代。刘禅俄降于邓艾，李势就归于桓温。皆谓不听直言，不行王道，不理政事，不恤生民，以致国亡，人心不保。陛下至圣至明，如尧如舜，岂后主而相匹，岂子仁而比伦？有宽仁至孝之名，有远见长治之策。不信谄佞，不尚荒淫。出入而所在防微，动静而无非经久。必致万年之业，终为四海之君。伏愿陛下且驻銮舆，莫离京国。候中原无事，八表来王。天下若群流赴海，人心如众蚁趋膻。有道自彰，无思不服。非惟要看天水，直可高坐长安。是微臣之至情，举国之深愿也。臣闻天子有争臣七人，虽无道不失其天下。是以辄倾丹恳，仰谏圣明。情非讪上，理切爱君。虽无折槛之能，但有触鳞之罪。不避诛殛，辄叩天庭。陛下若全无忖度，必幸边邮，遗圣母以忧心，令寮庶而恐虑。自迷得失，徒取疲劳，倘有不虞，悔将何及。叩恳陛下广开谏路，容纳臣言，勿违太后之情，且慰国人之望，干犯冕旒，冒死得罪，谨奉表直谏以闻。”余按：此表情辞恳切，故录之以为有言职者劝。

【辨伪】此条节抄自五代何光远《鉴诫录》卷七“陪臣谏”：

王蜀咸康年，后主将幸天水，群臣列号恳谏，上意不从。前秦州节度掌书记蒲禹卿独上一表……《直谏后主幸秦州表》云：“臣某言顿首死罪，臣闻尧有敢谏之鼓，舜有诽谤之木，汤有司过之士，周有戒慎之鞀。盖古者明君，克全帝道，欲知己罪，要纳谠言，将引咎而责躬，庶理人而修德。陛下自承祧秉箓，正位当天，爱闻悦耳之忠言，每许犯颜而直谏。且先皇帝许昌振迹，阆苑兴师，历艰辛于草昧之时，受危险于虎争之际。胼胝戈甲，寝寐风霜，申武力而取中原，立战功而平多垒。亡躯致命，事主勤王，方得成家，至于开国。今日鸿基霸盛，大业推崇，地及雍岐，界连荆楚，……人物秀丽，土产繁华。当四海辐凑之秋，成万代龙兴之业。陛下生当富贵，坐得乾坤。……臣欲望陛下以名教而自节，以礼乐而自防。修道德之规，受师傅之训。知社稷之不易，想稼穑之最难。……无稽之言勿听，弗询之谋勿用。……少止宿于诸处林亭，多历览于前王书史。别修上德，用卜远图，莫遣色荒，无令酒惑。常亲政事，勿恣闲游。……且天雄地远，路恶难行，险栈敧云，危峰插汉。稍雨则吹摧阁道，微泥则阻滑山程。岂可鸣鸾，惟堪叱驭。又复秦州敌境咫尺，塞邑荒凉。人杂番戎，地多疫瘴。别无风华异境，不可选胜寻幽。……营中只带甲之士，城上宿枕戈之人。看烽火于孤峰，朝朝疑虑；睹旌旗于绝岭，日日堤防。是多山足云之乡，即易动难安之境。……当路州县凋残，所在馆驲隘小。止宿尚犹不易，供须因是极难。……以此细论，不合轻动。……况凤州久为仇敌，必贮奸谋；窃虑妄指妖词，致生衅隙。又陛下与唐国方申欢好，信币交驰。但虑闻道圣驾亲行，别怀疑忌，其或专差使命请陛下境上会盟，未审圣躬去与不去。若去，则须似秦赵争强，彼此难屈；若不去，则便同鲁卫不睦，战伐兹兴。酌彼未萌，料其先见。……昔秦皇之銮驾不回，炀帝之龙舟不返。陛下圣逾秦帝，明胜隋皇，……知稼穑之艰难，识古今之成败，自防得失，不纵襟怀，岂忍致却宗祧，云言道断，使蒸民以何托，令慈母以何辜？若不虑于危亡，实恐乖于仁孝。况玉京金阙，宝殿珠楼，内苑上林，瑶池琼国，香风满槛，瑞露盈盘。钧天之乐奏九韶，回雪之舞呈八佾。簇神仙于紫禁，耀珠翠于皇宫。如论万乘之君，便是三清之境。人间胜致，天下所无。时或追游，足观奇趣。何必倾于远塞，看彼荒山。……方今中原有人，大事未了，但当国生灵受弊，盗贼横行。纵边庭无烽火之虞，而内地有腹心之患。陛下千年膺运，一国称尊，文德武功，经天纬地，……既承社稷之基，复抱山河之险，何不远听迩察，居安虑危，辟四门以求贤，总万机而行事，咸修一德，端坐九重，使恩威并行，赏罚必当，平分雨露，遍疗疮痍。……彼若稍有微衅，此则直下平吞。……自然百灵垂祐，四海归仁。众志成城，天下治理。今则蜀都强盛，诸国不如，贤士满朝，圣人当极。臣愿百姓乐于正观，万乘君于大宗。采药石之言，听刍荛之说。……同武王谔谔而昌，鄙纣主唯唯而灭。无饰非拒谏之事，有面折庭诤之人。固我皇朝，保我皇化。陛下莫见居人稠叠，谓言京辇繁华。盖是外郡凌残，住止不得，所以竞来臻凑，贵且偷安。……蜀国从来创业，多乏永谋。或德不及于两朝，或祚不延于七代。刘禅俄降于邓艾，李势遽归于桓温。皆谓不取直言，不恤政事，不行王道，不念生民，以致国亡，人心何保。……陛下至圣至明，如尧似舜，岂后主而相匹，岂子仁而比伦？有宽慈至孝之名，有远见长谋之策，不信谄媚，不耽荒淫，出入而所在防微，动静而无非经久，必致万年之业，终为四海之君。愿陛下且驻銮舆，莫离京国。候中原无事，八表来王。天下人心，咸归我主。若群流赴海，众蚁慕膻。有道自彰，无思不服。非唯要看天水，直可便坐长安。是微臣之至恳，举国之深愿也。臣闻昔者天子有争臣七人，虽无道不失其天下。是以辄倾丹恳，仰谏圣明。……情非讪上，理切爱君。虽无折槛之能，但有触鳞之罪。不避诛殛，辄扣天庭。……陛下或全无忖度，顺向边陲。遗圣母以忧心，令庶寮以怀虑。全迷得失，自取疲劳。倘有不虞，悔将何益。臣愿陛下稍开谏路，微纳臣言，勿违圣后之情，且允国人之望。……干犯冕旒，无任忧惕。冒死待罪，激切屏营之至。谨奉表直谏以闻，臣某诚惶诚恐，顿首顿首，死罪死罪，谨言。”

今按：卢氏改“王蜀咸康年，后主将幸天水，群臣列号恳谏，上意不从。前秦州节度掌书记蒲禹卿独上一表……《直谏后主幸秦州表》云”为“蜀人蒲禹卿谏蜀后主幸秦川，其表云”，改“大业推崇”为“骏业丰崇”，改“当四海辐凑之秋”为“当四海逐鹿之时”，改“臣欲望陛下以名教而自节”为“正宜以名教而自节”，改“少止宿于诸处林亭，多历览于前王书史。别修上德，用卜远图，莫遣色荒，无令酒惑”为“少游观于林亭，多历览于书史。别修上德，无令色荒”，改“不纵襟怀”为“不事遨游”，改“云言道断，使蒸民以何托，令慈母以何辜”为“远违宫庭，使蒸民无所托，令太后以何依”，改“内苑上林，瑶池琼国，香风满槛，瑞露盈盘。钧天之乐奏九韶，回雪之舞呈八佾”为“内苑则香风满槛，上林则瑞露盈盘。乐奏九韶，舞呈八佾”，改“方今中原有人，大事未了，但当国生灵受弊，盗贼横行”为“方今中原有人，盗贼未靖”，改“直下平吞”为“大张天威”，改“臣愿百姓乐于正观，万乘君于大宗。采药石之言”为“臣愿陛下采药石之言”，改“盖是外郡凌残，住止不得，所以竞来臻凑，贵且偷安”为“盖是外邦残虐，寄迹偷安，所以竞来住止，尤宜格外抚绥”，改“天下人心，咸归我主。若群流赴海，众蚁慕膻”为“天下若群流赴海，人心如众蚁趋膻”，改“干犯冕旒，无任忧惕。冒死待罪，激切屏营之至”为“干犯冕旒，冒死得罪”，删“臣某诚惶诚恐，顿首顿首，死罪死罪，谨言”，而增“余按：此表情辞恳切，故录之以为有言职者劝”一句，显系抄袭而来。

10. 郭景纯少好经术，博学多材，其天文卜筮之术，则受学于郭公青囊书。晋怀之际，郭尝筮之，投策叹曰："黔黎将湮于异类，桑梓其剪为龙荒乎?"避居河东，抵将军赵固。固乘马死，郭令三十人从三十里外庙社中，取一物如猴者，置病马前，使嘘吸其鼻。有顷，马奋迅而起，此物随不见。其术甚神，而理不可解。又所寓主人有婢甚美，郭爱之，以豆化赤衣人围其宅。主人求救，竟得婢。其它术奇怪甚多。尝著《南郊赋》，帝悦之，召为著作郎。然性轻浮，不修威仪，嗜酒色。干宝诫之曰："此非适性之道。"郭曰："吾所受有本限，用之惟恐不尽，不为患也。"自是深安义分，不求荣进，当王敦之难，从容就死。虽桓彝触厕之忌，数若相符。行刑时，年四十九，寿亦前定，与管公明同。所著传述甚多，则非管公明可比。

【辨伪】此条抄自元陈世隆《北轩笔记》：

> 郭景纯璞少好经术，博学高才，而其天文卜筮之术，则受于郭公青囊书。晋怀之际，郭尝筮之，投策叹曰："黔黎将湮于异类，桑梓其剪为龙荒乎?"遂避居河东，抵将军赵固。固乘马死，郭令三十人从三十里外庙社中，取一物似猴者，置病马前，使嘘吸其鼻。有顷，马奋迅而起，此物随不见。其术甚神，而理不可解。又其寓主人一婢美，郭爱之，以豆化赤衣人围其宅。主人求为解，竟得婢。其它术奇验甚多。尝著《南郊赋》，帝悦之，召为著作郎。然性轻易，不修威仪，嗜酒色。干宝尝诫之曰："此非适性之道。"郭曰："吾所受有本限，用之惟恐不尽，乃忧为患乎?"是以深安分义，不求荣进，当王敦之难，从容就死。虽桓彝触厕之忌，数若相符。而行刑袴褶之遗，久已前定。寿亦四十九，与管公明同。所著述传世甚多，则非管比。

今按：卢氏改"乃忧为患乎"为"不为患也"，改"而行刑袴褶之遗，久已前定。寿亦四十九，与管公明同"为"行刑时，年四十九，寿亦前定，与管公明同"，其他与陈氏所记大致相同，显系抄袭。

11. 李谷与韩熙载少同砚席，分别，相约于河梁曰："各以才命遇其主。"广顺中，李仕周为中书侍郎、平章事。韩仕江南为殿学士承旨。二人音问不绝，韩戏贻李书曰："江南果相我，必长驱以定中原。"李答韩书曰："中原苟相我，下江南如探囊中物耳。"李使果拜相，亲征江南，奈韩已死。先是，周遣李使江南，以视虚实。谷贻书于韩曰："我之名从五柳公，而取骄且傲，宜善待之。"及至，果尔。容色凛然，崖岸高峻，宴间未尝启齿。韩谓所亲曰："吾辈绵历久矣，岂烦至是耶？吾观秀实(谷字)，非端人也，其守可堕。"阴遣歌人秦若兰诈为驿卒女以中之，弊衣竹钗，旦夕拥帚洒扫。若兰容止，宫掖殆无。谷乘隙因询之，兰云："不幸夫亡无归，托身父母，即守驿翁妪也。"谷遂情动，失慎独之戒。将行，制一曲以赠之。不数日，李主宴谷于澄心堂，李主命玻璃巨觥满斟以进，谷毅然不动，威亦不少霁。乃出兰于席，歌所赠曲以侑觞，不敢不饮。复命兰连灌数觥，几类漏卮。大为李主所薄。出疆之日，只命小吏及若兰薄饯于郊。归朝后，其曲已遍传于汴京，李谷声名威望，由此大损。

【辨伪】此条节抄自宋释文莹《玉壶清话》卷四：

李丞相谷与韩熙载少同砚席，分携，结约于河梁曰："各以才命选其主。"(一云：各以才命遇主)广顺中，谷仕周为中书侍郎、平章事。熙载事江南李先主，为光政殿学士承旨。二公书问不绝。熙载戏贻谷书曰："江南果相我，长驱以定中原。"谷答熙载云："中原苟相我，下江南如探囊中物尔。"后果作相，亲征江南，赖熙载卒已数岁。先是，朝廷遣陶谷使江南，以假书为名，实使觇之。李相密遗熙载书曰："吾之名从五柳公，骄而喜奉，宜善待之。"至，果尔。容色凛然，崖岸高峻，燕席谈笑，未尝启齿。熙载谓所亲曰："吾辈绵历久矣，岂烦至是耶？观秀实(公字也)，非端介正人，其守可隳，诸君请观。"因令宿留，俟写《六朝书》毕，馆泊半年。熙载遣歌人秦弱兰者，诈为驿卒之女以中之。弊衣竹钗，旦暮拥帚洒扫驿庭，兰之容止，宫掖殆无。五柳乘隙，因询其迹，兰曰："妾不幸夫亡无归，托身父母，即守驿翁妪是也。"情既渎，失慎独之戒。将行，翌日又以一阕赠之。后数日，燕于澄心堂，李中主命玻璃巨钟满酌之，谷毅然不顾，威不少霁。出兰于席，歌前阕以侑之，谷惭笑捧腹，簪珥几委，不敢不釂。釂罢复灌，几类漏卮，倒载吐茵，尚未许罢。后大为主礼所薄。还朝日，止遣数小吏携壶浆薄饯于郊。迨归京，鸾胶之曲已喧，陶因是竟不大用。

今按：卢氏所记与文莹同，改"李丞相谷"为"李穀"，改"朝廷遣陶谷使江南，以假书为名，实使觇之"为"周遣李使江南，以视虚实"，改"情既渎"为"穀遂情动"，改"还朝日，止遣数小吏携壶浆薄饯于郊。迨归京，鸾胶之曲已喧，陶因是竟不大用"为"出疆之日，只命小吏及若兰薄饯于郊。归朝后，其曲已遍传于汴京，李穀声名威望，由此大损"，其文字虽有异处，而纪事相同，显系抄袭。

12. 潘莹字伯诚，隐居博学，通诸子百家，尤长史学，尝著《通鉴总论大要》："治天下有三：曰明，曰断，曰顺而已。明则君子进而小人退，断则有功赏而有罪惩，顺则万事理、人心悦而天下和平。三者之要，在修身，身修心诚，不令而行矣。"

【辨伪】此条抄自清赵吉士《寄园寄所寄》卷十一：

潘荣字伯诚，桃溪人，隐居博学，通诸经，尤长于史，尝著《通鉴总论大要》："治天下有三，曰明，曰断，曰顺而已。明则君子进而小人退，断则有功劝而有罪惩，顺则万事理、人心悦而天下和。三者之要，在身，身端心诚，不令而行矣。"其说反复数千言。又尝《集苏句》百篇，学者称为节斋先生。(《婺源志》)

今按：卢氏误改"潘荣"为"潘莹"，删"桃溪人"，改"通诸经"为"通诸子百家"，又删末尾"又尝《集苏句》百篇，学者称为节斋先生"一句，其他与赵氏所抄《婺源志》相同，显系抄袭。

13. 唐末，天下大乱，有皂山寺僧某，专力种芋，岁收极多，煮熟杵如泥，造成砖块，阴干，以作墙壁，后遇饥荒，寺中四十余僧，皆食芋砖以度凶岁。又元末，天下乱，有赵东山恐其凶荒，亦种芋甚多，命各佃均种之，收获不计其数，悉令杵烂，和粉作砖堑，砌墙于东山。其后果大饥，民望烟火而来求食者，赵取砖一块，投沸汤中，煮羹馈之，存活甚众。后明太祖兵下徽州，粮饷乏缺，赵助三日饷，亦献芋砖数千块。上善之。

【辨伪】此条抄自清赵吉士《寄园寄所寄》卷十一：

唐末，岐、梁争长……又阁皂山一寺僧，甚专力种芋，岁收极多，杵之如泥，造堑为墙，后遇大饥，独此寺四十余僧，食芋堑以度凶岁。元末，天下乱，先东山公逆知将绝食，遂预以芋和粉筑成砖形，砌墙于东山。其后大饥，饥民望烟火而来，东山公取芋砖一片，置沸汤中作羹，饥民赖以存活。后太祖兵至，乏粮，公曰：吾当助三日饷。取砖与之。(《国宪家猷》)

今按：卢氏改赵氏所抄《国宪家猷》中"岐、梁争长"为"天下大乱"，改"造堑为墙"为"造成砖块，阴干，以作墙壁"，改"先东山公逆知将绝食，遂预以芋和粉筑成砖形"为"有赵东山恐其凶荒，亦种芋甚多，命各佃均种之，收获不计其数，悉令杵烂，和粉作砖"，改"后太祖兵至，乏粮，公曰：吾当助三日饷。取砖与之"为"后明太祖兵下徽州，粮饷乏缺，赵助三日饷，亦献芋砖数千块。上善之"，文字虽稍有异，而其纪事则全同，显系抄袭。

14. 熙宁间，边吏报北虏将大举入寇，上震动，遣中贵人取两河民车，以为战备，民大惊扰。自宰执以下言不便者墙进，上俱不允，民心惶惶。时沈存中为起居注，次日侍笔立御座前，上顾问曰："借车之事，卿知之乎？"括曰："不知。车将何用？"上曰："北虏入寇以马队为胜，惟车可以当之。"括曰："虏之来，民间田园庐墓并皆抛弃，何暇顾及车乎？朝廷姑藉其数而未取用，何伤？"上喜曰："卿言有理，何论者之纷纷也？"括曰："车战之利，见于前代。自巫臣教吴子车战，遂霸中国；李靖用鹿角车，以擒吉利。臣但未知古人所谓轻车者，兵车也，五御折旋，利于轻便。今民间之锱车，重大笨朴，以牛挽之，日行不能三十里，少蒙雨雪，则跬步不可行，故俗谓之为'太平车'，或可施于无事之时，恐行兵不堪用耳。"上益喜曰："无人如此详细对朕说者，当更思之。"明日，遂诏罢藉民车。执政问括曰："君以何术而罢此？上甚多'太平车'之说也。"括曰："主上可以理夺，不可以言争。"未几括迁知制诰。

【辨伪】此条抄自宋邵博《闻见后录》卷二十二：

熙宁年，边吏报契丹将入寇，亟遣中贵人取两河民车，以为战备，民大惊扰。自宰执以下言不便者墙进，俱不省。时沈括存中为记注，一日，侍笔立御座侧，上顾曰："卿知籍车之事乎？"括曰："未知。车将何用？"上曰："北边以多马取胜，唯车可以当之。"括曰："敌之来，民父子坟墓田庐皆当弃去，复暇恤车乎？朝廷姑籍其数而未取，何伤？"上喜曰："卿言有理，何论者之纷然也？"括曰："车战之利，见于历世。巫臣教吴子以车战，遂霸中国；李靖用偏箱鹿角车，以擒颉利。臣但未知一事：古人所谓轻车者，兵车也，五御折旋，利于轻速。今之民间锱车，重大椎朴，以牛挽之，日不能行三十里，少蒙雨雪，则跬步不进，故俗谓之'太平车'，或可施于无事之日，恐兵间不可用耳。"上益喜曰："无人如此作朕者，当更思之。"明日，遂罢籍民车。执政问括曰："君以何术，而立谈罢此事？上甚多'太平车'之说也。"括曰："圣主可以理夺，不可以言争。若车可用，其敢以为非？”括未几迁知制诰。

今按：卢氏改“熙宁年，边吏报契丹将入寇”为“熙宁间，边吏报北虏将大举入寇，上震动”，改“俱不省”为“上俱不允，民心惶惶”，改“卿知籍车之事乎”为“借车之事，卿知之乎”，改“民父子坟墓田庐皆当弃去”为“民间田园庐墓并皆抛弃”，删“若车可用，其敢以为非”，其他大致相同，显系抄袭。

15. 文潞公年未四十，以枢密出守成都，蜀风好行乐，潞公多燕集，有蜚语至京。上命御史何郯号从圣伺察之，何将至，潞公亦为动容。幕中有张少愚者，谓公曰：“何之来不足虑。”少愚请先之，因迎何于汉州。一见如故，州守宴何，有营妓善舞，何喜，问其姓，曰：“姓杨。”何曰：“汝即杨台柳耶？”少愚随取妓罗巾题诗以赠曰：“蜀国佳人号细腰，东台御史惜妖娆。从今唤作杨台柳，舞尽春风万万条。”命妓作歌以侑酒，何为沉醉。数日后至成都，何颇严重自尊，潞公大作乐以宴何，迎其妓杂府妓中，仍歌少愚诗以劝酒，何每为之大醉。后归朝，潞公之谤亦息。此与李谷使江南事相同。

【**辨伪**】此条抄自宋邵伯温《闻见前录》卷十：

> 文潞公庆历间以枢密直学士知成都府，公年未四十，成都风俗喜行乐，公多燕集，有飞语至京师。御史何郯圣从，蜀人，因谒告归，上遣伺察之，圣从将至，潞公亦为之动。张俞少愚者，谓公曰：“圣从之来无足念。”少愚因迎见于汉州，同郡会有营妓善舞，圣从喜之，问其姓，妓曰杨，圣从曰：“所谓杨台柳者？”少愚即取妓之项帕罗题诗曰：“蜀国佳人号细腰，东台御史惜妖娆。从今唤作杨台柳，舞尽春风万万条。”命其妓作《柳枝词》歌之，圣从为之沾醉。后数日，圣从至成都，颇严重。一日，潞公大作乐以燕圣从，迎其妓杂府妓中，歌少愚之诗以酌圣从，圣从每为之醉。圣从还朝，潞公之谤乃息。事与陶谷使江南“邮亭”词相类云。

今按：卢氏改“文潞公庆历间以枢密直学士知成都府，公年未四十”为“文潞公年未四十，以枢密出守成都”，改“御史何郯圣从，蜀人，因谒告归，上遣伺察之，圣从将至，潞公亦为之动”为“上命御史何郯号从圣伺察之，何将至，潞公亦为动容”，改“圣从之来无足念”为“何之来不足虑”，改“少愚因迎见于汉州，同郡会有营妓善舞，圣从喜之”为“少愚请先之，因迎何于汉州。一见如故，州守宴何，有营妓善舞，何喜”，改“命其妓作《柳枝词》歌之，圣从为之沾醉”为“命妓作歌以侑酒，何为沉醉”，其意相同，又改“事与陶谷使江南‘邮亭’词相类云”为“此与李谷使江南事相同”，显系抄袭。

16. 号万石君者五家：汉石奋及四子皆二千石，号万石君。冯扬为弘农太守，八子皆为二千石，亦号万石君。严延年兄弟五人皆至大官，其母号万石君严妪。秦袭为颍川太守，群从同时为二千石者五人，号万石秦氏。唐代张文瓘为侍中，四子官皆三品，号万石张家。余按：宋时廖刚四子官皆至秉麾节，亦号万石廖氏。

【**辨伪**】此条抄自宋王应麟《困学纪闻》及清阎若璩注。《困学纪闻》卷十二：

号万石者五家：汉石奋及四子皆二千石，号万石君。冯扬为弘农太守，八子皆为二千石，亦号万石君。严延年兄弟五人至大官，母号万石严妪。秦袭为颍川太守，群从同时为二千石者五人，号万石秦氏。唐张文瓘为侍中，四子皆至三品，号万石张家。

阎若璩注：

南宋廖刚子四人仕皆秉麾节，号万石廖氏。

今按：卢氏改阎若璩注为自己的按语，于前增“余按”二字，据为己有，显系抄袭。

17.《古今人物表》许繇、巢父为二人。而谯周《古史考》：“许繇夏常居巢，一名巢父。”则巢、许是为一人。又应休连谓之“山父”。《文选》注引《琴操》：“许由夏则巢居，冬则穴处，饥则仍山而食，渴则仍河而饮。尧大其志，欲禅为天子，由不顾而去。”繇一作由。

【辨伪】此条抄自宋王应麟《困学纪闻》及宋韩淲《涧泉日记》。《困学纪闻》卷十二：

《古今人表》许繇、巢父为二人。谯周《古史考》：许由夏常居巢，故一号巢父。则巢、许为一人。应休琏又谓之“山父”。

又《涧泉日记》卷上：

《文选》应休琏书注：“山父，即巢父也。谯周《古史考》曰：‘许由夏常居巢，故一号巢父。’《琴操》曰：‘许由夏则巢居，冬则穴处，饥则仍山而食，渴则仍河而饮。尧大其志，禅为天子。由曰：放发优游，所以安己不惧，非以贪天下也。’”

今按：卢氏删《涧泉日记》中“《文选》应休琏书注”一节中所引“谯周《古史考》”，仅保留所引“《琴操》”，并改其中末句“由曰：放发优游，所以安己不惧，非以贪天下也”为“由不顾而去”，并据《涧泉日记》与《困学纪闻》异文补“繇一作由”一句，显系抄袭。

18. 余阅《宋史》，元祐诸贤不和，是以为绍圣小人所乘。元符、建中韩、曾不和，是以为崇宁小人所陷。绍兴间赵鼎、张浚不和，是以为秦桧所挤。所以古人建官曰三公，公则无私矣。曰三孤，孤则无朋矣。无私无朋则无党，所以和也。余按：绍圣小人，当是章惇；崇宁小人，当是京、卞。

【辨伪】此条抄自宋王应麟《困学纪闻》卷十五：

元祐诸贤不和，是以为绍圣小人所乘。元符、建中韩、曾不和，是以为崇宁小人所陷。绍兴赵、张不和，是以为秦氏所挤。古之建官曰三公，公则无私矣。曰三孤，孤则无朋矣。无私无朋，所以和也。

今按：卢氏于前增“余阅《宋史》”四字，于后补“余按：绍圣小人，当是章惇；崇宁小人，当是京、卞”一句，其他与王氏所记大致相同，显系抄袭。

19. 邵公济名博，康节先生之孙，后辞官居蜀之犍为，其《祭武侯庙文》高古简切，人多不知，今录其全文云：“公昔高卧，隐然一龙。鬼蜮乱世，其谁可从？惟明将军，汉氏之宗。相挽以起，意气所同。欲持尺棰，尽逐奸雄。天未悔祸，世岂能容？惟史臣寿，奸言非公。惟大夫周，误国非忠。庙食故里，羞此南充。置公左右，不堪仆童。我实鄙之，筑公之宫。《春秋》之法，孰敢不恭？俾千万年，仰其高风。”余按：寿谓陈寿，周谓谯周，皆巴郡人。此文在果州作。

【辨伪】此条抄自宋王应麟《困学纪闻》卷十三：

> 邵公济(翁注：名博，康节之孙)《谒武侯庙文》云：“公昔高卧，隐然一龙。鬼蜮乱世，其谁可从？惟明将军，汉氏之宗。相挽以起，意气所同。欲持尺棰，尽逐奸雄。天未悔祸，世岂能容？惟史臣寿，奸言非公。惟大夫周，误国非忠。庙食故里，羞此南充。置公左右，不堪仆童。我实鄙之，筑公之宫。《春秋》之法，孰敢不恭？俾千万年，仰其高风。”(陈寿、谯周，皆巴郡人，今果州。陆务观《筹笔驿诗》：“运筹陈迹故依然，想见旌旗驻道边。一等人间管城子，不堪谯叟作降笺。”公济之文，盖果州作。)

又卷十五：

> 邵公济筑室犍为之西山。

今按：卢氏改“邵公济(翁注：名博，康节之孙)《谒武侯庙文》云”、“邵公济筑室犍为之西山”为“邵公济名博，康节先生之孙，后辞官居蜀之犍为，其《祭武侯庙文》高古简切，人多不知，今录其全文云”，又改王氏原注“陈寿、谯周，皆巴郡人，今果州”、“公济之文，盖果州作”为“余按：寿谓陈寿，周谓谯周，皆巴郡人。此文在果州作”，显系抄袭。

20. 今人以韩、柳并称，而不知其不同道。韩作《师说》，而柳不肯为师。韩辟佛，而柳谓佛与圣人合。韩谓史有人祸天刑，而柳谓刑祸非所恐。韩以封泰山、镂玉牒劝宪宗，柳以封禅为非。

【辨伪】此条抄自宋王应麟《困学纪闻》卷十七：

> 韩、柳并称而道不同。韩作《师说》，而柳不肯为师。韩辟佛，而柳谓佛与圣人合。韩谓史有人祸天刑，而柳谓刑祸非所恐。柳以封禅为非，而韩以封泰山、镂玉牒劝宪宗。

今按：卢氏改“韩、柳并称而道不同”为“今人以韩、柳并称，而不知其不同道”，改

“柳以封禅为非，而韩以封泰山、镂王牒劝宪宗”为“韩以封泰山、镂玉牒劝宪宗，柳以封禅为非”，其意相同，显系抄袭。

21. 岳武穆精忠报国，人人皆知，而其子岳珂著有《桯史》一书，绝口不言武穆冤抑，而精忠自见。蔡京奸险欺君，妇孺皆知，而其子蔡绦著有《铁围山丛谈》一书，每每称颂其父功德，而奸险自见。所谓“诚不可掩，如见其肺肝然”。

【辨伪】此条待考。

22. 古来以文辞欺人者，莫若谢灵运与王维。灵运为元勋之后，袭封国公。宋氏革命，不能与徐广、陶潜同隐，又与卢陵王义真款密。至元嘉中，累迁侍中，自谓不日可参时政，而文帝只以文艺接之，以致觖望。既不忠于宋，又岂能忠于晋乎？其受刑也，史臣书之以逆，不为苛矣。王维为给事中，安禄山陷两京，迫以伪署。禄山宴其党于凝碧池，使维赋诗。其曰：“秋槐叶落空宫里，凝碧池头奏管弦。”贼平下狱，其弟请削官以赎罪，肃宗宥之，全不以受伪官为耻。斯二人者皆以文章鸣于世，而一死一不死，均不足取也。

【辨伪】此条节抄自清顾炎武《日知录》卷十九“文辞欺人”：

> 古来以文辞欺人者，莫若谢灵运，次则王维。灵运身为元勋之后，袭封国公。宋氏革命，不能与徐广、陶潜为林泉之侣，既为宋臣，又与庐陵王义真款密。至元嘉之际，累迁侍中，自以名流应参时政，文帝唯以文义接之，以致觖望。又上书劝伐河北，至屡婴罪劾，兴兵拒捕。乃作诗曰：“韩亡子房奋，秦帝鲁连耻。本自江海人，忠义动君子。”及其临刑，又作诗曰：“龚胜无余生，李业有终尽。”若谓欲效忠于晋者，何先后之矛盾乎？史臣书之以逆，不为苛矣。王维为给事中，安禄山陷两都，拘于普施寺，迫以伪署。禄山宴其徒于凝碧池，维作诗曰：“万户伤心生野烟，百官何日再朝天？秋槐叶落空宫里，凝碧池头奏管弦。”贼平下狱，或以诗闻于行在，其弟刑部侍郎缙请削官以赎兄罪，肃宗乃特宥之，责授太子中允。襄王僭号，逼李拯为翰林学士。拯既污伪署，心不自安。时朱玫秉政，百揆无叙，拯尝朝退，驻马国门，为诗曰：“紫宸朝罢缀鵷鸾，丹凤楼前立马看。唯有终南山色在，晴明依旧满长安。”吟已涕下。及王行瑜已杀朱玫，襄王出奔，拯为乱兵所杀。二人之诗同也。一死一不死，而文墨交游之士，多护王维。

今按：卢氏改“莫若谢灵运，次则王维”为“莫若谢灵运与王维”，改“不能与徐广、陶潜为林泉之侣”为“不能与徐广、陶潜同隐”，删“既为宋臣”，改“自以名流应参时政”为“自谓不日可参时政”，改“又上书伐河北”至“何先后之矛盾乎”数句为“既不忠于宋，又岂能忠于晋乎？其受刑也”。又删“拘于普施寺”、“万户伤心生野烟，百官何日再朝天”、“或以诗闻于行在”、“刑部侍郎缙”、“责授太子中允”，而增“全不以受伪官为耻”一句。又删“李拯从逆”一事，而改“二人之诗同也。一死一不死，而文墨交游之士，多护王维”为“斯二人者皆以文章鸣于世，而一死一不死，均不足取也”，其实顾氏“一死一不死”指王维、李拯，所谓“二人之诗”即此二人之诗，而卢氏“一死一不死”则指谢灵运、王维，显系误解顾氏之意，而其抄袭痕迹显而易见。

卷十一

忠孝随笔

1. 唐柳氏自公绰以来，世以礼法孝弟为士大夫所宗。玭常戒其子弟曰："凡门第高，可畏不可恃。立身行己，一见偶失，则得罪于他人，无以见先人于地下，此其可畏也。门高则骄心易生，族盛则人嫉妒，懿行实才，人未尽信，小有疵累，众皆指摘，此其所以不可恃也。故膏梁子弟，学宜加勤，行宜加检，方得比于众人耳。"古人家诫，深切著明，孰有踰于此者？所以求忠臣必于孝子之门，柳氏训诫，可为传家宝。

【**辨伪**】此条抄自宋周煇《清波杂志》卷十：

> 唐柳氏自公绰以来，世以孝悌礼法为士大夫所宗。玭常戒其子弟曰："凡门地(商刻第)高，可畏不可恃也。立身行己，一事有失，则得罪重于他人，无以见先人于地下，此其所以可畏也。门高则骄心易生，族盛则为人所嫉，懿行实才，人未之信，小有疵颣，众皆指之，此其所以不可恃也。故膏梁子弟，学宜加勤，行宜加检，仅得比众人耳。"古今家诫，深切著明，孰踰于此？盖有镂板以晓于世者，所谓子弟，千百中曷有一二顾省者，听之藐藐，则皆是也。姑识此以示儿辈。

今按：卢氏改"一事有失"为"一见偶失"，改"族盛则为人所嫉"为"族盛则人嫉妒"，又改末句"盖有镂板以晓于世者，所谓子弟，千百中曷有一二顾省者，听之藐藐，则皆是也。姑识此以示儿辈"为"所以求忠臣必于孝子之门，柳氏训诫，可为传家宝"，显系抄袭。

2.《春秋》于弑君之国，书及大夫者三人，皆贤之也。一孔父，一仇牧，一荀息。何贤乎孔父？义形于色也。何贤乎仇牧？不畏强暴也。孔父，吾无议焉尔矣，仇牧之死，不几于暴虎乎？君弑矣，牧当孚号惕厉，誓众涕泣，取诸凶人戮于社，献于庙，不济而死，未为晚也。乃抚剑而入，及门而死，自投虎口，岂不痛哉？至荀息，吾无取焉，息于奚齐，苟将父子、兄弟、嫡庶之分，反复陈说，以开其蔽，诵《小弁》之怨，以动其心；述孤竹之节，以愧其色，斯不负其为辅傅矣。股肱忠贞，孰大于是？惜乎息不及此也。当是时，举国之大夫，皆为太子谋，而荀息独党奚齐，以倾太子，非所谓弃同即异，是为离德者乎？既无能改其德，又不能免于难，虽曰我不食言以死，是徒死而已，岂不谬哉？

【辨伪】此条抄自明方鹏《责备余谈》卷上“荀息不食其言”：

> 《春秋》于弑君之国，书及其大夫者三人，皆贤之也。何贤乎孔父？义形于色也。何贤乎仇牧？不畏强暴也。孔父，吾无议焉尔矣，仇牧之死，不几于暴虎者乎？君弑矣，牧当孚号惕厉，誓众涕泣，取诸凶人戮之于社，献之于庙，不济而死，未晚也。抚剑而入，及门而死，自是投虎口也，岂不痛哉？至荀息，则吾无取焉尔矣，息之于奚齐也，苟于父子之亲，兄弟之懿，嫡庶之分，反复陈说，以开其蔽，诵《小弁》之怨，以动其心；述孤竹之节，以愧其色，斯不负其为傅矣。股肱忠贞，孰大于是？惜乎息之不及此也。当是时也，举国之大夫，皆为太子谋者，而息独党奚齐，以倾太子，非所谓弃同即异，是为离德者乎？既无能改其德，又不能免其难，曰我不食言以死也，岂不谬哉？然则何贤乎荀息，胡《传》备矣。

今按：卢氏据文意增“一孔父，一仇牧，一荀息”一句，改“苟于父子之亲，兄弟之懿，嫡庶之分”为“苟将父子、兄弟、嫡庶之分”，又增“是徒死而已”一语，而删“然则何贤乎荀息，胡《传》备矣”一句，显系抄袭。

3. 将在军，君命有所不受。此《管子》之言，非六经之训也。《易·师卦》曰：“王三锡命。”又曰：“大君有命。”古之为将者，但得专制阃外而已，岂有君命而敢不受者哉？李牧为赵将，秦人间之，以赵葱往代，牧不受命，被杀。夫牧，赵之良将也，谅其心，岂有他哉？盖其泥于君命有所不受之说耳。宋岳武穆，统兵北伐，诏趣班师，卒死于狱，论者多谓飞当主君命不受之义，直抵河洛，乘屡捷之势，破技穷之敌，收复中原，归朝请罪。然此非至论也。飞而为此，则是飞扬跋扈之迹，亦何异于桓温、刘裕哉？桧更得以借口族诛矣。故曰：非至论也。

【辨伪】此条抄自明方鹏《责备余谈》卷上“李牧不受君命”：

> 将在军，君命有所不受。此管氏之言，非六经之训也。《易》之《师》曰：“王三锡命。”又曰：“大君有命。”古之为将者，但得专制阃外而已，岂有君命而敢不受者哉？李牧为赵将，秦人间之，以赵葱往代，牧不受命，被杀。夫牧，赵之良将也，谅其心，岂有他哉？盖泥于君命不受之说耳。宋岳武穆飞，统兵北伐，诏趣班师，卒死于狱，论者谓飞当主君命不受之义，直抵河洛，乘屡捷之势，破技穷之敌，收复中原，归朝待罪。此非至论也。飞而为此，则是飞扬跋扈之迹，亦何异于桓温、刘裕也哉？贼桧益得以借口而族之矣。故曰：非至论也。

今按：卢氏改“管氏”为“《管子》”，改“《易》之《师》曰”为“《易·师卦》曰”，其意相同，显系抄袭。

4. 朱全忠将受禅，其兄全昱呼而骂曰：“朱三，尔砀山一百姓，遭逢天子用汝为四镇节度使，何负于汝，而灭唐家三百年社稷？吾见汝将赤其族矣。”余谓唐之公卿，有愧于其兄者多也。

【辨伪】此条节抄自宋朱翌《猗觉寮杂记》卷下：

> 朱全忠兄全昱，全忠将受禅，有司备礼，全昱顾太祖曰：“朱三，汝作得否？”与全忠饮博，取骰子击盆而逆之，呼全忠曰：“朱三，尔砀山一百姓，遭逢天子用汝为四镇节度使，何负于汝，而灭他唐家三百年社稷？吾将见汝赤其族矣。”……唐之公卿，有愧于此兄。

今按：卢氏改“朱全忠兄全昱，全忠将受禅，有司备礼，全昱顾太祖曰：‘朱三，汝作得否？’与全忠饮博，取骰子击盆而逆之，呼全忠曰”为“朱全忠将受禅，其兄全昱呼而骂曰”，改“唐之公卿，有愧于此兄”为“余谓唐之公卿，有愧于其兄者多也”，其意相同，显系抄袭。

5. 死等耳，死得其道，则泰山不足喻其重；死非其所，则鸿毛不足比其轻，可不审哉？洛阳初陷，怀愍被执，正人臣可死之时也，庾珉、王隽、辛宾等诸人，不能奉国君，死于社稷，而乃腼颜归虏，辱莫甚焉？殆至青衣行酒，戎服执盖，则已失身虏庭矣。然后抱帝哀号，甘心就戮，不亦晚乎？夫同一死也，死于未降之先，则增重纲常，流光史册，为万世瞻仰；死于既降之后，心虽切于爱君，事无益于亡国，所谓匹夫匹妇之为谅矣，何足道哉？文文山曰：“从怀愍而北者非忠，从元帝而南者为忠。”盖亦有见于此耳。

【辨伪】此条抄自明方鹏《责备余谈》卷下“怀愍君臣遇害”：

> 死等尔，死善其道，则泰山不足喻其重；死非其所，则鸿毛不足喻其轻，可不审哉？洛阳初陷，怀愍被执，正可死之时也，庾珉、王隽、辛宾诸臣，不能奉其国君，死于社稷，腼颜归虏，辱莫甚焉？殆夫青衣行酒，戎服执盖，则已失身虏庭矣。然后抱帝哀号，甘心就戮，不亦晚乎？夫同一死也，死于未降之先，则增重纲常，流光史册，而万世瞻仰之；死于既降之后，则心虽切于爱君，事无益于亡国，所谓匹夫匹妇之为谅矣，何足道哉？文文山曰：“从怀愍而北者非忠，从元帝而南者为忠。”盖亦有见于此耳。

今按：卢氏增“人臣”二字，改“诸臣”为“等诸人”，其意相同，显系抄袭。

6. 张永德之父名颖，初娶马氏，生永德，而颖出之，后娶刘氏。永德知邓州，于公廨作二堂，左奉继母刘，右奉出母马，事二母如一人，无间言。刘氏先卒，后马氏生得封莒国太夫人。又郭稹为龙图阁直学士，幼孤，母边氏改嫁王姓，既而母亡，稹请解官服丧，知礼院宋祁以为过礼，请下有司博议，奏听解官。此二者，人子之不幸也。余谓出母者，见绝于夫者也。嫁母者，自绝其夫者也。然母子义不可绝也，故出母之存时，省之宜矣，乃迎养而加封焉。嫁母之死，往哭之宜矣，乃解官而终丧焉，无乃为太过乎？吾将此事质之知礼之君子。

【辨伪】此条抄自明方鹏《责备余谈》卷下“出母嫁母加厚”：

张永德父颖，先娶马氏，生永德，颖出之，后娶刘氏。永德知邓州，于公廨作二堂，左奉继母刘氏，右奉出母马氏，事二母如一人，无间言。刘氏卒，马封莒国太夫人。郭稹仕至龙图阁直学士，幼孤，母边氏改嫁王姓者，既而母亡，稹解官服丧，知礼院宋祁以为过礼，请下有司博议，奏听解官。此二者，人子之不幸也。出母者，见绝于夫者也。嫁母者，自绝其夫者也。然母子义不可绝也，故出母之存时，省之宜矣，乃迎养而加封焉。嫁母之死，往哭之宜矣，乃解官而终丧焉，无乃为过欤？吾将质之知礼者。

今按：卢氏改“刘氏卒，马封莒国太夫人”为“刘氏先卒，后马氏生得封莒国太夫人”，改“吾将质之知礼者”为“吾将此事质之知礼之君子”，其意相同，显系抄袭。

7. 李靖以劲骑三千，由马邑破定襄，颉利可汗遁碛北。他日，又以万骑，赍二十日粮，袭颉利于白道。于是斥地自阴山北至大漠，功大而成速，开辟以来未之有也。此事正史未载其详，余故表而出之。

【辨伪】此条抄自元陈世隆《北轩笔记》：

李靖以劲骑三千，由马邑袭破定襄，颉利可汗遁碛北。他日，又以万骑，赍二十日粮，袭颉利于白道。于是斥地自阴山北至大漠，功大而成速，开辟以来未之有也。

今按：卢氏所记与陈氏相同，仅于末尾增“此事正史未载其详，余故表而出之”一句，显系抄袭。

8. 又裴行俭为安抚大使，行至西番，诸番皆郊迎。行俭召豪杰千余人以自随，扬言天暑，未可进兵，驻军俟秋凉。都支探知，遂不设备。行俭徐谓四镇酋长曰：“吾好畋乐，此未尝忘，四镇孰能从我畋乎？”从者万人，乃阴勒部伍，数日倍道而进，去都支帐相隔十余里，先遣所亲问安否，外若闲暇，非讨袭者。又使人趣召都支，都支不知所出，率子弟五百人诣营请谒，遂擒之。行俭破大酋，不烦中国折一矢，其豪杰进止如戏，班定远一人而已。此事正史亦未载其详。余按：此二人，皆忠勤王事，故录之。

【辨伪】此条抄自元陈世隆《北轩笔记》：

又裴行俭为安抚大使，行至西州，诸蕃郊迎。行俭召豪杰千余人自随，扬言大热，未可以进，宜驻军须秋。都支觇知，不设备。行俭徐召四镇酋长，伪约畋曰：“吾念此乐未尝忘，孰能从？”四镇子弟从者万人，乃阴勒部伍，数日倍道而进，去都支帐十余里，先遣所亲问安否，外若闲暇，非讨袭者。又使人趣召都支，都支仓卒不知所出，率子弟五百人诣营谒，遂擒之。行俭破大酋，不烦中国折矢，用其豪杰进止如戏，此亦班定远后一人也。

今按：卢氏改“扬言大热，未可以进，宜驻军须秋”为“扬言天暑，未可进兵，驻军俟秋凉”，改“行俭徐召四镇酋长，伪约畋曰：‘吾念此乐未尝忘，孰能从’”为“行俭徐谓四镇酋长曰：‘吾好畋乐，此未尝忘，四镇孰能从我畋乎’”，其意相同，又于末尾增“此事正史亦未载其详。余按：此二人，皆忠勤王事，故录之”，显系抄袭。

9. 庞庄敏公世代忠厚，传家孝友。冬至祀家庙，夜半时，见天象成文，有：“庞某后十年作相，当以仁佐天下。”凡十余字。公驻目久之，方灭，左右咸异之。公因赋诗以纪其事，云：“冬至子时阳已生，道随阳长物将萌。星辰赐告铭心骨，愿以宽仁辅太平。”

【**辨伪**】此条抄自宋朱弁《曲洧旧闻》卷九：

> 庞庄敏公帅延安日，因冬至奉祀家庙斋居，中夜，恍惚间，天象成文云：“庞某后十年作相，当以仁佐天下。”凡十有三字。驻视久之，方灭。公因自作诗纪其事，云：“冬至子时阳已生，道随阳长物将萌。星辰赐告铭心骨，愿以宽章辅至平。”

今按：卢氏删“帅延安日”，而增“世代忠厚，传家孝友”，改“因冬至奉祀家庙斋居，中夜，恍惚间”为“冬至祀家庙，夜半时”，改“凡十有三字”为“凡十余字”，增“左右咸异之”，文字虽有异，而纪事全同，显系抄袭。

10. 建炎三年，伪四太子入金陵，官府相率迎降，独通判杨邦义不屈。先自书其裾曰：“宁为赵氏鬼，不作他邦臣。”以授其仆曰：“吾死矣。”敌命人伺守之，越数日，其酋帅置酒召公，因书“死”、“活”二字，使公押曰：“归我者，押活字；不从者，押死字。”公即书“死”字下。敌知其不可夺。又数日，引公以见伪太子，公遂大骂不绝口，敌怒甚，杀之，剖其腹，取其心。明年，敌退，事闻于朝，诏赐赠恤，谥忠襄，立庙金陵，荫子官职。诏曰：“懦夫贪生，名不称于没世；烈士砥节，死有重于泰山。汝禀性刚方，值时艰厄，介胄之士望风而速奔，守土之臣蒙耻以求活。独汝能明事君之义，抗死节之忠，誓不屈于番酋，宁自甘于血刃。口不绝詈，言不忍闻，绰有张御史之风，无愧颜常山之节。肆颁恩典，庸慰忠魂。粲然阁直之华，昭哉庙食之远。并推宠秩，以及遗孤，非止没世之荣，实是臣工之劝。尚祈不昧，知享此哉！”

【**辨伪**】此条抄自宋曾敏行《独醒杂志》卷八：

> 建炎三年，伪四太子入金陵，府官相率迎降，独通判庐陵杨公邦义毅然不屈。先自书其衣裾曰：“宁为赵氏鬼，不作他邦臣。”以授其仆曰：“吾即死矣。”其大帅有张太师者，置酒召公立庭下，以纸书“死”、“活”二字，使示公，曰：“无多言，欲不降，书死字下；若归于我，书活字下。”公视吏有傍簪笔者，即夺笔书“死”字下。张知其不可屈，命引去。又数日，囚公以见四太子。公大骂不绝口，四太子怒甚，杀之，剖其腹，取其心。明年，白其事于朝，褒录死节，初赠直秘阁，继又赠次对，谥忠襄。赐官田，官其诸子，令立庙于金陵。赠告云：“懦夫贪生，名不称于没世；烈士砥节，死有重于泰山。汝禀性刚方，值时艰危，介胄之士望风而速奔，城郭之臣蒙

耻以求活。独汝能明事君之义，抗死节之忠，誓不屈于番酋，宁自甘于血刃。口不绝詈，言不忍闻，绰有张御史之风，无愧颜常山之节。肆颁恩典，庸慰忠魂，粲然阁直之华，昭哉庙食之远。并推宠秩，以及遗孤，非止往居之荣，实是臣工之劝。尚祈不昧，知享此哉！"

今按：卢氏改"其大帅有张太师者"至"命引去"为"敌命人伺守之，越数日，其酋帅置酒召公，因书'死'、'活'二字，使公押曰：'归我者，押活字；不从者，押死字。'公即书'死'字下。敌知其不可夺"，改"白其事于朝"至"令立庙于金陵"为"敌退，事闻于朝，诏赐赠恤，谥忠襄，立庙金陵，荫子官职"，其意相同，显系抄袭。

11. 卧冰得鱼，此王太保通神之孝也。余阅《欧江逸史》载：王梅溪之大父病笃时，思得鲫鱼食，正值盛暑，鱼不易致，梅溪之父虔祷于井，钓得巨鳞以进。大父食之，病遂愈。是时，梅溪年十一岁，亲见其事。

【辨伪】此条抄自清劳大舆《瓯江逸志》：

卧冰得鱼，此王太保通神之孝也。乃王梅溪大父格病笃，思得鲫鱼，方盛暑，不易致，梅溪父辅祷于井，钓而得巨鳞，进父，病旋愈。时梅溪年十一，亲见之。

今按：卢氏此条言"余阅《欧江逸史》载"，已交代文献来源。而文字稍有改窜，且"卧冰得鱼，此王太保通神之孝也"亦载《欧江逸史》中，非卢氏之语。又明朱国祯《涌幢小品》已载此事，其卷三十一"冰井鱼"："卧冰得鱼，此王太保通神之孝。乃王梅溪大父病，思得鲫，方盛暑，不易致，子钓于井，得巨鳞。梅溪年十一，亲见，又奇矣。"与此亦大致相同。

12. 王十朋，字龟龄、梅溪，乐清人。传奇《荆钗记》毁之太甚。余阅梅溪状元及第时，以书报其弟梦龄、昌龄曰："今日胪唱，蒙恩赐进士及第，惜二亲不见，痛不可言，嫂及闻诗、闻礼，可以此示知。"诗、礼，其二子也。此数语者，上念二亲，不以科名为喜；特报二弟，不以妻子为先。其孝友之忱，溢于言外。为御史，首弹丞相史浩八罪，乞专用张浚，上为出浩帅绍兴，复上疏言：舜去四凶，未尝使之为十二牧。其忠鲠謇谔如此。史遂含恨切齿，因令门客等作《荆钗记》以诬蔑之。至玉莲，乃梅溪女；孙汝权，乃梅溪同榜进士也。当其劾史浩时，人谓孙怂恿之，故史客妄造诬言，大肆毁谤，以颠倒其是非耳。又一说：玉莲本钱氏娼家女，初与梅溪交最密，梅溪大魁后，不复一顾，钱氏愤极，投江而死。二说不同如此。总之，传奇中每每假托，附会甚多，半是乌有子虚之事。余表出之，以明梅溪忠直得谤之由。

【辨伪】此条抄自清劳大舆《瓯江逸志》：

王十朋，字龟龄、梅溪，乐清人。年四十七，魁天下，以书报其弟梦龄、昌龄曰："今日唱名，蒙恩赐进士及第，惜二亲不见，痛不可言，嫂及闻诗、闻礼，可以此示之。"诗、礼，其二子也。此二语者，上念二亲，而不以科名为喜；特报二弟，

> 而不以妻子为先。孝友之意，可见矣。为御史，首弹丞相史浩，乞专用张浚，上为出浩帅绍兴，龟龄又上疏言：舜去四凶，未尝使之为十二牧。其忠义謇谔如此。今世俗所传《荆钗记》，因梅溪劾史浩八罪，孙汝权实怂恿之，史氏切齿，遂令门客作此传，以蔑之。盖玉莲，乃梅溪之女；孙乃梅溪同榜进士也。史客故谬其说耳。又有一说：玉莲实钱氏，本娼家女，初王与之狎，钱心许嫁王，后王状元及第归，竟不复顾，钱愤而投江死。二说颇异。大约传奇中，如此假托附会者极多，不足深究耳。

今按：卢氏增“传奇《荆钗记》毁之太甚”一句，改“年四十七，魁天下”为“余阅梅溪状元及第时”，改“孝友之意，可见矣”为“其孝友之忱，溢于言外”，改“今世俗所传《荆钗记》”至“以蔑之”为“史遂含恨切齿，因令门客等作《荆钗记》以诬蔑之”，又改“史客故谬其说耳”为“当其劾史浩时，人谓孙怂恿之，故史客妄造诬言，大肆毁谤，以颠倒其是非耳”，改“初王与之狎，钱心许嫁王，后王状元及第归”为“初与梅溪交最密，梅溪大魁后”，改“二说颇异。大约传奇中，如此假托附会者极多，不足深究耳”为“二说不同如此。总之，传奇中每每假托，附会甚多，半是乌有子虚之事”，其意相同，又增“余表出之，以明梅溪忠直得谤之由”一句，显系抄袭。

13. 岳武穆故灵爽昭著，至今犹然，凡入坟界樵采者辄病。墓前铁铸秦桧、长舌妇、王浚、万俟卨四人，跪墀下。初在墙内，游人爰鞭挞之，恐其渎神，后移置墙外，击者愈众，殆无虚刻，旋毁旋铸，铸者欲不朽其形，击者欲立粉其骨。奸雄既死，诛之者迫不容缓，非快事欤？余因叹秦桧等，顽冥不及汪、黄远甚。丹阳陈少师墓前，亦铸汪伯彦、黄潜善二人像。嘉靖间，郑普过其墓，题柱联曰：丹陛披肝，千古纲常可托；荒庭屈膝，两人富贵何为？二像应笔而倒。桧与卨日受鞭击而无知，似羞恶之心，汪、黄犹未泯矣。

【辨伪】此条抄自清陆次云《湖壖杂纪》“岳坟”：

> 武穆王灵爽昭昭，牧人入其庙者辄病。墓前四铁人，秦桧、长舌夫人、张俊、万俟卨也。向在墙内，游人溺击，肤体不完，秽气四彻，或虑其亵忠灵，并分尸桧，移之墙外，而击者愈众，旋毁旋铸，铸者欲不朽其形，击者欲立粉其骨。奸雄既死，诛之者尚无虚日，非快事欤？因叹桧、卨，顽冥不及汪、黄远甚。丹阳陈少阳墓，亦铸铁人，肖伯彦、潜善像。嘉靖间，郑普过之，题柱联曰：丹陛披肝，千古纲常可托；荒庭屈膝，两人富贵何为？二像应笔而仆。桧、卨日受敲扑而无知，似羞恶之心，汪、黄犹不泯矣。

今按：卢氏增“至今犹然”四字，改“墓前四铁人”至“而击者愈众”为“墓前铁铸秦桧、长舌妇、王浚、万俟卨四人，跪墀下。初在墙内，游人爰鞭挞之，恐其渎神，后移置墙外，击者愈众，殆无虚刻”，改“亦铸铁人，肖伯彦、潜善像”为“亦铸汪伯彦、黄潜善二人像”，其意相同，显系抄袭。

14. 王光汉，婺源人，博学识大义。献贼乱蜀，胡恒官川南道，召王为幕友，驻节邛州。时，贼陷成都，分兵掠邛，胡命王出调兵援邛，兵未至而邛陷。胡与其子士骅战死，阖门百口皆遇害。惟士骅之妻朱氏及其幼子蛾生，匿民间，获免。后随其母舅陈君善，逃荣经，四面皆贼，无所走避，不得已而降贼伍大定。伍闻朱有殊色，欲取为室。朱遂毁容剪发，抚孤以免。光翰间关猓夷中，访闻朱氏母子所在，事之甚谨。时值建南大饥，斗米十金，光翰多方保护，或服贾，或训蒙，或为道侣募化，悉以所得给馆粥，二十余年不倦。朱教子最严，蛾生亦奋读，能文章。迨蜀平路通，王乃躬送朱氏母子归故里。蜀楚之人莫不高朱氏之节，诵光翰之义，以为忠臣孝子义士之劝云。

【辨伪】此条抄自清王士禛《陇蜀余闻》：

> 汪光翰，字文卿，婺源人。幼涉书史，知大义。明崇祯末，景陵胡恒官川南道。光翰为幕客，恒驻节邛州。逆献陷成都，分兵徇邛，恒命光翰出调兵，并檄宁越守备杨起泰将兵援邛，未至而城陷。恒与其子士骅战死，阖门百口皆遇害。惟士骅妻朱氏洎幼子峨生得脱，匿民间，随士骅母舅陈君美者，转徙荣经县。降贼武大定，驻嘉州，闻朱有殊色，劫致之。朱剺面毁容以免，坚操抚孤。光翰间关彝猓中，得朱氏母子所在，事之甚谨。值剑南大饥，斗米十金，光翰不避刀俎，多方保护之，母子乃得全。自是或服贾，或课蒙，或为僧，获稍赢余，以给食馆粥，二十余年不倦。朱教子极严，峨生亦读书知自奋，能文章矣。蜀平，峡路通，光翰乃躬送朱氏母子归景陵。于是楚蜀人莫不高朱氏之节，诵光翰之义，以为忠臣孝子之报云。

今按：卢氏改“汪光翰”为“王光汉”，删“字文卿”，改“幼涉书史，知大义”为“博学识大义”，改“明崇祯末”至“恒驻节邛州”为“献贼乱蜀，胡恒官川南道，召王为幕友，驻节邛州”，增“获免”、“四面皆贼，无所走避，不得已而降贼伍大定”，删“不避刀俎”、“母子乃得全”，其他则与王氏所记大致相同，显系抄袭。

15. 宣和四年，北人大举入寇，朝廷重信童贯、蔡京之言，欲招纳北人。命种师道为河南、河北、河东、陕西诸路招讨宣抚都统制，有旨令师道刻急就道，无稍延。师道问童贯出师进止。贯曰：“毋多言，贯面奉圣训，不得擅杀北人。王师过界，彼当箪食壶浆以来迎，又安用杀？今特藉重公威名，以压众耳。”遂促师道过界，既济河，早有北人来迎战，我军不敢与交锋，惟整阵以避之而已。前队受伤，死者甚众，师道(遗)[遣]人具以童贯所申北人陈乞之事询之，北人大众鼓燥曰：“安有此事。”遂薄我军，箭发如雨。全军损伤过半，师道随命人诣贯处，告以北人之语，且问进退之策，贯不知所为，乃令师道移兵暂回避之。北人乘胜直追至城下，士卒惊走，自相蹂躏，戈甲弃满山谷。事闻，上震怒，罢种师道兵柄，贬右卫将军。师道谢罪表云：“总戎失律，误国宜诛。厚恩宽垂暮之年，薄责屈黜幽之典。孤根有托，危涕自零。伏念臣西海名家，南山旧族，读皂囊之遗策，知黄石之奇书，妄冀功名，以传门户。荏苒星霜之五纪，始终文武之两途。缓带轻裘，自愧以儒而为将；高牙大纛，人惊投老而封侯。命兴六月之师，仰奉万全之策，众谓燕然之可勒，共知颉利之就擒。而臣智昧乘时，才非应变，筋力疲于衰残之后，聪明耗于昏髦之余，顿成不武之夫，乃有罔功之实。何止败乎国事，盖有玷乎祖风，深念平生，大负今日，岂意至仁之度，不加既髦之刑，俾上旌旄，放归田里。乾坤恩大，蝼蚁命轻。皇帝陛下睿智有容，神武不杀，得驾驭英雄之要道，明制服夷狄之大方。察巨临敌失机，不出求全之过计；念臣守边积岁，尚有可录之微劳。许免窜投，获安闲散。臣敢不拊赤心而自誓，擢白发以数愆。凌阁图形，既已乖于素望；灞陵射猎，将遂毕于余生。”余按：《宋史》多失实载，师道丧师畏敌，自有应得之罪，初无恕词，而不知师道满腔忠愤，受制于童、蔡之口，奉天子命，以束缚之，使其忠义之气，勇敢之才，未得展施于临阵，惜哉！

【辨伪】此条抄自宋曾敏行《独醒杂志》卷十：

> 宣和四年，朝廷信童、蔡之言，欲招纳北人。因命泾原经略招讨使种公师道为河东、河北、陕西路宣抚司都统制，王禀、杨可世副之。有旨令便道径赴本司。师道既至高阳，见宣抚使童贯，问出师之日，因极论其不可，曰：“前议某皆不敢与闻，今此招纳事，恐不可以轻举。苟失便利，谁执其咎?”贯曰：“都统不用多言。贯来时，面奉圣训，不得擅杀北人。王师过界，彼当箪食壶浆来迎，又安用战？今特藉公威名，以压众望耳。”遂作黄旗，大书圣语，立于军中，以誓众。督师道行甚亟，师道不得已，遂调军过界河，师道未济，已有北人来迎敌，我师既不敢与之交兵，惟整阵避之而已。杨可世与麾下皆重伤，士卒死者甚众，复还界河之南，北人隔河来问违背誓书，师出何名。师道遣其属康随具以河北宣司所申北人陈乞事答之。众哗然曰：“安得此事。”遂薄我军，箭发如雨。师道于是遣康随诣宣司，告以北人之语，且问进退之策。宣司不知所为，乃令移兵暂回。北人追袭直至城下，属大风雨，士卒惊走，自相蹂践，兵甲填满山谷。知真定府沈积中以其事闻于朝，上怒甚，遂罢师道兵柄，责授右卫将军致仕。师道上表称谢，云：“总戎失律，误国宜诛。厚恩宽垂尽之年，薄责屈黜幽之典。孤根有托，危涕自零。伏念臣西海名家，南山旧族，读皂囊之遗策，知黄石之奇书，妄意功名，以传门户。荏苒星霜之五纪，始终文武之两途。缓带轻裘，自愧以儒而为将；高牙大纛，人惊投老而得侯。属兴六月之师，仰奉万全之策。众谓燕然之可勒，共知颉利之就擒。而臣智昧乘时，才非应变，筋力疲于衰残之后，聪明耗于昏瞀之余，顿成不武之资，乃有罔功之实。何止败乎国事，盖有玷乎祖风。深念平生，大负今日，岂意至仁之度，不加既耄之刑，俾上节旄，亟归田里。乾坤施大，蝼蚁命轻。皇帝陛下睿智有临，神武不杀，得驾驭英雄之要道，明制服夷狄之大方。察臣临敌失机，不出求全之过计；念臣守边积岁，尝收可录之微劳。许免窜投，获安闲散。臣敢不拊赤心而自誓，擢白发以数愆。烟阁图形，既已乖于素望，灞陵射猎，将遂毕于余生。”

今按：卢氏增“北人大举入寇”一语，删“泾原经略招讨使”、“王禀、杨可世副之”，改“有旨令便道径赴本司”至“谁执其咎”为“有旨令师道刻急就道，无稍延。师道问童贯出师进止”，改“都统不用多言。贯来时，面奉圣训”为“毋多言，贯面奉圣训”，又删“遂作黄旗，大书圣语，立于军中，以誓众”，改“督师道行甚亟，师道不得已，遂调军过界河，师道未济”为“遂促师道过界，既济河”，改“杨可世与麾下皆重伤”为“前队受伤”，删“复还界河之南，北人隔河来问违背誓书，师出何名”，增“全军损伤过半”，删“属大风雨”，改“知真定府沈积中以其事闻于朝，上怒甚”为“事闻，上震怒”，文字虽有繁简之异，而其纪事相同，显系抄袭。又增“余按”以下一句按语。

16. 吴成器者，休宁人，讲星官、遁甲、六壬诸书，人谓其术甚精，而不知其忠义之气尤笃。其父为靖川尉，器往省亲，中途，麻阳苗反，器应募，有斩获功。苗平，授会稽典史。到任年余，会倭寇东南，监司以兵三千五百名授器，防堵剿御，遂大败倭。倭复扰会稽，器设伏邀击之，斩获甚众。倭窜入嘉兴界，将与赵宣尉对阵，器探实径，先赵犯倭营，斩三巨帅，获千余级。倭又据陶家堰，连败倭拒官军，器侦探确实，分股斩击甚多。是冬，败倭于曹娥江，又败之于龛山。明年春，倭退败，入山阴后梅，器追击之，斩八十余级，生擒七十余人。赵御史胡总制上其功，擢其官为布政司经历，丁父艰，有旨夺情，旋授绍兴总兵、通判，浙民赖以安居，为勒石立祠祀之。至出师所得赏金，悉分战士，故所向有功，大小凡四十二战，手斩倭寇二三千人，倭平后，即致任归，惜赏不称其功。《明史》亦未详其事迹，余故表而录之。

【辨伪】此条抄自清赵吉士《寄园寄所寄》卷十一：

> 休宁吴成器，初试邑吏，讲星官、遁甲、六壬诸术。父尉靖州，器往省，值苗乱麻阳，应募，有斩获功，授会稽典史。会倭寇东南，监司以兵三千五百授训练，大败之。后倭入会稽，设伏邀斩之。入嘉兴王江泾，与赵宣尉阵，径先赵犯倭，斩三巨酋，获千余级。倭又据陶家堰，连败诸道兵，器侦知坚脆，击斩数十人。冬，败之曹娥江，又败之龛山。明年春，倭复至山阴后梅，器奋击，斩八十余，生擒七十人。赵御史、胡统制上其功，擢布政司经历，丁父艰，有旨夺情，授绍兴总兵、通判，浙诸郡赖以安，勒石祠祀之。所得赏金，悉分战士，故所向有功，大小四十二战，手斩千余级，寇平致仕归。(《县志》)

今按：卢氏改赵氏所抄《县志》中“休宁吴成器”为“吴成器者，休宁人”，删“初试邑吏”，增“人谓其术甚精，而不知其忠义之气尤笃”，改“父尉靖州”为“其父为靖川尉”，增“苗平”、“到任年余”、“防堵剿御”，改“设伏邀斩之。入嘉兴王江泾，与赵宣尉阵，径先赵犯倭”为“器设伏邀击之，斩获甚众。倭窜入嘉兴界，将与赵宣尉对阵，器探实径，先赵犯倭营”，末尾又增“惜赏不称其功。《明史》亦未详其事迹，余故表而录之”，显系抄袭。

17. 西汉于定国为东海令，有妇事姑甚孝，夫死无子，妇不肯更嫁，愿守节养姑以终。姑不忍累其妇，遂自经死，姑之女诬妇杀之。定国力白其非，太守不听，遂曲成其狱。定国乃抱其狱具，诉于上官，亦不从，定国于是辞官罢归。太守竟杀妇，郡中大旱三年，不雨。后新太守至，定国复白其冤，乃命杀牛祭妇，治诬告之女，天乃大雨，禾苗遂生。又东汉孟尝为上虞令，有寡妇养姑甚谨，姑以老而寿终，其夫之女弟诬妇鸩之，孟尝斥其枉，复控太守，太守竟坐其罪，尝累争之，不得，遂告病谢去。太守亦杀是妇，郡中连旱二年，民大饥馑。后太守至，尝鸣其冤，乃刑讼女而祭寡妇，天亦大雨，人始播种。此二事，皆以孝杀身，名闻天下，何范晔修汉史，均不载入，殊令人不解。

【辨伪】此条抄自宋邵博《闻见后录》卷八：

> 西汉于定国，东海有孝妇，养姑甚谨，夫死无子，不肯更嫁。姑不欲累其姑，自

经死，姑女诬妇杀之。官乃曲成其狱，定国争之，太守不听。乃抱其具狱，哭于府上，辞病去。太守竟杀孝妇，郡中枯旱三年。后太守至，而定国白之，乃杀牛祭孝妇，大雨，岁熟。东汉孟尝，上虞有寡妇，养姑甚谨，姑以老寿终，而夫女弟诬妇鸩之，官竟其罪，尝言其枉，太守不听，哀泣门外，因谢病去。太守杀寡妇，郡连旱二年。后太守至，尝具陈其冤，乃刑讼女而祭妇冢，天雨，谷稼遂登。二事甚相类，范晔后出，无一言，何也？

今按：卢氏改“西汉于定国，东海有孝妇，养姑甚谨”为“西汉于定国为东海令，有妇事姑甚孝”，增“愿守节养姑以终”，改“官乃曲成其狱，定国争之，太守不听”为“定国力白其非，太守不听，遂曲成其狱”，改“哭于府上，辞病去”为“诉于上官，亦不从，定国于是辞官罢归”，改“郡中枯旱三年”为“郡中大旱三年，不雨”，增“治诬告之女”，改“大雨，岁熟”为“天乃大雨，禾苗遂生”。又改“东汉孟尝，上虞有寡妇，养姑甚谨”为“又东汉孟尝为上虞令，有寡妇养姑甚谨”，改“官竟其罪，尝言其枉，太守不听，哀泣门外”为“孟尝斥其枉，复控太守，太守竟坐其罪，尝累争之，不得”，增“民大饥馑”，改“谷稼遂登”为“人始播种”。又改末句“二事甚相类，范晔后出，无一言，何也”为“此二事，皆以孝杀身，名闻天下，何范晔修汉史，均不载入，殊令人不解”，大同小异，显系抄袭。又按，宋孔平仲《孔氏杂说》卷三亦载此事：“《前汉·于定国传》：东海有孝妇，养姑甚谨，夫死无子，而不肯嫁，姑不欲累妇，自经而死。姑女诬妇杀之，官乃曲成其狱。定国争之，太守不听，乃抱狱具哭于府上，因辞病去。太守竟杀孝妇，郡中枯旱五年。后太守至，而定国白之，乃杀牛祭孝妇，大雨，岁熟。《后汉·孟尝传》：上虞有寡妇，养姑甚谨，姑年老寿终，而夫女弟诬妇鸩之，官竟其罪。尝言其冤，太守不听，尝哀泣门外，因谢病去。太守竟杀孝妇，郡中连旱二年。后太守至，尝具陈其冤，乃刑讼女而祭妇冢。天应澍雨，谷稼以登。二事尤相类也。”孔氏述二事，标其出于班固《汉书》及范晔《后汉书》。邵氏则去其出处，而于文末填“范晔后出，无一言，何也”一句，疑范氏于《孟尝传》中不言二事之类似。而卢氏误解邵氏之意，以为范晔《后汉书》未载此二事，并深以为憾，可谓误而又误矣。

18. 王深宁谓：“申包胥与张子房相似，如同一人。楚破矣，请秦师以却吴；韩亡矣，借汉兵以灭秦。其相似一也。入郢之仇未报，则使越，而为之谋以灭吴；韩王成之仇未报，则从汉，为之谋以灭项。其相似二也。楚君既入而逃赏，汉业既成而谢事。其相似三也。自夏靡而后，忠之盛者，其惟二子而已。然楚国复兴，而韩祀不续，天也，子房之志伸矣。我思古人，其后惟诸葛武侯可以继之。何太史公与伍员立传，不传申包胥？非所以劝忠也。”余按：靡系夏遗臣，奔于有鬲氏，收二国之烬以灭浞，而立少康。故真文忠公谓：靡忠于王室，世鲜传者。

【辨伪】此条抄自宋王应麟《困学纪闻》卷六：

魏绛曰：“靡自有鬲氏，收二国之烬以灭浞，而立少康。”杜氏谓：“靡，夏遗臣，事羿者。”真文忠辩之曰：“靡忠于王室如此，考其本末，乃事相，非羿也，岂有夏之忠臣而肯事羿者哉?”……申包胥似张子房，天下士也。楚破矣，请秦师以却吴；韩亡矣，借汉兵以灭秦。其相似一也。入郢之仇未报，则使越，为之谋以灭吴；韩王成之仇未报，则从汉，为之谋以灭项。其相似二也。楚君既入而逃赏，汉业既成而谢事。其相似三也。自夏靡之后，忠之盛者，二子而已。然楚国复兴，而韩祀不续，天也，子房之志则伸矣。我思古人，唯汉诸葛武侯可以继之。……太史公传伍员而不传包胥，非所以劝忠也。

今按：卢氏于前大半部分称“王深宁谓”，交代其文献来源，稍有改窜，如改“申包胥似张子房，天下士也”为“申包胥与张子房相似，如同一人”，改“太史公传伍员而不传包胥”为“何太史公与伍员立传，不传申包胥”，其意相同。卢氏又改王氏“魏绛曰”、“杜氏谓”二句为“靡系夏遗臣，奔于有鬲氏，收二国之烬以灭浞，而立少康”，改“真文忠辩之曰”一句为“故真文忠公谓：靡忠于王室，世鲜传者”，并于前加“余按”二字，此一节并非卢氏考证所得，亦抄袭《困学纪闻》而来。

19. 今人只知老莱子以彩衣为戏以娱亲，而不知陈思王《灵芝篇》有曰：“伯瑜年七十，以彩衣娱亲。”又《晋书》左贵嫔《离思赋》云：昔伯瑜之婉娈兮，每彩衣以娱亲。人少知者。

【辨伪】此条抄自宋王应麟《困学纪闻》及清翁元圻注。《困学纪闻》卷十八：

陈思王《灵芝篇》曰：“伯瑜年七十，彩衣以娱亲。”今人但知老莱子之事，而不知伯瑜。

翁元圻注：

汪氏师韩《韩门缀学》五：“《晋书》载左贵嫔《离思赋》云：‘昔伯瑜之婉娈兮，每彩衣以娱亲。’正用陈思语。”

今按：卢氏改《困学纪闻》一节为“今人只知老莱子以彩衣为戏以娱亲，而不知陈思王《灵芝篇》有曰：‘伯瑜年七十，以彩衣娱亲。’”并删翁注所引《韩门缀学》中“正用陈思语”，而增“人少知者”，其意相同，显系抄袭。

20. 晋殷仲堪父病积年，衣不解带，躬学医术，极其精妙，以愈父疾。北齐李元忠母多病，专心医药，遂善方技，以愈母病。李密母频年皆病，精习药方，洞达针炙，母疾遂除。隋许智藏，因病精究医方，常诫诸子曰：“为人子者，视膳视药，不知方术，岂谓孝乎?”文中子亦以母病，好学药方。甄权之母病，与弟立言习方书，以愈母。王焘母有疾，遂从高医游，尽穷其术。李逢吉父疾，亲料医药，遂通医书。杜鹏举母病，学医于萧亮，遂精其技。程子云：“事亲者不知医药，不可以云孝。”

【辨伪】此条抄自宋王应麟《困学纪闻》卷二十：

晋殷仲堪父师病积年，衣不解带，躬学医术，究其精妙。北齐李元忠母多病，专心医药，研习积年，遂善方技。李密母患积年，精习经方，洞闲针药，母疾得除。隋许智藏祖道幼，以母疾，究极医方，诫诸子曰："为人子者，尝膳视药，不知方术，岂谓孝乎?"文中子母铜川夫人好药，子始述方。……甄权以母病，与弟立言究习方书。王焘母有疾，视絮汤剂，数从高医游，遂穷其术。李逢吉父颜有锢疾，自料医剂，遂通方书。杜鹏举母疾，与崔沔同授医萧亮，遂穷其术。程子曰："事亲者，不可不知医。"

今按：卢氏增"以愈父疾"、"以愈母病"、"以愈母"，删"研习积年"、"视絮汤剂"，误改"隋许智藏祖道幼，以母疾，究极医方"为"隋许智藏，因病精究医方"，又改"文中子母铜川夫人好药，子始述方"为"文中子亦以母病，好学药方"，改"与崔沔同授医萧亮，遂穷其术"为"学医于萧亮，遂精其技"，并改程子语"事亲者，不可不知医"为"事亲者不知医药，不可以云孝"，其意相同，显系抄袭。

21. 后唐明宗天成三年，"有滑州掌书记孟升，匿母丧不报，经大理寺断流。上不允，诏曰：'朕以允从人望，嗣守帝图，政必究于化源，道每先于端本。贵持国法，以正人伦。孟升身被儒冠，职居宾幕，比资筹划，以赞谋猷。而乃都昧操修，但贪荣禄，匿母丧而不报，为人子以何堪？渎污时风，败坏名教，五刑是重，十恶难宽。将复投荒，无如去世，可赐自尽。'"其观察使以下各官，失于纠察，降罚有差。以后唐之时犹能重孝如此，人而敢不孝乎？

【辨伪】此条抄自清顾炎武《日知录》卷十五"匿丧"：

后唐明宗天成三年闰八月，"滑州掌书记孟升，匿母忧，大理寺断流。奉敕：'朕以允从人望，嗣守帝图，政必究于化源，道每先于德本。贵持国法，以正人伦。孟升身被儒冠，职居宾幕，比资筹划，以赞盘维。而乃都昧操修，但贪荣禄，匿母丧而不举，为人子以何堪？渎污时风，败伤名教，五刑是重，十恶难宽。将复投荒，无如去世，可赐自尽。'其观察使、判官、录事参军，失于纠察，各有殿罚。"

今按：卢氏删"闰八月"，改"奉敕"为"上不允，诏曰"，改"以赞盘维"为"以赞谋猷"，改"其观察使、判官、录事参军"为"其观察使以下各官"，改"各有殿罚"为"降罚有差"，其意相同，又于末尾增"以后唐之时犹能重孝如此，人而敢不孝乎"一句，显系抄袭。

22. 李希烈之党有韩霜露，朱泚之党有李日月，甚矣逆俦之无天，何其相似若此。

【辨伪】此条抄自宋王应麟《困学纪闻》卷二十：

李希烈之党有韩霜露，朱泚之党有李日月，逆俦之无天甚矣。

今按：卢氏改"逆俦之无天甚矣"为"甚矣逆俦之无天"，并增"何其相似若此"一语，显系抄袭。

23. 汉霍光秉政时，百官以下皆事冯子都、王子方等。以光爱幸监奴冯子都，常引与议事，及光败，妻显寡居，遂与子都通焉。夫以出入殿廷、进止不失尺寸之人，而溺情于女子小人，遂至于此。圣人谓为难养，诚哉是言。今时士大夫家，安可不以此事为前车之戒。

【辨伪】此条抄自清顾炎武《日知录》卷十三“奴仆”：

《汉书·霍光传》：“任宣言：大将军时，百官已下，但事冯子都、王子方等。”(皆老奴。)又曰：“初光爱幸监奴冯子都，常与计事。及显(光妻)寡居，与子都乱。”夫以出入殿门、进止不失尺寸之人，而溺情女子小人，遂至于此。今时士大夫之仆，多有以色而升，以妻而宠。夫上有渔色之主，则下必有烝弒之臣。“清斯濯缨，浊斯濯足”，自取之也。是以欲清闺门，必自简童仆始。

今按：卢氏改顾氏所引《汉书·霍光传》中文字为“汉霍光秉政时，百官以下皆事冯子都、王子方等。以光爱幸监奴冯子都，常引与议事，及光败，妻显寡居，遂与子都通焉”。又增“圣人谓为难养，诚哉是言”一句，而改“今时士大夫之仆”至“必自简童仆始”为“今时士大夫家，安可不以此事为前车之戒”，文字虽有不同，其意则一，显系抄袭。

24. 明严分宜父子专权，时有仆名永年，号鹤坡；张江陵当国时，有仆游守礼，号楚宾。是二人者，不但招权纳贿，而当时士大夫多有赠以诗文，迭为宾主，甚有与之结盟联姻者。名分之轻，文章之辱，一至于此，可为慨叹。

【辨伪】此条抄自清顾炎武《日知录》卷十三“奴仆”：

严分宜之仆永年，号曰鹤坡；张江陵之仆游守礼，号曰楚滨。不但招权纳贿，而朝中多赠之诗文，俨然与搢绅为宾主。名号之轻，文章之辱，至斯而甚！

今按：卢氏改“严分宜之仆永年”为“明严分宜父子专权，时有仆名永年”，改“张江陵之仆游守礼”为“张江陵当国时，有仆游守礼”，增“是二人者”一语，并改“而朝中多赠之诗文，俨然与搢绅为宾主”为“而当时士大夫多有赠以诗文，迭为宾主，甚有与之结盟联姻者”，改“至斯而甚”为“一至于此，可为慨叹”，文字稍有改窜，其意相同，显系抄袭。

25. 毕炕，天宝末为广平太守，拒禄山，城陷全家尽节。《唐史》不为立传，仅附于父《毕构传》中，不书入《忠义传》，故韩文公谓：广平死节，而子不荷泽。《通鉴》亦不书其事，故表出之。

【辨伪】此条抄自宋王应麟《困学纪闻》卷十四：

毕炕，天宝末为广平太守，拒安禄山，城陷覆其家。《唐史》附于父构传，盖取韩文公所撰《毕坰志》，然炕之名不书于《忠义传》，故文公谓：广平死节，而子不荷其泽。愚谓广平之节如此，河北二十四郡，不止一颜平原也。《通鉴》亦不书其事。

今按：卢氏改“城陷覆其家”为“城陷全家尽节”，改“《唐史》附于父构传，盖取韩文公所撰《毕垧志》，然炕之名不书于《忠义传》”为“《唐史》不为立传，仅附于父《毕构传》中，不书入《忠义传》”，删“愚谓广平之节如此，河北二十四郡，不止一颜平原也”，并于末尾增“故表出之”，显系抄袭。

卷十二

巾帼随笔

1. 卫夫人善书，羲之早年师事之。余按《思陵翰墨志》云：卫夫人名铄，字茂漪，晋汝阴太守李矩之妻。又考羊欣《笔阵图》云："尚书郎李充母，以己姓卫，自称李卫。"则充为矩之子，与《翰墨志》合。因思《国语》：施优谓里克曰：主孟啖我。注云：大夫之妻，从夫称主。而孟，则里克妻字也。如汉明德马皇后，明谓明帝之号。谥法，思和纯淑曰德。妇人系夫之号于上，故曰明德。

【**辨伪**】此条抄自元白珽《湛渊静语》卷二：

> 晋卫夫人善书，羲之早年师事之。……《思陵翰墨志》云：卫夫人名铄，字茂漪，晋汝阴太守李矩妻。又羊欣《笔阵图》云：尚书郎李充母，以己姓卫，自称李卫。充必矩之子，与《翰墨志》合。《国语》：施优谓里克曰：主孟啖我。注：大夫之妻，从夫称主。而孟，则里克妻字也。汉明德太后马氏，明谓明帝，谥法，思和纯淑曰德。妇人系于夫，故曰明德。

今按：卢氏于"《思陵翰墨志》"、"羊欣《笔阵图》"、"《国语》"之前分别增"余按"、"又考"、"因思"三语，据他人之考证为己有。又改"妇人系于夫"为"妇人系夫之号于上"，其意相同，显系抄袭。

2. 孝平皇后，王莽女，自刘氏失国，尝称疾不起。及汉兵诛莽，焚未央宫，后曰："何面目以见汉家。"自投火死。愍怀太子妃，王衍女，字惠风。刘曜陷洛阳，以惠风赐其将乔属。惠风拔剑拒属曰："吾太尉公女，太子妃，义不为逆胡辱。"属遂杀之。以上二女子，真巾帼中丈夫者。余谓汉之公卿，有愧于此后；晋之公卿，亦有愧于此妃。

【**辨伪**】此条抄自宋朱翌《猗觉寮杂记》卷下：

> 孝平王后，莽女，自刘氏废，尝称疾。及汉兵起诛莽，燔未央宫，后曰："何面

> 目以见汉家。"自投火中死。愍怀太子妃，王衍女，字惠风。刘曜陷洛，以惠风赐其将乔属。惠风拔剑拒属曰："吾太尉公女，太子妃，义不为逆胡所辱。"属遂害之。……汉之公卿，有愧于此女；晋之公卿，有愧于此妃。

今按：卢氏改"王后"为"皇后"，改"废"为"失国"，增"不起"二字。又增"以上二女子，真巾帼中丈夫者"一句，增"余谓"二字于"汉之公卿"前，显系抄袭。

3. 蔡卞之妻七夫人，知书画，能诗词。卞每有国事，必先谋于阃内，然后白于朝堂。时宰执相语曰："吾辈每日奉行之事，皆人之唾余也。"后蔡大拜，家晏张乐，伶人扬言曰："右丞今日大拜，都是夫人裙带。"讥其官由妻而致，中外传为笑谈。而王荆公尝谓："元度有宰辅之器，不因某归以女凭籍而然。其后蔡只知报妇翁之德，而不知救妇翁之失，致使得罪于天下后世，其报德也何有?"又七夫人料事明晢，一日坐楼上，见一僧头顶笠自楼下过者，夫人问左右："笠何重，内必有物。"左右告以行脚僧随身之具在焉。因叹曰："都是宝珠金箔，不知谁家资重。"使人追而验之，果然。七夫人别本有刻作王夫人者，未知孰是。

【辨伪】此条抄自宋周煇《清波杂志》卷三：

> 蔡卞之妻七夫人，颇知书，能诗词。蔡每有国事，先谋之于床笫，然后宣之于庙堂。时执政相语曰："吾辈每日奉行者，皆其咳唾之余也。"蔡拜右相，家宴张乐，伶人扬言曰："右丞今日大拜，都是夫人裙带。"讥其官职自妻而致，中外传以为笑。煇在金陵，见老先生，言荆公尝谓："元度为千载人物，卓有宰辅之器，不因某归以女凭借而然。其后蔡唯知报妇翁之知，不知掩妇翁之失，致使得罪天下后世，其于报也何有?"七夫人者，一日于看楼，见一僧顶笠自楼下过，问左右："笠甚重，内有何物?"告以行脚僧生生之具皆在焉。因叹曰："都是北珠、金箔，能有多少。"亟使人追之，意欲厚施，其僧不顾而去，异夫巡门持钵者。（案："七夫人"，商本俱作"王夫人"。）

今按：卢氏改"颇知书"为"知书画"，改"先谋之于床笫，然后宣之于庙堂"为"必先谋于阃内，然后白于朝堂"，改"煇在金陵，见老先生，言荆公尝谓"为"而王荆公尝谓"，删"为千载人物"。又改"七夫人者，一日于看楼"为"又七夫人料事明晢，一日坐楼上"，改"笠甚重，内有何物"为"笠何重，内必有物"，改"亟使人追之，意欲厚施，其僧不顾而去，异夫巡门持钵者"为"使人追而验之，果然"，又改小注为"七夫人别本有刻作王夫人者，未知孰是"一句。大同小异，显系抄袭。

4. 唐中和四年，平贼后，将黄巢与妻子首级并生擒姬妾献俘，僖宗御大玄楼受捷。宣问姬妾："汝曹皆勋贵子女，世受国恩，为何从贼?"其首居者对曰："狂贼凶逆，国家以百万之众，失守宗祧，播迁巴蜀，陛下尚不能拒，乃责一女子，置公卿将帅于何地乎?"上怒，悉命戮于市。人多与之酒食，个个皆昏迷悲恸，独居首不饮不泣，至于临刑，神色不变，视死如归，应对亦不屈。惜不得其姓氏，殆女中豪杰耶?

【辨伪】此条抄自宋周煇《清波杂志》卷十：

唐中和四年，时溥献黄巢及家人首并姬妾，僖宗御大玄楼受之。宣问姬妾："汝曹皆勋贵子女，世受国恩，何为从贼?"其居首者对曰："狂贼凶逆，国家以百万之众，失守宗祧，播迁巴蜀，今陛下以不能拒贼责一女子，置公卿将帅于何地乎?"僖宗不复问，皆戮于市。人争与之酒，其余俱悲恸昏醉，居首者独不饮不泣，至于就刑，神色肃然。刘更生传烈女八篇，俱著姓氏，唐史《烈女传》亦然，而独遗此。若非司马温公特书于《通鉴》中，则视死如归、应对不屈之节，卒泯泯而不传。惜不得其姓氏。

今按：卢氏增"平贼后"三字，改"时溥献黄巢及家人首并姬妾"为"将黄巢与妻子首级并生擒姬妾献俘"，改"今陛下以不能拒贼责一女子"为"陛下尚不能拒，乃责一女子"，改"僖宗不复问，皆戮于市"为"上怒，悉命戮于市"，删"刘更生传烈女八篇，俱著姓氏，唐史《烈女传》亦然，而独遗此"，改"若非司马温公特书于《通鉴》中，则视死如归、应对不屈之节，卒泯泯而不传。惜不得其姓氏"为"视死如归，应对亦不屈。惜不得其姓氏，殆女中豪杰耶"，其意相同，显系抄袭。

5. 至元丙子十三年正月二十二日，伯颜入杭州。二月，起发宋三宫赴北。四月到上都。五月初二，拜见元世祖，封幼主为瀛国公。十二日，有内人安康朱夫人、安定陈才人，并二侍女失其姓名，浴罢，肃襟闭门，焚香自缢而死。解下衣，中有纸书一卷云："不免辱国，幸免辱身。不辱父母，免辱六亲。艺祖受命，立国以仁。中兴南渡，计三百春。身受宋禄，羞为北臣。大难既至，劫数回轮。妾辈之死，守于一贞。焚香设誓，代书诸绅。忠臣义士，期以自新。丙子五月泣血书。"余按：此正史未详，故备录之，以俟后之修史者采焉。

【辨伪】此条抄自元杨瑀《山居新话》：

至元十三年丙子正月廿二日，伯颜丞相入杭城。二月廿二日，起发宋三宫赴北。四月廿七日到上都。五月初二日，拜见世祖皇帝。十一日，命幼主为检校大司徒、开府仪同三司，进封瀛国公。十二日，内人安康朱夫人、安定陈才人，又二侍儿失其姓氏，浴罢，肃襟闭门，焚香于地，各以抹胸自缢而死。解下衣，中有清江纸书一卷云："不免辱国，幸免辱身。不辱父母，免辱六亲。艺祖受命，立国以仁。中兴南渡，计三百春。身受宋禄，羞为北臣。大难既至，劫数回轮。妾辈之死，守于一贞。焚香设誓，代书诸绅。忠臣义士，期以自新。丙子五月吉日泣血书。"

今按：卢氏删"丞相"、"廿二日"、"廿七日"、"十一日"、"清江"、"吉日"等，改"命幼主为检校大司徒、开府仪同三司，进封瀛国公"为"封幼主为瀛国公"，改"焚香于地，各以抹胸自缢而死"为"焚香自缢而死"，其意相同，又增"余按：此正史未详，故备录之，以俟后之修史者采焉"一句，显系抄袭。

6. 柴公以经义教授乡里，所生一女，颇俊敏，备后唐庄宗掖庭。明宗入洛，遣出宫，父母往迎之。至洛值天雨，连旬不能进，其女悉以奁具计直十万余金，分半与父母，令其先归。曰："儿见沟旁邻舍队长，面黝色花项为雀形者，极贵人也，儿愿事之从他去。"父母大愧，然知其志不可夺，问之，即郭某，乃周祖也，遂事郭，执箕帚之礼甚谨。一日，谓其夫曰："我观君极贵不可言，但时不可失，妾有金五万，愿奉君发身，以充军饷。"周祖因其赀得为军司，从此遂践大位。又其父柴公，平生相传司冥事。一日辰时起，忽大笑，其妻屡问之，而不言。后醉以酒，乃漏泄曰："花项汉将为天子。"不旬日，果然。

【辨伪】此条抄自宋释文莹《玉壶清话》卷六：

> 魏人柴公以经义教授里中，有女子备后唐庄宗掖庭。明宗入洛，遣出宫，父母往迎之，至洛遇雨，踰旬不能进，其女悉以奁具计直十万，分其半与父母，令归大名，曰："儿见沟旁邮舍队长，黝色花项为雀形者，极贵人也，愿事之。"父母大愧之，知不可夺，问之，即郭某，乃周祖也，因事之，执箕帚之礼。一日，谓其夫曰："君极贵不可言，然时不可失，妾有五万，愿奉君以发其身。"周祖因其赀得为军司。其父柴公，平生为独寝之人，传司冥间事，一日晨起，忽大笑，妻问之，不对，但笑不已。公惟喜饮，妻逼极醉，因漏泄其事，曰："花项汉将为天子。"后果然。

今按：卢氏删"魏人"，改"所生一女，颇俊敏"为"有女子"，改"令归大名"为"令其先归"，增"从他去"，改"因事之"为"遂事郭"，改"愿奉君以发其身"为"愿奉君发身，以充军饷"，增"从此遂践大位"，删"为独寝之人"，改"不对，但笑不已。公惟喜饮，妻逼极醉"为"而不言。后醉以酒"，改"后果然"为"不旬日，果然"，大同小异，显系抄袭。

7. 花蕊夫人有二：一为蜀王建妾，后号"小徐妃"。大徐妃生王衍，在王衍时，游宴无度，淫乱亡国。庄宗平蜀，二徐随王衍归朝，半途均遇害而死。一为蜀孟氏妃，孟有蜀，传至其子昶，有一花蕊夫人，作宫词百首是也。及太祖平蜀，而夫人随孟昶归朝，不久昶死，则召花蕊夫人入宫中，昌陵尝惑之，数进毒为害，不能禁。太宗在晋邸时，每每谏昌陵，而不果去。一日，太宗与上相猎于苑中，花蕊亦在侧侍上，晋邸方调弓矢引满，拟射走兽，忽回射花蕊，一箭立毙矢下。小说所载，多未详考。盖蜀有两花蕊夫人，皆亡国杀身者。

【辨伪】此条抄自宋蔡绦《铁围山丛谈》卷六：

> 花蕊夫人，蜀王建妾也，后号"小徐妃"者。大徐妃生王衍，而小徐妃其女弟。在王衍时，二徐坐游燕淫乱亡其国。庄宗平蜀后，二徐随王衍归中国，半途遭害焉。及孟氏再有蜀，传至其子昶，则又有一花蕊夫人，作宫词者是也。国朝降下西蜀，而花蕊夫人又随昶归中国。昶至且十日，则召花蕊夫人入宫中，而昶遂死。昌陵后亦惑之。尝进毒，屡为患，不能禁。太宗在晋邸时，数数谏昌陵，而未果去。一日，兄弟相与猎苑中，花蕊夫人在侧，晋邸方调弓矢引满，政拟射走兽，忽回射花蕊夫人，一箭而死。始所传多伪，不知蜀有两花蕊夫人，皆亡国且杀其身。

今按：卢氏据文意增“花蕊夫人有二：一为蜀王建妾……一为蜀孟氏妃”，删“而小徐妃其女弟”，又改“二徐坐游燕淫乱亡其国”为“游宴无度，淫乱亡国”，改“半途遭害焉”为“半途均遇害而死”，改“国朝降下西蜀”至“而昶遂死”为“及太祖平蜀，而夫人随孟昶归朝，不久昶死，则召花蕊夫人入宫中”，改“兄弟”为“太宗与上”，改“一箭而死”为“一箭立毙矢下”，改“始所传多伪”为“小说所载，多未详考”，其意相同，显系抄袭。

8. 小说载：平江南时，有大将获李后主宠姬者，见灯辄闭目云：“烟气。”易以烛，亦闭目云：“油气愈甚。”人问：“宫中未尝点灯烛耶？”对云：“宫中本阁，每至夜分，则悬一大宝珠，光照一室，如白昼。”观此，则后主豪侈可知。

【辨伪】此条抄自宋王铚《默记》：

> 小说载：江南大将获李后主宠姬者，见灯辄闭目云：“烟气。”易以蜡烛，亦闭目云：“烟气愈甚。”曰：“然则宫中未尝点烛耶？”云：“宫中本阁，每至夜，则悬大宝珠，光照一室，如日中也。”观此，则李氏之豪侈可知矣。

今按：卢氏改“江南大将获李后主宠姬者”为“平江南时，有大将获李后主宠姬者”，改“曰”为“人问”，改“如日中也”为“如白昼”，改“则李氏之豪侈可知矣”为“则后主豪侈可知”，其意相同，显系抄袭。

9. 小说家《达奚盈盈传》叙事委曲详尽，晏元献家藏有是书。盈盈者，唐天宝中贵人之妾，姿色才艺冠绝一时。会贵人病，同官之子为千牛谒者，父遣往视病，盈盈因得见千牛，遂匿于其室。甚久，千牛父失子，寻索甚急，明皇闻之，诏大索京师，而不见踪迹，因问近往何处迷失。其父奏：“贵人病，尝使子往问疾，遂失其子。”上又诏索贵人之室。盈盈谓千牛曰：“今势不可隐，然出亦无害。”千牛惧得罪，盈盈因教之曰：“第不可言在此，恐上问在何处，但云所见人物如此，所见帏幕屏帐如此，所食物如此，势不由己，则决无害矣。”既出，明皇大怒，问之，遂对如盈盈所言。上笑而不更问。后数日，虢国夫人入朝，明皇戏谓曰：“何久藏少年不出耶？”夫人亦大笑而已。为人妾者，其智术亦大矣哉。余想天宝时，掖庭戚属，多半如此，故盈盈得而嫁祸焉。此《传》，元献手书，其间叙妇人姿色及情好，曲折甚详。

【辨伪】此条抄自宋王铚《默记》：

> 《达奚盈盈传》，晏元献家有之，盖唐人所撰也。盈盈者，天宝中贵人之妾，姿艳冠绝一时。会贵人者病，同官之子为千牛谒者，父遣往视之，因是以秘计相亲盈盈，遂匿于其室。甚久，千牛父失子，索之甚急。明皇闻之，诏大索京师，无所不至，而莫见其迹，因问近往处。其父言：“贵人病，常往问之。”诏且索贵人之室。盈盈谓千牛曰：“今势不能自隐矣，出亦甚无害。”千牛惧得罪，盈盈因教曰：“第不可言在此，恐上问何往，但云所见人物如此，所见帘幕屏帏如此，所食物如此，势不由己，则决无患矣。”既出，明皇大怒，问之，对如盈盈言。上笑而不问。后数日，虢

国夫人入内，明皇戏谓曰："何久藏少年不出耶?"夫人亦大笑而已。为人妾者，智术固可虑。又见天宝后，掖庭戚属，莫不如此，国何以久安耶？此《传》，晏元献手书，在其甥杨文仲家，其间叙妇人姿色及情好，曲折甚详，然大意若此。

今按：卢氏改"《达奚盈盈传》，晏元献家有之，盖唐人所撰也"为"小说家《达奚盈盈传》叙事委曲详尽，晏元献家藏有是书"，改"因是以秘计相亲盈盈"为"盈盈因得见千牛"，改"无所不至，而莫见其迹，因问近往处"为"而不见踪迹。因问近往何处迷失"，改"常往问之"为"尝使子往问疾，遂失其子"，改"智术固可虑"为"其智术亦大矣哉"，改"又见天宝后"为"余想天宝时"，改"莫不如此"为"多半如此"，删"国何以久安耶"，增"故盈盈得而嫁祸焉"，又删"在其甥杨文仲家"、"然大意若此"，大同小异，显系抄袭。

10. 光献太后养女范观音，得侍仁宗，颇见宠幸，温成皇后患之。值大旱，仁宗祈雨甚切，命宫人、内珰皆燃臂香以祷求，讫无灵应，上心益危惧。温成皇后养母贾氏，宫中谓之贾婆婆，乃阴谓丞相等，请出宫人以弭灾旱。仁宗从之。温成与贾氏等皆言，非出素所亲厚者，莫能感回天意。首出范观音，以率六宫，范氏被出，而雨仍未下。上问台官李柬之，曰："惟册免租之议未行耳。"是夕免租之议方下，而大雨如注。余谓仁宗之勇于纳谏，温成之巧于固宠，两得之矣。

【辨伪】此条抄自宋王巩《闻见近录》：

> 慈圣光献皇后养女范观音，得幸仁宗，温成患之。一岁大旱，仁宗祈雨甚切，至然臂香以祷，宫人、内珰皆左右然之。祈雨之术备尽，天意弗答，上心忧惧。温成养母贾氏，宫中谓之贾婆婆，威动六宫，时相认之以为其姑，乃阴谓丞相，请出宫人以弭灾变。上从之。温成乃白上，非出所亲厚者，莫能感天意。首出其养女，以率六宫，范氏遂被出，而雨未应。上问台官李柬之，曰："惟册免议未行耳。"是夕锁院，贾氏营救不获。时相从工部侍郎拜武镇军节度使、同中书门下平章事判北京，雨遂霔。

今按：卢氏改"得幸仁宗"为"得侍仁宗，颇见宠幸"，改"至然臂香以祷，宫人、内珰皆左右然之。祈雨之术备尽，天意弗答，上心忧惧"为"命宫人、内珰皆燃臂香以祷求，讫无灵应，上心益危惧"，删"威动六宫，时相认之以为其姑"，改"温成乃白上"为"温成与贾氏等皆言"，改"首出其养女"为"首出范观音"，其意相同。又改"上问台官李柬之"以下为"上问台官李柬之，曰：'惟册免租之议未行耳。'是夕免租之议方下，而大雨如注"，则已与原文不同，又增"余谓仁宗之勇于纳谏，温成之巧于固宠，两得之矣"一句，但其抄袭痕迹显而易见。

11. 燕顺，淮安妓家女也。年十六时，颇知书翰义礼，往往厌薄青楼，以为不可一日与居处。崇祯甲申之变，三月，督师马士英标下兵丁鼓(操)[噪]而散，突至淮城，掳掠甚惨。妇女悉被奸淫，顺独坚执不从，威之以刃，亦不惧。遂以布缚顺于马上以行，顺举身自奋者再四，率得脱，骂不绝口，欲投水死，竟被杀。

【辨伪】此条抄自清余怀《板桥杂记》下卷轶事：

燕顺，淮安妓女也。年十六，知义理，每厌薄青楼，以为不可一日居。甲申三月，凤阳督师马士英标下兵鼓噪而散，突至淮城西门外，马、步五六百人，掳掠甚惨。妓女悉被擒，顺独坚执不从，兵以布缚之马上，顺举身自奋，哭詈不止，兵竟刃之。

今按：卢氏改“知义理”为“颇知书翰义礼”，改“甲申三月”为“崇祯甲申之变，三月”，删“西门外，马、步五六百人”，增“威之以刃，亦不惧”，改“兵以布缚之马上，顺举身自奋，哭詈不止，兵竟刃之”为“遂以布缚顺于马上以行，顺举身自奋者再四，率得脱，骂不绝口，欲投水死，竟被杀”，大同小异，显系抄袭。

12. 顾媚，字眉生，桃花满面，风度超群，鬓发如云，弓鞋纤小，通文翰，善画兰，追步马守贞，而姿容胜之，为南曲第一。家有媚楼，明窗净几，牙签古玩，堆列满床，又有瑶琴锦瑟，陈设左右，入其楼者，只见香烟缭绕，檐马叮当，迨与迷楼相仿佛。是时，江南侈糜，文酒之宴，席非顾家厨不精，座无顾家媚不乐，以故艳之者甚多，妒之者亦复不少。突遇浙右来一伧父，与一词客争宠，媚被陷害受辱，从此杜门绝客。归合肥龚芝麓尚书，宠之专房，尚书雄豪盖代，视金玉如泥沙，得媚娘佐之，益轻财好士，入本朝，累膺显要，求书画者，多系媚娘代笔，或自为之款，所著“横波夫人”是也。尚书元配童夫人，明朝曾两次受封孺人，迨尚书历官至大宗伯，童夫人尚居合肥，不肯随任京师，且曰：“我已两受明封，以后封典，让顾太太可也。”顾因得封夫人，人谓顾夫人才貌双美，冠绝一时，富贵两全，荣膺一品，殆女中之天仙矣。余谓童夫人守故庐，奉先祀，不随宦，却诰封，其忠孝节义，贤德谦让，是盖有过于须眉男子者多矣。

【辨伪】此条节抄自清余怀《板桥杂记》中卷丽品：

顾媚，字眉生，又名眉，庄妍靓雅，风度超群，鬓发如云，桃花满面，弓弯纤小，腰支轻亚，通文史，善画兰，追步马守真，而姿容胜之，时人推为南曲第一。家有眉楼，绮窗绣帘，牙签玉轴，堆列几案，瑶琴锦瑟，陈设左右，香烟缭绕，檐马丁当，余常戏之曰：“此非眉楼，乃迷楼也。”人遂以“迷楼”称之。当是时，江南侈靡，文酒之宴，红妆与乌巾、紫裘相间，座无眉娘不乐，而尤艳顾家厨食，品差拟郇公、李太尉，以故设筵眉楼者无虚日。然艳之者虽多，妒之者亦不少。适浙来一伧父，与一词客争宠，合江右某孝廉互谋，使酒骂座，讼之仪司，诬以盗匿金犀酒器，意在逮辱眉娘也。……从此摧幢机矣，脱风尘矣。未几，归合肥龚尚书芝麓，尚书雄豪盖代，视金玉如泥沙粪土，得眉娘佐之，益轻财好客，怜才下士，名誉盛于往时。客有求尚书诗文及乞画兰者，缣笺动盈箧笥，画款所书“横波夫人”者也。……元配童氏，明两封孺人，龚入仕本朝，历官大宗伯，童夫人高尚居合肥，不肯随宦京师。且曰：“我经两受明封，以后本朝恩典，让顾太太可也。”顾遂专宠受封。呜呼！童夫人贤节过须眉男子多矣！

今按：卢氏删“又名眉，庄妍靓雅”、“腰支轻亚”，改“家有眉楼，绮窗绣帘，牙签玉轴，堆列几案”为“家有媚楼，明窗净几，牙签古玩，堆列满床”，改“香烟缭绕”为“入其楼者，只见香烟缭绕”，改“余常戏之曰：‘此非眉楼，乃迷楼也。’人遂以‘迷楼’称之”为“迨与迷楼相仿佛”，改“红妆与乌巾”至“以故设筵眉楼者无虚日”为“席非顾家厨不精，座无顾家媚不乐”，改“合江右某孝廉互谋”至“脱风尘矣”为“媚被陷害受辱，从此杜门绝客”，增“宠之专房”，删“怜才下士，名誉盛于往时”，改“客有求尚书诗文及乞画兰者，缣笺动盈箧笥”为“入本朝，累膺显要，求书画者，多系媚娘代笔，或自为之款”，改“明两封孺人，龚入仕本朝，历官大宗伯”为“明朝曾两次受封孺人，迨尚书历官至大宗伯”，改“顾遂专宠受封”为“顾因得封夫人，人谓顾夫人才貌双美，冠绝一时，富贵两全，荣膺一品，殆女中之天仙矣”，改“呜呼！童夫人贤节过须眉男子多矣”为“余谓童夫人守故庐，奉先祀，不随宦，却诰封，其忠孝节义，贤德谦让，是盖有过于须眉男子者多矣”，文有繁简，字有改窜，而其意相同，则显系抄袭。

13. 葛嫩，字蕊芳，金陵名妓，才艺无双，发垂地，而眉似远山，双腕如藕，瞳人点漆。桐城孙克咸一见即喜，曰：“此温柔乡也，吾愿老是乡足矣。”纳之后房，专宠不复他顾。甲申之变，携嫩入闽，授监中丞杨文骢兵事，兵败被执，并缚嫩去。贼帅见有殊色，将欲犯之，嫩大骂，嚼舌碎，含血喷贼面。贼遂手刃之。克咸见嫩抗节死，乃大笑曰：“孙三今日登仙矣。”亦大骂不屈死。噫！孙固侠士，嫩亦侠女也哉！

【辨伪】此条节抄自清余怀《板桥杂记》中卷丽品：

> 葛嫩，字蕊芳。余与桐城孙克咸交最善……与余闲坐李十娘家。十娘盛称葛嫩才艺无双，即往访之，阑人卧室，值嫩梳头，长发委地，双腕如藕，面色微黄，眉如远山，瞳人点漆，教请坐。克咸曰：“此温柔乡也，吾老是乡矣。”是夕定情，一月不出，后竟纳之闲房。甲申之变，移家云间，间道入闽，授监中丞杨文骢军事，兵败被执，并缚嫩。主将欲犯之，嫩大骂，嚼舌碎，含血噀其面，将手刃之。克咸见嫩抗节死，乃大笑曰：“孙三今日登仙矣。”亦被杀。

今按：卢氏删“余与桐城孙克咸交最善……与余闲坐李十娘家”，改“十娘盛称葛嫩才艺无双”至“教请坐”为“金陵名妓，才艺无双，发垂地，而眉似远山，双腕如藕，瞳人点漆”，改“克咸”为“桐城孙克咸一见即喜”，删“是夕定情，一月不出”，增“专宠不复他顾”，改“移家云间，间道入闽”为“携嫩入闽”，改“主将欲犯之”为“贼帅见有殊色，将欲犯之”，改“亦被杀”为“亦大骂不屈死”，并于末尾增“噫！孙固侠士，嫩亦侠女也哉”一句，显系抄袭。

14. 唐武后生于利州，即蜀之广元县也。县西南江上有皇泽寺，初为武后故居，后舍为寺，中刻有则天石像，乃是一比丘尼。

【辨伪】此条抄自清王士禛《陇蜀余闻》：

> 唐武后生于利州，今广元县也。县西南江上有皇泽寺，则天石像尚存，乃是一比

丘尼。

今按：卢氏改“今广元县也”为“即蜀之广元县也”，增“初为武后故居，后舍为寺”，改“则天石像尚存”为“中刻有则天石像”，大同小异，显系抄袭。

15. 银瓶小姐，乃武穆王之季女也。当王被难受冤时，银瓶叩阍上书救父，为禁卫逻卒拦阻，遂抱银瓶坠井而死。后王冤白，上命就其第立庙祀王，并命范银瓶像于右庑，同祀之庙，在按察司署之东，凡臬宪莅任者，必祀之。明时有宋某陈臬斯地，遂谓岳武穆精忠，理固当祀，银瓶一女流耳，非所宜。障之以屏，罢其祀，于礼为便。后宋公升座，见一锦衣神女，持弓矢向宋射之，僚寀皆见，宋惊而退，不数日，遂生背疽而死。以后官斯土者祀岳王，并不敢忽银瓶。可见一女子之忠孝，其精灵不爽如此。

【辨伪】此条抄自清陆次云《湖壖杂纪》“银瓶井”：

> 银瓶小娣者，武穆王季女也。武穆被难，女欲叩阙上书，逻卒拦止，遂抱银瓶坠井而死。宋帝悟王之冤，就其第立庙以祀。井在庙中，范银瓶像于庑右。庙在按察司厅事之左，凡廉宪莅任，必祀岳祠。明时有宋观察者，祀岳王，谓武穆精忠，固当拜；银瓶女流耳，非所宜。障之以屏，于礼便。后升公座，睹一玉貌锦衣神女，持弓矢当檐而立，僚寀具见，观察惊顾，矢发中背，成疽而死。后之祀鄂王者，举无敢忽银瓶。

今按：卢氏改“武穆被难，女欲叩阙上书，逻卒拦止”为“当王被难受冤时，银瓶叩阍上书救父，为禁卫逻卒拦阻”，改“宋帝悟王之冤”至“必祀岳祠”为“后王冤白，上命就其第立庙祀王，并命范银瓶像于右庑，同祀之庙，在按察司署之东，凡臬宪莅任者，必祀之”，又增“罢其祀”，改“后升公座”至“后之祀鄂王者”为“后宋公升座，见一锦衣神女，持弓矢向宋射之，僚寀皆见，宋惊而退，不数日，遂生背疽而死。以后官斯土者祀岳王”，并增“可见一女子之忠孝，其精灵不爽如此”一句，文字虽有改窜，其纪事则相同，显系抄袭。

16. 献贼之乱，陶冲驿之侧，有某氏妇，智慧而有姿色，当仓卒时，与其田主妇女数人，同匿一空室中，其主人妇甚贤，平日妇甚德之，亡何，望见贼旗帜纷至，主人妇女皆泣，其妇曰：“无恐，我一人能救你门，俟我去稍远，你们即逃避别处。第明日收我尸于某处，葬之。”遂独出门，若将他奔者，贼首执之，见其渠首。贼首见容貌明媚，问：内有人否？答曰：无人，只我一身，故畏而他避耳。问：何往？见大王来，欲前逃某村相依耳。又问：此处有骡马否？曰：某家有之，又某家亦有。贼渔其色，令为引导，随后从之。妇故缓其步履，贼爱其足纤小，亦不催促，妇度空室中人已逃脱，其行稍快，至约死之处，乃大骂贼曰：我一妇人，何知骡马。因具告其所以，赴水而死，免受污辱。贼义之，救之起，一贼恨其不相从，复刃之，弃水中。明日，觅者至，尚能少作声，遂死。惜不知妇之姓氏。

【辨伪】此条抄自清赵吉士《寄园寄所寄》卷九：

> 邑陶冲驿之侧，妇某氏，当仓卒时，与其田主妇数辈，同匿一空室，其主人妇贤，妇素德之，亡何，望见贼骑至，众皆泣，某氏曰："无恐，弟明日收我尸于某处耳。"因独出门，若将他奔者，贼执之，问：内有人否？妇曰：无之。又问：此间有骡马何处？妇对：某家有之。贼令为导，行少顷，至所约死处，度屋中诸人已得脱，乃曰：我一女子，何知骡马处。因具道所以，一贼颇义之，又一贼竟刃击之。明日，觅者至，尚能少作声，始死。(《孑遗录》)

今按：卢氏改赵氏所抄《孑遗录》中"邑陶冲驿之侧，妇某氏"为"献贼之乱，陶冲驿之侧，有某氏妇，智慧而有姿色"，增"我一人能救你门，俟我去稍远，你们即逃避别处"、"葬之"、"见其渠首。贼首见容貌明媚"、"只我一身，故畏而他避耳。问：何往？见大王来，欲前逃某村相依耳"、"又某家亦有"等，改"贼令为导，行少顷，至所约死处，度屋中诸人已得脱，乃曰"为"贼渔其色，令为引导，随后从之。妇故缓其步履，贼爱其足纤小，亦不催促，妇度空室中人已逃脱，其行稍快，至约死之处，乃大骂贼曰"，改"一贼颇义之，又一贼竟刃击之"为"赴水而死，免受污辱。贼义之，救之起，一贼恨其不相从，复刃之，弃水中"，又增"惜不知妇之姓氏"一句，文有繁简，而其纪事相同，显系抄袭。

17. 吴奎之妻张氏，流贼至门，见氏姿容秀媚，遂倚之为居停，及知其欲污己，急伏水中，故向浅处贴地，贼恐其坠落深底，委之而去，贼去既远，于是复起，往寻其夫，道塞人俦，难以寻觅，忽中途相遇，抱头泣诉，而贼兵骤然突至，复相离散，氏无奈，独自逃归旧庐，掩门以避，早已有巨贼先窥其行止，缘夜入室，许以金帛，不允，临以刀剑，亦不从，遂楼抱强淫，无为拒脱，贼叠奸数四，神疲熟睡，氏遥闻叩门声，知其夫之归也，潜启以入，遂与其夫共力以刀刺贼死，苍茫收拾贼资重以逃，行至河干，氏欲投水，奎阻再三，氏泣涕曰：吾前日偷生，所以不即死者，虑君饥寒失所，不获一别，生死怅然，不料卒遇狂贼，不由分说，遂成淫行，污身露体，失节之遇，窃为郎君羞，君纵不见罪，妾何颜面以偷生人世乎？今郎君流离有资，幸不以妾为念。竟投水死。

【辨伪】此条抄自清赵吉士《寄园寄所寄》卷九：

> 吴奎之妻张氏，初时，贼兵至门，见氏姿容美丽，遂倚之为居停，及知其欲偪己，急伏水，故向浅处，贼既泪而去，于是复起，收泪往寻其夫，道险人稠，无从即觅，中途相遇，而贼骑骤冲，复致相失，归庐，独自掩门，已有预从窃入者，强淫之，无计为拒也。贼寝熟，遥闻叩门声，心知夫之归也，潜启以入，遂与其夫共以刀刺贼死，于是苍苍茫茫拾贼资物以逃，倏有井，颓然有水盈寻，今而后得死所矣，非复向时伏浅水意也。奎立阻不可，复泣曰：妾前日所以偷生者，虑君之饥寒失所，不获一诀，生死怅然，不料猝遇狂且，致成淫行，失节之愆，窃为郎羞，纵君不见罪，妾奈何腼颜偷生，幸不复以妾为念。投井死。(《古处斋集》)

今按：卢氏改赵氏所抄《古处斋集》中"初时，贼兵至门，见氏姿容美丽"为"流贼至门，见氏姿容秀媚"，改"贼既泪而去"为"贼恐其坠落深底，委之而去，贼去既远"，改

“道险人稠”至“贼寝熟”为“道塞人俦，难以寻觅，忽中途相遇，抱头泣诉，而贼兵骤然突至，复相离散，氏无奈，独自逃归旧庐，掩门以避，早已有巨贼先窥其行止，缘夜入室，许以金帛，不允，临以刀剑，亦不从，遂楼抱强淫，无为拒脱，贼叠奸数四，神疲熟睡”，改“倏有井”至“复泣曰”为“行至河干，氏欲投水，奎阻再三，氏泣涕曰”，又增“不由分说”、“污身露体”、“今郎君流离有资”，文有繁简，而其纪事相同，显系抄袭。

18. 甲申三月，李自成陷京师，正阳门外有徽商，开设绸缎肆者，无计逃出，又不甘坐以待杀，与其妻商议，共谋饮砒礵酒以死。正欲饮酒时，适有二流贼驱入，其夫躲匿天窗板上，见二贼一抱其妻，一抱其妾，各置怀中，妻即斟毒酒一碗以自饮，二贼笑曰：何独饮？盍与我共醉乎？妻不答，饮如故。一贼遂夺其碗之半，以自饮，曰：我与尔吃合欢酒。妾解意，遂起满斟二大碗，亲捧酒以奉贼，仍取琵琶弹数曲以侑觞，二贼喜甚，命之再斟再唱，其妾遂倾壶把盏以相劝。俄而，二贼醉倒，不醒人事，妻亦倒地呻吟。其夫急下，杀二贼，以血灌妻，妻遂得活，盖因先倾之酒毒气尚轻故也。拖二尸于后河，闭门静避，竟免于难。人谓徽商因祸成福，余谓其妾深谋忍耻，其智识不亦大过人哉。

【辨伪】此条抄自清赵吉士《寄园寄所寄》卷九：

> 甲申三月，京城破，徽贾守缎肆，与妻妾共谋饮砒礵酒，二流贼遽入，夫躲天窗板上，见贼抱其妻妾于膝，妻斟毒酒大碗自饮，贼笑曰：盍与我共醉乎？妻不答，妾解意，遂满斟二碗，进贼，仍取琵琶弹以侑。俄而，二贼倒，妻亦倒，夫急下，杀羊，以血灌妻，妻活，以先倾之酒毒尚轻也。拖二尸沉于后河，闭门静避，竟免于难。（《甲申忠义传》）

今按：卢氏改赵氏所抄《甲申忠义传》中“京城破，徽贾守缎肆”为“李自成陷京师，正阳门外有徽商，开设绸缎肆者”，增“无计逃出，又不甘坐以待杀”，改“与妻妾共谋饮砒礵酒”为“与其妻商议，共谋饮砒礵酒以死。正欲饮酒时”，改“见贼抱其妻妾于膝”为“见二贼一抱其妻，一抱其妾，各置怀中”，增“何独饮”、“饮如故。一贼遂夺其碗之半，以自饮，曰：我与尔吃合欢酒”，改“进贼”为“亲捧酒以奉贼”，又增“二贼喜甚，命之再斟再唱，其妾遂倾壶把盏以相劝”、“不醒人事”，改“杀羊”为“杀二贼”，又于末尾增“人谓徽商因祸成福，余谓其妾深谋忍耻，其智识不亦大过人哉”一句，文有繁简，而其纪事相同，显系抄袭。

19. 余阅《赤雅》载：岭外猺女，多习战阵，其风尚好争斗。若猺女能握兵符者，谓之弹娘，极其尊崇，得冠偏髻之玉，披紫凤之裘，曳蝶绡，佩文犀之印，望之若神仙中人矣。何谓偏髻？中以暖玉琢成双凤，握发盘之。《北齐·礼服志》：八品女冠偏髻结。与此略同。凤裘，白州绿含凤毛所织，色久愈鲜，服之辟寒。蝶绡，冰蚕所缉，织作蝶纹，轻逾火浣，服之辟暑。谚云：“凤裘无冬，蝶绡无夏。趯雪无前，弹云无价。”按趯雪，猺中之骏马也。弹娘，又名云弹娘。

【辨伪】此条抄自明邝露《赤雅》卷上“弹娘盛饰”：

瑶女握兵符者，得冠偏髻之玉，披紫凤之裘，曳蝶绡，佩文犀之印，望之若神人矣。何谓偏髻？中以暖玉琢双凤头，握发盘之。《北齐·礼服志》：八品女冠偏髻结。与此略同。凤裘，白州绿含凤毛所织，色久逾鲜，服之辟寒。蝶绡，冰蚕所珥，织作蝶纹，轻逾火浣，服之辟署。谚云："凤裘无冬，蝶绡无夏。趯雪无前，辨云无价。"趯雪，骏马名也。

今按：卢氏此条言"余阅《赤雅》载"，已交代文献来源，而文句稍有增改，如增"岭外猺女，多习战阵，其风尚好争斗"一句，又据标题增"谓之辨娘，极其尊崇"一句，改"趯雪，骏马名也"为"按趯雪，猺中之骏马也"，又增"辨娘，又名云辨娘"一句。

20. 大将军窦毅尚周武帝姊襄阳大长公主，生一女，聪明敏慧，十岁时，闻隋杨坚受周静帝禅，自投堂下，抚膺太息曰："恨我不生为男子，不能得救外家之祸患。"毅与长公主闻之，即掩其口曰："汝慎勿多言，恐赤吾族矣。"毅由是大奇之，及笄，遂以妻唐公李渊，佐理开创功，是为太穆皇太后，实生太宗，卒能佐成一统，灭隋以报外家之仇，是亦女中人杰也。

【辨伪】此条抄自宋邵博《闻见后录》卷九：

上柱国窦毅尚周武帝姊襄阳公主，其女闻隋杨坚受周静帝禅，自投堂下，抚膺太息曰："恨我不为男子，救外家之祸。"毅与公主掩其口曰："汝勿妄言赤吾族。"毅由是奇之，以妻唐之高祖，是为太穆皇后，实生太宗，卒能灭隋云。

今按：卢氏改"上柱国"为"大将军"，改"其女"为"生一女，聪明敏慧，十岁时"，改"恨我不为男子，救外家之祸"为"恨我不生为男子，不能得救外家之祸患"，增"闻之"，改"汝勿妄言赤吾族"为"汝慎勿多言，恐赤吾族矣"，改"以妻唐之高祖"为"及笄，遂以妻唐公李渊，佐理开创功"，改"卒能灭隋云"为"卒能佐成一统，灭隋以报外家之仇"，并增"是亦女中人杰也"，其意相同，显系抄袭。

21. 唐蒙《博物志》载："日南有野女，群行不见其夫，其肌肤晶白如玉，裸袒无衣。"迄今邕、宜二州之西，犹有野女，处于石洞，含灵抱一，白皙皦好，如美人。百岁后，容发稍黄耳，椎髻裸跣，皮若犊鼻，垂腰盖膝，群雌无雄，设遇男子，辄负去，倾洞来求合，惊死者便掩之，生者复送还故处，但采其精耳。是殆女中人妖欤？

【辨伪】此条节抄自明邝露《赤雅》卷上"印娘"：

邕、宜以西，有野女焉，处于石洞，含灵抱一，白皙皦好。百岁后，容发差黄，乃下山采药补益之。椎结裸跣，皮若犊鼻，垂腰盖膝，群雌无雄，遇男子，辄负去，倾洞求合，惊死者掩之，生者复还故处，泄其真气。……唐蒙《博物志》："日南有野女，群行不见夫，其状晶且白，裸袒无衣襦。"

今按：卢氏改置"唐蒙《博物志》载"一句于前，并改其中"其状晶且白"为"其肌肤晶白如玉”。又增“如美人”，删“乃下山采药补益之”，改“泄其真气”为“但采其精耳”，而增“是殆女中人妖欤”一句，显系抄袭。

22. 苏老泉云：“妇人有谥，自周景王穆后始。”余按：鲁惠公声子，已有谥，在春秋之前。又《穆天子传》：“天子为盛姬谥曰哀淑人。”据此，二谥皆在已前之事。老泉之说，未确。当不自穆后始，明矣。

【辨伪】此条抄自宋王应麟《困学纪闻》及清翁元圻注。《困学纪闻》卷六：

老泉《谥论》云：“妇人有谥，自周景王穆后始。”愚按：鲁惠公声子，已有谥，在春秋之初。

翁元圻注：

《路史·论谥法》曰：“夫妇人之典，周三后期著者也。而穆王之盛姬亦有哀淑人之谥，见于《穆天子传》，匹夫之典，夷、齐其著者也，而齐之黔娄，已谥曰康，见于《高士传》，其来久矣。”

今按：卢氏改“老泉《谥论》云”为“苏老泉云”，改“愚按”为“余按”，据王氏考证为已有。并改翁注为“又《穆天子传》：‘天子为盛姬谥曰哀淑人’”一句。并据王、翁二人证据增“据此，二谥皆在已前之事。老泉之说，未确。当不自穆后始，明矣”一句。显系抄袭。

23.《史记》谓：申生母，齐桓公女也，同母女弟为秦穆公夫人。夷吾母，重耳母女弟也。而《左传正义》谓：“申生之母，本是晋武公之妾，武公末年，齐桓公立，不得谓为齐桓之女也。又考《左传》，虢射为惠公之舅，狐偃为文公之舅。是二公之母，并非同胞姊妹也。皆史迁之妄。”余按《左传》：晋献公娶二女于戎，生文公姬姓，故曰大戎狐姬，生重耳；小戎子生夷吾，是子姓者，生惠公。史迁因大、小戎之称，而误以为姊妹耳。又按：秦穆夫人是共世子之姊，并非妹也。

【辨伪】此条抄自宋王应麟《困学纪闻》及清全祖望注。《困学纪闻》卷十一“《史记》正误”：

申生母，齐桓女也，同母女弟为秦穆夫人。夷吾母，重耳母女弟也。《左传正义》曰：“案《传》：申生之母，本是武公之妾。武公末年，齐桓始立，不得为齐桓女也。虢射，惠公之舅；狐偃，文公之舅。二母不得为姊妹也。皆迁之妄。”

全祖望注：

《左传》：晋献公娶二女于戎，生文公者姬姓，故曰大戎狐姬；生惠公者子姓，故曰小戎子。史公盖因大、小戎之称，而误以为姊妹耳。秦穆夫人亦共世子之姊，并非妹也。

今按：卢氏据标题增“《史记》谓”三字，又增“又考《左传》”四字，改“二母不得为姊妹也”为“是二公之母，并非同胞姊妹也”。又改全注为“余按”，据为己有，增“生重耳”，改“生惠公者子姓，故曰小戎子”为“小戎子生夷吾，是子姓者，生惠公”，其意相同，显系抄袭。

24.《周礼》，女巫舞雩，用之于旱灾之时，崇阴也。故《左传》有焚巫之事，《檀弓》穆公有暴巫之举，此用女巫之证也。汉因秦灭学，祭祀犹用女巫。相沿至后魏郊天之礼，用女巫升坛摇鼓。帝及后皆肃拜。所以杜岐曰：“道武南平姑臧，东下山东，固为雄才英武之主。其用事大臣，如崔浩、李孝伯、李顺等，皆是谋猷之臣，少有通儒宿学，所以郊祀上帝，仍袭秦制，六宫及女巫预焉。”此其所短也。

【辨伪】此条抄自清顾炎武《日知录》卷十四“女巫”：

> 《周礼》，女巫舞雩，但用之旱暵之时，使女巫舞旱祭者，崇阴也。《礼记·檀弓》：“岁旱，穆公召县子而问曰：‘吾欲暴巫而奚若?’曰：‘天则不雨，而望之愚妇人，无乃已疏乎?’”此用女巫之证也。汉因秦灭学，祠祀用女巫。后魏郊天之礼，女巫升坛摇鼓。帝拜，后肃拜。杜岐公曰：“道武帝南平姑臧，东下山东，足为雄武之主。其时用事大臣，崔浩、李顺、李孝伯等，多是谋猷之士，少有通儒硕学，所以郊祀上帝，六宫及女巫预焉。”

今按：卢氏删“使女巫舞旱祭者”，增“故《左传》有焚巫之事”，改“《礼记·檀弓》”一句为“《檀弓》穆公有暴巫之举”，改“帝拜，后肃拜”为“帝及后皆肃拜”，增“仍袭秦制”、“此其所短也”，大同小异，显系抄袭。

25. 江南耿先生，乃将校耿谦女也。少明慧，而有姿色，明于道术，能制鬼魅，通黄白术。保大中，江淮富强，上好奇异，召入宫，以观其术，不以贯鱼之列待之，特处别院，号曰先生。先生常被霞帔，见上多持简，精采卓约，言辞朗畅，手如鸟爪，不便应用，饮食需人。又不善行走，上使人抱持之。凡有问，应对称旨，上益重之。始入宫，问以黄白术，试之皆验。上曰：“此皆因火煅炼而成。”先生曰：“亦不须火。”上复命试之，乃取水银若干，以纸裹置怀中，良久，忽闻裂帛声。先生笑曰：“陛下不信妾之术，今可观矣。”取出，成真银矣。凡一切奇巧之技，一见均能制造如意，逾于真者。先生后有孕，一日，谓上曰：“今夕当产圣子神孙，请备生产之物。”上为预备，令宫人加意护持。是夜半，烈风大雷雨，宫中皆震惧，不闻生产。及明，视先生，腹已消。上惊问之，先生曰：“昨夜雷电中业生子矣，已被神拿去，不复可得。”先生性嗜酒，于男女大欲，与人相同，后竟以疾终。古称神仙多晦迹混俗，先生岂其人欤？余向闻其说，而宫(腋)[掖]密秘，说者多异同，及江南平，在京恒与徐率更游，徐为太祖之孙，宫中事皆能言之，故余得而书之。见吴淑《江淮异人录》。

【辨伪】此条节抄自宋吴淑《江淮异人录》“耿先生”：

耿先生者，江表将校耿谦之女也。少而明慧，有姿色，颇好书，稍为诗句，往往有嘉旨。而明于道术，能拘制鬼魅，通于黄白之术，变怪之事，奇伟恍惚，莫知其何从得也。保大中，江淮富盛，上好文雅，悦奇异之事，召之入宫，盖观其术，不以贯鱼之列待，特处之别院，号曰先生。先生常被碧霞帔，见上多持简，精彩卓逸，言词朗畅，手如鸟爪，不便于用，饮食皆仰于人。复不喜行宫中，常使人抱持之。……先生之术不常的然发扬于外，遇事则应，闇然而彰，上益以此重之也。始人宫，问以黄白之事，试之皆验。益复为之，而简易不烦。上尝因暇顾谓先生曰："此皆因火以成之。苟不须火，其能成乎?"先生曰："试为之，殆亦可。"上乃取水银，以硾纸重复裹之，封题甚密。先生内于怀中，良久，忽若裂帛声。先生笑曰："陛下尝不信下妾之术，今日面观，可复不信耶?"持以与上。上周视，题处如旧，发之已为银矣。……先生后有孕，一日，谓上曰："妾此夕当产神孙圣子，诚在此耳。请备生产所用之物。"上悉为设之，益令宫人宿于室中。夜半，烈风震霆，室中人皆震惧，是夜不复产。明旦，先生腹已消如常人。上惊，问之，先生曰："昨夜雷电中生子，已为神物持去，不复得矣。"先生嗜酒，至于男女大欲，亦略同于常，后亦竟以疾终。古者神仙多晦迹混俗，先生岂其人乎？余顷在江南，尝闻其事，而宫掖秘奥，说者多异同，及江南平，在京师尝诣徐率更游，游即义祖之孙也，宫中之事悉能知之，因就质其事，备为余言。

今按：卢氏于末尾言所记"见吴淑《江淮异人录》"，已交代文献来源，而有所改窜，如改"耿先生者，江表将校耿谦之女也"为"江南耿先生，乃将校耿谦女也"，删"颇好书，稍为诗句，往往有嘉旨"、"变怪之事，奇伟恍惚，莫知其何从得也"，改"上好文雅，悦奇异之事"为"上好奇异"，改"复不喜行宫中"为"又不善行走"，改"先生之术不常的然发扬于外，遇事则应，闇然而彰，上益以此重之也"为"凡有问，应对称旨，上益重之"，删"益复为之，而简易不烦"，改"上尝因暇顾谓先生曰"至"先生内于怀中"为"上曰：'此皆因火煅炼而成。'先生曰：'亦不须火。'上复命试之，乃取水银若干，以纸裹置怀中"，改"'今日面观，可复不信耶?'持以与上。上周视，题处如旧，发之已为银矣"为"今可观矣。取出，成真银矣"，又增"凡一切奇巧之技，一见均能制造如意，逾于真者"一句。又删"诚在此耳"，改"上悉为设之，益令宫人宿于室中"为"上为预备，令宫人加意护持"，改"是夜不复产。明旦，先生腹已消如常人"为"不闻生产。及明，视先生，腹已消"，改"亦略同于常"为"与人相同"，改"余顷在江南，尝闻其事"为"余向闻其说"，改"因就质其事，备为余言"为"故余得而书之"。

卷十三

词翰随笔

1. 徐渊贺谢深甫二子登科启云："三槐正位，人瞻衮绣之荣；双桂联芳，天发廷阶之秀。出则告辰猷于虎拜稽手之际，入则训义方于鲤趋过庭之时。沧海珠胎，发为朝采；蓝田玉种，积有夜光。"

【辨伪】此条抄自宋陈鹄《耆旧续闻》卷十：

> 徐渊子贺谢相深甫二子登科启云："三槐正位，人瞻衮绣之荣；双桂联芳，天发阶庭之秀。出则告辰猷于虎拜稽手之际，入则训义方于鲤趋过庭之时。沧海珠胎，发为朝采；蓝田玉种，积有夜光。"

今按：卢氏改"徐渊子贺谢相深甫"为"徐渊贺谢深甫"，改"阶庭"为"廷阶"，其他全同，显系抄袭。

2. 陈文忠尧叟，端拱三年状元。仲弟文惠公尧佐，端拱元年进士。季弟康肃公尧咨，咸平三年状元。三人皆秦国公省华之子。尧佐登第之次年，佐与父同赐绯，改秘书丞，而叟又及第。故谢表中有云："蟾桂骊珠，连岁有兄弟之美；鱼章象简，同时联父子之荣。"又洪忠宣公皓三子，连中词科。绍兴十三年，忠宣以(岳)[徽]猷阁直学士翰苑。二十九年，其子文安公遵，继入西省。隆兴二年，次子文惠公适继之。乾道二年，三子文敏公迈又继之。相隔仅二十二年。故景庐谢表有云："父子相承，四上銮坡之直；弟兄在望，三陪凤阁之游。"

【辨伪】此条抄自宋张世南《游宦纪闻》卷二：

> 陈文忠公尧叟，字唐夫，端拱二年状元及第。文惠公尧佐，字希元，端拱元年举进士第十六人。康肃公尧咨，字嘉谋，咸平三年状元及第。三人皆秦国公省华之子也。方仲弟希元登第之明年，赐绯。与父省华，同日改秘书丞。故唐夫有启事云：

“蟾桂骊珠，连岁有弟兄之美；鱼章象简，同时联父子之荣。”吾乡三洪，皆忠宣公皓之子也，兄弟连中词科。绍兴十三年，忠宣以徽猷学士直翰苑。绍兴二十九年，其仲子文安公遵，始入西省。隆兴二年，文惠公适继之。乾道二年，文敏公迈又继之。相距首尾二十二年。故景卢有谢表云：“父子相承，四上銮坡之直；兄弟在望，三陪凤阁之游。”二事实为本朝儒林荣观之盛。

今按：卢氏删“字唐夫”、“字希元”、“第十六人”、“字嘉谋”等，改“端拱二年状元及第”为“端拱三年状元”，改“方仲弟希元登第之明年，赐绯。与父省华，同日改秘书丞。故唐夫有启事云”为“尧佐登第之次年，佐与父同赐绯，改秘书丞，而叟又及第。故谢表中有云”，改“吾乡三洪，皆忠宣公皓之子也，兄弟连中词科”为“又洪忠宣公皓三子，连中词科”，改“相距首尾二十二年”为“相隔仅二十二年”，删“二事实为本朝儒林荣观之盛”，显系抄袭。

3. 东坡殁后，士大夫及门生故吏作文祭之甚多，惟李廌方叔文最佳。如云：“道大不容，才高为累。皇天后土，鉴平生忠义之心；名山大川，还千古英灵之气。识与不识，谁不尽伤；闻所未闻，吾将焉放。”此数句，人无贤否，到处皆能诵之。

【辨伪】此条抄自宋朱弁《曲洧旧闻》卷五：

东坡之殁，士大夫及门人作祭文甚多，惟李廌方叔文尤传，如：“道大不容，才高为累。皇天后土，鉴平生忠义之心；名山大川，还千古英灵之气。识与不识，谁不𧟌伤；闻所未闻，吾将安放。”此数句，人无贤愚，皆能诵之。

今按：卢氏改“东坡之殁，士大夫及门人作祭文甚多”为“东坡殁后，士大夫及门生故吏作文祭之甚多”，改“尤传”为“最佳”，改“𧟌伤”为“尽伤”，大同小异，显系抄袭。

4. 唐李石镇荆南，崔铉为从事，未几，崔由司勋员外之翰林，拜侍郎、平章事，石犹在镇。石《贺崔入相启》云：“宾筵初启，曾陪樽俎之欢；将幕未移，已在陶镕之下。”其后崔铉由右仆射出镇淮海，杨收从铉为度支使，未几，收入为侍御史，拜兵部侍郎、平章事，崔仍在镇。崔《贺杨入相启》云：“前时里巷，初迎避马之威；今日藩垣，已仰问牛之化。”

【辨伪】此条抄自宋陈鹄《耆旧续闻》卷五：

唐李石镇荆南日，崔铉为从事，未几，入为司勋员外郎，历翰林学士，不二岁，拜中书侍郎、平章事，而石尚在镇。其《贺崔相状》曰：“宾筵初启，曾陪樽俎之欢；将幕未移，已在陶镕之下。”盖节度巡官李陟词也。其后崔铉自右仆射镇淮海，杨收以前太常博士从铉为支使，未几，入为侍御史、吏部员外郎，历翰林学士，甫二岁，拜兵部侍郎、平章事，亦未移镇。其《贺杨相状》曰：“前时里巷，初迎避马之威；今日藩垣，已仰问牛之化。”盖崔澹之词也。

今按：卢氏改“入为司勋员外郎”至“而石尚在镇”为“崔由司勋员外之翰林，拜侍郎、平章事，石犹在镇”，删“盖节度巡官李陟词也”。又删“以前太常博士”，改“入为侍御史”至“亦未移镇”为“收入为侍御史，拜兵部侍郎、平章事，崔仍在镇”，删“盖崔澹之词也”，显系抄袭。

5. 又曾南丰《颂圣德表》文云：“惟天为大，荡荡乎无能名焉；如日之升，皜皜乎不可尚已。”曾又有《秋宴对》云：“始降霜而休百工，正得秋而成万宝。”

【辨伪】此条节抄自宋陈鹄《耆旧续闻》卷五：

曾元丰为南宫舍人，时相令撰《秋宴乐语》，因问坐客曰：“霜始降而百工休，可对甚语？”久之，坐客云：“苦无全句可偶，当劈破用。”曾于是云：“始降霜而休百工，正得秋而成万宝。”坐客称善。既而文成，《颂圣德》一联云：“惟天为大，荡荡乎无能名焉；如日之升，皜皜乎不可尚已。”坐客皆击节赏之。

今按：卢氏所记曾巩两句，均见于陈氏文中，而卢氏删其叙事，显系抄袭。

6. 夏文庄公之父官河北，值契丹犯边，死于王事。公丁母忧起复，使契丹。公辞表云：“父没王事，身丁母忧。义不戴天，难下(穷)[穹]庐之拜；礼当枕块，忍闻夷乐之声。”

【辨伪】此条抄自宋陈鹄《耆旧续闻》卷六：

文庄父官河北，契丹犯界，没于王事。后丁母忧起复，奉使契丹。辞表云：“父没王事，身丁母忧。义不戴天，难下穹庐之拜；礼当枕块，忍闻夷乐之声。”

今按：卢氏改“文庄父官河北，契丹犯界，没于王事”为“夏文庄公之父官河北，值契丹犯边，死于王事”，其意相同，显系抄袭。

7. 又余亦效此体，而成一联云：“方叔壮猷，每自嗟乎老夫耄矣。皋陶弼教，尚欲望其庶事康哉。”

【辨伪】此条抄自宋陈鹄《耆旧续闻》卷六：

会熙河奏捷，履道代为贺表云：“方叔壮猷，顾自嗟于老矣；皋陶赓载，尚希赞于康哉。”盖能发其微也。

今按：卢氏改“会熙河奏捷，履道代为贺表云”为“又余亦效此体，而成一联云”，并改联语中“顾自嗟于老矣”为“每自嗟乎老夫耄矣”，“赓载”为“弼教”，“尚希赞于康哉”为“尚欲望其庶事康哉”，文虽有异，而其抄袭痕迹显而易见。

8. 寇莱公贬，杨文公当草制，丁晋公谓杨曰：“《春秋》无将，汉法不道，皆其罪也。”杨深不平之。及丁贬，杨为制词曰：“无将之罪，深著乎鲁经；不道之诛，难逃于汉法。”一时大快人心。后晋公至南海，有诗云：“草解忘忧忧底事，花名含笑笑何人?”当时传诵，服其工切。识者谓所忧所笑，惟丁自知之。

【辨伪】此条抄自宋吴炯《五总志》：

> 寇莱公贬时，杨文公在西掖，既得词头，有请于丁晋公，公曰：“《春秋》无将，汉法不道，皆其罪也。”杨深不平之。及晋公去位，杨尚当制，为责词曰：“无将之戒，深著乎鲁经；不道之诛，难逃于汉法。”一时快之。……至南海，有诗云：“草解忘忧忧底事，花名含笑笑何人?”士大夫传诵，服其精切。而识者讥诮，以为所忧所笑公心知之，而不觉形于歌咏也。

今按：卢氏所记与吴氏大致相同，文句稍有改窜，如改“杨文公在西掖，既得词头，有请于丁晋公，公曰”为“杨文公当草制，丁晋公谓杨曰”，改“及晋公去位，杨尚当制，为责词曰”为“及丁贬，杨为制词曰”，改“一时快之”为“一时大快人心”，改“士大夫传诵，服其精切。而识者讥诮，以为所忧所笑公心知之，而不觉形于歌咏也”为“当时传诵，服其工切。识者谓所忧所笑，惟丁自知之”，显系抄袭。

9. 南渡内外制词多出汪内翰彦章之手，同时有孙仲益、韩子苍、程致道、朱新仲、徐师川、张嵲、刘无言及三洪弟兄。而容斋为最多，其草《亲征诏》曰：“惟天惟祖宗，方共扶于基绪；有民有社稷，敢自逸于宴安。”又曰：“岁星临于吴分，定成淝水之勋；武士倍于晋师，可决韩原之战。”又曰：“为刘氏左袒，饱闻思汉之忠；徯汤后东征，必慰载商之望。”又汪内翰草《王绹复官诏》云：“圣人之心，如权衡之公，法无私者；君子之过，如日月之食，人皆见之。卫侯醇谨，初岂有于他肠；颜子庶几，尚何忧于贰过。”又《王绹为从弟降金自请议罪诏》云：“昔羊舌坐诛，靡连叔向；王敦稔恶，犹赦茂宏。盖古者君臣相与于腹心之间，未尝以兄弟辄投于形迹之地。”

【辨伪】此条抄自宋陈鹄《耆旧续闻》卷六：

> 南渡内外制多出汪内翰彦章之手，脍炙人口。同时有孙仲益、韩子苍、程致道、张嵲、朱新仲、徐师川、刘无言，后有三洪兄弟。至辛巳岁，容斋草《亲征诏》曰：“惟天惟祖宗，方共扶于基绪；有民有社稷，敢自佚于宴安。”又曰：“岁星临于吴分，定成淝水之勋；斗士倍于晋师，可决韩原之战。”是时岁星在楚，檄书曰：“为刘氏左袒，饱闻思汉之忠；徯汤后东征，必慰戴商之望。”汪浮溪《王绹复官制》曰：“圣人之心，如权衡之公，法无私者；君子之过，如日月之食，人皆见之。卫侯醇谨，初岂有于他肠；颜子庶几，尚何忧于贰过。”《赐王绹为从弟投拜金人自劾不允诏》曰：“昔羊舌坐诛，靡连叔向；王敦稔恶，犹赦茂宏。盖古者君臣相与于腹心之间，未尝以兄弟辄投于形迹之地。”

今按：卢氏所记与陈氏相同，文句稍有改窜，如删“脍炙人口”，改“至辛巳岁，容斋草《亲征诏》曰”为“而容斋为最多，其草《亲征诏》曰”，删“是时岁星在楚，檄书”，改

“《赐王绹为从弟投拜金人自劾不允诏》曰”为“又《王绹为从弟降金自请议罪诏》云”，大同小异，显系抄袭。

10.《收复杭州表》文云：“河有防而蚁为之决，稼太盛则螟生其间。惟兹啸聚之徒，盖以承平之久；敢摇蜂虿之毒，盗弄萑蒲之兵。折棰一笞，投戈四溃。旃戎所向，举江山归指顾之中；藩帅复完，他郡县可谈笑而得。”

【辨伪】此条抄自宋陈鹄《耆旧续闻》卷六：

《贺收复杭州表》：“河有防而蚁为之决，稼太盛则螟生其间。唯兹啸聚之徒，盖以承平之久；敢摇蜂虿之毒，盗弄萑蒲之兵。折棰一笞，投戈四溃。旃戎所向，举江山归指顾之中；帅藩复完，他郡县可谈笑而得。”

今按：卢氏改“《贺收复杭州表》”为“《收复杭州表》文云”，其表文基本相同，显系抄袭。

11. 又靖康末，《代群臣劝进表》：“辄慕周勃安刘之计，庶伸程婴存赵之忠。幸率土相从而归启，且诸侯不辍以事周。”“整襄城之驾，而早戒修途；除高邑之坛，而亟临太宝。方图后效，如成王《小毖》之诗；光复丕基，迈文帝大(璜)[横]之兆。”

【辨伪】此条抄自宋陈鹄《耆旧续闻》卷六：

靖康末，《代群臣劝进表》：“辄慕周勃安刘之计，庶伸程婴存赵之忠。幸率土相从而归启，且诸侯不辍以事周。”又表：“整襄城之驾，而早戒修涂；除高邑之坛，而亟临大宝。方图后效，如成王《小毖》之诗；光复丕基，迈文帝大横之兆。”

今按：卢氏删“又表”二字，其他与陈氏基本相同，显系抄袭。

12. 又《代皇太后下手诏立嗣君》云：“历年二百，人不知兵；传序九君，世无失德。虽举族有北辕之衅，而敷天同左袒之心。汉家之厄十世，宜光武之中兴；献公之子九人，惟重耳之尚在。”

【辨伪】此条抄自宋陈鹄《耆旧续闻》卷六：

靖康二年《皇太后手诏》：“历年二百，人不如兵；传序九君，世无失德。虽举族有北辕之衅，而敷天同左袒之心。”又曰：“汉家之厄十世，宜光武之中兴；献公之子九人，唯重耳之尚在。”

今按：卢氏仅改“靖康二年《皇太后手诏》”为“又《代皇太后下手诏立嗣君》云”，又删“又曰”二字，其他与陈氏基本相同，显系抄袭。

13. 秦埙以状元及第，李文肃贺启云：“一经教子，素钦丞相之贤；累月笞儿，敢起邻翁之羡。”又浮溪贺启云：“三年而奉诏策，固南宫进士之所同；一举而首儒科，乃东阁郎君之未有。”又文肃《贺除太师启》：“推赤心于腹中，君既同于光武；有大勋于天下，相自比于姬公。”

【辨伪】此条抄自宋陈鹄《耆旧续闻》卷十：

> 秦埙以状元及第，李文肃公邴贺秦相：“一经教子，素钦丞相之贤；累月答儿，敢起邻翁之羡。”秦甚喜。浮溪贺启：“三年而奉诏策，固南宫进士之所同；一举而首儒科，乃东阁郎君之未有。虽迫于典故，姑令王勃以居前；而结此眷知，行见鲁公之拜后。”或以为讥刺，用是得谤。文肃《贺除太师启》云：“推赤心于腹中，君既同于光武；有大勋于天下，相自比于姬公。”

今按：卢氏仅改“李文肃公邴贺秦相”为“李文肃贺启云”，删“秦甚喜”、“虽迫于典故，姑令王勃以居前；而结此眷知，行见鲁公之拜后”、“或以为讥刺，用是得谤”，显系抄袭。

14. 又上巳启有集句，云：“三月三日，长安水边多丽人；一咏一觞，会稽山阴修(禊)[禊]事。”

【辨伪】此条节抄自元蒋正子《山房随笔》：

> 又有《贺除直秘阁依旧沿江制置司干办公事》云：“望玉宇琼楼之邃，何似人间？从纶巾羽扇之游，依然江表。”上巳请客，云：“三月三日，长安水边多丽人；一咏一觞，会稽山阴修禊事。”

今按：卢氏删“又有《贺除直秘阁依旧沿江制置司干办公事》”一节，改“上巳请客”为“又上巳启有集句”，其联语相同，显系抄袭。

15. 秦桧当轴时，威福自作。有蜀士投以启云。中有一联：“乾坤二百州，未见托身之所；水陆八千里，来归造命之司。”桧大喜，极称赞之，遂得擢升大用。

【辨伪】此条节抄自宋张世南《游宦纪闻》卷六：

> 秦会之当轴时，几务之微琐者，皆欲预闻，此招权之常态。……又有蜀士，投启干阙，其间一联云：“乾坤二百州，未有托身之所；水陆八千里，来归造命之司。”秦尤称道之，遂得升擢。

今按：卢氏改“几务之微琐者，皆欲预闻，此招权之常态”为“威福自作”，改“又有蜀士，投启干阙”为“有蜀士投以启云”，改“秦尤称道之，遂得升擢”为“桧大喜，极称赞之，遂得擢升大用”，其意相同，显系抄袭。

16. 东坡《题山谷草书》云：“以真实心，出游戏法；以平等观，作欹侧字；以磊落人，录细碎书。此三反也。”

【辨伪】此条抄自宋赵令畤《侯鲭录》卷三：

东坡《题鲁直草书〈尔雅〉后》云：“鲁直以真实心，出游戏法；以平等观，作欹侧字；以磊落人，录细碎书。亦三反也。”

今按：卢氏改“《题鲁直草书〈尔雅〉后》”为“《题山谷草书》”，删“鲁直”二字，显系抄袭。

17. 又《小说》载：人髦期入相，其谢表有云：“侵寻岁月，八十有三；补报乾坤，万分无一。”

【辨伪】此条节抄自宋叶绍翁《四朝闻见录》卷三丙集“史越王青词”：

前载史越王《辞免太傅表》，得之闻见，以为出于余公天锡之父。暨储行之孙沐录示，则非《辞免表》，盖《青词》云：反本狐丘，寓诚獭祭，念此阖门之多指，洎于投老之一身云云。欲用“侵寻岁月，八十有三”，未有其对。讷斋冯端方在坐，应曰：“补报乾坤，万分无一。”王称赏久之。

今按：卢氏所记谢表语见于叶氏文中，而删其叙事，又增“又《小说》载：人髦期入相”一语，显系抄袭。

18.《追封岳武穆诏》，人鲜传诵，余录其诏云：“人主无私予夺，一归万世之公；天下有公是非，岂待百年而定？眷言名将，夙号忠臣。虽勋业被掩于生前，而誉望益彰于身后。缅怀英概，申畀慭章，故追复少保、武胜军节度使、武昌郡开国公、食邑六千户、实封二千四百户赠太师，谥武穆。岳[飞]蕴盖世之才，负冠军之勇，方略如霍嫖姚志灭匈奴，意气如祖豫州誓清冀朔。屡执讯而获丑，亦舍爵而策勋。外澹威灵，内殚谟画。属时讲好，将归马华山之阳；尔犹奋威，欲抚剑伊吾之地。遂致樊蝇之集，变成市虎之疑。虽怀子仪贯日之忠，曾无其福；卒堕林甫偃月之计，孰拯其冤？迨国论之既明，果邦诬之自辨。中兴之主，思念不忘；重华之君，追褒特厚。肆眇躬而在御，想风烈以如存。是用颁朕恩纶，禨之王爵，锡熊红之故壤，超敬德之旧封。岂特慰九泉之心，亦以作三军之气。于戏！修军备器，适当闲暇之时；显忠遂良，罔间幽明之际。谅惟泉穸，歆此宠光，可特追封鄂王，余如故。”

【辨伪】此条抄自宋叶绍翁《四朝闻见录》卷五戊集“岳侯追封”：

“人主无私予夺，一归万世之公；天下有公是非，岂待百年而定？眷言名将，宿号荩臣。虽勋业不没于生前，而誉望益彰于身后。缅怀英概，申畀慭章，故追复少保、武胜军节度使、武昌郡开国公、食邑六千户、实封二千四百户，赠太师，谥武穆。岳飞蕴盖世之才，负冠军之勇，方略如霍嫖姚而志灭匈奴，意气如祖豫州而誓清冀朔。屡执讯而献馘，亦运筹而策勋。外慑威灵，内殚谟画。属时讲好，将归马华山之阳；尔犹奋威，欲抚剑伊吾之北。遂致樊蝇之集，遽成市虎之疑。虽怀子仪贯日之忠，曾无其福；卒堕林甫偃月之计，孰拯其冤？迨国论之初明，果邦诬之自辨。中兴之主，思念不忘；重华之君，追褒特厚。肆渺躬而在御，想风烈以如存。是用颁我丝纶，褫之王爵，锡熊红之故壤，超敬德之旧封。盖将慰九原之心，亦以作三军之气。于戏！修车备器，适当闲暇之时；显忠遂良，罔间幽明之际。尚惟泉壤，歆此宠光，可特封鄂王，余如故。嘉定四年六月二十日，中书舍人李大异行。"盖韩氏兴师恢复，故首封鄂王以为张本，而制中故有"作三军之气"与"修车备器"之词。

今按：卢氏于前增"《追封岳武穆诏》，人鲜传诵，余录其诏云"一句，其诏文与叶氏相同，文句稍有删改，如改"屡执讯而献馘，亦运筹而策勋"为"屡执讯而获丑，亦舍爵而策勋"，改"尚惟泉壤"为"谅惟泉穸"，删"嘉定四年六月二十日，中书舍人李大异行"，及末尾"盖韩氏兴师恢复"以下，显系抄袭。

19. 孔平仲为陕西提刑，到任后谢表有云："吕刑三千，人命所系；秦关百二，地望匪轻。"晁无咎见之曰："前乎公者既无此语，后乎公者知莫能继。"

【辨伪】此条抄自宋朱弁《曲洧旧闻》卷七：

孔平仲建中靖国间为陕西提刑，时晁无咎作郡，下车见无咎，举到任谢表破题四句云："吕刑三千，人命所系；秦关百二，地望匪轻。"无咎嗟赏曰："前乎公既无此语，后乎公知莫能继矣，岂不谓光前绝后乎？"

今按：卢氏删"建中靖国间"、"时晁无咎作郡，下车见无咎"，改"举到任谢表破题四句云"为"到任后谢表有云"，改"无咎嗟赏曰"为"晁无咎见之曰"，改"前乎公既无此语，后乎公知莫能继矣"为"前乎公者既无此语，后乎公者知莫能继"，而删"岂不谓光前绝后乎"，显系抄袭。

20. "弹压山川"，见《淮南子》，可对《后汉书·党锢传》"荣华丘壑"。余幼年，先大夫常出《左传》"不及黄泉"为对，余对以"有如白水"，先大夫优奖至再，语人曰："此以郑庄誓词对晋文誓词，亦可谓的对。"

【辨伪】此条前半部分抄自宋吴可《藏海诗话》：

"弹压山川"，见《淮南子》："弹出山川，压而止之。"仆看《后汉·党锢传》"荣华丘壑"，正可为对。

今按：卢氏前半部分所记与吴氏相同，而删《淮南子》引文，又改"仆看《后汉·党锢传》'荣华丘壑'，正可为对"为"可对《后汉书·党锢传》荣华丘壑"，显系抄袭。又其下叙述卢氏幼年时与先大夫属对事，其实以"不及黄泉"对"有如白水"，已见宋沈括《长兴集》卷十四《延州谢到任表》："有如白水之难移，不及黄泉而弗措。"又清石承藻亦有联语："不及黄泉焉避害，有如白水表同心。"卢氏或据之润色而来。

21. 山谷自丱角时便能诗，中年以后，词翰句律，更超妙入神，始受知于东坡，而名达夷夏，遂有“苏黄”之称。东坡虽喜出其门，然胸中似不能平也，故学苏者萃于浙右，学黄者萃于江右。以余观之，俨是云门盛于吴，临济盛于楚。云门老婆心切，接人易与，人人自得，以为得法，而于此中求脚跟占地者，百无二三。临济捧喝分明，勘辩极峻，虽得法者少，往往崭然见头角，如徐师川、洪玉父昆仲、欧阳元老、余荀龙，皆黄门升堂入室者，实能自足以名家。噫！坡与谷之道一也，特立法与嗣法不同耳。

【辨伪】此条抄自宋吴炯《五总志》：

山谷老人自丱角能诗，《送乡人赴廷试》云：“青衫乌帽芦花鞭，送君直至明君前。若问旧时黄庭坚，谪在人间十一年。”至中年以后，句律超妙入神，于诗人有开辟之功。始受知于东坡先生，而名达夷夏，遂有“苏黄”之称。坡虽喜出我门下，然胸中似不能平也，故后之学者因生分别。师坡者萃于浙右，师谷者萃于江右。以余观之，大是云门盛于吴，临济盛于楚。云门老婆心切，接人易与，人人自得，以为得法，而于众中求脚根点地者，百无二三焉。临济棒喝分明，勘辩极峻，虽得法者少，往往崭然见头角，如徐师川、余荀龙、洪玉父昆弟、欧阳元老，皆黄门登堂入室者，实自足以名家。噫，坡、谷之道一也，特立法与嗣法者不同耳。彼吴人指楚人为江西之流，大非公论。

今按：卢氏删“《送乡人赴廷试云》”诗一首，又删“于诗人有开辟之功”、“故后之学者因生分别”、“彼吴人指楚人为江西之流，大非公论”等，其他大同小异，显系抄袭。

22. 李商隐《江之嫣赋》：“岂如河畔牛星，隔岁只闻一过；不及苑中人柳，终朝剩得三眠。”

【辨伪】此条抄自宋赵令畤《侯鲭录》卷二：

李商隐《江之嫣赋》云：“岂如河畔牛星，隔岁只闻一过；不及苑中人柳，终朝剩得三眠。”汉苑有人形柳，一日三起三倒。

今按：卢氏仅删“汉苑有人形柳，一日三起三倒”一句，其他与赵氏相同，显系抄袭。

23. 宋太祖既平僭乱，留心典故。一日，问赵韩王普曰：“男尊女卑，男何以跪，女何以拜？”历问学臣，无有知者。适班中奏事有王贻孙者，进曰：“古者男女皆跪，至唐天后朝，始令妇女拜而不跪。”上曰：“何以知之？”贻孙对曰：“古诗曰：‘长跪问故夫。’是以知之。”上大喜，谓其留心词藻，遂大擢用。

【辨伪】此条抄自宋释文莹《玉壶清话》卷二：

上尝问赵韩王曰：“男尊女卑，男何以跪，而女不跪？”历问学臣，无有知者。惟贻孙曰：“古者男女皆跪，至天后世，女始拜而不跪。”韩王曰：“何以为质？”贻孙曰：

“古诗云：‘长跪问故夫。’”遂得振学誉。

今按：卢氏于前增“宋太祖既平僭乱，留心典故。一日”一句，改“而女不跪”为“女何以拜”，改“惟贻孙曰”为“适班中奏事有王贻孙者，进曰”，改“何以为质”为“何以知之”，增“是以知之”，改“遂得振学誉”为“上大喜，谓其留心词藻，遂大擢用”，文有繁简，而所记事则相同，显系抄袭。

24. 真宗朝尝赐宴群臣，忽问：“民间沽酒价值几何，何处为佳？”中贵奏有南仁和者，召进之，遍赐诸臣。因言及前代酒禁之严，并问唐时酒价。诸臣无能对者，惟丁晋公奏曰：“每升三十文。”上曰：“何以知之？”丁对曰：“臣读杜工部诗云：‘早来就饮一斗酒，恰有三百青铜钱。’是以知之。”上大笑曰：“甫之诗，可为一时之史。然非精熟词翰者，不之知也。”此二事颇相类，故并录之。

【辨伪】此条抄自宋释文莹《玉壶清话》卷一：

真宗尝曲宴群臣于太清楼，君臣欢浃，谈笑无间。忽问：“廛沽尤佳者何处？”中贵人奏有南仁和者，亟令进之，遍赐宴席。上亦颇爱，问其价，中贵人以实对。上遽问近臣曰：“唐酒价几何？”无能对者。唯丁晋公奏曰：“唐酒每升三十。”上曰：“安知？”丁曰：“臣尝读杜甫诗曰：‘蚤来就饮一斗酒，恰有三百青铜钱。’是知一升三十钱。”上大喜，曰：“甫之诗，自可为一时之史。”

今按：卢氏删“于太清楼，君臣欢浃，谈笑无间”，改“廛沽尤佳者何处”为“民间沽酒价值几何，何处为佳”，改“上亦颇爱，问其价，中贵人以实对。上遽问近臣曰：‘唐酒价几何’”为“因言及前代酒禁之严，并问唐时酒价”，改“安知”为“何以知之”，改“是知一升三十钱”为“是以知之”，并增“然非精熟词翰者，不之知也”、“此二事颇相类，故并录之”二句，显系抄袭。

25.《诗》者，可歌可咏，可被管弦，非若今世之迥各别。唐时，古意犹存，降及五代而至宋，此意犹未全丧。如李白《清平调》系三首七绝，均被乐章。元微之《赠白乐天诗》云：“休遣玲珑唱我诗，我诗多是别君辞。”自注云：“乐人高玲珑能歌余诗数十首。”乐天赠妓亦云：“席上争飞使君酒，歌中多唱舍人诗。”又《歌妓送严使君卸郡诗》云：“已留旧政布中和，又付新诗与艳歌。”此皆以诗播之管弦者。

【辨伪】此条抄自宋王灼《碧鸡漫志》卷一：

《诗序》曰：“在心为志，发言为诗，情动于中而形于言，言之不足故嗟叹之，嗟叹之不足故永歌之，永歌之不足，不知手之舞之、足之蹈之。”《乐记》曰：“《诗》言其志，歌咏其声，舞动其容，三者本于心，然后乐器从之。”……唐时古意亦未全丧。……故李太白《清平调》词三章，皆绝句。元白诸诗，亦为知音者协律作歌。白乐天守杭，元微之赠云：“休遣玲珑唱我诗，我诗多是别君辞。”自注云：“乐人高玲珑能歌，歌予数十诗。”乐天亦醉，戏诸妓云：“席上争飞使君酒，歌中多唱舍人诗。”

又《闻歌妓唱前郡守严郎中诗》云："已留旧政布中和，又付新诗与艳歌。"……往往被于管弦。

今按：卢氏改"《诗序》曰"、"《乐记》曰"二句为"《诗》者，可歌可咏，可被管弦，非若今世之迥各别"，改"唐时古意亦未全丧"为"唐时，古意犹存，降及五代而至宋，此意犹未全丧"，增"均被乐章"，改"元白诸诗，亦为知音者协律作歌。白乐天守杭，元微之赠云"为"元微之《赠白乐天诗》云"，改"乐天亦醉，戏诸妓云"为"乐天赠妓亦云"，改"《闻歌妓唱前郡守严郎中诗》"为"《歌妓送严使君卸郡诗》"，改"往往被于管弦"为"此皆以诗播之管弦者"，大同小异，显系抄袭。

26. 余按：唐小说载：开元中，诗人王昌龄、高适、王涣之皆负大名，彼此不相下，三人私相约曰："我辈诗名，未定甲乙，不如召集名妓聚宴，试观诸妓歌诗，以分优劣。"妓随到，即令随唱，一妓先到，即唱"寒雨连江夜入吴"一首，次唱"奉帚平明金殿开"一首，昌龄大喜。次妓来，即唱"开箧泪沾臆"一首，高适亦大喜。涣之曰："若再来妓，非唱我诗，则某终身不敢与子争衡矣。"三妓到，即唱"黄河远上白云间"一首，涣之遂鼓掌拍手曰："田舍奴，我且妄哉？"又《唐史》载武元衡工五言诗，好事者往往被之管弦。足见当时名士诗句，无不入乐章者。他如五代之王衍，宋之苏东坡等，其诗亦多入乐章，但不如前代之多耳。

【辨伪】此条抄自宋王灼《碧鸡漫志》卷一：

旧史亦称，武元衡工五言诗，好事者传之，往往被于管弦。又旧说，开元中，诗人王昌龄、高适、王之涣诣旗亭饮，梨园伶官亦招妓聚燕，三人私约曰："我辈擅诗名，未定甲乙，试观诸伶讴诗，分优劣。"一伶唱昌龄二绝句云："寒雨连江夜入吴，平明送客楚帆孤。洛阳亲友如相问，一片冰心在玉壶。""奉帚平明金殿开，强将团扇共徘徊。玉颜不及寒鸦色，犹带昭阳日影来。"一伶唱适绝句云："开箧泪沾臆，见君前日书。夜台何寂寞，犹是子云居。"之涣曰："佳妓所唱，如非我诗，终身不敢与子争衡。不然，子等列拜床下。"须臾妓唱："黄河远上白云间。一片孤城万仞山。羌笛何须怨杨柳，春风不度玉门关。"之涣揶揄二子曰："田舍奴，我岂妄哉？"以此知李唐伶伎，取当时名士诗句入歌曲，盖常俗也。蜀王衍召嘉王宗寿饮宣华苑，命宫人李玉箫歌衍所撰《宫词》云："辉辉赫赫浮五云，宣华池上月华春。月华如水映宫殿，有酒不醉真痴人。"五代犹有此风，今亡矣。近世有取陶渊明《归去来》、李太白《把酒问明月》、李长吉《将进酒》、大苏公《赤壁前后赋》，协入声律，此暗合其美耳。

今按：卢氏改"旧史亦称，武元衡工五言诗，好事者传之，往往被于管弦"为"又《唐史》载武元衡工五言诗，好事者往往被之管弦"并后置。又改"又旧说"为"余按：唐小说载"，增"皆负大名，彼此不相下"，改"诣旗亭饮，梨园伶官亦招妓聚燕"为"不如召集名妓聚宴"并入相约之语中。其下诸妓所歌，费氏载全文，卢氏仅载首句，并增"妓随到，即令随唱"、"昌龄大喜"、"高适亦大喜"等，改"之涣揶揄二子曰"为"涣之遂鼓掌拍手曰"。又改"以此知李唐伶伎，取当时名士诗句入歌曲，盖常俗也"为"足见当时名士诗句，无不入乐章者”，改“蜀王衍召嘉王宗寿饮宣华苑”至“此暗合其美耳”一节为“他如五代之王衍，宋之苏东坡等，其诗亦多入乐章，但不如前代之多耳”，文有繁简，句有改窜，而其大意相同，显系抄袭。

27. 东坡帅定武时，有武臣来献启，东坡读之甚喜。中有一联云：“独开一面，收徐庾于幕中；并用五材，走孙吴于堂下。”不意行伍中有如此笔墨。

【辨伪】此条节抄自宋费衮《梁溪漫志》卷四“武臣献东坡启”：

> 东坡帅定武，有武臣状极朴陋，以启事来献，坡读之甚喜，曰：“奇文也。”客退，以示幕客李端叔，问何者最为佳句，端叔曰：“‘独开一府，收徐庾于幕中；并用五材，走孙吴于堂下。’此佳句也。”坡曰：“非君，谁识之者。”端叔笑谓坡曰：“视此郎眉宇间，决无是语，得无假诸人乎?”坡曰：“使其果然，固亦具眼矣。”即为具召之，与语甚欢，一府皆惊。竹坡老人周少隐紫芝闻之李端叔，尝记其事。

今按：卢氏改“有武臣状极朴陋，以启事来献”为“有武臣来献启”，而删此下叙事，仅录书启中一联，并于末尾增“不意行伍中有如此笔墨”一句，显系抄袭。

28. 宁羌州嶓蒙山下，旧有大禹庙。明嘉靖时，监察御史阆中舒鹏翼重建，立碑记其事，文词条畅，余恐年久湮没，录其全文。云：当尧之时，洪水滔天，民遭陷溺，茹毛饮血，厥食惟艰。尧有忧心，举禹治之，俾绳鲧业。禹自冀州、梁、岐、岳阳、覃怀，至于衡(潭)[漳]，又自积石、龙门、壶口、雷首、砥柱、析城，至于王屋。又自嶓蒙、荆山、内方、大别、衡山、敷浅、云梦，至于彭蠡。盖不敢湮塞汩乱，以取震怒。故浩浩荡荡，东注于海。禹可谓智矣。禹伤先人以功不成坐诛，乃手足胼胝，在外十三年，过门不入，生启不得子，恶衣菲食，陆行乘车，水乘船，泥乘橇，山乘檋，日孳孳排决浚瀹，弗遑安处。禹可谓孝矣。方其随山刊木，鬼神龙蛇，护惜巢穴，作为妖怪，风沙昼瞑，迷失道路，禹仰天大咨嗟，俄见上帝授以太上呼召万灵之书，且令其臣狂章、虞余、黄魔、大费、庚辰、童律为之助。由是能呼吸风云，役使神鬼，竟得开凿之志。禹可谓神矣。四隩既宅，九州攸同，弃得以播五谷，契得以敷五教，垂得以司百工，皋陶以明五刑，伯夷得以典三礼，夔得以正五音，龙得以主宾客，任土作贡，劳而不伐。禹可谓功矣。是故天锡《洪范》，舜禅帝位，致彝伦之攸叙，会诸侯于涂山，而下民底定，万世允赖。孔子曰：“禹尽力乎沟洫，吾无间然矣。”刘定公曰：“洪水横流，微禹，吾其鱼乎?”呜呼，禹之功，史虽载之，而不知其由于孝；禹之智，人能言之，而不知其出于神。合智与神谓之圣，合功与孝谓之德。德且圣，庶几其记禹哉?因作《九歌》，俾土人诵之，以侑飨。歌曰：洚水儆尧兮泛滥国中，四岳荐禹兮俾为司空，禹治水兮注之东。力拯横流兮为民粒食，言乘四载兮劳身焦思，克盖前愆兮万世之利。声为律兮身为度，其言可信兮其仁可附，庶士交正兮底慎财赋。不自满假兮拜昌言，声教讫兮底黎元，水土平兮生齿繁。洛出书兮锡九畴，通九道兮开九州，亹亹穆穆兮六府孔修。娶涂山兮辛壬，启呱呱兮何心，荒度土功兮五服弼成。膺历数兮帝命赫，泣罪人兮痛自责，舞干羽兮有苗格。辑五瑞兮建皇极，朝玉帛兮会万国，戮防风兮明黜陟。宅百揆兮股肱良，敷文明兮庶事康，于尧舜兮大耿光。

【辨伪】此条抄自清王士禛《陇蜀余闻》：

宁羌州嶓冢山下，有大禹庙，仅存茅茨一间。有嘉靖二十二年《重修祠记碑》，监察御史阆中舒鹏翼撰。文颇条畅，惜其将泐，录于左方，云：当尧之时，洚水滔天，民遭陷溺，茹毛饮血，厥食维艰。尧有忧焉，举禹治之，俾绳鲧业。禹自冀州、梁、岐、岳阳、覃怀，至于衡漳。又自积石、龙门、壶口、雷首、砥柱、析城，至于王屋。又自嶓冢、荆山、内方、大别、衡山、敷浅、云梦，至于彭蠡。盖不敢堙塞汩乱，以取震怒。故浩浩荡荡，东注江海。禹可谓智矣。禹伤先人鲧以功不成坐诛，乃手足胼胝，居外十三年，过门不入，生启不得子，恶衣菲食，陆行乘车，水行乘船，泥行乘橇，山行乘檋。日孳孳排决浚瀹，弗遑宁处。禹可渭孝矣。方其随山刊木，鬼神龙蛇，护惜巢穴，作为妖怪，风沙昼暝，迷失道路，禹乃仰空咨嗟，俄见上帝授以太上呼召万灵之书，且令其臣狂章、虞余、黄魔、大费、庚辰、童律为之助。由是能呼吸风云，役使神物，竟得开凿之志。禹可谓神矣。四隩既宅，九州攸同，弃得以播百谷，契得以敷五教，垂得以司百工，皋陶得以明五刑，伯夷得以典三礼，后夔得以正五音，龙得以主宾客，任土作贡，劳而不伐。禹可谓功矣。是故天锡《洪范》，舜禅帝位，致彝伦之攸叙，会诸侯于涂山，而下民底定，万世允赖。孔子曰："禹尽力乎沟洫，吾无间然矣。"刘定公曰："洪水横流，微禹，吾其鱼乎?"呜呼，禹之功，史虽载之，而不知其由于孝；禹之智，人能言之，而不知其由于神。合智与神谓之圣，合功与孝谓之德。德且圣，庶几其记禹哉？复作《九歌》，俾土人诵之，以侑飨祀。歌曰：洚水儆尧兮泛滥国中，四岳荐禹兮俾为司空，禹治水兮注之东。力拯横流兮为民粒食，言乘四载兮劳身焦思，克盖前愆兮万世之利。声为律兮身为度，其言可信兮其仁可附，庶士交正兮底慎财赋。不自满假兮拜昌言，声教讫兮奠黎元，水上平兮生齿繁。洛出书兮锡九畴，通九道兮开九州，亹亹穆穆兮六府孔修。娶涂山兮辛壬，启呱呱兮何心，荒度土功兮五服弼成。膺历数兮帝命赫，泣罪人兮痛自责，舞干羽兮有苗格。辑五瑞兮建皇极，朝玉帛兮会万国，戮防风兮明黜陟。宅百揆兮股肱良，敷文明兮庶事康，于尧舜兮大耿光。

今按：卢氏卢氏删"仅存茅茨一间"，改"有嘉靖二十二年《重修祠记碑》，监察御史阆中舒鹏翼撰。文颇条畅，惜其将泐，录于左方"为"明嘉靖时，监察御史阆中舒鹏翼重建，立碑记其事，文词条畅，余恐年久湮没，录其全文"，其下碑文大致相同，显系抄袭。

29. 朱少章《在五国城祭徽宗梓宫文》，词短意长，读之凛凛有生气。文曰："臣等猥以凡庸，谬蒙选擢。茂林丰草，被雨露于当年；绝域殊方，犯风霜于将老。节上之旄既落，口中之舌徒存。叹马角之未生，魂销雪窖；攀龙髯而莫逮，泪洒冰天。"

【辨伪】此条抄自清赵吉士《寄园寄所寄》卷十一：

余每爱朱少章先生《五国城奉送徽宗梓宫文》，辞短意长，凛凛有生气，文曰："臣等猥以凡庸，误蒙选择。茂林丰草，被雨露于当年；绝党殊邻，犯风霜于将老。节上之旄既落，口中之舌徒存。叹马角之未生，魂消雪窖；攀龙髯而莫逮，泪洒冰

天。”(《应庵随录》)

今按：卢氏删赵氏所抄《应庵随录》中“余每爱”，增“读之”，又改文中“绝党殊邻”为“绝域殊方”，其他基本相同，显系抄袭。

30. 今人四六多不精切。余观前辈刘元城自贬所起为大帅，其谢表云：“志惟许国，如万折之而必东；忠以事君，虽三已之而无愠。”又陈了翁编修政典局命定《尊尧集》，上表云：“愚公老矣，益坚平险之心；精卫渺然，未舍填海之愿。”此二表，俱用事切当，而气节凛然如严霜烈日。所以二公皆不能大用。

【辨伪】此条节抄自宋费衮《梁溪漫志》卷三“元城了翁表章”：

> 今时士大夫论四六，多喜其用事精当、下字工巧，以为脍炙人口。此固四六所尚，前辈表章固不废此；然其刚正之气形见于笔墨间，读之使人耸然，人主为之改容，奸邪为之破胆。元符末，刘元城自贬所起帅郓，当过阙，公谢表云：“志惟许国，如万折之而必东；忠以事君，虽三已之而无愠。”坐是遂不得入见。大观间，陈了翁在通州，编修政典局取《尊尧集》，了翁以表缴进，其语有云：“愚公老矣，益坚平险之心；精卫眇然，未舍填波之愿。”后竟再坐贬。此二表，于用事、下字亦皆精切，而气节凛凛如严霜烈日。

今按：卢氏删“今时士大夫论四六”至“奸邪为之破胆”一节，而于前增“今人四六多不精切”一句。改“元符末，刘元城自贬所起帅郓，当过阙”为“余观前辈刘元城自贬所起为大帅”，改“大观间，陈了翁在通州，编修政典局取《尊尧集》，了翁以表缴进，其语有云”为“又陈了翁编修政典局命定《尊尧集》，上表云”，改“于用事、下字亦皆精切”为“俱用事切当”，又据“坐是遂不得入见”、“后竟再坐贬”二句增“所以二公皆不能大用”。显系抄袭。

31. 司马文正公与王荆公不合，辞枢密，出帅长安，复手稿密疏，求免，寻去官。其疏不传于世，人亦罕见。今录其疏云：“臣之不才，最出群臣之下。先见不如吕诲，公直不如范纯仁、程颢，敢言不如苏轼、孔文仲，勇决不如范镇。诲于安石始参政之时，即指安石为奸邪，谓其必败乱天下。臣以为安石不过不晓事与狠愎尔，不至如诲言。今观安石援引亲党，盘据要津，挤排异己，以固权宠，尝自以己意阴赞陛下内出手诏，以决外庭之事，使天下之威福在己，而谤议悉归陛下，臣乃自知不如诲之先见矣。纯仁与颢皆与安石素厚，安石拔于庶僚之中，超处清要，二人睹安石所为，不敢顾私恩、废公议，极言其短。臣与安石南北异乡，取舍异道，臣与安石疏，安石待臣极薄，徒以屡常同寅之故，私心眷眷，不忍轻绝而显言之，因循以至今日，是臣不负安石而负陛下，臣不如纯仁与颢远矣。臣承乏两制，逮事三朝，与国家义则君臣，恩犹骨肉，睹安石专政，逞其狂愚，使天下之人被荼毒之苦，宗庙社稷有累卵之危，臣畏懦爱身，不早为陛下别白言之。轼与文仲皆疏远小臣，乃敢不避陛下雷霆之威，安石虎狼之怒，上书对策，指陈其实，罢官获谴，无所顾虑，此臣不如轼与文仲远矣。人情谁不贪富贵，恋俸禄，镇睹安石营惑陛下，以佞为忠，以忠为佞，以是为非，以非为是，不胜愤懑，抗章极谏，因自乞致仕，甘受丑诋，杜门家居，臣顾禄位，为妻子计，包羞忍耻，尚居方镇，此臣不如镇远矣。臣闻居其位者必忧其事，食其禄者必任其患。苟或不然，是为窃盗。臣虽不才，尝受教于君子，不忍以身为盗窃之行。今陛下惟安石之言是听，安石以为贤则贤，安石以为愚则愚，以为是则是，以为非则非，谄附安石者谓之忠良，攻难安石者谓之谗慝。臣之才识，固安石之所愚；臣之议论，固安石之所非。今之所言，陛下之所谓谗慝者矣。伏望圣恩，裁处其罪。若臣罪与范镇同，则依照范镇乞致仕；若罪有重于范镇，则或诛或窜，所不敢逃。取进止。"余按，此疏《宋史》不载，即司马公《文集》与《家传》亦不载，今得见于邵氏《闻见前录》，故表而出之。

【辨伪】此条抄自宋邵博《闻见后录》卷二十三：

> 予旧从司马氏得文正公熙宁年辞枢管出帅长安日手稿密疏，公寻自免，绝口不复言天下事矣。其疏不见于《传家集》，曰："臣之不才，最出群臣之下。先见不如吕诲，公直不如范纯仁、程颢，敢言不如苏轼、孔文仲，勇决不如范镇。诲于安石始参政事之时，即指安石为奸邪，谓其必败乱天下。臣以为安石止于不晓事与很愎尔，不至如诲所言。今观安石援引亲党，盘据要津，挤排异己，以固权宠，常自以己意阴赞陛下内出手诏，以决外庭之事，使天下之威福在己，而谤议悉归于陛下，臣乃自知先见不如诲远矣。纯仁与颢皆与安石素厚，安石拔于庶僚之中，超处清要，纯仁与颢睹安石所为，不敢顾私恩、废公议，极言其短。臣与安石南北异乡，取舍异道，臣接安石素疏，安石待臣素薄，徒以屡常同僚之故，私心眷眷，不忍轻绝而显言之，因循以至今日，是臣不负安石而负陛下，臣不如纯仁与颢远矣。臣承乏两制，逮事三朝，与国家义则君臣，恩犹骨肉，睹安石专政，逞其狂愚，使天下生民被荼毒之苦，宗庙社稷有累卵之危，臣畏懦爱身，不早为陛下别白言之。轼与文仲皆疏远小臣，乃敢不避陛下雷霆之威，安石狼虎之怒，上书对策，指陈其失，隳官获谴，无所顾虑，此臣不如轼与文仲远矣。人情谁不贪富贵，恋俸禄，镇睹安石荧惑陛下，以佞为忠，以忠为佞，以是为非，以非为是，不胜愤懑，抗章极言，因自乞致仕，甘受丑诋，杜门家居，臣顾惜禄位，为妻子计，包羞忍耻，尚居方镇，此臣不如镇远矣。臣闻居其位者必忧其事，食其禄者必任其患。苟或不然，是为盗窃。臣虽无似，尝受教于君子，不忍以身为盗窃之行。今陛下唯安石之言是信，安石以为贤则贤，以为愚则愚，以为是则是，以为非则非，谄附安石者谓之忠良，攻难安石者谓之谗慝。臣之才识，固安石之所愚；臣之议论，固安石之所非。今日之所言，陛下之所谓谗慝者也。伏望圣恩，裁处其罪。若臣罪与范镇同，则乞依范镇例致仕；或罪重于镇，则或窜或诛，所不敢逃，取进止。"

今按：卢氏改《后录》中"予旧从司马氏得文正公熙宁年辞枢管出帅长安日手稿密疏，公寻自免，绝口不复言天下事矣。其疏不见于《传家集》，曰"为"司马文正公与王荆公不合，辞枢密，出帅长安，复手稿密疏，求免，寻去官。其疏不传于世，人亦罕见。今录其疏云"，疏文略有改窜，如改"臣乃自知先见不如诲远矣"为"臣乃自知不如诲之先见矣"，显系抄袭。卢氏又末尾言"余按，此疏《宋史》不载，即司马公《文集》与《家传》亦不载，今得见于邵氏《闻见前录》，故表而出之”，交代文献来源。邵伯温《闻见前录》卷十一亦载此疏，其文曰：

神宗皇帝初召王荆公于金陵，一见奇之，自知制诰进翰林学士。荆公欲变更祖宗法度，行新法，退故老大臣，用新进少年。温公以谓不然，力争之。神宗用荆公为参知政事，用温公为枢密副使，温公以言不从，辞不拜。枢密吕公弼因奏事殿上，谓帝曰：“陛下用司马为枢密，光以与王安石议论不同力辞，今日必来决去就。”时温公待对，立庭下，帝指之曰：“已来矣。”帝又叹曰：“汲黯在庭，淮南寝谋。”温公坚求去，帝不得已，乃除端明殿学士，知永兴军。到官踰月，上章曰：“臣之不才，最出群臣之下。先见不如吕诲，公直不如范纯仁、程颢，敢言不如苏轼、孔文仲，勇决不如范镇。诲于安石始参政事之时，已言安石为奸邪，谓其必败乱天下。臣以谓安石止于不晓事与狠愎尔，不至如诲所言。今观安石汲引亲党，盘据要津，挤排异己，占固权宠，尝自以己意阴赞陛下内出手诏，以决外庭之事，使天下之威福在己，而谤议悉归于陛下，臣乃自知先见不如诲远矣。纯仁与颢皆安石素厚，安石拔于庶僚之中，超处清要，纯仁与颢睹安石所为，不敢顾私恩、废公义，极言其短。臣与安石南北异乡，取舍异道，臣接安石素疏，安石待臣素薄，徒以屡尝同僚之故，私心眷眷，不忍轻绝而显言之，因循以至今日。是臣不负安石而负陛下甚多，此其不如纯仁与颢远矣。臣承乏两制，逮事三朝，于国家义则君臣，恩犹骨肉，睹安石专逞其狂愚，使天下生民被荼毒之苦，宗庙社稷有累卵之危，臣畏懦惜身，不早为陛下别白言之。轼与文仲皆疏远小臣，乃敢不避陛下雷霆之威，安石虎狼之怒，上书对策，指陈其失，隳官获谴，无所顾虑，此臣不如轼与文仲远矣。人情谁不贪富贵，恋俸禄，镇睹安石荧惑陛下，以佞为忠，以忠为佞，以是为非，以非为是，不胜愤懑，抗章极言，因自乞致仕，甘受丑诋，杜门家居。臣顾惜禄位，为妻子计，包羞忍耻，尚居方镇，此臣不如镇远矣。臣闻居其位者必忧其事，食其禄者必任其患。苟或不然，是为窃盗。臣虽无似，尝受教于君子，不忍以身为窃盗之行。今陛下惟安石之言是信，安石以为贤则贤，以为愚则愚，以为是则是，以为非则非，谄附安石者谓之忠良，诘难安石者谓之谗慝。臣之才识，固安石之所愚；臣之议论，固安石之所非。今日所言，陛下之所谓谗慝者也。伏望圣恩，裁处其罪。若臣罪与范镇同，则乞依范镇例致仕。若罪重于镇，或窜或诛，所不敢逃。”

对照《闻见前录》、《闻见后录》所载，卢氏所抄与《闻见后录》更为接近，如《闻见前录》“已言安石为奸邪”、“占固权宠”、“此其不如纯仁与颢远矣”、“睹安石专逞其狂愚”，《随笔》、《闻见后录》皆作“即指安石为奸邪”、“以固权宠”、“臣不如纯仁与颢远矣”、“睹安石专政，逞其狂愚”，又《随笔》、《闻见后录》疏文末皆有“取进止”三字，而《闻见前录》无，可见卢氏所抄实际更接近《闻见后录》。

32. 参政翟公名巽，出守越州，为人所劾，贬秩去官。谢表云：“欲安刘氏，无嫌晁氏之危；岂若秦人，坐视越人之瘠。”迨去郡，郡人安其政，将相率投牒，共愿借留，公知之，命取其牍，即批云：“固知京兆，姑为五日之留；无使稽山，复用一钱之送。”其用事精当如此。

【辨伪】此条抄自宋费衮《梁溪漫志》卷六“翟忠惠四六”：

翟公巽参政汝文守越，以擅免民间和买缣帛四十余万，为部使者所劾，贬秩。公谢表云：“欲安刘氏，无嫌晁氏之危；岂若秦人，坐视越人之瘠。”迨去郡，郡人安其政，将相率投牒借留，公知之，命取其牍以来，即书其上云：“固知京兆，姑为五日之留；无使稽山，复用一钱之送。”其用事精当若此。

今按：卢氏改“翟公巽参政汝文守越”为“参政翟公名巽，出守越州”，删“以擅免民间和买缣帛四十余万”，改“为部使者所劾，贬秩”为“为人所劾，贬秩去官”，改“即书其上云”为“即批云”，其他大同小异，显系抄袭。

33. 又见宋初有年八十二而得魁者，其谢表云：“白首穷经，少伏生之八岁；青云得路，多太公之二年。”又一士子年十九岁擢第者，其谢表云：“年踰贾谊，亦滥侧于秀材；齿少陆机，顾何能于《文赋》。”亦贴切。

【辨伪】此条抄自宋费衮《梁溪漫志》卷六“四六用事”：

四六用事，固欲切当，然雕镌太过，则反伤正气，非出自然也。国初有年八十二而魁大廷者，其谢启云：“白首穷经，少伏生之八岁；青云得路，多太公之二年。”此语殆近乎俳。近有士子年十有九以诗赋擢第，予为之作启云：“年踰贾谊，亦滥置于秀材；齿少陆机，顾何能于《文赋》。”盖二者之年齿，适相上下也。

今按：卢氏删“四六用事，固欲切当，然雕镌太过，则反伤正气，非出自然也”，改“国初”为“宋初”，删“此语殆近乎俳”，改“予为之作启云”为“其谢表云”，增“亦贴切”三字，而删“盖二者之年齿，适相上下也”，显系抄袭。

34. 卢思道《贺甘露表》云：“神浆可挹，味流九户之前；天酒自零，凝照三阶之下。”

【辨伪】此条抄自宋王应麟《困学纪闻》卷十九：

卢思道《贺甘露》云：“神浆可挹，流味九户之前；天酒自零，凝照玉阶之下。”

今按：卢氏所记与王氏相同，文句稍有改窜，如增一“表”字，又改“流味”为“味流”，改“玉阶”为“三阶”，其他相同，显系抄袭。

35. 陈正甫草宁皇《服药诏》云：“虽不明不敏，有辜四海望治之心；而无怠无荒，未始一毫从己之欲。”至今人多颂之。又常衮《贺雪表》云：“重阳益固，应水泽腹坚之时；积润潜通，迎土膏脉起之候。”

【辨伪】此条抄自宋王应麟《困学纪闻》卷十九：

宁皇《服药赦文》，陈正父所草也。“虽不明不敏，有辜四海望治之心，然无怠无荒，未始一毫从己之欲。”天下诵之，谓写出宁皇心事。……常衮《贺雪》云：“重阴益固，应水泽腹坚之时；积润潜通，迎土膏脉起之候。”皆俪语之工者。

今按：卢氏改“宁皇《服药赦文》，陈正父所草也”为“陈正甫草宁皇《服药诏》云”，改“天下诵之，谓写出宁皇心事”为“至今人多颂之”，其意相同，又改“重阴”为“重阳”，不知何据，并删“皆俪语之工者”一句。显系抄袭。

36. 晏元献《进牡丹歌诗表》云：“永平神爵之颂，孝明称美者五人；正元重九之篇，德宗考定于三等。”余考《论衡》云：“永平中，神雀群集，诏百官上颂，文皆瓦石，惟班固、贾逵、傅毅、杨终、侯讽五人称旨。”正元事，见《新唐书·刘太真传》。

【辨伪】此条抄自宋王应麟《困学纪闻》卷十九：

晏元献《进牡丹歌诗表》云：“永平神爵之颂，孝明称美者五人；正元重九之篇，德宗考第于三等。”按《论衡》云：“永平中，神雀群集，诏上《神雀颂》，百官上颂文比瓦石，唯班固、贾逵、傅毅、杨终、侯讽五颂金玉，孝明览焉。”正元事，见《刘太真传》。

今按：卢氏改“按《论衡》”为“余考《论衡》”，据王氏考证为已有。又改“诏上《神雀颂》，百官上颂文比瓦石”为“诏百官上颂，文皆瓦石”，改“五颂金玉，孝明览焉”为“五人称旨”，又于《刘太真传》前增“新唐书”三字，其意相同，显系抄袭。

37. 王禹偁到黄州，谢表云：“风摧霜败，芝兰之性终香；日远天高，葵藿之心未死。”

【辨伪】此条抄自宋王应麟《困学纪闻》及清翁元圻注。《困学纪闻》卷十九：

王元之(翁注：禹偁，到黄州，上谢)表：“风摧霜败，芝兰之性终香；日远天高，葵藿之心未死。”

今按：卢氏改翁注为正文，删“元之”，改“上谢表”为“谢表云”，其他全同，显系抄袭。

38. 倪正父草《寿皇上尊号》云：“率百官若帝之初，丕讲非常之礼；于万年受天之(祐)[祜]，聿迎滋至之休。”又周益公《辞免表》云：“逊于殳斨、伯与，敢忘稽首；有若虢叔、闳夭，尚助迪威。”正父答诏云：“殳斨、伯与固可逊，未闻虞帝之必从；虢叔、闳夭虽曰贤，盖视周公而不及。”可谓切实之至。

【辨伪】此条抄自宋王应麟《困学纪闻》卷十九：

倪正父草《寿皇尊号诏》云：“率百官若帝之初，丕讲非常之礼；于万年受天之祜，聿迎滋至之休。”周益公《辞免表》云：“逊于殳斨、伯与，敢忘稽首；有若虢叔、闳夭，尚助迪威。”正父答诏云：“殳斨、伯与固可逊，未闻虞帝之必从；虢叔、闳夭虽曰贤，盖视周公而不及。”

今按：卢氏改“《寿皇尊号诏》”为“《寿皇上尊号》”，又于末尾增“可谓切实之至”一句，其他相同，显系抄袭。

39. 或有人试县试见黜，后遇乡荐见擢，以启谢县令，多不平之气。县令答云：“大敌勇，小敌怯，昔固有之。今日是，前日非，吾无愧矣。”又宋时，处州有士子同选者六人，共赴京试，三人入选，下第三人，其连捷三人谢主司启云：“同矍(圃)[圃]之观人，去者半，留者半；类孔门之取友，益者三，损者三。”

【辨伪】此条抄自宋王应麟《困学纪闻》及清阎若璩注。《困学纪闻》卷十九：

> 或试县学见黜，后预乡荐，以启谢县令，有不平之意。令答云：“大敌勇，小敌怯，昔固有之。今日是，前日非，吾无愧矣。”

阎若璩注：

> 宋处州士子终场者六人，三人与选，谢主司启云：“同矍圃之观人，去者半，存者半；类孔门之取友，益者三，损者三。”

今按：卢氏据阎若璩注补入宋处州士子事，稍有改窜，如增“共赴京试”、“下第三人，其连捷三人”等语，其他大致相同，显系抄袭。

40. 王月卿代草表云：“吾宁身蹈东海，独鲁仲连不肯帝奏；至今名重泰山，微相如其何以强赵？”

【辨伪】此条抄自宋王应麟《困学纪闻》卷十九：

> 王卿月为《澹庵制》云：“吾宁身蹈东海，独仲连不肯帝秦；至今名重泰山，微相如何以强赵？”

今按：又卢氏改“王卿月为《澹庵制》”为“王月卿代草表”，误改人名。又改“仲连”为“鲁仲连”，而于“相如”下增一“其”字，不如原文对仗工整，可谓妄加增改。但其抄袭痕迹显而易见。

41. 衢州稽古阁书《皋陶谟》于屏上，其《上梁文》云：“皋陶若稽古，事三朝稽古之君；孔子与斯文，为万世斯文之主。”

【辨伪】此条抄自宋王应麟《困学纪闻》卷十九：

> 衢州稽古阁书《皋陶谟》于屏，其《上梁文》云：“皋陶若稽古，事三朝稽古之君；

孔子与斯文，为万世斯文之主。”

今按：卢氏仅于“屏”后增一“上”字，其他全同，显系抄袭。

42. 开禧间，追贬秦桧。制词系出周南仲之手：“兵于五材，谁能禁之？首弛边疆之禁。臣无二心，天之制也，忍忘君父之仇？”又云：“一日纵敌，遂贻数世之忧；百年为墟，谁任诸人之责？”又赐秀王中书令赞拜不名：“天下之达尊三，德兼齿爵以俱茂；人臣之不名五，老与亲贤而并隆。”

【辨伪】此条抄自宋王应麟《困学纪闻》卷十九：

庆元初，嗣秀王辞中书令，赐赞拜不名。郑赞之草制云：“天下之达尊三，德兼爵齿以俱茂；人臣之不名五，老与亲贤而并隆。”……开禧，追贬秦桧。周南仲代草制云：“兵于五材，谁能去之？首弛边疆之禁。臣无二心，天之制也，忍忘君父之仇？”又云：“一日纵敌，遂贻数世之忧；百年为墟，谁任诸人之责？”

今按：卢氏颠倒两草制前后顺序，改“周南仲代草制云”为“制词系出周南仲之手”，而改“庆元初，嗣秀王辞中书令，赐赞拜不名”为“又赐秀王中书令赞拜不名”，删去“郑赞之草制云”，使人误以为此草制亦为周南仲所作。显系抄袭。

43. 曾文清《求归养亲表》云：“朝则倚门，暮则倚闾，常恐失望；父曰嗟子，母曰嗟季，曷敢弭忘。”

【辨伪】此条抄自宋王应麟《困学纪闻》卷十九：

曾文清求归侍，云：“朝则倚门，暮则倚闾，常恐失望；父曰嗟子，母曰嗟季，曷敢弭忘。”

今按：卢氏改“求归侍”为“《求归养亲表》”，其他相同，显系抄袭。

44. 又唐人学《鸡鸣度关赋》中有云：“念秦关之百二，难逞狼心；笑齐客之三千，不如鸡口。”可谓工对，贴切之至。又有人以“驴非驴，马非马”对“鹊不鹊，乌不乌”。又有以“亿载万年，为父为母”，对“九州四海，悉主悉臣”，亦工稳。

【辨伪】此条抄自宋王应麟《困学纪闻》卷十九：

驴非驴，马非马；乌不乌，鹊不鹊，可以为对。……亿载万年，为父为母；四海九州，悉主悉臣。迂斋对。……唐律赋《鸡鸣度关》云：“念秦关之百二，难逞狼心；笑齐客之三千，不如鸡口。”

今按：卢氏改“唐律赋《鸡鸣度关》”为“又唐人学《鸡鸣度关赋》中有”，并置于前。后列“驴非驴”、“亿载万年”两对，稍作改窜，增“可谓工对，贴切之至”、“亦工稳”二语，删“迂斋对”，而联语不异，显系抄袭。

卷十四

学校随笔

1. 古者，无一民不学。二十五家为闾，闾同一巷。巷有门，门有两塾，上老坐于右塾，为右师；庶老坐于左塾，为左师。出入则里胥坐右塾，邻长坐左塾，察其长幼揖逊之序。新谷已入，余子皆入学。距冬至四十五日，始出学。所谓家有塾也。余闻之先儒云："先王之时，其人则四民也，其居则六乡、三采、五比、四闾也，其田则一井、二牧、三屋、九夫也，其官则三吏、六联、五侯、九伯也，其教则五典、十义、六德、六行也，其学则五礼、六乐、五射、六书、九数也。"

【辨伪】此条抄自宋王应麟《困学纪闻》卷五"礼记"：

> 古者，无一民不学也。二十五家为闾，闾同一巷。巷有门，门有两塾，上老坐于右塾，为右师；庶老坐于左塾，为左师。出入则里胥坐右塾，邻长坐左塾，察其长幼揖逊之序。新谷已入，余子皆入学。距冬至四十五日，始出学。所谓家有塾也。闻之先儒曰："先王之时，其人则四民也，其居则六乡、三采、五比、四闾也，其田则一井、二牧、三屋、九夫也，其官则三吏、六联、五侯、九伯也，其教则五典、十义、六德、六行也，其学则五礼、六乐、五射、六驭、六书、九数也。"

今按：卢氏于"闻之先儒曰"上增一"余"字，据王氏所闻为己有，又删"六驭"，其他全同，显系抄袭。

2. 汉文帝始置一经博士。时申公、韩婴皆以《诗》为博士，所谓《鲁诗》、《韩诗》也。《五经》中，惟《诗》列于学官者。景帝时，以辕固生为博士，所谓《齐诗》也。斯时，余经尚未列，至武帝建元五年，初置《五经》博士，《书》有欧阳，《礼》有后，《易》有杨，《春秋》有公羊而已。《五经》而独举其四，不言《诗经》，盖《诗》已立于文帝之时，原有博士，今并《诗》为五云。

【辨伪】此条抄自宋王应麟《困学纪闻》卷八"经说"：

后汉翟酺曰："文帝始置一经博士。"考之汉史，文帝时，申公、韩婴皆以《诗》为博士。（所谓《鲁诗》、《韩诗》。）《五经》列于学官者，唯《诗》而已。景帝以辕固为博士，（所谓《齐诗》。）而余经未立。武帝建元五年春，初置《五经》博士。《儒林传赞》曰："武帝立《五经》博士，《书》唯有欧阳，《礼》后，《易》杨，《春秋》公羊而已。"立《五经》而独举其四，盖《诗》已立于文帝时，今并《诗》为五也。

今按：卢氏删"后汉翟酺曰"一语，又删"考之汉史，文帝"六字，并改注文为正文。又改"《五经》列于学官者，唯《诗》而已"为"《五经》中，惟《诗》列于学官者"。又增"斯时"二字，并删"《儒林传赞》曰：武帝立《五经》博士"一句，而增"不言《诗经》"、"原有博士"，显系抄袭。

3. 古未有板本印书，好学者患无书读。桓谭《新论》谓：梁子初、杨子林写书万卷，至于白首。《南齐书》：沈驎士年过八十，手写书，满十箧。袁峻每日写书五十纸。抱朴子所写，反复有字。《金楼子》谓：细书经、史、《老》、《庄》、《离骚》等六百三十四卷，在巾箱中。其勤与编蒲缉柳一也。《国史》及《艺文志》载：唐末，益州始有墨板书。见《册府元龟》，又见王明清《挥麈录》。

【辨伪】此条抄自宋王应麟《困学纪闻》及清阎若璩注。《困学纪闻》卷八：

古未有板本，好学者患无书。桓谭《新论》谓：梁子初、杨子林所写万卷，至于白首。南齐沈驎士年过八十，手写细书，满数十箧。梁袁峻自写书课，日五十纸。抱朴子所写，反复有字。《金楼子》谓："细书经、史、《庄》、《老》、《离骚》等六百三十四卷，在巾箱中。后魏裴汉借异书，躬自录本。其勤与编蒲缉柳一也。"《国史艺文志》：唐末，益州始有墨板，多术数、字学小书。

阎若璩注：

考之《册府元龟》，吴、蜀皆有之。蜀中始有板本《文选》，亦见王明清《挥麈录》。

今按：卢氏改"南齐"为"《南齐书》"，又删"后魏裴汉借异书，躬自录本"一句，并改"《国史艺文志》"为"《国史》及《艺文志》"二书，可谓误改书名。并改阎若璩注语为"见《册府元龟》，又见王明清《挥麈录》"一句，显系抄袭。

4.《数术纪遗》："世人言'三不能比两'，孔子所造；'捐闷'与'四维'，周公所作。"甄鸾注《艺经》云："捐闷者，周公作。其法先布本位，以十二时相从。"此为算学之祖。而《考古篇》又谓孔子三不换两为算学之书，今其书佚，无所考证，故并存之。

【辨伪】此条抄自宋王应麟《困学纪闻》卷九：

《数术记遗》云："世人言'三不能比两'，乃云'捐闷'与'四维'。"甄鸾注《艺经》曰："捐闷者，周公作。先布本位，以十二时相从。徐援称'捐闷'是奇两之术。"《御览》引《艺经》作"悁闷"。"三不能比两"者，孔子所造，布十干于其方，戊己在西南。"四维"，东莱子所造，布十二时四维。

今按：卢氏改"《数术记遗》"为"《数术纪遗》"，并据《困学纪闻》下文增"孔子所造"、"周公所作"二语入《数术纪遗》中。又《困学纪闻》称"四维，东莱子所造"，而卢氏竟以为"周公所作"，误。卢氏又删"徐援称'捐闷'是奇两之术"一句，而增"此为算学之祖"一句，虽有不同，而抄袭痕迹显而易见。卢氏又于末尾补"而《考古篇》又谓"一句。

5.《汉书·儒林传》："武帝初，置五经博士。《书》有欧阳，《礼》后，《易》杨，《春秋》公羊。除此而外，《尚书》又有大小夏侯，《礼》有大小戴，《易》有施孟、梁丘，《春秋》有穀梁。元帝时，复立京氏《易》。平帝时，又立左氏《春秋》、毛《诗》、逸《礼》、古文《尚书》等编。"据陆玑云《诗》惟有齐、鲁、韩三家，并无毛《诗》。《儒林传》毛字宜衍。

【辨伪】此条抄自汉班固《汉书》及三国吴陆玑《毛诗草木鸟兽虫鱼疏》。《汉书》卷八十八《儒林传》：

赞曰："自武帝立五经博士……初，《书》唯有欧阳，《礼》后，《易》杨，《春秋》公羊而已。至孝宣世，复立大小夏侯《尚书》，大小戴《礼》，施孟、梁丘《易》，穀梁《春秋》。至元帝世，复立京氏《易》。平帝时，又立左氏《春秋》、毛《诗》、逸《礼》、古文《尚书》，所以罔罗遗失，兼而存之，是在其中矣。"

又《毛诗草木鸟兽虫鱼疏》卷下"毛诗"：

其后郑众、贾逵传毛《诗》，马融作《毛诗传》，郑玄作《毛诗笺》。然鲁、齐、韩《诗》，三氏皆立博士，惟毛《诗》不立博士耳。

今按：卢氏交代文献来源，但其引《汉书·儒林传》于原文有所删改，又据陆玑《疏》认为平帝时未立毛《诗》博士，"毛"字为衍文。

6."六经"之名，始见于《庄子·天运篇》，即《诗》、《书》、《礼》、《乐》、《易》、《春秋》也。"六艺"之名，见于太史公《滑稽传》，以《礼》、《乐》、《诗》、《书》、《易》、《春秋》也。其后改为五经，或为六经，或为七经，或为九经不等。盖五经无《乐经》，七经中有《论语》，九经中有《仪礼》、《孝经》、《论语》，随后又以六经、六纬为十二经。今人又于六经之中，加以《周官》、《仪礼》、《论语》、《孝经》、《公羊》、《穀梁》、《尔雅》，谓之"十三经"。惟《白虎通》五经中有《乐经》而无《春秋》，与诸书不同，此其所异者，故详录之以俟考。

【辨伪】此条抄自宋王应麟《困学纪闻》及全祖望注。《困学纪闻》卷八：

“六经”，始见于《庄子·天运篇》。(孔子曰：“治《诗》、《书》、《礼》、《乐》、《易》、《春秋》六经。”)以《礼》、《乐》、《诗》、《书》、《易》、《春秋》为六艺，始见于太史公《滑稽列传》。或云七经，或以六经、六纬为十二经，或以五经、五纬为十经，或云九经。(《释文序录》：《易》、《书》、《诗》、《周礼》、《仪礼》、《礼记》、《春秋》、《孝经》、《论语》。)……《白虎通》云：“有五常之道，故曰五经：《乐》仁，《书》义，《礼》礼，《易》智，《诗》信也。”二说不同。

全祖望注：

七经者，盖六经之外加《论语》。东汉以后，则加《孝经》而去《乐》。

今按：卢氏改注文“孔子曰”一句为正文“即《诗》、《书》、《礼》、《乐》、《易》、《春秋》也”，改“以《礼》、《乐》、《诗》、《书》、《易》、《春秋》为六艺，始见于太史公《滑稽列传》”为“‘六艺’之名，见于太史公《滑稽传》，以《礼》、《乐》、《诗》、《书》、《易》、《春秋》也”，改“或云七经，或以六经、六纬为十二经，或以五经、五纬为十经，或云九经”为“其后改为五经，或为六经，或为七经，或为九经不等”，将全注“七经者，盖六经之外加《论语》。东汉以后，则加《孝经》而去《乐》”改为“盖五经无《乐经》，七经中有《论语》”，改注文“《释文序录》”一节为“九经中有《仪礼》、《孝经》、《论语》”，改“或以六经、六纬为十二经”为“随后又以六经、六纬为十二经”，又增“今人又于六经之中，加以《周官》、《仪礼》、《论语》、《孝经》、《公羊》、《穀梁》、《尔雅》，谓之十三经”，与清代以《孟子》列十三经，《乐经》不列十三经不同。又改“《白虎通》云”以下为“惟《白虎通》五经中有《乐经》而无《春秋》，与诸书不同，此其所异者，故详录之以俟考”，改窜虽多，但其抄袭痕迹依然可见。

7. 秦燔诗书，独三皇之书未焚，伏羲有《易》，神农有《本草》，黄帝有《素问》。《易》以卜筮存，《本草》、《素问》以方技存。

【辨伪】此条抄自宋王应麟《困学纪闻》卷十二：

三皇之书，伏牺有《易》，神农有《本草》，黄帝有《素问》。《易》以卜筮存，《本草》、《素问》以方技存，其天乎！新安王晦叔云。

今按：卢氏改“三皇之书”为“秦燔诗书，独三皇之书未焚”，又删“其天乎！新安王晦叔云”一句，显系抄袭。

8.《孟子》只有七篇，何以《前汉书·艺文志》云：“儒家有《孟子》十一篇。”以今考之，篇目相悬如此。盖当时尚有《孟子外书》四篇，合而观之，即十一篇矣。而四篇之目，前辈辨驳纷纷，曰《性善辩》，曰《文说》，曰《孝经》，曰《为政》。其时有以“性善辩文”为一句者，有以“说孝经为政”为一句者，四篇作为二篇，大失旨趣，不知古人文字“辩”、“辨”、“政”、“正”原自通用。

【辨伪】此条抄自宋孙奕《示儿编》卷六“孟子篇目”：

> 《前汉·艺文志》曰：“儒家有《孟子》十一篇。”以今考之，篇目少于前，何也？曰：合今之七篇与《外书》四篇，即十一篇矣。昔尝闻前辈有曰：亲见馆阁中有《外书》四篇，曰《性善辩》，曰《文说》，曰《孝经》，曰《为政》。则时人以“性善辨文”为一句，“说孝经为正”为一句，甚乖旨趣。古文“辨”、“辩”，“正”、“政”通用。

今按：卢氏增“《孟子》只有七篇，何以”于前，又改“篇目少于前，何也”为“篇目相悬如此”。改“曰：合今之七篇与《外书》四篇，即十一篇矣”为“盖当时尚有《孟子外书》四篇，合而观之，即十一篇矣”，又改“昔尝闻前辈有曰：亲见馆阁中有《外书》四篇”为“而四篇之目，前辈辨驳纷纷”，其他大致相同，显系抄袭。

9. 董仲舒在建元初对策，愿兴太学，置明师，以养天下士，数考问以尽其材。世谓立学校之官，自董始。又考《武帝纪》：建元五年，置五经博士，此所谓学校之官也。元朔五年，又有礼官劝学之诏，丞相弘请为博士置弟子员。此校官之取弟子也。故《儒林传》谓其详于取而略于教，不过开利禄之原。明经而志青紫，教子而拟籯金，孰知古人为己之学哉？倘以仲舒为相，使正谊明道之学行，则学者兴于礼乐，庶几三代之风可复，岂止彬彬文学之士乎？

【辨伪】此条抄自宋王应麟《困学纪闻》卷十二：

> 董仲舒在建元初对策，愿兴太学，置明师，以养天下之士，数考问以尽其材。《传》谓立学校之官，自仲舒发之。考之《武帝纪》：建元五年置，五经博士，此所谓学校之官也。元朔五年，始有礼官劝学之诏，于是丞相弘请为博士置弟子员。《儒林传》所载，其著功令也，详于取而略于教，不过开禄利之涂而已。明经而志青紫，教子而拟籯金，孰知古者为己之学哉？傥以仲舒为相，使正谊明道之学行于时，则学者兴于礼义，庶几三代之风，岂止彬彬多文学之士乎？

今按：卢氏改“《传》谓”为“世谓”，改“自仲舒发之”为“自董始”。又增“此校官之取弟子也”一句，而改“《儒林传》所载，其著功令也”为“故《儒林传》谓其”，其他大致相同，显系抄袭。

10.《学记》：“术有序。”注云：“术为遂，声之误也。《周礼》万二千五百家为遂。”《水经注》亦引此作“遂有序”。按《周礼》：遂人之职，“五家为邻，五邻为里，四里为酂，五酂为鄙，五鄙为县，五县为遂，皆有地域沟树，使之各掌其政令”。又《月令》：“审端径术。”注云：“‘术’，《周礼》作‘遂’。遂上有径，径谓小沟也。”又《管子·度地篇》：“百家为里，里十为术，术十为州。”术音遂。此可证“术”、“遂”二字通用。

【辨伪】此条节抄自清顾炎武《日知录》卷六“术有序”：

> 《学记》：“术有序。”注：“术，当为遂，声之误也。《周礼》万二千五百家为遂。”

按《水经注》引此作“遂有序”。《周礼》：遂人之职，“五家为邻，五邻为里，四里为酂，五酂为鄙，五鄙为县，五县为遂，皆有地域沟树之，使各掌其政令”。又按《月令》：“审端径术。”注：“‘术’，《周礼》作‘遂’。夫间有遂，遂上有径。径，小沟也。”……《管子·度地篇》：“百家为里，里十为术，术十为州。”“术”音遂。此古“术”、“遂”二字通用之证。

今按：卢氏引证与顾氏相同，而文字稍有改窜，如卢氏删“夫间有遂”，又改“此古‘术’、‘遂’二字通用之证”为“此可证‘术’、‘遂’二字通用”，显系抄袭。

11. 古人教人，木铎所以令国中，金铎所以令军中，此先王仁义之用。一器之微，刚柔异焉，其治民如此。

【辨伪】此条抄自清顾炎武《日知录》卷五“木铎”：

金铎所以令军中，木铎所以令国中，此先王仁义之用也。一器之微，而刚柔别焉，其可以识治民之道也欤？

今按：卢氏于前增“古人教人”四字，又置“木铎所以令国中”于“金铎所以令军中”之前，并改“其可以识治民之道也欤”为“其治民如此”，其意相同，显系抄袭。

12. 班固《汉书》云：“《春秋》五《传》，谓左丘明、公羊高、穀梁赤、邹氏、夹氏。”又云：“邹氏、夹氏，未见其书。”今考古书，亦未见有邹、夹二氏《传》者。惟韩昌黎《赠卢仝诗》云：“《春秋》五《传》束高阁，独抱遗经究终始。”想必当时犹有五《传》，故韩诗中及之，至宋代以后，《邹氏传》、《夹氏传》俱遗佚耳。

【辨伪】此条抄自宋魏泰《临汉隐居诗话》：

班固云：“《春秋》五《传》，谓左丘明、公羊高、穀梁赤、邹氏、夹氏也。”又云：“邹氏无书，夹氏未有书。”而韩愈《赠卢仝诗》曰：“《春秋》五《传》束高阁，独抱遗经究终始。”不知此二《传》果何等书也。

今按：此条已见卷一第17条，文字稍有出入，显系抄袭。

13. 宋景德二年，命王钦若、杨亿修历代君臣事迹，共一千卷，上之，命曰《册府元龟》。周益公《文苑英华》云：“太宗诏修三大书，曰《太平御览》，曰《册府元龟》，曰《文苑英华》。”余考《宋史》，《御览》修于太平兴国二年，《英华》修于七年，皆太宗诏修。至《元龟》，乃真宗时修，非太宗也，益公盖未细考耳。至太宗修三大书，其一为《太平广记》五百卷，并无《元龟》之书。

【辨伪】此条抄自宋王应麟《困学纪闻》卷十七：

景德二年，命王钦若、杨亿修历代君臣事迹。六年上之，凡千卷，诏题曰《册府元龟》。周益公记《文苑英华》云："太宗诏修三大书，曰《太平御览》，曰《册府元龟》，曰《文苑英华》，各一千卷。"今按：《御览》修于太平兴国二年，《英华》修于七年，皆太宗时。若《元龟》乃真宗时修，益公考之未详也。（太宗修三大书，其一乃《太平广记》五百卷。）

今按：卢氏改"六年上之，凡千卷"为"共一千卷，上之"，又改"今按"为"余考《宋史》"，据王氏考证为己有。并增"非太宗也"四字，改末尾注文为正文，又增"并无《元龟》之书"，显系抄袭。

14. 四明薛冈谓："士大夫子弟，不可使之读《世说》，未得其隽永，先习其简傲。"是言可谓善教子弟之法。防其乃逸乃谚之萌，而引之有物有恒之域。此正蒙养之道也。《南齐书》：陈显达训诸子曰："麈尾蝇拂，是王、谢家物，汝不须捉此。"命烧之。二事可为教人法。

【辨伪】此条抄自清顾炎武《日知录》卷十三"重厚"：

四明薛冈谓："士大夫子弟，不宜使读《世说》，未得其隽永，先习其简傲。"推是言之，可谓善教矣。防其乃逸乃谚之萌，而引之有物有恒之域。此以正养蒙之道也。南齐陈显达语其诸子曰："麈尾蝇拂，是王、谢家物，汝不须捉此。"即取于前烧除之。

今按：卢氏改"推是言之，可谓善教矣"为"是言可谓善教子弟之法"，又改"南齐"为"《南齐书》"，改"即取于前烧除之"为"命烧之"，又增"二事可为教人法"一句，显系抄袭。

15. 向秀注《庄子》，而郭象窃之；郗绍作《晋中兴书》，而何法盛窃之。二事正相似。余按：《世说》载：向秀为《庄子解义》，惟《秋水》、《至乐》二篇未竟，而卒。郭象见秀《解义》不传，遂窃为己法，而自注《秋水》、《至乐》二篇，以传于世。又《南史》：郗绍撰《晋中兴书》，以示何法盛，法盛曰：卿名位贵达，原不借此以延誉；我寒士，无闻，宜以惠我。绍不与，后何俟郗出，何直入内斋，窃其稿而去。绍无底本，世遂传为何书。此犹见古人直率处，若今人，则狡诈已极，不安盗窃之名，遂用剿袭其说耳。

【辨伪】此条抄自宋王应麟《困学纪闻》及清翁元圻注。《困学纪闻》卷十：

向秀注《庄子》，而郭象窃之；郗绍作《晋中兴书》，而何法盛窃之。二事相类。

翁元圻注：

《四库全书·庄子提要》："郭象，字子玄，河南人。《世说新语》曰：注《庄子》者数十家，莫能究其旨统。向秀于旧注外别为《解义》，妙演奇致，大畅玄风，惟《秋水》、《至乐》二篇未竟，而秀卒。子幼，其义零落，然颇有别本迁流。象为人行薄，遂窃以为己注，乃自注《秋水》、《至乐》二篇，又易《马蹄》一篇，其余众篇，或点定文句而已。其后秀义别本出。故今有向、郭二《庄》，其义一也。”……《南史·徐广传》：“广撰《晋纪》。时有高平郗绍，亦作《晋中兴书》，以示何法盛。法盛有意图之，谓绍曰：卿名位贵达，不复俟此延誉。我寒士，无闻于时，宜以为惠。绍不与。至书成，在斋内厨中，法盛诣绍，绍不在，直入窃书。绍无复兼本，于是遂行何书。”

今按：卢氏改“二事相类”为“二事正相似”，其意相同。又改窜翁注所引《四库全书·庄子提要》中《世说新语》以及《南史·徐广传》二例证，并于末尾增“此犹见古人直率处，若今人，则狡诈已极，不安盗窃之名，遂用剿袭其说耳”一句，显系抄袭。

16. 古人教人最为详密。《周礼》五家为比，比有长；五比为闾，闾有胥；四闾为族，族有师；五族为党，党有正；五党为州，州有长；五州为乡，乡有大夫。其间大小相维，轻重相制，周详细密，无以加矣。自上而下，所治不过五人。盖于详密之中，而得简易之意，此周家之法良意美，可谓尽美尽善矣。后世人材，远不如古，乃欲以一县之众、户口数万、赋役烦多而总理于一人，虽欲不丛脞，其可得乎？

【辨伪】此条抄自清顾炎武《日知录》卷八“里甲”：

常熟陈梅曰：“《周礼》五家为比，比有长；五比为闾，闾有胥；四闾为族，族有师；五族为党，党有正；五党为州，州有长；五州为乡，乡为大夫。其间大小相维，轻重相制，纲举目张，周详细密，无以加矣。而要之自上而下，所治皆不过五人。盖于详密之中，而得易简之意，此周家一代良法美意也。后世人才，远不如古，乃欲以县令一人之身，坐理数万户口赋税，色目繁猥，又倍于昔时，虽欲不丛脞，其可得乎？”

今按：顾氏全引陈梅之语，而卢氏则删“常熟陈梅曰”五字，而增“古人教人最为详密”一句于前。又删陈氏语中“纲举目张”四字，增“可谓尽美尽善矣”一语。又改“乃欲以县令一人之身，坐理数万户口赋税”为“乃欲以一县之众、户口数万、赋役烦多而总理于一人”，而删“色目繁猥，又倍于昔时”一句，显系抄袭。此条又见卷十六第 7 条，文字稍有出入。

17.《汉志》、《七略》载书凡三万三千九十卷，《隋·经籍志》载书凡三十七万卷，唐开元时，书凡八万九千六百卷，宋庆历间，命儒臣纂集四库书为籍，名曰《崇文总目》，书凡三万六百六十九卷，后于《总目》日益搜罗，命校正为善本，顾求书之诏累下，而天下藏书之家未必悉能上册府。唐杜宝撰《大业杂记》，备载隋代书籍最多，凡上书一帙，必加赏赉，秘书省官增至百二十员，缮书者凡二千人，所得文籍，历代皆不能及。余按：书籍之多，不独隋代，梁朝亦然。据《金楼子》载：元帝时，藏书极多，推原其故，皆由梁、隋上书赏重，《北史》载刘炫上伪书百余种，求赏而去。后被人告发，坐除名，因赦免死。如此，则是当时上古书者固多，而伪造者亦不少。

【辨伪】此条前半部分抄自宋周煇《清波别志》卷中：

《汉志》、《七略》，凡为书三万三千九十卷，隋所藏至三十七万卷，唐开元间八万九千六百卷。国朝庆历间，命儒臣集四库书为籍，名曰《崇文总目》，凡三万六百六十九卷。尔后于《总目》外日益搜补校正，皆为善本。顾求书之诏屡下，天下家藏讵能悉上册府？唐杜宝当正观间，撰《大业杂记》，备著隋臣凡上一帙，必加赏赉，秘书省增置百二十员，善书者凡二千人，致所得文籍，视历代为盛。

今按：此条前半部分已见卷六第 23 条，与周氏所记大致相同，显系抄袭。又据《金楼子》补“余按”以下数句。

18.《书》以尧、舜为首，《诗》以文王为首，《春秋》以隐公为首，《史记》世家以吴太伯为首，列传以伯夷为首。以上诸君，皆能举国以相让也。故夫子所以称太伯为至德，三以天下让而民不能称。噫！让之为德，亦大矣哉。教人当以让为学。

【辨伪】此条前半部分抄自宋邵博《闻见后录》卷三：

《书》首尧、舜，《诗》首文王，《春秋》首鲁隐公，《史记》世家首吴泰伯，列传首伯夷。让之为德也，大矣哉！

今按：此条前半部分又见卷二十五第 42 条，与邵氏文意相同，显系抄袭。又增“以上诸君，皆能举国以相让也。故夫子所以称太伯为至德，三以天下让而民不能称。噫”及“教人当以让为学”二句。

19. 秦燔书后，上古遗篇，所存不过十之一二。然多系口传心授，或得于壁冢间，以及金匮石室中，全(壁)[璧]甚少，第以经部言之，《易》有三《易》之名，汉、魏而下，施孟、梁丘、京、焦、关朗，纷纷不一，难以枚举。只就秦以上而论，《尚书》有古文、今文之别，《诗》有申、韩之分，《礼》有大小夏侯之辨，《春秋》有五传之目，《论语》有齐、鲁之异，《孝经》有日本之不同，《尔雅》有犍为之互见，若不详为分辨，则心茫而无据，何能博古通今乎？《易》之《连山》、《归藏》，文虽不全，余已辑入《汉魏续编丛书》中矣。《论语》有《齐论》，多《问王》、《知道》二篇，较《鲁论》为二十二篇。《孝经》有二本，系二十四章与十八章，互有不同。《尔雅》有犍为，系郭舍人所撰，与景纯所注亦异。以上各书，余均列入《续编丛书》内，惟《春秋》有邹氏传、夹氏传，据刘向《七略》云，其书已佚，今无所考。其余《尚书》之古、今文，《诗》之申、韩、毛，《礼》之大小夏侯、大小戴，俱有单本刊行于世，不待余之纂编矣。况唐、宋以来经籍尤难备举，不可不知。

【辨伪】此条待考。

20. 古人为学专心壹志，董仲舒三年不窥园，法真历年不窥园，赵昱历年潜思不窥园门，桓荣十五年不窥家园，何休十七年不窥园。至仲舒三年不窥园，人皆知之，若法真、赵昱、桓荣以及何休等不窥园，人鲜知者，故表录之。

【辨伪】此条抄自宋王应麟《困学纪闻》卷十二：

董仲舒三年不窥园，法真历年不窥园，赵昱历年潜思不窥园门，桓荣十五年不窥家园，何休不窥园者十七年。

今按：卢氏于前增“古人为学专心壹志”一句，并改“何休不窥园者十七年”为“何休十七年不窥园”。并增“至仲舒三年不窥园，人皆知之，若法真、赵昱、桓荣以及何休等不窥园，人鲜知者，故表录之”，实为读《困学纪闻》之感想，其例证皆得自《困学纪闻》，显系抄袭。

21.《馆阁书目》有《周易元包》十卷，唐卫元嵩撰。按：元嵩，成都人，明阴阳算学，献策后周，赐爵持节。蜀郡公武帝尊礼，不敢臣之。又考《北史》：元嵩蜀人，好言将来事，多效验。而《书目》以为唐人，误矣。

【辨伪】此条抄自宋王应麟《困学纪闻》卷一：

《馆阁书目》：《周易元包》十卷，唐卫元嵩撰。今按杨楫序云：“元嵩，益州成都人，明阴阳历算，献策后周，赐爵持节。蜀郡公武帝尊礼，不敢臣之。”《北史·艺术传》：蜀郡卫元嵩，好言将来事，不信释教，尝上疏极论之。《书目》以为唐人，误矣。

今按：卢氏删“杨楫序云”四字，又删“《北史·艺术传》”，而改“蜀郡卫元嵩”为“元嵩蜀人”，改“不信释教，尝上疏极论之”为“多效验”，显系抄袭。

22.《经典序录》：“大毛公，河间人，为《诗故训》，一云鲁人。”原注：“失其名。”《初学记》载：“荀卿以《诗》授鲁国毛亨，作《诗诂训传》，亨以授赵国毛苌。时人谓亨为大毛公，苌为小毛公。”大、小毛公之名，仅见于此。《儒林传》谓“毛公，赵人”，不言其名。《后汉书》谓赵人毛苌。何以《释文》与《序录》并《儒林传》均不详其名？余考陆玑《毛诗草木鸟兽疏》谓：荀卿授鲁人毛亨，亨授赵人毛苌，亨为大毛公，苌为小毛公。《初学记》所引，盖本于陆玑《诗疏》，陆去古未远，当必有据。

【辨伪】此条抄自宋王应麟《困学纪闻》及清翁元圻注。《困学纪闻》卷三：

《经典序录》：“河间人大毛公为《诗故训传》，一云鲁人(失其名)。”《初学记》：“荀卿授鲁国毛亨，作《诂训传》，以授赵国毛苌。时人谓亨为大毛公，苌为小毛公。”(大毛公之名，唯见于此。《正义》云：《儒林传》，毛公，赵人，不言其名。《后汉书》赵人毛苌。)

翁元圻注：

“陆玑《诗草木鸟兽虫鱼疏》：‘孔子删《诗》，授卜商。卜商为之序，以授鲁人曾申，申授魏人李克，克授鲁人孟仲子，仲子授根牟子，根牟子授赵人荀卿，卿授鲁国毛亨，毛亨作《训诂传》，以授赵国毛苌。时人谓亨为大毛公，苌为小毛公。'《初学记》之说似本于此。"

今按：卢氏改王氏注文为正文，删"《正义》云"三字，又增"何以《释文》与《序录》并《儒林传》均不详其名"一句。又改翁注为按语，并有所改窜，并于末尾增"陆去古未远，当必有据"，显系抄袭。

23. 三《传》于《经》，皆有得有失。《左氏》善于礼，《公羊》善于谶，《穀梁》善于经，此郑康成之言也。《左氏》艳而富，其失也诬；《穀梁》清而婉，其失也短；《公羊》辩而裁，其失也俗，范武子之言也。《左氏》之义有三长，二《传》之义有五短，刘知几之言也。《左氏》拘于赴告，《公羊》牵于谶纬，《穀梁》窘于日月，刘原父之言也。《左氏》失之浅，《公羊》失之险，《穀梁》失之迂，崔伯直之言也。《左氏》之失专而纵，《公羊》之失杂而拘，《穀梁》不纵不拘而失之随，晁以道之言也。事莫备于《左氏》，例莫明于《公羊》，义莫精于《穀梁》，或失之诬，或失之乱，或失之凿，胡文定之言也。《左氏》传事不传义，是以详于史而事未必实；《公》、《谷》传义不传事，是以详于经而义未必当，叶少蕴之言也。《左氏》史学，事详而理差；《公》、《谷》经学，理精而事误，朱文公之言也。吾愿学者取其长，舍其短，庶乎得读三《传》之法。

【**辨伪**】此条抄自宋王应麟《困学纪闻》卷六：

三《传》皆有得于《经》而有失焉。《左氏》善于礼，《公羊》善于谶，《穀梁》善于经，郑康成之言也。《左氏》艳而富，其失也巫；《穀梁》清而婉，其失也短；《公羊》辩而裁，其失也俗，范武子之言也。《左氏》之义有三长，二《传》之义有五短，刘知几之言也。《左氏》拘于赴告，《公羊》牵于谶纬，《穀梁》窘于日月，刘原父之言也。《左氏》失之浅，《公羊》失之险，《穀梁》失之迂，崔伯直之言也。《左氏》之失专而纵，《公羊》之失杂而拘，《穀梁》不纵不拘而失之随，晁以道之言也。事莫备于《左氏》，例莫明于《公羊》，义莫精于《穀梁》，或失之诬，或失之乱，或失之凿，胡文定之言也。《左氏》传事不传义，是以详于史而事未必实；《公羊》、《穀梁》传义不传事，是以详于经而义未必当，叶少蕴之言也。《左氏》史学，事详而理差；《公》、《谷》经学，理精而事误，朱文公之言也。学者取其长，舍其短，庶乎得圣人之心矣！

今按：卢氏改首句"三《传》皆有得于《经》而有失焉"为"三《传》于《经》，皆有得有失"，其意相同。又改"庶乎得圣人之心矣"为"庶乎得读三《传》之法"，显系抄袭。

24. 穀梁名赤，见《风俗通》。阮孝绪以为名俶，字元始。《艺文志》名喜。《论衡》名寘。是穀梁有四名也。余按：名赤，始自桓君山。君山，汉人，其说最先，当从名赤为是。

【**辨伪**】此条抄自宋王应麟《困学纪闻》清何焯、万希槐注。《困学纪闻》卷七原文为：

榖梁子，或以为名赤，或以为名俶，秦孝公时人。今按《传》载《尸子》之语，尸佼与商鞅同时，故以榖梁子为秦孝公时人。然不可考。

何注：

小颜《艺文志》注云："名喜"。

万氏《集证》：

晁氏《志》："应劭《风俗通》称榖梁子名赤。……阮孝绪则以为俶，字元始。皆未详也。"又按《论衡·案书篇》又云榖梁寘，是榖梁子有四名也。然名赤始自桓君山《新论》，说最先，后人多从之。

今按：卢氏改万氏所引晁氏《志》中"应劭《风俗通》称榖梁子名赤"为"榖梁名赤，见《风俗通》"，并删"皆未详也"，改何注为"《艺文志》名喜"，改万注"又按《论衡·案书篇》又云榖梁寘"为"《论衡》名寘"。又增"余按"二字，改万注"然名赤始自桓君山《新论》"为"名赤，始自桓君山"，增"君山，汉人"，改"后人多从之"为"当从名赤为是"，显系抄袭何、万二注而来。

25."古人岁事既毕，余子皆入学。十五以上入小学，十八以下入大学。距冬至四十五日，始出学，傅农事。上老平明坐于右塾，庶老坐于左塾，余子毕出，然后归。夕亦如之。余子皆入，父之齿随行，兄之齿雁行，朋友不相踰。轻任并重任分，颁白不提挈。出入皆如之。此谓之造士。"即《孟子》云"谨庠序之教，申之以孝悌之义，颁白者不负戴于道路"之意。余阅《汉书·食货志》："春将出民，里胥平旦坐于右塾，邻长坐于左塾。入者必持薪樵，轻重相分，颁白不提挈。"是汉时犹有古意。

【辨伪】此条抄自宋王应麟《困学纪闻》卷八"孟子"：

"谨庠序之教，申之以孝悌之义，须白者不负戴于道路矣。"愚按《书大传》云："岁事既毕，余子皆入学。十五入小学，十八入大学。距冬至四十五日，始出学，傅农事。上老平明坐于右塾，庶老坐于左塾，余子毕出，然后归。夕亦如之。余子皆入，父之齿随行，兄之齿雁行，朋友不相踰。轻任并重任分，颁白不提挈。出入皆如之。此之谓造士。"《汉书·食货志》云："春将出民，里胥平旦坐于右塾，邻长坐于左塾。"云云。"入者必持薪樵，轻重相分，班白不提挈。"孝悌之义，当以是观之。

今按：王氏先列《孟子》"谨庠序之教"一节，后引《书大传》之语解之。卢氏则改为先列《书大传》之语，而删"愚按《书大传》云"字样，后谓"即《孟子》云'谨庠序之教，申之以孝悌之义，颁白者不负戴于道路'之意"，其意相同。又增"余阅"二字于"《汉书·食货志》"上，据王氏考证为己有。改末句"孝悌之义，当以是观之"为"是汉时犹有古意"，显系抄袭。

26. 古之教人，必先小学。小学之书，声音文字是也。《颜氏家训》曰："文字者，典坟根本。世之学徒，多不晓字，读五经者，是徐邈而非许慎；习赋诵者，信褚诠而忽吕忱；明《史记》者，专皮邹而废篆籀；学《汉书》者，悦应、苏而略《苍》、《雅》，不知书音是其枝叶，小学乃其根本。"此言最当。

【辨伪】此条抄自清顾炎武《日知录》卷四"昌歜"：

> 古之教人，必先小学。小学之书，声音文字是也。《颜氏家训》曰："夫文字者，坟籍根本。世之学徒，多不晓字，读五经者，是徐邈而非许慎；习赋诵者，信褚诠而忽吕忱；明《史记》者，专皮邹而废篆籀；学《汉书》者，悦应、苏而略《苍》、《雅》，不知书音是其枝叶，小学乃其宗系。"吾有取乎其言。

今按：卢氏改顾氏引《颜氏家训》中"坟籍"为"典坟"，改"宗系"为"根本"。又改末句"吾有取乎其言"为"此言最当"，其他基本相同，显系抄袭。

27. 李泌父承休，聚书二万余卷，戒子孙不许借出，有求读者，别院供僎，世称邺侯家多书，有自来矣。

【辨伪】此条抄自宋王应麟《困学纪闻》卷十四：

> 李泌父承休，聚书二万余卷，诫子孙不许出门，有求读者，别院供馔，邺侯家多书，有自来矣。

今按：卢氏仅改"出门"为"借出"，改"供馔"为"供僎"，并增"世称"二字而已，显系抄袭。

28. 汉魏以后，童子入学皆读史游《急就篇》。按《魏书·崔浩传》言：太宗初即位，敕臣解《急就章》，又刘芳撰《急就篇续注音义证》三卷，又陆晖拟《急就篇》为《悟蒙章》，而书家亦多写《急就篇》。所以《崔浩传》有云："浩既工书，人多托写《急就章》，从少至老，初不惮劳，盖以百数本。"所以钟繇、皇象、卫夫人、王羲之皆有《急就篇》传于世。又《儒林传》："刘兰始入学，日书《急就篇》，家人觉其聪敏。"《北齐书》："李绘年六岁，未入学，时每伺伯姊笔读方罢之间，辄窃用，未几遂通《急就》。"又"李铉九岁入学，书《急就篇》，月余便通。"自唐以来，其学渐微，人亦罕习，至今则未闻矣。

【辨伪】此条抄自清顾炎武《日知录》卷二十一"急就篇"：

> 汉魏以后，童子皆读史游《急就篇》。……《魏书》崔浩表言：太宗即位年，敕臣解《急就章》，刘芳撰《急就篇续注音义证》三卷，陆暐拟《急就篇》为《悟蒙章》，又书家亦多写《急就篇》。（晁氏《读书记》曰：自昔善小学者，多书《急就章》，故有钟繇、皇象、卫夫人、王羲之之所书，传于世。）《魏书·崔浩传》："浩既工书，人多托写《急就章》，从少至老，初不惮劳，所书盖以百数。"《儒林传》："刘兰始入小学，书《急

就篇》，家人觉其聪敏。"《北齐书》："李绘六岁，未入学，伺伯姊笔牍之间，辄窃用，未几遂通《急就章》。""李铉九岁入学，书《急就篇》，月余便通。"自唐以下，其学渐微。

今按：卢氏改"崔浩表"为"崔浩传"，又改"陆暐"为"陆晖"，乃误改人名。又改注文"晁氏《读书记》曰"一句为正文"所以钟繇、皇象、卫夫人、王羲之皆有《急就篇》传于世"，而置于"《崔浩传》"一句之后。又于末尾增"人亦罕习，至今则未闻矣"一句，显系抄袭。

卷十五
选举随笔

1. 司马光谓："人之为政，得人则治。然人才有优绌，或长于此而短于彼，故皋、夔、稷、契，各守一官，原不求备。孔门以四科取士，汉室以数路得人。若指瑕掩善，则朝无可用之人；苟随才授职，则世无可弃之士。臣备位宰相，职司选举，而识短见狭，士有恬退淹滞，或孤寒遗逸，岂能周知？若专引知识，则嫌于徇私，若止循资格，未必皆才。莫若使在位各官，各举所知，悉本至公，然后野无遗贤矣。乞朝廷设十科举士：一行义纯固，可为师表科。二节操方正，可备献纳科。三智勇过人，可备将帅科。四公正聪明，可备监司科。五经术精通，可备讲读科。六学问该博，可备顾问科。七文章典丽，可备著述科。八善听讼狱，尽公得实科。九善治财赋，公私俱便科。十练习法令，能断请谳科。自尚书开府以至学士等，每岁于十科内各举二三人，仍注明某长某科，切实具保在中书省，随科授任。若居官无状，坐以谬举之罪。所举得人有奖。如此则人才慎重，自无妄举矣。"惜其奏不果行。

【辨伪】此条抄自清顾炎武《日知录》卷九"保举"：

> 《宋史》：元祐初，司马光为相。奏曰："为政得人则治。然人之才，或长于此而短于彼，虽皋、夔、稷、契，各守一官，中人安可求备？故孔门以四科取士，汉室以数路得人。若指瑕掩善，则朝无可用之人；苟随器授任，则世无可弃之士。臣备位宰相，职当选官，而识短见狭，士有恬退滞淹，或孤寒遗逸，岂能周知？若专引知识，则嫌于私，若止循资序，未必皆才。莫若使有位达官，各举所知，然后克叶至公，野无遗贤矣。欲乞朝廷设十科举士：一曰行义纯固，可为师表科。二曰节操方正，可备献纳科。三曰智勇过人，可备将帅科。四曰公正聪明，可备监司科。五曰经术精通，可备讲读科。六曰学问该博，可备顾问科。七曰文章典丽，可备著述科。八曰善听狱讼，尽公得实科。九曰善治财赋，公私俱便科。十曰练习法令，能断请谳科。应职事官自尚书至给舍谏议，寄禄官自开府仪同三司至大中大夫，职自观文殿学士至待制。每岁须于十科内举三人，仍具状保任，中书置籍记之。异时有事须材，即执政案籍，

视其所尝被举科格，随事试之。有劳，又著之籍。内外官阙，取尝试有效者，随科授职。所赐诰命，仍备所举官姓名，其人任官无状，坐以谬举之罪。所贵人人重慎，所举得人。”

今按：卢氏改“《宋史》：元祐初，司马光为相，奏曰”为“司马光谓”，于顾氏引司马光语，改“职当选官”为“职司选举”，改“然后克叶至公，野无遗贤矣”为“悉本至公，然后野无遗贤矣”，又改“应职事官自尚书至给舍谏议，寄禄官自开府仪同三司至大中大夫，职自观文殿学士至待制”为“自尚书开府以至学士等”，改“举三人”为“举二三人”，改“仍具状保任，中书置籍记之。异时有事须材，即执政案籍，视其所尝被举科格，随事试之。有劳，又著之籍。内外官阙，取尝试有效者”为“仍注明某长某科，切实具保在中书省”，而删“所赐诰命，仍备所举官姓名”，增“所举得人有奖”一句，并改“所贵人人重慎，所举得人”为“如此则人才慎重，自无妄举矣”。又增“惜其奏不果行”一句于末尾，显系抄袭。

2. 考试之法，古今异名。汉初，秀才异等。魏、晋、隋、梁以来，秀才亦不多得。及至唐朝，以六科选士，其制仍以秀才为先，一曰秀才科，二曰明经科，三曰进士科，四曰明法科，五曰明书科，六曰明算科。当时以诗赋取者谓之进士，以经艺取者谓之明经。至玄宗朝，撰《六典》：凡贡举人，有博识高才、学问无失者，为秀才科；通二经以上者，为明经科；明习时务，精熟一经者，为进士科。非若今世之秀才，次于明经，明经次于进士。余按《大明会典》：洪武时，犹有以秀才为知府、翰林者。

【辨伪】此条节抄自清顾炎武《日知录》卷十六“明经”、“秀才”二条。“明经”条：

唐制有六科，一曰秀才，二曰明经，三曰进士，四曰明法，五曰书，六曰算。当时以诗赋取者谓之进士，以经义取者谓之明经。

“秀才”条：

玄宗御撰《六典》言：“凡贡举人，有博识高才、强学待问、无失俊选者为秀才。通二经已上者为明经。明闲时务，精熟一经者为进士。”……明初尝举秀才，如《太祖实录》：洪武四年四月辛丑，以秀才丁士梅为苏州府知府，童权为扬州府知府，俱赐冠带。十年二月丙辰，以秀才徐尊生为翰林应奉。十五年八月丁酉，以秀才曾泰为户部尚书是也。

今按：卢氏于前增“考试之法，古今异名。汉初，秀才异等。魏、晋、隋、梁以来，秀才亦不多得”一句，改“明经”条“唐制有六科，一曰秀才，二曰明经，三曰进士，四曰明法，五曰书，六曰算”为“及至唐朝，以六科选士，其制仍以秀才为先，一曰秀才科，二曰明经科，三曰进士科，四曰明法科，五曰明书科，六曰明算科”，改“秀才”条“玄宗御撰《六典》言”为“至玄宗朝，撰《六典》”，改“强学待问、无失俊选”为“学问无失”，并增“非若今世之秀才，次于明经，明经次于进士”一句。又改“明初尝举秀才”一节为“余按《大明会典》”一句，改顾氏所据“《太祖实录》”为“《大明会典》”，乃误改书名，显系抄袭。

3. 古之举人，谓举到之人，以赴试，非有一定之名也。今时则以获荐于乡者，谓为举人；登第于朝者，谓为进士。是举人与进士分为二途。而进士又分等第，故一甲谓之赐进士及第，二甲谓之赐进士出身，三甲谓之赐同进士出身。

【辨伪】此条改窜自清顾炎武《日知录》卷十六“举人”、“进士”二条。“举人”条：

> 举人者，举到之人。……而不第则须再举，不若今人以举人为一定之名也。进士乃诸科目中之一科，而传中有言举进士者，有言举进士不第者，但云举进士，则第不第未可知之辞，不若今人已登科而后谓之进士也。自本人言之，谓之举进士；自朝廷言之，谓之举人。进士即是举人，不若今人以乡试榜谓之举人，会试榜谓之进士也。

“进士”条：

> 进士即举人中之一科。其试于礼部者，人人皆可谓之进士。试毕发榜，其合格者曰赐进士及第，后又广之曰赐进士出身，赐同进士出身，然后谓之登科。

今按：卢氏改“举人者，举到之人”及“而不第则须再举，不若今人以举人为一定之名也”二句为“古之举人，谓举到之人，以赴试，非有一定之名也”，又改“不若今人已登科而后谓之进士也”、“不若今人以乡试榜谓之举人，会试榜谓之进士也”为“今时则以获荐于乡者，谓为举人；登第于朝者，谓为进士”，又增“是举人与进士分为二途”一句。又改“进士”条“试毕发榜，其合格者曰赐进士及第，后又广之曰赐进士出身，赐同进士出身”为“而进士又分等第，故一甲谓之赐进士及第，二甲谓之赐进士出身，三甲谓之赐同进士出身”，显系抄袭。

4.《汉书·儒林传》：“平帝时，岁选博士弟子，甲科四十人为郎，取乙科二十人为太子舍人，取丙科四十人补文学掌故。”所以《萧望之传》有云：“以射策甲科为郎。”《匡衡传》亦云：“数射策不中，至九，乃中丙科。”余考杜氏《通典》云：“自秀才之科废，明经乃有甲乙丙丁四科，进士有甲乙二科，自唐以来，武德朝明经惟丙丁科，进士只乙科而已。”以后登甲科者，甚罕闻焉，与今时迥异。

【辨伪】此条抄自清顾炎武《日知录》卷十六“甲科”：

> 杜氏《通典》：“按令文科第，秀才与明经同为四等，进士与明法同为二等。然秀才之科久废，而明经虽有甲乙丙丁四科，进士有甲乙二科。自武德以来，明经惟有丙丁第，进士惟乙科而已。”……甲乙丙科始见《汉书·儒林传》：“平帝时，岁课博士弟子，甲科四十人为郎中，乙科二十人为太子舍人，丙科四十人补文学掌故。”《萧望之传》：“以射策甲科为郎。”《匡衡传》：“数射策不中，至九，乃中丙科。”

今按：卢氏删“甲乙丙科始见”六字，改“《汉书·儒林传》”、“《萧望之传》”、“《匡衡传》”三例证于前。又于“杜氏《通典》”上增“余考”二字，据顾氏考证为己有。并删顾氏所引《通典》中"按令文科第，秀才与明经同为四等，进士与明法同为二等"一句，又改"自武德以来"为"自唐以来，武德朝"。卢氏又于末尾增"以后登甲科者，甚罕闻焉，与今时迥异"一句，显系抄袭。

5. 隋大业取士以策，炀帝时始置明经、进士二科。至唐初时增置秀才、明法、明字、明算四项，并前制为六科，永定为例。当时以诗赋取者谓为进士，以经艺取者谓为明经。然唐时选举之法制，惟明经、进士二科最重。至宋朝开科只重进士一途，其余各科渐次俱废，遂罢不用。迨至仁宗时，又患进士科诗赋浮浅，不本于经术，恐无实用。嘉祐三年，诏复明经科，与进士并用。非如今之时专以贡生为明经，遂罢诗赋而用经艺，然则今之进士，乃唐时之明经也。

【辨伪】此条抄自清顾炎武《日知录》卷十六"明经"：

> 今人但以贡生为明经，非也。……(《大唐新语》：隋炀帝制明经、进士二科。国家因隋制，增置秀才、明法、明字、明算，并前为六科。)当时以诗赋取者谓之进士，以经义取者谓之明经。(叶石林《避暑录话》：唐制取士，用进士、明经二科，本朝初唯用进士，其罢明经，不知是何时。仁宗患进士诗赋浮浅，不本经术，嘉祐三年，始复明经科。)今罢诗赋而用经义，则今之进士，乃唐之明经也。

今按：卢氏改顾氏注文为正文，而删注文之出处。如改"《大唐新语》"一节注文为"隋大业取士以策，炀帝时始置明经、进士二科。至唐初时增置秀才、明法、明字、明算四项，并前制为六科，永定为例"，删"《大唐新语》"字眼，又增"永定为例"四字。又改"叶石林《避暑录话》"一节注文为"然唐时选举之法制，惟明经、进士二科最重。至宋朝开科只重进士一途，其余各科渐次俱废，遂罢不用。迨至仁宗时又患进士科诗赋浮浅，不本于经术，恐无实用。嘉祐三年，诏复明经科，与进士并用"，删"叶石林《避暑录话》"字眼，又改"今人但以贡生为明经，非也"一句为"非如今之时专以贡生为明经"一句，而置于"与进士并用"之后，显系抄袭。

6. 乡举里选，所以敦行谊也；安车束帛，所以搜遗逸也。汉兴，去古未远，兴廉举孝，数召有司，而四皓之至，申公之迎，严光、周党之聘，皆足以励士风而端教本。自科目之制兴，而弓旌之召废，士习日以卑陋。国初取士之途甚广，而选举之典亦严，士皆避匿，不乐仕进，故设科无定额，由荐举进者颇多。高皇初下金陵，首开礼贤之馆，刘基、宋濂、叶琛、王祎、陶安、章溢数人，皆抱王佐才，命世之英，奋起风云，志存竹帛，雍雍乎亦曩时禹、皋、伊、吕之俦也。宣德以还，风雅寝微，请托繁多，苞苴竞进，荐举者多非其人，而吏员任子，咸处杂流，誉髦之选，一归科目，势之所重，不得不然。何也？糊名异书，拔十得五，网罗低昂，鲜有遗者。法出乎画一，而事存乎至公，诚不易之令轨也。然科目所得，采浮华而遗实行，习经义而昧时务，判不知律，策不通今，掇拾剽窃，徼幸有司。童之所习，壮之所试，不出章句，陋亦甚矣！是以服官任职，庸庸碌碌，间有卓荦瑰玮、脱颖而出、不为伪学所困者，亦千百中之一二耳。风颓而不可止，俗恬而不知怪，此有识者所为痛惜也。夫科目所以得经济之士，而孝弟力田、独行高洁者，非荐举不进。荐举足以得正谊之士，而宏词博学、识达政务者，非科目弗进。今当事者，皆因陋就简，以为经制既定，安用高皇帝礼贤之举，妄为纷更？不知荐举之典，固高皇帝法也，今不思废坠之当修，而徒虑纷更之无益，不恤科目之未尽，而徒病荐举之多私，以是而欲求异材、收实用，吾见士习日坏，而教化益衰也。故欲士敦实行，莫若修荐举；士通世务，莫若增制科。制科之法，或五岁一举，或三岁一举，诏天下士，凡习钱谷、甲兵、水利、边防，以及天文、律历、书算者，咸得以所长自售，因能以授官，使专司其职。荐举之法，责成督抚、藩臬，或一郡一人，或一省一人，其谬举弗胜任者，许台谏纠参，公卿议驳，甚则罢职弗叙，其蔽贤不举者亦如之。如是，则荐举足以搜遗逸，制科足以罗异材，而科贡所得明于经术者，兼而用之，则取士之途宽，而无遗才；责实之政成，而无饰行矣。

【辨伪】此条抄自明袁袠《世纬》卷上“广荐”：

> 夫乡举里选，所以敦行谊也；安车束帛，所以搜遗逸也。汉兴，去古未远，兴廉举孝，数诏有司，而四皓之招，申公之迎，严光、周党之聘，犹足以励士风而端教本。自科目之制兴，而弓旌之招废，士习之卑，日以污陋。国初取士之涂甚广，而刑新之典亦严，士皆避匿，不乐仕进，故设科无定额，而由荐举进者颇多。高皇帝初下金陵，首开礼贤之馆，刘基、宋濂、叶琛、王祎、陶安、章溢数子者，皆抱王佐之器，命世之材，奋起风云，志存竹帛，雍雍乎亦曩时稷契之亚、王魏之伦也。宣德以还，禁防渐弛，风雅寖微，请托繁滋，苞苴竞进，荐举者多非其人，而吏员任子，咸处杂流，誉髦之选，一归科目，势之所重，不得不然。何则？糊名易书，拔十得五，网罗低昂，鲜有遗者。法出乎画一，而事存乎至公，诚不易之令轨也。然而科目所得，采浮华而遗行实，习经义而谙时务，判不知律，策不通今，掇拾剽窃，以徼有司。童之所习，壮之所试，不出章句，陋亦甚矣！是以当官莅事，往往碌碌，间有卓荦瑰玮、脱颖轶尘、不为俗学所困者，亦千百之一二耳。风颓而不可止，俗恬而不知怪，此有识者之所为痛惜也！夫科贡足以得经学之士矣，而孝弟力田、独行者，非荐举不进。荐举足以得行谊之士矣，而宏词博学、明习政务、识达治体者，非制科弗庸。今当事者，皆因陋就简，以为经制既定，安用取高皇帝约束，妄纷更为？曾不知荐举之典，固高皇帝法也，今不思废坠之当修，而徒虑纷更之无益，不恤科目之未尽出于公，而徒病荐举之多私，以是而欲求异材、收实用，吾见士习日卑，而教化益衰也！故欲士敦实行，莫若修荐举；欲士通世务，莫若增制科。制科之法，或五岁一举焉，或三岁一举焉，诏天下之士，凡习知钱谷、甲兵、水利、边务，以至天文、律历、书算、诗赋、技艺，咸得以所长自售而登进之，因能以授官，使专于其职。而荐举之法，则责之抚按、藩臬，或一郡一人焉，或一省一人焉。其谬举弗胜任者，则台谏得以纠正，公卿得以论驳，甚者则罢职弗叙，其蔽而弗举者亦如之。如是，则荐举足以搜遗逸，制科足以罗异材，而科贡所得明于经术者，兼而用之，均其殿最，甄其贤不肖。如此则取士之途广，而士无遗材，责实之政成，而人无饰行。士习可振，而政理足观矣！

今按：卢氏改“士习之卑，日以污陋”为“士习日以卑陋”，改“稷契之亚、王魏之伦”

为“禹、皋、伊、吕之俦”，删“禁防渐弛”四字，改“明习政务、识达治体”为“识达政务”，又删“均其殿最，甄其贤不肖”及末尾“士习可振，而政理足观矣”一句，显系抄袭。

7. 汉魏时秀才最重，至隋仁寿中犹以秀才擢第。《唐登科记》载：“武德至永徽时，每科进士所取不过二十人，或多至三十人不等，而秀才止取一人二人。”至玄宗以《六典》取士，“凡贡举人有博学高才，强识好问，无失俊选者为秀才。通二经以上者为明经。闲时务，精一经者为进士”。是秀才在明经、进士之上。明初犹有以秀才入仕者。余阅《明史》，洪武四年以秀才丁士梅为苏州府知府，秀才童权为扬州府知府，十年以秀才徐尊生为翰林应奉，十五年以曾泰为户部尚书。故古之进士有求试秀才科而不得者多矣，何今人以生员为秀才，轻忽如此。

【辨伪】此条抄自清顾炎武《日知录》卷十六“秀才”：

> 《旧唐书·杜正伦传》：“正伦，隋仁寿中，与兄正玄、正藏，俱以秀才擢第。唐代举秀才止十余人，正伦一家有三秀才，甚为当时称美。”《唐登科记》：武德至永徽，每年进士或至二十余人，而秀才止一人二人。……玄宗御撰《六典》言：“凡贡举人有博识高才，强学待问，无失俊选者为秀才。通二经已上者为明经。明闲时务，精熟一经者为进士。”《张昌龄传》：“本州欲以秀才举之，昌龄以时废此科已久，固辞，乃充进士贡举及第。”是则秀才之名，乃举进士者之所不敢当也。又《文苑英华》判目有云：“乡举进士至省求试秀才，考功不听，求诉不已。”赵岊判曰：“文艺小善，进士之能，访对不休，秀才之目。”是又进士求试秀才而不可得也。今以生员而冒呼此名，何也？明初尝举秀才，如《太祖实录》：洪武四年四月辛丑，以秀才丁士梅为苏州府知府，童权为扬州府知府，俱赐冠带。十年二月丙辰，以秀才徐尊生为翰林应奉。十五年八月丁酉，以秀才曾泰为户部尚书是也。

今按：卢氏于前增“汉魏时秀才最重”一句，又改顾氏所引“《旧唐书·杜正伦传》”一节为“至隋仁寿中犹以秀才擢第”一句。卢氏引《唐登科记》，较顾氏增“或多至三十人不等”一语。又改“玄宗御撰《六典》言”为“至玄宗以《六典》取士”，并增“是秀才在明经、进士之上”一句于此节之后。又改“明初尝举秀才”为“明初犹有以秀才入仕者”，并改顾氏所引“《太祖实录》”为“余阅《明史》”，显系误引。卢氏又概括“《张昌龄传》”至“今以生员而冒呼此名，何也”一节为“故古之进士有求试秀才科而不得者多矣，何今人以生员为秀才，轻忽如此”一句，显系抄袭。

8. 举人谓乡举里选之人，举到京以应试也，不授品秩，亦不除官。进士，乃举人中之一科。有举进士获第者，有举进士不第者，凡应试于礼部之人，通谓之进士，但其中只分第与不第耳。至合格者谓赐进士及第，次者赐进士出身，又次者赐同进士出身，然后授之官职，非如今日以乡试榜为举人，会试榜为进士。

【辨伪】此条节抄自清顾炎武《日知录》卷十六“举人”、“进士”二条。“举人”条：

> 举人者，举到之人。……进士乃诸科目中之一科，而传中有言举进士者，有言举

进士不第者，但云举进士，则第不第未可知之辞，不若今人已登科而后谓之进士也。……进士即是举人，不若今人以乡试榜谓之举人，会试榜谓之进士也。

又“进士”条：

进士，即举人中之一科。其试于礼部者，人人皆可谓之进士。试毕发榜，其合格者曰赐进士及第，后又广之曰赐进士出身，赐同进士出身，然后谓之登科。

今按：卢氏改“举人者，举到之人”一句为“举人谓乡举里选之人，举到京以应试也，不授品秩，亦不除官”。改“进士乃诸科目中之一科，而传中有言举进士者，有言举进士不第者，但云举进士，则第不第未可知之辞”、“其试于礼部者，人人皆可谓之进士”二句为“有举进士获第者，有举进士不第者，凡应试于礼部之人，通谓之进士，但其中只分第与不第耳”一句。改“不若今人以乡试榜谓之举人，会试榜谓之进士也”、“试毕发榜，其合格者曰赐进士及第，后又广之曰赐进士出身，赐同进士出身，然后谓之登科”二句为“至合格者谓赐进士及第，次者赐进士出身，又次者赐同进士出身，然后授之官职，非如今日以乡试榜为举人，会试榜为进士”一句，显系抄袭。

9. 唐制，取士之法其见于史者，有五十余科，故谓之科目。有明经，有进士，有俊士，有明法，有明字，有明算，有一史，有三史，有开元礼，有道举，有童子。而明经之中，又别有五经，有三经，有一经，有三礼，有三传，有学究，有史科，总曰科目。

【辨伪】此条节抄自清顾炎武《日知录》卷十六“科目”：

唐制，取士之科有秀才，有明经，有进士，有俊士，有明法，有明字，有明算，有一史，有三史，有开元礼，有道举，有童子。而明经之别，有五经，有三经，有二经，有学究。一经有三礼，有三传，有史科。……见于史者凡五十余科，故谓之科目。

今按：卢氏改“唐制，取士之科有秀才”、“见于史者凡五十余科，故谓之科目”二句为“唐制，取士之法其见于史者，有五十余科，故谓之科目”，增“总曰科目”四字，显系抄袭。

10. 唐宋制科皆所以待非常之士，有贤良方正、直言极谏，经术优深、可为师法，详明吏理、达于教化，凡三科。其御试策一道，限三千字。至景德中又增为六科，有贤良方正、直言极谏，博通典坟、达于教化，才识兼茂、明于体用，武足安邦、洞明韬略、运筹决胜，军谋宏远、材膺边寄，详明吏理、达于从政六科名目。应试之法，先进所业策论十卷，每卷五道，下两省详。看词理优长，具名奏闻，然后差官考试论六首，合格者请御试御试策一道，其后又有高蹈丘园、沉沦草泽、茂才异等三科，考试法如前。

【辨伪】此条节抄自清顾炎武《日知录》卷十六“制科”：

唐制，天子自诏曰制举，所以待非常之才。……宋徐度《却扫编》曰："国朝制科，初因唐制，有贤良方正、能直言极谏，经学优深、可为师法，详明吏理、达于教化，凡三科。……对御试策一道，限三千字以上。……景德中又诏：置贤良方正、能直言极谏，博通坟典、达于教化，才识兼茂、明于体用，武足安边、洞明韬略、运筹决胜，军谋宏远、材任边寄，详明吏理、达于从政等六科。……仍先进所业策论十卷，卷五道，候到，下两省看详。如词理优长，堪应制科，具名闻奏，差官考试论六首，合格，即御试策一道。又置高蹈丘园、沉沦草泽、茂才异等三科。"

今按：卢氏改"唐制，天子自诏曰制举，所以待非常之才"、"宋徐度《却扫编》曰：国朝制科，初因唐制"二句为"唐宋制科皆所以待非常之士"一句。又于末尾增"考试法如前"五字，显系抄袭。

11. 绍兴中省试题，《高祖用三杰赋》，有用"运筹帷帐"者。考官非之，谓"帷幄"，不敢取。周益公曰："《史记》云：'运筹帷帐之中。'非误也。"因以得第。

【辨伪】此条抄自宋王应麟《困学纪闻》卷十九：

绍兴中省试，《高祖能用三杰赋》第四韵用"运筹帷帐"。考官谓《汉书》乃"帷幄"，非"帐"字，不敢取。彻棘，以语周益公，益公曰："《史记》云：'运筹帷帐之中。'非误也。"

今按：卢氏删"第四韵"，改"考官谓《汉书》乃'帷幄'，非'帐'字"为"考官非之，谓'帷幄'"，又删"彻棘，以语周益公"，又增"因以得第"一句，显系抄袭。

12. 余又阅宋淳熙中省试题，《人主之势重万钧》，卷中有用"洪钟"者，考官哂之，将被屏斥，适洪文敏公至，见之曰："张平子《西京赋》'洪钟万钧'，此必博洽之士也。"遂入选。此二事，正相类。使二人不遇周公、洪公，则名落孙山矣。

【辨伪】此条抄自宋王应麟《困学纪闻》卷十九：

淳熙中省试，《人主之势重万钧赋》第一联，有用"洪钟"二字者，考官哂之。洪文敏典举闻之曰："张平子《西京赋》'洪钟万钧'，此必该洽之士。"遂预选。

今按：卢氏增"余又阅"，此下所记与顾氏相同。卢氏又增"此二事，正相类。使二人不遇周公、洪公，则名落孙山矣"一句，大同小异，显系抄袭。

13. 今人于科目中有前辈后辈之称，不知肇自何时，盖谓同试而先得第者为前辈。余按后辈之说由来久矣。《通典》载：魏文帝黄初五年，立太学。当时令慕学者诣太学为门人，满一岁试通一经者称弟子，不通一经者罢归。弟子满二岁，试通二经者，补文学掌故。不通者，听从后辈，再入太学。试通二经者，亦得补掌故。满三岁试通三经者擢高第，为太子舍人。不第者随后辈再入学试，通亦为舍人。舍人满二岁，试通四经者擢高第，为郎中。不通者不得为郎中，仍随后辈复试，试通亦为郎中。由郎中满二岁能试通五经者擢高第，随才叙用，不通者仍随后辈复试，试通亦得叙用。故隋、唐以后因此呼先得第者为前辈。

【辨伪】此条抄自清顾炎武《日知录》卷十七“先辈”：

先辈，乃同试而先得第者之称。程氏《演繁露》曰：“《通典》：‘魏文帝黄初五年，立太学于雒阳，时慕学者始诣太学为门人，满一岁试通一经者称弟子，不通一经者罢遣。弟子满二岁，试通二经者，补文学掌故。不通者，听随后辈试。试通二经，亦得补掌故。满三岁试通三经者擢高第，为太子舍人。不第者随后辈复试，试通亦为太子舍人。舍人满二岁，试通四经者擢高第，为郎中。不通者随后辈复试，试通亦为郎中。郎中满二岁能通五经者擢高第，随才叙用，不通者随后辈复试，试通亦叙用。’故唐世举人，呼已第者为先辈，繇此也。”

今按：卢氏改“先辈，乃同试而先得第者之称”为“今人于科目中有前辈后辈之称，不知肇自何时，盖谓同试而先得第者为前辈”，并增“余按后辈之说由来久矣”一句，删“程氏《演繁露》曰”，直接引用《通典》，删“于雒阳”，改“听随后辈试”为“听从后辈，再入太学”，增“不得为郎中”。又改末尾“故唐世举人，呼已第者为先辈，繇此也”为“故隋、唐以后因此呼先得第者为前辈”，显系抄袭。

14. 古人取士之制，其途有三：诸侯三年一贡士，侯国之士也；乡大夫兴贤能，王畿之士也；大司乐教国子，国之贵游子弟也。

【辨伪】此条抄自宋王应麟《困学纪闻》卷四：

取士之制，其涂有三：诸侯三年一贡士，侯国之士也；乡大夫兴贤能，王畿之士也；大司乐教国子，国之贵游子弟也。

今按：卢氏仅增“古人”二字，其他与王氏基本相同，显系抄袭。

15. 今人应试经义策论，其名虽正，而最便于空疏不学之人。唐人用诗赋，虽云雕虫小技，而非通知古今之人不能作。今之经义，始于宋王安石创立其法，恐不能行，又命吕惠卿、王雱等为之。所以陈后山《谈丛》云：“荆公创行经义，举子专习王氏章句，而不能解经义。其后荆公亦悔之，曰：‘本欲变学究为秀才，不谓变秀才为学究！’”岂知今日并学究亦非其本质也。

【辨伪】此条抄自清顾炎武《日知录》卷十六“经义论策”：

今之经义论策，其名虽正，而最便于空疏不学之人。唐宋用诗赋，虽曰雕虫小技，而非通知古今之人不能作。今之经义，始于宋熙宁中王安石所立之法，命吕惠卿、王雱等为之。……陈后山《谈丛》言：“荆公经义行，举子专诵王氏章句，而不解义。荆公悔之，曰：‘本欲变学究为秀才，不谓变秀才为学究也！’”岂知数百年之后，并学究而非其本质乎？

今按：卢氏改“今之经义论策”为“今人应试经义策论”，改“始于宋熙宁中王安石所立之法”为“始于宋王安石创立其法”，又增“恐不能行”四字，又改“荆公经义行”为“荆公创行经义”，改“岂知数百年之后，并学究而非其本质乎”为“岂知今日并学究亦非其本质也”，其意相同，显系抄袭。

16. 按《礼记·乡饮酒疏》：“乡大夫饮酒，尚德也；党正饮酒，尚齿也。”公是先生刘氏云：“谋宾介于先生，尚德也；旅酬以齿，老者异秩，尚年也；大夫为僎，坐于宾东，尚爵也。”以余考乡饮酒之礼，其名有四，所谓宾贤能，一也；所谓六十者坐、五十者侍立，是党正饮酒，二也；州长春秋习射于州序，先行乡饮酒，三也；又卿大夫士饮国中贤者，四也。今无选举，此礼亦废。

【辨伪】此条抄自宋王应麟《困学纪闻》及清翁元圻注。《困学纪闻》卷五：

《乡饮酒疏》曰：“乡大夫饮酒，尚德也；党正饮酒，尚齿也。”公是刘氏曰：“谋宾介于先生，尚德也；旅酬以齿，老者异秩，尚年也；大夫为僎，坐于宾东，尚爵也。”

翁元圻注：

《乡饮酒礼第四》疏曰：“凡乡饮酒之礼，其名有四：案此宾贤能，为之乡饮酒，一也；又案《乡饮酒义》云‘六十者坐、五十者立侍’，是党正饮酒，亦谓之乡饮酒，二也；乡射，州长习射于州序，先行乡饮酒，亦谓之乡饮酒，三也；案《乡饮酒义》，又有卿大夫士饮国中贤者，用乡饮酒，四也。”

今按：卢氏删翁注“《乡饮酒礼第四》疏曰”，而于前增“以余考”，改“案此宾贤能，为之乡饮酒”为“所谓宾贤能”，改“又案《乡饮酒义》云‘六十者坐、五十者立侍’，是党正饮酒，亦谓之乡饮酒”为“所谓六十者坐、五十者侍立，是党正饮酒”，改“乡射，州长习射于州序，先行乡饮酒，亦谓之乡饮酒”为“州长春秋习射于州序，先行乡饮酒”，改“案《乡饮酒义》，又有卿大夫士饮国中贤者，用乡饮酒”为“又卿大夫士饮国中贤者”，其意相同，又增“今无选举，此礼亦废”，显系抄袭。

17. 唐崔祐甫为相，选举皆得其人，不自疑畏，推诚至公，不徇私意，日除数十人，未逾年，除吏共八百余员，多称允当。德宗尝谓之曰：“人言卿拟官多系亲旧，何耶？”对曰：“陛下令臣进拟百官，夫进拟者，必悉知其人之才具品行，若素不知闻，何由得实？”德宗悦，当时以为名言。

【辨伪】此条抄自清顾炎武《日知录》卷九“保举”：

《唐书》：“崔祐甫为相，荐举惟其人，不自疑畏，推至公以行，日除十数人，未逾年，除吏几八百员，多称允当。帝谓曰：‘人言卿拟官多亲旧，何耶？’对曰：‘陛下令臣进拟庶官，夫进拟者，必悉其才行，若素不知闻，何繇得其实？’帝以为然。”以德宗之猜忌，而犹能听之，愈乎近代之人主也。

今按：卢氏改“《唐书》”为“唐”，改“荐举惟其人”为“选举皆得其人”，改“推至公以行”为“推诚至公，不徇私意”，据“帝谓曰”及“以德宗之猜忌”改为“德宗尝谓之曰”，改“必悉其才行”为“必悉知其人之才具品行”，改“帝以为然”为“德宗悦”，并增“当时以为名言”一句，删“而犹能听之，愈乎近代之人主也”，显系抄袭。

18. 余阅《宋史》，元祐中，有中书省上言：“进士御试经义，多系在外准备之文，工拙不甚相远，难于考校。祖宗旧制，赋、诗、论三题，施行已久，前后所得人不少。况令朝廷见行文字，多半声律对偶，非学问该洽，不能成章。请行三题旧法。”诏来年御试，将诗赋举人复试三题，经义举人且令试策。此后全试三题。是当时即以经义为在外准备之文。

【辨伪】此条抄自清顾炎武《日知录》卷十六“经义论策”：

> 元祐八年三月庚子，中书省言：“进士御试答策，多系在外准备之文，工拙不甚相远，难于考较。祖宗旧制，御试进士赋、诗、论三题，施行已远，前后得人不少。况今朝廷见行文字，多系声律对偶，非学问该洽，不能成章。请行祖宗三题旧法。”诏来年御试，将诗赋举人复试三题，经义举人且令试策。此后全试三题。是当时即以经义为在外准备之文矣。

今按：卢氏于前增“余阅《宋史》”，改“元祐八年三月庚子”为“元祐中”，改“答策”为“经义”，删“御试进士”、“祖宗”，其他与顾氏所记相同，显系抄袭。

19. 自宋以来，取中士子所作之文，谓之程文。凡应试必遵程序。余谓文无定格，使必立一格而后为文，则其文亦不足言矣。唐之取士以赋，而赋之末流，最为冗滥。宋之取士以论策，而论策之弊，亦复如之。明之取士以经义，而经义之不成文，又有甚于前代者，皆以程文格式拘束而为之，故日趋日下。晁、董、公孙之对，所以独出千古者，以其无程文格式也。然欲振今日之文，在毋拘之以程文格式，而俊异之才出矣。

【辨伪】此条节抄自清顾炎武《日知录》卷十六“程文”：

> 自宋以来，以取中士子所作之文，谓之程文。……文章无定格，立一格而后为文，其文不足言矣。唐之取士以赋，而赋之末流，最为冗滥。宋之取士以论策，而论策之弊，亦复如之。明之取士以经义，而经义之不成文，又有甚于前代者，皆以程文格式为之，故日趋而下。晁、董、公孙之对，所以独出千古者，以其无程文格式也。欲振今日之文，在毋拘之以格式，而俊异之才出矣。

今按：卢氏增“凡应试必遵程序”及“余谓”，其他与顾氏所记大致相同，显系抄袭。

20. 赵鼎言："安石设虚无之学，败坏人才。"陈公辅亦谓安石使学者不治《春秋》，不读《史》、《汉》，而习其所为《三经新义》，皆穿凿破碎无用之空言也。若今之所谓时文，既非经传，复非子史，展转相承，皆杜撰无根之语。不知前辈作时文，无字不有出处来历，今但剿袭程文，通套话句，所用故事可以自注出处，是以科名所得十人之中，其八九皆为白徒，而一举于乡，即营求关说为治生之计。于是在州里，则无人非势豪，适四方，则无地非游客，而欲求天下安宁，斯民淳厚，以复乡举里选之旧，岂可得哉?

【辨伪】此条抄自清顾炎武《日知录》卷十六"经义论策"：

赵鼎言："安石设虚无之学，败坏人才。"陈公辅亦谓安石使学者不治《春秋》，不读《史》、《汉》，而习其所为《三经新义》，皆穿凿破碎无用之空言也。若今之所谓时文，既非经传，复非子史，展转相承，皆杜撰无根之语。(前辈时文，无字不有出处，今但令士子作文，自注出处，无根之语，不得入文，自当攦指而退矣。《金史》：明昌元年，令举人程文所用故事，可自注出处。)以是科名所得十人之中，其八九皆为白徒，而一举于乡，即以营求关说为治生之计。于是在州里，则无人非势豪，适四方，则无地非游客，而欲求天下之安宁，斯民之淳厚，岂非却行求及前人者哉?

今按：卢氏改顾氏注文"前辈时文，无字不有出处，今但令士子作文，自注出处"为正文"不知前辈作时文，无字不有出处来历，今但剿袭程文，通套话句，所用故事可以自注出处"，并删此下注文。又改"岂非却行求及前人者哉"为"以复乡举里选之旧，岂可得哉"，显系抄袭。

21. 明洪武初开科，以三场为定。初场试《四书》疑，本经义及《四书》义各一道。二场论一道，三场策一道。中式者，后十日复以五事试之，一骑、二射、三书、四算、五律。骑，观其驰驱便捷；射，观其所中多寡；书，通于六义；算，通于九章；律，观其决断。诏文有曰："朕特设科举以起怀才抱德之士，务在经明行修之人，博通古今，文质得中，名实相称。其中选者，朕将观策于廷，观其学识，第其高下，而任之以官。"今读此诏，真所谓求实学之士矣。其后十七年，颁行科举定制。一场改为《四书》义三道，经义四道，未能者，许各减一道。二场论一道，诏、诰、表内科各一道，判语五条。三场经史策五道。文辞增而实事废。盖与初诏求贤之制稍有不同，遂行之二百余年不改，非所以善述祖宗之意也。

【辨伪】此条抄自清顾炎武《日知录》卷十六"经义论策"：

《太祖实录》：洪武三年八月，京师及各行省开乡试，初场《四书》疑问，本经义及《四书》义各一通。第二场论一道，第三场策一道。中式者，后十日复以五事试之，曰骑、射、书、算、律。骑，观其驰驱便捷；射，观其中之多寡；书，通于六义；算，通于九法；律，观其决断。诏文有曰："朕特设科举以起怀才抱德之士，务在经明行修，博通古今，文质得中，名实相称。其中选者，朕将亲策于廷，观其学识，第其高下，而任之以官。"伏读此制，真所谓求实用之士者矣。至十七年，命礼部颁行科举成式。第一场《四书》义三道，经义四道，未能者，许各减一道。第二场论一道，诏、诰、表内科一道，判语五条。第三场经史策五道。文辞增而实事废。盖与初诏求贤之法稍有不同，而行之二百余年，非所以善述祖宗之意也。

今按：卢氏改"《太祖实录》：洪武三年八月，京师及各行省开乡试"为"明洪武初开科，以三场为定"，改"曰骑、射、书、算、律"为"一骑、二射、三书、四算、五律"，改"至十七年，命礼部颁行科举成式"为"其后十七年，颁行科举定制"，其他大致相同，显系抄袭。

卷十六

职官随笔

1. 古之官制，有职异而名同者，如太师、少师是也。比干为少师，即《周官》所谓“三孤”也；《论语》之太师挚、少师阳，则乐官之佐，《周礼》之所谓乐师，小师也。故《史记》言纣之将亡，其太师疵、少师强抱其乐器以奔周。后儒误传为微子，不可不知，盖因微子曾为少师故也。

【辨伪】此条抄自清顾炎武《日知录》卷二“少师”：

古之官，有职异而名同者，太师、少师是也。比干之为少师，《周官》所谓“三孤”也。《论语》之“少师阳”，则乐官之佐，而《周礼》谓之“小师”者也。故《史记》言纣之将亡，其太师疵、少师强抱其乐器奔周。而后儒之传，误以为微子也。

今按：卢氏增“太师挚”，改“而《周礼》谓之‘小师’者也”为“《周礼》之所谓乐师，小师也”，改“而后儒之传，误以为微子也”为“后儒误传为微子”，而增“不可不知，盖因微子曾为少师故也”，显系抄袭。

2. 舜命九官，无有理财之职，盖古人以财惟末。《周官》财赋，皆统于天官冢宰，亦无专任。汉之九卿，一太常，二光禄勋，三卫尉，四太仆，五廷尉，六鸿胪，七宗正，八大司农，九少府卿。大司农掌财赋在后，少府掌天子私财更在后。唐之九卿，一曰太常，二曰光禄，三曰卫尉，四曰宗正，五曰太仆，六曰大理，七曰鸿胪，八曰司农，九曰大府，与汉名虽不同，而官不殊，皆守财者末也之意。非若今世之官以理财催科为能员。

【辨伪】此条抄自清顾炎武《日知录》卷六“财者末也”：

古人以财为末，故舜命九官，未有理财之职。《周官》财赋之事，一皆领于天官冢宰，而六卿无专任焉。汉之九卿，一太常，二光禄勋，三卫尉，四太仆，五廷尉，六鸿胪，七宗正，八大农（武帝太初元年，更名大司农），九少府。大农掌财在后，少府掌天子之私财又最后。唐之九卿，一太常，二光禄，三卫尉，四宗正，五太仆，六大理，七鸿胪，八司农，九太府，大略与汉不殊。

今按：卢氏改“古人以财为末，故舜命九官，未有理财之职”为“舜命九官，无有理财之职，盖古人以财惟末”，改“而六卿无专任焉”为“亦无专任”，改“八大农(武帝太初元年，更名大司农)”为“八大司农”，改“大略与汉不殊”为“与汉名虽不同，而官不殊”，又增“皆守财者末也之意。非若今世之官以理财催科为能员”，显系抄袭。

3. 汉时县制，万户以上为令，秩千石至六百石。不及万户为长，秩五百石至三百石。唐制则州有上、中、下三等，县有京、畿、上上、上中、中上、中中、中下、下下六等，品各有差。明太祖定县制为上、中、下三等，税粮十万石以下为上县，秩从六品。六万石以下为中县，秩正七品。三万石以下为下县，秩从七品。县丞、主簿以此递减。洪武二年又分府为三等，粮二十万石以上者为上府，秩从三品。二十万石以下者为中府，秩正四品。十万石以下者为下府，秩从四品。后又改品秩为一样，而立繁简之名，才优者调烦，不及者调简。

【辨伪】此条抄自清顾炎武《日知录》卷八“州县品秩”：

汉时县制，万户已上为令，秩千石至六百石。减万户为长，秩五百石至三百石。唐则州有上、中、下三等，县有京、畿、上、中、中下、下六等，品各有差。《太祖实录》：吴元年，定县有上、中、下三等，税粮十万石已下为上县，知县从六品，县丞从七品，主簿从八品。六万石已下为中县，知县正七品，县丞正八品，主簿从八品。三万石已下为下县，知县从七品，丞、簿如中县之秩。洪武六年八月壬辰，分天下府为三等，粮二十万石已上者为上府，秩从三品。二十万石已下者为中府，秩正四品。十万石已下者为下府，秩从四品。后乃一齐其品，而但立繁简之目，才优者调繁，不及者调简。古时列爵惟五之意，遂尽亡之矣。

今按：卢氏改“县有京、畿、上、中、中下、下六等”为“县有京、畿、上上、上中、中上、中中、中下、下下六等”，改“《太祖实录》：吴元年”为“明太祖”，改“知县从六品，县丞从七品，主簿从八品”、“知县正七品，县丞正八品，主簿从八品”、“知县从七品，丞、簿如中县之秩”为“秩从六品”、“秩正七品”、“秩从七品。县丞、主簿以此递减”。又改“洪武六年八月壬辰”为“洪武二年”，改“后乃一齐其品”为“后又改品秩为一样”，删“古时列爵惟五之意，遂尽亡之矣”，大同小异，显系抄袭。

4. 汉世三老命秩颁禄，文帝又诏，使之各率其意以导民。当日三老，多忠信老成之人，在上礼之甚优。而人知自好，所以贤才多出其中。新城三老说高祖，为义帝发丧，而得天下；壶关三老明戾太子冤，而昭垂史册。近世三老，则听役于官，无所不为，稍知廉耻者，不肯为，愿为者，皆奸猾之徒，欲倚势以凌役百姓。其与古时设立三老之初意悖矣。

【辨伪】此条抄自清顾炎武《日知录》卷八“乡亭之职”：

> 汉世之于三老，命之以秩，颁之以禄，而文帝之诏，俾之各率其意以道民。当日为三老者，多忠信老成之士也，上之人所以礼之者甚优。是以人知自好，而贤才亦往往出于其间。新城三老董公遮说汉王，为义帝发丧，而遂以收天下；壶关三老茂上书明戾太子之冤，史册炳然，为万世所称道。近世之老人，则听役于官，而靡事不为，故稍知廉耻之人，不肯为此，而愿为之者，大抵皆奸猾之徒，欲倚势以陵百姓者也。其与太祖设立老人之初意悖矣。

今按：卢氏改“汉世之于三老，命之以秩，颁之以禄”为“汉世三老命秩颁禄”，改“上之人所以礼之者甚优”为“在上礼之甚优”，改“而贤才亦往往出于其间”为“所以贤才多出其中”，改“新城三老董公遮说汉王”为“新城三老说高祖”，改“而遂以收天下”为“而得天下”，改“史册炳然，为万世所称道”为“而昭垂史册”，改“太祖”为“古时”，其意大同小异，显系抄袭。

5.《汉书·百官志》：“凡县令、长，皆秦代官名，汉因之，谓掌其县，万户以上为令，秩千石至六百石。减万户者为长，秩五百石至三百石。皆有丞、尉，秩四百石至二百石，是为长吏。百石以下，佐吏之秩，是为少吏。又十里一亭，亭有长。十亭有乡，乡有三老、有秩，又有啬夫、游徼。三老掌教化，啬夫掌听讼、收赋税，游徼循禁盗贼。”“三老，令举民年满五十岁以上，有修行，能帅众为善者，择一人为乡三老。”此制不自秦汉始，列国时，管子、芀敖、子产等之为政皆行此法。即《周礼》党正、族师、闾胥、里宰、邻长之流欤？三代圣王之治天下，未有不由于此也。缘啬夫、党正等官皆本乡之人，周知民间情伪故事，不烦扰而易治，县令不过提纲絜领而已。

【辨伪】此条抄自清顾炎武《日知录》卷八“乡亭之职”：

> 《汉书·百官表》：“县令、长，皆秦官，掌治其县。万户以上为令，秩千石至六百石。减万户为长，秩五百石至三百石。皆有丞、尉，秩四百石至二百石，是为长吏。百石以下，有斗食佐史之秩，是为少吏。大率十里一亭，亭有长。十亭一乡，乡有三老、有秩、啬夫、游徼。三老掌教化，啬夫职听讼、收赋税，游徼徼循禁贼盗。县大率方百里，其民稠则减，稀则旷，乡亭亦如之。皆秦制也。”《高帝纪》：“二年二月，令举民年五十以上，有修行，能帅众为善，置以为三老，乡一人。择乡三老一人，为县三老。与县令丞尉以事相教，复勿繇戍。”此其制不始于秦汉也，自诸侯兼并之始，而管仲、芀敖、子产之伦，所以治其国者莫不皆然。而《周礼·地官》，自州长以下，有党正、族师、闾胥、比长，自县正以下，有鄙师、酂长、里宰、邻长，则三代明王之治，亦不越乎此也。夫惟于一乡之中，官之备而法之详，然后天下之治，若网之在纲，有条而不紊。

今按：卢氏于《汉书·百官表》增“汉因之”，改“有斗食佐史之秩”为“佐吏之秩”，删“县大率方百里，其民稠则减，稀则旷，乡亭亦如之。皆秦制也”。于《高帝纪》删其出处，并删“二年二月”，而增“三老”二字，改“置以为三老，乡一人”为“择一人为乡三老”，删

“择一人为乡三老”。又改“此其制不始于秦汉也”至“亦不越乎此也”为“此制不自秦汉始，列国时，管子、芀敖、子产等之为政皆行此法。即《周礼》党正、族师、闾胥、里宰、邻长之流欤？三代圣王之治天下，未有不由于此也”，改“夫惟于一乡之中，官之备而法之详，然后天下之治，若网之在纲，有条而不紊”为“缘啬夫、党正等官皆本乡之人，周知民间情伪故事，不烦扰而易治，县令不过提纲絜领而已”，其意大同小异，显系抄袭。

6. 古之游徼，即今之巡检也。明洪武时最重，定为考课之法。特赐敕旨令本县人不得做，永以为制。自周德兴巡视福建，请增置巡检司四十有五员。于是各直省均有增置。迨弘治以后，多行裁革，所存不若曩时之半。

【辨伪】此条抄自清顾炎武《日知录》卷八“乡亭之职”：

> 巡检，即古之游徼也。洪武中尤重之，而特赐之敕，又定为考课之法。及江夏侯周德兴巡视福建，增置巡检司四十有五。自弘治以来，多行裁革，所存不及曩时之半。

今按：卢氏改“巡检，即古之游徼也”为“古之游徼，即今之巡检也”，改“洪武中尤重之”为“明洪武时最重”，而删“而特赐之敕”。又增“特赐敕旨令本县人不得做，永以为制”、“于是各直省均有增置”二句，显系抄袭。

7.《周礼》五家为比，比有长；五比为闾，闾有胥；四闾为族，族有师；五族为党，党有正；五党为州，州有长；五州为乡，乡有大夫。其间大小相维，轻重相制，纲举目张，周详细密，无以加也。要之自上而下，所治不过五人。盖于详密之中，而得易简之法，此周家尽善尽美之法制也。后世人才，不能如古，乃欲以县令一人，坐理数万户口，赋役繁多，案牍猥集，欲不丛脞，其可得乎？余故为之说曰：以县治乡，以乡治保，以保治甲，视昔所谓不过五人者而加倍焉。亦详密，亦简易。此斟酌古今之一法也。又云：“一乡几保，不妨多少，因民居也，其法用圆。十甲千户，不得增减，稽成数也，其法用方。”

【辨伪】此条抄自清顾炎武《日知录》卷八“里甲”：

> 常熟陈梅曰：“《周礼》五家为比，比有长；五比为闾，闾有胥；四闾为族，族有师；五族为党，党有正；五党为州，州有长；五州为乡，乡为大夫。其间大小相维，轻重相制，纲举目张，周详细密，无以加矣。而要之自上而下，所治皆不过五人。盖于详密之中，而得易简之意，此周家一代良法美意也。后世人才，远不如古，乃欲以县令一人之身，坐理数万户口，赋税色目繁猥，又倍于昔时，虽欲不丛脞，其可得乎？愚故为之说曰：以县治乡，以乡治保，以保治甲，视所谓不过五人者而加倍焉。亦自详密，亦自易简。此斟酌古今之一端也。”又曰：“一乡几保，不妨多少，何也？因民居也，法用圆。十甲千户，不得增损，何也？稽成数也，法用方。”

今按：此条前半部分已见卷十四第16条。卢氏删“常熟陈梅曰”，改“此周家一代良法美意也”为“此周家尽善尽美之法制也”，改“赋税色目繁猥，又倍于昔时”为“赋役繁多，案牍猥集”，又删两“何也”，其他大致相同，显系抄袭。

8. 汉世设官，惟守、相等命于朝廷，自曹掾以下，无非本郡之人，故能知一方之人情，而为之兴利除害，其辟用者即出于守、相。而不似后世之官，一命之微，皆由吏部。故广汉太守陈宠入为大司农，和帝问卿在郡何以为理，宠对曰：“臣任功曹王涣以简贤选能为职，主簿镡显以拾遗补阙为职，臣奉宣诏书而已。”上大悦。

【辨伪】此条抄自清顾炎武《日知录》卷八“掾属”：

> 《古文苑》注王延寿《桐柏庙碑》人名，谓掾属皆郡人，可考汉世用人之法。今考之汉碑皆然，不独此庙。盖其时唯守、相命于朝廷，而自曹掾以下，无非本郡之人，故能知一方之人情，而为之兴利除害，其辟用之者即出于守、相。而不似后代之官，一命以上，皆由于吏部。故广汉太守陈宠入为大司农，和帝问在郡何以为理，宠顿首谢曰：“臣任功曹王涣以简贤选能，主簿镡显拾遗补阙，臣奉宣诏书而已。”帝乃大悦。

今按：卢氏删“《古文苑》注王延寿《桐柏庙碑》人名，谓掾属皆郡人，可考汉世用人之法。今考之汉碑皆然，不独此庙”，而改“盖其时”为“汉世设官”，其他大致相同，显系抄袭。

9. 余又按：汝南太守宗资任功曹范滂，南阳太守成瑨委功曹岑晊，皆政绩卓著传闻京师，名标史册。此古昔知人官人之意，非若今时之铨选改为掣签，而吏治亦大坏。

【辨伪】此条抄自清顾炎武《日知录》卷八“掾属”：

> 至于汝南太守宗资任功曹范滂，南阳太守成瑨委功曹岑晊，并遥达京师，名标史传。……又其变也，铨注之法，改为掣签，而吏治因之大坏矣。

今按：卢氏增“余又按”三字，据顾氏考证为己有，又改“并遥达京师”为“皆政绩卓著传闻京师”，增“此古昔知人官人之意”，改“又其变也，铨注之法，改为掣签”为“非若今时之铨选改为掣签”，其意相同，显系抄袭。

10. 今人推升百官，皆用资格深者。余按：资格即后魏停年格之遗意。崔亮为吏部尚书，其时后魏官途拥塞，缺少官多，不堪遴选，乃设为停年之格，不问贤愚，专以停解日月为断。遂使铨衡失当，泾渭无分，魏之失才，自崔亮始。以后唐裴行俭因士人趋竞，设为长名榜以铨之。其子光庭又改为循资格以注之。虽升降黜陟有常规，而抡才之典失矣。宋孙洙《资格论》曰：三代下，选举之法坏，坏于资格。使贤才伏于下者，资格限之；职业废于官者，资格使之。士之寡廉鲜耻，争于资格以陷之，民之困于虐政，皆因资格人众也。万事所以生弊，百官所以废弛，法制颓败而不可救者，皆资格之失也。吾愿处台衡者，举不遗贤才，选不循资格，而后可。

【辨伪】此条节抄自清顾炎武《日知录》卷八“停年格”：

今之言停年格者，皆言起于后魏崔亮。……《传》曰：“迁吏部尚书，时羽林新害张彝之后，灵太后令武官得依资入选。官员既少，应选者多。前尚书李韶，循常擢人，众情嗟怨。亮乃奏为格制，不问贤愚，专以停解日月为断。……自是贤愚同贯，泾渭无别。魏之失才，自亮始也。”……《通典》：“唐自高宗麟德以后，承平既久，人康俗阜。求进者众，选人渐多。总章二年，裴行俭为司列少常伯，始设长名姓历榜，引铨注之法。……至玄宗开元十八年，行俭子光庭为侍中，兼吏部尚书。……光庭始奏用循资格。……虽小有常规，而抡材之方失矣。”……宋孙洙《资格论》曰：“三代以下，选举之法，其始终一切皆失者，其国家资格之制乎？今贤材之伏于下者，资格阂之也。职业之废于官者，资格牵之也。士之寡廉鲜耻者，争于资格也。民之困于虐政暴吏，资格之人众也。万事之所以抏弊，百吏之所以废弛，法制之所以颓烂决溃而不之救者，皆资格之失也。……为今之急，诚宜大蠲弊法，简拔异能，爵以功为先后，用以才为序次，无以积勤累劳者为高叙，无以深资久考者为优选。智愚以别，善否陈前，而万事不治，庶功不熙者，臣愚未尝闻也。”

今按：卢氏此条檃栝顾氏议论及引证而来，如于前增“今人推升百官，皆用资格深者”一句，改“今之言停年格者，皆言起于后魏崔亮”为“余按：资格即后魏停年格之遗意”，改“《传》曰”至“众情嗟怨”为“崔亮为吏部尚书，其时后魏官途拥塞，缺少官多，不堪遴选”，改“自是贤愚同贯”为“遂使铨衡失当”，改“《通典》”至“引铨注之法”为“以后唐裴行俭因士人趋竞，设为长名榜以铨之”，而删出处“《通典》”字样，改“至玄宗开元十八年，行俭子光庭为侍中，兼吏部尚书。……光庭始奏用循资格。……虽小有常规，而抡材之方失矣”为“其子光庭又改为循资格以注之。虽升降黜陟有常规，而抡才之典失矣”。又改“选举之法，其始终一切皆失者，其国家资格之制乎”为“选举之法坏，坏于资格”，改“为今之急”至“臣愚未尝闻也”为“吾愿处台衡者，举不遗贤才，选不循资格，而后可”，其意大同小异，显系抄袭。

11. 汉时县令，多取于郡吏之尤异者，是以习其事而无不胜之患。今则一以畀之初释褐之书生，其通晓吏事者十中不过一二，而软弱无能者，十常居八九。又不择其人才之高下长短，而使膺百里之命，以一县付之阘茸之人，既以害民，而卒至于自害。于是烦剧之缺，遂为官人之陷阱。而年年更代，其弊益深而不可救止。又况设为掣签之法，不问其人之才具优绌，各有所宜，资品之高下，各有所用，地方之烦简，各有所能，道路之远近，各有所便，尽付之于一签，所谓因材器使之风，已渺不闻矣。

【辨伪】此条抄自清顾炎武《日知录》卷八“选补”：

是汉时县令，多取郡吏之尤异者，是以习其事而无不胜之患。今则一以畀之初释褐之书生，其通晓吏事者十不一二，而软弱无能者，且居其八九矣。又不择其人之材，而以探筹投钩为选用之法，是以百里之命，付之阘茸不材之人，既以害民，而卒至于自害。于是烦剧之区，遂为官人之陷阱。而年年更代，其弊益深而不可振

> 矣。……于慎行《笔麈》言："太宰富平孙公丕扬患中人请托，难于从违，大选外官，立为掣签之法。……至于人才长短，各有所宜，资格高下，各有所便，地方繁简，各有所合，道里远近，各有所准，乃一付之于签，是掩镜可以索照，而折衡可以坐揣也。从古以来，不闻此法。"

今按：卢氏改"又不择其人之材，而以探筹投钩为选用之法，是以百里之命，付之阘茸不材之人"为"又不择其人才之高下长短，而使膺百里之命，以一县付之阘茸之人"，又改顾氏所引于慎行《笔麈》中的"太宰富平孙公丕扬患中人请托，难于从违，大选外官，立为掣签之法"为"又况设为掣签之法"，改"至于人才长短，各有所宜，资格高下，各有所便，地方繁简，各有所合，道里远近，各有所准，乃一付之于签"为"不问其人之才具优绌，各有所宜，资品之高下，各有所用，地方之烦简，各有所能，道路之远近，各有所便，尽付之于一签"，删"是掩镜可以索照，而折衡可以坐揣也"，改"从古以来，不闻此法"为"所谓因材器使之风，已渺不闻矣"，并删"于慎行《笔麈》"字眼，其意大同小异，显系抄袭。

12. 唐代铨选，虽不合古法，然有留有放，留者入选，放者不得入选，皆列于长名榜。又考《唐·选举志》："凡官人之法有四：一曰身，体貌丰伟；二曰言，辞语辨正；三曰书，楷法遒美；四曰判，文理优长。"故景云中，宋璟为吏部尚书。卢从愿为侍郎，二人不畏强暴，请谒路绝，当时集选者万有余人，而所留不过十之二，铨者不满二千人，而人服其公，咸谓铨选得人，以后无闻焉。

【辨伪】此条节抄自清顾炎武《日知录》卷八"选补"：

> 唐时所谓铨者，有留有放。(《唐书·选举志》："凡取人之法有四：一曰身，体貌丰伟；二曰言，言辞辩正；三曰书，楷法遒美；四曰判，文理优长。")……宋白曰："长名榜，定留放，留者入选，放者不得入选。"……景云中，以宋璟为吏部尚书。李乂、卢从愿为侍郎，皆不畏强御，请谒路绝，集者万余人，留者三铨不过二千，人服其公。

今按：卢氏增"虽不合古法"四字，改"宋白曰"一句为"留者入选，放者不得入选，皆列于长名榜"，又改注文"《唐书·选举志》"一节为正文，改"李乂、卢从愿为侍郎，皆不畏强御"为"卢从愿为侍郎，二人不畏强暴"，又于末尾增"咸谓铨选得人，以后无闻焉"一句，显系抄袭。

13. 余按：唐代以四项官人，至宋时犹行此法，一论品貌，二论语言，三论楷书，四论文理。四事皆可取则论德，德均则论才，才均则论劳。今时亦仿照此制，如大挑捡发则论品貌丰伟，察看考验则重言语详明，殿试朝考则取书法端楷，会试御试则尚文艺优长，亦犹是前代遗法。

【辨伪】此条前半部分抄自清顾炎武《日知录》卷八"选补"：

唐时所谓铨者，有留有放。(《唐书·选举志》：凡取人之法有四，一曰身，体貌丰伟；二曰言，言辞辨正；三曰书，楷法遒美；四曰判，文理优长。四事皆可取，则先德行，德均以才，才均以劳。得者为留，不得者为放。)……宋时此法犹存。

今按：卢氏据“宋时此法犹存”一句，改为“余按：唐代以四项官人，至宋时犹行此法”，并改《唐书·选举志》中取人之法为宋代取人之法，而文字有所改窜，如改“一曰身，体貌丰伟；二曰言，言辞辨正；三曰书，楷法遒美；四曰判，文理优长。四事皆可取，则先德行，德均以才，才均以劳”为“一论品貌，二论语言，三论楷书，四论文理。四事皆可取则论德，德均则论才，才均则论劳”，显系抄袭。又补“今时亦仿照此制，如大挑捡发则论品貌丰伟，察看考验则重言语详明，殿试朝考则取书法端楷，会试御试则尚文艺优长，亦犹是前代遗法”一句。

14. 设官命名，古今不同，三代而下，以及汉、魏、唐、宋，改置纷纷，难以枚举。今略举其可考证者言之，古之千夫长、百夫长，即今之千百把总也。古之游徼、啬夫，即今之巡检、典史也。古之令尹、邑宰，即今之知县也。古之州牧、司马、刺史，即今知州也。古之太守，即今之知府也。古之县尉，即县丞也。古之参军，即经历也。古之别驾、推官、司理，即佐贰人员也。古之节度，使即今之巡道也。古之都督诸军，即今之总督也。古之方伯、提刑使、宣抚使、招讨使，即今布政、按察也。古之宰相，即今之大学士也。古之同平章事，即今之协(辨)[办]也。至于光禄、鸿胪、御史、祭酒、大仆、尚书、侍郎等官，尚沿其名，而品秩各有增损。

【辨伪】此条待考。

15. 余按：刺史之权，汉时最重，魏晋尤重于汉时。汉置部刺史，周行郡国，以六条察吏，黜陟能，否断治冤狱，秩与二千石等，而权重过之。至武帝元封中，初置天下十二州刺史各一人。其后改州为郡，改郡为州，而刺史与太守互易其名，权与秩如一焉。至魏、晋以来，专以刺史持节都督，非复旧日刺史之职，只理一州一郡而已。由此言之，汉之刺史，犹今之巡按御史也。魏、晋之刺史，犹今之总督也。隋、唐之刺史，犹今之知州也。宋之刺史，其权亦重设通判以副之。

【辨伪】此条抄自清顾炎武《日知录》卷九“部刺史”、“隋以后刺史”二条。“部刺史”条：

汉武帝遣刺史周行郡国，省察治状，黜陟能否，断治冤狱，以六条问事。……夫秩卑而命之尊，官小而权之重，此小大相制，内外相维之意也。(《元城语录》：“汉元封五年，初置刺史，部十三州，秋分行郡国。秩六百石，而得按二千石不法，其权最重。”)

“隋以后刺史”条：

武帝元封五年，初置十三州刺史各一人。魏晋以下，为刺史持节都督。隋文帝开

> 皇三年，罢郡，以州统县。自是刺史之名存而职废，后虽有刺史，皆太守之互名。非旧刺史之职，理一郡而已。由此言之，汉之刺史，犹今之巡按御史，魏晋以下之刺史，犹今之总督。隋以后之刺史，犹今之知府及直隶知州也。

今按：卢氏于前增“余按：刺史之权，汉时最重，魏晋尤重于汉时”一句，其下文字略有改窜，如改“部刺史”条中“汉武帝遣刺史周行郡国，省察治状，黜陟能否，断治冤狱，以六条问事”为“汉置部刺史，周行郡国，以六条察吏，黜陟能，否断治冤狱”，改注文《元城语录》中“秩六百石，而得按二千石不法，其权最重”为“秩与二千石等，而权重过之”，其意已不同。又改“隋以后刺史”条中“十三州”为“十二州”，不知何据；又改“隋文帝开皇三年，罢郡，以州统县。自是刺史之名存而职废，后虽有刺史，皆太守之互名”为“其后改州为郡，改郡为州，而刺史与太守互易其名，权与秩如一焉”，改“魏晋以下，为刺史持节都督”、“非旧刺史之职，理一郡而已”为“至魏、晋以来，专以刺史持节都督，非复旧日刺史之职，只理一州一郡而已”，又改“隋以后之刺史，犹今之知府及直隶知州也”为“隋、唐之刺史，犹今之知州也。宋之刺史，其权亦重设通判以副之”，显系抄袭。

16. 将军之官，上古未闻。至春秋时，“晋侯作二军，公将上军，太子申生将下军”，是将军之文始见于《传》，而不闻以名官也。《孟子》：“鲁欲使慎子为将军。”《墨子》：“晋有六将军，而智伯莫强焉。”《淮南子》：“赵文子问叔向曰：晋六将军，其孰先亡?”又《淮南子》：“鲁君召子贡，授之以将军之印。”《国语》：“郑人以詹伯为将军。”《越世家》：“范蠡称为上将军。”是以将军名官，魏汉以来特命专征之事，今则以将军为统领满汉兵弁之官。

【辨伪】此条节抄自清顾炎武《日知录》卷二十四“将军”：

> 《春秋传》：“晋献公作二军，公将上军，太子申生将下军。”是已有将军之文，而未以为名也。……《孟子》：“鲁欲使慎子为将军。”《墨子》：“昔者晋有六将军，而智伯莫为强焉。”……《淮南子》：“赵文子问于叔向曰：晋六将军，其孰先亡?”……又曰：“鲁君召子贡，授之将军之印。”而《国语》亦曰：“郑人以詹伯为将军。”……《越世家》：“范蠡称上将军。”……至汉，则定以为官名矣。

今按：卢氏于前增“将军之官，上古未闻”一句，改“《春秋传》”为“至春秋时”，改“是已有将军之文，而未以为名也”为“是将军之文始见于《传》，而不闻以名官也”，改“至汉，则定以为官名矣”为“是以将军名官，魏汉以来特命专征之事，今则以将军为统领满汉兵弁之官”，大同小异，显系抄袭。

17. 上古只有相之名，并非官也。至秦汉而下，乃有宰相、丞相之官。故黄帝六相，尧十六相，汤以伊尹为右相，仲虺为左相，《书·说命》“爰立作相”，《礼·月令》“命相布德和令”，皆谓为之辅相以佐天子，非谓官也。《孟子》言舜相尧、禹相舜、益相禹、伊尹相汤、周公相武王，皆是此相也。至《史记》云：“孔子为鲁大司寇，摄相事。”是傧相之相，而非相国者。今人不知，往往误为摄鲁国之相。余又按鲁侯国无大司寇之官，《礼记》正义引崔灵恩云："诸侯三卿，司徒兼冢宰，司马兼宗伯，司空兼司寇。三卿之下有五大夫。五大夫者，司徒之下立二人，曰小宰，曰小司徒。司马之下立一人，曰小司马。司空之下立二人，曰小司空，曰小司寇。今孔子为司寇，是小司寇也。"何以见之？盖鲁有孟叔季为三卿，臧氏为司寇，故知孔子为小司寇无疑。

【辨伪】此条节抄自清顾炎武《日知录》卷二十四"相"：

《管子》曰："黄帝得六相。"《宋书·百官志》曰："殷汤以伊尹为右相，仲虺为左相。"然其名不见于经，惟《书·说命》有"爰立作相"之文。……《礼记·月令》："命相布德和令。"……杜氏《通典》曰："黄帝六相，尧十六相为之辅，相不必名官。"是则三代之时，言相者皆非官名。如《孟子》言舜相尧、禹相舜、益相禹、伊尹相汤、周公相武王，《礼记·明堂位》"周公相武王"之类耳。……《史记·孔子世家》乃云"孔子为大司寇，摄相事"。是误以"傧相"之"相"为"相国"之相，不知鲁无相名，有司寇而无大司寇也。(《礼记》正义引崔灵恩云："诸侯三卿，司徒兼冢宰，司马兼宗伯，司空兼司寇。三卿之下有五大夫。五大夫者，司徒之下立二人，小宰、小司徒。司马之下以其事省，立一人，为小司马，兼宗伯之事。司空之下立二人，小司寇、小司空。今夫子为司空者，为小司空也，从小司空为小司寇也。"崔所以知然者，鲁有孟、叔、季三卿为政，又有臧氏为司寇，故知孔子为小司寇。)

今按：卢氏于前增"上古只有相之名，并非官也。至秦汉而下，乃有宰相、丞相之官"一句，其下引证诸书与顾氏相同，而删"《管子》曰"、"《宋书·百官志》曰"、"杜氏《通典》曰"等出处，删"然其名不见于经"，改"是则三代之时，言相者皆非官名"为"皆谓为之辅相以佐天子，非谓官也"，删"《礼记·明堂位》'周公相武王'之类耳"，而增"皆是此相也"，改"是误以'傧相'之'相'为'相国'之相，不知鲁无相名，有司寇而无大司寇也"为"是傧相之相，而非相国者。今人不知，往往误为摄鲁国之相。余又按鲁侯国无大司寇之官"，其下改注文为正文，并改其中"今夫子为司空者，为小司空也，从小司空为小司寇也"为"今孔子为司寇，是小司寇也"，改"崔所以知然者"为"何以见之"，大同小异，显系抄袭。

18. 员外古无此官，在唐时本为冗员。考《旧唐书》："李峤居选部时，欲树党以固禄位，多引用权势子弟，请增置员外官一千余员，其员外官多恃势与正官争事，百司纷竞，至有相殴击者。"迨乎玄宗，犹不能尽行罢革，肃宗乾元二年诏："员外官曾任州县者，有才识干济之人，亦听量留。上州不得过五人，中州不得过四人，下州不得过三人，上县不得过一人，其余任其所适。"据此，则是副于郎中而取名于员外，何明初不察于定官制之时，不考其源流而列入正途矣？

【辨伪】此条节抄自清顾炎武《日知录》卷二十四"员外"：

员外之官，本为冗秩。《旧唐书·李峤传》："峤为吏部时，志欲曲行私惠，冀得复居相位，奏置员外官数千人，以至官寮倍多，府库减耗。"事在中宗神龙二年。(《册府元龟》："李峤、韦嗣立同居选部，多引用权势，请置员外官一千余员。其员

> 外官悉恃形势，与正官争事，百司纷竞，至有相驱击者。”）……迨乎玄宗，犹不能尽革，故肃宗乾元二年九月诏曰：“应州县见任员外官，并任其所适。其中有材识干济，曾经任使，州县所资者，亦听量留。上州不得过五人，中州不得过四人，下州不得过三人，上县已上不得过一人。”今则副郎而取名员外，于义何居？当繇定制之初，主爵诸臣，未考源流，有乖名实。

今按：卢氏改“员外之官，本为冗秩”为“员外古无此官，在唐时本为冗员”，又糅合顾氏所引《旧唐书·李峤传》之文与小注《册府元龟》之文为“考《旧唐书》：‘李峤居选部时，欲树党以固禄位，多引用权势子弟，请增置员外官一千余员，其员外官多恃势与正官争事，百司纷竞，至有相殴击者’”一句，删“应州县见任员外官，并任其所适”，改“其中有材识干济，曾经任使，州县所资者”为“员外官曾任州县者，有才识干济之人”，增“其余任其所适”，又改“今则副郎而取名员外，于义何居？当繇定制之初，主爵诸臣，未考源流，有乖名实”为“据此，则是副于郎中而取名于员外，何明初不察于定官制之时，不考其源流而列入正途矣”，大同小异，显系抄袭。

19. 主事汉时已有之。考《后汉书》光禄勋，有南北庭主事，谓主三署之事，其职不过如掾史等官之类。其它府寺则不闻有此官。余阅宋元嘉《百官志》，中书通事舍人下云：“其下有主事，本用武官，刘宋改用文吏。”至后魏则于尚书诸司监皆置主事令史。隋炀帝去令史之名，但名主事。唐时皆流外为之。有尚书省主事六人，门下省主事四人，中书省主事四人，皆从八品。比来选补，皆取流外有刀笔之人以补之，纵欲用士流人，皆以俦类为耻。《宋史·职官志》：“门下省吏四十九人，录事、主事各三人，令史六人，书令史十有八人，守当官十有九人。”在前代，皆以掾史之职为之。明初设立六部主事，犹访古制如掾吏等职。永乐以后，遂改为正途不用流外，今则以进士为之。

【辨伪】此条节抄自清顾炎武《日知录》卷二十四“主事”：

> 后汉光禄勋，有南北庭主事，主三署之事，于诸郎之中，察茂材者为之，然其职不过如掾史之等。……其它府寺，则不闻有此名也。《宋书·百官志》，中书通事舍人下云：“其下有主事，本用武官，宋改用文吏。”至后魏则于尚书诸司置主事令史。隋炀帝去令史之名，但曰主事。唐时并流外为之。尚书省主事六人，从九品上，门下省主事四人，中书省主事四人，并从八品下。而刘祥道上疏言：“尚书省二十四司，及门下省中书都事、主书、主事等。比来选补，皆取旧任流外有刀笔之人，纵欲参用士流，皆以俦类为耻。前后相承，遂成故事。望有厘革，稍清其选。”事竟不行。《宋史·职官志》：“门下省吏四十有九，录事、主事各三人，令史六人，书令史十有八人，守当官十有九人。”是在前代，皆掾史之任也。明初设六部主事，意亦仿此。永乐十四年，永新伯许成以擅杖工部主事王景亮被劾。

今按：卢氏于前增“主事汉时已有之”一句，改“后汉”为“考《后汉书》”，删“于诸郎之中，察茂材者为之”，改“《宋书·百官志》”为“余阅宋元嘉《百官志》”，又删“从九品上”，改“并从八品下”为“皆从八品”，删“而刘祥道上疏言：‘尚书省二十四司，及门下省中书都事、主书、主事等'"、"'前后相承，遂成故事。望有厘革，稍清其选。'事竟不行"。又改"是在前代，皆掾史之任也。明初设六部主事，意亦仿此"为"在前代，皆以掾吏之职为之。明初设立六部主事，犹访古制如掾吏等职"，又删"永乐十四年，永新伯许成以擅杖工部主事王景亮被劾"，而增"永乐以后，遂改为正途不用流外，今则以进士为之"，其意大同小异，显系抄袭。

20. 春秋时列国官名多不同，若晋之"中行"，宋之"门尹"、"褚师"，郑之"马师"、"褚师"，秦之"不更"、"庶长"，皆他国所无者。而楚尤甚，有"莫敖"、"令尹"、"司马"、"太宰"、"少宰"、"御士"、"左史"、"右领"、"左尹"、"右尹"、"连尹"、"针尹"、"寝尹"、"卜尹"、"芋尹"、"陵尹"、"郊尹"、"乐尹"、"宫厩尹"、"监马尹"、"扬豚尹"、"武城尹"，其官名更异于别国。

【辨伪】此条抄自清顾炎武《日知录》卷四"列国官名"：

> 春秋时列国官名，若晋之"中行"，宋之"门尹"，郑之"马师"，秦之"不更"、"庶长"，皆他国所无。而楚尤多，有"莫敖"、"令尹"、"司马"、"太宰"、"少宰"、"御士"、"左史"、"右领"、"左尹"、"右尹"、"连尹"、"针尹"、"寝尹"、"工尹"、"卜尹"、"芋尹"、"蓝尹"、"沈尹"、"清尹"、"莠尹"、"嚣尹"、"陵尹"、"郊尹"、"乐尹"、"宫厩尹"、"监马尹"、"扬豚尹"、"武城尹"，其官名大抵异于他国。

今按：卢氏增"多不同"三字，又于其下所列春秋官名，增"褚师"，删"蓝尹"、"沈尹"、"清尹"、"莠尹"、"嚣尹"诸名，显系抄袭。

21. 晋百官制，不经宰县，不得入为台郎。魏肃宗时，吏部辛雄上疏，以为郡县选举，由来共轻，宜改其弊。分郡县为三等，三载黜陟。称职者，方补京官。如不称职，不得为内官，则人思自奋。唐九龄言于玄宗曰："古者刺史入为三公，郎官出宰百里。致理之本，莫若守令。凡不历都督刺史，虽有高第，不得任侍郎、列卿。不历县令，虽有善政，不得任台郎、给舍。都督、刺史虽远者，无十年任外。"诏从之。以后侍郎缺，择曾任刺史为之；郎官缺，择任县令为之。

【辨伪】此条抄自清顾炎武《日知录》卷九"京官必用守令"：

> 《通典》言：晋制，不经县宰，不得入为台郎。魏肃宗时，吏部郎中辛雄上疏，以为郡县选举，繇来共轻，宜改其弊。分郡县为三等，三载黜陟。有称职者，方补京官。如不历守令，不得为内职，则人思自勉。唐张九龄言于玄宗曰："古者刺史入为三公，郎官出宰百里。致理之本，莫若重守令。凡不历都督刺史，虽有高第，不得任侍郎、列卿。不历县令，虽有善政，不得任台郎、给舍。都督、守令虽远者，使无十年任外。"从之。诏三省侍郎缺，择尝任刺史者；郎官缺，择尝任县令者。

今按：卢氏删"《通典》言"，改"晋制"为"晋百官制"，又改"如不历守令，不得为内职"为"如不称职，不得为内官"，改"诏三省侍郎缺，择尝任刺史者；郎官缺，择尝任县令者"为"以后侍郎缺，择曾任刺史为之；郎官缺，择任县令为之"，其意相同，显系抄袭。

22. 汉时博士即今教官。余读《汉书》，成帝阳朔二年，诏曰："古之立太学，将以传先王之业，流化于天下也。儒林之官，四海渊源，宜皆明于古今，温故知新，通达国体，故谓之博士。否则学无述焉，为人所轻，非所以尊道德也。丞相、御史其与中二千石、二千石等官杂举可充博士者，务使卓然可观。"

【辨伪】此条抄自清顾炎武《日知录》卷十七"教官"：

> 汉成帝阳朔二年，诏曰："古人立太学，将以传先王之业，流化于天下也。儒林之官，四海渊原，宜皆明于古今，温古知新，通达国体，故谓之博士。否则学者无述焉，为下所轻，非所以尊道德也。丞相、御史其与中二千石、二千石杂举可充博士位者，使卓然可观。"

今按：卢氏于前增"汉时博士即今教官"一句，又于顾氏考证前增"余读《汉书》"四字，据顾氏考证为己有，显系抄袭。

23. 元仁宗方以科举取士，虞集上疏曰："师道立则善人多。今天下学官，猥以资格授，强加之诸生之上，而名之曰师，有司弗信也，生徒弗信也。如此而望师道之立，能乎？今莫若使守令等求经明行修，为成德之君子者，师尊之，以教于其郡邑。其次则求其操履近正不为诡怪异说骇俗者，确守先儒经义师说而不敢妄为奇论者，众所敬服而非乡愿之徒者，以此三项为之。又其次则取乡贡至京考罢归者为之。至成德君子，或不可遽得若。其次三项，则十室之邑，必有忠信，亦未至乏才也。而徒用又次之人，则是以资格授之，而老迈卑鄙之夫，遂以学官为糊口计，教训之名存而实废矣。"

【辨伪】此条抄自清顾炎武《日知录》卷十七"教官"：

> 元仁宗时方以科举取士，虞集上议曰："师道立则善人多。今天下学官，猥以资格授，强加之诸生之上，而名之曰师，有司弗信也，生徒弗信也。如此而望师道之立，能乎？今莫若使守令求经明行修，为成德之君子者，身师尊之，以教于其郡邑。其次则求夫操履近正而不为诡异骇俗者，确守先儒经义师说而不敢妄为奇论者，众所敬服而非乡愿之徒者。其次则取乡贡至京师罢归者。当今之世，欲求成德之人，如上一言者，或不可遽得。若其次之三言，则十室之邑，必有忠信，亦未至乏才也。而徒用其又次之一言，则亦不过以资格授之，而耄鄙之夫，遂以学官为糊口之地，教训之员名存而实废矣！"

今按：卢氏仅删一"时"字，改"上议"为"上疏"，其下所引虞集疏与顾氏大致相同，显系抄袭。

24. 古时制禄之数，皆用斗斛。《左传》言：“豆区釜钟，各自其四，以登于釜。”《论语》“与之釜”是也。《孟子》：“养弟子以万钟。”亦是量也。汉承秦制，始以石为名。故有中二千石、二千石、比二千石三等名。其余六百石、四百石、三百石、二百石皆有比等名。下至百石则无比。若三公则号万石。按百二十斤为石，是以权代量。考《后汉·百官志》载：“月奉之数，大将军三公奉，月三百五十斛。”各有等杀。盖谓二千石以至百石者，但以品级之差而言，今人以十斗为石，本于此。

【辨伪】此条抄自清顾炎武《日知录》卷十一“汉禄言石”：

> 古时制禄之数，皆用斗斛。《左传》言：“豆区釜钟，各自其四，以登于釜。”《论语》：“与之釜，与之庾。”《孟子》：“养弟子以万钟。”皆量也。汉承秦制，始以石为名。故有中二千石、二千石、比二千石、千石、比千石、六百石、比六百石、四百石、比四百石、三百石、比三百石、二百石、比二百石、百石。而三公号万石。百二十斤为石，是以权代量。然考《后汉·百官志》所载：“月俸之数，则大将军三公奉，月三百五十斛，以至斗食奉，月十一斛。”又未尝不用斛。所谓二千石以至百石者，但以为品级之差而已。今人以十斗为石，本于此。

今按：卢氏改“《论语》：‘与之釜，与之庾’”为“《论语》‘与之釜’是也”，改“故有中二千石、二千石、比二千石、千石、比千石、六百石、比六百石、四百石、比四百石、三百石、比三百石、二百石、比二百石、百石”为“故有中二千石、二千石、比二千石三等名。其余六百石、四百石、三百石、二百石皆有比等名。下至百石则无比”，删“以至斗食奉，月十一斛。又未尝不用斛”，而增“各有等杀”，大同小异，显系抄袭。

25. 宋孝宗时，臣僚上言：“吏事必历而后知，人才必试而后见。为县令者必为丞簿，为郡守者必为通判，为监司者必为郡守，皆有差等。未历亲民之官，不宜骤擢。”因定知县以三年任满，非经两任，不除监察御史。此唐、宋立法之初，所以独高近代也。

【辨伪】此条抄自清顾炎武《日知录》卷九“京官必用守令”：

> 宋孝宗时，臣僚言：“吏事必历而后知，人才必试而后见。为县令者必为丞簿，为郡守者必为通判，为监司者必为郡守，皆有差等。未历亲民，不宜骤擢。”因定知县以三年为任，非经两任，不除监察御史。此开元、乾道之吏治，所以独高于近代也。

今按：卢氏改“未历亲民”为“未历亲民之官”，改“此开元、乾道之吏治”为“此唐、宋立法之初”，其意相同，显系抄袭。

26. 今人谓升迁为量移，不知非也。余考《旧唐书》，凡官员得罪贬窜远方，遇赦改近地，乃谓量移。开元二十年十一月郊祀，大赦天下，左降官量移近地。此其明证也。故白居易、韩愈均有量移诗。

【辨伪】此条节抄自清顾炎武《日知录》卷三十二“量移”：

唐朝人得罪，贬窜远方，遇赦改近地，谓之“量移”。《旧唐书·玄宗纪》：“开元二十年十一月庚午，祀后土于脽上，大赦天下，左降官量移近处。”……白居易《贬江州司马自题》云：“一旦失恩先左降，三年随例未量移。”及迁忠州刺史，又云：“流落多年应是命，量移远郡未成官。”故韩愈自潮州刺史量移袁州，有“遇赦移官罪未除”之句。……今人乃称迁职为量移，误矣。

今按：卢氏改末尾“今人乃称迁职为量移，误矣”为“今人谓升迁为量移，不知非也”，并前置。又改“唐朝人得罪，贬窜远方，遇赦改近地，谓之‘量移’。《旧唐书·玄宗纪》：开元二十年十一月庚午，祀后土于脽上”为“余考《旧唐书》，凡官员得罪贬窜远方，遇赦改近地，乃谓量移。开元二十年十一月郊祀”，并增“此其明证也”一语，而省去顾氏所引白居易、韩愈诸诗，改为“故白居易、韩愈均有量移诗”一句，显系抄袭。

卷十七
葬祭随笔

1. 欧阳子谓："五代礼废，民间野祭始焚纸钱。"而不知开元时，王玙为祠祭使，祈祷皆焚纸钱，则不自五代始也。古不墓祭，自汉明帝始有上陵之礼。《唐书》：开元二十年，寒食上墓，编入五礼，著为式。此寒食野祭之始。又按：朱文公谓：汉时祭河，用寓龙寓马，以木为之，已是开纸钱之渐。

【辨伪】此条抄自宋王应麟《困学纪闻》卷十四：

> 欧阳子谓："五代礼坏，寒食野祭而焚纸钱。"按：纸钱始于开元二十六年，王玙为祠祭使，祈祷或焚纸钱，类巫觋，非自五代始也。古不墓祭，汉明帝以后，有上陵之礼，蔡邕议以为礼有烦而不可省者。《旧唐书》：开元二十年，寒食上墓，编入五礼，永为例程。寒食野祭，盖起于此。朱文公谓：汉祭河，用寓龙寓马，以木为之，已是纸钱之渐。

今按：卢氏改"五代礼坏，寒食野祭而焚纸钱"为"五代礼废，民间野祭始焚纸钱"，改"按：纸钱始于开元二十六年"为"而不知开元时"，而删"类巫觋"。又改"汉明帝以后，有上陵之礼"为"自汉明帝始有上陵之礼"，而删"蔡邕议以为礼有烦而不可省者"。又改"永为例程。寒食野祭，盖起于此"为"著为式。此寒食野祭之始"，又增"又按"二字，显系抄袭。

2. 招魂之葬，上古无闻。自晋东海王越柩为石勒所焚，其妃裴氏渡江后，欲招魂葬越。元帝诏有司详议，博士傅纯曰："圣人制礼，以事缘情，设冢椁以藏形，而事之以凶；立庙祧以安神，而事之以吉。送形而往，迎神而还，此墓庙之大分，形神之异制也。至于室庙寝庙祭非一处，所以广求神之道，而独不祭于墓。以明非神之所处也。今欲招魂以葬而立墓，是乱形神之别，错庙墓之宜，违礼失义，莫大于此。"诏不许。

【辨伪】此条节抄自清顾炎武《日知录》卷十五"墓祭"：

招魂之葬，于古未闻。……晋东海王越柩为石勒所焚，“妃裴氏渡江，欲招魂葬越。元帝诏有司详议，博士傅纯曰：‘圣人制礼，以事缘情，设冢椁以藏形，而事之以凶；立庙祧以安神，而奉之以吉。送形而往，迎精而还，此墓庙之大分，形神之异制也。至于室庙寝庙祊祭非一处，所以广求神之道，而独不祭于墓。明非神之所处也。今乱形神之别，错庙墓之宜，违礼失义，莫大于此。’于是下诏不许。”

今按：卢氏仅增“欲招魂以葬而立墓”，其他大同小异，显系抄袭。

3. 古人有心丧之制，盖谓停柩不葬者而言。但停柩上古所无，自建安离析，永嘉播窜，于是不得已而停柩者，以世乱故也。当时常炜言：魏晋之制，祖父未葬者，不许服官。而御史刘隗奏：诸军败，亡失父母，不知吉凶者，不得仕进宴乐，此心丧也。随后有因兵革不得葬者，有因仕宦不得葬者，有因拘忌不获葬者，比比皆是。齐高帝时，有乌程令顾昌玄坐父北征，尸骸不返，犹居官如故，有司奏请加罪免官。唐颜真卿时，朔方令郑延祚，坐母丧二十九年不葬，兄弟皆革职。余考《册府元龟》：后周大祖广顺二年，诏曰：“古者立封树之制，定丧葬之期，著于经典，是为名教。洎乎世衰风簿，亲没而阙送终，身后而便为无主。或羁束于仕宦，或拘忌于阴阳，旅榇不归，遗骸何托？但以先王垂训，孝子非以厚葬为贤，只以称家为礼。扫地而祭，尚可告虔；负土成坟，贵乎尽力。宜颁条令，用警因循。庶使九泉绝抱憾之魂，千古无不归之骨，缙绅人士，当体兹怀，凡内外文武臣僚幕职以及州县选人等，今后有祖父母及父母殁后，未经安葬者，其家不得妄求仕进，所由司官亦不得申举解送。永著为令。”吾谓今之停柩者，或因从征未返，或因远宦难归，十中不过一二，至拘忌阴阳，十常居其八九。停柩不葬，相习成风，吾愿有司当以周祖之诏为法，搢绅不许入官，士人不许赴举，则人人无不葬其亲矣。

【辨伪】此条抄自清顾炎武《日知录》卷十五“停丧”：

停丧之事，自古所无。自建安离析，永嘉播窜，于是有不得已而停者。常炜言：魏晋之制，祖父未葬者，不听服官。而御史中丞刘隗奏：“诸事败，亡失父母，未知吉凶者，不得仕进宴乐，皆使心丧。有犯，君子废，小人戮。”生者犹然，况于既殁？是以兖州刺史滕恬为丁零翟所杀，尸丧不反，恬子羡仕宦不废，论者嫌之。齐高帝时，“乌程令顾昌玄坐父法秀宋泰始中北征，尸骸不反，而昌玄宴乐嬉游，与常人无异，有司请加以清议。”振武将军丘冠先为休留茂所杀，丧尸绝域，不可复寻。世祖特敕，其子雄方敢入仕。当江左偏安之日，而犹申此禁，岂有死非战场，棺非异域，而停久不葬，自同平人，如今人之所为者哉？《晋书·贺循传》：“为武康令，俗多厚葬，及有拘忌，回避岁月，停丧不葬者，循皆禁焉。”《旧唐书·颜真卿传》：“时有郑延祚者，（《新书》朔方令。）母卒二十九年，殡僧舍垣地。真卿劾奏之，兄弟终身不齿，天下耸动。”《册府元龟》：后周太祖广顺二年十一月丙午，敕曰：“古者立封树之制，定丧葬之期，著在经典，是为名教。洎乎世俗衰薄，风化陵迟，亲殁而多阙送终，身后而便为无主。或羁束于仕宦，或拘忌于阴阳，旅榇不归，遗骸何托？但以先王垂训，孝子因心，非以厚葬为贤，只以称家为礼。扫地而祭，尚可以告虔；负土成坟，所贵乎尽力。宜颁条令，用警因循。庶使九原绝抱恨之魂，千古无不归之骨。搢绅人士，当体兹怀，应内外文武臣僚幕职州县官选人等，今后有父母祖父母亡殁，未经迁葬者，其主家之长，不得辄求仕进，所由司亦不得申举解送。”……后之王者，以礼治人，则周祖之诏、鲁公之劾，不可不著之申令。但使未葬其亲之子若孙，搢绅不许入官，士人不许赴举，则天下无不葬之丧矣。

今按：卢氏于前增“古人有心丧之制，盖谓停柩不葬者而言”一句，又改“停丧之事，自古所无”为“但停柩上古所无”，又增“以世乱故也”，删“有犯，君子废，小人戮”、“生者犹然，况于既殁”，改“是以兖州刺史滕恬为丁零翟所杀，尸丧不反，恬子羡仕宦不废，论者嫌之”以及“振武将军丘冠先为休留茂所杀”至“循皆禁焉”一节为“随后有因兵革不得葬者，有因仕宦不得葬者，有因拘忌不获葬者，比比皆是”，改“而昌玄宴乐嬉游，与常人无异”为“犹居官如故”，改顾氏引《旧唐书·颜真卿传》一节为“唐颜真卿时，朔方令郑延祚，坐母丧二十九年不葬，兄弟皆革职”。又于“《册府元龟》”上增“余考”二字，删引文中“十一月丙午”、“风化陵迟”，增“‘永著为令’。吾谓今之停柩者，或因从征未返，或因远宦难归，十中不过一二，至拘忌阴阳，十常居其八九”，改“后之王者，以礼治人，则周祖之诏、鲁公之劾，不可不著之申令。但使未葬其亲之子若孙，搢绅不许入官，士人不许赴举，则天下无不葬之丧矣”为“停柩不葬，相习成风，吾愿有司当以周祖之诏为法，搢绅不许入官，士人不许赴举，则人人无不葬其亲矣”，大同小异，显系抄袭。

4. 古人有因故而不克葬其亲者，并非拘忌风水、游宦久征，皆由其事不从心，不得已而为之者。魏刘仲武娶毌丘氏为妻，生子正舒，后毌丘俭败，当夷三族。仲武遂出妻，更娶王氏，生子陶。然毌丘氏虽被出，而不改嫁，仲武立别舍以居之。及毌丘氏卒，其子正舒求附葬先茔，陶不许。正舒不释服，讼于官，数十年而不决，正舒泣血丧服，以至死而不改。

【辨伪】此条抄自清顾炎武《日知录》卷十五“停丧”：

魏刘仲武娶毌丘氏，生子正舒、正则。及毌丘俭败，仲武出其妻，（司马师夷俭三族，故仲武出妻。）更娶王氏，生陶。仲武为毌丘氏立别舍，而不告绝。及毌丘氏卒，正舒求祔葬，陶不许。正舒不释服，讼于上下，泣血露骨，衰裳缀络，数十年弗得，以至死亡。

今按：卢氏于前增“古人有因故而不克葬其亲者，并非拘忌风水、游宦久征，皆由其事不从心，不得已而为之者”一句，删“正则”，改小注“司马师夷俭三族，故仲武出妻”为正文“当夷三族”，改“仲武为毌丘氏立别舍，而不告绝”为“然毌丘氏虽被出，而不改嫁，仲武立别舍以居之”，改“泣血露骨，衰裳缀络，数十年弗得，以至死亡”为“数十年而不决，正舒泣血丧服，以至死而不改”，大同小异，显系抄袭。

5. 又宋何子平以母丧去官，时值饥荒，继以师旅，八年不得营葬，日夜号哭，冬不衣絮，夏不就凉，每日食粥，不进盐菜。所居破屋，不蔽风雨，兄子为之（茸）［葺］理，子平曰："亲丧未葬，天地之罪人耳，何以屋为?"后会稽太守蔡兴宗闻之，大加敬重，代为营葬。

【辨伪】此条抄自清顾炎武《日知录》卷十五"停丧"：

> 宋海虞令何子平，母丧去官，哀毁踰礼。属大明(孝武帝年号)末，东土饥荒，继以师旅，八年不得营葬。昼夜号哭，常如袒括之日，冬不衣絮，夏不就清凉，一日以米数合为粥，不进盐菜。所居屋败，不蔽风日，兄子伯兴欲为葺理，子平不肯，曰："我情事未申，天地一罪人耳。屋何宜覆?"蔡兴宗为会稽太守，甚加矜赏，为营冢圹。

今按：卢氏删"海虞令"、"哀毁踰礼。属大明(孝武帝年号)末"、"常如袒括之日"，改"一日以米数合为粥"为"每日食粥"，改"我情事未申，天地一罪人耳。屋何宜覆"为"亲丧未葬，天地之罪人耳，何以屋为"，改"蔡兴宗为会稽太守，甚加矜赏，为营冢圹"为"后会稽太守蔡兴宗闻之，大加敬重，代为营葬"，其意相同，显系改窜抄袭。

6. 余又按，梁殷不佞为武康令，母卒时，适值江陵已陷，道路隔绝，四年不得奔丧营葬，日夕号泣。及陈高祖受禅，军务平定，乃得迎丧安厝。不佞如始丧之礼，重守三年服制。

【辨伪】此条抄自清顾炎武《日知录》卷十五"停丧"：

> 梁殷不佞为武康令，会江陵陷，而母卒，道路隔绝，不得奔赴，四载之中，昼夜号泣。及陈高祖受禅，起为戎昭将军，除娄令，至是，四兄不齐始迎丧柩归葬。不佞居处礼节，如始闻丧，若此者又三年。

今按：卢氏于前增"余又按"三字，改"会江陵陷，而母卒"为"母卒时，适值江陵已陷"，改"不得奔赴，四载之中"为"四年不得奔丧营葬"，改"起为戎昭将军，除娄令，至是，四兄不齐始迎丧柩归葬"为"军务平定，乃得迎丧安厝"，改"不佞居处礼节，如始闻丧，若此者又三年"为"不佞如始丧之礼，重守三年服制"，其意相同，显系抄袭。

7. 又唐欧阳通为中书舍人，母死，以岁凶未葬，四年居庐，寝苫枕块，不释服。家人密以毡絮置卧榻下，通觉，大怒，急令撤去。以上四事，余谓可以为不得已停丧者之法。

【辨伪】此条抄自清顾炎武《日知录》卷十五"停丧"：

> 唐欧阳通为中书舍人，丁母忧，以岁凶未葬，四年居庐，不释服。冬月，家人密以毡絮置所眠席下，通觉，大怒，遽令彻之。……此数事可为不得已而停丧者之法。

今按：卢氏改"丁母忧"为"母死"，增"寝苫枕块"，删"冬月"，改"置所眠席下"为"置卧榻下"，改"遽令彻之"为"急令撤去"，又改"此数事可为不得已而停丧者之法"为

“以上四事，余谓可以为不得已停丧者之法”，其意相同，显系抄袭。

8. 人谓墓志刻石始于宋元嘉中，颜延年为王球作墓志铭，而不知非也。或又谓唐封演于援宋时得《司马越女冢铭》，又隋得《王戎墓铭》，载《封氏见闻记》，似墓铭始于晋。或又云：今世有崔子玉书《张衡墓铭》，审是，则汉已有，又不自晋始也。余阅周益公记：唐开元四年，偃师县耕者，得比干墓铜盘铭，又得东汉墓志，初犹用砖，久方刻石，则是三代时皆有。

【辨伪】此条抄自宋王应麟《困学纪闻》卷十三：

> 叶少蕴云：“齐武帝欲为裴后立石志墓中，王俭以为非古。或以为宋元嘉中，颜延之为王球作志，墓有铭自宋始。唐封演援宋得《司马越女冢铭》，隋得《王戎墓铭》，为自晋始，亦非是。今世有崔子玉书《张衡墓铭》，则墓有铭，自东汉有之。”周益公谓：铭墓，三代有之。唐开元四年，偃师耕者，得比干墓铜盘、东汉志墓，初犹用砖，久方刻石。

今按：卢氏删“叶少蕴云”，改叶氏语中“齐武帝欲为裴后立石志墓中，王俭以为非古。或以为宋元嘉中”为“人谓墓志刻石始于宋元嘉中”，删“墓有铭自宋始”，增“而不知非也”。又增“或又谓”，改“为自晋始，亦非是”为“载《封氏见闻记》，似墓铭始于晋”，又增“或又云”，改“则墓有铭，自东汉有之”为“审是，则汉已有，又不自晋始也”。又改“周益公谓”为“余阅周益公记”，改“铭墓，三代有之”为“则是三代时皆有”，并置末尾，其意相同，显系抄袭。

9.《春秋纬含文嘉》云：“天子坟高三仞，树以松；诸侯坟高一仞半，树以柏；大夫坟八尺，树以栾；士坟四尺，树以槐；庶人无坟，树以白杨或树杨柳。”

【辨伪】此条抄自宋赵令畤《侯鲭录》卷六：

> 《春秋纬含文嘉》曰：“天子坟高三仞，树以松；诸侯半之，树以柏；大夫八尺，树以栾；士四尺，树以槐；庶人无坟，树以杨柳。”

今按：卢氏改“诸侯半之”为“诸侯坟高一仞半”，改“树以杨柳”为“树以白杨或树杨柳”，大同小异，显系抄袭。

10.《周礼》：有虞氏用瓦棺，夏后氏塈周，商人棺椁，周人墙置翣。周人以商之棺椁葬长殇，以夏之塈周葬中殇、下殇，以有虞氏之瓦棺葬无服之丧。今按：宋元祐七年正月，南京浚南湖，得瓦棺五，长者才三尺余，阔不盈尺，厚不及寸。瓦皆有细纹，若甚精致，触之皆坏。留守曾肇往视之，命迁于高阜之处，祭以酒果，而瘗之吊以文，曰：“虞耶夏耶？商周之人耶？势耶富耶？抑贱而贫耶？生于何乡几晦朔，瘗于此地几春秋耶？寿夭归于其尽，老聃彭祖与子其均耶？瓦为藏而水为宅，岂不复子之真耶？改卜高原，既深且固，于子为戚耶？抑为欣耶？有知也耶？无知也耶？倘有知也，其当舍故而从新耶？”

【辨伪】此条抄自宋周煇《清波杂志》卷十二：

> 曾文昭子开亦有《瘗瓦棺文》，上饶寓公尹少稷谏议常称高妙，可配东坡《徐州祭枯骨》之作。元祐七年正月，南京浚南湖，得瓦棺五，长者才三尺余，阔不踰尺，厚不及寸。瓦有从文，初若坚致，触之皆坏。留守曾肇既往视之，命迁瘗于湖之东南若干步高阜之地，祭以酒果。案《礼》："有虞氏瓦棺，夏后氏堲周，商人棺椁，周人墙置翣。周人以商人之棺椁葬长殇，以夏后之堲周葬中殇、下殇，以有虞氏之瓦棺葬无服之殇。"此棺其葬殇者欤？乃吊之曰："虞耶夏耶？商周之人耶？势耶富耶？抑贱而贫耶？生于何乡几晦朔，瘗于此地几春秋耶？夭寿归于共尽，老聃彭祖与子其均耶？瓦为藏而水为宅，岂不复子之真耶？改卜高原，既深且固，于子为戚，抑为欣耶？有知也耶？无知也耶？尚有知也，其肯舍故而从新耶？"亦载在《曲阜集》。

今按：周氏叙述曾文昭作《瘗瓦棺文》一事，中间插入"案《礼》"一节，卢氏则将此节提前，并改"案《礼》"为"《周礼》"，之后方叙述曾文昭作《瘗瓦棺文》事。卢氏删"曾文昭子开亦有《瘗瓦棺文》，上饶寓公尹少稷谏议常称高妙，可配东坡《徐州祭枯骨》之作"，又增"今按"二字，改"命迁瘗于湖之东南若干步高阜之地"为"命迁于高阜之处"，删"此棺其葬殇者欤"、"亦载在《曲阜集》"二句。显系抄袭。

11. 火葬之说，自古未闻。惟外夷有之。今则流传中土，而江南最甚。宋绍兴时，登闻鼓院范同言："今民俗有所谓火化者，生则奉养惟恐其不至，死则燔(熟)[爇]而捐弃之。请朝廷著为令，贫无葬地者，许以官地安葬。又河南地狭人众，虽至亲之丧，悉皆焚化。韩琦镇并州，以官钱市地数顷，给民埋葬。至今称美。"

【辨伪】此条抄自清顾炎武《日知录》卷十五"火葬"：

> 火葬之俗，盛行于江南，自宋时已有之。《宋史》：绍兴二十六年，监登闻鼓院范同言："今民俗有所谓火化者，生则奉养之具惟恐不至，死则燔爇而捐弃之。国朝著令，贫无葬地者，许以官地安葬。河东地狭人众，虽至亲之丧，悉皆焚弃。韩琦镇并州，以官钱市田数顷，给民安葬。至今为美谈。"

今按：卢氏改"火葬之俗，盛行于江南，自宋时已有之"为"火葬之说，自古未闻。惟外夷有之。今则流传中土，而江南最甚"，删"《宋史》"二字。又改"国朝著令"为"请朝廷著为令"，又改"河东"为"河南"，大同小异，显系抄袭。

12. 余阅《姑苏杂志》载：宋时吴县城外通济寺，有化人亭约十余间，寺僧藉以罔利。合城愚民，亲死皆为所诱，即举而付之炬焰。余骸不化者，又举而投之深渊。惨不忍闻。一日，风雷骤至，尽撤其亭而倾去之。意者秽德彰闻，冤魂上诉，故皇天震怒，为绝此根株欤？而寺僧陈请再造，适值黄震为吴县尉，不准重建，并申明大府永定为案，恐以后侩又踵而行之，其词略云："此亭为焚人之亲尸设也，人之焚亲，不孝之大者也，此亭其可再造乎？谨按古者大殓、小殓以至殡葬，皆擗踊，为迁其亲之尸而动之也。况可得而焚之耶？举其尸而火之，惨虐之极，无复人道。虽商纣为炮烙之刑，然皆施之于生前，未闻戮之于死后。其后王敦以叛逆被焚，蒋玄晖渎乱宫帏，朱全忠杀而焚之。东海王越乱晋，石勒剖其柩，而焚其尸。曰：'乱天下越也，吾为天下报之。'伊古以来所无之事，皆由平日恶贯满盈，因以施之极恶之人，究非治世法也。隋筑仁寿宫，役夫死道上，杨素焚之，文帝不悦。夫淫刑如隋文，犹不忍焚人，则痛心莫甚于焚尸。况其亲之骨肉乎？焚之不尽，又往往拾其遗骸而投之水中，惨乎不惨？或者曰焚人为佛法所尚。然闻佛氏之说，谓戒火自焚也，今之焚亲者，戒火耶？人火耶？其自焚耶？其子孙焚耶？佛者外国之法，今居中国耶？外国耶？有识者为疾首痛心矣。"今国家自南渡以来，此风日甚。虽有漏泽园之设，而地窄人多，不能遍葬，谓之火葬，相率焚尸，习以成风俗而不怪。震请于每邑给空地若干亩以为义冢，使贫民埋葬，除其租税，严为禁止，如敢有焚尸者，治以重罪，庶几礼教兴而民俗厚也。余谓黄震之论可谓达乎天理、合乎人情之至论，故笔之以为火葬者戒。

【辨伪】此条抄自清顾炎武《日知录》卷十五"火葬"：

> 景定二年，黄震为吴县尉，《乞免再起化人亭状》曰："照对本司久例，有行香寺曰通济，在城外西南一里。本寺久为焚人空亭，约十间，以罔利。合城愚民悉为所诱，亲死即举而付之烈焰。余骸不化，则又举而投之深渊。哀哉！斯人何辜，而遭此身后之大戮邪！震久切痛心，以人微位下，欲言未发。乃五月六日夜，风雷骤至，独尽撤其所谓焚人之亭而去之。意者秽气彰闻，冤魂共诉，皇天震怒，为绝此根！越明日，据寺僧发觉陈状，为之备申使府，盖亦幸此亭之坏耳。案吏何人，敢受寺僧之嘱？行下本司，勒令监造。震窃谓：此亭为焚人之亲设也，人之焚其亲，不孝之大者也。此亭其可再也哉？谨案古者小敛大敛，以至殡葬，皆擗踊，为迁其亲之尸而动之也。况可得而火之邪？举其尸而畀之火，惨虐之极，无复人道。虽蚩尤作五虐之法，商纣为炮烙之刑，皆施之于生前，未至戮之于死后也！……东海王越乱晋，石勒剖其棺，焚其尸，曰：'乱天下者此人也，吾为天下报之。'……王敦叛逆，有司出其尸于瘗，焚其衣冠，斩之，所焚犹衣冠耳。……惨虐之门既开，因以施之极恶之人，然非治世法也。隋为仁寿宫，役夫死道上，杨素焚之，上闻之不悦。夫淫刑如隋文，且不忍焚人，则痛莫甚于焚人者矣。蒋玄晖渎宫闱，朱全忠杀而焚之，一死不足以尽其罪也。然杀之者常刑，焚之者非法。非法之虐，且不可施之诛死之罪人，况可施之父母骨肉乎？世之施此于父母骨肉者，又往往拾其遗烬而弃之水，则宋诛太子劭逆党王鹦鹉、严道育，既焚而扬灰于河之故智也。惨益甚矣！而或者乃以焚人为佛法。然闻佛之说，戒火自焚也。今之焚者，戒火邪？人火邪？自焚邪？其子孙邪？佛者外国之法，今吾所处中国邪？外国邪？有识者为之痛惋久矣！"然自宋以来，此风日盛。国家虽有漏泽园之设，而地窄人多，不能遍葬，相率焚烧，名曰火葬，习以成俗。谓宜每里给空地若干为义冢，以待贫民之葬，除其租税，而更为之严禁，焚其亲者以不孝罪之。庶乎礼教可兴，民俗可厚也。

今按：卢氏增"余阅《姑苏杂志》载"，误标出处。改"景定二年，黄震为吴县尉，《乞免再起化人亭状》曰：'照对本司久例，有行香寺曰通济，在城外西南一里。本寺久为焚人空亭，约十间，以罔利'"为"宋时吴县城外通济寺，有化人亭约十余间，寺僧藉以罔利”，改“哀哉！斯人何辜，而遭此身后之大戮邪！震久切痛心，以人微位下，欲言未发”为“惨不忍闻”，改“乃五月六日夜”为“一日”，改“越明日，据寺僧发觉陈状，为之备申使府，盖亦幸此亭之坏耳。案吏何人，敢受寺僧之嘱？行下本司，勒令监造。震窃谓”为“而寺僧陈请再造，适值黄震为吴县尉，不准重建，并申明大府永定为案，恐以后侩又踵而行之，其词略云”。又删“蚩尤作五虐之法”，改“王敦叛逆，有司出其尸于瘞，焚其衣冠，斩之，所焚犹衣冠耳”、“蒋玄晖渎宫闱，朱全忠杀而焚之，一死不足以尽其罪也”二句为“其后王敦以叛逆被焚，蒋玄晖渎乱宫帏，朱全忠杀而焚之”，并置于“东海王越乱晋”之前。又改“惨虐之门既开，因以施之极恶之人，然非治世法也”为“伊古以来所无之事，皆由平日恶贯满盈，因以施之极恶之人，究非治世法也”，改“则痛莫甚于焚人者矣”为“则痛心莫甚于焚尸”，删“然杀之者常刑，焚之者非法。非法之虐，且不可施之诛死之罪人”，改“况可施之父母骨肉乎”为“况其亲之骨肉乎”，改“世之施此于父母骨肉者”为“焚之不尽”，删“则宋诛太子劭逆党王鹦鹉、严道育，既焚而扬灰于河之故智也”，改“惨益甚矣”为“惨乎不惨”，改“而或者乃以焚人为佛法”为“或者曰焚人为佛法所尚”。又改“然自宋以来，此风日盛”为“今国家自南渡以来，此风日甚”，改“相率焚烧，名曰火葬，习以成俗”为“谓之火葬，相率焚尸，习以成风俗而不怪”，改“谓宜每里给空地若干为义冢，以待贫民之葬”为“震请于每邑给空地若干亩以为义冢，使贫民埋葬”，改“焚其亲者以不孝罪之。庶乎礼教可兴，民俗可厚也”为“如敢有焚尸者，治以重罪，庶几礼教兴而民俗厚也”，大同小异。又于末尾增“余谓黄震之论可谓达乎天理、合乎人情之至论，故笔之以为火葬者戒”一句。显系抄袭。

13. 古人葬亲，原不拘忌阴阳风水，亦不择求吉地，即云相其阴阳，观其流泉，盖谓修城郭、建室家，而言非择地以葬亲也。至圣人乃云：“卜其宅窕而安厝之。”亦不过无使土亲肤意思，何有龙穴砂水、福庇后人之说？自后世惑于堪舆，往往停柩不葬。余故以青乌子《葬经》等编辑《续编丛书》中，以便士大夫家人人皆知地理，不为风水所惑，则无所拘忌，易于安葬，庶可以为停丧者劝。

【辨伪】此条前半段据宋罗大经《鹤林玉露》改窜而来，《鹤林玉露》卷六“风水”：

> 古人建都邑、立室家，未有不择地者，如《书》所谓“达观于新邑，营卜瀍涧之东西”；《诗》所谓“升虚望楚，降观于桑，度其隰原，观其流泉”，盖自三代时已然矣。余行天下，凡通都会府，山水固皆翕聚。至于百家之邑、十室之市，亦必倚山带溪，气象回合，若风气亏疏，山水飞走，则必无人烟起聚，此诚不可不信、不可不择也。乃若茔者，藏也，藏者欲人之不得见也。古人之所谓卜其宅兆者，乃孝子慈孙之心，谨重亲之遗体，使其他日不为城邑、道路、沟渠耳。借曰精择，亦不过欲其山水回合、草木茂盛，使亲之遗体得安耳，岂藉此以求子孙富贵乎？郭璞谓本骸乘气，遗体受荫，此说殊未通。……世之人惑璞之说，有贪求吉地，未能惬意，至十数年不葬其亲者。

今按：改“古人建都邑、立室家”至“盖自三代时已然矣”为“古人葬亲，原不拘忌阴阳风水，亦不择求吉地，即云相其阴阳，观其流泉，盖谓修城郭、建室家，而言非择地以葬亲也”，改“古人之所谓卜其宅兆者”至“岂藉此以求子孙富贵乎”为“至圣人乃云：‘卜其宅窕而安厝之。’亦不过无使土亲肤意思，何有龙穴砂水、福庇后人之说”，改“世之人惑璞之说，有贪求吉地，未能惬意，至十数年不葬其亲者”为“自后世惑于堪舆，往往停柩不葬”。文句改动虽多，而其抄袭痕迹仍可考见。卢氏又补入“余故以青乌子《葬经》等”一句，叙自己编《汉魏续编丛书》一事。

14.《祭义》云：“以祀天地山川社稷先古。”按先古即先祖也。《诗》曰：“以似以续。”续古之人，盖谓其先人也。注云：近曰先，远曰古，故周人谓先公为古公。此可举以为先古之证。

【辨伪】此条抄自清顾炎武《日知录》卷六“先古”：

> 《祭义》：“以事天地山川社稷先古。”先古，先祖也。《诗》曰：“以似以续。”续古之人，亦谓其先人也。近曰先，远曰古，故周人谓其先公曰古公。

今按：卢氏增“此可举以为先古之证”一句，其他大致相同，显系抄袭。

15.《史记·孔子世家》：“鲁世世相传，以岁时奉祀孔子冢。而诸儒亦讲礼乡饮、大射于孔子冢。孔子冢大一顷，故所居堂，后内。后世因立庙藏孔子衣冠琴书。”夫礼教出于圣人，岂有就冢而祭？至乡饮、大射，尤不可于冢上行之。盖孔子设教于洙、泗，所葬之冢，在讲堂之后，孔子既没，弟子即讲堂而祭之，兼行乡饮、射之礼。而太史公不察，遂以为祭于冢云。

【辨伪】此条抄自清顾炎武《日知录》卷十五“墓祭”：

> 《史记·孔子世家》：“鲁世世相传，以岁时奉祀孔子冢。而诸儒亦讲礼乡饮、大射于孔子冢。孔子冢大一顷，故所居堂，弟子内。后世因庙藏孔子衣冠琴车书。”夫礼教出于圣人之门，岂有就冢而祭？至乡饮、大射，尤不可于冢上行之。盖孔子教于洙、泗之间，所葬之冢，在讲堂之后，孔子既没，弟子即讲堂而祀之，且行饮、射之礼。太史公不达，以为祭于冢也。

今按：卢氏改“弟子内”为“后内”，其他大致相同，显系抄袭。

16.《汉书》载尧冢在济阴成阳。帝与尧母庆都陵皆在焉。余按章帝元和二年，东巡狩，帝使祠尧于成阳灵台。又安帝(元)[延]光三年，帝使使者祠尧于成阳。考《皇览》：“尧冢在济阴成阳。”皇甫谧《帝王世纪》：“尧葬在济阴成阳西北四十里，是为谷林。”又据《水经注》：“城阳西二里有尧陵，陵南一里有尧母庆都陵，在城阳之西南，名曰灵台。又尧陵之西五十余步，有中山夫人祠，尧妃也。夫人祠南里余有仲山甫冢。”又考《宋史》：“神宗熙宁元年，知濮州韩铎言：‘尧陵在雷泽县东谷林，陵南有尧母陵有灵台庙，请敕地方官春秋致祭，置守陵户，以供洒扫。’诏从之。”是宋时尧陵、庆都陵碑与庙犹并存也。所以《吕氏春秋》曰：“尧葬谷林。”《括地志》曰“尧陵在濮州鄄城县东十五里”。惟《竹书纪年》所载不同，谓舜囚尧，复偃塞丹朱，使不与父尧相见。尧涉于陶，故葬成阳，又谓之偃朱故城，此皆无稽之谈不可为信。

【辨伪】此条节抄自清顾炎武《日知录》卷二十二“尧冢灵台”：

> 《汉书·地理志》：“济阴成阳有尧冢灵台。”《后汉书·章帝纪》：“元和二年二月，东巡狩，使使者祠唐尧于成阳灵台。”《安帝纪》：“延光三年二月庚寅，使使者祠唐尧于成阳。”《皇览》云：“尧冢在济阴成阳。”皇甫谧《帝王世纪》云：“尧葬济阴成阳西北四十里，是为谷林。”《水经注》：“城阳西二里有尧陵，陵南一里有尧母庆都陵，于城为西南，称曰灵台。……尧陵东城西五十余步，中山夫人祠，尧妃也。……中山夫人祠南有仲山甫冢。”……《宋史》：“神宗熙宁元年七月己卯，知濮州韩铎言：‘尧陵在雷泽县东谷林山，陵南有尧母庆都灵台庙，请敕本州春秋致祭，置守陵五户，免其租，奉洒扫。’从之。”而《集古录》有汉尧祠及尧母祠碑。是庙与碑，宋时犹在也。……自此以后，《吕氏春秋》则曰：“尧葬于谷林。”……因尧偃朱之说，并出于《竹书》，而鄄城之迹，亦复相近。(《括地志》曰：“故尧城，在濮州鄄城县东北十五里。”《竹书》云：“昔尧德衰，为舜所囚也。”又有偃朱故城，在县西北十五里。《竹书云》：“舜囚尧，复偃塞丹朱，使不与父相见也。”按：此皆战国时人所造之说。)

今按：卢氏改顾氏引《汉书·地理志》一句为“《汉书》载尧冢在济阴成阳”，并增“帝与尧母庆都陵皆在焉”，又改顾氏引《后汉书·章帝纪》一句为“余按章帝元和二年，东巡狩，帝使祠尧于成阳灵台”，改《安帝纪》一句为“又安帝元[延]光三年，帝使使者祠尧于成阳”，误“延光”为“元光”。又改“而《集古录》有汉尧祠及尧母祠碑。是庙与碑，宋时犹在也”为“是宋时尧陵、庆都陵碑与庙犹并存也”。又改注文为正文，改“《竹书云》：‘舜囚尧，复偃塞丹朱，使不与父相见也’”为“惟《竹书纪年》所载不同，谓舜囚尧，复偃塞丹朱，使不与父尧相见”，增“尧涉于陶，故葬成阳”，改“又有偃朱故城，在县西北十五里”、“按：此皆战国时人所造之说”为“又谓之偃朱故城，此皆无稽之谈不可为信”，大同小异，显系抄袭。

17. 周公有大勋劳，赐鲁重祭以天子之礼乐，其实与天子固有隆杀也。乐有蛮夷而无戎狄，门有雉库而无应皋。尊用四代之尊，而爵无虞氏之爵；俎用四代之俎，而豆无虞氏之豆。其后鲁公僭天子之制，三家僭鲁公之制，陪臣僭三家之制。余按：鲁之祭祀，僭越已甚，国君郊禘，大夫歌雍、旅泰山，陪臣窃用弓玉，其僭有不胜言者。

【辨伪】此条抄自宋王应麟《困学纪闻》卷五：

> 鲁虽赐以天子之礼乐，其实与天子固有隆杀也。乐有夷蛮而无戎狄也，门有雉库而无皋应也。尊用四代之尊，而爵无虞氏之爵也；俎用四代之俎，而豆无虞氏之豆也。其后鲁公僭天子之制，三家僭鲁公之制，陪臣僭三家之制。然鲁有郊庙之礼，始于惠公之请，在平王东迁之后。

今按：卢氏改“鲁虽赐以天子之礼乐”为“周公有大勋劳，赐鲁重祭以天子之礼乐”，又删“然鲁有郊庙之礼，始于惠公之请，在平王东迁之后”一句，而增“余按”一句按语，显系抄袭。

18. 舜葬于苍梧之野，而《孟子》所谓“卒于鸣条”。《吕氏春秋》以为葬于纪。按：苍梧山在海州，近莒之纪城。鸣条亭，在陈留郡之平丘。今考《九域志》载，海州东海县有苍梧山，此可为证。

【辨伪】此条抄自宋王应麟《困学纪闻》卷五：

> 舜葬苍梧之野，薛氏曰：“《孟子》以为卒于鸣条。《吕氏春秋》：舜葬于纪。苍梧山，在海州界，近莒之纪城。鸣条亭，在陈留之平丘。”今考《九域志》，海州东海县有苍梧山。

今按：卢氏删“薛氏曰”，并增“此可为证”四字，其他大致相同，显系抄袭。

19.《周礼·冢人》：“凡死于兵者，不入兆域。”注谓：“战败无勇，投诸茔外以罚之。”又《檀弓》“死而不吊者三”，其一曰“畏”，亦此类也。余谓古人此制近于刻薄，非所以劝忠义励气节也。后阅史见隋文帝仁寿元年诏曰：“投生殉节，自古称难。陨身王事，礼加二等。而世俗不明大义，致命戎旅，不入兆域，亏孝子之意，伤人臣之心。兴言及此，每深愍叹。且入庙祭祀，并不废阙，何致坟茔使独在其外。自今以后，战亡之徒，宜入墓域。”此诏可谓达古今之意矣。

【辨伪】此条节抄自清顾炎武《日知录》卷五“不入兆域”：

> 《冢人》：“凡死于兵者，不入兆域。”注：“战败无勇，投诸茔外以罚之。”……而《檀弓》“死而不吊者三”，其一曰“畏”，亦此类也。……隋文帝仁寿元年诏曰：“投生殉节，自古称难。殒身王事，礼加二等。而世俗之徒，不达大义，致命戎旅，不入兆域，亏孝子之意，伤人臣之心。兴言念此，每深愍叹。且入庙祭祀，并不废阙，何至坟茔独在其外。自今以后，战亡之徒，宜入墓域。”可谓达古人之意。

今按：卢氏增“余谓古人此制近于刻薄，非所以劝忠义励气节也”一句，又增“后阅史见”四字，其他大致相同，显系抄袭。

20. 古今无像设之制，其祔也，有主以依神；其祭也，有尸以象神：无所谓像也。《左传》言：“太公之庙麻婴为尸。”《孟子》言“弟为尸”，而春秋以后，不闻有尸之事。宋玉《招魂》，始有“像设君室”之文。自尸礼废而像事兴，盖在战国之时，乃有此制耳。

【辨伪】此条抄自清顾炎武《日知录》卷十四“像设”：

> 古之于丧也，有重；于祔也，有主以依神；于祭也，有尸以象神：而无所谓像也。《左传》言：“尝于太公之庙麻婴为尸。”《孟子》亦曰“弟为尸”，而春秋以后，不闻有尸之事。宋玉《招魂》，始有“像设君室”之文。尸礼废而像事兴，盖在战国之

时矣。

今按：卢氏改“古之于丧也，有重”为“古今无像设之制”，又增“乃有此制耳”，其他大致相同，显系抄袭。

21. 陆道威尝著君丧五服之图，其略为：“嗣君及勋戚大臣斩衰三年，文武臣一品以下斩衰期年，四品以下斩衰九月，七品以下斩衰五月，士庶人斩衰三月。庶君臣之情不至邈焉相绝，而服有等杀，亦不至捍格难行。”盖本于朱子之意，而实出于魏孝文帝所云：“群臣各以亲疏贵贱远近为除服之差等。”庶几稍近于古、易行于今之说而发明之。又道威著《思辨录》，欲于祭礼之中，而寓立宗之意，谓：“古人最重宗子，统一族众。文公《家礼》所载祭礼，虽详整有法，顾惟宗子为有官爵及富厚者，方得行之，不能通诸贫士。又一岁四合族众，繁重难举，无隆杀之别。愚欲仿古族食世降一等之意，定为宗祭法。岁始祭始祖，凡五服之外皆与，大宗主之。仲春祭四代，以高祖为主，曾祖以下分昭穆。合同高祖众孙，以继高之宗主之。仲夏祭三代，以曾祖为主，祖考分昭穆合，同曾祖之众，继曾之宗主之。仲秋祭二代，以祖为主，考妣居昭位，合同祖之众，继祖之宗主之。仲冬祭一代，以考为主。合同父昆弟，继祢之宗主之。皆宗子主祭，而其余子，则献物以助祭。不惟爱敬各尽，而高曾祖考隆杀有等，一从再从，远近有别。似于古礼，亦无所倍。”余按：陆氏二说可以遵行，故并录之以为议丧祭者择焉。

【辨伪】此条抄自清顾炎武《日知录》卷十四“君丧”、“祭礼”二条。“君丧”条：

> 太仓陆道威尝创为君丧五服之图，其略谓：“嗣君及勋戚大臣斩衰三年，文武臣一品以下斩衰期年，四品以下斩衰九月，七品以下斩衰五月，士庶人斩衰三月。庶君臣之情不至邈然相绝，而服有降杀，亦不至捍格难行。”盖本朱子之意，而实出于魏孝文所云：“群臣各以亲疏贵贱远近为除服之差。”庶几稍近于古、易行于今之说。

又“祭礼”条：

> 陆道威著《思辨录》，欲于祭礼之中，而寓立宗之意，谓：“古人最重宗子，然宗子欲统一族众，无如祭法。文公《家礼》所载祭礼，虽详整有法，顾唯宗子而有官爵及富厚者，方得行之，不能通诸贫士。又一岁四合族众，繁重难举，无差等隆杀之别。愚意欲仿古族食世降一等之意，定为宗族法。岁始则祭始祖，凡五服之外皆与，大宗主之。仲春则祭四代，以高祖为主，曾祖以下分昭穆居左右。合同高祖之众，继高之宗主之。仲夏则祭三代，以曾祖为主，祖考则分昭穆居左右，合同曾祖之众，继曾之宗主之。仲秋则祭二代，以祖为主，考妣居左昭位，合同祖之众，继祖之宗主之。仲冬则祭一代，以考为主。合同父昆弟，继祢之宗主之。皆宗子主祭，而其余子，则献物以助祭。不惟爱敬各尽，而祖考高曾隆杀有等，一从再从，远近有别。似于古礼，初无所倍。”

今按：卢氏增“而发明之”一语，又改“古人最重宗子。然宗子欲统一族众，无如祭法”为“古人最重宗子，统一族众”，改“宗族法”为“宗祭法”，并删两“居左右”，其他与顾氏所记大致相同，又于末尾增“余按”一句，显系抄袭。

22. 古王者之葬，称墓而已。《左传》曰：“殽有二陵，其南陵，夏后皋之墓也。”《书传》亦言：“桐宫汤墓。”《周官·冢人》：“掌公墓之地。”并言墓不言陵。春秋以降，乃有称丘者。楚昭王墓，谓昭丘。赵武灵王墓，谓灵丘。吴王阖闾墓，谓虎丘。至《秦本纪》，惠文王葬公陵，悼武王葬永陵，孝文王葬寿陵，始有称陵者。至汉则无帝不称陵矣。而《会稽志》谓：“先秦帝王墓皆不称陵，而称陵之名实自汉始。”殆未考耳。

【**辨伪**】此条抄自清顾炎武《日知录》卷十五“陵”：

> 古王者之葬，称墓而已。《左传》曰：“殽有二陵，其南陵，夏后皋之墓也。”《书传》亦言：“桐宫汤墓。”《周官·冢人》：“掌公墓之地。”并言墓不言陵。及春秋以降，乃有称丘者。楚昭王墓，谓之昭丘。赵武灵王墓，谓之灵丘。而吴王阖闾之墓，亦名虎丘。……《秦本纪》：惠文王葬公陵，悼武王葬永陵，孝文王葬寿陵，始有称陵者。至汉则无帝不称陵矣。宋施宿《会稽志》曰：“自先秦古书，帝王墓皆不称陵，而陵之名实自汉始。”非也。

今按：卢氏删“宋施宿”，改“非也”为“殆未考耳”，其意相同，显系抄袭。

卷十八
谈苑随笔

1. 轻诺似烈而寡信，多易似能而无效，进锐似精而去速，敏求似察而事烦，许施似惠而无成，面从似忠而退违，此上皆似是而非也。亦有似非而实是者：大权似奸而有功，大智似愚而内明，博爱似虚而实厚，正言似讦而情忠。故听言信行，圣人犹为不可，况下焉者乎？然非有先知先觉之姿，其孰能得其实哉？

【辨伪】此条抄自三国魏刘邵《人物志》或元鲜于枢《困学斋杂录》。《人物志》卷中：

> 轻诺似烈而寡信，多易似能而无效，进锐似精而去速，诃者似察而事烦，许施似惠而无成，面从似忠而退违，此似是而非者也。亦有似非而是者：大权似奸而有功，大智似愚而内明，博爱似虚而实厚，正言似讦而情忠。夫察似明非，御情之反，有似理讼，其实难别也。非天下之至精，其孰能得其实？

又《困学斋杂录》：

> 轻诺似烈而寡信，多易似能而无效，进锐似精而去速，诃者似察而事烦，许者似惠而无成，面从似忠而退违，此似是而非者也。亦有似非而是者：大权似奸而有功，大智似愚而内明，博爱似虚而实厚，正言似讦而情忠。夫察似明非，御情之反，有似理讼，其实难别也。非天下之至精，其孰能得其实？

今按：卢氏所记与《人物志》、《困学斋杂录》所记大致相同，略有改动，如改“诃者”为“敏求”，又改“夫察似明非，御情之反，有似理讼，其实难别也。非天下之至精，其孰能得其实”为“故听言信行，圣人犹为不可，况下焉者乎？然非有先知先觉之姿，其孰能得其实哉”，显系抄袭。

2. 舜目重瞳，项羽、王莽、朱友敬皆重瞳。汉高祖、晋元帝、(稽)[嵇]康皆龙颜，汉光武、唐高祖皆日角，孔圣、阳虎皆面如蒙魌，窦宪、马周皆鸢肩，晋文、张仪皆骈胁。

【辨伪】此条抄自宋孙奕《示儿编》卷十七“事同”：

> 尧秀眉，鲁僖、马卿亦秀眉。舜重瞳，项羽、王莽、朱友敬亦重瞳。汉高祖龙颜，晋元帝、嵇康亦龙颜。光武日角，唐高祖亦日角。尼父面如蒙魌，阳虎亦如蒙魌。窦宪鸢肩，马周亦鸢肩。晋文骈胁，张仪亦骈胁。

今按：卢氏删“尧秀眉，鲁僖、马卿亦秀眉”一句，其下所列与孙氏同，而句式有所改变，显系抄袭。

3. 皇甫嵩对句，必分品类。如“风云”内则用李淳风、南霁云、高霞寓、韦云起、袁天纲、崔日用；“鸟兽”内则用魏豹、伯牛、伯虎、仲熊、叔豹、季騧、梁鸿、高凤、贾彪、郭象、孔鲤、祝鮀、石季龙、韩擒虎；“草木”内则用邓艾、越椒、薛柳、张松、张华、崔实；“布帛”内如季布、袁丝、黄裳、黥布、伍被、陆扆、田布、常衮；“颜色”如卫青、李白、陶朱、李绛、师丹、李赤、白圭、黄霸、龚黄、元白、赤松子、黄石公；“身体”如张耳、伯牙、隶首、姜肱、班叔皮、刁凿齿；“国名”如马周、吴汉、董晋、路隋、孙楚、苏秦、唐俭、虞翻、贡禹、张汤、田文、苏武。其它四时、数目、卦位、干支，无独有偶，不可尽述。

【辨伪】此条节抄自宋孙奕《示儿编》卷九“对用人名”：

> 观皇甫嵩《醉乡日月》有征人名，必分品类，则用字之法，贵乎亲切，于是略试中之。如“风云”中用朱云、斛律明月，则申以李淳风、南霁云、高霞寓、韦云起、袁天纲、崔日用。“鸟兽”中用魏豹、扁鹊，则申以伯虎、仲熊、叔豹、季騧、梁鸿、高凤、贾彪、郭象、陈龟、朱凤、崔骃、朱虎、孔鲤、祝鮀、石季龙、韩擒虎。“草木”中用邓艾、越椒，则申以薛柳、张松、张华、崔寔、王筠、卢杞、元德秀、高仙芝。“布帛”中用季布、爰丝，则申以黄裳、黥布、伍被、陆扆、田布、常衮。“颜色”如卫青、李白，则申以陶朱、李赤、师丹、李绛、朱邑、黄香、白圭、黄霸、龚黄、元白、赤松子、黄石公。“形体”如张耳、伯牙，则申以隶首、姜肱、骭臂、公肩、班叔皮、刁凿齿。……又以门目触类而长之，如“国名”用马周、董晋、李汉、冯唐、吴汉、路隋、孙楚、苏秦、唐俭、虞翻、西周、东周、前汉、后汉。“帝王”用赵尧、王舜、贡禹、张汤、田文、苏武。“卦名”用杨震、来恒、李巽、苗复、唐临、崔涣、苏安恒、温大有、贾敦颐、韩思复、程知节、韦思谦、薛大鼎、沈既济。……“数目”用九方皋、百里奚、员半千、武平一、张九龄、权万纪、雷万春、程千里、武三思、方万顷、张万福、鄂千秋。……“四时”用子夏、杜秋、雷万春、车千秋、韦夏卿、赵冬曦。

今按：卢氏改“观皇甫嵩《醉乡日月》有征人名”为“皇甫嵩对句”，删“则用字之法，贵乎亲切，于是略试中之”。此下所举例证，皆见于孙氏所列，而有所删减，如删“朱云、斛律明月”、“扁鹊”、“陈龟、朱凤、崔驷、朱虎”、“王筠、卢杞、元德秀、高仙芝”、“朱邑、黄香”、“骬臂、公肩”、“李汉、冯唐”、“西周、东周、前汉、后汉”，且改“爰丝”为“袁丝”，删“又以门目触类而长之”，并孙氏所列用帝王名之“贡禹、张汤、田文、苏武”于国名下。并改孙氏此下所列卦名、数目、四时等例证为“其它四时、数目、卦位、干支，无独有偶，不可尽述”，显系抄袭。

4. 东坡与刘贡父云：“余同舍弟习制科，日食三白饭，甚美，不复信世间有八珍也。”贡父问“三白”云何，答曰：“一撮盐，一堞生萝卜，一碗饭。”贡父大笑。久之，以柬招东坡吃水晶饭，坡亦不记三白之说，谓人云；“贡父读书多，必有出处。”比至赴食，案上只陈盐、萝卜、饭，始悟贡父仍以三白相戏也，遂投箸，食之几尽。将上马回，坡曰：“明日见过，当以毳饭相酬。”贡父虽知戏己，但不解毳饭所设何物，及期而往。谈论竟日，毫无举动，贡父饥甚，索食至再至三，坡云：“少待。”如是者数四。贡父曰：“饥不可忍矣。”坡始笑曰：“盐也毛，萝卜也毛，饭也毛，非毳饭而何?”贡父捧腹曰：“固知君必报。然不料如是之虐也。”坡为进食而归。

【辨伪】此条抄自宋朱弁《曲洧旧闻》卷六：

> 东坡尝与刘贡父言：“某与舍弟习制科时，日享三白，食之甚美，不复信世间有八珍也。”贡父问“三白”，答曰：“一撮盐，一楪生萝卜，一碗饭，乃三白也。”贡父大笑。久之，以简招坡过其家吃皛饭，坡不省忆尝对贡父三白之说也，谓人云：“贡父读书多，必有出处。”比至赴食，见案上所设惟盐、萝卜、饭而已，乃始悟贡父以三白相戏，笑投匕箸，食之几尽。将上马，云：“明日可见过，当具毳饭奉待。”贡父虽恐其为戏，但不知毳饭所设何物，如期而往。谈论过食时，贡父饥甚索食，坡云：“少待。”如此者再三，坡答如初。贡父曰：“饥不可忍矣。”坡徐曰：“盐也毛，萝卜也毛，饭也毛，非毳而何?”贡父捧腹曰：“固知君必报东门之役，然虑不及此也。”坡乃命进食，抵暮而去。世俗呼无为模，又语讹模为毛，尝同音，故坡以此报之，宜乎贡父思虑不到也。

今按：卢氏所记苏东坡与刘贡父事，与朱氏所记相同，文句略有改窜，如改“皛饭”为“水晶饭”，改“坡不省忆尝对贡父三白之说也”为“坡亦不记三白之说”，改“贡父虽恐其为戏”为“贡父虽知戏己”，改“谈论过食时，贡父饥甚索食”为“谈论竟日，毫无举动，贡父饥甚，索食至再至三”，改“如此者再三，坡答如初”为“如是者数四”，改“固知君必报东门之役，然虑不及此也”为“固知君必报。然不料如是之虐也”，并删“世俗呼无为模，又语讹模为毛，尝同音，故坡以此报之，宜乎贡父思虑不到也”，显系抄袭。

5.《中吴纪闻》载：对联有双关者，如：“数行文字，那个汉书；一簇人烟，谁家庄子。”又如：“筵上枇杷，宛类无声之乐；草头蚱蜢，犹如不系之舟。”又如：“镜上嵌钱，铜声相应；马前断事，鞍上治民。”又如：“鉏麑触槐，死作木边之鬼；豫让吞炭，终为山下之灰。”又有嘲姓叶、姓马者：“鸡冠花未放，狗尾叶先生。”如：“三间草屋田中舍，两面皮靴马辔丞。”

【辨伪】此条节抄自宋龚明之《中吴纪闻》卷六“谐谑”：

“鸡冠花未放，狗尾叶先生。”(嘲叶广文。)“三间草屋田中舍，两面皮缰马辔丞。”(田、马自相谑。)……“数行文字，那个汉书；一簇人烟，谁家庄子。”“筵上枇杷，宛类无声之乐；草头蚱蜢，犹如不系之舟。”……“镜上欲钱，铜声相应；马前断事，鞍上治民。”“鉏麑触槐，死作木边之鬼；豫让吞炭，终为山下之灰。”(滕达道与郑义夫对。)

今按：卢氏此条言“《中吴纪闻》载”，交代文献来源，而文句、例证顺序有所改动，如改小注“嘲叶广文”、“田、马自相谑”为“又有嘲姓叶、姓马者”，并置末尾。又于其他几联前增“对联有双关者”。

6. 有人祝十四日生辰云：“天边将满一轮月，世上还钟百岁人。”说者谓“将满一轮”句，若是十三日生亦可用，不如寇莱公七月十四日生诗云：“何时生上相，明日是中元。”却切不移，恰是七月十四日生。余考周益公亦是七月十四日生于丙午年，故人寿以诗云：“年与潞公同丙午，日邻莱国占中元。”此诗尤更精切。

【辨伪】此条抄自宋孙奕《示儿编》卷十“贺生日”：

黄耕叟夫人三月十四日生，吴叔经《代人作寿》诗曰：“天边将满一轮月，世上还钟百岁人。”识者谓“将满一轮”之句，若是十三日亦使得，不若云“犹欠一分”，便见直是十四日也。予谓“犹欠一分”，非祝寿底语，终未若魏仲先寿莱公诗云：“何时生上相，明日是中元。”形容得七月十四日坦然明白矣。周益公生于丙午七月十五日，尝寿以诗曰：“年与潞公同丙午，日邻莱国占中元。”公览而笑曰：“贤此联已道尽了予生年月日，只欠说出一个生时，便是一本好建生也。”公齐年友欧阳伯威适在坐，亦曰：“实道得著。”

今按：卢氏改“黄耕叟夫人三月十四日生，吴叔经《代人作寿》诗曰”为“有人祝十四日生辰云”，删“不若云‘犹欠一分’，便见直是十四日也。予谓‘犹欠一分’，非祝寿底语”，改“终未若魏仲先寿莱公诗云”为“不如寇莱公七月十四日生诗云”，改“形容得七月十四日坦然明白矣”为“却切不移，恰是七月十四日生”，改“周益公生于丙午七月十五日”为“余考周益公亦是七月十四日生于丙午年”，删“公览而笑曰”以下，而增“此诗尤更精切”，其意相同，显系抄袭。

7. 宋王丞相之夫人郑氏，生平笃信佛教，奉之甚谨，临终嘱其夫曰：“我死，愿得落发为尼。”及死，公照所嘱，奏乞赐法名，殓以紫袍。又王荆公之子名滂者，少得心疾，每逐其妻于外，荆公不得已，备礼嫁之。好事者戏为之作对云：“王太祝生前嫁妇，郑夫人死后出家。”又侯叔献为工部郎中，其妻悍泼非常，侯死，遗儿女数人，不堪其酷，同官为之不忍，奏闻于上，有诏断离。好事者又对云：“侯工部死后休妻。”

【辨伪】此条抄自宋王辟之《渑水燕谈录》卷十：

丞相王公之夫人郑氏，奉佛至谨，临终嘱其夫曰："即死，愿得落发为尼。"及死，公奏乞赐法名师号，敛以紫方袍。王荆公之子滂，少得心疾，逐其妻，荆公为备礼嫁之。好事者戏之曰："王太祝生前嫁妇，郑夫人死后出家。"人以为异。又工部郎中侯叔献妻悍戾，叔献既殂，儿女不胜其酷，诏离之，故好事者又曰："侯工部死后休妻。"

今按：卢氏所记事迹与王氏相同，而于字句稍有改窜，如改"奉佛至谨"为"生平笃信佛教，奉之甚谨"，改"公奏乞赐法名师号"为"公照所嘱，奏乞赐法名"；又改"逐其妻，荆公为备礼嫁之"为"每逐其妻于外，荆公不得已，备礼嫁之"，删"人以为异"；又改"又工部郎中侯叔献妻悍戾，叔献既殂，儿女不胜其酷，诏离之"为"又侯叔献为工部郎中，其妻悍泼非常，侯死，遗儿女数人，不堪其酷，同官为之不忍，奏闻于上，有诏断离"，其意相同，显系抄袭。

8. 叔孙豹适齐，及庚宗，遇妇人，使私，为食而宿焉，生子曰竖牛。朱温掠地宋亳，与逆旅妇人野合，而生友珪。其后二人皆为二子而杀身破家。二事却相类，余阅世情似此者多，不能遏一时之欲，适足贻千载之笑。朱三，大盗，固不足责，而谓叔孙穆子亦为之乎？

【辨伪】此条抄自元盛如梓《庶斋老学丛谈》卷上：

叔孙豹适齐，及庚宗，遇妇人，使私，为食而宿焉，生子曰竖牛。朱温掠地宋亳，与逆旅妇人野合，而生友珪。后二人为二子杀身破家。二事却相类，余阅世似此者多，不能谨壹时之独，适足贻千载之笑。朱三，盗贼，固不足责，而谓叔孙穆子为之乎？

今按：卢氏所记事迹与盛氏相同，而于字句稍有改窜，如改"谨壹时之独"为"遏一时之欲"，改"盗贼"为"大盗"，其意相同，显系抄袭。

9. 唐宣宗封郑光妾为夫人，光辞表云："白屋同愁，已失凤鸣之侣；朱门自乐，难容乌合之人。"

【辨伪】此条抄自宋王谠《唐语林》或宋赵令畤《侯鲭录》。《唐语林》卷三：

宣宗舅郑仆射光镇河中，封其妾为夫人，不受，表曰："白屋同愁，已失凤鸣之侣；朱门自乐，难容乌合之人。"

《侯鲭录》卷六：

唐宣宗舅郑光镇河中，上封其妾为夫人，不受，表辞曰："白屋同愁，已失凤鸣之侣；朱门自乐，难容乌合之人。"

今按：卢氏所记与王谠、赵令畤二人所记相同，略有改窜，如改“唐宣宗舅郑光镇河中，上封其妾为夫人，不受，表辞曰”为“唐宣宗封郑光妾为夫人，光辞表云”，其意相同，显系抄袭。

10. 古语云：“力能胜贫，谨能胜祸。”盖谓力能勤则不穷，凡事谨其身则免祸。

【辨伪】此条抄自宋赵令畤《侯鲭录》卷六：

古语云：“力能胜贫，谨能胜祸。”盖言勤力不已则不贫，谨身可以避祸。

今按：卢氏所记与赵氏相同，而有所改窜，如改“盖言勤力不已则不贫，谨身可以避祸”为“盖谓力能勤则不穷，凡事谨其身则免祸”，其意相同，显系抄袭。

11. 滕元发少年曾偷寺犬为食，被僧知觉，僧令能作文免议。中有云：“饼饵引来，犹掉续貂之尾；索(陶)[绹]牵去，难回顾兔之头。”

【辨伪】此条抄自宋赵令畤《侯鲭录》卷七：

滕元发少居乡里寺中修业，一日烹寺犬食之。僧笑曰：“能作《滕先生偷狗赋》，即不申理。”其破题云：“僧惟不净，狗也宜偷。饼饵引来，犹掉续貂之尾；索绹牵去，难回顾兔之头。”

今按：卢氏所记与赵氏相同，而于行文有所改窜，如改“滕元发少居乡里寺中修业，一日烹寺犬食之”为“滕元发少年曾偷寺犬为食”，改“僧笑曰：‘能作《滕先生偷狗赋》，即不申理’”为“被僧知觉，僧令能作文免议”，改“其破题云”为“中有云”，而删“僧惟不净，狗也宜偷”，其意相同，显系抄袭。

12. 做生活有三出处。祖莹云：“文章虽自出机杼，何能共人同生活。”人问江霦兄弟群从，王长史曰：“诸江皆复足自[生]活。”梁武帝谓临川王宏曰：“汝生活大可方。”今人言作诗，亦云冷淡生活。

【辨伪】此条抄自宋刘昌诗《芦浦笔记》卷一“生活”：

人言做生活有三出处。祖莹云：“文章须自出机杼，何能共人同生活。”人问江霦兄弟群从，王长史曰：“诸江皆复足自生活。”梁武帝谓临川王宏曰：“汝生活大可方。”今言作诗，亦云冷淡生活。

今按：卢氏所记与刘氏相同，仅删改数字，如删“人言”，改“祖莹”为“祖茔”，漏“生”字，显系抄袭。

13. 蜀人彭乘无学问，而骤仕馆职。所草诏词，鄙俚不通，咸非笑之。临卒，训其子

“毋学为文”。又崔敦诗为中书舍人，谢皇后由贵妃册后，令崔草诏，而崔文思浅涩，竟未撰成，因感疾病而终，临卒，手书一纸，戒其子“无为文学”，取所为稿尽焚之。二人如同一辙。范宗翰责之曰：“王氏之琪、珪、玘、琰，器尽璠玙；韩氏之综、绛、缜、维，才皆经纬。非荫而得，由学而成。”二事绝相类。今人教子，惟恐其不学不能文，二人乃以属文为戒，殊令人喷饭。

【辨伪】此条抄自宋陈鹄《耆旧续闻》卷五：

又有中书舍人权直崔敦诗，时谢后自贵妃册后，内廷文字颇多，崔非所长，苦思遂成瘵疾。临卒，有子尚幼，手书一纸，戒其子“无学属文”，悉取其所为稿焚之。王右司公衮吉老尝语余云。余后读本朝名臣传，翰林学士彭乘不训其子文学。参军范宗翰学士责之曰：“王氏之琪、珪、玘、琰，器尽璠玙；韩氏之综、绛、缜、维，才皆经纬。非荫而得，由学而然。”二事绝相类。今人教子，惟恐不能文，二公乃以属文为戒，与窦禹钧、麻希梦之训子异矣，此可以续《金坡遗事》。

今按：卢氏所记与陈氏相同，文句有所改窜，如改“余后读本朝名臣传，翰林学士彭乘不训其子文学”为“蜀人彭乘无学问，而骤仕馆职。所草诏词，鄙俚不通，咸非笑之。临卒，训其子‘毋学为文’”，并前置。又改“内廷文字颇多，崔非所长，苦思遂成瘵疾”为“令崔草诏，而崔文思浅涩，竟未撰成，因感疾病而终”，而删“有子尚幼”，改“无学属文”为“无为文学”，删“王右司公衮吉老尝语余云”。又增“二人如同一辙”，而改置范宗翰之语于下，又删“与窦禹钧、麻希梦之训子异矣，此可以续《金坡遗事》”，而增“殊令人喷饭”，大同小异，显系抄袭。

14. 唐杜暹家藏书最多，自题其书卷云：“清俸买来手自校，子孙读之知圣道，鬻及借人皆不孝。”鬻为不孝，可也；借为不孝，过矣。然余家藏书最多，往往被人借去，遗失甚夥，颇戒于怀。因读唐子西《失茶具说》，乃能释然于心。其说曰：“吾家失茶具，戒妇勿求。妇曰：‘何也？’吾曰：‘彼窃者，必好之。既好之，则思得之，惧吾之不与也则窃之，是斯人得其所好也，得其所好则宝之，惧其泄而深藏之，惧其坏而保护之，则是物得其所托也。人得其所好，物得其所托，吾复何求哉？’”

【辨伪】此条抄自宋周煇《清波杂志》卷四：

唐杜暹家书末自题云：“清俸买来手自校，子孙读之知圣道，鬻及借人为不孝。”鬻为不孝，可也；借为不孝，过矣。然煇手抄书，前后遗失亦多，未免往来于怀。因读唐子西庚《失茶具说》，释然不复芥蒂。其说曰：“吾家失茶具，戒妇勿求。妇曰：‘何也？’吾应之曰：‘彼窃者，必其所好也。心之所好，则思得之，惧吾靳之不予也而窃之，则斯人也得其所好矣，得其所好则宝之，惧其泄而秘之，惧其坏而安置之，则是物也得其所托矣。人得其所好，物得其所托，复何言哉？’妇曰：‘嘻，是乌得不贫。’”煇亦云。

今按：卢氏改“唐杜暹家书末自题云”为“唐杜暹家藏书最多，自题其书卷云”，改“然煇手抄书，前后遗失亦多，未免往来于怀”为“然余家藏书最多，往往被人借去，遗失甚夥，颇戒于怀”，改“释然不复芥蒂”为“乃能释然于心”，而删“妇曰：‘嘻，是乌得不贫。’煇亦云”，大同小异，显系抄袭。

15. 萧注，字岩夫，善知人。熙宁中，奏对罢，上问：“今朝中臣僚孰贵？”对曰：“文彦博。”问其次，曰：“韩琦。”又问：“王安石如何？”对曰：“牛形人，任重而道远。”

【辨伪】此条抄自宋周煇《清波杂志》卷四：

> 萧注，字岩夫，临江新喻人。熙宁中，上殿，奏对罢，上问：“今臣僚中孰贵？”曰：“文彦博。”又问其次，曰：“韩琦。”又问：“王安石如何？”注曰：“牛形人，任重而道远。”

今按：卢氏所记与周氏相同，文字稍有删改，如删“临江新喻人”，而增“善知人”，删“上殿”，显系抄袭。

16. 又一说：上问：“文彦博跛履，韩琦嘶声，何得为贵？”对曰：“若不跛履不嘶声，陛下亦不得而臣之。”上复问：“朕何如？”曰：“龙凤之姿，天日之表，非臣所得而言。”又问：“卿何如？”对曰：“陛下以为贵则贵，以为贱则贱。”又问韩绛、王安石、冯京三人。对曰：“安石牛耳虎头，视物如射，意行直前，敢当天下大事。然不如绛得和气多，惟和气能养万物。京得五行之秀，远若可爱，近之若廉隅。”

【辨伪】此条抄自宋周煇《清波杂志》卷四：

> 一说：裕陵问：“文彦博跛履，韩琦嘶声，何为皆贵？”注曰：“若不跛履与嘶声，陛下不得而臣。”又问：“朕如何？”注曰：“龙凤之姿，天日之表，臣无得而言。”又问：“卿如何？”注曰：“陛下以为贵则贵矣，以为贱则贱矣。”……因问韩绛、王安石、冯京，注曰：“安石牛耳虎头，视物如射，意行直前，敢当天下大事。然不如绛得和气多，惟和气能养万物。京得五行之秀，远之若可爱，近之若廉隅。”

今按：卢氏所记与周氏相同，文字稍有改窜，如改“一说：裕陵问”为“又一说：上问”，显系抄袭。

17.“神虑淡则血气和，嗜欲胜则疾疹作。”唐处士张皋云，是为养身之要。“惟俭可以助廉，惟恕可以成德。”范忠宣公云，是为修身之要。四语可铭于座右。

【辨伪】此条抄自宋周煇《清波杂志》卷六：

> “神虑澹则血气和，嗜欲胜则疾疹作。”唐处士张皋云，是为养生之要。范忠宣公亲族间子弟有请教于公者，公曰：“惟俭可以助廉，惟恕可以成德。”是为修身之要。皆可铭于坐右。

今按：卢氏所记与周氏相同，改“范忠宣公亲族间子弟有请教于公者，公曰”为“范忠宣公云”，并置于其言之后，显系抄袭。

18. 人少则发黑，老则白，久则黄；人少则肤白，老则肤黑，久则黯点，若有垢。故曰“黄耇”，见王充《论衡》。今《韵略》于“耇”字下亦注：“老人面色若有垢然。”耇、垢同音。

【辨伪】此条抄自宋周煇《清波杂志》卷八：

> 人少则发黑，老则发白，久则黄；人少则肤白，老则肤黑，久则黯，若有垢然。发黄而肤为垢，故曰“黄耇”，见王充《论衡》。而今《韵略》“耇”字下亦注：“老人面若垢为耇。”

今按：卢氏所考与周氏相同，文字稍有改窜，如删“发黄而肤为垢”，而增“耇、垢同音”，显系抄袭。

19. 崔公孺为韩魏公内弟，持论正大，公喜与谈。偶及差除，崔曰：“豺狼、虎豹、虺蛇，天乃屏置于山林深僻之地者，恐其为人害也。今监司、郡守，一失其选抡，置在要路，其为民害，得不甚于豺狼、虎豹、虺蛇乎?”公默然久之。今庙堂操选人之权者，当以公孺之论为鉴。

【辨伪】此条抄自宋周煇《清波杂志》卷十：

> 韩魏公妻弟崔公孺，持论甚正，公喜与之语。偶泛及差除，公孺忽曰：“豺狼、虎豹、蛇虺，天乃屏置于山林深僻之地者，盖恐为人之害也。今监司、郡守，一失选抡，置在要路，其为民害，得不甚于豺狼、虎豹、蛇虺乎?”公默然。凡今庙堂进拟符节次，得不鉴公孺之论而益精其选！

今按：卢氏改“韩魏公妻弟崔公孺”为“崔公孺为韩魏公内弟”，改“凡今庙堂进拟符节次，得不鉴公孺之论而益精其选”为“今庙堂操选人之权者，当以公孺之论为鉴”，其意相同，显系抄袭。

20. 天下事，无往不复。唐路岩为相，密奏：“有罪官赐死时，务令取结喉三寸以进，验真伪。”后岩赐死，自罹其酷。行刑之处，乃杨收死所，盖收为岩致死者。又卢多逊被赵普害，业已贬朱岩矣。李符复言于赵韩王曰：“朱岩虽在海外，而水土不恶，贬者多生全。不若春州在地内而又近，至者必死。曷言于上，请改追前命，虽外示以宽贷，而内实置之死地也。”赵从之，卢果死贬所。后月余，符坐事贬宣州，上怒未已，欲令再贬岭外。赵具述前事，上即以符贬春州，到郡月余，符亦死。天道好还，其速如是。史传载似此类，不一而足，姑举二事以为世戒。

【辨伪】此条抄自宋周煇《清波杂志》卷十：

唐路岩为相，密奏：“应臣下有罪赐死，皆令使者剔取结喉三寸以进，验其实。”至是赐岩死，乃自罹其酷。行刑之处，乃杨收死所，盖收为岩所陷者。本朝卢公多逊贬朱崖，李符知开封府，言于赵韩王曰：“朱崖虽在海外，而水土无他恶，贬者多生全。春州在内地而近，至者必毙。望追改前命，亦外示宽贷，乃置于必死之地。”赵领之。月余，符坐事贬宣州行军司马，上怒未已，令再贬岭外。赵具述其事，即以符知春州。到郡月余而卒。天道好还，其速如是。史传不载，似此不一，姑举二者以为世戒。

今按：卢氏于前增“天下事，无往不复”一句，其下所记与周氏相同，文句稍有改窜，如改“应臣下有罪赐死，皆令使者剔取结喉三寸以进，验其实”为“有罪官赐死时，务令取结喉三寸以进，验真伪”，改“本朝卢公多逊贬朱崖，李符知开封府，言于赵韩王曰”为“又卢多逊被赵普害，业已贬朱岩矣。李符复言于赵韩王曰”，增“曷言于上”、“卢果死贬所”，其他大致相同，显系抄袭。

21. 养生者，先须虑祸，全身保性，有此生，然后养之，勿徒养其无生也。单豹养于内而丧外，张毅养于外而丧内，前贤所戒也。(稽)[嵇]康著《养生论》，而以傲物受刑；石崇服长生饵，而以贪溺取祸，可不戒哉？

【辨伪】此条抄自北齐颜之推《颜氏家训》卷五《养生篇》：

夫养生者，先须虑祸，全身保性，有此生，然后养之，勿徒养其无生也。单豹养于内而丧外，张毅养于外而丧内，前贤所戒也。嵇康著《养生》之论，而以傲物受刑；石崇冀服饵之征，而以贪溺取祸，往世之所迷也。

今按：卢氏仅改“石崇冀服饵之征”为“石崇服长生饵”，改“往世之所迷也”为“可不戒哉”，其他所记与颜氏相同，显系抄袭。

22.《金楼子》云：“不鉴于镜，而鉴于人。鉴镜则只能辨形，鉴人则悬知善恶。是鉴人胜于鉴镜矣。”

【辨伪】此条抄自梁孝元帝萧绎《金楼子》卷四《立言篇》：

古语云：“不鉴于镜，而鉴于人。鉴镜则辨形，鉴人则悬知善恶。是知鉴于人胜鉴乎镜矣。”

今按：卢氏言“《金楼子》云”，交代文献来源，并删原文中“古语云”三字。

23. 丁谓罪恶，天下皆知。天圣五年祀南郊，丁有复用之机。御史中丞陈琰上疏曰：“乱常肆逆，将而必诛；左道怀奸，杀而无赦。故周庭负扆，难私管蔡弟兄；汉纪不纲，遂致莽丕篡窃。安危之虑，其可忽乎？雷州司户参军丁谓，顷自书生登科第，因缘险佞，据窃公台，贿赂包苴，盈于私室，威权请谒，行彼公朝。先帝上仙，首膺顾命；圣君缵绪，弗罄公忠。乃阴蓄其奸谋，将玩窥于神器；引巫师之妖术，因魇魅于宫帏；易神寝之龙冈，冀消除于王气。赖祖宗垂祐，社稷降灵，遂显露其凶邪，已申明于法典。汉臣获罪，合行盘水之诛；君集就烹，岂顾凌烟之像？国家终恢全度，特沛深仁，只行夺爵之文，稍示投荒之责。岁月未几，罪恶益彰。中外于兹，痛憾犹积。今展柴禋之礼，特推涣汗之恩，凡为得罪之人，悉有涤瑕之望，必虑丁谓潜输琛货，私结要权，尚假息于遐荒，冀量移于善地。李德裕止因朋党，不获生还；卢多逊曲事王藩，终贬死所。伏请不赦。”上从之。余按：当时弹参虽多，惟此一疏，历数其罪，深切著明，不容少贷。丁后再贬朱岩。

【辨伪】此条抄自宋周煇《清波别志》卷中：

> 迨丁投荒，天圣五年祀南郊，中外意丁复还。御史中丞陈琰，字伯玉，相州永定人，上疏曰：“乱常肆逆，将而必诛；左道怀奸，杀而无赦。故周庭负扆，难私管蔡之弟兄；汉犯不纲，遂致莽丕之篡窃。安危之虑，其可忽诸？雷州司户参军丁谓，顷自书生获升科第，因缘险佞，据窃公台，贿赂苞苴，盈于私室，威权请谒，行彼公朝。先帝上仙，首膺顾命；圣君缵绪，盍罄公忠？乃阴蓄于奸谋，将玩窥于神器；引巫师之妖术，因魇魅于宫闱；易神寝之龙冈，冀消除于王气。赖祖宗垂祐，社稷降灵，遽显露于凶邪，已申明于典法。汉臣获罪，合行盘水之诛；君集就烹，岂顾凌烟之像？国家终恢全度，特屈深仁，止行夺爵之文，才示投荒之责。岁月未几，衅恶益彰。中外于兹，痛愤犹积。今展禋柴之礼，特推涣汗之恩，凡为得罪之人，悉有涤瑕之望，必虑丁谓潜输琛货，私结要权，尚假息于遐荒，冀量移于善地。李德裕止因朋党，不获生还；卢多逊曲事王藩，更无牵复。伏请更不原赦。”上从之。陈自台察除中司，一时抨弹甚众。本传独全载此一章，历数其罪，略不容贷。霜凝白简，无异唐王义方击李义府之疏。丁后再贬朱崖。

今按：卢氏所记与周氏相同，文字稍有增删改窜，如删“迨丁投荒”，增“丁谓罪恶，天下皆知”，改“中外意丁复还”为“丁有复用之机”，删“字伯玉，相州永定人”，改“顷自书生获升科第”为“顷自书生登科第”，改“更无牵复”为“终贬死所”，改“陈自台察除中司，一时抨弹甚众。本传独全载此一章，历数其罪，略不容贷。霜凝白简，无异唐王义方击李义府之疏”为“余按：当时弹参虽多，惟此一疏，历数其罪，深切著明，不容少贷”，改“朱崖”为“朱岩”，大同小异，显系抄袭。

24. 方蛟峰格言八句，人鲜知者。“富莫富于蓄道德，贵莫贵于为圣贤。贫莫贫于未闻道，贱莫贱于不知耻。贫不安分谓之穷，仕能行道谓之达。得志一时谓之夭，流芳百世谓之寿。”

【辨伪】此条抄自元白珽《湛渊静语》卷二：

> 方蛟峰格言八句，予尝书作两直轴，悬于斋阁：“富莫富于蓄道德，贵莫贵于为圣贤。贫莫贫于未闻道，贱莫贱于不知耻。贫不安分谓之穷，仕能行道谓之达。得志一时谓之夭，流芳百世谓之寿。”人谓吕居仁语，非也。

今按：卢氏仅改“予尝书作两直轴，悬于斋阁”为“人鲜知者”，而删“人谓吕居仁语，非也”，显系抄袭。

25. 东坡一日谓刘景文曰：“吾读《山高》、《乘马》书，见齐桓公，一则仲父，二则仲父，将以何为对？”景文随即应之曰：“可对‘千不如人，万不如人’。”坡为绝倒。

【辨伪】此条抄自宋张世南《游宦纪闻》卷九：

坡一日语景文曰：“一则仲父，二则仲父，以何为对？”刘云：“可对‘千不如人，万不如人’。”坡为绝倒。

今按：卢氏增“吾读《山高》、《乘马》书，见齐桓公”，改“刘云”为“景文随即应之曰”，其他大致相同，显系抄袭。

26. 保养乎身，勿以寿夭委之天；勤俭乎家，勿以有无付之命；强勉乎政，勿以否泰归之时；忠爱乎君，勿以昏明托诸上。此所谓：“先尽人事，后言天道。”“先尽其在己者，在人者初不计也。”守身养心之法，莫善于此。

【辨伪】此条抄自金刘祁《归潜志》卷十三：

保养乎身，勿以寿夭委之天；勤俭乎家，勿以有无付之命；强勉乎政，勿以否泰归诸时；忠爱乎君，勿以昏明托诸上。此所谓：“先尽人事，后言天道。”“先尽其在己者，在人者初不计也。”定心之法，莫善于此。

今按：卢氏改“定心之法”为“守身养心之法”，其他大致相同，显系抄袭。

27. 诸书载：“秦始皇遣徐福入海，求一寸之桑葚，海有扶桑树，长千丈，两根同生，更相依倚，是名扶桑。仙人食其葚，而体作金光，飞腾玄宫。”余按：扶桑，即今海中扶桑岛，在日本国界内，由燕台乘轮船，不过三昼夜余即可到。上年，余在燕台，曾访问一冯通司者，伊曾到二次，并未见有桑椹。伊又云：“古人言日出扶桑，系摹拟之词。今在扶桑观日出处，不知相隔几千里矣。”

【辨伪】此条前半部分抄自梁孝元帝萧绎《金楼子》卷五《志怪篇》：

秦王遣徐福求桑椹于碧海之中，海中止有扶桑树，长数千丈，树两根同生，更相依倚，是名扶桑。仙人食其椹，而体作金光，飞腾玄宫也。

今按：卢氏改《金楼子》中所载之事为“诸书载”，并改“秦王遣徐福求桑椹于碧海之中”为“秦始皇遣徐福入海，求一寸之桑葚”，显系抄袭。又增“余按”一节，补叙自己的见闻经历。

28. 五代时，王祚与其子溥相周祖及世宗。至本朝，其子又为相，其父亦为观察使。祚待溥甚严，不以其子贵少假借。每宾客至，溥必侍立左右，宾客多不自安。祚处富贵日久，奉养极其奢侈，所不足者寿耳。一日，闻洛阳来有瞽者，善推卜，令呼来算。瞽者密问老兵："何人呼我？"曰："王相公父也。贵极富溢，所不知者寿也。今以告汝，子出，当以命钱厚酬我。"既入见，祚令卜卦，又令推命。瞽大惊曰："此命大富贵，固不待言，何寿又如此之大？"祚喜，问曰："能至七十否？"曰："更向上。"又问："能至八十、九十否？"曰："更向上。"祚复问："还能至百岁乎？"瞽乃叹息曰："此命至少亦须有一百三四十岁。"祚大喜，曰："其间莫有疾病否？"曰："并无。"固问之，瞽复细算曰："只是近百二十岁时春夏间，微有肚泻，旋即安愈。"祚喜，回顾其子若孙曰："汝曹谨纪之，到是年切莫教我吃冷汤水，恐其患肚。"

【辨伪】此条抄自宋王铚《默记》：

> 王溥，五代状元，相周高祖、世宗。至本朝，以宫师罢相。其父祚为观察使致仕，待溥甚严，不以其贵少假借。每宾客至，溥犹侍立左右，宾客不自安，引去。国史言之详矣。祚居富贵久，奉养奢侈，所不足者，未知年寿耳。一日，居洛阳里第，闻有卜者，令人呼之，乃瞽者也。密问老兵云："何人呼我？"答曰："王相公父也。贵极富溢，所不知者寿也。今以告汝，俟出，当厚以卦钱相酬也。"既见，祚令布卦。成，又推命。大惊曰："此命惟有寿也。"祚喜，问曰："能至七十否？"瞽者笑曰："更向上。"答以："至八九十否？"大笑曰："更向上。"答曰："能至百岁乎？"又叹息曰："此命至少亦须一百三四十岁也。"祚大喜，曰："其间莫有疾病否？"曰："并无。"固问之，其人细数之，曰："俱无，只是近一百二十岁之年春夏间，微苦脏腑，寻便安愈矣。"祚喜，回顾子孙在后侍立者，曰："孙儿辈切记，是年且莫教我吃冷汤水。"

今按：卢氏所记与王氏相同，文字稍有改窜，如改"王溥，五代状元，相周高祖、世宗。至本朝，以宫师罢相。其父祚为观察使致仕"为"五代时，王祚与其子溥相周祖及世宗。至本朝，其子又为相，其父亦为观察使"，删"引去。国史言之详矣"，改"居洛阳里第，闻有卜者，令人呼之，乃瞽者也"为"闻洛阳来有瞽者，善推卜，令呼来算"，改"此命惟有寿也"为"此命大富贵，固不待言，何寿又如此之大"，改"微苦脏腑，寻便安愈矣"为"微有肚泻，旋即安愈"，改"孙儿辈切记"为"汝曹谨纪之"，增"恐其患肚"，大同小异，显系抄袭。

29. 李德裕与段成式书："自到崖州，且幸顽健。居民多养鸡，往往飞入官舍，今且作呪鸡翁耳。"老杜诗云："尸乡余土室，难说巺鸡翁。"呪、巺所用不同，当考之。

【辨伪】此条抄自宋吴炯《五总志》：

> 唐李德裕与段成式书曰："自到崖州，幸且顽健。且居人多养鸡，往往飞入官舍，今且作呪鸡翁尔。"老杜云："尸乡余土室，难说巺鸡翁。"用字不同，当更考之。

今按：卢氏改"用字不同"为"呪、巺所用不同"，其他大致相同，显系抄袭。

30. 德兴官廨，有石刻格言云："仕宦之身，天涯海畔。行商之身，南州北县。不如田舍，长相见面。门无官府，身即强健。麻麦遍地，猪羊满圈。不知金贵，惟闻粟贱。夏新绢衣，秋新米饭。安眠稳睡，直千直万。"又云："我田我地，我桑我梓，只知百里，不知千里。我饥有粮，我渴有水，百里宰官，得人生死。孤儿寡妇，一张白纸，入著县门，冤者有理。上官不嗔，民即欢欣，上官不富，民免苦辛。生我父母，养我明府，苗稼萋萋，曷东曷西，父母之乡，天子马蹄。"余按此语浅近而切实，可与孟蜀州县官箴"尔俸尔禄，民膏民脂"相为发明。但人鲜知者，今录其全文，以便衙署书之以为诫鉴。

【辨伪】此条抄自宋张世南《游宦纪闻》卷八：

> 德兴邑廨，有石刻二诗云："仕宦之身，天涯海畔。行商之身，南州北县。不如田舍，长相见面。门无官府，身即强健。麻麦遍地，猪羊满圈。不知金贵，惟闻粟贱。夏新绢衣，秋新米饭。安稳眠睡，直千直万。""我田我地，我桑我梓，只知百里，不知千里。我饥有粮，我渴有水，百里之官，得人生死。孤儿寡妇，一张白纸，入著县门，冤者有理。上官不嗔，民即欢欣，上官不富，民免辛苦。生我父母，养我明府。苗稼萋萋，曷东曷西，父母之乡，天子马蹄。"

今按：卢氏改"二诗"为"格言"，此下所记石刻二诗与张氏相同，显系抄袭，又于末尾增"余按此语浅近而切实，可与孟蜀州县官箴'尔俸尔禄，民膏民脂'相为发明。但人鲜知者，今录其全文，以便衙署书之以为诫鉴"一句。

31. 杜审琦，为昭宪皇太后之兄，官建宁节度使。一日，请入觐，视太祖、太宗皆甥也。太后亲设内宴于福宁宫，太祖、太宗以渭阳之重，为之侍宴席。及上寿，又为之捧觞。会乐伶有金著者，粗能文，致词于帘陛之外，曰："前殿展君臣之礼，虎节朝天；后宫伸骨肉之情，龙衣拂地。"祖、宗大加优赏。

【辨伪】此条抄自宋释文莹《玉壶清话》卷三：

> 杜审琦，昭宪皇太后之兄也，建宁州节。一旦，请觐，审琦视太祖、太宗皆甥也。一日，陈内宴于福宁宫，昭宪后临之，祖、宗以渭阳之重，终宴侍焉。及为寿之际，二帝皆捧觞列拜。乐人史金著者，粗能属文，致词于帘陛之外，其略曰："前殿展君臣之礼，虎节朝天；后宫伸骨肉之情，龙衣拂地。"祖、宗特爱之。

今按：卢氏所记与释文莹相同，文字稍有改窜，如改"陈内宴于福宁宫，昭宪后临之"为"太后亲设内宴于福宁宫"，改"终宴侍焉。及为寿之际，二帝皆捧觞列拜"为"为之侍宴席。及上寿，又为之捧觞"，改"祖、宗特爱之"为"祖、宗大加优赏"，其意相同，显系抄袭。

32. 王昭素学问高古，行谊笃实，为人所钦仰。太宗召至便殿，温语顾问，年已七十，颜如(握)[渥]丹，目若荡漆，赐坐，命讲"飞龙在天"，称旨足咨启沃，留禁中，备顾问者累月。上常问治世养身之术，对曰："治世莫如爱民，养身莫如寡欲。此外无他。"上喜，命书于御屏，以为铭。年八十九岁而卒。

【辨伪】此条抄自宋释文莹《玉壶清话》卷三：

> 王昭素，酸枣县人，学古纯直，行高于世。……太宗召至便殿，年七十，颜如渥丹，目若荡漆，鳏居绝欲四十年，家无女侍，上赐坐，讲《乾》卦，至九五"飞龙在天，利见大人"，起整巾稽颡，改容而说。上问曰："何故?"昭素奏曰："此爻正当陛下今日之事。"引喻该证，微含箴补。上侧听启沃。讲罢，留茗果燕语，赐国子博士致仕，留禁中月余。询治世养身之术，昭素曰："治世莫若爱民，养身无非寡欲。此外无他。"上爱其语，书于屏几。卒年八十九。

今按：卢氏所记与释文莹相同，文句有所改窜，如改"王昭素，酸枣县人，学古纯直，行高于世"为"王昭素学问高古，行谊笃实，为人所钦仰"，增"温语顾问"，删"鳏居绝欲四十年，家无女侍"，改"讲《乾》卦"至"留禁中月余"为"命讲'飞龙在天'，称旨足咨启沃，留禁中，备顾问者累月"，改"上爱其语，书于屏几"为"上喜，命书于御屏，以为铭"，显系抄袭。

33. 梁丞相适初任刑详官，一日，随判院进札子，案中有名次公者。仁宗忽问曰："因何名次公?"判院不能对。梁代对曰："臣闻汉盖宽饶、黄霸皆字次公，想必以霸等字为名也。"上递问曰："卿是何人?"对曰："臣秘书丞审刑详议官梁适是也。"又问："卿是何处梁?"对曰："先臣祖颢、先臣父固，俱中甲科，臣不肖，于张唐卿榜及第。"上曰："怪得面貌酷肖梁固。"他日又进札子，奏讫，抱笏伏阶奏曰："臣向蒙金口谕臣貌似先臣，伏念先臣祖与父皆事太宗、真宗两朝，在祥符以前，陛下何由得知?"上曰："天章阁有名臣头子像，朕视之熟矣。"适因拜谢，下殿，涕泣如注，上喜甚。未几除中书，又除翰林学士，不十年位至台阁。

【辨伪】此条抄自宋释文莹《玉壶清话》卷三：

> 梁丞相适始任刑详，一旦，随判院卢南金上殿进札子，奏案中偶有臣僚名次公者。仁宗忽问曰："因何名次公?"判院以明法登仕，不能即对。时梁代对曰："臣闻汉黄霸字次公，必以霸字而名也。"(案《宋史》：适进曰："盖宽饶、黄霸皆字次公。")上遂问曰："卿是何人?"对曰："臣秘书丞审刑详议官梁适。"又问："卿是那个梁家?"对曰："先臣祖颢、先臣父固，俱中甲科，独臣不肖，于张唐卿榜行间及第。"上曰："怪卿面貌酷肖梁固。"他日上殿进札子，进罢，适抱笏俯躬奏曰："向蒙陛下金口亲谕臣面貌类先臣，伏念先臣祖、父顷事太宗、真宗，皆祥符之前，不知陛下以何知之?"上曰："天章阁有名臣头子，朕观之甚熟。"适因下殿泣谢，音仪堂堂，上颇爱之，有用之之意。一旦，中书进熟除一臣僚为益漕，凡进之例，更无改批，但纸尾画"可"而已。忽特批云："差梁适。"未几，又除修记注，以合格臣僚进之，复批梁适。自后知制诰至翰林学士，除目凡上，皆批于公，由秘丞至台辅不十年。

今按：卢氏删“卢南金上殿”，改“判院以明法登仕，不能即对”为“判院不能对”。又据小注按语增“盖宽饶”入正文，改“进罢”为“奏讫”，改“适因下殿泣谢，音仪堂堂，上颇爱之，有用之之意”为“适因拜谢，下殿，涕泣如注。上喜甚”，改“一旦”至“由秘丞至台辅不十年”一节为“未几除中书，又除翰林学士，不十年位至台阁”，大同小异，显系抄袭。

34. 沙门岛为宋时流罪人之所，旧有定额，过额则取一人投诸海。马处厚守登州，奏：朝廷既贷其生，而投诸海，恐非朝廷好生本意。今后额满，乞取年深者移登州，免投海中。神宗然之，诏著为定制。未几，马坐堂上，忽因倦，如梦见一人，从空而下，左右各挟一男一女，至马前曰：“我自东岳来，奉天帝命，马默本无儿女，以移沙门岛罪人事，上帝特命赐汝男女各一人。”遂将二童付马手，乘云而去。马一惊而醒，后果生男女各一人。

【辨伪】此条抄自宋王巩《甲申杂记》：

> 沙门岛旧制有定额，过额则取一人投之海中。马默处厚知登州，建言：朝廷既贷其生矣，即投诸海中，非朝廷之本意。今后溢额，乞选年深自至配所，不作过人，移登州。神宗深然之，即诏可著以为定制。未几，马方坐堂上，忽昏困，如梦寐中见一人，乘空来，如世间所画符使也。左右挟一男一女，至马前，大呼曰：“我自东岳来，圣帝有命，奉天符，马默本无嗣，以移沙门岛罪人事，上帝特命赐男女各一人。”遂置二童，乘黄云而去。马惊起，与左右卒隶见黄云东去。后生男、女二人。马亲语余如此。

今按：卢氏所记与王氏相同，文字稍有删改，如改“乞选年深自至配所，不作过人，移登州”为“乞取年深者移登州，免投海中”，删“如世间所画符使也”，改“圣帝有命，奉天符”为“奉天帝命”，改“遂置二童，乘黄云而去”为“遂将二童付马手，乘云而去”，删“与左右卒隶见黄云东去”、“马亲语余如此”，显系抄袭。

35.《庄子·逸篇》：蒲衣八岁，而舜师之。《战国策》：项橐七岁为孔子师。古圣无常师，择善为师，而蒲衣、项橐，世少传述。《列女传》载：睪子生五岁而赞禹。言幼悟者，三子其最著乎？桓谭《新论》云：“殷之伊尹，周之太公，秦之百里奚，皆年七十余，而为王霸师。”是学行之成于晚者。乃知生而颖异者，世不常有，或遭坎壈而失诸盛年，人安得以晚学而遽自弃也哉？

【辨伪】此条抄自元陈世隆《北轩笔记》：

> 《庄子·逸篇》：浦衣八岁，而舜师之。《战国策》：甘罗言项橐七岁为孔子师。古之圣贤必有师，其名见书传间多矣。蒲衣、项橐，诚何如人？《列女传》：睪子生五岁而赞禹。言幼悟者，三子其最乎？桓谭《新论》云：“殷之伊尹，周之太公，秦之百里奚，咸有天才，皆年七十余，乃升为王霸师”。是皆学行之成于晚者。乃知生而颖异者，世不常有，或遭坎壈而失诸盛年者，犹当晚学，不可遽自弃也。

今按：卢氏所考与陈氏相同，文字稍有删改，如删“甘罗言”，改“古之圣贤必有师，其名见书传间多矣。蒲衣、项橐，诚何如人”为“古圣无常师，择善为师，而蒲衣、项橐，世少传述”，删“咸有天才”，改“犹当晚学，不可遽自弃也”为“人安得以晚学而遽自弃也哉”，其意相同，显系抄袭。

36. 唐崔协美丰姿而少文字，人呼为“无字碑”。五代赵光隆风神秀异，而全无学问，人呼为“玉界尺”。二子虽见黜于士人，其得名有玉石之别，盖有幸不幸也。

【**辨伪**】此条抄自宋吴炯《五总志》：

> 唐崔协美风骨而少文字，人呼为“无字碑”。五代赵光隆风神秀异，而性不喜书，时号“玉界尺”。二子虽见黜于学者，然悉以眉宇称，其得名有玉石之别，亦幸不幸也。世之持风鉴者多矣，顾将何以别之？

今按：卢氏改“而性不喜书”为“而全无学问”，删“然悉以眉宇称”、“世之持风鉴者多矣，顾将何以别之”，其他与吴氏所记大致相同，显系抄袭。

37. 宋王沂公父，虽不问学，而酷好儒士，每遇故纸，必掇拾，涤以香水，而焚埋之，尝发愿曰：“我愿子孙以文学显。”一夕，梦先圣抚其背曰：“汝敬吾教，何其勤耶！憾汝已老，无可成就，当遣曾参来汝家。”晚年果得一子，即以曾字名之，乃沂公也。后由状元拜相，封沂公。

【**辨伪**】此条抄自宋张舜民《画墁集》卷八“附郴学大成一则”：

> 宋王沂公父，虽不学问，而酷好儒士，每遇故纸，必掇拾，涤以香水，尝发愿曰：“愿我子孙以文学显。”一夕，梦先圣抚其背曰：“汝敬吾教，何其勤欤！恨汝已老，无可成就，当遣曾参来汝家。”晚年果得一子，乃沂公也，因以曾字名之。竟以状元及第，官至中书侍郎门下平章事，封沂公。

今按：卢氏增“而焚埋之”，改“乃沂公也，因以曾字名之”为“即以曾字名之，乃沂公也”，改“竟以状元及第，官至中书侍郎门下平章事”为“后由状元拜相”，其意相同，显系抄袭。

38. 陆贾《新语》云：“长于变者，不可穷以诈；通于道者，不可惊以怪；审于辞者，不可惑以言；达于义者，不可计以利。是以君子广思而博听，进退循法度，动作合礼仪，闻见欲众而采择欲谨，学问欲博而行己欲敦。”

【**辨伪**】此条抄自元盛如梓《庶斋老学丛谈》卷中之上：

> 陆贾《新语》云：“长于变者，不可穷以诈；通于道者，不可惊以怪；审于辞者，不可惑以言；达于义者，不可动以利。是以君子广思而博听，进退循法度，动作合礼

> 仪，闻见欲众而采择欲谨，学问欲博而行己欲敦。”

今按：卢氏仅改“不可动以利”为“不可计以利”，其他全同，显系抄袭。

39. 董思白督学湖广时，往往以题为戏，有某府考试之前一日，悬牌于辕门，云：明日“不考文”。诸生以为来日必系诗赋、策论也。既入场点名毕，分坐静候，未见发题，有高声命请题者，董曰：昨日已出题，悬示辕门外，何不速作文？众始知为《中庸》题也。又按临一府，一棚四县，出题牌示云：一至一，二至二，三句三圣人，四句四孔子。每县各做一道，照县纲挨次做，题即隐其中，令各生自悟。后乃知为“一朝而获十禽”至“终日而不获一”，“二者皆法尧舜而已”至“道二”，“闻君行圣人之政”三句，“阳货欲见孔子”四句。

【辨伪】此条抄自清赵吉士《寄园寄所寄》卷十二：

> 董思白督学湖广，往往以题为戏，某府考试之前一日，先悬牌，云：来日“不考文”。应考者群以为必诗赋也。既点名毕，分坐静候，未见发题，有高声命请题者，督学曰：题昨日已发，何不速作文？乃知为《中庸》题也。又考某府，出牌云：一至一，二至二，三句三圣人，四句四孔子。隐题令自悟。良久乃知为“一朝而获十禽”至“终日不获一”句，“二者皆法尧舜”至“道二”句，“闻君行圣人之政”三句，“阳货欲见孔子”四句也。(《啸虹笔记》)

今按：卢氏所记与赵氏所抄《啸虹笔记》大致相同，文字有所改窜，如改“应考者群以为必诗赋也”为“诸生以为来日必系诗赋、策论也”，又增“入场”、“悬示辕门外”、“一棚四县”、“每县各做一道，照县纲挨次做”，改“隐题令自悟”为“题即隐其中，令各生自悟”，显系抄袭。

40. 都御史韩公雍与夏公埙共饮，各出酒令，欲于一字内有大人，有小人，复以谚语二句足成之。韩公曰：傘字有五人，下列众小人，上侍一大人，所谓有福之人人服事，无福之人服事人。夏公曰：爽字有五人，旁立众小人，中藏一大人，所谓人前莫说人长短，始信人中更有人。余亦效其体而作一令：徠字有五人，两个小人扶大人，旁边侍立有二人，所谓今人不用古人计，一辈新人赶旧人。可发一笑。

【辨伪】此条抄自清赵吉士《寄园寄所寄》卷十二：

> 都御史韩公雍与夏公埙饮，各出酒令，公欲一字内有大人、小人，复以谚语二句证之。曰：傘字有五人，下列众小人，上侍一大人，所谓有福之人人服事，无福之人服事人。夏云：爽字有五人，旁列众小人，中藏一大人，所谓人前莫说人长短，始信人中更有人。(《畜德录》)

今按：卢氏所记与赵氏所抄《畜德录》相同，显系抄袭。又补“余亦效其体而作一令：徠字有五人，两个小人扶大人，旁边侍立有二人，所谓今人不用古人计，一辈新人赶旧人。可发一笑”一句。

41. 尤展成《魁星赞》云：“岂取乎笔论文章？胡取乎斗盛糇粮？胡取乎金通津梁？有笔无斗，则伯夷饿于首阳；有笔无金，则子舆困于臧仓。公曰兼之，然奚为魁而不元也？是岂笔之不良欤？抑斗之不石，金之不黄？噫嘻！今之魁星，盖有之矣。若古之魁星，但见天汉之光芒。”又张天民以尤赞未尽其长，为足之云：“胡为乎笔抄文章？胡为乎斗籴廪粮？胡为乎金通科场？一足反踢，岂将屈膝乞怜，冀得短中取长？一足踞鳌之脊梁，抑将渡江涉海，俟候要津之道旁。”合观二赞，张觉较尤更为爽快。

【辨伪】此条抄自清赵吉士《寄园寄所寄》卷十二：

> 沈承字君烈，尝题《魁星像赞》云：……后尤展成有赞云：“胡取乎笔论文章？胡取乎斗盛糇粮？胡取乎金通津梁？有笔无斗，则伯夷饿于首阳；有笔无金，则子舆困于臧仓。公曰兼之，然奚为魁而不元也？岂笔之不良与？抑斗之不石，金之不黄？噫嘻！今之魁星，盖有之矣。若古之魁星，但见天汉之光芒。”江都张天民以尤赞未尽也，为足之云：“胡为乎笔抄文章？胡为乎斗籴廪粮？胡为乎金通科场？一足反踢，岂将屈膝乞怜，冀得短中取长？一足踞鳌之脊梁，岂将渡江涉海，伺候要津之道傍？”则读之者，更觉浃汗。（《啸虹笔记》）

今按：卢氏所记与赵氏所抄《啸虹笔记》相同，且删“沈承《魁星像赞》”，改“则读之者，更觉浃汗”为“合观二赞，张觉较尤更为爽快”，显系抄袭。

42. 又休宁汪克宽，博学多才，究心性理。死之日，有程敏政赞其像云：“此考亭嫡派门生第四人也，此龙兴史局布衣第一人也。六经皆有说，而《春秋》独盛；平生皆可师，而出处尤正。其道足以觉人，其功足以卫圣。遗像凛然，百世起敬。”文亦简古可爱。

【辨伪】此条抄自清赵吉士《寄园寄所寄》卷十一：

> 汪克宽字德辅，一字仲裕，号环谷，祁门桃墅人。六岁日记数百言，至十岁，父新因取祖华问学于饶双峰及当时问答之言授之，克宽玩索有得，遂于理学寖悟，乃取朱子《四书》，自定句读，昼夜诵读，知为学之要。自是读六经、诸子、历代史、《通鉴纲目》诸书，悉皆成诵。……以老疾辞，不仕，赐宴礼部，给驿还，卒。休宁程敏政赞其像曰：“此考亭世嫡门生第四人也，此龙兴史局布衣第一人也。六经皆有说，而《春秋》独盛；平生皆可师，而出处尤正。其道足以觉人，其功足以卫圣。遗像凛然，百世起敬。”（《祁门志》）

今按：卢氏改赵氏所抄《祁门志》中“汪克宽字德辅”至“给驿还，卒”一节为“又休宁汪克宽，博学多才，究心性理。死之日”，其下赞语相同，并增“文亦简古可爱”一语，显系抄袭。

43. 高宗欲立武氏为皇后，诸臣不可，上问李绩，绩曰：“此陛下家事，何必问外人。”一言而定。又玄宗欲废太子，诸臣不可，上问李林甫，亦对以“此乃陛下家事，不必问外人”。呜呼！奸臣谈吐，何其前后如一辙哉！

【辨伪】此条抄自宋邵博《闻见后录》卷九：

> 予谓高宗立太宗才人武氏为后，决于李绩“陛下家事，勿问外人”一言。……李绩、许敬宗于高宗立武后，李林甫于玄宗废太子，皆以“陛下家事，何必问外人”，一言而定。呜呼！奸人之言，自世主之好以入，故必同。

今按：卢氏改“予谓高宗立太宗才人武氏为后，决于李绩‘陛下家事，勿问外人’一言”为“高宗欲立武氏为皇后，诸臣不可，上问李绩，绩曰：‘此陛下家事，何必问外人。’一言而定”，改“李林甫于玄宗废太子，皆以‘陛下家事，何必问外人’，一言而定”为“又玄宗欲废太子，诸臣不可，上问李林甫，亦对以‘此乃陛下家事，不必问外人’”，改“奸人之言，自世主之好以入，故必同”为“奸臣谈吐，何其前后如一辙哉”，其意相同，显系抄袭。

44. 莠言自口。莠言，秽言也。君子在官言官，在朝言朝，狎侮之态不及于小人，谑浪之辞不加于妃妾。自世尚通方，人安媟慢，宋玉登墙之见，淳于灭烛之欢，遂乃告之君王，传之文字，忘其秽论，叙为美谈。以至执女手之言，发自临丧之际(原壤)，啮妃唇之咏，宣于侍宴之余(郭舍人)。于是摇头而舞八风(祝钦明)，连背而歌万岁(阎知敏)，去人伦，无君子，而国命民心随之矣。

【辨伪】此条抄自清顾炎武《日知录》卷三“莠言自口”：

> 莠言，秽言也。若郑享赵孟，而伯有赋《鹑奔》之诗是也。君子在官言官，在府言府，在库言库，在朝言朝，狎侮之态不及于小人，谑浪之辞不加于妃妾。自世尚通方，人安媟慢，宋玉登墙之见，淳于灭烛之欢，遂乃告之君王，传之文字，忘其秽论，叙为美谈。以至执女手之言，发自临丧之际(原壤)，啮妃唇之咏，宣于侍宴之余(郭舍人)。于是摇头而舞八风(祝钦明)，连臂而歌万岁(阎知微)，去人伦，无君子，而国命随之矣。

今按：卢氏删“若郑享赵孟，而伯有赋《鹑奔》之诗是也”、“在府言府，在库言库”，改“连臂而歌万岁(阎知微)”为“连背而歌万岁(阎知敏)”，又增“民心”二字，显系抄袭。

45. 庞涓、孙膑，同学兵法；苏秦、张仪，同学纵横；李斯、韩非，同学刑名。始为朋，终为仇。故曰：小人同而不和，比而不周。

【辨伪】此条抄自宋王应麟《困学纪闻》卷七：

> 庞涓、孙膑，同学兵法；苏秦、张仪，同学从衡；李斯、韩非，同学刑名。始也朋，而终也仇。故曰：小人同而不和，比而不周。

今按：卢氏仅改“始也朋，而终也仇”为“始为朋，终为仇”，其他全同，显系抄袭。

46. 苏秦曰：“兰以芳自烧，膏以明自焫，翠以羽殃身，蚌以珠致破。”秦能为此言，而不能保其身。

【辨伪】此条抄自宋王应麟《困学纪闻》卷十：

> 《太平御览》引苏子曰：“兰以芳自烧，膏以明自焫，翠以羽殃身，蚌以珠致破。”苏秦能为此言，而不能保其身。

今按：卢氏删王氏原文中“《太平御览》引”字眼，改为直接引苏秦之语，显系抄袭。

47.《淮南子·诠言训》曰：“禹决江河，因水也；后稷播种树谷，因地也；汤、武平暴乱，因时也。”

【辨伪】此条抄自宋王应麟《困学纪闻》卷十：

> 《淮南·诠言训》曰：“禹决江河，因水也；后稷播种树谷，因地也；汤、武平暴乱，因时也。故天下，可得而不可取也；霸王，可受而不可求也。”张夫人谏苻坚之言，本于此。

今按：卢氏仅录王氏所引《淮南子》之文前半部分，而删后半句，并删王氏之语“张夫人谏苻坚之言，本于此”一句，显系抄袭。

48. 谭子《化书》云：“奢者富不足，俭者贫有余。奢者心尝贫，俭者心尝富。”李元衡曰：“贪饕以招辱，不若俭而守廉。干请以犯义，不若俭而全节。侵牟以聚仇，不若俭而养福。放肆以逐欲，不若俭而安性。”

【辨伪】此条抄自宋王应麟《困学纪闻》卷二十：

> 《化书》曰：“奢者富不足，俭者贫有余。奢者心常贫，俭者心常富。”季元衡《俭说》曰：“贪饕以招辱，不若俭而守廉。干请以犯义，不若俭而全节。侵牟以聚仇，不若俭而养福。放肆以逐欲，不若俭而安性。”皆要言也。

今按：卢氏增“谭子”二字，又误改“季元衡《俭说》曰”为“李元衡曰”，引文则与王氏相同，又删“皆要言也”，显系抄袭。

49. 象山先生曰：“古无流品之分，而贤不肖之分严。后世有流品之分，而贤不肖之辨略。”

【辨伪】此条抄自宋王应麟《困学纪闻》卷二十：

> 象山先生曰：“古者无流品之分，而贤不肖之辨严；后世有流品之分，而贤不肖

之辨略。”

今按：卢氏仅改“古者”为“古”，改“辨严”为“分严”，显系抄袭。

50. 唐《柳氏家法》：“居官不奏祥瑞，不度僧道，不贷赃吏。”此今日士大夫居官者之法也。宋包(笑)[孝]肃戒子孙：“有犯赃者，生不得归本家，死不得葬祖茔。”此今日士大夫教子孙之法也。余谓人能本此意以训子弟，则家断无不齐矣。

【辨伪】此条抄自清顾炎武《日知录》卷十三“除贪”：

唐《柳氏家法》：“居官不奏祥瑞，不度僧道，不贷赃吏法。”此今日士大夫居官者之法也。宋包拯戒子孙：“有犯赃者，不得归本家，死不得葬大茔。”此今日士大夫教子孙者之法也。

今按：卢氏删“法”、“生”字，改“包拯”为“包(笑)[孝]肃”，改“大茔”为“祖茔”，又增“余谓人能本此意以训子弟，则家断无不齐矣”一句，显系抄袭。

51. 俗语皆有所本。如“利市”，出《易经》：“利市三倍。”“难为人”，出《表记》：“君子以义度人，则难为人。”“生活”出《孟子》，“服事”出《周礼》，又见《论语》。“分付”，出《汉·原涉传》：“分付诸客。”“交代”，出《盖宽饶传》：“岁尽交代。”“区处”，出《黄霸传》：“且为区处。”“多谢”，出《赵广汉传》：“为我多谢。”“什物”，出《后汉·宣秉传》：“赐布帛帷帐什物。”“晓示”，出《童恢传》：“吏有违犯禁法者，辙随方晓示。”“告示”，出《荀子》：“仁者好告示人。”“布施”，出《周语》：“布施优裕。”“比较”，出《齐语》“合群叟，比较民之有道者。”“东道主”，出《左传》。“长进”，出《和峤传》：“太子近入朝，差长进。”“手下”，出《江表传》：“先君手下兵数千人。”“本分”，出《荀子》：“见端不如见本分。”“措大”，出《东汉世家》：“人谓夏侯孜之仆曰：尔事一穷措大，有何长益。”又见《寒山子诗》及《唐·宣宗记》，谓：裴休真措大。“致意”，出《晋·简文纪》：“致意尊公。”“收拾”，出《光武纪》：“不能收拾。”“主人公”，出《史记·范雎传》。“小家子”，出《汉·霍光传》。“不中用”，出《史记·外戚世家·王尊传》。“我辈人”，出《晋·石苞传》：“卿，我辈中人。”“若干”，出《礼记》：“某甲出若干物。”“留连”，出《后汉·刘陶传》：“留连至今。”“物色”，出《淮南子》，又出《月令》。“有瓜葛”，出蔡邕《独断》：“与先后有瓜葛者。”又出魏明帝《种瓜篇》：“与君新为婚，瓜葛相结连。”“新鲜”，出《太玄》。“夸张”，出《列子·天瑞篇》：“夸张于世。”

【辨伪】此条节抄自宋王应麟《困学纪闻》及清翁元圻、阎若璩等注。《困学纪闻》卷十九：

俗语皆有所本。如“利市”，出《易·说卦》(翁注：为近利市三倍)、《左传》(翁注：《昭十六年》：而有利市宝贿)。“难为人”，出《表记》(翁注：君子以义度人，则难为人)。……“生活”，出《孟子》。……“服事”，出《周礼·大司徒》。……“分付”，出《汉·原涉传》(翁注：分付诸客)。“交代”，出《盖宽饶传》(翁注：及岁尽交代)。“区处”，出《黄霸传》(翁注：乡部书言，霸具为区处)。“多谢”，出《赵广汉传》(翁注：至府，为我多谢问赵君)。……“什物”，出《后汉·宣秉传》(翁注：即赐布帛帐帷什物)。……“晓示”，出《童恢传》(翁注：吏人有违犯禁法，辄随方晓示)。……“告示”，出《荀子》(原注：仁者好告示人)。“布施”，出《周语》(原注：布施优裕)。“比校”，出《齐语》(翁注：合群叟，比较民之有道者)。……“地主”，出《左传》、《越语》(阎注：《左传》止有“东道主”)。……“长进”，出《和峤传》(翁注：太子近入朝，差长进，卿可俱诣之)。……“手下”，出《太史慈传》(翁注：《江表传》：策谓慈曰：先君手下兵数千余人，尽在公路许。又曰：卿手下兵，宜将多少，自由意)。……“本分”，出《荀子》(原注：见端不如见本分)。“措大”，出《五代·东汉世家》(阎注：已见《通鉴·唐文宗·考异》。何注：《寒山诗》已有“措大”字)。……“致意”，出《晋·简文纪》(阎注：《简文纪》：帝谓郗超曰：致意尊公)。……“收拾”，出《光武纪》(翁注：吏人死亡，或在坏垣毁屋之下，而家羸弱不能收拾者)。……“主人翁”，出《史记·范雎传》。“小家子”，出《汉·霍光传》。“不中用”，出《史记·外戚世家·王尊传》。“我辈人”，出《晋·石苞传》(阎注：允曰：卿是我辈人，当相引在朝廷)。……“若干”，出《礼记·曲礼·投壶》。……“留连”，出《后汉·刘陶传》(翁注：留连至今，莫肯求问)。……“物色”，出《淮南子》(翁注：何不云出《月令》)。……“有瓜葛”，出《后汉·礼仪志》(阎注：出《礼仪志》注引蔡邕《独断》曰：凡与先后有瓜葛者)。……“新鲜”，出《太玄》。……“夸张”，出《列子》(翁注：《天瑞篇》：夸张于世)。

今按：卢氏所考皆见于王氏之文，改翁注、阎注等为正文，句式稍有改变，显系抄袭。卢氏增“又见《论语》”，改“地主”一则为“‘东道主’，出《左传》”，又于“‘措大’，出《东汉世家》”后增“人谓夏侯孜之仆曰：尔事一穷措大，有何长益”一句，今检《新五代史·东汉世家》并无此句，而有“老措大，毋妄沮吾军”一句，乃卢氏误引；又增“又出魏明帝《种瓜篇》”一句。

52. 善恶报应之说，自古圣人尝言之矣。禹言：“惠迪吉，从逆凶，惟影响。”汤言：“天道福善祸淫。”伊尹言：“惟上帝不常，作善降之百祥，作不善降之百殃。”孔子言：“积善之家必有余庆，积不善之家必有余殃。”即与道家所谓“天神察其善恶”，释氏所谓“地狱果报”同一意也？岂真有上帝司其祸福哉？盖善与不善，一气相感，如水之就下，火之就烟，有不期然而然者。

【辨伪】此条抄自清顾炎武《日知录》卷二“惠迪吉从逆凶”：

善恶报应之说，圣人尝言之矣。大禹言：“惠迪吉，从逆凶，惟景响。”汤言：“天道福善祸淫。”伊尹言：“惟上帝不常，作善降之百祥，作不善降之百殃。”又言：“惟吉凶不僭在人，惟天降灾祥在德。”孔子言：“积善之家必有余庆，积不善之家必有余殃。”岂真有上帝司其祸福，如道家所谓“天神察人善恶”，释氏所谓“地狱果报”者哉？善与不善，一气之相感，如水之流湿，火之就燥，不期然而然，无不感也，无不应也。

今按：卢氏删“又言：‘惟吉凶不僭在人，惟天降灾祥在德’”，改置“岂真有上帝司其祸福”于后，又删“无不感也，无不应也”，显系抄袭。

53. 作文润笔，人谓起于蔡邕，而不知非也。缘邕长于碑颂，人奉金帛请为文，前后所得巨万。然其中亦有可笑者，如袁满来年十五岁，胡根年七岁，亦为之碑文。自非利其润笔，必不为此。当时以其名重，隐而不言，宜其不见重于后世也。余考《汉书》：陈皇后失宠，别在长门宫。闻司马相如工为文，奉黄金百斤为文君酒，相如因为文，以悟帝，帝悔悟，陈后复得宠幸。是西汉时已有润笔之资也。

【辨伪】此条抄自清顾炎武《日知录》卷十九“作文润笔”：

> 《蔡伯喈集》中，为时贵碑诔之作甚多，如胡广、陈寔各三碑，桥玄、杨赐、胡硕各二碑，至于袁满来年十五，胡根年七岁，皆为之作碑。自非利其润笔，不至为此。史传以其名重，隐而不言耳。文人受赇，岂独韩退之谀墓金哉？王楙《野客丛书》曰：“作文受谢，非起于晋宋。观陈皇后失宠于汉武帝，别在长门宫，闻司马相如天下工为文，奉黄金百斤为文君取酒，相如因为文，以悟主上，皇后复得幸。此风西汉已然。”

今按：卢氏于前增“作文润笔，人谓起于蔡邕，而不知非也”一句，改“《蔡伯喈集》中，为时贵碑诔之作甚多，如胡广、陈寔各三碑，桥玄、杨赐、胡硕各二碑”为“缘邕长于碑颂，人奉金帛请为文，前后所得巨万。然其中亦有可笑者”，删“文人受赇，岂独韩退之谀墓金哉”，又改顾氏所引“王楙《野客丛书》”为“余考《汉书》”，删其中“作文受谢，非起于晋宋”，增“帝悔悟”，改“此风西汉已然”为“是西汉时已有润笔之资也”，显系抄袭。

54. 凡人饮酒，肝气微则面青，心气微则面赤。又，脉勇之人怒则面青，骨勇之人怒则面白，血勇之人怒则面赤。

【辨伪】此条抄自唐段成式《酉阳杂俎》前集卷十一：

> 饮酒者，肝气微则面青，心气微则面赤也。脉勇怒而面青，骨勇怒而面白，血勇怒而面赤。

今按：卢氏仅改“饮酒者”为“凡人饮酒”，又增三“之人”，其意相同，显系抄袭。

55. 人聚于乡而治，聚于城而乱。聚于乡，则土地辟而田野治，欲民之无恒心，不可得也。聚于城，则徭役繁而讼狱多，欲民之有恒心，亦不可得也。

【辨伪】此条抄自清顾炎武《日知录》卷十二“人聚”：

> 人聚于乡而治，聚于城而乱。聚于乡，则土地辟、田野治，欲民之无恒心，不可

得也。聚于城，则徭役繁、狱讼多，欲民之有恒心，亦不可得也。

今按：卢氏仅增二“而”字，又改“狱讼”为“讼狱”，显系抄袭。

56. 古人命名，原不因姓，而今人则不然，如陈王道、张四维、安百姓、马负图、吕调阳、简御烦之类，互相争取。余考前代，唐有黄幡绰、云朝霞，《五代史》有靖边庭、镜新磨，《辽史》有罗衣轻等名，然皆系伶人之名，姓与名通为一义，所以取之为谑也。何以今世士大夫家命名亦效之。

【辨伪】此条抄自清顾炎武《日知录》卷二十三“以姓取名”：

古人取名，连姓为义者绝少，近代人命名，如陈王道、张四维、吕调阳、马负图之类，榜目一出，则此等姓名，几居其半，不知始自何年。尝读《通鉴》至五代后汉，有虢州伶人靖边庭。胡身之注曰：靖，姓也，优伶之名与姓，通取一义，所以为谑也。(靖边庭亦见《宋史·田钦祚传》)考之自唐以来，如黄幡绰、云朝霞(《唐书·魏暮传》)、镜新磨(《五代史·伶官传》)、罗衣轻(《辽史·伶官传》)之辈，皆载之史书，益信其言之有据也。嗟乎！以士大夫而效伶官之命名，则自嘉靖以来然矣。

今按：卢氏改“连姓为义者绝少，近代人命名”为“原不因姓，而今人则不然”，又增“安百姓”、“简御烦”，改“榜目一出，则此等姓名，几居其半，不知始自何年”为“互相争取”。改“考之自唐以来”为“余考前代”，改“如黄幡绰、云朝霞(《唐书·魏暮传》)”为“唐有黄幡绰、云朝霞”，改“镜新磨(《五代史·伶官传》)”及上“有虢州伶人靖边庭”为“《五代史》有靖边庭、镜新磨”，改“罗衣轻(《辽史·伶官传》)”为“《辽史》有罗衣轻等名”，并改《通鉴》胡注“优伶之名与姓，通取一义，所以为谑也”为“然皆系伶人之名，姓与名通为一义，所以取之为谑也”，改“以士大夫而效伶官之命名，则自嘉靖以来然矣”为“何以今世士大夫家命名亦效之”，文句虽多改窜，抄袭痕迹仍显而易见。

57. 絜斋取楼名曰“是亦”，谓“直不高大耳，是亦楼也”。以至山石花木、饮食衣服、隶役货财，亦莫不然。至于宦情亦然。

【辨伪】此条抄自宋王应麟《困学纪闻》卷十七：

絜斋先生为楼，名以“是亦”，曰：“直不高大尔，是亦楼也。”以至山石花木、衣服饮食、货财隶役，亦莫不然。至于宦情亦薄，曰：“直不高显尔，是亦仕也。”

今按：卢氏改“至于宦情亦薄，曰：‘直不高显尔，是亦仕也’”为“至于宦情亦然”，其他大致相同，显系抄袭。

卷十九
术数随笔

1. 术数之学，有验有不验。《昭公十七年》：冬，有星孛于大辰。郑裨灶言于子产曰："宋、卫、陈、郑将同日火，若我用瓘斝玉瓒，郑必不火。"子产弗与。明年夏五，宋、卫、陈、郑皆火。裨灶曰："不用吾言，郑又将火。"郑人请之，子产曰："天道远，人道迩，灶焉知天道?"复不与，郑亦不复火。又《二十四年》：五月朔，日有食之。梓慎曰："将水。"昭子曰："将旱。"秋八月，旱。则梓慎之占有差，而裨灶之言亦有时不验。

【辨伪】此条抄自元盛如梓《庶斋老学丛谈》卷上：

> 《昭公十七年》：冬，有星孛于大辰。郑裨灶言于子产曰："宋、卫、陈、郑将同日火，若我用瓘斝玉瓒，郑必不火。"子产弗与。明年夏五月壬午，宋、卫、陈、郑皆火。裨灶曰："不用吾言，郑又将火。"郑人请之，子产曰："天道远，人道迩，灶焉知天道?"遂不与。郑不复火。《二十四年》：五月乙未朔，日有食之。梓慎曰："将水。"昭子曰："将旱。"秋八月，旱。梓慎之占有差，裨灶之言有不中。

今按：卢氏于前增"术数之学，有验有不验"一句，删"月壬午"，改"裨灶之言有不中"为"而裨灶之言亦有时不验"，其意相同，显系抄袭，

2. 赵南仲兄弟平李全日，参议官名全子才，有蒋山僧见全而贺曰："逆党李全遇公，必受诛擒矣。"问其故，则曰："公之姓，贼名也。公之名，贼姓也而少一人。合姓名而观，是倒悬李全而无左臂也。以是知其必诛。"后其说果验，僧亦通慧者哉?

【辨伪】此条抄自元盛如梓《庶斋老学丛谈》卷上：

> 赵南仲兄弟平李全日，参议官则全子才，有蒋山僧见全喜甚曰："逆全诛矣。"问其故，曰："公之姓，贼名也；公之名，贼姓而少一人。合姓名而观，是倒悬李全而无左臂也。"其说果验。

今按：卢氏改“喜甚曰”为“而贺曰”，改“逆全诛矣”为“逆党李全遇公，必受诛擒矣”，而增“僧亦通慧者哉”，大同小异，显系抄袭。

3. 相国寺有日者善卜，一卦万钱，郑燕公邀郑绅乍往，如其数叩之。日者曰：“此命大贵，与蔡太师相类。”究其详。日者不言。行数步，公顾绅公：“汝试令看。”绅曰：“我有万钱，即到旗亭痛饮，决不与此辈。”公曰：“吾代汝偿。”强之往。复叩绅命，日者曰：“吾每日只推一命，要得，可预定，来日见访。”二人遂于次日访之。日者默然良久，曰：“怪怪。这五行又与孟太师相类。”二人颇不信而去。但意气方盛，得日者之言，益喜，欲再付十千，今复推二人命。日者覆看，云：“二命皆大贵。先看者将来与蔡太师同官；后看者却先发，大抵相去不甚远。”公问：“何时当贵？”日者曰：“大雪纷纷下时，即来相谢。”公自负曰：“日者云我贵，今我已登上舍，若再得甲科，贵亦不难。谓汝先贵，恐无此理。”绅徐答曰：“我亦稍有机会，但不欲言耳。”公力诘之，乃曰：“绅自丧偶后只有一息女，方七岁，无人抚养，抱与中贵人为养女。今已数年，近闻送进大内，性极聪敏，颇得宠遇，恐异日因此进身，亦未可期。切勿语外人云。”公闻之，半疑半喜，与绅畅饮，欲验日者之言。迨后与绅同行，忽遇下雪，公笑曰：“汝当贵时到矣。”绅曰：“今得一杯暖寒足矣，安望贵耶？”因流连踰日。忽有快行到学，探问郑绅，门斗不知寓所，及归，告公，公亦不知何事。语未竟，而快行复至，曰：“慈德宫郑押班寻伊父，莫知其寓，闻尝与学士同游。”公曰：“少顷即至，但贫甚，更宽三两日，待吾赒恤，为之办衣服，方可去。”公即以银器数件与快行为酒资，令其转答，快行大喜，悉以其事语达押班。及绅入见，具言平日居贫，赖公赒恤，谊过手足，押班亦铭感不已。郑绅自此居第庖厨，日日与公往来，情好愈笃。及徽庙登极，太后以押班赐上，封为贤淑妃，未几册为贵妃，恩宠日盛，六宫无出其右者。政和元年册立为皇后，封绅为乐平郡王。公初擢第，任真定教官，旋升太学博士。徽宗及位，迁大宗正。自礼部郎召试中书舍人，未几，除枢密院。政和三年，知平章事。六年，拜少保兼门下侍郎，又兼太宰，皆后之力也。大拜时，适与蔡儋州同相。日者之言，何其异哉！

【**辨伪**】此条抄自宋陈鹄《耆旧续闻》卷七：

郑燕公居中达夫，开封人。少游上庠，登舍选，职学事，每休沐，常与郑绅游。绅尝为省直官，官罢，贫不事生产，公每给之。一日，同至相国寺，有日者榜卦肆，一卦万钱，公如其数扣之。日者云：“此命大贵，与蔡太师相类。”究其详，则拾起卦子，不复言矣。行数步许，语郑曰：“汝试令看。”郑笑曰：“我有万钱，即登旗亭痛饮，决不与此曹。”公云：“吾为偿金。”强之往。日者曰：“吾每日只推算一命，要看时，可预录下，来日见访。”二人如期而往。日者默然良久，云：“怪咤。这五行又与孟太尉相类。”公颇不乐而去。盖公少年驰声学校，意气方盛，得日者言，益喜。试以郑验其术，何从解贵，然心怀觊望。又语郑曰：“吾二人更各以五千令覆算。”日者不纳。谕以覆看前二命，乃受，曰：“二命皆大贵。先看者将来与蔡太师同官；后看者却先发，大抵相去不远。”公复问：“何时当贵？”日者曰：“若见雪纷纷下时，却来相谢。”公戏郑曰：“术者道我贵，吾今已升舍。若登甲科，贵亦不难。谓汝贵时，恐无此理。”郑徐答曰：“我亦有少寅缘，但不欲言。”公力诘之，乃曰：“某自丧偶后有息女，甫七岁，无人鞠养，将与中贵为养女。闻尝进入内，性极慧黠，颇得宠遇，恐异时因此进身，未可期。某以私告，切勿语人。”公闻之，佔佔自喜，且欲验日者之言，与郑剧饮而归。后复与郑同行，忽遇雪下，公笑曰：“日者言雪下时，汝当贵。”郑曰：“今得一杯暖寒足矣，望岂及此?”公因留外馆，流连踰日。忽有快行屡至学，寻问颇急，学臧辈不知公寓处，及归，乃以告。公亦惊讶，未知何事。语未竟，复至，喜曰：“幸得见学士，慈德宫郑押班欲寻其父，遍问莫有知其家者，闻常与学士相过。”公曰：“少顷须至，但贫甚，吾每赒之，更宽两日，为办些衣服方可去。”时公新婚，奁具甚厚，有银盂在侧，持以予之曰：“谩为酒资，可以此意覆知押班。”快行得之，殊过望，悉以其语达，押班甚德之。及郑入见，具言居贫，每藉公赒恤，谊过手足。郑自此有居第，庖供日丰，与公往还，情好愈笃，及徽庙登极，慈德太后以押班赐上，封贤妃，未几为贵妃，恩宠日盛，六宫无出其右。政和元年册后，以绅为乐平郡王。公初擢第，任真定教官。绍圣初，为太学博士。上即位，迁大宗正丞。崇宁间，自礼部郎召试中书舍人，除知枢密，以后故也。政和三年，再知院。六年，拜少保太宰兼门下侍郎。蔡儋州再入，正与之同相。日者之言异哉！葛文安公与公之孙为僚婿，尝语余云。

今按：卢氏所记与陈氏同，字句稍有改窜，如改“郑燕公居中达夫”至“一卦万钱”为“相国寺有日者善卜，一卦万钱，郑燕公邀郑绅乍往”，改“则拾起卦子，不复言矣”为“日者不言”，改“要看时，可预录下”为“要得，可预定”，删“盖公少年驰声学校”，改“试以郑验其术”至“乃受”为“欲再付十千，今复推二人命。日者覆看”，改“闻尝进入内，性极慧黠”为“今已数年，近闻送进大内，性极聪敏”，改“某以私告，切勿语人”为“切勿语外人云”，改“佔佔自喜，且欲验日者之言，与郑剧饮而归”为“半疑半喜，与绅畅饮，欲验日者之言”，改“日者言雪下时，汝当贵”为“汝当贵时到矣”，改“忽有快行屡至学，寻问颇急，学臧辈不知公寓处，及归，乃以告。公亦惊讶，未知何事”为“忽有快行到学，探问郑绅，门斗不知寓所，及归，告公，公亦不知何事”，删“幸得见学士”，改“遍问莫有知其家者”为“莫知其寓”，改“吾每赒之”为“待吾赒恤”，改“时公新婚”至“押班甚德之”为“公即以银器数件与快行为酒资，令其转答，快行大喜，悉以其事语达押班”，增“押班亦铭感不已”，改“绍圣初，为太学博士”为“旋升太学博士”，删“崇宁间”，增“未几”，删“以后故也”，又删“又兼太宰”，增“皆后之力也”，改“蔡儋州再入，正与之同相”为“大拜时，适与蔡儋州同相”，删“葛文安公与公之孙为僚婿，尝语余云”，显系抄袭。

4. 绍兴初，日者韩操与曹谷皆以善相称。汤丞相进之史丞相，二公微时，曾往叩之，许以必贵。后调官中都，复同往相。正值韩修屋，无延坐处，家人绐二公曰“出去”。韩闻其声，急呼曰：“二相公来，何不留坐?”后二公果贵，皆如其言。又刘枢密珙、吕检讨仲发同往访之，时二公皆任京秩，韩曰：“二公当改职。”又指刘后当为枢密使，吕后当为卿监。二人亦皆如其言。又陈鹄言有里人林佥判者，值省试，大病，肩舆往叩韩操，韩许以场前病当自愈，然必第。林果登第。韩系瞽者，虽与曹谷齐名，而曹实逊之。昔有士人省试，问曹得失。曹不许，云：“须至免举后，方可登第。”后至免举时，复往叩之。曹又不许，士人曰："君向许我免举登第，何前后相反耶？"曹曰："若果是曹谷相许，但以前日之言为据，今科必第。缘是时命运通达，所言无不中。目今时运已去，故所言亦差。"后士人果登第。然则日者之术验与否，亦关乎时运，不专在术之精与不精也。

【辨伪】此条抄自宋陈鹄《耆旧续闻》卷七：

> 绍兴初，日者韩操、曹谷皆奇术也。汤丞相进之史丞相，二公微时，尝往扣之。一日，调官中都，复同往。韩偶修屋，无延坐处。其家绐云"出去"。韩，瞽者，闻其声而诧之，亟呼曰："二相公来，岂可不留坐。"后皆如其言。又刘枢密珙父、吕检详仲发同访之，时二公已京秩，为干官。韩云："二命皆改秩。"又指刘后当至枢使，吕为卿监。后刘果为枢密，但非使尔。吕为检详，直显谟阁，终朝议大夫，亦卿监资序。又余同里前辈林佥判元祖，省试已迫期，病甚，肩舆往扣之。韩云："今年当第。临试前一日自愈。"是岁，果第。余幼年犹及见之，与余言及曹谷与韩齐名，晚年术多差。曹，丹阳人。有士人初荐，问省试得失。曹不许，云："须至免举年，方登第。"果下省。至免举，复扣之。曹又不许。士子曰："公向年许我免举登第，何相反邪？"曹曰："若果是曹谷相许，但以往日之言为据。是时命运通利，所言无不中。今时运不如昔，故亦有时而差尔。"后果第。然则日者之术验否，亦系时运，不专在术邪。

今按：卢氏所记与陈氏同，字句稍有改窜，如改"皆奇术也"为"皆以善相称"，增"许以必贵"、"二公果贵"。又改"又刘枢密珙父、吕检详仲发同访之"为"又刘枢密珙、吕检讨仲发同往访之"，删"为干官"，改"二命皆改秩"为"二公当改职"，改"后刘果为枢密"至"亦卿监资序"为"二人亦皆如其言"。又改"又余同里前辈林佥判元祖"至"果第"为"又陈鹄言有里人林佥判者，值省试，大病，肩舆往叩韩操，韩许以场前病当自愈，然必第。林果登第"，其言"陈鹄"，已透露其文献来源。又改"余幼年犹及见之，与余言及曹谷与韩齐名，晚年术多差"为"韩系瞽者，虽与曹谷齐名，而曹实逊之"。又删"曹，丹阳人"、"果下省"，增"今科必第"，改"今时运不如昔，故亦有时而差尔"为"目今时运已去，故所言亦差"，改"不专在术邪"为"不专在术之精与不精也"，其意大同小异，显系抄袭。

5. 王钦若微时，张齐贤以书荐于钱希白。时钱以才名独步馆阁，适延一术士，以问休咎。门者不容王通谒，王遂厉声诟阍人，术者遥闻之，谓钱曰："不知是何人，若声与形相称，今坐中无此贵者。愿延之，使我获见。"希白召之入，王公神貌疏瘦，复赘疣于颈，举止山野。钱蔑视之，独术者悚然起敬，谛视既久，术者乃喟然兴叹曰："人中之贵，有此十全者。"钱戏之曰："都堂便有此等宰相乎？"术者正色曰："宰相何时而无，此君不作则已，若作则天下富盛，而君臣相得同心，至死有余庆而无吊，不完者，惜其无子耳。"钱复相戏曰："若是，他日必当陶铸吾辈乎？"术者曰："不待他日，数年间便贵，公无轻视。"后钱为翰林，而王已大拜。

【辨伪】此条抄自宋陈鹄《耆旧续闻》卷八：

> 王钦若乡荐赴阙，张仆射齐贤时为江南漕，以书荐于钱希白易。钱时以才名独步

馆阁，适延一术士，以考休咎，不容通谒。王踊蹙门下，厉声诟阍人，术者遥闻之，谓钱曰："不知何人耶，若声形相称，世无此贵者，但恐形不副声尔。愿延之，使某获见。"希白召之，冀公单微远人，神貌竦瘦，复赘于颈，举止山野。希白蔑视之，术者悚然，侧目谛视。既退，术者稽颡兴叹曰："人中之贵，有此十全者。"钱戏曰："都堂便有此等宰相乎?"术者正色曰："公何言欤？且宰相何时而无，此君不作则已，若作则天下富盛，而君臣相得，至死有庆而无吊，不完者，但无子而已。"钱戏曰："他日当陶铸吾辈乎?"术者曰："恐不在他日，即日可得。愿公毋忽。"后希白方为翰林学士，冀公已真拜。

今按：卢氏所记与陈氏同，字句稍有改窜，如改"王钦若乡荐赴阙"为"王钦若微时"，删"时为江南漕"，改"不容通谒。王踊蹙门下，厉声诟阍人"为"门者不容王通谒，王遂厉声诟阍人"，改"世无此贵者，但恐形不副声尔"为"今坐中无此贵者"，改"冀公单微远人，神貌竦瘦"为"王公神貌疏瘦"，改"术者悚然，侧目谛视，既退，术者稽颡兴叹曰"为"独术者悚然起敬，谛视既久，术者乃喟然兴叹曰"，增"若是"，改"数年间便贵，公无轻视"为"即日可得。愿公毋忽"，改"后希白方为翰林学士，冀公已真拜"为"后钱为翰林，而王已大拜"，大同小异，显系抄袭。

6. 风鉴一事，乃昔人甄识人物、拔擢贤才之所急，非若市井卜相之流用以贾鬻取资者。前代郭林宗、裴行俭等以之考器识言臧否，陈鹄尝语富文忠公论云云，而文忠公云："观子所言，多取丰厚，若是，屠宰、饩师皆贵矣。"鹄复思之，凡相之所先，全在人之神气与心术，更得丰厚，则十全相矣。

【辨伪】此条抄自宋陈鹄《耆旧续闻》卷八：

黄朝美云："风鉴一事，乃昔人甄识人物、拔擢贤才之所急，非市井卜相之流用以贾鬻取赀者。"前世郭林宗、裴行俭又考器识以言臧否，余亦粗知大概，尝与富文忠论之。文忠曰："观子之论，多取丰厚，若是，屠儿、饩师皆贵矣。"余复思之，大凡相之所先，全在神气与心术，更或丰厚，其福十全。

今按：卢氏删"黄朝美云"，又改"余亦粗知大概，尝与富文忠论之"为"陈鹄尝语富文忠公论云云"，其言"陈鹄"，已透露其文献来源。又改"其福十全"为"则十全相矣"，其意相同，显系抄袭。

7. 徽宗在潜邸时，密使人持其诞生年月日时，俾术人陈彦推算。彦一见，问："谁使汝来?"再三诘之，乃告以实。彦曰："覆奏大王：彦今已闭铺，六十日内可望大富贵。"后以从龙得官，升至节钺。

【辨伪】此条抄自宋周煇《清波杂志》卷六：

徽宗在潜邸，密使人持诞生年月，俾术人陈彦论之。彦一见，问："谁使若来?"再三诘之，乃告以实。彦曰："覆大王：彦只今闭铺，六十日内望富贵。"后以随龙官至节钺，其验如此。都人目曰“卖卦陈”。

今按：卢氏改“论之”为“推算”，改“后以随龙官至节钺”为“后以从龙得官，升至节钺”，而删“其验如此。都人目曰‘卖卦陈’”，显系抄袭。

8. 又《耆旧续闻》所载：相国寺陈彦明数学，谈福命如神。端邸令人持生命密问之。彦乃屏人，告以“大贵”之兆，且云事应在两月之内，至期果验。初欲官以京秩，继补西班，累官至节钺。又《铁围山丛谈》亦载此事，稍有不同。彦云：“不出一年大贵。”次年，果登极。余考《宋·职官志》，陈彦，浙人，仕至节度使。

【辨伪】此条抄自宋周煇《清波杂志》及宋蔡绦《铁围山丛谈》。《清波杂志》卷六：

一说：端邸闻相国寺陈彦明数学，谈禄命如神，令人持生年密问之。彦乃屏人，告以“大横”之兆，且云事应在两月后，至期果验。初欲官以京秩，继乃补西班，积官至节钺。

又《铁围山丛谈》卷三：

太上皇帝端邸时，多征兆，心独自负。一日呼直省官者谓之曰：汝于大相国寺迟其开寺时，持我命八字往，即诣卦肆，遍问以吉凶来，第言汝命，勿谓我也。直省官如言，至历就诸肆问祸福，大抵常谈，尽不合。末见一人，穷悴蓝缕，坐诸肆后。试访，曰：浙人陈彦也。直省官笑之黾勉，又出年命以示彦。彦曰：必非汝命，此天子命也。直省官大骇，狼狈走归，不敢泄。翌日，还白端王，王默然。因又戒访：汝迟开寺，宜再一往见，第言我命，不必更隐。于是直省官乃复见彦，具为彦言，彦复咨嗟久之，即藉语顾直省官曰：汝归，可白王，王，天子命也，愿自爱。踰年，太上皇帝即位。彦亦遭遇，后官至节度使。

今按：卢氏称所记为“《耆旧续闻》所载”，实抄自《清波杂志》，并改“告以‘大横’之兆”为“告以‘大贵’之兆”。并据《铁围山丛谈》补二事之异，卢氏改“踰年，太上皇帝即位”为“彦云：‘不出一年大贵’。次年，果登极”，亦与《丛谈》原文不同；又据“浙人陈彦也”、“彦亦遭遇，后官至节度使”改为“陈彦，浙人，仕至节度使”，而于前妄增“余考《宋·职官志》”，显系抄袭二书而来。

9. 明时顺天有萧鸣凤者，精于星学，推算人命休咎如神。会官郡守，以不职罢官归。舟次遇比部张公名璁，即赐名孚敬者，素闻其精于命术，即以已命叩之。萧布算良久，默不发言，张固问之，乃曰：禄命书从此可焚矣。张曰：何故，愿闻其详。萧曰：仆阅人多矣，无不中者，独于仆与君而失之。张曰：何也？萧曰：仆自推禄位出仕，应至方伯，而今只于二千石，即被罢职。观君之命，现今三年中，便当入相，而君犹是郎署。岂吾术有未至，而命书抑有不可凭耶？遂别去，张入京，以议大礼中上意，不出三年，遂大拜，既贵，忆鸣凤之言，即起用之，十余年间，果升至方伯而卒。

【辨伪】此条抄自清劳大舆《瓯江逸志》：

顺天萧鸣凤，精于星学，推算休咎如神。官郡守，以不职罢归。舟次遇比部张公璁，即赐名孚敬文忠公。张素闻萧术神，试以己命叩之。布算良久，不言，因问之，曰：禄命书从此可焚矣。问何故，萧曰：仆平生阅人多矣，无不中者，独于仆与君而失之。张曰：何也？曰："仆自揣禄位，应至方伯，而今止于二千石。观君之命，不出三年，便当入相，而君犹然郎署也。岂吾术有未至耶？遂别去，张公入京，仅三载以议大礼中上意，遂大拜，既贵，忆萧公言，即起之，十余年，果至方伯而卒。

今按：卢氏所记与劳氏同，字句稍有改窜，如改"顺天萧鸣凤"为"明时顺天有萧鸣凤者"，删"文忠公"，改"张素闻萧术神"为"素闻其精于命术"，改"问何故"为"张曰：何故，愿闻其详"，增"即被罢职"，改"不出三年"为"现今三年中"，增"而命书抑有不可凭"，改"仅三载以议大礼中上意"为"以议大礼中上意，不出三年"，显系抄袭。

10. 光山王相为御史，正直清廉，因事谪判高邮，有知人鉴。时张罗峰文忠公以落第归候除，王一见奇之，谓张曰："子有异表，他日富贵所就甚大，奚止科甲而已哉？"因厚赠之。后罗峰既贵显，而王已没。遂上疏曰："王相以忠鲠被诬，宜优恤之，以慰幽魂。"诏从之，追赠光禄寺少卿。

【辨伪】此条抄自清劳大舆《瓯江逸志》：

光山王相为御史，谪判高邮，有精鉴。时张罗峰文忠以落第候除，相一见奇之，谓曰："子有异表，他日所就，奚止科第？"因厚贻之。罗峰既贵，上疏曰："王相以忠鲠蒙诬，宜恤。"诏赠光禄寺少卿。

今按：卢氏所记与劳氏同，字句稍有增改，如增"正直清廉"，改"有精鉴"为"有知人鉴"，改"他日所就，奚止科第"为"他日富贵所就甚大，奚止科甲而已哉"，又增"而王已没"、"以慰幽魂"，显系抄袭。

11. 岳武穆微时，长安有一相者，名曰舒翁，言人祸福，百不失一。时岳故贫甚，往叩请相。翁视良久，曰："子异日必当大贵，总戎伍，掌重兵，惜其死于非命。"岳曰："何也？"翁曰："第识之，子，猪精也，猪大必受屠戮，子贵显后则睥睨者众矣，所以不免诛戮。"岳于靖炎间由偏裨起为大将，位至公孤，竟为奸相秦桧等谗邪所害，受冤而死。舒翁之术，亦神已哉！

【辨伪】此条抄自宋曾敏行《独醒杂志》卷十：

岳公飞微时，尝于长安道中遇一相者，曰舒翁。飞时贫甚，翁熟视之，曰："子异日当贵显，总重兵，然死非其命。"飞曰："何谓也？"翁曰："第识之，子，猪精也，猪硕大而必受害，子贵显则睥睨者众矣。"飞靖炎间起偏裨为大将，位至三孤，竟为谗邪所害。

今按：卢氏所记与曾氏同，字句稍有增改，如改“岳公飞微时”至“翁熟视之”为“岳武穆微时，长安有一相者，名曰舒翁，言人祸福，百不失一。时岳故贫甚，往叩请相。翁视良久”，改“总重兵”为“总戎伍，掌重兵”，改“猪硕大而必受害”为“猪大必受屠戮”，增“所以不免诛戮”、“受冤而死。舒翁之术，亦神已哉”，显系抄袭。

12. 明朱允升精六壬之学，偶至友人家中，见案上有四盒未启。友人戏谓朱曰：“能射覆乎？中，则并盒奉之。”朱曰：“请更添置一盒。”遂书射语于中，合而封之。告友人曰：“少待一时，则启视。”未几，适有来借马，友人命仆在后山牵驴应之。朱令五盒并启，前四盒皆贮鱼，射语云：“一味鱼，两味鱼，其余都是鱼。前门来借马，后山去牵驴。”宾主为之绝倒。

【辨伪】此条抄自清赵吉士《寄园寄所寄》卷十一：

> 朱允升得六壬之奥，偶见友人案上置四合，戏谓：“君能射覆乎？中，则奉之。”允升更索一合，书射语，亦合而置之。曰：少俟则启。适有借马者，友人令仆于后山牵驴应之。允升即令一时俱启，前四合皆鱼也。射语云：一味鱼，两味鱼，其余都是鱼；前门来借马，后山去牵驴。宾主为之绝倒。(《尧山外纪》)

今按：卢氏所记与赵氏引《尧山外纪》同，字句稍有改窜，如改“偶见友人案上置四合”为“偶至友人家中，见案上有四盒未启”，改“允升更索一合，书射语”为“朱曰：‘请更添置一盒。’遂书射语于中”，改“少俟则启”为“少待一时，则启视”，增“未几”，改“允升即令一时俱启”为“朱令五盒并启”，显系抄袭。

13. 又朱允升有一子，名同，当其初生时，人往贺之，朱告人曰：此儿将来必遭女祸。十来岁时，朱于所居后山创造草屋百十间，茸盖完好，其乡人怪而问之，朱曰：“异日必有车驾到此，当休兵于其中。”丁酉秋，明太祖兵下徽州，果休息于此间。临行，太祖欲赏其筑室功。朱跪请曰：臣有子一人，名朱同，愿异日得保全其首领，足矣，不望他赏。后朱同官礼部侍郎，善吟诗。忽御沟中有女尸流出，身边带有诗数首，上疑同所为作以挑之，将赐死，因念允升先年之请，使同自缢，以保全其身体云。

【辨伪】此条抄自清赵吉士《寄园寄所寄》卷十一：

> 允升生休宁，徙居歙石门，馆临河程氏，教其子大，大为继母所苦，自缢。后允升梦大突入其室，适报生儿，因名之曰同。且曰：“此儿必遭女祸。”寻于所居山前创草屋数十间，乡人怪之，允升曰：“车驾异日幸临，当休军于是。”丁酉秋，明兵下徽，高皇提兵过之，果休其下。临去，允升跽请曰：“臣有子同，后得全躯死，即臣幸大矣。”后同官至礼部侍郎，善诗翰，命题诗赐宫人。忽御沟中有流尸，上疑同挑之，将赐死，因念允升请，使自缢。盖允升所谓女祸也，其六壬精妙若此。(《稗史》)

今按：卢氏所记与赵氏引《稗史》同，字句稍有增删改窜，如改“允升生休宁，徙居歙石门，馆临河程氏，教其子大，大为继母所苦，自缢。后允升梦大突入其室，适报生儿，因名之曰同”为“又朱允升有一子，名同”，增“当其初生时，人往贺之”、“十来岁时”、“葺盖完好”，改“车驾异日幸临，当休军于是”为“异日必有车驾到此，当休兵于其中”，改“明兵下徽，高皇提兵过之”为“明太祖兵下徽州”，增“太祖欲赏其筑室功”，改“臣有子同，后得全躯死，即臣幸大矣”为“臣有子一人，名朱同，愿异日得保全其首领，足矣”，增“不望他赏”，删“命题诗赐宫人”，增“身边带有诗数首”，改“上疑同挑之”为“上疑同所为作以挑之”，删“盖允升所谓女祸也，其六壬精妙若此”，而增“以保全其身体云”，显系抄袭。

14. 齐易岩精于《易》，数术尤奇验。明太祖起兵时，召问之，对曰：“不嗜杀人者，乃能安定天下。”上曰：“经生常谈。”遂去之。及即位，或又有以易岩荐者，复召诣京师，岩乃逃避于大姓汪氏家，汪不敢留，岩曰：“无害，岁久当泰。”乃为汪氏教其少子学举子业，绝口不谈数术。一日，与其徒游山中，指一处曰：“此子发迹之地也，但不知谁为地主。宜谨记之。”是时，其徒年十二三，亦不以为意。及易岩死后数年，汪亦死，其徒卜葬其父，竟得此山，葬后，偶检少年所读，书中夹有一纸条，上书云：“某年月日，汪生某葬其父于某郡某都某图某山，子孙绵远且贵云。”其徒始悟昔日所言，并叹服其师术数之精。至今，徽州汪氏果盛。

【辨伪】此条抄自清赵吉士《寄园寄所寄》卷十一：

> 齐易岩者，徽高士，术数尤精于枫林。明太祖初起兵，闻而往问之，答曰：“不嗜杀人。”上曰：“经生谈。”遂去。及即位，或有荐岩之才者，诏征诣京师。岩乃逃避大姓汪氏，汪不敢容。岩曰：“毋害也，岁久当泰。”乃为汪教其少子为文。常与其子游于山，指一处曰：“此汝发身处也，但不知谁为地主。”问之，其姻家也。子年十三四，亦不以其语为意。及易岩死，其子卜地葬其父，竟得此山。偶检其少日所读，中有记云：“汪生某葬父某郡某都某图某山，子孙绵远且贵。”其子叹服。今汪氏果盛。岩卒年七十余，无子，故其事失传。(《稗史》)

今按：卢氏所记与赵氏引《稗史》同，字句稍有改窜，如改“齐易岩者，徽高士，术数尤精于枫林”为“齐易岩精于《易》，数术尤奇验”，改“不嗜杀人”为“不嗜杀人者，乃能安定天下”，改“或有荐岩之才者”为“或又有以易岩荐者”，改“为文”为“学举子业”，删“绝口不谈数术”，改“此汝发身处也”为“此子发迹之地也”，增“宜谨记之”，删“问之，其姻家也”，改“及易岩死”为“及易岩死后数年，汪亦死”，改“中有记云”为“书中夹有一纸条，上书云”，增“某年月日”，改“其子叹服”为“其徒始悟昔日所言，并叹服其师术数之精”，而删“岩卒年七十余，无子，故其事失传”，大同小异，显系抄袭。

15. 休宁有贸易在江右者，逆旅中有一道人，询乡贯毕，忽曰：“君处有卜筮汪龙者，乃吾弟子也。吾有下半部秘书，尚未传授于伊，今老矣，烦君归家时，代为邮付之。”又曰：“吾试为君卜，某日当起程归，某日当抵家门，到家之次日，当有事故入城，行至东门外，望桥上有瞽者，即吾徒汪龙也。君当呼问之，以书与之。其时吾徒为人占卜，袖中有银五钱，可以赠君，酬代书之劳，君得银即反身回家，切不可入城，入城当防口舌官非。”其人唯唯。及归家，果符道人所占时日。次日，果有事入城，行至东门上桥时，果有瞽者，来询之，乃汪龙也，因即以所寄书授之。龙感谢，随取其袖中银五钱以酬劳，其人领谢，遂忘入城之戒，至市中，适有挑柴者摩肩过，柴枝挂破其衣，其人大怒，批负薪者颊数四，责令赔偿，负薪者叩求不允，街道为之拥挤，适县官过，呼问之，得其情，官曰：“贫民无心挂破衣服，既打矣，而又令赔衣，是人太无良也。”与之杖十五，不许赔衣，令负薪者自去。其人方忆道人言，悔无及矣。

【辨伪】此条抄自清赵吉士《寄园寄所寄》卷十一：

> 休宁有贸易过江右者，逆旅中遇一道人，询乡贯毕，忽曰：“君处有卜筮者汪龙乎？乃吾弟子也。吾有下部秘书，尚未传彼，今老矣，烦君归时邮付之。”又曰：“吾试为君卜，某日当归，某日当抵家，抵家之次日，当有事入城，行至东门外，望见桥上有瞽者，缓步下桥，即吾徒也。君当呼询，以此书畀之。其日吾徒入城为人占卜，袖中有银五钱，可以赠君酬劳，然须即返步，不可入城，入城当防口舌。”其人唯唯。及归家，果符所占之日。次日，因事入城，至东门未上桥，果有瞽者，询为汪龙，因即以书授之。龙果出袖中银五钱赠之，其人谢去，忘入城之戒，至市中，忽有挑柴者摩肩过，柴枝牵破其衣，其人大怒，批负薪者颊，责令赔偿。负薪者叩求不得，适县官过，呼问之，得其情，乃曰：“贫民无心牵破衣袖，既打矣，又令赔衣，真无良也。”与之杖十五，其人方忆道人言，悔无及矣。(《柳轩丛谈》)

今按：卢氏所记与赵氏所引《柳轩丛谈》同，字句稍有改窜，如改“尚未传彼”为“尚未传授于伊”，改“烦君归时邮付之”为“烦君归家时，代为邮付之”，删“缓步下桥”，改“可以赠君酬劳，然须即返步”为“可以赠君，酬代书之劳，君得银即反身回家”，改“至东门未上桥”为“行至东门上桥时”，改“询为汪龙”为“来询之，乃汪龙也”，改“龙果出袖中银五钱赠之”为“龙感谢，随取其袖中银五钱以酬劳”，增“街道为之拥挤”、“不许赔衣，令负薪者自去”，显系抄袭。

16. 翰林编修程济，博学多奇术。洪武末，以明经官四川岳池教谕。建文初，上书言某月日当有北兵起，宜先为预防。朝廷议非所宜言，系至京，将杀之。济仰天叹曰：“陛下幸宽臣，届期无验，杀未晚。”上命下狱。未几，靖难兵果起，赦济为翰林编修，充军师，护诸军北征，与燕王战于徐州，大捷，诸将树碑叙战功，并及统军名。济是夜亲往祭碑，人莫测其故。及燕王过徐州，见碑，大怒，立命碎之，左右正碎时，又命曰：“止止，为我将碑文姓名录来。”其后按碑名族诛，无得脱者。济名恰在锤碎中，得免。始悟昔之祭，盖禳之耳。淮上诸军以济书生不用其策，调遣多艰，帝召济还。燕兵遂拔两淮，长驱犯阙。帝急召济入大内，问计，济曰：“天数已定，惟出亡可免耳。”帝从之，立召僧祝发，如高皇遗箧计。济袖中出黄冠易之，掖帝出宫，济安之若命，不避艰难。每遇险，辄以术脱，帝不自知，济亦不使帝知也。济常病，帝亲为煮药，含泪坐榻前，刻不离。济曰：“帝在，臣何敢死？”帝始安，其相依若此。有所往，必令济占吉凶，听济言而后行。

前后数十年，朝夕不离，虽流离困苦，仓皇行乞时，未尝稍废君臣礼。正统间，帝东归，济从行至金陵，父老犹有识之者，曰："程编修尚在也。"咸惊异之，既而之北平鞠实，迎帝入大内。济北向稽首曰："今日方终臣子职矣！"还滇，焚其庵，散其徒，纪历年始末，名《从亡随笔》，付了空藏之石室，遂遁去，不知所终。人谓济之术精，而不知其忠更精也。

【辨伪】此条抄自清赵吉士《寄园寄所寄》卷十一：

> 翰林编修程济，绩溪人，博学通奇术。洪武末，以明经举为四川岳池教谕。建文初，上书言某月某日西北起兵。朝廷谓非所宜言，系至京，将杀之。济仰天大呼曰："陛下幸宽臣，届期无兵，杀未晚。"遂下狱。已而，靖难兵果起，赦济为翰林编修，充军师，护诸将北征，与燕王战于徐州，大捷，诸将树碑叙战功，及统军者姓名。济一夜往祭碑，人莫测其故。及燕王过徐，见碑，大怒，趣左右椎碑，再椎，遽曰："止止，为我录撰文来。"其后按碑族之，无得脱者。济名在椎脱处，得免。始忆曩之祭，盖禳之也。淮上诸将，不用济策，致屡败。帝闻召济还。……时帝急召济入大内，问计，济曰："天数已定，惟出亡可免耳。"帝从之，立召僧祝发，如高皇遗箧计。济袖出黄冠易之，掖帝出，安之若命，不避艰难。每遇险，辄以术脱，帝不自知，济亦不使帝知也。济尝病，帝亲为煮糜，含泪坐榻前，刻不离。济曰："帝不死，济何敢死？"帝始安，其相依若此。有所往，必令济筮吉凶，听济示。前后数十年，朝夕不离，虽极流离困苦，仓皇行乞时，未尝一废君臣礼。语详《外纪》中。正统间，帝东归，济从至金陵，父老犹有识者，指曰："此程编修也。"惊异之，既而之北平鞠实，迎帝入大内。济北向稽首泣曰："今日方终臣子职矣。"还滇，焚庵，散其徒，平阳叶二冢，纪历年始末，名《从亡随笔》，付了空藏石室，遂遁去，不测所终。(《正气纪》)

今按：卢氏所记与赵氏所引《正气纪》同，字句稍有改窜，如删"绩溪人"，增"宜先为预防"，改"已而"为"未几"，改"趣左右椎碑，再椎，遽曰"为"立命碎之，左右正碎时，又命曰"，改"为我录撰文来"为"为我将碑文姓名录来"，改"淮上诸将，不用济策，致屡败。帝闻召济还"为"淮上诸军以济书生不用其策，调遣多艰，帝召济还。燕兵遂拔两淮，长驱犯阙"，改"听济示"为"听济言而后行"，改"此程编修也"为"程编修尚在也"，删"平阳叶二冢"，增"人谓济之术精，而不知其忠更精也"，显系抄袭。

17. 汪龙在徽州，郡守闻其名，召之卜。临去，至仪门，守又召之反，问曰："今科解元出何地？"汪曰："祁门人。"谓其骑于门也。既去，行至仪门，守又召之，问以："来科解元为谁？"汪曰："仍是祁门。"守以为妄。已而果然。嘉靖甲午科解元郑维城、丁酉科解元王讽，皆祁门人也。

【辨伪】此条抄自清赵吉士《寄园寄所寄》卷十一：

> 徽郡守闻汪龙名，召之卜数。临去，至仪门，方跨阈，守唤之返，问曰："今科南京解元，知为何许人？"龙曰："祁门。"盖以骑于门为数也。令去，再至跨阈处，又

唤之返，问："来科解元为谁？"龙曰："仍是祁门。"郡守以为未必验。已而果然。盖嘉靖甲午科解元郑维诚、丁酉科解元王讽，皆祁门人也。(《啸虹笔记》)

今按：卢氏所记与赵氏所引《啸虹笔记》同，字句稍有改窜，如改"徽郡守闻汪龙名"为"汪龙在徽州，郡守闻其名"，改"方跨阈，守唤之返"为"守又召之反"，改"令去，再至跨阈处，又唤之返"为"既去，行至仪门，守又召之"，改"郡守以为未必验"为"守以为妄"，显系抄袭。

18. 汴京有散人褚生者，言多不可晓，精数术，事后辄奇中。流贼之乱，散人别亲朋，将自沉于河，众为救起，曰："明年今月今日，此中人尽如我。"人以为狂妄，不之信，亦不之禁，随即赴水死。明年，贼破汴京，果然。

【辨伪】此条抄自清赵吉士《寄园寄所寄》卷九：

汴京有散人褚生，精数术，言不可晓，事后辄奇中。前一年，别所知，将自沉于河，力挽之，不肯止，笑曰："明年今月今日，此中人尽如我。"人咸怪其狂愚，已而，果验。(《绥史》)

今按：卢氏所记与赵氏所引《绥史》同，字句稍有改窜，如改"前一年，别所知，将自沉于河，力挽之，不肯止，笑曰"为"流贼之乱，散人别亲朋，将自沉于河，众为救起，曰"，改"人咸怪其狂愚，已而"为"人以为狂妄，不之信，亦不之禁，随即赴水死。明年，贼破汴京"，显系抄袭。

19. 河南节度使李守正叛，时周高祖为枢密使，讨之。有麻衣道者，善相人，谓赵普曰："今城中有三天子气，李守正何能久据此城耶？"未几，城破，被擒。先是，守正子妇，乃符彦卿女也，相者谓"贵不可言"。守正曰："有妇如此，吾可知矣。"叛意乃决。城破，举家自焚，符氏独坐堂上不动。兵入，叱之曰："吾父与郭公有旧，汝辈不得以无礼妄加。"或白公，公遂命柴世宗纳之，后为皇后。三天子者，周高祖、柴世宗、宋太祖，当时三人同在军中，麻衣道者之术，亦何神哉？

【辨伪】此条抄自宋邵伯温《闻见前录》卷七：

河南节度使李守正叛，周高祖为枢密使，讨之。有麻衣道者，谓赵普曰："城下有三天子气，守正安得久？"未几，城破。先是，守正子妇，符彦卿女也，相者谓"贵不可言"。守正曰："有妇如此，吾可知矣。"叛意乃决。城破，举家自焚，符氏坐堂上不动。兵入，叱之曰："吾父与郭公有旧，汝辈不可以无礼见加。"或白公，命柴世宗纳之，后为皇后。三天子气者，周高祖、柴世宗、本朝艺祖，同在军中也。麻衣道者，其异人乎？

今按：卢氏所记与邵氏同，字句稍有增改，如增"善相人"、"被擒"，改"守正安得久"为"李守正何能久据此城耶"，改"麻衣道者，其异人乎"为"麻衣道者之术，亦何神哉"，显系抄袭。

20. 郭璞尝过颜含家，欲为之筮。含曰："年在天，位在人。修己而天不与者，命也；守道而人不知者，性也。自有性命，无劳蓍龟。"《文中子》谓："北山黄公善医，先寝食，而后针药。汾阳侯生善筮，先人事而后说卦。"

【辨伪】此条抄自清顾炎武《日知录》卷一"卜筮"：

> 郭璞尝过颜含，欲为之筮。含曰："年在天，位在人。修己而天不与者，命也；守道而人不知者，性也。自有性命，无劳蓍龟。"《文中子》："子谓北山黄公善医，先寝食，而后针药。汾阴侯生善筮，先人事而后说卦。"

今按：卢氏仅增"家"、"谓"字，删"子谓"，其他与顾氏全同，显系抄袭。

21.《左传》"筮短龟长"，其说信而有征。《云溪友议》载：宰相李回未第时，常诣洛阳桥术士，一善筮，一善龟，乃先诣筮者，曰："吾欲更名赴举，何如?"筮者曰："甚善，不改终不成也。"又诣龟者邹生，问之，邹曰："勿改，此名已远布矣。但成名二十年后，终当改名，今不可改。"将行，又戒之曰："郎君今必策荣名，后当重任，接引后来，勿以白衣为隙，恐为隐衅。"李果及第。至武宗朝，与上同名，始改躔为回。乃曰："筮短龟长之言，验矣。"时回官侍郎，魏謩官给事，因省会，谓回曰："昔求府解，公为试官，送一百廿人，独小生不蒙解。今日忝璋，得厕诸公之列。"合座皆惊其说不逊。回曰："如今脱却朝衫，称魏秀才，仆为试官，依前不送公，何得以旧事相责也。"回不久升相府，权势赫弈。三五年间，魏亦由同州入相，而回遂被贬谪，跋踄江湖，因叹曰："不听邹生之言，咎由自取，乃命也夫。"

【辨伪】此条抄自唐范摅《云溪友议》卷下"龟长证"：

> 《左传》称"筮短龟长"，知凶袭吉。……李相公回，以旧名躔，累举未捷。尝之洛桥，有二术士，一者筮，一者能龟。乃先访筮者，曰："某欲改名赴举，如之何?"筮者曰："改名，其善乎。不改，终不成事也。"又访龟者邹生，生曰："君子此行，慎勿易名，名将远布矣。然则成遂之后，二十年间，名字终当改矣。今则已应玄象，异时方测余言。"将行，又戒之曰："郎君必策荣名，后当重任，接诱后来，勿以白衣为隙，他年必为深衅矣。"……李公长庆二年及第。至武宗登极，与上同名，始改为回。乃曰："筮短龟长，邹生之言，中矣。"李公既为丞郎，永兴魏相公謩为给事。因省会，谓李公曰："昔求府解，侍郎为试官，送一百二人，独小生不蒙一解。今日还忝金章，厕诸公之列也。"合坐皆惊此说，欲其逊容。李公曰："如今脱却紫衫，称魏秀才，仆为试官，依前不送公，公何得以旧事相让耳?"李乃寻秉独坐之权，三台肃畏，而升相府，至今少台官之直拜也。后三五年间，魏公亦自同州入相，实继文贞之谏，宣皇之代，而致清平。乃李丞相有九江之除，续有临川之出，跋涉江湖，喟然叹曰："洛桥先生之诫，吾自取尤，然亦命之故牵也。"

今按：卢氏改“《左传》称‘筮短龟长’，知凶袭吉”为“《左传》‘筮短龟长’，其说信而有征”，此下所记卢氏言“《云溪友议》载”，交代文献来源，文字有所改窜，如改“李相公回，以旧名躔，累举未捷。尝之洛桥，有二术士”为“宰相李回未第时，常诣洛阳桥术士”，改“改名，其善乎”为“甚善”，增“问之”，改“君子此行，慎勿易名，名将远布矣。然则成遂之后，二十年间，名字终当改矣。今则已应玄象，异时方测余言”为“勿改，此名已远布矣。但成名二十年后，终当改名，今不可改”，改“他年必为深衅矣”为“恐为隐衅”，改“李公长庆二年及第”为“李果及第”，改“筮短龟长，邹生之言，中矣”为“筮短龟长之言，验矣”，改“合坐皆惊此说，欲其逊容”为“合座皆惊其说不逊”，改“李乃寻秉独坐之权，三台肃畏，而升相府，至今少台官之直拜也”为“回不久升相府，权势赫弈”，删“实继文贞之谏，宣皇之代，而致清平”，改“乃李丞相有九江之除，续有临川之出”为“而回遂被贬谪”，改“洛桥先生之诫，吾自取尤，然亦命之故牵也”为“不听邹生之言，咎由自取，乃命也夫”，改动虽大，而其意相同。

22. 唐僧一行，善于法术，钩深藏往，人不能测。幼年贫甚，衣食皆邻姥济之，前后累钱数十万。开元中，一行遇上知，言无不听，适王邻姥之子犯杀人罪，当抵死，姥求一行救。对曰：“姥要金帛，当十倍酬也。明君执法，难以为请。”姥大骂曰：“何用识此僧。”一行从而谢之，不顾而去。一行思索良久，因计浑天寺中工役数百人，乃命空其室，徙大瓮于中。又密令亲信奴二人，授以布囊，曰：“某坊某墙角废园中，汝潜伏于内，从午至昏，当有物来，其数七，可尽擒之，失一则杖汝。”奴如言而往。至暮，果有群豕来，奴悉获而归。一行大喜，令置瓮中，覆以木盖，封以六一泥，朱题梵字数十于上，其徒莫测。诘朝，中使召。一行至便殿，玄宗问曰：“太史奏昨夜北斗不见，是何故也？师有以禳之乎？”一行奏曰：“后魏失荧惑，至今帝车不见。古所无者，天将大警于陛下也。匹夫匹妇，不得其所，则霜陨赤旱，盛德所感，乃能退舍。感之切者，其在葬枯出囚乎？释门以瞋心坏一切善，以慈心降一切魔。如臣曲见，莫若大赦天下。”上从之。是夕，太史奏北斗一星见，凡七日而复。此事近怪，唐小说载之，而《酉阳杂俎》段氏云实有其事。

【辨伪】此条抄自唐段成式《酉阳杂俎》前集卷一：

僧一行，博览无不知，犹善于数，钩深藏往，当时学者莫能测。幼时家贫，邻有王姥，前后济之数十万。及一行开元中承上敬遇，言无不可，常思报之。寻王姥儿犯杀人罪，狱未具，姥访一行求救。一行曰：“姥要金帛，当十倍酬也。明君执法，难以请求，如何？”王姥戟手大骂曰：“何用识此僧。”一行从而谢之，终不顾。一行心计浑天寺中工役数百，乃命空其室内，徙大瓮于中。又密选常住奴二人，授以布囊，谓曰：“某坊某角有废园，汝向中潜伺，从午至昏，当有物入来，其数七，可尽掩之，失一则杖汝。”奴如言而往。至酉后，果有群豕至，奴悉获而归。一行大喜，令置瓮中，覆以木盖，封于六一泥，朱题梵字数十，其徒莫测。诘朝，中使叩门急召。至便殿，玄宗迎问曰：“太史奏昨夜北斗不见，是何祥也？师有以禳之乎？”一行曰：“后魏时失荧惑，至今帝车不见。古所无者，天将大警于陛下也。夫匹妇匹夫，不得其所，则陨霜赤旱；盛德所感，乃能退舍。感之切者，其在葬枯出系乎？释门以瞋心坏一切善，慈心降一切魔。如臣曲见，莫若大赦天下。”玄宗从之。又其夕，太史奏北斗一星见，凡七日而复。成式以此事颇怪，然大传众口，不得不著之。

今按：卢氏改“僧一行，博览无不知，犹善于数，钩深藏往，当时学者莫能测”为“唐僧一行，善于法术，钩深藏往，人不能测”改“邻有王姥，前后济之数十万。及一行开元中承上敬遇，言无不可，常思报之”为“衣食皆邻姥济之，前后累钱数十万。开元中，一行遇上知，言无不听”，改“狱未具”为“当抵死”，删“如何”，增“思索良久”，改“汝向中潜伺”为“汝潜仗于内”，增“可尽擒之”，改“至酉后”为“至暮”，改“中使叩门急召”为“中使召”，大同小异，显系抄袭。又改“成式以此事颇怪，然大传众口，不得不著之”为“此事近怪，唐小说载之，而《酉阳杂俎》段氏云实有其事”，已透露其文献来源。

23. 贾耽守滑州，值境内大旱，禾稼尽损。贾召大将二人，谓之曰：“今岁旱，烦君二人救三军百姓。”皆言：“苟利军民，死不足辞。”贾笑曰：“君可辱为健步，明日当有两骑，衣惨绯，所乘马蕃步鬣长，经市出城，君等跟踪追之，识其灭处，则吾事济矣。”二将裹粮俟之。一如贾言，自市至野凡经二百余里，至一大冢而灭。二将累石记焉，经宿而反。贾大喜，命军卒数百人具畚锸，与二将偕往其处，因发其冢，得陈粟数十万斛，以食军民，人竟莫测其何术。

【**辨伪**】此条抄自唐段成式《酉阳杂俎》前集卷十四：

> 贾相公耽在滑州，境内大旱，秋稼尽损。贾召大将二人，谓曰：“今岁荒旱，烦君二人救三军百姓也。”皆言：“苟利军州，死不足辞。”贾笑曰：“君可辱为健步，乙日当有两骑，衣惨绯，所乘马蕃步鬣长，经市出城，君等踪之，识其所灭处，则吾事谐矣。”二将乃裹粮，衣皂衣寻之。一如贾言，自市至野二百余里，映大冢而灭。遂垒石标表志焉，经信而返。贾大喜，令军健数百人具畚锸，与二将偕往其所，因发冢，获陈粟数十万斛，人竟不之测。

今按：卢氏所记与段氏大致相同，文字略有改窜，如改“二将乃裹粮，衣皂衣寻之”为“二将裹粮俟之”，改“遂垒石标表志焉，经信而返”为“二将累石记焉，经宿而反”，增“以食军民”，改“人竟不之测”为“人竟莫测其何术”，大同小异，显系抄袭。

卷二十

宝玩随笔(服饰附)

1. 南唐后主留心笔札，所用澄心堂纸、李廷珪墨、龙尾石砚三物，为天下之冠。龙尾石出歙州大溪中，钱仙芝知歙州，此石遂与端溪同贵。李超，易水人，唐末亡至歙州，与子廷珪见其地多古松，因留居，以墨名于世。其弟廷宽，与子承宴、承安等，皆以墨名家。

【辨伪】此条抄自宋王辟之《渑水燕谈录》卷八：

> 南唐后主留心笔札，所用澄心堂纸、李廷珪墨、龙尾石砚三物，为天下之冠。自李氏之亡，龙尾石不复出。嘉祐中，校理钱仙芝知歙州，访得其所，乃大溪也。李氏常患溪不可入，断其流，使由他道。李氏亡，居民苦其溪之回远，导之如昔，石乃绝。仙芝移溪还故道，石乃复出，遂与端溪并行。……李超，易水人，唐末与其子廷珪亡至歙州，以其地多美松，因留居，以墨名家。……珪弟廷宽，男承宴、承安，男乂用，皆有闻易水。

今按：卢氏改“自李氏之亡”至“遂与端溪并行”为“龙尾石出歙州大溪中，钱仙芝知歙州，此石遂与端溪同贵”，改“唐末与其子廷珪亡至歙州，以其地多美松”为“唐末亡至歙州，与子廷珪见其地多古松”，改“皆有闻易水”为“皆以墨名家”，大同小异，显系抄袭。

2. 毗陵有士大夫仕成都，九日游药市，见一铜鼎，已破缺，旁一人极赞美，劝买之。既买得，叩问所用，曰：“此名聚香鼎，归以数炉炷香环此鼎，则众香皆聚于中。”试之果然。惜当时未问旁人，不知为何代物。

【辨伪】此条抄自宋周煇《清波杂志》卷十二：

> 毗陵士大夫有仕成都者，九日药市，见一铜鼎，已破缺，旁一人赞取之。既得，叩何所用，曰：“归以数炉炷香环此鼎，香皆聚于中。”试之果然，乃名“聚香鼎”。初

不知何代物而致此异。

今按：卢氏改“旁一人赞取之”为“旁一人极赞美，劝买之”，改“乃名‘聚香鼎’”为“此名聚香鼎”，并改入“旁人”之语中，又改“初不知何代物而致此异”为“惜当时未问旁人，不知为何代物”，大同小异，显系抄袭。

3. 珠生合浦，其地名断望池，在海中孤岛下，去岸数十里，池深不到十丈。蜑人没水得蚌，剖而得珠，取蚌以长绳系竹篮，携以入水。既拾蚌于篮，则振绳令舟人汲取之，没者急浮出就舟。设不幸遇恶鱼，则一缕血痕浮水面，舟人恸哭，知其已葬鱼腹也。亦有遇恶鱼而急浮，出水面止伤股断臂者。海中恶鱼，莫如刺沙，谓之鱼虎，蜑人所最惧者。据蜑人云：“海中珠池若城郭，然其中光怪不可向迩。常有怪物，呵护保持。池中间之蚌，有自古不可得者。所得者，系蚌溢生于城郭之外，故易采耳。”又有所谓珠熟年者，盖蚌溢生之多也。然不常熟，遇珠熟年，蜑人不善为价，尽为奸商以酒肉易去。一入其手，便分等第铢两，卖之城市。又经数易，而乃得至京都，则其价递相百倍矣。

【辨伪】此条抄自宋周去非《岭外代答》卷七“珠池”：

> 合浦产珠之地，名曰断望池，在海中孤岛下，去岸数十里，池深不十丈。蜑人没而得蚌，剖而得珠，取蚌以长绳系竹蓝，携之以没。既拾蚌于篮，则振绳令舟人汲取之，没者亟浮就舟。不幸遇恶鱼，一缕之血浮于水面，舟人恸哭，知其已葬鱼腹也。亦有望恶鱼而急浮，至伤股断臂者。海中恶鱼，莫如刺纱，谓之鱼虎，蜑所甚忌也。蜑家自云：“海上珠池若城郭，然其中光怪不可向迩。常有怪物，哆口吐翕，固神灵之所护持。其中珠蚌，终古不可得者。蚌溢生于城郭之外，故可采耳。”所谓珠熟之年者，蚌溢生之多也。然珠生熟年，百不一二，耗年皆是也。珠熟之年，蜑家不善为价，冒死得之，尽为黠民以升酒斗粟，一易数两。既入其手，即分为品等铢两，而卖之城中。又经数手，乃至都下，其价递相倍蓰，至于不赀。

今按：卢氏改“合浦产珠之地，名曰断望池”为“珠生合浦，其地名断望池”，改“至伤股断臂者”为“出水面止伤股断臂者”，改“蜑所甚忌也”为“蜑人所最惧者”，改“哆口吐翕，固神灵之所护持。其中珠蚌”为“呵护保持。池中间之蚌”，改“然珠生熟年，百不一二，耗年皆是也。珠熟之年”为“然不常熟，遇珠熟年”，删“冒死得之”，改“尽为黠民以升酒斗粟，一易数两”为“尽为奸商以酒肉易去”，改“又经数手，乃至都下，其价递相倍蓰，至于不赀”为“又经数易，而乃得至京都，则其价递相百倍矣”，其意相同，显系抄袭。

4. 大德间，回回国富商以红刺一块重一两三钱贡朝廷，估银直十四万两，上用嵌于帽顶之上，累朝于元旦及大朝会，则服之，其光烛天，即今之碧玡洗耶？

【辨伪】此条抄自元杨瑀《山居新话》：

> 大德间，回回富商以红刺一块重一两三钱中之于官，估直十四万定，嵌于帽顶之

上，累朝每于正旦与圣节大宴，则服用之，瑀尝拜观焉。

今按：卢氏改“中之于官”为“贡朝廷”，改“瑀尝拜观焉”为“其光烛天，即今之碧玡洗耶”，大同小异，显系抄袭。

5. 玉之精为白虎，金之精为车渠，枫脂千岁为琥珀，松脂千岁为茯苓，铜精为奴，锡精为婢。见《金楼子》。

【辨伪】此条抄自梁孝元帝萧绎《金楼子》卷五《志怪篇》：

> 玉之精为白虎，金之精为车渠，枫脂千岁为琥珀，铜之精为奴，锡之精为婢，松脂千岁为茯苓。

今按：卢氏言所记“见《金楼子》”，交代文献来源，而改末尾“松脂千岁为茯苓”于“枫脂千岁为琥珀”后。

6. 宣州诸葛氏，素工笔，自右军以来世其业，其笔制散卓也。吾见尚方所藏右军《笔阵图》，自画捉笔手于图，亦散卓也。又见米元章宝爱诸葛笔，亦散卓也。迨至政和后，诸葛氏名始衰。吾闻唐季时有名士向宣帅求诸葛氏笔，诸葛知其有书名，乃以右军笔二枝与之，其人不悦。宣帅再索，则以十枝去，复报不入用。诸葛氏惧，请宣帅出其书札观之，乃曰：“似此等字特用常笔耳。前与二枝，非右军不能用。后十枝，亦要次于右军者方可用。”若是则诸葛氏之笔，非但工精艺熟，其鉴别亦不凡，所以能留传六七百年。向使能世守其业如唐季时，则诸葛门户至今不灭矣。

【辨伪】此条抄自宋蔡绦《铁围山丛谈》卷五：

> 宣州诸葛氏，素工管城子，自右军以来世其业，其笔制散卓也。吾顷见尚方所藏右军《笔阵图》，自画捉笔手于图，亦散卓也。又幼岁当元符、崇宁时，与米元章辈士大夫之好事者争宝爱，每遗吾诸葛氏笔，又皆散卓也。……政和后，诸葛氏之名于是顿息焉。吾闻诸唐季时有名士就宣帅求诸葛氏笔，而诸葛氏知其有书名，乃持右军笔二枝乞与，其人不乐。宣帅再索，则以十枝去，复报不入用。诸葛氏惧，因请宣帅一观其书札，乃曰：“似此特常笔与之尔。前两枝，非右军不能用也。”是诸葛氏非但艺之工，其鉴识固不弱，所以流传将七百年。向使能世其业如唐季时，则诸葛氏门户岂遽灭息哉！

今按：卢氏改“素工管城子”为“素工笔”，改“又幼岁当元符、崇宁时”至“又皆散卓也”为“又见米元章宝爱诸葛笔，亦散卓也”，改“诸葛氏之名于是顿息焉”为“诸葛氏名始衰”，改“似此特常笔与之尔”为“似此等字特用常笔耳”，并增“后十枝，亦要次于右军者方可用”，改“是诸葛氏非但艺之工，其鉴识固不弱”为“若是则诸葛氏之笔，非但工精艺熟，其鉴别亦不凡”，改“则诸葛氏门户岂遽灭息哉”为“则诸葛门户至今不灭矣”，其意相同，显系抄袭。

7. 晏元献守长安日，有兄弟分产设讼，呈云：其家素事一玉髑髅，因而大富。今兄弟异居，欲分为数段，缘此兴讼。元献取而观之，自额骨左右皆玉石，其瑰异非常者可比。晏公喟然叹曰：“此必得于华州蒲城县明皇泰陵冢中乎？”民言其祖果得于此地。元献谓僚属曰：“唐小说载：玄宗为上皇，迁西内，李辅国使刺客夜持铁槌击其脑，玄宗卧未起，铁槌中其脑骨，作磬声。上皇惊谓刺客曰：‘朕固知命尽于汝手，然叶法善劝我服玉，今我脑骨皆成玉；又劝我服金丹，今有丹在骨，固自难死。汝可破脑取丹，我乃得死矣。’刺客如其言，乃死。孙光宪《续通鉴》云：玄宗将死，自谓：‘上帝命我作孔升真人。’爆然有声，视之，崩矣。亦寓微意。然则此真玄宗之髑髅也。”因命人潜瘗于泰陵，祀以牲牢云。噫！肃宗不孝之罪，大矣！

【辨伪】此条抄自宋王铚《默记》：

晏元献守长安，有村中富民异财，云素事玉髑髅，因大富。今弟兄异居，欲分为数段。元献取而观之，自额骨左右皆玉也，瑰异非常者可比。公见之，喟然叹曰：“此岂得于华州蒲城县唐明皇泰陵乎？”民言其祖寔于彼得之也。元献因为僚属言：“唐小说：唐玄宗为上皇，迁西内，李辅国令刺客夜携铁槌击其脑，玄宗卧未起，中其脑，皆作磬声。上皇惊谓刺者曰：‘我固知命尽于汝手，然叶法善曾劝我服玉，今我脑骨皆成玉；且法善劝我服金丹，今有丹在，固自难死。汝可破脑取丹，我乃可死矣。’刺客如其言取丹，乃死。孙光宪《续通录》云：玄宗将死，云：‘上帝命我作孔升真人。’爆然有声，视之，崩矣。亦微意也。然则此乃真玄宗之髑髅骨也。”因潜命瘗于泰陵云。肃宗之罪著矣。或云，肃宗如武乙之死，可验其非虚也。

今按：卢氏改“有村中富民异财，云素事玉髑髅”为“有兄弟分产设讼，呈云：其家素事一玉髑髅”，并增“缘此兴讼”，改“民言其祖寔于彼得之也”为“民言其祖果得于此地”，增“祀以牲牢云”，改“肃宗之罪著矣”为“噫！肃宗不孝之罪，大矣”，并删“或云，肃宗如武乙之死，可验其非虚也”，大同小异，显系抄袭。

8. 翡翠屑金，人气粉犀，此物理之相感者。《归田录》载，欧公家有一玉罂，形制精巧甚古，得于梅圣俞，以为碧玉。公守颍州时，常以示僚佐，有兵马使邓保吉者，真宗朝老内臣也，识曰：“此翡翠宝器也。禁中宜春库有翡翠盏，所以识之。”公后偶以金环磨罂腹，金屑纷纷而落，如砚磨墨然，始知翡翠屑金之不妄也。又诸药中，惟犀角最难细捣。必先剉屑，乃入众药同捣。已而众药筛尽，犀屑犹存。因见一医僧元达，解犀为小块，方一寸半许，以极薄纸包置怀中使近肉，粘人热气熏蒸之。候熏蒸人气浃洽，乘热投乳钵中，应手如粉，因知人气粉犀之不妄。今医家鲜有知之者。

【辨伪】此条抄自宋张世南《游宦纪闻》卷一：

翡翠屑金，人气粉犀，此物理相感之异者。常观《归田录》载，欧公家有一玉罂，形制甚古且精巧。始得之梅圣俞，以为碧玉。在颍州时，尝以示僚属，坐有兵马钤辖邓保吉者，真宗朝老内臣也，识之曰：“此宝器也，谓之翡翠云。禁中宝物，皆藏宜春圣库，库中有翡翠盏一只，所以识也。”其后偶以金环于罂腹，信手磨之，金屑纷纷而落，如砚中磨墨，始知翡翠之能屑金也。诸药中，犀最难细捣。必先镑屑，乃入众药中捣之。已而众药筛尽，犀屑犹存。偶见一医僧元达者，解犀为小块子，方一寸半许，以极薄纸裹置怀中近肉，以人气蒸之。候气薰蒸浃洽，乘热投臼中急捣，应手如粉，因知人气之能粉犀也。今医工皆莫有知者。

今按：卢氏改“此物理相感之异者”为“此物理之相感者”，删“常观”，改“形制甚古且精巧”为“形制精巧甚古”，改“坐有兵马钤辖邓保吉者”为“有兵马使邓保吉者”，改“此宝器也，谓之翡翠云。禁中宝物，皆藏宜春圣库，库中有翡翠盏一只”为“此翡翠宝器也。禁中宜春库有翡翠盏”，删“信手磨之”，改“始知翡翠之能屑金也”为“始知翡翠屑金之不妄也”，如“乘热投臼中急捣”为“乘热投乳钵中”，改“因知人气之能粉犀也。今医工皆莫有知者”为“因知人气粉犀之不妄。今医家鲜有知之者”，其意相同，显系抄袭。

9. 砚品中，端石最重。载于谱记者，取予各异。或谓有眼为佳，或谓无眼为贵。然石有青脉者，必有眼，石嫩则多眼，石老坚硬则少眼。石嫩细润而易发墨，所以贵有眼。眼之品类不一，有鸜哥、鸜鹆、了哥、雀眼、鸡翁、猫眼、菉荳，各以形似名之。翠绿为上，黄赤为下。又下崖紫色如猪肝者，密理坚致，潴水发墨，呵之即润，亦上品也。至理粗、色赤、枯燥，滑不留墨，有眼亦不贵。

【辨伪】此条抄自宋张世南《游宦纪闻》卷五：

砚品中，端石人皆贵重之。载于谱记凡数家，取予各异。或佳其有眼为端，或以无眼为贵。然石之青脉者，必有眼，嫩则多眼，坚则少眼。石嫩则细润而发墨，所以贵有眼，不特为石之验也。眼之品类不一，曰鸜哥眼，曰鸜鹆眼，曰了哥眼，曰雀眼，曰鸡翁眼，曰猫眼，曰菉豆眼，各以形似名之。翠绿为上，黄赤为下。……其一云：端璞出下岩，色紫如猪肝，密理坚致，潴水发墨，呵之即泽，研试则如磨玉而无声，此上品也。中下品，则皆砂壤相杂，不惟肌理既粗，复燥而色赤，如后历新坑，皆不可用。制作既俗，又滑不留墨，且石之有眼，余亦不取。

今按：卢氏改“端石人皆贵重之。载于谱记凡数家”为“端石最重。载于谱记者”，改“或佳其有眼为端”为“或谓有眼为佳”，改“嫩则多眼，坚则少眼”为“石嫩则多眼，石老坚硬则少眼”，删“不特为石之验也”。又改“其一云：端璞出下岩，色紫如猪肝”为“又下崖紫色如猪肝者”，删“研试则如磨玉而无声”，改“中下品”至“余亦不取”为“至理粗、色赤、枯燥，滑不留墨，有眼亦不贵”，其意相同，显系抄袭。

10. 古人谓玉出蓝田、昆岗，《本草》亦云。然今出于滇者为美玉。按《于滇国记》：采玉河，源出昆仑山，西流千三百里，至国界牛头山，分为三支：曰白玉河，在城东三十里；曰绿玉河，在城西二十里；曰乌玉河，在绿玉河西七里。源虽一脉，玉随地变，而色不同如此。每岁五、六月，大水暴涨，玉随流水而至，多寡不等，水退时玉人采取之，方言曰捞玉。

【辨伪】此条抄自宋张世南《游宦纪闻》卷五：

玉出蓝田、昆冈。《本草》亦云："好玉出蓝田，及南阳徐善亭部界，日南、庐容水中。外国于阗、疏勒，诸处皆善。"今蓝田、南阳、日南，不闻有玉。国朝礼器及乘舆服御，多是于阗玉。晋天福中，平居诲从使于阗为判官，作记纪其采玉处云：玉河在国城外，源出昆山，西流千三百里，至国界牛头山，分为三：曰白玉河，在城东三十里；曰绿玉河，在城西二十里；曰乌玉河，在绿玉河西七里。源虽一，玉随地变，故色不同。每岁五、六月，水暴涨，玉随流至，多寡由水细大，水退乃可取，方言曰捞玉。

今按：卢氏增"古人谓"三字，删"好玉出蓝田，及南阳徐善亭部界，日南、庐容水中。外国于阗、疏勒，诸处皆善"，改"今蓝田、南阳、日南，不闻有玉。国朝礼器及乘舆服御，多是于阗玉"为"然今出于滇者为美玉"，改"晋天福中，平居诲从使于阗为判官，作记纪其采玉处云：玉河在国城外"为"按《于滇国记》：采玉河"，改"多寡由水细大，水退乃可取"为"多寡不等，水退时玉人采取之"，大同小异，显系抄袭。

11. 程沙随寓鄱阳，买得米元晖端砚一枚，后刻铭云："惟端有溪，孕石惟黟。兹乃下崖，举无有比。色夺芝英，温坚玉理。以贻安中，是亦成美。"末书"绍兴己未年"，元晖亲书，以贻建昌守喻安中，真希世之物也。益以见古人相赠之不苟如此。

【辨伪】此条抄自宋张世南《游宦纪闻》卷六：

沙随先生寓居鄱阳，一日，买得米元晖小端砚，后刻铭曰："惟端有溪，孕石惟黟。兹乃下岩，举无有比。色夺芝英，温坚玉理。以贻安中，是亦成美。"后书"绍兴己未"，盖元晖亲书，以遗建昌守喻安中者。

今按：卢氏改"一日，买得米元晖小端砚"为"买得米元晖端砚一枚"，增"真希世之物也。益以见古人相赠之不苟如此"，显系抄袭。

12. 阶州产玉石，品第不一。白者明洁，初琢时甚可爱，久则受垢而色暗耳。又巴州嘉定郡，亦产玉，名曰巴璞，坚而难琢，与玉质无异，其价数倍于阶石，而温润稍逊于玉。又叙州宣化县，亦产玉石，曰宣化璞。溪源出黎雅大渡河，其品颇高，有胭脂标、瓜娄标者，琢为器物，白若凝脂，非精鉴者不能分辨。又忠州乐碛亦出玉石，舟至岸，人多持以求售。虽光莹可观，但不及叙州、嘉定之温润耳。以上四郡皆产玉，张世南亲见之，载入《游宦纪闻》，迄今数百年。余生长宣化，即今宜宾，问之前辈，及考文献，所谓宣化璞，亦无有见者，亦无有闻者。

【辨伪】此条节抄自宋张世南《游宦纪闻》卷九：

阶州产石，品第不一。白者明洁，初琢时可爱，久则受垢色暗。……巴州嘉定府，皆产玉石，曰巴璞、嘉璞，坚而难琢，与玉质无异，故价数倍于阶石，其温润略与玉等。叙州宣化县，亦有玉石，曰宣化璞。溪源出黎雅大渡河，其品最高，有胭脂标、瓜蒌标，琢为器物，白若凝脂，非精鉴者不能辨。……忠州乐碛市出玉石，舟至岸，人竞持来求售。有指甲纹，亦有磨见白质者。虽光莹可观，然皆碔砆也。是数郡所产，皆予所经历，故亦稍能识别。

今按：卢氏删“嘉璞”，改“其温润略与玉等”为“而温润稍逊于玉”，删“有指甲纹，亦有磨见白质者”，改“然皆碔砆也”为“但不及叙州、嘉定之温润耳”，改“是数郡所产，皆予所经历，故亦稍能识别”为“以上四郡皆产玉，张世南亲见之，载入《游宦纪闻》，迄今数百年”，交代文献来源，并补“余生长宣化，即今宜宾，问之前辈，及考文献，所谓宣化璞，亦无有见者，亦无有闻者”一句。

13. 白鹿洞道士许筠，相传为许旌阳后，能符箓摄魔，按摩以治人疾，恬然无欲，不受一钱。忽有一人来谒，曰：“吾有至宝在身，今垂死，欲求一人付之。奈举世皆贪夫，不可受，欲沈于海，心又不忍。”因出一丸石，如碧玉鸡卵，以赠筠，且曰：“古传扶桑山有玉鸡，鸣则金鸡鸣，金鸡鸣则石鸡鸣，石鸡鸣则天下之鸡鸣矣。此石鸡卵也。又张骞亦云：瑟母，出扶桑山，流落海北岸，能噙宝玉屑，但以五金砂及宝矿，碎而成屑，以卵环搅，宝屑尽粘其上，不假淘汰。”筠得之，漫于金沙中浣取试，搅金屑如碎麸，尽缀于卵，取而炼之，皆良金也，日可取金百铢。筠曰：“吾此生不贪为宝，此物丧真，去道益远。”亲瘗于钟山之中，后竟无有得之者。

【**辨伪**】此条抄自宋释文莹《玉壶清话》卷十：

白鹿洞道士许筠，世传许旌阳之族，能持《混胎丈人摄魔还精符》，按摩起居，以济人疾。含神内照，恬然无欲。忽一越人来谒曰：“吾有至宝在怀，今垂死，欲求一人付之。举世皆贪夫，无堪受者，欲沈于海，又所不忍。”出一丸石，如碧玉鸡卵，以赠筠，且曰：“古传扶桑山有玉鸡，鸣则金鸡鸣，金鸡鸣则石鸡鸣，石鸡鸣则人间鸡悉鸣矣。此石鸡卵也。张骞又曰：瑟母，出扶桑山，流落海北岸，能噙宝玉屑，但五金砂及宝矿，碎而成屑，以卵环搅，宝末尽黏其上，不假淘汰。”筠得之，漫于金沙浣取试，搅金屑如碎麸，尽缀于卵，取烹之，皆良金也，日可取百铢。筠曰：“吾此学不贪为宝，此物丧真，于道益远。”瘗于钟山之中，后竟无得者。

今按：卢氏改“能持《混胎丈人摄魔还精符》，按摩起居，以济人疾。含神内照，恬然无欲”为“能符箓摄魔，按摩以治人疾，恬然无欲，不受一钱”，其他大致相同，显系抄袭。

14. 隋唐旧制：官职所服，惟黄紫二色而已。贞观中，始令三品以上服紫，四五品服朱，六七品服绿，八九品服青。著为定制。

【**辨伪**】此条抄自宋赵令畤《侯鲭录》卷六：

旧制：官人所服，唯黄紫二色而已。贞观中，始令三品以上服紫，四五品朱，六七品绿，八九品青。

今按：卢氏所记与赵氏相同，字句稍有改窜，于“旧制”上增“隋唐”二字，又于末尾增“著为定制”四字，显系抄袭。

15. 皇祐初，诏妇人所服冠，高毋得过七寸，广毋得踰一尺，以角为之。先是，宫中尚白角冠，人争效之，号“内样冠”，名曰“垂肩”、“等肩”，有长至三尺者，登车檐皆侧首而入，梳亦长一尺踰。人以为服妖，乃下令禁止。

【辨伪】此条抄自宋周煇《清波杂志》卷八：

> 皇祐初，诏妇人所服冠，高毋得过七寸，广毋得踰一尺，梳毋得踰尺，以角为之。先是，宫中尚白角冠，人争效之，号“内样冠”，名曰“垂肩”、“等肩”，至有长三尺者，登车檐皆侧首而入，梳长亦踰尺。议者以为服妖，乃禁止之。

今按：卢氏仅删“梳毋得踰尺”，其他大致相同，显系抄袭。

16. 凡衣服惟漆所污，即以麻油渍衣令透，洗去漆痕，然后用镕化胶水煎浓汤，乘热洗去麻油，顷刻即尽。盖漆性与油性相生，油能退漆，而胶性又与油性相著，胶能化油故也。若白衣为油所污，则用石膏煅研为细末，糁污处，用熨斗烧温火漫漫熨之，换石膏三两次，则油随石膏脱去。若用胶洗，恐白衣染为黄色，不可不知。

【辨伪】此条抄自宋张世南《游宦纪闻》卷二：

> 凡衣帛为漆所涴，即以麻油先渍洗透，令漆去尽，即以水胶镕开，少著水令浓，以洗麻油，顷刻可尽。盖胶性与油相著，即如米泔桐油亦然。若白衣为油污，石膏火煅，研细，糁污处，以重物压，过夜则如初。如卒无此，只以新石灰亦佳。此皆已试之效。

今按：卢氏改“令漆去尽，即以水胶镕开，少著水令浓，以洗麻油”为“洗去漆痕，然后用镕化胶水煎浓汤，乘热洗去麻油”，改“盖胶性与油相著，即如米泔桐油亦然”为“盖漆性与油性相生，油能退漆，而胶性又与油性相著，胶能化油故也”，改“石膏火煅，研细”为“则用石膏煅研为细末”，改“以重物压，过夜则如初”为“用熨斗烧温火漫漫熨之，换石膏三两次，则油随石膏脱去”，删“如卒无此，只以新石灰亦佳。此皆已试之效”，增“若用胶洗，恐白衣染为黄色，不可不知”，改动虽多，而其抄袭痕迹仍可见。

17. 金钢钻状如紫石英，生水中盘石上，稍大者最难得，所得者皆细小，铁锤不能伤，火煅不能毁，切玉如泥，以羚羊角叩之，即碎如粉，此亦物之相制者。

【辨伪】此条抄自清陆次云《八纮译史》卷二“吐蕃”：

> 金钢钻状如紫石英，生水中盘石上，如钟乳，铁锤不伤，火煅不毁，以羚羊角叩

之，即碎，切玉如泥。

今按：卢氏所记与陆氏同，字句稍有改窜，如删“如钟乳”三字，而增“稍大者最难得，所得者皆细小”及“此亦物之相制者”二句。显系抄袭。又明罗日褧《咸宾录》卷五“吐蕃”亦载：“金刚钻状如紫石英，生水底盘石上，如钟乳，以铁锤之不伤，火燃之不毁，以羚羊角扣之即碎，可以切玉。”其中“可以切玉”，《随笔》、《八纮译史》皆作“切玉如泥”，故卢氏此条当抄自《八纮译史》，而非《咸宾录》。

18. 高昌国妇女戴油帽，名曰苏幕遮。诗话中常引用之，其名甚新。又出火蚕，其绵絮衣一袭，只用一两，稍多，即热不可耐。又有白叠子草，其实成茧，取其细丝，可以织布，名之曰氎布。

【辨伪】此条节抄自清陆次云《八纮译史》卷二“高昌”：

妇人戴油帽，名苏幕遮。……物产：火蚕，其绵絮衣一袭，止用一两，稍多，热不可耐。……白叠子草，其实成茧，中有细丝，织之，名之曰氎布。

今按：卢氏所记与陆氏同，行文稍有增改，如增“诗话中常引用之，其名甚新”一句，其他大致相同，显系抄袭。又明罗日褧《咸宾录》卷三“高昌”亦载：“俗：妇人戴油帽。(名苏幕遮，唐以为曲名。)……其产：……白叠子。(草实也，如茧，中有细丝，取织为布，名曰氎布。)……火蚕绵。(絮衣一袭，止用一两，稍过度则炎烝之气，不可止禁矣。)”其中“稍过度则炎烝之气，不可止禁矣”，《随笔》作“稍多，即热不可耐”，《八纮译史》作“稍多，热不可耐”，《随笔》与《八纮译史》相近，故卢氏此条当抄自《八纮译史》，而非《咸宾录》。

19. 唐开元中，龟兹国遣使入贡，献游仙枕。枕之，则十洲、三岛皆入梦中。

【辨伪】此条抄自清陆次云《八纮译史》卷二“亦力把力”：

亦力把力，古龟兹也。……开元中，遣使献游仙枕。枕之，则十洲、三岛皆入梦中。

今按：卢氏所记与陆氏同，字句稍有改窜，如删“亦力把力，古龟兹也”，而改“遣使献游仙枕”为“龟兹国遣使入贡，献游仙枕”，其意相同，显系抄袭。又明罗日褧《咸宾录》卷三“亦力把力”亦载：“亦力把力，汉龟兹也。……开元中，王孝节遣弟孝义来朝献游仙枕。枕之而寐，则九州、三岛皆在其中。盖奇物也。”其中“则九州、三岛皆在其中”，《随笔》、《八纮译史》皆作“则十洲、三岛皆入梦中”，故卢氏此条当抄自《八纮译史》，而非《咸宾录》。

20. 螺子黛，每颗价值千金，出苏门答剌国，即唐时波斯、大食国也。其国又出寻枝瓜，瓜极大，一枚可供十人食。又出石榴，一枚重六七斤。又出臭果，长八九寸，甚臭，内有白肉十四五片，其味最佳，香美异常。又出蒲桃，颗如鸡卵大。

【辨伪】此条节抄自清陆次云《八纮译史》卷二“苏门答剌”：

> 苏门答剌，一名须文达那，汉条支，唐波斯、大食地也。……物产：……螺子黛，每颗价值千金……寻枝瓜，其瓜极大，一枚可供十人食。石榴，重五六斤。臭果，长八九寸，闻之甚臭，内有白肉十四五片，其味最佳。蒲桃，大如鸡子。

今按：卢氏所记与陆氏同，行文稍有改窜，如改“苏门答剌，一名须文达那，汉条支，唐波斯、大食地也”一句为“出苏门答剌国，即唐时波斯、大食国也”，并置于“螺子黛”之后，其他大同小异，显系抄袭。又明罗日褧《咸宾录》卷三“苏门答剌”亦载：“苏门答剌，汉之条支，唐之波斯、大食，皆其地也。……其产……寻枝瓜(极大，十人方可共噉一枚)、石榴(重五六斤)、臭果(长八九寸，开之甚臭，内有大酥白肉十四五片，甜美可食)、酸子(大如梨，其味香列)、蒲桃(大如鸡子)……螺子黛(宝也，每颗价直千金)。”其中“十人方可共噉一枚”，《随笔》、《八纮译史》皆作“一枚可供十人食”，故卢氏此条当抄自《八纮译史》，而非《咸宾录》。

21. 勾漏山，出丹砂，服之延年不老。又出辟寒犀，冬月置犀于室中，温暖如春，不知冷冻。又有象牙簟，抽象牙为丝织成者。

【辨伪】此条抄自清陆次云《八纮译史》卷三“安南”：

> 山川：勾漏山，产丹砂。……物产：辟寒犀，冬月置于室中，温暖如春。象牙簟，抽象牙丝织成者。

今按：卢氏所记与陆氏同，删“山川”，增“服之延年不老”、“不知冷冻”，显系抄袭。

22. 于滇国，即汉张骞所谓“河源出此地”者。出美玉，有白玉河、绿玉河、黑玉河，所出玉石有白、绿、黑三种，各随河之水色而玉色似之，亦无别色。

【辨伪】此条抄自清陆次云《八纮译史》卷三“于阗”：

> 于滇国，张骞所谓“河源出其地”。……山川：白玉河，产白玉；黑玉河，产黑玉；绿玉河，产绿玉。

今按：卢氏所记与陆氏同，行文稍有改窜，如改“白玉河，产白玉；黑玉河，产黑玉；绿玉河，产绿玉”一句为“出美玉，有白玉河、绿玉河、黑玉河，所出玉石有白、绿、黑三种，各随河之水色而玉色似之，亦无别色”，其意相同，显系抄袭。

23. 国有回回者，其地产猫睛石，大小随时，俗名为猫儿眼。又产祖母绿石，凡生产难下者，即令产母吞之，其胎立下，男左女右，其石自乳婴手中挈出，亦异宝也。又产花蕊布，以花蕊织成者。

【辨伪】此条抄自清陆次云《八纮译史》卷三“默德那”、“于阗”二条。“默德那”条：

默德那，即古回回祖国。……物产：猫睛，小大按时。祖母绿，能助生产，母吞之，男左女右，自手中擎出。

“于阗”条：

花蕊布，以花蕊织成。

今按：卢氏所记与陆氏同，行文稍有增改，如增“俗名为猫儿眼”，改“能助生产，母吞之”为“凡生产难下者，即令产母吞之，其胎立下”，改“自手中擎出”为“其石自乳婴手中挐出”，又增“亦异宝也”，显系抄袭。又卢氏将于阗所产之“花蕊布”误为回回所产。

24. 占城国，出吉贝花，抽其绪可织为纨绮，服之如绫罗。又出千步草，佩之香闻千步。

【辨伪】此条抄自清陆次云《八纮译史》卷三“占城”：

物产：千步草，佩之香闻千步。……吉贝花，如鹅毳，抽其绪可织纨绮。

今按：卢氏所记与陆氏同，行文稍有增改，如将“吉贝花”置于前，将“千步草”置于后，又增“服之如绫罗”，显系抄袭。又明罗日褧《咸宾录》卷六“占城”亦载：“其产……吉贝(树名也。其华成时，如鹅毳，抽其绪纺为布，亦染五色)……千步草(佩之香闻千步，南海皆有之)。”其中“抽其绪纺为布”，《随笔》作“抽其绪可织为纨绮”，《八纮译史》作“抽其绪可织纨绮”，《随笔》与《八纮译史》相近，故卢氏此条当抄自《八纮译史》，而非《咸宾录》。

25. 明珠出海岛意兰者，为上品。番人取海蚌置烈日中晒之，俟其口自开，然后取珠，则其色鲜白光莹，明亮夺目，有大如鸡子者，光照数里。至南海珠池之所产，皆剖蚌出珠，珠亦难得有大者，其色暗滞无光，不及意兰远甚。

【辨伪】此条抄自明艾儒略《职方外纪》或清南怀仁《坤舆外纪》。《职方外纪》卷五“海产”：

海产以明珠为贵，则意兰最上。土人取海中蚌置日中晒之，俟其口自开，然后取珠，则珠色鲜白光莹，有大如鸡子者，光照数里。南海皆剖蚌出珠，故珠色黯黯无光。

《坤舆外纪》“海产”：

海产以明珠为贵，则意兰最上。土人取海中蚌置日中晒之，俟其口自开，然后取珠，则珠鲜白光莹，有大如鸡子者，光照数里。南海皆剖蚌出珠，故珠色黯无光。

今按：卢氏所记与艾儒略、南怀仁同，文字略有改窜，如改“海产以明珠为贵，则意兰最上”为“明珠出海岛意兰者，为上品”，增“明亮夺目”，改“南海皆剖蚌出珠，故珠色黯无光”为“至南海珠池之所产，皆剖蚌出珠，珠亦难得有大者，其色暗滞无光”，并增“不及意兰远甚”，显系抄袭。

26. 大海中珊瑚岛，其下最多珊瑚树，高者八九尺及丈许不等。初在水中，色绿而质软，出水便坚硬如玉，色亦变有红、白、黑三种，深浅不一。深红者坚而细致，白、黑二色，质皆松脆不堪雕琢。又大浪山东北有暗礁，水涸时礁出，亦多珊瑚、猫睛各宝石。

【辨伪】此条抄自明艾儒略《职方外纪》或清南怀仁《坤舆外纪》。《职方外纪》卷五“海产”：

有珊瑚岛，其下多出珊瑚。初在海中，色绿而质柔软，上生白子，土人以铁网取之，出水便坚，有红、黑、白三色。红色者坚而密，白、黑色者，松脆不堪用。大浪山之东北有暗礁，水涸礁出，悉是珊瑚之属，猫睛、宝石，各处不乏。

《坤舆外纪》“海产”：

有珊瑚岛，其下多珊瑚。初在海中，色绿而质软，上生白子，土人以铁网取之，出水便坚，有红、黑、白三色。红色者坚而密，白、黑者松脆。大浪山之东北有暗礁，水涸礁出，悉是珊瑚、猫睛、宝石，各处不乏。

今按：卢氏所记与艾儒略、南怀仁同，略有增删改窜，如增“高者八九尺及丈许不等”，删“上生白子，土人以铁网取之”，改“有红、黑、白三色”为“色亦变有红、白、黑三种”，增“深浅不一”，改“松脆不堪用”为“质皆松脆不堪雕琢”，改“悉是珊瑚之属，猫睛、宝石各处不乏”为“亦多珊瑚、猫睛各宝石”，大同小异，显系抄袭。

27. 又欧罗巴国、波罗尼亚国，其地多产琥珀，沿海数十里，处处皆有。因风浪所涌，堆积此地。此琥珀生于海中，不待松脂结成者。

【辨伪】此条抄自明艾儒略《职方外纪》或清南怀仁《坤舆外纪》。《职方外纪》卷五“海产”：

小西洋更多琥珀，则欧罗巴、波罗尼亚有之，沿海三(千)[十]里皆是。盖为风浪所涌，堆积此地。

《坤舆外纪》“海产”：

> 小西洋更多琥珀，则欧罗巴、波罗尼亚有之，沿海三十里皆是。因风浪所涌，堆积此地。

今按：卢氏所记与艾儒略、南怀仁同，稍有改窜，如改“小西洋更多琥珀，则欧罗巴、波罗尼亚有之”为“又欧罗巴国、波罗尼亚国，其地多产琥珀”，改“沿海三十里皆是”为“沿海数十里，处处皆有”，又于末尾增“此琥珀生于海中，不待松脂结成者”一句。显系抄袭。

28. 又黑人国与伯西儿两海最多龙涎香，缘其地僻人迹罕到，其香大块有重千余斤者，甚至有堆积年久，日聚月累，望之如岛者。盖为风涛涌泊于岸而使然也。虫鱼鸟兽并争喜食之，其香气甚烈。

【辨伪】此条抄自明艾儒略《职方外纪》或清南怀仁《坤舆外纪》。《职方外纪》卷五“海产”：

> 龙涎香，黑人国与伯西儿两海最多，曾有大块重千余斤者，望之如岛。然每为风涛涌泊于岸，诸虫鱼兽并喜食之。

《坤舆外纪》“海产”：

> 龙涎香，黑人国与伯西儿两海最多，有大块重千余斤者，望之如岛。然每为风涛涌泊于岸，诸虫鱼兽并喜食之。

今按：卢氏所记与艾儒略、南怀仁同，稍有改窜，如改“龙涎香，黑人国与伯西儿两海最多”为“又黑人国与伯西儿两海最多龙涎香”，增“缘其地僻人迹罕到”、“甚至有堆积年久，日聚月累”、“其香气甚烈”三句。显系抄袭。

29. 正德中，琉球国遣使进玉脂灯一枚，制作精巧，点之则明莹如昼，光照满室，上甚宝之。每行幸必携以行，后幸香山，为刘瑾窃以自照，灯忽放花如人，面目毕具。瑾乃祝曰：“我成大事，封汝为光明大元帅。”花即凋萎作咤噫声，飞越数尺，溅瑾衣袍，气腥如血。瑾大怒，以金如意立碎之，未几，谋逆伏诛。

【辨伪】此条抄自清陆次云《八纮译史》卷一“琉球”：

> 正德中，琉球进玉脂灯，上行幸必携之，幸香山，刘瑾窃以自照，灯忽放花如人面，眉目毕具。瑾乃嘱曰：“我成大事，封汝为光明大元帅。”花即凋萎作咤噫声，飞越数尺，溅瑾衣袍，气腥如血。瑾以金如意立碎之，未几，谋逆伏诛。

今按：卢氏所记与陆氏同，字句稍有增改，如改“琉球进玉脂灯”为“琉球国遣使进玉脂灯一枚”，增“制作精巧，点之则明莹如昼，光照满室，上甚宝之”一句，又增“大怒”二字，显系抄袭。

30. 明胡默林平倭寇时，所得锁子甲一具，其家宝爱之，已传数世矣。忽有一大贾，携重金来，以贵价购之。价已议，成交易矣，其后裔疑而问曰：甲为真金所制乎？必实告我，不然不卖。贾曰：尔毋悔，乃告尔。胡曰：不悔。约以誓言。贾人曰：甲非金也，告尔何伤，锁子内皆实以金钢钻耳。

【辨伪】此条抄自清赵吉士《寄园寄所寄》卷十一：

> 胡梅林平倭时，所得锁子甲，传数世矣。有远贾以重价来市，既交易，疑之曰：甲为金制乎？尔必告我。贾人曰：尔毋悔，告尔何伤？甲非金也，锁子内皆实以金刚钻耳。(《啸虹笔记》)

今按：卢氏改赵氏所引《啸虹笔记》中的"胡梅林平倭时"为"明胡默林平倭寇时"，增"其家宝爱之"，改"有远贾以重价来市，既交易，疑之曰"为"忽有一大贾，携重金来，以贵价购之。价已议，成交易矣，其后裔疑而问曰"，又增"不然不卖"，增"胡曰：不悔。约以誓言。贾人曰"，大同小异，显系抄袭。

31. 世传武都紫泥用以封玺，故诏书有紫泥封之名。余考武都即今阶州也。山水皆赤，泥正紫色，然泥安能作封，当是用为印色耳。

【辨伪】此条抄自宋邵博《闻见后录》卷二十六：

> 旧说武都紫泥用封玺，故诏有紫泥之名。今阶州，故武都也。山水皆赤，为泥正紫色，然泥安能作封，当是用为印色耳。

今按：卢氏改"旧说"为"世传"，改"今阶州，故武都也"为"余考武都即今阶州也"，其意相同，并据邵氏之说为已有，显系抄袭。

32. 宋楚元辅家藏有黑水晶枕一枚，中有半开杏花一枝，颜色鲜艳，花萼含芳，生动逼真，诚希世之宝也。世世守之，罔敢遗失。虽流离跋涉，亦必相随，后为北虏破汴，追逼太甚，遂投于山谷中。

【辨伪】此条抄自宋邵博《闻见后录》卷二十六：

> 楚氏洛阳旧族元辅者，为予言：家藏一黑水晶枕，中有半开繁杏一枝，希代之宝也。初，避寇入颍阳，凡先世奇玩悉弃之，独负枕以行，寇势逼，亦弃于山谷中。

今按：卢氏改"楚氏洛阳旧族元辅者，为予言：家藏一黑水晶枕"为"宋楚元辅家藏有黑水晶枕一枚"，增"颜色鲜艳，花萼含芳，生动逼真"、"世世守之，罔敢遗失"，改"初，避寇入颍阳，凡先世奇玩悉弃之，独负枕以行，寇势逼"为"虽流离跋涉，亦必相随，后为北虏破汴，追逼太甚"，大同小异，显系抄袭。

33. 王仲至帅长安日，民间开地破一古冢，得一碧色大磁器，容水一(斟)[斛]，中立一玉婴儿，高尺许，其水清澈无滓，常如注满者，亦不耗，亦不溢。玉婴儿后为仲至取去，瓷器被人窃去。

【辨伪】此条抄自宋邵博《闻见后录》卷二十六：

> 中隐王正叔云："王仲至帅长安日，境中坏一古冢，有碧色大甆器，容水一斛，中有白玉婴儿，高尺余，水故不耗败，如新汲者。玉婴儿为仲至取去。"

今按：卢氏删"中隐王正叔云"，改"水故不耗败，如新汲者"为"其水清澈无滓，常如注满者，亦不耗，亦不溢"，增"瓷器被人窃去"，大同小异，显系抄袭。

34. 主父齐贤自言：幼年避乱在青齐时，恒与群儿到村落中，同牧儿入古墓中求羊，见牧儿得一黄色磁器小扁瓶，形样甚古。时田中豌豆正熟，牧儿即以数豆贮之，随即盈满，以告同辈，二三小儿试之，皆然。道上行路人闻其异，以钱数枚投之，亦应时而满，路人即手夺以去。儿急啼号，以告其父，父持锄以追路人。及之，遂相争夺，恐其弗得，竟以一锄将瓶击碎，犹持数片以归。

【辨伪】此条抄自宋邵博《闻见后录》卷二十七：

> 主父齐贤者自言：少羁贫，客齐鲁村落中，有牧儿入古墓中求羊，得一黄磁小褊瓶，样制甚朴。时田中豆荚初熟，儿欲用以贮之，才投数荚，随手辄盈满，儿惊，以告同队，儿三四试之，皆然。道上行人见之，投数钱，随手亦盈满，遂夺以去。儿啼号，告其父，父方筑田，持锄追行人。及之，相争竞，以锄击瓶破，犹持碎片以示齐贤。其中皆五色画，人面相联贯，色如新，亦异矣。齐贤为王性之云。

今按：卢氏所记与邵氏同，文句稍有改窜，如改"少羁贫，客齐鲁村落中"为"幼年避乱在青齐时，恒与群儿到村落中"，改"才投数荚，随手辄盈满，儿惊"为"随即盈满"，改"儿三四试之"为"二三小儿试之"，改"道上行人见之，投数钱，随手亦盈满，遂夺以去"为"道上行路人闻其异，以钱数枚投之，亦应时而满，路人即手夺以去"，改"父方筑田，持锄追行人"为"父持锄以追路人"，改"以锄击瓶破，犹持碎片以示齐贤"为"恐其弗得，竟以一锄将瓶击碎，犹持数片以归"，并删"其中皆五色画，人面相联贯，色如新，亦异矣。齐贤为王性之云"，大同小异，显系抄袭。

35. 鱼枕骨雕刻器皿，以油少许浸泡之，其色红润鲜莹，如琥珀然，最可赏玩。而不知其更有宝贵处，设遇蛊毒，其器必爆裂破坏，尤为可贵。

【辨伪】此条抄自宋邵博《闻见后录》卷二十九：

> 鱼枕骨作器血，人知爱其色莹彻耳，不知遇蛊毒必爆裂，尤可贵也。

今按：卢氏改"人知爱其色莹彻耳"为"以油少许浸泡之，其色红润鲜莹，如琥珀然，最可赏玩”，增“其更有宝贵处”，大同小异，显系抄袭。

36. 余读史至晋、宋、齐、梁、陈诸书，见人君惟得着白纱帽，余则不敢用，殊为骇异。及观萧道成诛苍梧王，王敬则手取白纱帽以加道成首，令其即位。又沈攸之召诸军士曰：“我奉太后令建议下都城，大事若克，白纱帽共着耳。”余又阅邵氏《闻见后录》载：宋时范琼家藏古画甚多，内有一轴画梁武帝御容，亦戴白纱帽。审是，则王敬则、沈攸之二事为有据。

【辨伪】此条抄自宋邵博《闻见后录》卷八：

> 萧道成既诛苍梧王，王敬则手取白纱帽加道成首，令即位。沈攸之召诸军主曰：“我被太后令建义下都，大事若克，白纱帽共着耳。”盖晋、宋、齐、梁以来，惟人君得着白纱帽。家有范琼画梁武帝本，亦着白纱帽也。

今按：卢氏改“盖晋、宋、齐、梁以来，惟人君得着白纱帽”为“余读史至晋、宋、齐、梁、陈诸书，见人君惟得着白纱帽”，并前置，又于后增“余则不敢用，殊为骇异”。又改“家有范琼画梁武帝本，亦着白纱帽也”为“宋时范琼家藏古画甚多，内有一轴画梁武帝御容，亦戴白纱帽”，已误会原意，并于前增“余又阅邵氏《闻见后录》载”一句，已透露其文献来源。又增“审是，则王敬则、沈攸之二事为有据”一句。大同小异，显系抄袭。

37. 南方草木皆可为衣，即《书》所谓卉服也。(续)[绩]其皮者，有勾芒布、红蕉布、弱锡布。《淮南子》云：弱锡布，一端数金。又有火浣布，分为三种，毕方麻者，一端数金；祝融木者，一端百金；火鼠毛者，一端千金。绩其花者，有桐花布、琼枝布、娑罗布、吉贝布、桃花布。并见《赤雅》。

【辨伪】此条抄自明邝露《赤雅》卷上“卉服”：

> 南方草木可衣者，曰卉服。绩其皮者，有勾芒布、红蕉布、弱锡衣，苎麻所为。《淮南子》：弱锡细布，一端数金。火浣布，布有三种：毕方麻者，一端数金；祝融木者，一端百金；火鼠毛者，一端千金。绩其花者，有桐花布、琼枝布、娑罗布。其精者，曰娑罗龙段、吉贝布，又名班布、桃花布。

今按：卢氏末尾“并见《赤雅》”，交代文献来源，而字句稍有改窜，如改“曰卉服”为“即《书》所谓卉服也”，删“苎麻所为”，改“其精者，曰娑罗龙段、吉贝布，又名班布、桃花布”为“吉贝布、桃花布”。

38. 人臣执笏，始于宇文周保定四年；紫绯绿袍，始于隋大业六年。

【辨伪】此条抄自宋王应麟《困学纪闻》卷十三：

> 执笏，始于宇文周保定四年；紫绯绿袍，始于隋大业六年。

今按：卢氏所考与王氏同，仅于“执笏”前增“人臣”二字，显系抄袭。

39. 佩鱼，始于唐永徽二年，以李为鲤也。武则天天授元年，改为佩龟，以玄武为龟也。余按：罗愿《尔雅翼》载：“唐律：民间如有钓得鲤鱼者，即放。有卖鲤鱼者，杖六十，号鲤为赤(鱓)[鯶]公，以国姓李，故讳也。”

【辨伪】此条抄自宋王应麟《困学纪闻》及宋罗愿《尔雅翼》。《困学纪闻》卷十四：

> 佩鱼，始于唐永徽二年，以李为鲤也。武后天授元年，改佩龟，以玄武为龟也。

又《尔雅翼》卷二十八“鲤”：

> 唐律：取鲤鱼即宜放，号赤鯶公。卖者杖六十。以国氏李，讳其同音也。

今按：卢氏前半部分与王氏所考同，显系抄袭。又据《尔雅翼》增“余按”一句，略有改窜，如改“取鲤鱼即宜放”为“民间如有钓得鲤鱼者，即放”，改“卖者杖六十”为“有卖鲤鱼者，杖六十”。

40.《汉书·食货志》：“黄金方寸重一斤。”《庄子》“百金”注亦谓：“金方寸重一斤，百金即百斤也。”臣瓒曰：“秦以一镒为一金(按：二十四两为一镒)，汉以一斤为一金。”是汉之金，已减于秦矣。

【辨伪】此条抄自清顾炎武《日知录》卷十一“黄金”：

> 《史记·平准书》：“一黄金一斤。”(《汉书·食货志》：“黄金方寸而重一斤。”《庄子》“百金”注，李曰：“金方寸重一斤，百金百斤也。”)臣瓒曰：“秦以一镒为一金(孟康曰：二十四两曰镒)，汉以一斤为一金。”是汉之金，已减于秦矣。

今按：卢氏所考与顾氏同，并改注文为正文，而有所删节，如删“《史记·平准书》：‘一黄金一斤’”，改“李曰”为“亦谓”，改“孟康曰：二十四两曰镒”为“按：二十四两为一镒”，显系抄袭。

41. 汉唐以前，上下通行皆用钱，未尝用银。谢肇淛谓：“汉银八两，直钱一千，是银贱而钱贵也。”秦并天下，币为二等，珠玉、龟贝、银锡之属，为器饰宝藏，不为币用。考《通典》：“梁初京师、三吴、荆、湘、梁、益等处用钱，其余州郡，用谷帛交易。交广则全以金银为货。”又考唐韩愈奏状，五岭买卖以银为货。元稹奏状：“自岭以南，用金银为货币。自巴蜀以外，以盐帛为交易。黔巫溪峡，用水银、朱砂以相市。”至宋仁宗时，诏诸路岁进缗钱，福建、两广易以银，此解银之始。自金元以来，银价日贵，宝泉日贱，民间但以银论价。以宝泉各处所用不同，故尽以银交相市易。此用银所由起也。

【辨伪】此条节抄自清顾炎武《日知录》卷十一“银”：

唐宋以前，上下通行之货一皆以钱而已，未尝用银。《汉书·食货志》言："秦并天下，币为二等，而珠玉、龟贝、银锡之属，为器饰宝藏，不为币。"孝武始造白金三品，寻废不行。(谢肇淛曰："汉银八两，直钱一千，当时银贱而钱贵。")……然考之《通典》，谓："梁初唯京师及三吴、荆、郢、江、湘、梁、益用钱，其余州郡，则杂以谷帛交易。交广之域则全以金银为货。"而唐韩愈奏状，亦言五岭买卖一以银。元稹奏状言："自岭已南，以金银为货币。自巴已外，以盐帛为交易。黔巫溪峡，用水银、朱砂、缯彩、巾帽以相市。"……《宋史·仁宗纪》："景祐二年，诏诸路岁输缗钱，福建、二广易以银，江东以帛。于是有以银当缗钱者矣。"《金史·食货志》：……又云："更造兴定宝泉，每贯当通宝五十。又以绫印制元光珍货，同银钞及余钞行之。行之未久，银价日贵，宝泉日贱，民但以银论价。至元光二年，宝泉几于不用。哀宗正大间，民间但以银市易。"此今日上下用银之始。

今按：卢氏改"唐宋以前"为"汉唐以前"，改"上下通行之货一皆以钱而已"为"上下通行皆用钱"，改小注"谢肇淛曰"一句为正文，并前置。又删"《汉书·食货志》言"、"孝武始造白金三品，寻废不行"，改"亦言五岭买卖一以银"为"五岭买卖以银为货"，删"缯彩、巾帽"，改"《宋史·仁宗纪》：'景祐二年'"为"至宋仁宗时"，删"江东以帛"，改"于是有以银当缗钱者矣"为"此解银之始"，改"《金史·食货志》"至"行之未久"为"自金元以来"，改"至元光二年，宝泉几于不用。哀宗正大间，民间但以银市易"为"以宝泉各处所用不同，故尽以银交相市易"，改"此今日上下用银之始"为"此用银所由起也"，大同小异，显系抄袭。

42. 古金三品：黄金是金，赤金是铜，黑金是铁。禹时，九牧贡金，以铸九鼎，此即铜也。是以古时以铜为兵，铸剑多用铜，欧冶、昆吾之类，皆铜也。秦始皇收天下兵器，铸金人十二，即铜人也。汉魏以来，铜产渐少，用以铸镜、铸钱，一切兵器俱改用为铁，此用铜用铁之分也。

【辨伪】此条抄自清顾炎武《日知录》卷十一"铜"：

乏铜之患，前代已言之，江淹谓古剑用铜，如昆吾、欧冶之类，皆铜也。……古金三品：黑金是铁，赤金是铜，黄金是金。夏后之时，九牧贡金，乃铸鼎于荆山之下。……荆轲之击秦王中铜柱，而始皇收天下之兵，铸金人十二，即铜人也。……二汉之世，愈见其微。建安二十四年，魏太子铸三宝刀，二匕首，天下百炼之精利，而悉是铸铁，不能复铸铜矣。

今按：卢氏颠倒"黑金是铁"、"黄金是金"顺序，改"夏后之时，九牧贡金，乃铸鼎于荆山之下"为"禹时，九牧贡金，以铸九鼎，此即铜也"，改"江淹谓古剑用铜"为"是以古时以铜为兵，铸剑多用铜"，又删"荆轲之击秦王中铜柱"。又改"二汉之世"至"不能复铸铜矣"为"汉魏以来，铜产渐少，用以铸镜、铸钱，一切兵器俱改用为铁"，并增"此用铜用铁之分也"，大同小异，显系抄袭。

43. 今民间输官之物皆用银，而谓之“钱粮”，盖承宋代之名，以当时上下皆用钱也。按《周官·太宰》：“以九赋敛财贿。”注：“财贿，泉谷也。”又曰：“赋口率出泉也。”泉即古钱字。《荀子》言：“厚刀布之敛，以夺之财。”言泉刀货布皆钱也。而汉律有口算。每人出口算钱百二十文，故谓之赋口。是则以钱为赋，自汉以上古已有之。至唐初改为租出谷，庸出绢，调出缯布，尚未用钱。自两税法行，遂以钱为正供。

【**辨伪**】此条抄自清顾炎武《日知录》卷十一“银”、“以钱为赋”二条。“银”条：

> 今民间输官之物皆用银，而犹谓之“钱粮”，盖承宋代之名，当时上下皆用钱也。

“以钱为赋”条：

> 《周官·太宰》：“以九赋敛财贿。”注：“财，泉(古钱字)谷也。”又曰：“赋口率出泉也。”《荀子》言：“厚刀布之敛，以夺之财。”而汉律有口算。(《孝惠纪》注：汉律，人出一算，算百二十钱。)此则以钱为赋，自古有之，而不出于田亩也。唐初租出谷，庸出绢，调出缯布，未尝用钱。自两税法行，遂以钱为惟正之供矣。

今按：卢氏改小注“古钱字”为正文“泉即古钱字”，增“言泉刀货布皆钱也”，改小注“《孝惠纪》注：汉律，人出一算，算百二十钱”为正文“每人出口算钱百二十文，故谓之赋口”，改“自古有之，而不出于田亩也”为“自汉以上古已有之”，显系抄袭。

44. 白乐天《长庆集》谓：“赋敛之起者，量桑地以出租，计夫家以出庸。租庸者，谷帛而已。今则于谷帛之外，又责以钱。钱者，桑地不生铜，则私家不敢铸，农家何从而得？而吏胥追征，官限迫蹙，易其所有，以赴公程。岁丰，则贱粜半价，不足以充缗钱；设遇凶年，利息数倍，不足以偿逋债。丰凶既若此，为农者何望焉？是以奸商巨贾射利者，日以富强；望岁勤力者，日以穷困。劳逸既殊，利病相悬，农夫尽思释耒而倚市，织妇皆欲投杼而刺文。遂至田地荒芜，室如悬罄。人力罕施，地利多缺。天时虚运，岁功不成。臣反复思之，实由谷帛轻，而钱刀重也。夫谷贵钱轻则伤人，谷贱钱重则伤农。农伤则生业不专，人伤则财用不足。故王者，均平其贵贱，调节其重轻，使百货流通，四民交利，然后上无乏用，下亦阜安。方今天下之钱，或积国府，或聚富家。而又岁岁输纳，臣恐谷帛之价转贱，农桑之业更伤。十年后，其弊更甚于今日者。臣请量农桑之田地，计谷帛之租庸，则任土之利自兴，易货之弊自革。游手于道途市肆者，可易业于西成，混迹于军籍释道者，可返躬于东作。所谓下令如流水之行，系人于包桑之固矣。”

【**辨伪**】此条抄自清顾炎武《日知录》卷十一“以钱为赋”：

> 《白氏长庆集·策》曰：“夫赋敛之本者，量桑地以出租，计夫家以出庸。租庸者，谷帛而已。今则谷帛之外，又责之以钱。钱者，桑地不生铜，私家不敢铸，业于农者，何从得之？至乃吏胥追征，官限迫蹙，则易其所有，以赴公程。当丰岁，则贱粜半价，不足以充缗钱；遇凶年，则息利倍称，不足以偿逋债。丰凶既若此，为农者何所望焉？是以商贾大族乘时射利者，日以富豪；田垄罢人望岁勤力者，日以贫困。

劳逸既悬，利病相诱，则农夫之心，尽思释耒而倚市；织妇之手，皆欲投杼而刺文。至使田卒污莱，室如悬罄。人力罕施，而地利多郁。天时虚运，而岁功不成。臣尝反复思之，实繇谷帛轻，而钱刀重也。夫籴甚贵钱甚轻，则伤人；籴甚贱，钱甚重，则伤农。农伤则生业不专，人伤则财用不足。故王者，平均其贵贱，调节其轻重，使百货通流，四人交利，然后上无乏用，而下亦阜安。方今天下之钱，日以减耗，或积于国府，或滞于私家。若复日月征取，岁时输纳，臣恐谷帛之价转贱，农桑之业转伤。十年之后，其弊更甚于今日矣。今若量夫家之桑地，计谷帛为租庸，以石斗登降为差，以匹夫多少为等，但书估价，并免税钱，则任土之利载兴，易货之弊自革。弊革则务本者致力，利兴则趋末者回心。游手于道涂市肆者，可易业于西成，托迹于军籍释流者，可返躬于东作。所谓下令如流水之原，系人于苞桑之本者矣。"

今按：卢氏改"《白氏长庆集·策》曰"为"白乐天《长庆集》谓"，删"田垄罢人"、"日以减耗"，改"若复日月征取，岁时输纳"为"而又岁岁输纳"，删"以石斗登降为差，以匹夫多少为等，但书估价，并免税钱"、"弊革则务本者致力，利兴则趋末者回心"，其他大致相同，显系抄袭。

45. 今世所用五铢钱，皆云汉物，其实非也。余考南北朝皆铸五铢钱。《魏书》：齐文襄王时，因私铸滥恶，令铸五铢务要名称其实，计百钱重一斤四两。隋高皇既受禅，以天下钱货轻重不一，乃更铸五铢新钱，背面肉好，重如其文。每钱一千重四斤二两，禁用私铸小钱及钻和铅铁者，百姓便之。由此观之，今之五铢皆隋开皇以后铸者，非汉物也。

【辨伪】此条节抄自清顾炎武《日知录》卷十一"五铢钱"：

今世所传五铢钱，皆云汉物，非也。南北朝皆铸五铢钱。《魏书》言：武定之初，私铸滥恶，齐文襄王以钱文五铢，名须称实，宜称钱一文，重五铢者，听入市用，计百钱重一斤四两十二铢。……《隋书》："高祖既受周禅，以天下钱货轻重不等，乃更铸新钱，背面肉好，皆有周郭，文曰五铢，而重如其文。每钱一千重四斤二两，悉禁古钱及私钱。置样于关，不如样者，没官销毁之。自是钱帛始壹，百姓便之。"……而今之五铢，亦大抵皆隋物也。

今按：卢氏增"余考"二字，据顾氏考证为已有。改"武定之初，私铸滥恶，齐文襄王以钱文五铢，名须称实"为"齐文襄王时，因私铸滥恶，令铸五铢务要名称其实"，删"宜称钱一文，重五铢者，听入市用"，删"《隋书》"、"皆有周郭，文曰五铢"，改"悉禁古钱及私钱"为"禁用私铸小钱及钻和铅铁者"，而删"置样于关，不如样者，没官销毁之。自是钱帛始壹"，改"而今之五铢，亦大抵皆隋物也"为"由此观之，今之五铢皆隋开皇以后铸者，非汉物也"，大同小异，显系抄袭。

46. 今世用开元通宝钱，系唐武德四年铸，并非明皇时铸也。《新、旧唐书》载之甚明："其钱径八分，重二铢四累，积十钱重一两。"《通典》谓一千重六斤四两者此也。命给事中欧阳询书文，其文先上后下、次左后右读之，自上及下并回环读之，其义皆通。玄宗后来国号偶与同名耳。虽高宗乾封元年四月，诏改铸乾封泉宝钱，不便于民。二年，诏罢之，复铸开元通宝钱。余按：有唐二百年余，独铸行此钱耳。

【辨伪】此条抄自清顾炎武《日知录》卷十一"开元钱"：

唐之开元，则先有钱文，而后有年号。《旧唐书·食货志》曰："武德四年，铸开元通宝钱，径八分，重二铢四累，积十钱重一两。"(《通典》云："计一千重六斤四两，每两二十四铢，则一钱重二铢半以下，古称比今称三之一也，则今钱为古称之七铢以上，比古五铢则加重二铢以上。")又曰："开元钱之文，给事中欧阳询制词及书，时称其工。其字含八分及隶体，其词先上后下、次左后右读之，自上及左回环读之，其义亦通，流俗谓之开通元宝钱。"马永卿曰："开元通宝，盖唐二百八十九年独铸此钱，雒、并、幽、桂等处皆置监，故开元钱如此之多，而明皇纪号偶相合耳。"《旧唐书》："高宗乾封元年四月庚寅，改铸乾封泉宝钱。二年正月，罢乾封钱，复行开元通宝钱。"

今按：卢氏改"唐之开元"至"铸开元通宝钱"为"今世用开元通宝钱，系唐武德四年铸，并非明皇时铸也"，又增"《新、旧唐书》载之甚明"，改小注"《通典》云"一句为"《通典》谓一千重六斤四两者此也"，改所引《旧唐书》"又曰"一句为"命给事中欧阳询书文，其文先上后下、次左后右读之，自上及下并回环读之，其义皆通"，改马永卿语"而明皇纪号偶相合耳"为"玄宗后来国号偶与同名耳"。又删"《旧唐书》"字样，而增"不便于民"四字。又据马永卿语"开元通宝，盖唐二百八十九年独铸此钱"为"余按：有唐二百年余，独铸行此钱耳"，大同小异，显系抄袭。

47. 汉高祖初入咸阳，周行府库，其中金玉珠宝，不可胜言。尤奇异者，有方镜，广四尺，高五尺九寸，表里皆明，人直来照之，则影倒见，以手扪心而来，则见五脏肠胃，历历可数。人有疾病，则掩心而照之，能知病之所在。又女子有邪心，照之则胆张心动，秦始皇尝以照宫人，有胆张心动者，则杀之。高祖命封闭以待项羽，羽并金玉宝玩将以东，后不知所在。余按：此镜殆今之通背镜、倒形镜之流欤？

【辨伪】此条抄自晋葛洪《西京杂记》卷三：

高祖初入咸阳宫，周行库府，金玉珍宝，不可称言。其尤惊异者，……有方镜，广四尺，高五尺九寸，表里有明，人直来照之，影则倒见，以手扪心而来，则见肠胃五脏，历然无硋。人有疾病在内，则掩心而照之，则知病之所在。又女子有邪心，则胆张心动，秦始皇常以照宫人，胆张心动者，则杀之。高祖悉封闭以待项羽，羽并将以东，后不知所在。

今按：卢氏改"历然无硋"为"历历可数"，增"金玉宝玩"，又于末尾增"余按：此镜殆今之通背镜、倒形镜之流欤"一句，大同小异，显系抄袭。

48. 崇祯末，有江右客，寓珠宝巷，携一朱盒，中有碧草一本，上有生就小龙，其大如指，长三寸余，光似淡金色，循枝盘绕，鳞与瓜，无一不具，博物者不识。时潞王播越在浙，售于王府。余按：潞王名敬一，精通释典，号潞佛子。工书善画，尤长兰草。王府中蓄异物最多，有沸水石，贮水中，水自沸。又有竹节盆，其大如轮。又有舍利一颗，晦夜放光，视其燥湿，可占晴雨。明鼎革后，均不知其乌有矣。

【辨伪】此条节抄自清陆次云《湖壖杂纪》“珠宝巷”：

> 崇祯末年，有江右客，寓珠宝巷，携一朱盒，中藏碧草一本，上有生就小龙，其大如指，长踰三寸，光似淡金，鳞角爪牙，无一不备，循枝盘绕，气色如新，博物者不知其所从出。时潞王播越在浙，售其府中。按：潞王名敬一，精通释典，名潞佛子。工书善画，尤精于兰。……其府中颇蓄异物，有沸水石，有竹节盆，其大如轮。……有舍利一颗，晦夜放光，视其燥湿，可占晴雨。……而后陵谷变迁，不知其乌有矣。

今按：卢氏改“鳞角爪牙，无一不备，循枝盘绕，气色如新，博物者不知其所从出”为“循枝盘绕，鳞与瓜，无一不具，博物者不识”，改“按”为“余按”，据陆氏考证为己有。又增“贮水中，水自沸”，改“而后陵谷变迁”为“明鼎革后”，显系抄袭。

卷二十一
怪异随笔

1. 角端能言，通晓四夷言语，日行一万八千里。金太祖建国，问罪西域，驻跸铁门关。中书令奏："五月二十晚，近(待)[侍]人登山见异兽，二目如炬，鳞身五色，顶有一角，能人言，此角端也。当于见所备礼祀之，见则圣人践位，天下太平，预兆吉祥之征也。"

【辨伪】此条抄自元盛如梓《庶斋老学丛谈》卷上：

> 耶律柳溪诗集云："角端呈瑞移御营，扼亢问罪西域平。"注云："角端，日行万八千里，能言，晓四夷之语。"昔我圣祖皇帝出师，问罪西域，辛巳岁夏，驻跸铁门关。先祖中书令奏云："五月二十日晚，近侍人登山见异兽，二目如炬，鳞身五色，顶有一角，能人言，此角端也。当于见所备礼祭之，仍依所言则吉，此天降神物，预言吉征也。"

今按：卢氏改耶律柳溪诗集注"角端，日行万八千里，能言，晓四夷之语"为"角端能言，通晓四夷言语，日行一万八千里"，改"昔我圣祖皇帝出师"为"金太祖建国"，删"辛巳岁夏"、"先祖"，改"仍依所言则吉，此天降神物"为"见则圣人践位，天下太平"，大同小异，显系抄袭。

2. 李膺《益州记》：邛都县有老姥，家贫，每食有小蛇在旁，姥怜而食之，后长丈余。县令有骏马，蛇啖食之，令怒杀姥，蛇为姥报仇，每夜闻风雨声，如是者四十余日。百姓相见，咸惊语曰："汝头何得戴鱼。"是夜方四十里俱陷为湖，惟姥宅无恙。即今建昌城外之邛池是也。而《庐江府志》记滁湖亦与邛湖相似。考《志》记：昔有巫媪居县，有老叟言："石龟口出血，此地陷为湖。"未几有人以猪血涂龟口，巫媪一见而走，其地遂陷为湖。余考《汉书》并未载此事，只载滁湖出黄金，则城陷之说，恐附会邛都之事而云尔。《庐江府志》不足信。

【辨伪】此条抄自元盛如梓《庶斋老学丛谈》卷中之上：

《庐江郡志》载巢湖事：昔有巫媪居县，有老叟曰："石龟口出血，此地陷为湖。"未几有人以猪血置龟口，巫媪见之南走，其地遂陷。然东汉永平十九年秋七月，漅湖出黄金，在合淝东南，则城陷之说妄矣。西南夷邛都县地陷为湖，因名邛池。注引李膺《益州记》：邛都县有老姥，家贫，每食有小蛇在床，姥怜而食之，后长丈余。令有骏马，蛇吸杀之，令怒杀姥，蛇为姥报仇，每夜闻风雷之声，四十余日。百姓相见，咸惊语："汝头那戴鱼。"是夜方四十里俱陷为湖，唯姥宅无恙，至今犹存。巢湖地陷，并缘于此。

今按：卢氏所记与盛氏大致相同，改列所引"李膺《益州记》"于前，"《庐江府志》"于后。又删"至今犹存。巢湖地陷，并缘于此"，而增"即今建昌城外之邛池是也"，改"《庐江郡志》载巢湖事"为"而《庐江府志》记漅湖亦与邛湖相似。考《志》记"，改"然东汉永平十九年秋七月，漅湖出黄金，在合淝东南，则城陷之说妄矣"为"余考《汉书》并未载此事，只载漅湖出黄金，则城陷之说，恐附会邛都之事而云尔"，删"西南夷邛都县地陷为湖，因名邛池"，而增"《庐江府志》不足信"，大同小异，显系抄袭。

3. 梁朝彭城王刘中令镇同州日，掘土筑营垒，深数尺，得一物，重八十余斤，状若油囊。召宾幕诸将问之，人无识者。或云"地囊"，或云"飞廉"，或又云"金神七杀"。独刘参谋云："此冤辱魄也。古时为囹圄牢狱之地，多有此物。昔王充守洛阳，修河南府狱，即获此物。"其祖曾作记以传其事，乃系冤枉囚人死魄入地，精聚而成，凝结不消，鼓铸不化，浸沃不湿，刀刃不入，击之转坚，经千百年而不腐烂，惟于清夜陈设酒食以告之，许以申冤，当有黑气冲天，不异丰城剑气也。此非祥瑞之兆，实为窜逐之征。遂易营基，而瘗于别处。其后果有兵变逃奔之事。

【辨伪】此条抄自五代何光远《鉴诫录》卷九"鉴冤辱"：

梁朝彭城王刘中令知俊制置同州日，因筑营墙掘得一物，重八十余斤，状若油囊。召宾幕诸将问之，或曰"地囊"，或曰"飞帘"，或曰"金神七杀"。独刘参谋曰："此冤辱也。古者囹圄之地，即有此焉。昔王充据守洛阳，修河南府狱，亦获此物，而某远祖记之，乃是冤枉囚人死魄入地，聚为此物，凝结不消，纵鼓铸不燃，浸沃不湿，刃之不入，击之转坚，经千百年间而不腐烂，但于清夜致之酒食，许以伸冤，当有黑气冲天，不异丰城之剑气也。此非吉瑞之兆，实为窜逐之征。"公一一试之，皆如其说。遂复深瘗，寻易营基。后有拔城背主奔秦之兆，亦由见怪之验也。

今按：卢氏改"因筑营墙掘得一物"为"掘土筑营垒，深数尺，得一物"，增"人无识者"，改"即有此焉"为"多有此物"，改"而某远祖记之"为"其祖曾作记以传其事"，改"但于清夜致之酒食"为"惟于清夜陈设酒食以告之"，删"公一一试之，皆如其说"，改"遂复深瘗，寻易营基。后有拔城背主奔秦之兆"为"遂易营基，而瘗于别处。其后果有兵变逃奔之事"，删"亦由见怪之验也"，其意相同，显系抄袭。

4. 天复初，任可芝为戎州刺史，有渔人赵阿奴善钓大鱼，尝于马湖江垂巨索大钓，所得鱼皆一二百斤为止。每谓人曰："愿得重一千斤者，我平生钓鱼之志足矣，即改业不钓。"人或曰："此非下江，焉有大鱼？"赵曰："非吾所欲，负命者上钓。"是秋，果得一鱼，重千斤，其背上有字，似金色，云：三曾到江都（有作杨府），五转归马湖。身上千斤肉，今还赵阿奴。余按：此事载于《鉴戒录》，而戎州新旧志均不载。

【辨伪】此条抄自五代何光远《鉴诫录》卷十"鱼还肉"：

> 天复初，任可芝任戎州刺史日，有渔人赵阿奴善钓大鱼，常于马湖江垂巨索大钓，号曰"掣拔"，中钓者皆百斤不啻。尝谓人曰："愿钓千斤之鱼，豁男子平生之志，即改业矣。"人或语曰："此非江左，焉有此鱼？"对曰："非我所欲，负命者上钓。"其年秋，忽获一鮥子鱼，果重千斤，背上自然有字，其文金色，观者感伤。赵阿奴因此从军，遂改钓业。其大鱼背上字云："三曾到杨府，五转归马湖；身上千斤肉，今还赵阿奴。"

今按：卢氏称所记"载于《鉴戒录》"，交代文献来源，文字有所改窜，如删"号曰'掣拔'"，改"中钓者皆百斤不啻"为"所得鱼皆一二百斤为止"，改"豁男子平生之志"为"我平生钓鱼之志足矣"，删"观者感伤。赵阿奴因此从军，遂改钓业。其大鱼背上字"，改"三曾到杨府"为"三曾到江都"，并加小注"有作杨府"。又于末尾增按语一句。

5. 毕再遇，兖州名将也。开禧间，用兵诸将皆败事，独毕屡立大功。金人认其旗帜，即避去，莫敢与交锋。累官都统镇江总制、扬州承宣、上将军，以老致仕。家有战马一匹，形性怪异，号黑大虫，骏快非常，营中诸将莫能御，独毕能乘之。毕没后，其家以铁絙系阑中，适遇岳祠迎神，闻金鼓声，意为赴敌，长嘶奋迅，断绳而出，其家恐出伤人，命健卒多人挽之而归，乃好言戒之曰："将军已死，汝莫生事连累我家。"马耸耳而听，愀然出涕，喑哑长嘶数声而毙。噫！人之受恩而不知报者，曾异类之不若，能无愧此马乎？

【辨伪】此条抄自宋周密《齐东野语》或元陈世隆《北轩笔记》。《齐东野语》卷七"毕将军马"：

> 毕再遇，兖州将家也。开禧用兵，诸将多败事，独再遇累有功。金虏认其旗帜，即避之。屡迁至镇江都统制、扬州承宣使、骁卫上将军，后以老病致仕。始居于霅，有战马号黑大虫，骏驵异常，独主翁能御之。再遇既死，其家以铁絙羁之围中，适遇岳司迎神，闻金鼓声，意谓赴敌，于是长嘶奋迅，断絙而出，其家虑伤人，命健卒十余挽之而归，因好言戒之云："将军已死，汝莫生事累我家。"马耸耳以听，汪然出涕，喑哑长鸣数声而毙。呜呼！人之受恩而忘其主者，曾异类之不若，能不愧乎？

又《北轩笔记》：

> 毕再遇，兖州将家也。开喜用兵，诸将多败事，独再遇累有功。金虏认其旗帜，

即避之。累迁至镇江都统制、扬州承宣使、骁卫上将军，后以老病致仕。始居于雪，有战马号黑大虫，骏快异常，独主翁能御之。再遇既死，其家以铁絙系之阑中，适遇岳祠迎神，闻金鼓声，意为赴敌，于是长嘶奋迅，断絙而出。其家虑伤人，命健卒十余挽之而归，乃好言戒之云："将军已死，汝莫生事累我家。"马耸耳以听，汪然出涕，喑哑长鸣数声而毙。呜呼！人之受恩而忘其主，曾异类之不若，能无愧乎？

今按：卢氏所记与周氏、陈氏相同，增"莫敢与交锋"，改"始居于雪，有战马号黑大虫"为"家有战马一匹，形性怪异，号黑大虫"，增"营中诸将莫能御"，大同小异，显系抄袭。

6. 李才元元祐时知汝州，适辰州贡丹砂二筐，道由叶县经过，丹砂遗失，化为二雉，无所追究。次日，斗山谷间，为耕者所得。人疑其盗，县械送州。才元实非盗，讯得其异，释放耕者，得免罪。砂能变化，亦异事。

【辨伪】此条抄自宋周煇《清波杂志》卷五：

李才元大临元祐间知汝州，时辰州贡丹砂，道叶县，遗其二箧，乃化为二雉，斗山谷间，耕者获之。人疑其盗，县械送州。才元识其异，讯得实，始免耕者。砂能变化，可谓异矣。夫识其异，其谁嗣之？

今按：卢氏所记与周氏同，改"时辰州贡丹砂，道叶县，遗其二箧"为"适辰州贡丹砂二筐，道由叶县经过，丹砂遗失"，增"无所追究。次日"，"才元识其异"为"才元实非盗"，改"始免耕者"为"释放耕者，得免罪"，又删"夫识其异，其谁嗣之"，大同小异，显系抄袭。

7. 张怀素自号落魄道人，挟左道入京师，虽飞禽走兽，皆能呼遣。自言孔子诛少正卯，彼尝谏其太早；汉、楚争成皋，相持最久，彼屡登高观战，不知其几千百岁，殆非世间人也。自古方士怪诞固多，未有如此大言者。而当时士大夫，何信之笃惑之深耶？至大观元年事败之时，牵引士类不少，如吕吉甫、蔡元度诸人，亦因是降责(一作落魄野人)。

【辨伪】此条抄自宋周煇《清波杂志》卷十二：

张怀素，舒州人，自号落魄野人，崇宁元年入京师。至大观元年事败，牵引士类，一时以轻复位罪者甚众。吕吉甫、蔡元度，亦因是责降。蔡尝语陈莹中："怀素道术通神，虽蜚禽走兽，能呼遣之。至言孔子诛少正卯，彼尝谏以为太早。汉、楚成皋相持，彼屡登高观战，不知其几岁，殆非世间人也。"自古方士怪诞固多有之，未有如此大言者。士大夫何信之笃，惑之深耶？

今按：卢氏所记与周氏相同，文句稍有改窜，如删"舒州人"，改"落魄野人"为"落魄道人"，并于末尾增小注"一作落魄野人"，改"崇宁元年入京师"、"蔡尝语陈莹中：'怀素道术通神'"为"挟左道入京师"，并改"至大观元年事败"一节于末尾，显系抄袭。

8. 又有妇人虞仙姑，年八十余，色如处子，能行大洞法，出入宫掖。徽宗一日诏诣蔡京家，京饭之。虞见一大猫，拊其背语京曰："识此否？乃章惇也。"京诋其怪而无理。翌日，京召对，上曰："已见虞姑耶？猫儿事可骇异。"此事《熙宁实录》亦载之。姑有妖术，朝士多以祸福为问，富郑公亦惑其说，姑名普惠，号广慈昭觉大师。

【辨伪】此条抄自宋周煇《清波杂志》卷十二：

> 后又有妇人虞，号"仙姑"，年八十余，有少女色，能行大洞法。徽宗一日诏虞诣蔡京，京饭之。虞见一大猫，拊其背语京曰："识此否？乃章惇也。"京即诋其怪而无理。翌日，京对，上曰："已见虞姑邪？猫儿事极可骇。"《熙宁实录》亦载，赐蔡州尼惠普，号广慈昭觉大师。惠普有妖术，朝士多问以祸福，富郑公亦惑其说。

今按：卢氏改"有少女色"为"色如处子"，增"出入宫掖"，改"赐蔡州尼惠普，号广慈昭觉大师"为"姑名普惠，号广慈昭觉大师"，并置末尾，大同小异，显系抄袭。

9. 熙宁中，孙勉监潭州堤，见一大鼋自横河顺流而下，射杀之，次日孙暴卒。为鼋所诉，应偿命。殿上王者为韩魏公，孙实故吏，乃再三求恳。公教检簿，既至阴府，如所教，以尚有十五年寿，遂放孙还。此事见《韩魏公别录》。

【辨伪】此条抄自宋周煇《清波杂志》卷七：

> 熙宁中，侍禁孙勉监澶州堤，见一鼋自横河顺流而下，射杀之，继而暴卒。入冥为鼋诉，当偿命。殿上主者乃韩魏公，勉实故吏，乃再三求哀。公教乞检房簿，既至阴府，如所教，以尚有寿十五年，遂放还。《韩魏公别录》所书，其略如此。

今按：卢氏所记与周氏同，文句稍有改窜，如改"澶州"为"潭州"，改"继而暴卒"为"次日孙暴卒"，改"公教乞检房簿"为"公教检簿"，改"《韩魏公别录》所书，其略如此"为"此事见《韩魏公别录》"，显系抄袭。

10. 又余阅《韩魏公家传》则云：侍禁系勉，监元城堤，堤多塌陷，颇费工料。勉询知有巨鼋穴其下，乃伺其出射杀之。数日后，勉昼卧，为吏追去，云："有鼋控诉。"既至宫殿，守御甚严，吏云："紫府真人宫也。"勉仰视其人，乃韩魏公也。亟俯伏诉。公微劳之曰："汝当往阴府证事？"勉遂将杀鼋始末缘由，一一禀明。公取黄诰示之，谓曰："鼋虽不与人同，彼害汝堤，汝杀之，是汝职也。"遣之使出，出门遂寤。事既播扬，一日上谓辅臣曰："闻说韩琦为真人是否？"左右对："未闻。"上具道其所以，将孙勉奏章出示，为咨嗟者久之。二说虽不同，当以《家传》所云为正。

【辨伪】此条抄自宋周煇《清波杂志》卷七：

> 《魏公家传》则云："右侍禁孙勉，监元城埽，埽多垫陷，费工料。勉询知有巨鼋穴其下，乃伺出射杀之。数日，勉方昼卧，为吏追去："有鼋诉，当往证之。"既至一

宫阙，守卫甚严，吏云："紫府真人宫也。"勉仰视真人，乃韩魏公也。亟俯伏诉。公微劳之曰："汝当往阴府证事乎？"勉述杀鼋事。公取黄诰示之，谓曰："鼋不与人同，彼害汝堤，杀之，汝职也。"遣之使去，出门遂寤。事既播扬，神皇谓辅臣曰："闻说韩琦为真人是否？"皆曰："未之闻也。"上具道所以，咨嗟久之。二说不同，当以《家传》为正。

今按：卢氏所记与周氏同，文句稍有改窜，如改"有鼋诉，当往证之"为"有鼋控诉"，改"勉述杀鼋事"为"勉遂将杀鼋始末缘由，一一禀明"，并增"将孙勉奏章出示"，显系抄袭。

11. 余读《岭外代答》云："木兰皮国，产胡羊，高四五尺，尾大如扇，春来剖羊腹，取脂数十斤，用线再缝而活。不取，则羊以肥死。"亦异事也。

【辨伪】此条抄自宋周去非《岭外代答》卷三"木兰皮国"：

木兰皮国所产极异，麦粒长二寸，瓜围六尺，米麦窖地数十年不坏。产胡羊，高数尺，尾大如扇，春剖腹，取脂数十斤，再缝而活。不取，则羊以肥死。

今按：卢氏言所记为"余读《岭外代答》"而来，交代文献来源，而于原文有所删改，如删"所产极异，麦粒长二寸，瓜围六尺，米麦窖地数十年不坏"，改"高数尺"为"高四五尺"，改"春剖腹"为"春来剖羊腹"，增"亦异事也"。

12. 又相传其国陆行二百余里，日晷每日长三时，秋月西风忽起，人与兽速就水边饮水，否稍迟，则渴死。

【辨伪】此条抄自宋周去非《岭外代答》卷三"木兰皮国"：

其国相传又陆行二百程，日晷长三时，秋月西风忽起，人兽速就水饮乃生，稍迟，以渴死。

今按：卢氏改"人兽速就水饮乃生"为"人与兽速就水边饮水"，大同小异，显系抄袭。

13. 西南海上有昆仑层期国，连接大海岛。常有大鹏鸟飞，蔽日晷。有野骆驼，大鹏过则吞之。或拾鹏翅，截其管，堪作水桶。又有骆驼鹤，身长六七尺，有翼能飞，但不高，能食炎火及烧红铜铁，与之食，颇怪异。

【辨伪】此条抄自宋周去非《岭外代答》卷三"昆仑层期国"：

西南海上有昆仑层期国，连接大海岛。常有大鹏飞，蔽日移晷。有野骆驼，大鹏遇则吞之。或拾鹏翅，截其管，堪作水桶。又有骆驼鹤，身项长六七尺，有翼能飞，但不高耳，食杂物炎火或烧赤热铜铁，与之食。

今按：卢氏仅增“颇怪异”，其他大同小异，显系抄袭。

14. 至正八年，杭州施盐商家喂猪豢中，其母猪自食其子，喂者棰之，母猪忽作人语曰：“因你不曾喂我，饥自食我子，干你何事?”喂者大惊，往报主人。观者益众，或曰：“何不杀之，恐为妖怪。”猪复言曰：“我只欠你三十七两五钱银，卖我还你便了，何必混闹多言。”遂卖之，果得三十七两五钱。还债之说，信然。

【辨伪】此条抄自元杨瑀《山居新话》：

> 杭州盐商施生者，至正八年，其家猪栏中，母猪自啖其子，喂猪者往箠之，忽为人语曰：“因你不喂我，自食我子，干你何事?”喂猪者大惊，往报施生，生往视之，傍观者或曰可杀，或曰货之，猪复言曰：“我只少得你家三十七两五钱，卖我还你便了，何必闹。”遂卖之，果得三十七两五钱而止。古有中宵牛语之说，诚不诬也。

今按：卢氏改“杭州盐商施生者，至正八年，其家猪栏中”为“至正八年，杭州施盐商家喂猪豢中”，改“生往视之，傍观者或曰可杀，或曰货之”为“观者益众，或曰：‘何不杀之，恐为妖怪’”，改“何必闹”为“何必混闹多言”，改“古有中宵牛语之说，诚不诬也”为“还债之说，信然”，大同小异，显系抄袭。

15. 松江府下砂场第四灶盐丁顾寿五妻王氏，生子女五人。相隔十余年，复有孕，临蓐，七日不娩，百药催之不下，仍如故，腹亦不加大，岁岁如故，却亦无害，家人因其无病，亦不理会。其后，妇年已老，每嘱咐家人曰：“我死，必焚我尸，勿待尽，取腹中物视之，以明此何疾也。”至正庚寅年十二月，其妇因胎动腹痛而死。越日，焚尸，家人果取腹中物而视之，则胞带缠束甚紧，剖开，乃一男胎，筋骨坚硬如铁，死而不朽。计其怀胎已满四十年，妇死时年七十七。

【辨伪】此条抄自元杨瑀《山居新话》：

> 松江府下砂场第四灶盐丁顾寿五妻王氏，始笄适顾，生子女五人。至大辛亥，复有孕，及期临蓐，七日不娩，仍如故，腹亦不加长。每嘱之家人曰：“我死后，焚我，勿待尽，必取腹中物视之，以明此疾何也。”至正庚寅十月二十五日，因胎动腹痛而死。越二日，火化，家人果取物视之，则胞带缠束甚紧，剖之，乃一男胎，其肋骨如铁之坚。计之怀胎四十年矣，其妇甲戌生，死年七十有七。

今按：卢氏删“始笄适顾”，改“至大辛亥”为“相隔十余年”，增“百药催之不下”、“岁岁如故，却亦无害，家人因其无病，亦不理会。其后，妇年已老”，改“越二日，火化”为“越日，焚尸”，增“死而不朽”，删“其妇甲戌生”，大同小异，显系抄袭。

16. 人为万物之灵，然感戾气而生，亦多怪异。余阅《困学斋杂录》云：世间有五不男，曰天(即天奄，阳不举)，曰犍(势已割，即寺人)，曰漏(精寒下漏)，曰怯(见色不能操戈直进)，曰变(半男半女。种类有三：有值男即女、值女即男者，有半月男、半月女者，有可妻不可夫者)。又有五不女，曰螺(牝户内有物如螺)，曰纹(即室女也，阴窍小如一线)，曰鼓(无窍，有物如鼓，俗谓阴挺)，曰角(窍内有物居中，不能交接)，曰线(经水不调，或一年一次，或数月一次，不能生育)。余按：《本草纲目》其五不女中，无所谓线者，乃是脉字，谓脉不调而崩带，行动不常也。当以《本草》为正。

【辨伪】此条抄自元鲜于枢《困学斋杂录》及明李时珍《本草纲目》。《困学斋杂录》：

五不男：天、犍、如、变、半。五不女：螺、纹、鼓、角、线。

又《本草纲目》卷五十二：

五不女，螺、纹、鼓、角、脉也。螺者，牝窍内旋，有物如螺也；纹者，窍小，即实女也；鼓者，无窍，如鼓；角者，有物如角，古名阴挺是也。脉者，一生经水不调，及崩带之类是也。五不男，天、犍、漏、怯、变也。天者，阳痿不用，古云天宦是也；犍者，阳势阉去，寺人是也；漏者，精寒不固，常自遗泄也；怯者，举而不强，或见敌不兴本；变者，体兼男女，俗名二形，《晋书》以为乱气所生，谓之人痾，其类有三：有值男即女、值女即男者，有半月阴、半月阳者，有可妻不可夫者。此皆具体而无用者也。

今按：卢氏于前增"人为万物之灵，然感戾气而生，亦多怪异"一句。并称"余阅《困学斋杂录》云"，交代文献来源。其实《困学斋杂录》仅有五不男、五不女之名，并未作解释。卢氏所作解释，是据《本草纲目》而来，二者名称又有差异，卢氏又于末尾增"余按"一句，加以说明。故此条为合《困学斋杂录》、《本草纲目》抄袭而来。

17. 相传西南夷地水土深暖，人死不焚，日久必生怪异，故夷人用火葬，相习成风，何以中国人不达圣人"卜其宅窕而安厝之"道理，亦效夷人火葬，惨不忍闻。呜呼！父母何罪，殁后而遭此大戮？冤哉冤哉！

【辨伪】此条据元鲜于枢《困学斋杂录》润色而来：

火葬，天下之至惨也。人子不学，违圣人之训，为时世所移，懵然为之。父母何罪，殁而遭大戮？呜呼痛哉！

今按：卢氏所论与鲜于氏所论相同，而润色增改，如于前增"相传西南夷地水土深暖，人死不焚，日久必生怪异"，又改"人子不学，违圣人之训，为时世所移，懵然为之"为"故夷人用火葬，相习成风，何以中国人不达圣人'卜其宅窕而安厝之'道理，亦效夷人火葬"，改"火葬，天下之至惨也"为"惨不忍闻"，改"殁而遭大戮？呜呼痛哉"为"殁后而遭此大戮？冤哉冤哉"，繁简虽有不同，但其抄袭痕迹依旧可见。

18. 徐常侍铉仕江南日，每当值，必携幞被入直，至飞虹桥，马辙奔逸，而不过桥，裂鞍断辔，棰之流血，亦不走。徐因访于沙门宁赞，答曰："下必有海马骨，水火俱不能毁，惟沤以腐糟，实时随毁者，乃是此物为害。”徐掘地丈余，果得巨兽骨，上胫长可五尺，下膝长三尺，脑骨坚若铁柱，焚三日不化。后以腐糟沤之，遂烂。

【辨伪】此条抄自宋释文莹《玉壶清话》卷十：

> 徐常侍铉仕江南日，当直澄心堂，每幞被入直，至飞虹桥，马留不进，裂鞍断辔，棰之流血，掣缰却立。铉寓书于杭州沙门赞宁，答曰：“下必有海马骨，水火俱不能毁，惟沤以腐糟，随毁者乃是。”铉斫之，去土丈余，果得巨兽骨，上胫可长五尺，膝而下长三尺，脑骨若段柱。积薪焚之，三日不动。以腐糟才沤之，遂烂焉。

今按：卢氏改“当直澄心堂”为“每当值”，改“马留不进”为“马辙奔逸，而不过桥”，改“掣缰却立”为“亦不走”，改“铉寓书于杭州沙门赞宁”为“徐因访于沙门宁赞”，改“随毁者乃是”为“实时随毁者，乃是此物为害”，改“铉斫之，去土丈余”为“徐掘地丈余”，改“积薪焚之，三日不动”为“焚三日不化”，其意相同，显系抄袭。

19. 余阅《鬼董》载：有屠牛者，以贱价买得一牛，甚喜，醉归，使妇饲牛，牛即仰视曰：“欲杀我急杀，何饲为？”妇惊走告，屠至，而牛默无言。屠怒妇绐，而批其颊。妇复往骂牛曰：“坐汝故，而受笞。汝适言而今默，何也？”牛曰：“我，汝翁也，坐屠牛，故变牛以受屠。吾今业于是，妇与孙食焉。闻吾言，或能改业，是夺吾儿孙食，故忍死不言。”妇曰：“若然，何为我言？”曰：“使汝知必报耳。”妇畏屠悍，终不敢言。夜半杀牛，妇遂不肯食其肉。夫复问故，妇告所以，屠不信，亦不改业。在屠愚顽固，不足道；而牛易世，已作蠢物，犹能念及子孙，斯亦异矣。

【辨伪】此条抄自宋沈某《鬼董》卷三：

> 里有屠牛者，以贱得牛，喜甚，醉归卧，使妇饲牛，牛仰视曰：“欲杀我当亟杀，何以食为？”妇惊，而屠至，以牛言告屠，即牛而默然。怒妇绐，而批其颊。妇复往骂牛曰：“坐汝故，而被笞。汝适言而今默，何也？”牛曰：“吾，汝翁也，坐屠牛，故为牛以受屠。吾儿业于是，妇与孙食焉。闻吾言，或能废屠，是我夺吾儿及妇孙食焉，故宁死不言。”妇曰：“若然，何为为我言？”曰：“使汝知必报耳。”妇畏屠悍，终不敢复向屠道牛语。夜遂杀牛，妇不肯食牛肉。其夫复问其故，具以告语传之屠，屠犹不为改。屠之顽，无足道也。牛易世矣，犹为子孙计耶。呜呼！虐取之，掊敛之，深藏之，今之牛比屋也，操是一念以往，岂特一为牛而已哉？

今按：卢氏称所记为“余阅《鬼董》载”，交代文献来源，文句稍有改窜，如改“妇惊，而屠至，以牛言告屠，即牛而默然”为“妇惊走告，屠至，而牛默无言”，改“终不敢复向屠道牛语”为“终不敢言”，改“具以告语传之屠，屠犹不为改”为“妇告所以，屠不信，亦不改业”，增“斯亦异矣”，而删“呜呼！虐取之，掊敛之，深藏之，今之牛比屋也，操是一念以往，岂特一为牛而已哉”。

20. 钱唐富人韩介石，延祐中夏，忽天大雷风雨骤至，韩令家僮上楼闭窗户，雨过不见此僮。上楼寻之，已毙。因取所佩刀而验之，绦鞘如故，刀在鞘中已销镕过半矣。此事《笔谈》亦载之。又内侍李舜举家，有宝刀一口，极坚钢快利，一日，暴雷震屋，雷过，而刀在室中已镕为汁，而室无恙。二事略相同，此理殊难解。

【辨伪】此条抄自元杨瑀《山居新话》：

钱唐韩介石，巨室也。延祐夏，忽风雨骤至，令庖僮往楼上闭窗，雨过不见此僮，楼上寻之，则已毙矣。因取所带刀而敛之，绦鞘皆如故，刀刃则销铄过半。事为《笔谈》所载。内侍李舜举家，暴雷所震，人以为堂屋已焚，窗纸皆黔，有一宝刀极钢坚，就刀室中镕为汁，而室亦俨然。二事皆相同，此理殊不可强解也。

今按：卢氏改“钱唐韩介石，巨室也”为“钱唐富人韩介石”，改“事为《笔谈》所载”为“此事《笔谈》亦载之”，改“暴雷所震，人以为堂屋已焚，窗纸皆黔，有一宝刀极钢坚，就刀室中镕为汁，而室亦俨然”为“有宝刀一口，极坚钢快利，一日，暴雷震屋，雷过，而刀在室中已镕为汁，而室无恙”，改“不可强解也”为“难解”，其意相同，显系抄袭。

21. 广西往往有挑生杀人。以鱼延客，对之行压胜法，鱼肉能反生于人腹中，而人以死。相传：人死后，即阴役于其家，随其驱遣，雷州一带尤甚。然解之，其法亦甚便易，但觉有物在胸隔间，急服升麻以吐之。觉有物在腹中，急服郁金以下之。将毒吐出、下尽，即愈。此亦怪异，是南方放蛊之别术欤？

【辨伪】此条抄自宋周去非《岭外代答》卷十“挑生”：

广南挑生杀人。以鱼肉延客，对之行厌胜法，鱼肉能反生于人腹中，而人以死。相传谓：人死，阴役于其家。有一名士，尝为雷州推官，亲勘一挑生公事。置肉盘下，俾囚作法，以验其术。有顷发视，肉果生毛。何物淫鬼，乃能尔也？然解之亦甚易，但觉有物在胸膈，则急服升麻以吐之。觉在腹中，急服郁金以下之。此方亦雷州镂板印散者，盖得之于囚也。

今按：卢氏增“随其驱遣”，改“有一名士”至“乃能尔也”为“雷州一带尤甚”，改“然解之亦甚易”为“然解之，其法亦甚便易”，增“将毒吐出、下尽，即愈。此亦怪异，是南方放蛊之别术欤”，而删“此方亦雷州镂板印散者，盖得之于囚也”，大同小异，显系抄袭。

22.《传奇》载雷峰塔事颇荒诞。余考《临安通志》诸书，雷峰塔，建于五代时，因塔下旧有雷峰寺以名之，非雷所封精怪于塔内也。明嘉靖时，倭人入寇，疑塔中有伏兵，纵火焚之，顶与檐级皆毁，赤立童然，反成异致。俗传湖中有青鱼白蛇为妖，建塔镇之，大士嘱曰：“塔倒湖干，方许出世。”崇祯辛巳岁，大旱，湖水干枯，塔中无故烟焰熏天，居民大恐，自相惊曰：“白蛇出矣。”俄得大雨，湖水重波，塔烟顿息，人心始安。

【辨伪】此条抄自清陆次云《湖壖杂纪》“雷峰塔”：

> 雷峰塔，五代时所建，塔下旧有雷峰寺，废久矣。嘉靖时，东倭入寇，疑塔中有伏，纵火焚塔，故其檐级皆去，赤立童然，反成异致。俗传湖中有青鱼白蛇之妖，建塔相镇，大士嘱之曰："塔倒湖干，方许出世。"崇祯辛巳，旱魃久虐，水泽皆枯，湖底泥作龟裂，塔顶烟焰熏天，居民惊相告曰："白蛇出矣。"互相惊惧，遂有假怪以惑人者。后得雨，湖水重波，塔烟顿息，人心始定。

今按：卢氏增"《传奇》载雷峰塔事颇荒诞。余考《临安通志》诸书"，改"五代时所建，塔下旧有雷峰寺，废久矣"为"建于五代时，因塔下旧有雷峰寺以名之，非雷所封精怪于塔内也"，改"旱魃久虐，水泽皆枯，湖底泥作龟裂"为"大旱，湖水干枯"，改"居民惊相告曰"为"居民大恐，自相惊曰"，删"互相惊惧，遂有假怪以惑人者"，大同小异，显系抄袭。

23. 明宣德戊午六月，北京西直门有熊突入城，守者初不觉，时兵部尚书马文升乞严戒武备，以防不虞。郎中何孟春独谓同列曰：熊之来兆，宜慎火灾。未几，城内处处皆火，既而禁中亦火。或谓孟春见于何书，孟春曰：余见《宋史》绍兴时，永嘉有此灾异。故言之，不意今亦验。

【辨伪】此条抄自清劳大舆《瓯江逸志》：

> 明弘治戊午六月，京师西直门有熊入城，守者初不觉，兵部尚书马文升乞严武备，以防不虞。郎中何孟春独谓同列曰：熊之为兆，宜慎火。未几，城内在处有火灾，既而禁中亦火。或问孟春仿于古出何书，孟春曰：予曾记绍兴己酉，永嘉灾有此异。余故云然，不意亦其验也。

今按：卢氏所记与劳氏同，文句稍有改窜，如妄改"弘治"为"宣德"，改"予曾记绍兴己酉"为"余见《宋史》绍兴时"，改"余故云然，不意亦其验也"为"故言之，不意今亦验"，显系抄袭。

24. 崇祯末，梓(橦)[潼]县龙江寺僧，晨起汲水，见霞光烛天，潜窥之，见有麟出浮潼水上，经一时之久乃隐。未几，即有献贼灭川之乱，以是知麟出原非休征之兆，至今信然。

【辨伪】此条抄自清王士禛《陇蜀余闻》：

> 崇祯末，梓潼县龙江寺僧，晨起汲水，见霞光烛天，潜伺之。小顷，有麟浮出潼水，逾时乃隐。未几，蜀有逆献之乱，则麟出果非休征也。

今按：卢氏删"小顷"，改"逾时乃隐"为"经一时之久乃隐"，改"蜀有逆献之乱，则麟出果非休征也"为"即有献贼灭川之乱，以是知麟出原非休征之兆，至今信然"，其意相同，显系抄袭。

25. 明田少司寇名雯说：伊官贵州巡抚时，见一孝廉姓黄名之骖，耳不能听，以眉听事，验之信然。古所谓龙以角听，牛以鼻听，人亦有眉听，诚为怪异。

【辨伪】此条抄自清王士禛《陇蜀余闻》：

> 田少司寇漪亭(雯)说：巡抚贵州时，有一孝廉黄姓名之骖，耳不能听，以眉听。古谓龙以角听，牛以鼻听，人亦有之。

今按：卢氏增“验之信然”，改“人亦有之”为“人亦有眉听，诚为怪异”，大同小异，显系抄袭。

26. 明宣德四年，郑州玄帝庙中，天忽降铜棺一具，观者如堵。人争往试之，体皆不宜。惟驿官邹宿，挺身入试，大小长短适相符合。即有铜盖自空中降下，覆之。俄而音乐大作，升天而去。

【辨伪】此条抄自清王士禛《陇蜀余闻》：

> 宣德四年，郑州玄帝庙，忽天降铜棺一具。人争往试之，身皆不合。有驿官邹宿者，挺身入，适相合。即有铜盖降自空中，覆之。音乐竞作，升天而去。人尽睹焉。

今按：卢氏增“观者如堵”，改“适相合”为“大小长短适相符合”，删“人尽睹焉”，大同小异，显系抄袭。

27. 至正庚辰年，温州同知崔履谦家，鸡生四足，具五爪。越五日，商文郁治中家，鸡亦生四足。大抵衰乱之世，多生妖孽，自非吉兆。崇祯甲申年，何家园居民有鸡生四足者，赵恒夫亲视验之，未几而寇至国亡矣。余阅梁天监中，近臣献四足鸡，以为祥瑞，宣付史馆，何其妄诞，殊属可笑。

【辨伪】此条抄自清劳大舆《瓯江逸志》：

> 至正庚辰四月九日，崔履谦同知家，鸡生四足，具五指。越五日，商周郁治中家，鸡亦生四足。大抵衰乱之世，妖孽之生，皆非吉事。崇祯甲申，何家圈居民有鸡雏四足，送余验视，未几而寇变至矣。梁天监中，近臣献四足鸡，以为瑞者，何其诞欤？

今按：卢氏改“商周郁治中家”为“商文郁治中家”，改“妖孽之生，皆非吉事”为“多生妖孽，自非吉兆”，改“送余验视”为“赵恒夫亲视验之”。又增“余阅”、“宣付史馆”、“殊属可笑”，大同小异，显系抄袭。

28. 木客形如小儿，恭城一带多有之。言语饮食，坐行衣服，不异于人。恒出城市，与人作器，工过于人。性好吟诗，所为诗多有可采。自言秦始皇时造阿房宫，入山采木，流寓于此。其诗《全唐诗集》、《宋诗抄》、《赤雅》等书均载入之。苏东坡诗云：“山中木客解吟诗。”正谓此也。余谓天地之大，何所不有，木客亦人中之怪欤？

【辨伪】此条抄自明邝露《赤雅》卷上“木客”：

木客形如小儿，予在恭城见之。行坐衣服，不异于人。出市作器，工过于人。好为近体诗，无烟火尘俗气。自云秦时造阿房宫采木，流寓于此。予尝见其赋《细雨》云：“剑阁铃逾动，长门镫更深。”又云：“何处残春夜，和花落古宫。”按唐诗：“酒尽君莫沽，壶干我当发。城市多嚣尘，还山弄明月。”木客所作也。苏长公云：“山中木客解吟诗。”即此。

今按：卢氏改“予在恭城见之”为“恭城一带多有之”，增“言语饮食”，改“出市作器”为“恒出城市，与人作器”，改“好为近体诗，无烟火尘俗气”为“性好吟诗，所为诗多有可采”，删邝氏所录《细雨》诗及唐诗，而增“其诗《全唐诗集》、《宋诗抄》、《赤雅》等书均载入之”一句，已透露其文献来源。又增“余谓天地之大，何所不有，木客亦人中之怪欤”一句。大同小异，显系抄袭。

29.《虔州志》载：木客见萦山之巅，常有长人往来，形状诡异。一日，木客登山顶饮酒，歌吹乐甚。忽见一人，长二丈余，面大三尺有奇，鬓髯鸟喙，背生有两肉翅，俯观乐器，嬉嬉而笑，舌垂至地。木客为之大惊，欲走避，而一身如缚，不能行动。长人悟其意，因漫语之曰：“我非能害人，能察歌舞耳。子毋恐，为我歌舞一番。”木客神稍定，歌舞复作。长人拊掌大笑，声振林谷，垂舌嗒嗒而去。竟不知其为何怪。

【辨伪】此条抄自明邝露《赤雅》卷上“木客”：

按志载：虔州洛山有木客鬼，其义未详。闻萦山之巅，有怪物焉。木客方饮酒，歌吹乐甚，忽见一人，长二丈有奇，面阔三尺，鬓髯鸟喙，背有肉翅，俯观乐器，嬉嬉而笑，垂舌至地。木客大惊，欲走不动，其人温语之曰：“侬非能伤人，能察歌舞耳。”木客神定，歌舞复作。其人拊掌大笑，声振林越，垂舌嗒嗒而去。

今按：卢氏改“按志载：虔州洛山有木客鬼，其义未详。闻萦山之巅，有怪物焉。木客方饮酒”为“《虔州志》载：木客见萦山之巅，常有长人往来，形状诡异。一日，木客登山顶饮酒”，改“欲走不动，其人温语之曰”为“欲走避，而一身如缚，不能行动。长人悟其意，因漫语之曰”，增“子毋恐，为我歌舞一番”、“竟不知其为何怪”，大同小异，显系抄袭。

30. 人之好怪，自古皆然。太白，星也，而有妻。甘氏《星经》曰：“太白上公，妻曰女媊，女媊居南斗，食厉，天下祭之曰明星。”河伯，水神也，而有妻。《龙鱼河图经》曰：“河伯姓吕，名公子，夫人姓冯名夷。”常仪，乃古占月之官，而《淮南子》以为羿妻，窃药而奔月宫，名为常娥。霜露乃雨水之所凝也，《淮南子》以为：“青女出，以降霜雪。”至今祀之。巫山神女，本宋玉之寓言也，而《水经注》以为天帝之季女，名曰媱姬。而李善注又引《襄阳耆旧传》以为：“赤帝之女名姚姬，未嫁而卒，葬于巫山之阳。”雒水宓妃，实陈思王之寄兴也，而如淳以为伏羲之女。又《汉书音义》亦云："伏羲之女，溺于洛水而为洛神。"盦山启母，乃《天问》之杂说也，后人附会其说，以少姨为启母之妹，今少室山有阿姨神祠。至唐武后时封为玉京太后、金阙夫人。青溪小姑，乃蒋子文之第三妹，见于杨炯之碑记。并州妬女津，以为介子推之妹，见于李諲之诗。甚至以小孤山讹为小姑，杜拾遗讹为十姨，是皆湘君、湘夫人之类，迷惑后世男女、渎乱神人之祖也。

【辨伪】此条抄自清顾炎武《日知录》卷二十五"湘君"：

> 甚矣，人之好言色也！太白，星也，而有妻。甘氏《星经》曰："太白上公，妻曰女媊，女媊居南斗，食厉，天下祭之曰明星。"河伯，水神也，而有妻。《龙鱼河图》曰："河伯姓吕，名公子，夫人姓冯名夷。"常仪，古占月之官也，而《淮南子》以为羿妻，窃药而奔月，名曰常娥。霜，露之所为，雪，水之所凝也，而《淮南子》云："青女乃出，以降霜雪。"巫山神女，宋玉之寓言也，而《水经注》以为天帝之季女，名曰瑶姬。(李善《高唐赋》注引《襄阳耆旧传》曰："赤帝女姚姬，未行而卒，葬于巫山之阳。")雒水宓妃，陈思王之寄兴也，而如淳以为伏羲氏之女。(《汉书音义》：伏羲氏之女，溺雒水为神。)盦山启母，《天问》之杂说也，后人附以少姨，以为启母之妹，(今少室山有阿姨神。)而武后至封之为玉京太后、金阙夫人。青溪小姑，为蒋子文之第三妹，则见于杨炯之碑。并州妬女，为介子推之妹，则见于李諲之诗。小孤山之讹为小姑也，杜拾遗之讹为十姨也，是皆湘君夫人之类，而《九歌》之篇，《远游》之赋，且为后世迷惑男女、渎乱神人之祖也。

今按：卢氏改"甚矣，人之好言色也"为"人之好怪，自古皆然"，改"霜，露之所为，雪，水之所凝也"为"霜露乃雨水之所凝也"，并增"至今祀之"，改"后人附以少姨，以为启母之妹"为"后人附会其说，以少姨为启母之妹"，删"而《九歌》之篇，《远游》之赋"，并改原文中注文为正文，大同小异，显系抄袭。

31. 唐天宝初，安思顺进五色玉带，又于左藏库中得五色玉杯。上怪问："西夷近日何以不贡五色玉？"因令责安西诸蕃。蕃言："每岁入贡，皆为小勃律所劫去。"上怒甚，欲征之，群臣多阻谏。惟李林甫赞其成，且言武臣王天运谋勇，可以为将。上命天运将四万人，并统诸蕃兵伐之。及抵勃律城下，勃律请罪降伏，尽出其珠玉宝贝，愿岁岁贡献。天运不许，遂屠其城，虏三千余人及宝玉而归。勃律有知术者，言："将军太无义，不祥，天将降大风雪矣。"行数日，忽大风四起，雨雪交加，风激小海水成冰柱，大小不可胜数，起而复摧，经半日，全军人马，一时冻死，天运亦死，所剩者不过二三人而已。回奏，玄宗大惊异，即令中使随二人往验，至小海侧，冰犹峥嵘如山，隔冰尚见兵士尸，有立者、坐者、卧者，莹澈皆可数。中使将返，冰即消释，而尸亦不见。此事载《唐书外纪》，可谓怪矣。

【辨伪】此条抄自唐段成式《酉阳杂俎》前集卷十四：

> 天宝初，安思顺进五色玉带，又于左藏库中得五色玉杯。上怪近日西贶无五色玉，令责安西诸蕃。蕃言："比常进，皆为小勃律所劫，不达。"上怒，欲征之，群臣

多谏。独李右座林甫赞成上意，且言武臣王天运谋勇，可将。乃命王天运将四万人，兼统诸蕃兵伐之。及逼勃律城下，勃律君长恐惧，请罪，悉出宝玉，愿岁贡献。天运不许，即屠城，虏三千人及其珠玑而还。勃律中有术者，言："将军无义，不祥，天将大风雪矣。"行数百里，忽风四起，雪花如翼，风激小海水成冰柱，起而复摧，经半日，小海涨涌，四万人一时冻死，唯蕃汉各一人得还。具奏，玄宗大惊异。即令中使随二人验之，至小海侧，冰犹峥嵘如山，隔冰见兵士尸，立者、坐者，莹澈可数。中使将返，冰忽消释，众尸亦不复见。

今按：卢氏改"上怪近日西贶无五色玉"为"上怪问：西夷近日何以不贡五色玉"，改"比常进，皆为小勃律所劫，不达"为"每岁入贡，皆为小勃律所劫去"，改"勃律君长恐惧，请罪，悉出宝玉"为"勃律请罪降伏，尽出其珠玉宝贝"，改"行数百里"为"行数日"，改"雪花如翼"为"雨雪交加"，增"大小不可胜数"，改"小海涨涌，四万人一时冻死，唯蕃汉各一人得还"为"全军人马，一时冻死，天运亦死，所剩者不过二三人而已"，大同小异，显系抄袭。卢氏又于末尾增"此事载《唐书外纪》，可谓怪矣"，误导读者此事出处。

卷二十二
鸟兽虫鱼随笔

1. 鸟有名竹林者，老杜《寓同谷县》诗有“竹林为我啼清昼”句。余阅《西溪诗话》云：“宋崇宁时，有贡士自同谷来京，笼一禽，大如雀，色青，善鸣，名为竹林鸟。”今解杜诗多误，不可不知。又白鸟有二：“丹鸟羞白鸟”，此白鸟谓蚊蚋也；“白鸟鹤鹤”，此白鸟谓鸥鹭之类也。

【辨伪】此条抄自汉戴德《大戴礼记》及宋孙奕《示儿编》。《大戴礼记》卷二《夏小正》：

> 丹鸟羞白鸟。丹鸟也者，谓丹良也；白鸟也者，谓蚊蚋也。

又《示儿编》卷十五：

> 蚊蚋亦名白鸟，杜《寄刘峡州》云：江湖多白鸟，天地有青蝇。杜修可云：一谓鸥鹭之类，《诗》言白鸟鹤鹤是也，喻贤者之洁白，乃弃江湖之间；一谓蚊蚋也，以譬小人，云贤者处乱世欲隐，则为蚊蚋所嚼，欲出则为青蝇所污。鸟有名竹林。杜《寓同谷县》云：“竹林为我啼清昼。”《西清诗话》云：“崇宁间，有贡士自同谷来，笼一禽，大如雀，色青，善鸣，曰竹林鸟也。”

今按：卢氏改《示儿编》中“鸟有名竹林”一节于前，并改其中“《西清诗话》”为“《西溪诗话》”，又于前增“余阅”二字，又增“今解杜诗多误，不可不知”一句。又改《大戴礼记》中“丹鸟羞白鸟”、“白鸟也者，谓蚊蚋也”为“‘丹鸟羞白鸟’，此白鸟谓蚊蚋也”，改“杜修可云：一谓鸥鹭之类，《诗》言白鸟鹤鹤是也”为“‘白鸟鹤鹤’，此白鸟谓鸥鹭之类也”，并增“又白鸟有二”，大同小异，显系抄袭。

2. 蚕食而不饮，蝉饮而不食。鱼无耳而能听，蝉无舌而能鸣。仲秋鸠化为鹰，仲春鹰化为鸠。雀巢背太岁，燕巢避戊巳。象胆随四时在四腿，春在前左腿，夏在前右腿，秋在后左腿，冬在后右腿。熊胆亦分四时，春在头，夏在腹，秋在左足，冬在右足。

【辨伪】此条节抄自宋孙奕《示儿编》卷十六“物相反”：

> 蚕食而不饮，蝉饮而不食。（《家语》。）鱼无耳而听，蝉无舌而鸣。（《淮南子》。）……仲秋鸠化为鹰，仲春鹰化为鸠。（《司裘》注。）……鹊巢背太岁，燕伏戊巳。……象胆随四时在四腿，春在前左，夏在前右。熊胆春在首，夏在腹，秋在左足，冬在右足。

今按：卢氏删文中注文，改“燕伏戊巳”为“燕巢避戊巳”，并增“秋在后左腿，冬在后右腿”，大同小异，显系抄袭。

3. 齐地有虫，类蚯蚓。大者人谓之巨白，善孽地以行。孟子所谓“吾必以仲子为巨孽焉”，此即蚯蚓之大者也。故谓蚓而后充其操者也。余按：孽字即古擘字。见《晁氏客语》。

【辨伪】此条抄自元盛如梓《庶斋老学丛谈》卷上：

> 齐地有虫，类蚯蚓。大者人谓之巨白，善孽地以行。孟子所谓“吾必以仲子为巨擘焉”（孽字作擘），即蚯蚓之大者也。故谓蚓而后充其操者也。（见《晁氏客语》。）

今按：卢氏仅改“孽字作擘”、“见《晁氏客语》”两注文为“余按：孽字即古擘字。见《晁氏客语》”一句，显系抄袭。

4.《海物异名》载：江瑶柱，其甲美如瑶玉，盖谓肉肤中有寸长，白如玉柱，脆嫩非常。郭景纯《江赋》：“玉珧海月，吐纳石华。”退之谓马柱甲是也。苏东坡诗：“海中瑶柱最称奇。”即谓此也。

【辨伪】此条抄自宋赵令畤《侯鲭录》卷三：

> 《海物异名》云：江珧柱，厥甲美如瑶玉，肉柱肤寸，曰江珧柱。郭景纯《江赋》云：“玉珧海月，吐纳石华。”退之谓马柱甲是此也。世人不用此珧字，是未知耳。

今按：卢氏改“肉柱肤寸，曰江珧柱”为“盖谓肉肤中有寸长，白如玉柱，脆嫩非常”，删“世人不用此珧字，是未知耳”，而增“苏东坡诗：‘海中瑶柱最称奇。’即谓此也”一句，大同小异，显系抄袭。

5.《侯鲭录》载：水鸡者，蛙也。水族中厥味之美者，惟水鸡。余按：蛙名田鸡，见于方言及《岁时记》，非水鸡也。水鸡即水鸭也，郭璞注《尔雅》：水鸡，一名水鸭。《侯鲭录》所载亦误。

【辨伪】此条抄自宋赵令畤《侯鲭录》及宋叶绍翁《四朝闻见录》。《侯鲭录》卷三：

水鸡，蛙也。水族中厥味可荐者鸡。(郭璞注《尔雅》云：一名水鸭。)

又《四朝闻见录》卷三“田鸡”：

杭人嗜田鸡如炙，即蛙也。

今按：卢氏称“《侯鲭录》载”，交代文献来源，但改“水族中厥味可荐者鸡”为“水族中厥味之美者，惟水鸡”，其意相同。又增“余按：蛙名田鸡，见于方言及《岁时记》，非水鸡也”一句，今检《岁时记》中不载“蛙名田鸡”事，或卢氏据《四朝闻见录》所载抄袭而来。又改小注“郭璞注”一句为正文，并于前后增“水鸡即水鸭也”、“《侯鲭录》所载亦误”二句。

6. 蚺蛇能食獐鹿，人见獐鹿惊逸，知其为蛇相逐，相与就之，环而讴歌，呼之妖妖，谓为姊也。蛇闻歌即俛首，人竞采野花置蛇首，蛇愈伏，乃投以木株，蚺蛇遂就枕焉。人掘坎枕侧，蛇不顾也。坎成，以利刃向蛇头一挥，则蛇首坠于坎中，急压以土，人乃四散。顷间，蛇身腾掷，一方草木皆为之摧。既死，则剥其皮以蒙鼓，取其胆以和药，饱其肉而弃其膏，盖膏能痿人阳道，稍一沾染，则终身阳不能举。设蚺膏与津涎流入溪涧中，人涉水践之亦然。诚物理之不可晓者。余谓以蛇之大，而甘受制于人，何其愚哉？或曰：特未见水耳，彼见水必夭矫其形，不受制伏，起而吞之。所以人往往受其害。

【辨伪】此条抄自宋周去非《岭外代答》卷十“蚺蛇”：

蚺蛇能食獐鹿，人见獐鹿惊逸，必知其为蛇，相与赴之，环而讴歌，呼之曰妖妖，谓姊也。蛇闻歌即俛首，人竞采野花置蛇首，蛇愈伏，乃投以木株，蛇就枕焉。人掘坎枕侧，蛇不顾也。坎成，以利刃一挥，堕首于坎，急压以土，人乃四散。食顷，蛇身腾掷，一方草木为摧。既死，则剥其皮以鞔鼓，取其胆以和药，饱其肉而弃其膏，盖膏能痿人阳道也。人谓大风油即称蚺蛇膏，非是。夫蛇之死，可谓愚矣，然天地之间，物理有不可晓者。以蛇之大，而甘受制，诚愚。然特其未见水耳，彼一见水，必夭矫其形，不受制伏，起而吞人。虽不遇水，有小儿在侧，亦忽吞之。是其死也，殆有机缄者存，非蛇之愚也。

今按：卢氏改“以利刃一挥，堕首于坎”为“以利刃向蛇头一挥，则蛇首坠于坎中”，改“食顷”为“顷间”，改“鞔鼓”为“蒙鼓”，删“人谓大风油即称蚺蛇膏，非是”，而增“稍一沾染，则终身阳不能举。设蚺膏与津涎流入溪涧中，人涉水践之亦然”，改“夫蛇之死，可谓愚矣，然天地之间，物理有不可晓者。以蛇之大，而甘受制，诚愚”为“诚物理之不可晓者。余谓以蛇之大，而甘受制于人，何其愚哉”，改“然特其未见水耳，彼一见水，必夭矫其形”为“或曰：特未见水耳，彼见水必夭矫其形”，删“虽不遇水”以后，而增“所以人往往受其害”，大同小异，显系抄袭。

7. 风狸状如黄猨，食蜘蛛，昼则拳曲如猬，遇风则飞行空中，其溺及乳汁主治风疾，有奇效。

【辨伪】此条抄自宋周去非《岭外代答》卷九“风狸”：

风狸状如黄猨，食蜘蛛，昼则拳曲如猬，遇风则飞行空中，其溺及乳汁主治风疾，奇效。

今按：卢氏仅增一“有”字，显系抄袭。

8. 山獭出宜州磎硐，为起阳补助要药。獭性最淫毒，山中有此物，凡牝兽皆避去。獭无偶，抱木枯死。硐獠尤贵重，其势一枚可直金一两，人或得杀死者，其功力减半，不及抱木枯死者，但不多得。又能解药箭毒，中药箭者研其骨少许，敷矢伤处，立消，屡试验。

【辨伪】此条抄自宋周去非《岭外代答》卷九“山獭”：

山獭出宜州溪峒，俗传为补助要药。峒人云：獭性淫毒，山中有此物，凡牝兽悉避去。獭无偶，抱木而枯。峒獠尤贵重，云能解药箭毒，中箭者，研其骨少许，傅治立消，一枚直金一两。人或来买，但得杀死者，功力甚劣。抱木枯者，土人自稀得之，徒有其说而已。

今按：卢氏改“俗传为补助要药”为“为起阳补助要药”，删“峒人云”，改“云能解药箭毒，中箭者，研其骨少许，傅治立消”为“又能解药箭毒，中药箭者研其骨少许，敷矢伤处，立消，屡试验”，并置于末尾。又改“人或来买，但得杀死者，功力甚劣。抱木枯者，土人自稀得之，徒有其说而已”为“人或得杀死者，其功力减半，不及抱木枯死者，但不多得”，大同小异，显系抄袭。

9. 汉元狩二年，南越献驯象、能言鸟。应劭注：能言鸟，即鹦鹉也。然岭外所产鹦鹉视陇右差小，若具五色，其初喙皆丹者，中变而为黑色，岁余仍复丹喙，此雄者也，名鹦鹉。其喙常黑而不变者，此雌者也，俗名木戾。是二者均能言语，然必籍人力教而致之，罕有生而能语者。但千百为群，百数十中，总有一天机灵慧，始教以语言，终能随人意而辨悟。陈端诚家蓄一鹦鹉，其老兵持米出，则报曰：“院子偷米出也。”其小奴偷酒，则报曰：“惠奴偷酒。”其家穷诘无迹，骂其诬妄，则又曰：“藏在桌下。”验之果然。后奴仆等以药毙之。余读殷芸《小说》载晋张华有一鹦鹉，每出还，必对华说奴仆等好恶。一日寂无言，华问其故，对曰：“被奴仆辈禁在瓮中，何由得知。”物灵于人，信然。又余先君官邛都时，德太尊送一鹦鹉，能诵唐诗四十余首，并不错讹。每见先君更公服，必高声呼太班提轿子。见有客至，亦必先呼客来泡茶。后余带回叙府，路过大相岭，为霜雪冻死。所可异者，其死之晨，天将晓，鸟自吟“打起黄莺儿”一诗，约近十余次，全首不错一字。余以为不祥，骂之乃止。竟死于此日，实灵鸟也，亦异鸟也。

【辨伪】此条前半部分抄自宋蔡绦《铁围山丛谈》卷六：

汉元狩二年，南越献驯象、能言鸟。应劭注：能言鸟，鹦鹉也。然二广间鹦鹉视陇右实差小，若具五色，……初皆丹喙，中变而黑，度岁余乃复丹，始不变，此雄者也，号名鹦鹉。有喙常黑而不变，此独雌者，号名木戾。是二种者，实藉人力而致之言语，罕有合其自然。至百数十中，忽一天机辨慧，始虽因教，然终乃同诸人而性灵，斯足尚矣。吾顷见贰车陈端诚家一鹦鹉，能自谈对，睹老兵持米笥出，则报曰："院子偷物出也，在箪内。"其小奴窃酒，又亟报曰："惠奴偷酒。"众争视之，穷诘略无迹，反罪其妄。乃又曰："藏桌下矣。"共验之，信，于是奴婢大愤，后以计而杀之也。尝读殷芸《小说》载晋张华有鹦鹉，每出还，辄说童仆好恶。一日寂无言，华问其故，曰："被禁在瓮中，何繇得知?"事殆类此。

今按：卢氏前半部分所记与蔡氏相同，字句稍有改窜，如改"二广间鹦鹉"为"岭外所产鹦鹉"，改"是二种者"为"是二者均能言语"，改"罕有合其自然"为"罕有生而能语者"，增"但千百为群"，改"始虽因教，然终乃同诸人而性灵，斯足尚矣"为"始教以语言，终能随人意而辨悟"，删"吾顷见贰车"、"能自谈对"、"在箪内"，改"众争视之，穷诘略无迹，反罪其妄"为"其家穷诘无迹，骂其诬妄"，改"共验之，信，于是奴婢大愤，后以计而杀之也"为"验之果然。后奴仆等以药毙之"，改"事殆类此"为"物灵于人，信然"，大同小异，显系抄袭。卢氏补"又余先君官邛都时"以下一段。

10. 凤凰穴在广南恩州北(其)[甘]山，壁立千仞，有瀑水淙下，猿猱不能至，凤凰巢其上，彼人呼为凤凰山。所食虫、鱼，过大风雨时，或飘坠其雏，小者如鹤，而足差短。南人取其嘴，谓之凤凰杯。诸书谓：凤生丹穴，即南方也。此禽独出尘寰之外，又能避罗弋，智足远害，逢时而出。诚瑞鸟也。

【辨伪】此条抄自宋陈鹄《耆旧续闻》卷八：

凤皇穴在南恩州北甘山，壁立千仞，有瀑水淙下，猿狖不能至，凤皇巢其上，彼人呼为凤凰山。所食亦虫、鱼，遇大风雨，或飘坠其雏，小者犹如鹤，而足差短。南人或取其觜，谓之凤皇杯。古书：凤凰生于丹穴，即南方也。盖此禽独出于尘寰之外，能远罗弋，其智能远害，逢时而出也。

今按：卢氏增"诚瑞鸟也"，又误改"北甘山"为"北其山"，显系抄袭。

11. 诸书所载，牛以鼻听。而前辈传闻亦如此，未知的否。后见胡子震云：一日，观庖丁解牛，割首至耳，果见窒塞而无孔，始信其说之不妄。又阅《埤雅》载：牛耳无窍，以鼻听也。余校刊《汉魏丛书》，至《焦氏易林》，亦云："牛、龙耳聩。"如是，则龙亦耳聋，不独牛矣。

【辨伪】此条抄自宋张世南《游宦纪闻》卷三：

予友人胡子震尝谓予曰：牛以鼻听。盖闻之前辈余论，而莫知所本。一日，观庖丁解牛首，剖至耳，果见窒塞无孔，始信其言之不妄。《埤雅》举戎右曰："赞牛耳、桃莿。牛耳无窍，以鼻听也。”焦赣《易林》曰：“牛、龙耳聩。”盖龙亦聋者也。牛走顺风，马走逆风，故楚子曰：“君处北海，寡人处南海，唯是风马牛，不相及也。”

今按：卢氏改“予友人胡子震尝谓予曰：牛以鼻听。盖闻之前辈余论，而莫知所本”为“诸书所载，牛以鼻听。而前辈传闻亦如此，未知的否。后见胡子震云”，改“《埤雅》举戎右曰：‘赞牛耳、桃莿。牛耳无窍，以鼻听也’”为“又阅《埤雅》载：牛耳无窍，以鼻听也”，又增“余校刊《汉魏丛书》”一语，改“盖龙亦聋者也”为“如是，则龙亦耳聋，不独牛矣”，而删“牛走顺风”以下，显系抄袭。

12. 交趾、钦州皆产象，交人择山中有石室者，惟一路可入，周围皆石壁之地，先置刍豆于中，驱一雌驯象入焉，乃布甘蔗于道，以诱野象来食蔗，则纵驯象入内，诱之以归石室，即以巨石塞其门，使野象饥甚，人乃缘壁饲驯象，野象见驯象得饲，始虽畏之，终亦狎而求之，益狎，人乃鞭之以棰，少驯则乘而制之。凡制象，必以钩。交人之驯象也，正跨其颈，手执铁钩，以钩其头。欲象左，钩头右；欲右，钩左；欲却，钩额；欲前，则不钩；欲象跪伏，以钩正案其脑，复重案之，痛而鸣号。盖象之为兽，形虽大而不胜痛，故人得以数寸之铁钩驯之。久久亦解人意，见乘象者来，低头跪膝，人登其颈，则奋而起行。象头不可俯，颈不可回，口隐于颐，去地犹远。其饮食运动，一以鼻为用，鼻端深大，可以开闭，其中有小肉夹，虽芥子皆可拾也。每以鼻取食，即就爪击去泥垢，而后卷入口，其饮水亦以鼻吸而卷诸口。象足如柱，无指而有爪甲。登高山，下峻阪，渡深水，形极拥肿，而甚捷，颇有知识。猎者于象行熟路旁，施机刃于地，触刃击其身中要害处，必死。将死，以牙触石折之，知牙之为灾也。苟非要害，则负刃而行，肉溃刃脱乃已。设非要害，伤其鼻亦死。盖其日用无非鼻，伤之则不能进饮食，亦致死也。象群所在，最害禾稼，人不能制，以长竹系火逐之，乃退。盖象目细，畏火光故也。象能害人，群象不足畏，可畏者惟独象，不容于群，独行无畏，遇人必肆其毒，以鼻卷人掷杀，则以足蹙人，血透肌而以鼻饮人血。象肉惟鼻肉最美，象皮可能生肌，至坚硬，干之可为甲，可为杖。

【辨伪】此条节抄自宋周去非《岭外代答》卷九“象”：

交阯山中有石室，唯一路可入，周围皆石壁，交人先置刍豆于中，驱一雌驯象入焉，乃布甘蔗于道，以诱野象，象来食蔗，则纵驯雌入野象群，诱之以归。既入，因以巨石窒其门，野象饥甚，人乃缘石壁饲驯雌，野象见雌得饲，始虽畏之，终亦狎而求饲，益狎，人乃鞭之以棰，少驯则乘而制之。凡制象，必以钩。交人之驯象也，正跨其颈，手执铁钩，以钩其头。欲象左，钩头右；欲右，钩左；欲却，钩额；欲前，不钩；欲象跪伏，以钩正案其脑，复重案之，痛而号鸣。……盖象之为兽也，形虽大而不胜痛，故人得以数寸之钩驯之。久久亦解人意，见乘象者来，低头跪膝，人登其颈，则奋而起行。象头不可俯，颈不可回，口隐于颐，去地犹远。其饮食运动，一以鼻为用，鼻端深大，可以开阖，其中又有小肉夹，虽芥子亦可拾也。每以鼻取食，即就爪甲击去泥垢，而后卷以入口，其饮水亦以鼻吸而卷纳诸口。……象足如柱，无指而有爪甲。登高山，下峻阪，渡深水，其形拥肿，而乃捷甚。交人呼而驱之，似能与之言者。……钦州境内亦有之。象行必有熟路，人于路傍木上施机刃，下属于地，象行触机，机刃下击其身，苟中其要害，必死。将死，以牙触石折之，知牙之为身灾也。苟非要害，则负刃而行，肉溃刃脱乃已。非其要害，而伤其鼻者亦死。盖其日用无非鼻，伤之则疗不可合，能致死也。……象目细，畏火。象群所在，最害禾稼，人仓卒不能制，以长竹系火逐之，乃退。象能害人，群象虽多不足畏，惟可畏者，独象也，不容于群，故独行无畏，遇人必肆其毒，以鼻卷人掷杀，则以足蹙人，血透肌而以鼻吸饮人血。人杀一象，众饱其肉，惟鼻肉最美，烂而纳诸糟丘，片腐之，食物之一隽也。象皮可以为甲，坚甚。人或条截其皮，硾直而干之，治以为杖，至坚善云。

今按：卢氏改“交阯山中有石室”、“钦州境内亦有之”为“交趾、钦州皆产象，交人择山中有石室者”，改“交人呼而驱之，似能与之言者”为“颇有知识”。又改“象行必有熟路”至“必死”为“猎者于象行熟路旁，施机刃于地，触刃击其身中要害处，必死”，改“伤之则疗不可合”为“伤之则不能进饮食”，改“象目细，畏火”为“盖象目细，畏火光故也”，并置于“乃退”之后。又改“人杀一象”至“至坚善云”为“象肉惟鼻肉最美，象皮可能生肌，至坚硬，干之可为甲，可为杖”，大同小异，显系抄袭。

13. 犀出永昌山谷及益州。今出海南者为上，滇、蜀次之。王铚云：余游成都，药市中多见之。问所自出，云：“黎、雅诸蕃贩来者。”而五羊、桂岭、桐城处处有之，皆来自蕃舶。然中土乃聚犀之地，非产犀之所。犀形似牛，猪首大腹，脚有三蹄，色黑，好食棘，其皮孔生三毛。顶一角，或云三角。郭璞《尔雅注》：“犀三角：一在顶，一在额，一在鼻上。鼻上者，即食角也。亦有一角者。”《岭表录异》云：“犀有二角，一在额为兕犀，一在鼻为胡帽犀。”牯犀亦有二角，皆为毛犀，而今人多传一角，即画图中所画，亦是一角，角在鼻上。犀虽数种，皆有粟纹，以粗细为贵贱。贵者有通天花纹。犀有此纹，必自恶其影，常饮浊水，不欲自照其形也。通天犀，脑上角千岁者，长且锐，角端能出气通天，则能通神，可破水骇鸡。《抱朴子》云：“通天犀有白理如线者，以盛米，鸡见即骇走。刻为鱼，入水，水即分开二三尺。”所谓破水犀也。其花纹色深者，堪作带跨；色浅者，作器皿。有生犀，是捕而杀取者；有退犀，是蜕角而自脱者。波斯人谓象牙为白暗，犀角为黑暗。犀角至贵者，黑犀为上品，谓生犀彻骨黑者，不经汤火，自然光润，不拘黔、螺、犉、牯，其价数倍。黔谓无纹，螺谓旋纹，犉谓纹细，牯谓纹大。或谓每一粒纹尖上更有一眼者，尤佳。又有一种赭黄犀，里外通体透明，莹净如真金色者，至宝也。或又谓：兕是犀之雌者，未知的否。

【辨伪】此条抄自宋张世南《游宦纪闻》卷二：

犀出永昌山谷及益州。今出南海者为上，黔、蜀次之，此《本草》所载云。然世南顷游成都，药市间多见之。询所出，云：“来自黎、雅诸蕃，及西和、岩昌，亦诸蕃宝货所聚处。”五羊、桂管、桐城亦有之，往往皆来自蕃舶。又有所谓河北山犀，纹粗而不光。要之，数处皆非所出，乃所聚耳。犀似牛，猪首大腹，脚有三蹄，色黑，好食棘，其皮每孔生三毛。顶一角，或云两角，或云三角。郭璞《尔雅注》：“犀三角：一在顶上，一在额上，一在鼻上。鼻上者，即食角也，小而不随。亦有一角者。”《岭表录异》曰：“犀有二角，一在额上为兕犀，一在鼻上为胡帽犀。”牯犀亦有二角，皆为毛犀，而今人多传一角之说。向在蜀，见画图犀之形，角在鼻上，未审孰是。此数种，俱有粟纹，以粗细为贵贱。贵者有通天花文。犀有此纹，必自恶其影，常饮浊水，不欲照见也。……通天犀，脑上角千岁者，长且锐，白星彻端，能出气通天，则能通神，可破水骇鸡，故曰“通天”。《抱朴子》曰：“通天犀有白理如线者，以盛米，鸡见即骇。其真者，刻为鱼，衔入水，水开三尺。”俗所谓离水犀者是也。……故波斯呼象牙为白暗，犀角为黑暗，……色深者，堪作带胯，斑散而色浅者，但可作器皿耳。或曰：兕是犀之雌者，未知的否。……盖犀有捕得杀而取者，为生犀；有得其蜕角，为退犀。……祥符间，老珰李德永撰《点头文》一编，其间有论犀带至贵者，无出于黑犀。谓生犀彻骨黑者，名黑骨犀。不经汤火，只如饼馅，四边取方为铰具。其文头或如桑椹，或似狗鼻，以墨蜡刷之，自然光润。……不拘黔、螺、特、牯。黔谓无纹，螺谓纹旋，特纹细，牯纹大而匀。或每一粒纹尖上更有一眼者，佳也。又有赭黄犀，须是里外透明，莹净如真金色者，至宝也。

今按：卢氏改“黔、蜀次之”为“滇、蜀次之”，删“此《本草》所载云”，改“然世南顷游成都”为“王铚云：余游成都”，删“及西和、岩昌，亦诸蕃宝货所聚处”、“又有所谓河北山犀，纹粗而不光”，改“要之，数处皆非所出，乃所聚耳”为“然中土乃聚犀之地，非产犀之所”，删“或云两角”、“小而不隋”，改“向在蜀，见画图犀之形，角在鼻上，未审孰是”为“即画图中所画，亦是一角，角在鼻上”，删“白星彻端”、“故曰‘通天’”、“其真者”，又改“俗所谓离水犀者是也”为“所谓破水犀也”，改“色深者，堪作带胯，斑散而色浅者，但可作器皿耳”为“其花纹色深者，堪作带跨；色浅者，作器皿”，改“盖犀有捕得杀而取者，为生犀；有得其蜕角，为退犀”为“有生犀，是捕而杀取者；有退犀，是蜕角而自脱者”，改“故波斯呼象牙为白暗，犀角为黑暗”为“波斯人谓象牙为白暗，犀角为黑暗”，并前置。又改“祥符间”至“名黑骨犀”为“犀角至贵者，黑犀为上品，谓生犀彻骨黑者”，而删“只如饼馅，四边取方为铰具。其文头或如桑椹，或似狗鼻，以墨蜡刷之”，又增“其价数倍”，并置“兕是犀之雌者，未知的否”一句于末尾，大同小异，显系抄袭。

14. 唐陆禋《续水经》言：“蛇雉交遗卵于地，数百年而生蛟龙。汉武元封中，浔阳江亲射蛟于江中，获之，是也。其蛟破壳而出，害于一方，洪水飘荡，吴人谓之发蛟，又谓发洪。”文莹少年游伊山，目击此事。当晚春，忽茂草中一雌雉飞起，翅翼零乱，又复入草中，数次不绝，久而不出。因窃怪之，遂用刃耬草，果一巨蛇与一雌雉蟠结缴缠，津沫狼籍，见人，雉惊而去，蛇亦惊入草中。始信禋之说不诬。

【辨伪】此条抄自宋释文莹《玉壶清话》卷七：

唐陆禋《续水经》尝言：“蛇雉遗卵于地，千年而生蛟龙属。汉武帝元封中，浔阳浮江亲射蛟于江中，获之，乃是也。其蛟破壳之日，害于一方，洪水飘荡，吴人谓之发洪。”余少时尝游杭州西城县之伊山，目击此事。方晚春，忽茂草中一雌雉飞起丈余，翅翼零乱，又复入草中，数四不绝，久而不出。予窃怪之，薙草往观，果一巨蛇、一雌雉蟠结缠纠，津沫狼籍，斯须，雉惊飞，而蛇亦入草中。始验禋之说不诬。

今按：卢氏改“千年而生蛟龙属”为“数百年而生蛟龙”，改“吴人谓之发洪”为“吴人谓之发蛟，又谓发洪”，改“余少时尝游杭州西城县之伊山”为“文莹少年游伊山”，已透露文献来源。又改“薙草往观”为“遂用刃䥴草”，改“斯须”为“见人”，大同小异，显系抄袭。

15. 宋太祖时，司天官苗光裔卜算最神，一日有人来问卜，云：“当迁徙。”问：“损人口否?”裔曰：“无害。”既去，又一人来问卜，如前。顷之，又有一人来问，亦如前。裔疑之，熟视其人，容貌相似，但有老少之别，光裔遂曳其裾诘，曰：“尔为谁？不实告不放尔。”其人不得已，对曰：“我金明池龟也，前二人乃我祖、若父。朝廷今欲广池，且及我穴，恐见杀，故来问卜。幸哀矜而垂救之。”裔释放，即以奏闻。后凿池，果有龟数万，上命放诸河，不准伤一龟。

【辨伪】此条抄自宋曾敏行《独醒杂志》卷五：

> 太祖时，或诣司天官苗光裔问卜。光裔布算成卦，谓曰：“当迁徙。”其人问：“不损人口否?”光裔曰：“无害。”既去，又一人至，其占如前。又顷之，又一人来，占亦同，仍有前问。光裔疑之，熟视其人，容貌亦相肖，差有老少之间。光裔起曳其裾诘，曰：“尔为谁?”其人不得已，对曰：“我金明池龟也，前二人乃祖、父。朝廷今欲广池，且及我穴，恐见杀，故来问卜。幸哀我垂救。”光裔释之，即以奏闻。已而凿池，果得龟十数万，下令不得伤一龟，尽辇送入水。

今按：卢氏改“或诣司天官苗光裔问卜”为“司天官苗光裔卜算最神，一日有人来问卜”，删“光裔布算成卦”，增“不实告不放尔”，改“果得龟十数万，下令不得伤一龟，尽辇送入水”为“果有龟数万，上命放诸河，不准伤一龟”，大同小异，显系抄袭。

16. 江上取鱼，用拦滩网，日可得鱼数倍。滨江人得鱼，必留数日，俟其稍败，方烹。或谓：“何不烹鲜?”云：“鲜则必腥。”海上有逐臭之夫，于此益信，盖谓神奇化为臭腐。又见淮甸虾米用席包裹入京，色皆黯黑，不堪，以人便溺浸一夕，洗去，则红润如新。又人所佩香，岁久则无气，以虎子覆一夕，则芬芳仍旧。兹所谓臭腐化神奇。此二事真有理之不可解者。又阅《琐碎录》亦载鱼虾之属，凡晦湿变坏，用小便浸一宿，将小便洗去，掠干，则色味皆复原。

【辨伪】此条抄自宋周煇《清波杂志》卷十二：

> 江上取鱼，用拦滩网，日可俯拾。滨江人家得鱼，留数日，俟稍败，方烹。或谓：“何不击鲜?”云：“鲜则必腥。”海上有逐臭之夫，于此益信，兹谓神奇化臭腐。又见故老言：“承平时，淮甸虾米用席裹入京，色皆枯黑，无味，以便溺浸一宿，水洗去，则红润如新。”又：“岁久佩香，以虎子覆一夕，芬馥仍旧。”兹谓臭腐化神奇。或云无是理，答曰：“药物中秋石何自而出?”

今按：卢氏改“日可俯拾”为“日可得鱼数倍”，删“故老言：‘承平时’”，改“无味”为

“不堪”，改“又：‘岁久佩香’”为“又人所佩香，岁久则无气”，改“或云无是理，答曰：‘药物中秋石何自而出’”为“此二事真有理之不可解者”，大同小异，显系抄袭。又增“又阅《琐碎录》亦载鱼虾之属”一句。

17. 格物之学，虫鱼鸟兽，尤难别识。龙，角浪凹峭，目深鼻豁，鬐晃鳞密，上壮下杀，朱火熠熠者雄；角靡浪平，鼻直鬐隐，目圆鳞薄，尾壮于腹者雌。啄木，羽斑者雄，褐色者雌。㻬鸡，五色者雄，青黑质白斑者雌。蜥蜴，五色具者雄，不备者雌。牡蛎，左顾者雄，右顾者雌。蜻蜓，身绿色者雄，腰间一股碧色者雌。鼠，粪头尖者雄，两头圆者雌。雀，粪尖者雄，圆者雌。凡鸟，右翼掩左翼者雄，左掩右翼者雌。惟鹊左翼覆右翼者雄，右覆左者雌。又烧毛纳水中，沈者雄，浮者雌。蚧蛤，皮粗、口大、身小、尾粗者雄，口尖、身大、尾小者雌。鲎鱼，雄小雌大，水中浮者雄，沈者雌。

【辨伪】此条抄自元陈世隆《北轩笔记》：

> 龙，角浪凹峭，目深鼻豁，鬐晃鳞密，上壮下杀，朱火熠熠者雄；角靡浪平，鼻直鬐隐，目圆鳞薄，尾壮于腹者雌。猬，毛顺者雄，逆者雌。啄木，羽斑者雄，褐者雌。㻬鸡，五色具者雄，青黑质白斑者雌。又蜥蜴，亦五色具者雄，不备者雌。牡蛎，左顾者雄，右顾者雌。蜻蜓，身绿色者雄，腰间一遭碧色者雌。鼠，粪头尖者雄，两头圆者雌。雀，粪尖者雄，圆者雌。又，右翼掩左翼者雄，左掩右者雌。鹊，翼左覆右者雄，右覆左者雌。烧毛内水中，沈者雄，浮者雌。蛤蚧，皮粗、口大、身小、尾粗者雄，口尖、身大、尾小者雌。鲎鱼，雄小雌大，水中浮者雄，沈者雌。

今按：卢氏于前增“格物之学，虫鱼鸟兽，尤难别识”，删“猬，毛顺者雄，逆者雌”，改“又”为“凡鸟”，大同小异，显系抄袭。

18. 扶桑有长角牛，以角载物，可胜二十斛。国人用之，以负载诸物。又其俗好养鹿，家家养之，以备肉食，如中国人家养牛羊。

【辨伪】此条抄自清陆次云《八纮译史》卷一“扶桑”：

> 有长角牛，以角载物，可胜二十斛。国人养鹿，如中国畜牛。

今按：卢氏增“国人用之，以负载诸物”，改“国人养鹿，如中国畜牛”为“又其俗好养鹿，家家养之，以备肉食，如中国人家养牛羊”，大同小异，显系抄袭。

19. 康熙十七年，博尔都阿拉国来贡狮子一头，其形稍类于虎，毫含金色，浅深如灰，其尾像拂，并调御狮蛮留于上苑，以备看牧。熟睡时，每动摇，示人不寐，颈项相击则烟焰飞出，食禽兽肉，用口一吹，则羽毛自行尽落。凡足之所履，以尾拂去其泥，使人不可踪迹之。产小狮，藏之深窟中。性喜彩球，人若盗其子，狮追之，即掷球以与之，狮即抱球传跳，凡三四追，即掷球四五个以与之，遂舍其子，抱球吼震而归。

【辨伪】此条抄自清陆次云《八纮译史》卷二“博尔都阿拉”：

> 至本朝康熙十七年，来进狮，并调御狮蛮留于上苑，狮形稍类于虎，豪含金色，浅淡如灰，其尾像拂。熟睡时，每摇动，示人不寐，颈项相击则烟焰飞出，食禽兽，用口一吹，羽毛皆落。……产小狮，藏之深窟。足之所履，以尾拂去其泥，使人不可踪迹。喜彩球，人盗其子，狮忽追至，掷球与之，狮且搏跳，三追三掷，遂舍其子，震吼而归。

今按：卢氏删“至本朝”，改“来进狮”为“博尔都阿拉国来贡狮子一头”，并置“并调御狮蛮留于上苑”于“其尾像拂”之后，而增“以备看牧”四字。又颠倒“产小狮”、“足之所履”二句顺序，改“三追三掷”为“凡三四追，即掷球四五个以与之”，大同小异，显系抄袭。

20. 天竺国有稍割牛，角长四尺，十日一割，不割则死，人饮其血，寿五百岁，牛岁亦如之。

【辨伪】此条抄自明罗日褧《咸宾录》或清陆次云《八纮译史》。《咸宾录》卷三“天竺”：

> 稍割牛：角长四尺，十日一割，不割则死，人饮其血，寿五百岁，牛寿如之。

《八纮译史》卷二“天竺”载其“物产”有：

> 稍割牛，角长四尺，十日一割，不割则死。人饮其血，寿五百岁，牛寿如之。

今按：卢氏所记罗氏、陆氏相同，仅改“牛寿如之”为“牛岁亦如之”，其意相同，显系抄袭。

21. 独角兽，角生额间，能解毒，其国多有毒蛇，游浴水中，人饮此水，必死。每见鸟兽与人在水次等候，俟独角兽来，以角搅水后，则毒解，始敢群饮。余阅《坤舆外纪》亦载此条。

【辨伪】此条抄自清陆次云《八纮译史》卷二“天竺”：

> 物产：独角，角生额间，能解毒，国有毒蛇，蛇游水中，人兽饮之，必死。百兽在水次，俟此兽来，以角搅水，毒解，始敢群饮。

今按：卢氏所记与陆氏相同，改“百兽在水次”为“每见鸟兽与人在水次等候”，显系抄袭。又清南怀仁《坤舆外纪》“巨鸟异兽”条载：“其地多毒蛇，泉水染其毒，人畜饮之即死。有兽名独角，每日以角搅其水，人畜鸟兽方敢饮。”卢氏据此于末尾补“余阅《坤舆外纪》亦载此条”一句。

22. 今人戏人惧内动曰河东狮吼。盖谓狮子吼叫，则百兽慑服。自古相传俗语如此，并不究其从来，而不知吼另是一种兽名。其形类兔，大亦如之，惟两耳尖长，遇狮作威时，即牵吼视之，狮既畏伏，不敢移动。盖恐吼溺污其体，则毛肉必为腐烂，此狮畏吼之故也。而吼又畏雄鸿，设遇鸿鸣，吼亦畏伏。又象见狮则奔，象见鼠必伏地以鼻插入土中，亦如飞虫之畏蜘蛛，蜘蛛之畏蜂虿。物性之相制如此。

【辨伪】此条抄自明清赵吉士《寄园寄所寄》卷七：

> 畜二小兽，名曰吼，形类兔，两耳尖长，狮作威时，即牵吼视之，狮畏伏，不敢动。盖吼作溺着其体，肉即腐烂。吼又畏雄鸿，鸿引吭高鸣，吼即畏服。又如象见狮子则奔，见鼠畏，飞虫之畏蜘蛛，蜘蛛之畏蜂。物各有所制、有所畏。(《竹窗小品》)

今按：卢氏所记与赵氏所抄《竹窗小品》大致相同，于前补“今人戏人惧内动曰河东狮吼。盖谓狮子吼叫，则百兽慑服。自古相传俗语如此，并不究其从来，而不知吼另是一种兽名”一节，又删“畜二小兽，名曰吼”，增“大亦如之”、“此狮畏吼之故也”，改“鸿引吭高鸣”为“设遇鸿鸣”，改“见鼠畏”为“象见鼠必伏地以鼻插入土中”，改“物各有所制、有所畏”为“物性之相制如此”，大同小异，显系抄袭。

23. 贵州思南有甑山，其形如甑，因以为名。盘桓、铜仁、石阡、思州周围数百里内，无人居，人亦罕到。所产草木，亦多奇异。有兽曰宗彝，形似猕猴，巢于大树，老者直居顶上，子孙以次居下，老者不常出，子孙居下者出入采食，凡得果实，即传递至上，老者食，即传递至下，挨次而食，未有老未食而下敢先者。所以铸其形像为祭器，置宗庙中，绘于衮服者，明其孝也。

【辨伪】此条抄自明许浩《复斋日记》或清赵吉士《寄园寄所寄》。《复斋日记》：

> 贵州思南有山，曰甑峰，居大山中，其形若甑，故名山。盘亘、铜仁、思州、石阡数百里内，无人居，人亦多不能到。所产草木，多异状。有兽曰宗彝，类猕猴，巢于树，老者直居上，子孙以次居下，老者不多出，子孙居下者出，得果，即传递至上，上者食，然后传递至下，下者始食，上者未食，下者不敢食也。先儒谓先王用以绘于衮者，取其孝也。予弟尚宝文渊谪思南，闻其土人言如此。

又《寄园寄所寄》卷七：

> 贵州思南有山，曰甑峰，居大山中，其形若甑，故名山。盘亘、铜仁、思州、石阡数百里内，无人居，人亦多不能到。所产草木，多异状，有兽曰宗彝，类猕猴，巢于树，老者直居上，子孙以次居下，老者不多出，子孙居下者出，得果，即传递至上，上者食，然后传递至下，下者始食，上者未食，下者不敢食也。先儒谓先王用以绘于衮者，取其孝也。(《侯鲭录》)

今按：卢氏所记与许氏及赵氏同，字句稍有删改，如改“贵州思南有山，曰甑峰，居大山中，其形若甑，故名山”为“贵州思南有甑山，其形如甑，因以为名”，改“人亦多不能到”为“人亦罕到”，改“多异状”为“亦多奇异”，改“子孙居下者出，得果”为“子孙居下者出入采食，凡得果实”，改“下者始食，上者未食，下者不敢食也”为“挨次而食，未有老未食而下敢先者”，改“先儒谓先王用以绘于衮者，取其孝也”为“所以铸其形像为祭器，置宗庙中，绘于衮服者，明其孝也”，其意相同，显系抄袭。又赵令畤《侯鲭录》不载此条，赵吉士误注出处，或据《复斋日记》而来。

24. 猩猩，人面猿身，机警过人，通八方言，学虫鸟语，无不曲肖，声如女子，音最清越，嗜酒好屐，虞人以此诱之，毁骂而去。去复来，往返三四，卒致罹害。

【辨伪】此条抄自明邝露《赤雅》卷下“猩猩”：

> 人面猿身，最机警，通八方言，学虫鸟语，无不曲肖，声如二八女子，啼最清越，嗜酒好屐，虞人以此诱之，毁骂而去。

今按：卢氏改“最机警”为“机警过人”，其意相同，又增“去复来，往返三四，卒致罹害”一句，大同小异，显系抄袭。

25. 禺禺，似羊，见人则握手而笑，然后食之。故人因以竹筒笼手臂，姑与之握，握则必笑，笑则上唇掩目，人即曲臂以凿，缀其唇于额，格而杀之。《吴都赋》云：“猩猩啼而就擒，禺禺笑而被格。”

【辨伪】此条抄自明邝露《赤雅》卷下“禺禺”：

> 禺禺，枭羊也。见人则握手而笑，然后食之。人因以竹筒置臂，姑与之握，握则必笑，笑则上唇掩目，曲臂以凿，缀其唇于额，格而杀之。《吴都赋》云：“猩猩啼而就擒，禺禺笑而被格。”

今按：卢氏改“枭羊也”为“似羊”，改“人因以竹筒置臂”为“故人因以竹筒笼手臂”，其意相同，显系抄袭。

26. 狒狒，状如猿猴，人言鸟音，能知生死，其力甚大，可举百钧，见人好笑，亦如禺禺然。上吻覆额，其血可以染绯，人云饮其血能见鬼物。

【辨伪】此条抄自明邝露《赤雅》卷下“狒狒”：

> 狒狒，状如猴，力举百钧，人言鸟音，能知生死，笑似禺禺，上吻覆额，血可染绯，髦鬣红发，饮其血能见鬼物。

今按：卢氏改“力举百钧”为“其力甚大，可举百钧”，并置于“能知生死”之后，又改“笑似禺禺”为“见人好笑，亦如禺禺然”，而删“髦鬣红发”，大同小异，显系抄袭。

27. 貘生铜坑中，象鼻，犀目，牛尾，虎足，形状极其怪异，只食铜铁，不食他物。衣其皮，能杀鬼；炼其粪，可为刀，能切玉；接其溺为水，可以消铁。有十头者，谓之白貘。《蜀都赋》云“戟食铁之兽”，盖谓貘也；“射噬毒之鹿”，盖谓貊也。貊状似熊，与貘迥别。

【辨伪】此条抄自明邝露《赤雅》卷下“白貘”：

> 貘生铜坑中，象鼻，犀目，牛尾，虎足，食铜铁，不茹他物。衣其皮，杀鬼精；炼粪为兵，可以切玉。接溺为水，可以销铁。有十头者，谓之白貘。《蜀都赋》：“戟食铁之兽，射噬毒之鹿。”则指貊也。貊似熊，与貘不同。

今按：卢氏增“形状极其怪异”，改“炼粪为兵”为“炼其粪，可为刀”，又增“盖谓貘也”，大同小异，显系抄袭。

28. 人知懒妇为蟋蟀之别名，而不知岭表有一种兽，亦名懒妇。其形似豪猪而差小，好食禾麻菽麦，田竣以机杼织纴之具，悬诸陇亩间，懒妇见之，而即走，其生性使然也。长大，入海中化为巨鱼，其名为奔鲟。海人取以煎油，其脂百斟，可以浇蜡烛，供夜用。若燃以饮酒作乐，则紫焰生花，光明如昼，令人发兴。若用以读书、组织，则光暗色昏，沉沉若雾，必致人甜睡。此亦理之不可解者。

【辨伪】此条抄自明邝露《赤雅》卷下“懒妇”：

> 懒妇似豪猪而小，好食禾黍，田畯以机杼织纴，悬于塍塍，望之而走。齿长，入海化为巨鱼，其名奔鲟。其状蛟螭，双乳垂腹。取以煎油，其膏百斛，浇蜡作烛。取以饮酒，紫焰生花，令人发兴。取以读书，昏昧泯墨，必至黑暗。

今按：卢氏于前增“人知懒妇为蟋蟀之别名，而不知岭表有一种兽，亦名懒妇”一句，改“好食黍黍，田畯以机杼织纴，悬于塍塍，望之而走”为“好食禾麻菽麦，田竣以机杼织纴之具，悬诸陇亩间，懒妇见之，而即走，其生性使然也”，删“其状蛟螭，双乳垂腹”，增“供夜用”、“光明如昼”，改“取以读书，昏昧泯墨，必至黑暗”为“若用以读书、组织，则光暗色昏，沉沉若雾，必致人甜睡”，并增“此亦理之不可解者”一句，大同小异，显系抄袭。

29. 山獭骨，能续断骨，又能解弩箭药毒，其势尤贵用为丸，胜于海狗肾，一势值一金。贾人私货以出境者斩，例禁甚严。獭性最淫毒，凡牝物皆与之交，交必一二日不休。此方有獭，则诸牝畜皆为避去。设遇猺女出游，獭闻气，即来跃抱其身，因而扼杀之。以取其势，欲验势之真假，令妇女将手擦热一呵，取势于掌心中，势即跳舞不定，否则鼠璞猴胎假冒耳。

【辨伪】此条抄自明邝露《赤雅》卷上“插翅春”：

山獭骨，能续骨，解箭毒，用为丸，胜海狗肾，一枚一金，私货出界者斩。山獭性最淫，凡物皆交，交至一二日不休。有獭，则诸牝悉避。獭无偶，獠女采药歌箫，獭闻气，即跃抱其身，遂扼杀之。验之法，令妇人擦手一呵，取至掌心，骨喜跳舞，否则鼠璞猴胎之赝耳。

今按：卢氏改“解箭毒，用为丸”为“又能解弩箭药毒，其势尤贵用为丸”，改“私货出界者斩”为“贾人私货以出境者斩，例禁甚严”，改“獭无偶，獠女采药歌箫”为“设遇猺女出游”，改“验之法”为“以取其势，欲验势之真假”，大同小异，显系抄袭。

30. 蚺蛇一身皆有用，并无弃物。最贵重者其皮，次贵者其胆，又其次者惟肉耳。蚺有三胆，其一胆附于肝者，能止痛，跌打损伤，服之立见其效；一胆名水胆，如白浆，能止水泻，亦多见效验；一胆名随身胆，击蛇首则胆在首，击尾则胆在尾，击腰身则胆在腰，身随击而随到，故以随身胆名之，其胆较前二胆十分贵重，能壮人胆气。避邪杀鬼，佩之吉祥。其肉，食之能治一切风寒。其皮，过三十丈者名龙皮，一端值千金，波斯人市之以为鼓，声震百里，最助军威。

【辨伪】此条抄自明邝露《赤雅》卷下“蚺无弃物”：

蚺蛇三胆，一附于肝者，止痛；一水胆，白浆，止泻；一胆随身，其处则随至，名护身胆，最佳。眶辟邪杀鬼，佩之吉祥。肉辟风寒，皮过三十丈者曰龙皮，一端千金，波斯市之为鼓，声振百里，雄视万国。

今按：卢氏于前增“蚺蛇一身皆有用，并无弃物。最贵重者其皮，次贵者其胆，又其次者惟肉耳”一句，其下又增“跌打损伤，服之立见其效”、“亦多见效验”、“击蛇首则胆在首，击尾则胆在尾，击腰身则胆在腰”，并改“最佳”为“其胆较前二胆十分贵重，能壮人胆气”，改“肉辟风寒”为“其肉，食之能治一切风寒”，改“雄视万国”为“最助军威”，繁简虽异，其意大致相同，显系抄袭。

31. 海中所产之物，不可胜穷。有鱼名把勒亚，身长数十丈，首有二大孔，喷水上出，势若悬河，海舶遇之，则昂首注水舶中，顷刻中满舶沉。解救之法，海舶先以盛酒木罂投之，则鱼连吞数罂，此鱼必俯首而逝。于浅水处得之，可取油数千斤。

【辨伪】此条抄自明艾儒略《职方外纪》或清南怀仁《坤舆外纪》。《职方外纪》卷五“海族”：

海中族类，不可胜穷。……鱼之族，一名把勒亚，身长数十丈，首有二大孔，喷水上出，势若悬河，每遇海舶，则昂首注水舶中，顷刻水满舶沉。遇之者，亟以盛酒巨木罂投之，连吞数罂，则俯首而逝。浅处得之，熬油可数千斤。

《坤舆外纪》“海族”：

海族不可胜穷。……此鱼族，一名把勒亚，身长数十丈，首有二大孔，喷水上出，势若悬河，见海舶，则昂首注水船中，顷刻中满舶沉。遇之者，以盛酒巨木罂投之，连吞数罂，俛首而逝。浅处得之，熬油可数千斤。

今按：卢氏所记与艾儒略、南怀仁同，字句稍有删改，如改"海中族类，不可胜穷"或"海族不可胜穷"为"海中所产之物，不可胜穷"，改"每遇海舶"或"见海舶"为"海舶遇之"，删"遇之者"，而增"解救之法"，大同小异，显系抄袭。

32. 又有一鱼，名斯得白，长二十余丈，性善良，能保护人。设或渔人为鳄鱼所困，此鱼见之，必往斗，能解渔人之厄。故外洋国法禁海人捕此鱼，违者治以极刑之罪。

【辨伪】此条抄自明艾儒略《职方外纪》或清南怀仁《坤舆外纪》。《职方外纪》卷五"海族"：

一鱼名斯得白，长二十五丈，其性最良善，能保护人。或渔人为恶鱼所困，此鱼辄往斗，解渔人之困焉。故彼国法禁人捕之。

《坤舆外纪》"海族"：

一鱼名斯得白，长二十五丈，性最良，能保护人。或渔人为恶鱼所困，此鱼往斗，解渔人之厄。故国法禁人捕之。

今按：卢氏所记与艾儒略、南怀仁同，字句稍有改窜，如改"其性最良善"或"性最良"为"性善良"，改"此鱼辄往斗"为"此鱼见之，必往斗"，改"故彼国法禁人捕之"为"故外洋国法禁海人捕此鱼，违者治以极刑之罪"，大同小异，显系抄袭。

33. 又有名仁鱼者，西书记此鱼尝负一小儿登岸，偶因鬐触伤小儿，儿死，仁鱼不胜悲痛，亦自触石而死。西国取海豚，每以仁鱼为招，呼仁鱼入网，海豚亦随与之俱入，俟豚入尽，复呼仁鱼出网，则海豚悉罗而获之。仁鱼，一名剑鱼，以其嘴长丈余，有龉刻如锯，猛而多力，仁鱼能与把勒亚鱼战，海水皆赤，仁鱼独胜。以其嘴长，触船而破，利不可当。凡海中把勒亚、瓦刺、鳄鱼等诸毒物之类，人或遇之，皆赖仁鱼解救。

【辨伪】此条抄自明艾儒略《职方外纪》或清南怀仁《坤舆外纪》。《职方外纪》卷五"海族"：

一名仁鱼，西书记此鱼尝负一小儿登岸，偶以鬐触伤儿，儿死，鱼不胜悲痛，亦触石死。西国取海豚，尝藉仁鱼为招，每呼仁鱼入网，即入，海豚亦与之俱，俟豚入尽，复呼仁鱼出网，而海豚悉罗矣。一名剑鱼，其嘴长丈许，有龉刻如锯，猛而多力，能与把勒亚鱼战，海水皆红，此鱼辄胜。以嘴触船则破，海船甚畏之。

《坤舆外纪》"海族"：

一名仁鱼，西书记此鱼尝负一小儿登岸，偶因鬐触伤小儿，儿死，鱼不胜悲痛，亦触石死。西国取海豚，尝取仁鱼为招，每呼仁鱼入网，即入，海豚亦与之俱，俟豚入尽，复呼仁鱼出网，海豚悉罗。一名剑鱼，嘴长丈许，有龉刻如锯，猛而多力，能与把勒鱼战，海水皆红，此鱼辄胜。以嘴触船而破，海舶甚畏之。

今按：卢氏所记与艾儒略、南怀仁同，字句稍有改窜，如改"以嘴触船则破，海船甚畏之"为"以其嘴长，触船而破，利不可当"，又末尾增"凡海中把勒亚、瓦剌、鳄鱼等诸毒物之类，人或遇之，皆赖仁鱼解救"一句，大同小异，显系抄袭。

34. 又有一种鱼名剌瓦，鳞坚硬，刀箭不能入，有利爪，锯牙满口，入水食鱼，登陆人畜无择，百兽皆避之。第其行迟，鱼尝随其后以避。其目入水则钝，出水甚明，见人远则哭，近则噬，故西国人名假慈悲者为剌瓦。

【辨伪】此条抄自明艾儒略《职方外纪》或清南怀仁《坤舆外纪》。《职方外纪》卷五"海族"：

鱼名曰剌瓦，而多长尾，坚鳞甲，刀箭不能入，足有利爪，锯牙满口，性甚狞恶，入水食鱼，登陆人畜无所择，百鱼远近皆避。第其行甚迟，小鱼百种常随之以避他鱼之吞啖也。……其目入水则钝，出水极明。见人远则哭之，近则噬之，故西国称假慈悲者为剌瓦。

《坤舆外纪》"海族"：

鱼名剌瓦，而多长尾，坚鳞，刀箭不能入，足有利爪，锯牙满口，性甚狞恶，入水食鱼，登陆人畜无所择，百鱼远近皆避。第其行甚迟，小鱼百种尝随之以避他鱼吞啖。……其目入水则钝，出水极明。见人远则哭，近则噬，故西国人称假慈悲者为剌瓦。

今按：卢氏所记与艾儒略、南怀仁同，字句稍有改窜，如删"而多长尾"、"性甚狞恶"，改"百鱼远近皆避"为"百兽皆避之"，改"小鱼百种常随之以避他鱼之吞啖也"为"鱼尝随其后以避"，其意相同，显系抄袭。

35. 又有名麻鱼者，潜沉海底鱼聚处，鱼近之，辄麻木不能动，因而食之。若人取此鱼，手足亦麻木。

【辨伪】此条抄自清南怀仁《坤舆外纪》"海族"：

又有麻鱼，状极粗笨，饥饿时，潜于海底鱼聚处，凡鱼近其身，即麻木不能动，因而食之。倘人以手足近之，亦必麻木。

今按：卢氏删“状极粗笨，饥饿时”，改“凡鱼近其身”为“鱼近之”，改“倘人以手足近之，亦必麻木”为“若人取此鱼，手足亦麻木”，其意相同，显系抄袭。

36. 又有飞鱼，能于海面贴水而飞，长仅尺许。又有狗鱼，能行海面，追逐飞鱼而食，日可追数十里。

【辨伪】此条抄自清南怀仁《坤舆外纪》“海族”：

其小者有飞鱼，仅尺许，能贴水面而飞。有狗鱼，善窥飞鱼之影，伺有所闻，先至其所，开口待啖，恒追数十里。

今按：卢氏改“其小者有飞鱼，仅尺许，能贴水面而飞”为“又有飞鱼，能于海面贴水而飞，长仅尺许”，又改“有狗鱼”至“恒追数十里”为“又有狗鱼，能行海面，追逐飞鱼而食，日可追数十里”，大同小异，显系抄袭。又按：明艾儒略《职方外纪》卷五“海族”：“其小者有飞鱼，仅尺许，能掠水面而飞。”载“飞鱼”，不载“狗鱼”。

37. 又有风鱼，可以占风。西国人得之，晒干悬于房中，以鱼身首所向，即知为风起之方。以上海鱼，难以尽述，姑记其易见于此，以为渡海者知之。

【辨伪】此条抄自清南怀仁《坤舆外纪》“海族”：

西红海内产风鱼，可以占风。国人晒干挂于房内，以其身首所向，即为风起之方。以上海鱼，难以尽述，姑记其易见于此，以为渡海者知之。

今按：卢氏改“西红海内产风鱼”为“又有风鱼”，改“国人晒干挂于房内”为“西国人得之，晒干悬于房中”，删“难以尽述”，其意相同，显系抄袭。

38. 相传裴旻山行，有蜘蛛大如斗，垂丝如疋布，将及裴，裴引弓射杀之，因断其丝，得数尺收之。部下有金创者，翦方寸贴之，血立止。神效蛛丝，能止金疮血。见《诺皋记》。

【辨伪】此条抄自唐段成式《酉阳杂俎》前集卷十四“诺皋记上”：

相传裴旻山行，有山蜘蛛，垂丝如疋布，将及旻，旻引弓射杀之，大如车轮，因断其丝，数尺收之。部下有金创者，剪方寸贴之，血立止也。

今按：卢氏末尾称“见《诺皋记》”，已交代文献来源。文句稍有删改，如改“有山蜘蛛”为“有蜘蛛大如斗”，删“大如车轮”，又增“神效蛛丝，能止金疮血”。

39. 山魈，《诺皋记》作“山萧”，又作“山臊”，《神异经》作“山獠”，《永嘉记》作“山魅”。谓人有犯之者，能役虎害人，烧人房舍。

【辨伪】此条节抄自唐段成式《酉阳杂俎》前集卷十五“诺皋记下”：

山萧，一名山臊。《神异经》作“猕”，《永嘉郡记》作“山魅”，……犯者能役虎害人，烧人庐舍，俗言山萧。

今按：卢氏改“山萧，一名山臊”为“山魈，《诸皋记》作‘山萧’，又作‘山臊’”，提及《诸皋记》，已透露其抄袭来源。又改“犯者能役虎害人”为“谓人有犯之者，能役虎害人”，而删“俗言山萧”，大同小异，显系抄袭。

卷二十三

草木花果随笔

1. 牡丹洛阳为最，岁久则虫蠹，而花开亦小，园户以硫黄埋其根下，则虫死，而花复茂盛。园户相妬，以乌贼鱼骨刺花树根及花枝皮，其花中鱼骨，必死。盖牡丹忌此鱼，不可不知。

【辨伪】此条抄自宋王辟之《渑水燕谈录》卷八：

> 洛阳牡丹，岁久虫蠹，则花开稍小，园户以硫黄簪其穴，虫死，复盛大。其园户相妬，则以乌贼鱼骨刺花树枝皮中，花必死。盖牡丹忌此鱼耳。

今按：卢氏改“簪其穴”为“埋其根下”，改“花必死”为“其花中鱼骨，必死”，增“不可不知”，大同小异，显系抄袭。

2. 巢菜有大小之别，大巢即豌豆之不实者，小巢生稻畦中，东坡所谓元修菜是也。吴中名漂摇草，一名野蚕豆，人不知取食耳。陆放翁诗：“此行忽似蟆津路，自候风炉煮小巢。”

【辨伪】此条抄自元盛如梓《庶斋老学丛谈》卷下：

> 巢菜有大巢、小巢，大巢即豌豆之不实者，小巢生稻畦中，东坡所赋元修菜是也。吴中名漂摇草，一名野蚕豆，人不知取食耳。放翁诗曰：“此行忽似蟆津路，自候风炉煮小巢。”

今按：卢氏改“巢菜有大巢、小巢”为“巢菜有大小之别”，其意相同，显系抄袭。

3. 芭蕉极大者，凌冬不凋，中抽一干，节节有花如菡萏。花谢有实，一穗数枚，如肥皂角，长数寸。去皮取肉，软嫩如绿柿，甘冷味美。以梅汁渍，暴干压扁，谓之“芭蕉干”，尤可口。又有一种鸡蕉，其实甚小，四季皆开花结实，味尤香嫩甘美，南人珍之，他处蕉实不能及。其余蕉，皆秋初方结实，惟岭南才有实，别地芭蕉则未见有结实者。

【**辨伪**】此条抄自宋周去非《岭外代答》卷八“蕉子”：

> 芭蕉极大者，凌冬不凋，中抽一干，节节有花如菡萏。花谢有实，一穗数枚，如肥皂，长数寸。去皮取肉，软烂如绿柿，极甘冷，四季实。以梅汁渍，暴干按扁，所云“芭蕉干”是也。鸡蕉则甚小，亦四季实。芽蕉小如鸡蕉，尤香嫩甘美，南人珍之。非他蕉比，秋初方实。

今按：卢氏改“极甘冷，四季实”为“甘冷味美”，增“尤可口”，改“鸡蕉则甚小，亦四季实。芽蕉小如鸡蕉”为“又有一种鸡蕉，其实甚小，四季皆开花结实”，增“他处蕉实不能及”，改“非他蕉比，秋初方实”为“其余蕉，皆秋初方结实，惟岭南才有实，别地芭蕉则未见有结实者”，大同小异，显系抄袭。

4. 藤州出藤，大者可为胡床，小者圈以为盘盂，更小者穿为笼筐，其极小而细长者，织为簟席，耐久而文理可观。叶可为渔父蓑，一领可用终身。

【**辨伪**】此条抄自宋周去非《岭外代答》卷八“藤”：

> 藤，梧州产，大者可为胡床，小者圈为盘盂，又其小而细长者，织以为笼箧、卧簟，耐久而文理可观。其叶则以为渔父之蓑，一领可终身用矣。藤州州治之外，尝有古藤甚大，故以名州。

今按：卢氏改“藤，梧州产”、“藤州州治之外，尝有古藤甚大，故以名州”为“藤州出藤”，改“又其小而细长者，织以为笼箧、卧簟”为“更小者穿为笼筐，其极小而细长者，织为簟席”，大同小异，显系抄袭。

5. 苍梧道中冬无霜雪，所生大蒿，经年不彫，年深滋长，大者可作屋柱，小亦可作肩舆杠。但性少脆易折，昔王仲显曾折道旁木以作杠，视之，蒿也。余阅《岭外代答》载古人有蒿柱之说，其此类乎？

【**辨伪**】此条抄自宋周去非《岭外代答》卷八“大蒿”：

> 大蒿，容梧道中久无霜雪处，蒿草不凋，年深滋长，大者可作屋柱，小亦中肩舆之杠。漕属王仲显沿檄失轿杠，从者斫道旁木代之，行数里辄脆折，怪视之，蒿也。古有蒿柱之说，岂其类乎？

今按：卢氏改“大蒿，容梧道中久无霜雪处，蒿草不凋”为“苍梧道中冬无霜雪，所生大蒿，经年不彫”，改“漕属王仲显沿檄失轿杠，从者斫道旁木代之，行数里辄脆折”为“但性少脆易折，昔王仲显曾折道旁木以作杠”，大同小异，显系抄袭。又于“古有蒿柱之说，岂其类乎”前增“余阅《岭外代答》载”，透露其文献来源。

6. 菊花，色黄，香味，得中和之正。花叶根茎，皆长生药也，处处皆有。随霜降之，早晚开花。惟岭外不然。至冬至后，始开花，盖南方地暖，百卉俱早，而菊独迟开。原其性孤介，不与百卉争盛衰，须霜降乃发岭南，尝以冬至后微霜故也。天姿高洁如此，宜其能通仙灵，故能益寿也。

【辨伪】此条抄自宋苏轼《仇池笔记》卷下“论菊”：

> 菊中黄之色香味和正。花叶根实，皆长生药也。北方随秋，早晚大略，至菊有黄华，乃开。岭南至冬乃盛。地暖，百卉造化无时，而菊独后开。考其理，菊性介烈，不与百卉并盛衰，须霜降乃发岭南，尝以冬至微霜也。仙卉高洁如此，宜其通仙灵也。

今按：卢氏改“菊中黄之色香味和正”为“菊花，色黄，香味，得中和之正”，增“处处皆有”，改“北方随秋，早晚大略，至菊有黄华，乃开”为“随霜降之，早晚开花”，改“岭南至冬乃盛。地暖，百卉造化无时，而菊独后开”为“惟岭外不然。至冬至后，始开花，盖南方地暖，百卉俱早，而菊独迟开”，改“考其理，菊性介烈”为“原其性孤介”，增“故能益寿也”，大同小异，显系抄袭。

7. 神洲之上有不死草，似菰苗，人死，以草覆之即活。秦始皇时，大苑中多枉死者，有乌衔此草坠地，以之覆死人，即起坐。始皇问鬼谷先生，云：东海亶洲上不死之草，生琼田中。

【辨伪】此条抄自梁孝元帝萧绎《金楼子》卷五《志怪篇》：

> 神洲之上有不死草，似菰苗，人已死，此草覆之即活。秦始皇时，大苑中多枉死者，有鸟如乌状，衔此草坠地，以之覆死人，即起坐。始皇遣问北郭鬼谷先生，云：东海亶洲上不死之草，生琼田中。

今按：卢氏改“有鸟如乌状”为“有乌”，其他大致相同，显系抄袭。

8.《渔隐丛话》：山谷谓兰蕙丛生，初不殊也。至一干一花，而香有余者兰；一干五六花，而香不足者蕙。蕙多而兰少。《楚词》云：“余既滋兰之九畹兮，又树蕙之百亩。”以是知楚已贵兰而贱蕙矣。余谓不然。此渔隐承山谷之误，不深考耳。今之兰蕙，皆非古之兰蕙也。朱文公、陈正敏辨之甚详，谓《本草》所言，最为明白。余按《本草》云：兰似泽兰，生水边，紫茎赤兰，高四五尺，叶绿光润，尖长有岐，开红白花而香。五六月盛，可佩。蕙，熏草也，生下湿地，麻叶方茎，赤花黑实，气如蘼芜，可以已厉。陈藏器注：即零陵香也。刘次庄云：今沅湘所生，花在春则黄，不若秋紫之芬馥。据《本草》所言，似泽兰，则今处处皆有，蕙为零陵香，尤易识。大抵古人所谓香草，必是花叶皆香，而燥湿不变，故可刈而为佩。若今之兰蕙，花虽香而叶不香，香虽美而质弱易萎，不可刈而佩也。正敏又云：《楚词》所谓香草，曰兰，曰荪，曰茝，曰药，曰繭，曰芷，曰荃，曰蕙，曰熏，曰蘼，曰芜，曰江蓠，曰杜若，曰杜蘅，曰藒车，曰留荑，注者均谓之香草。如兰一物，或以为都梁香，以为泽兰，又以为猗兰草，今当以泽兰为正。又有一种，如大叶麦，冬春开花，极香，俗呼为"幽兰"。荪则今所谓石菖蒲者，茝、蘼、药、芷，虽有四名，只是一物，今所谓白芷也。蕙即零陵香，一名熏草。蘼芜即芎藭苗，一名江篱。杜若即山姜也。杜蘅，即今人呼马蹄香也。惟荃与藒车、留荑，莫能识也。余读《汉官仪》，尝疑"尚书郎含香握兰上殿"，岂有握生兰面君之理，是必燥物可囊者。又魏武取蕙花作烧香，若今之兰蕙干为腐草，何香泽之有？又郑樵《通志》谓：兰，一名煎泽草，妇女和油泽头。以上诸说如此，太抵古之所谓兰蕙，非今之所谓兰蕙也。又三十亩为一畹，九畹已是二百七十亩，何得谓贱彼贵此哉？

【辨伪】此条抄自元白珽《湛渊静语》卷一：

> 胡元任《渔隐丛话》云：山谷谓兰蕙丛生，初不殊也。至其发花，一干一花，而香有余者兰；一干五七花，而香不足者蕙。兰似君子，蕙似士大夫。概山林间十蕙而一兰也。《楚辞》曰："予既滋兰之九畹兮，又树蕙之百亩。"以是知楚已贱蕙而贵兰矣。蕙虽不若兰，其视椒椴远矣。余谓不然。此渔隐承山谷之误，不深考耳。今所谓兰蕙者，皆非古之兰蕙也。朱文公、陈正敏辨之甚详。今按《本草》云：兰似泽兰，生水旁，紫茎赤节，高四五尺，绿叶光润，尖长有岐，阴小紫花，红白色而香。五六月盛，可佩饰。蕙，熏草也，生下湿地，麻叶方茎，赤花黑实，气如蘼芜，可以已厉。陈藏器注，即零陵香也。文公云：蕙兰二物，《本草》言甚详。刘次庄云：今沅澧所生，花在春则黄，不若秋紫之芬馥。又鲁直云：一干一花而香有余者兰，一干数花香不足者蕙。《本草》所言，似泽兰，则今处处有之，蕙则自为零陵香，尤不难识。其与人家所种叶类茅。花有两种，如黄说者皆不相似。刘说又词不分明。大抵古之所谓香草，必其花叶皆香，而燥湿不变，故可刈而为佩。若今之所谓兰蕙，则其花虽香而叶乃无气，其香虽美而质弱易萎，皆非可刈而佩也。正敏云：《楚辞》所咏香草，曰兰、曰荪、曰茝、曰药、曰虈、曰芷、曰荃、曰蕙、曰熏、曰蘼芜、曰江蓠、曰杜若、曰杜衡、曰藒车、曰留夷，释者但一切谓之香草而已。如兰一物，或以为都梁香，或以为泽兰，或以为猗兰草，今当以泽兰为正。山中又有一种，如大叶麦门，冬春开花，极香，今呼为"幽兰"，非真兰也。荪则今之所谓石菖蒲者，茝、药、虈、芷虽有四名，止是一物，今所谓白芷是也。蕙即零陵香，一名熏。蘼芜即芎藭苗，一名江蓠。杜若即山姜也。杜衡，今人呼为马蹄香。惟荃与藒车、留夷，终莫能识也。二先生所论如此。始余尝疑《汉官仪》谓"尚书郎含香握兰上殿"，岂有握生兰花面君之理，是必燥物可囊者。又如魏武取蕙花为香烧及后来兰汤之类，若用今日所谓兰蕙，则腐草耳，何香泽之有？后得前二说，始释然。况《离骚》亦云：余以兰为可恃兮，羌无实而容长。温公诗云：楚人歌紫兰，花叶无传久。循名意兹是，谁得名真否。益见非今兰也。九畹百亩，盖寓言耳，九畹已是二百七十亩，何得谓之贱彼贵此哉？（郑樵《通志》：兰，旧一名煎泽草，妇人和油泽头得名。）

今按：卢氏删"胡元任"、"其发花"、"兰似君子，蕙似士大夫"，改"概山林间十蕙而一兰也"为"蕙多而兰少"，删"蕙虽不若兰，其视椒椴远矣"，增"谓《本草》所言，最为明白”，改“今按”为“余按”，删“阴小紫花”、“文公云：蕙兰二物，《本草》言甚详”、“又鲁直云：一干一花而香有余者兰，一干数花香不足者蕙”、“其与人家所种叶类茅。花有两种，如黄说者皆不相似”，改“释者但一切谓之香草而已”为“注者均谓之香草”，又删“非真兰也”、“二先生所论如此”，改“始余尝疑《汉官仪》谓‘尚书郎含香握兰上殿’”为“余读《汉官仪》，尝疑‘尚书郎含香握兰上殿’”，删“后得前二说，始释然。况《离骚》亦云：余以兰为可恃兮，羌无实而容长。温公诗云：楚人歌紫兰，花叶无传久。循名意兹是，谁得名真否。益见非今兰也”，改注文“郑樵《通志》”一句为正文，增“以上诸说如此，太抵古之所谓兰蕙，非今之所谓兰蕙也”一句，又改“九畹百亩，盖寓言耳”为“又三十亩为一畹”，大同小异，显系抄袭。

9. 余读天随生、东坡、南轩三人《杞菊赋》，皆食菊之苗耳。屈子夕餐秋菊之落英，却是食其花。近见杨诚斋《题寒绿轩》诗有“秋高更觉风味多”句，亦是食花。余家有菊二十余本，常采其苗为羹，芳香可爱，但少苦耳。至秋则叶与花皆太苦，不可食矣。按《本草》：菊有二种，一种紫茎，气香而味甘美，可作羹。一种青茎大，如蒿艾气，味苦，不可食，名薏花，非菊也。如此，则今之所种多是薏耳。范石湖云：吴中惟甘菊可食(俗名茶菊)。品卑下，花细碎，不可观玩，其余气味苦涩，不堪入口。

【辨伪】此条抄自元白珽《湛渊静语》卷一：

旧读天随生、坡翁、南轩三君子《杞菊赋》，皆食菊之苗耳。屈子夕餐秋菊之落英，却是食其花。近诚斋《题寒绿轩》诗：“黄金钱照红玉豆，秋高更觉风味多。”是食花也。余屋后有菊二十余本，亦尝羹其苗矣，芳馨可爱，但小苦。至秋则花与枝叶大苦，不可食。按《本草》：菊有二种，一种紫茎，气香而味甘美，可作羹。一种青茎而大，作蒿艾气，味苦，不堪食，名薏花，非真菊。如此，则今所种概多薏耳。石湖有云：吴下惟甘菊一种可食(今俗呼为茶菊)。品卑下，花细碎，其余味皆苦，信矣。行当求所谓甘菊者，栽数十百株于寓所，以当蔬圃。

今按：卢氏改“旧读”为“余读”，改“近诚斋《题寒绿轩》诗：‘黄金钱照红玉豆，秋高更觉风味多’”为“近见杨诚斋《题寒绿轩》诗有‘秋高更觉风味多’句”，改“余屋后”为“余家”，改“亦尝羹其苗矣”为“常采其苗为羹”，增“不可观玩”、“不堪入口”，而删“信矣。行当求所谓甘菊者，栽数十百株于寓所，以当蔬圃”，大同小异，显系抄袭。

10. 零陵香草生九疑间，实产舜墓，两广所在皆有。在岭南不大香，一持出岭，则气味芳烈。岭南至易得，土人往往采以为床席荐。谚云：“物离乡则贵。”信然。

【辨伪】此条抄自宋蔡絛《铁围山丛谈》卷六：

零陵香草生九疑间，实产舜墓，然今二广所向多有之。在岭南初不大香，一持出岭北，则气顿馨烈。南方至易得，富者往往组以为床荐也。

今按：卢氏改“然今二广所向多有之”为“两广所在皆有”，改“富者”为“土人”，又于末尾增“谚云：‘物离乡则贵。’信然”一句。大同小异，显系抄袭。

11. 张约斋种花法谓：春分和气尽，接不得；夏至阳气尽，种不得。正月中旬，宜接樱桃、木樨、蔷薇。正月下旬，宜接桃、李、杏、梅、枣、梨、柿、柳、腊梅、十丈红、紫薇。二月上旬，宜接紫笑、橙、橘、木芙蓉。立秋后，可接林檎、海棠。以上接种法，接时要将头与本身，皮对皮，骨对骨，用麻皮紧缠，上用箬叶包覆之，如萌茁稍长，即撤去箬叶，无有不成也。并于十二月，沃以粪土，至来年春间，则花茂实繁。

【辨伪】此条抄自宋张世南《游宦纪闻》卷六：

> 张约斋种花法云：春分和气尽，接不得；夏至阳气盛，种不得。立春正月中旬，宜接樱桃、木樨、徘徊、黄蔷薇。正月下旬，宜接桃、梅、李、杏、半丈红、蜡梅、梨、枣、栗、柿、杨、柳、紫薇。二月上旬，可接紫笑、绵橙、匾橘。已上种接，并于十二月间，沃以粪壤两次，至春时，花果自然结实。立秋后，可接金林檎、川海棠、黄海棠、寒球、转身红、祝家棠、梨叶海棠、南海棠。以上接种法，并要接时将头与本身，皮对皮，骨对骨，用麻皮紧缠，上用箬叶宽覆之，如萌茁稍长，即撤去箬叶，无有不成也。

今按：卢氏所录嫁接诸花，较张氏原文少“徘徊”、“栗”、“杨”，又改“半丈红”为“十丈红”，并改变顺序。又改“川海棠、黄海棠、寒球、转身红、祝家棠、梨叶海棠、南海棠”为“海棠”，改“已上种接，并于十二月间，沃以粪壤两次，至春时，花果自然结实”为“并于十二月，沃以粪土，至来年春间，则花茂实繁”，并置末尾，大同小异，显系抄袭。

12. 岭外以枇杷为卢橘，故东坡诗云：“卢橘杨梅次第新。”又云：“南村诸杨北村卢，白花青叶冬不枯。”唐子西亦云：“卢橘、枇杷，共一物也。”而《上林赋》：“卢橘夏熟。”李善注引《伊尹书》：“箕山之东有卢橘，夏熟。”何以《上林赋》又别出枇杷，恐非一物。盖枇杷熟则黄，此云卢橘，是黑也。又《太平御览》载：“蜀有给客橙，似橘而小，若柚而香，冬夏花实相继，亦名卢橘。”又郭璞《上林赋》注：“卢橘夏熟。蜀中有(结)[给]客橙，即卢橘也。”考二事，则非枇杷甚明。洪冷斋《夜话》亦辨之，但未详明耳。

【辨伪】此条节抄自宋朱翌《猗觉寮杂记》卷上：

> 岭外以枇杷为卢橘子，故东坡云：“卢橘杨梅次第新。”又：“南村诸杨北村卢，白花青叶冬不枯。”唐子西亦云：“卢橘、枇杷，一物也。”按《上林赋》：“卢橘夏熟。”李善引应劭云：“《伊尹书》曰：箕山之东有卢橘，夏熟。”晋灼曰：“卢，黑也。”《上林赋》又别出枇杷，恐非一物。枇杷熟则黄，不应云卢。……又《太平御览》载：“《魏王花木志》：蜀土有给客橙，似橘而小，若柚而香，冬夏花实相继，亦名卢橘。”又载郭璞注《上林赋》：“卢橘夏熟。蜀中有给客橙，即此橘也。”考二事，则非枇杷甚明。东坡、子西但见岭外所呼，故云尔。惠洪《冷斋夜话》亦辨之，但未详。

今按：卢氏改“李善引应劭云：‘《伊尹书》曰’”为“李善注引《伊尹书》”，改“晋灼曰：‘卢，黑也’”、“不应云卢”为“此云卢橘，是黑也”，又删“东坡、子西但见岭外所呼，故云尔”，大同小异，显系抄袭。

13. 荔枝产岭南者为佳，味浓肉厚，闽蜀所产不及也。然蜀中眉、嘉、泸、戎、重庆，处处皆有，又以吾戎州为最，如“轻红劈荔枝”、“忆过泸戎摘荔枝”，均爱其色之鲜艳，味之香美，形为歌咏。至“廖致平家绿荔枝”，为黄山谷先生特赏，似又另有一种也。廖致平故里，在安边乡南岸，离城约六七十里，余曾亲到其地，老树无存，遗址旁挺侧生犹有一二株，亦系二三百年物也。但十年之中，只有三五年开花结实，不能岁岁皆然，其实未熟时，带青绿色，堪食，熟时仍是鲜红色，他处荔子必待全红而后堪食耳。但此果离树，一日香减，二日色变，三日味亦劣矣。尤妙在人未摘时，虫自惧不敢近，一经人摘取，则雀鸟丛集，虫蚋嘈啄，须人持竿驱逐，亦物理之不可解者。

【辨伪】此条待考。

14. 上都长春宫库中，有核桃半个，其大如掌，至今犹在，相传为镇库之物，杨瑀到上都，曾亲见之，诚希世物也。蟠桃之说，据此则果有之。又古昔时王琮遇仙人，与以核桃，其大如斗，琮携回，遇瘟疫之作，磨而服之，可以愈疾延年。此比上都，尤其大者。

【辨伪】此条抄自元杨瑀《山居新话》：

> 大都长春宫，有桃核半个，其大如掌，至今以为常住镇库之物，余尝观之，诚希有也。蟠桃之说，宁或果有之乎？古者王琮遇仙，与桃核，大如斗，磨而服之，愈疾延年。今则未闻也。桃核扇之说，是其类耳。

今按：卢氏改“至今以为常住镇库之物，余尝观之”为“至今犹在，相传为镇库之物，杨瑀到上都，曾亲见之”，已透露其文献来源。又改“宁或果有之乎”为“据此则果有之”，增“此比上都，尤其大者”，而删“今则未闻也。桃核扇之说，是其类耳”，大同小异，显系抄袭。

15. 东坡云：“唐人煎茶用姜，据薛能诗云：‘盐损添常戒，姜宜著更夸。’据此，则又有用盐者。近世亦有用此二物者，人必非笑之。然茶之中等，用姜煎则可，用盐则不可。”东坡之说如此，不知今日吴门、毗陵、京口等处煎茶皆用盐，相沿已久，却不曾有用姜者。风俗之嗜好不同如此。

【辨伪】此条抄自宋陈鹄《耆旧续闻》卷八：

> 东坡云：“唐人煎茶用姜，故薛能诗云：‘盐损添常戒，姜宜著更夸。’据此，则又有用盐者矣。近世有用此二物者，必大笑之。然茶之中等者，用姜煎，信佳也，盐则不可。”东坡之说如此，不知今吴门、毗陵、京口煎点茶用盐，其来已久，却不曾有用姜者。风土嗜好，各有不同。

今按：卢氏改“必大笑之”为“人必非笑之”，改“用姜煎，信佳也”为“用姜煎则可”，改“风土嗜好，各有不同”为“风俗之嗜好不同如此”，其意相同，显系抄袭。

16. 或谓饮茶始于梁天监中，事见《洛阳伽蓝记》，不知非也。余考《吴志·韦曜传》：“孙皓每宴享，无不竟日，不问能否饮酒，率以七升为限。曜不善饮，请为裁减，或赐茶荈以当酒。”如此言之，则是三国时已知饮茶矣，但未盛行于世。至唐时榷利，与酒税相同，迄今国计赖此居多。但当时只有草茶，以旗枪为极贵。今之所谓腊茶、建茶、松萝、武夷等名，龙团、雀舌，制法益精，日新岁异，一饼置四五十缗而后已。

【辨伪】此条抄自宋佚名《南窗纪谈》：

> 饮茶或云始于梁天监中，事见《洛阳伽蓝记》，非也。按《吴志·韦曜传》：“孙皓时每晏飨，无不竟日，坐席无能否饮酒，率以七升为限。虽不悉入口，皆浇灌取尽，曜所饮不过二升，初见礼，异时或为裁减，或赐茶荈以当酒。”如此言，则三国时已知饮茶，但未能如后世之盛耳。逮唐中世榷利，遂与煮酒相抗，迄今国计赖此为多。唐人所饮，不过草茶，但以旗枪为贵，多取之阳羡。犹未有所谓腊茶者，今建州制造，日新岁异，其品之精绝者，一饼直四十千，盖一时所尚，故豪贵竞市，以相夸也。

今按：卢氏改“按”为“余考”，据他人考证为己有。又改“坐席无能否饮酒”为“不问能否饮酒”，改“虽不悉入口，皆浇灌取尽，曜所饮不过二升，初见礼，异时或为裁减”为“曜不善饮，请为裁减”，改“但未能如后世之盛耳”为“但未盛行于世”，改“唐人所饮，不过草茶”为“但当时只有草茶”，删“多取之阳羡”，改“犹未有所谓腊茶者”至“以相夸也”为“今之所谓腊茶、建茶、松萝、武夷等名，龙团、雀舌，制法益精，日新岁异，一饼置四五十缗而后已”，大同小异，显系抄袭。

17. 扶桑之国，多桑树，每树必两干同根，相为依倚，故名扶桑。其叶似桐，初生如笋，其椹实有大如梨者，绩其皮可以为布，亦可以为锦，凡外域一切文字，多以桑皮纸书之。

【辨伪】此条抄自清陆次云《八纮译史》卷一“扶桑”：

> 扶桑之地，多桑木，两干同根，相为依倚，故名扶桑。叶似桐，初生如笋，实如梨，绩其皮可为布，亦以为锦，居板屋，无城郭，有文字，以桑皮为纸。

今按：卢氏改“实如梨”为“其椹实有大如梨者”，删“居板屋，无城郭”，改“有文字，以桑皮为纸”为“凡外域一切文字，多以桑皮纸书之”，大同小异，显系抄袭。

18. 印度国有椰树，甚高大，其干可造舟车，其叶可覆屋宇，其浆可以止渴，又可以为油、为酒、为糖、为醋，节可以为钉，壳可以盛酒食，皮可以为索绹。种一椰木而一室之利用毕备。

【辨伪】此条抄自清陆次云《八纮译史》卷二“天竺”：

椰树甚大，干可造舟车，叶可覆屋，实可疗饥，浆可止渴。又可为酒、为油、为糖、为醋，其节可为钉，壳可盛饮食，瓤可索绹。种一木而一室之利毕备。

今按：卢氏改“椰树甚大”为“印度国有椰树，甚高大”，删“实可疗饥”，改“瓤可索绹”为“皮可以为索绹”，大同小异，显系抄袭。

19.《八埏译史》载：白露国有树生脂膏，气极香烈，名拔尔撒摩，用以傅诸跌打损伤破坏处，一昼夜，肌肉复合如故，涂痘疮不瘢，涂尸，尸千年不腐。外域恒宝之，诸草木书及方书皆未载。

【辨伪】此条抄自清南怀仁《坤舆外纪》“树膏”：

白露国有树生脂膏，极香烈，名拔尔撒摩，傅诸伤损，一昼夜，肌肉复合如故。涂痘不瘢，涂尸，千年不腐。

今按：卢氏增“《八埏译史》载”，改“傅诸伤损”为“用以傅诸跌打损伤破坏处”，又增“外域恒宝之，诸草木书及方书皆未载”，显系抄袭。又按：“《八埏译史》”当是“《八纮译史》”之误，清陆次云《八纮译史》卷二“孛露”载其物产亦有：“拔尔撒摩树，脂膏香烈，傅诸伤损，一昼夜，肤合如故。敷痘无瘢，以之涂尸，千年不朽。”卢氏本书中于《坤舆外纪》、《八纮译史》皆有抄袭，而此条与《坤舆外纪》文字接近，当抄袭自《坤舆外纪》，而非《八纮译史》，其标“《八埏译史》载”，不但误改书名，且误导文献来源。

20. 蜀之嘉州，有花名鹅毛玉凤。花如剪绒，状似茉莉，香亦类之，其大如椀。又产月竹，每月辄生笋一次，与诸笋无异，味亦相等，土人用以为蔬菜。又有海棠花，气芬馥异常，他处则不香也。余司铎乐山时，询及鹅毛花、月竹，人无知者，惟海棠有香，现在此种甚少。

【辨伪】此条抄自清王士禛《陇蜀余闻》：

嘉州有月竹，每月辄生笋。……嘉州有花，名鹅毛玉凤。花如翦绒，状似茉莉，大如椀，香亦类之。……嘉州海棠有香。

今按：卢氏改列嘉州之花于前，嘉州之月竹于后，并补“与诸笋无异，味亦相等，土人用以为蔬菜”一句，又改“嘉州海棠有香”为“又有海棠花，气芬馥异常，他处则不香也”，显系抄袭。又于末尾补“余司铎乐山时，询及鹅毛花、月竹，人无知者，惟海棠有香，现在此种甚少”一句。

21. 重庆府有茉莉，其香与白茉莉等，而颜色鲜红可爱，他处虽有红色，皆是烘染而成，全无香味。

【辨伪】此条抄自清王士禛《陇蜀余闻》：

重庆府有红茉莉，与白者香无差别。

今按：卢氏所记与王氏大致相同，应是增改润色而来，如卢氏删“红茉莉”之“红”字，而增“而颜色鲜红可爱，他处虽有红色，皆是烘染而成，全无香味”，又改“与白者香无差别”为“其香与白茉莉等”，其意相同，仍系抄袭而来。

22. 又成都府民善种花，另有一种海棠，名为垂丝海棠，其花与叶与铁梗海棠不甚相类，植之园囿中，亦别具色，殊可赏玩。

【辨伪】此条抄自清王士禛《陇蜀余闻》：

成都有金丝海棠，深黄色，状与海棠不甚类，亦有素馨。

今按：卢氏误改“金丝海棠”为“垂丝海棠”，并增改润色，抄袭痕迹依然可见。

23. 模木生周公冢上，以色得其正也，其叶春青，夏绿，秋白，冬黯。楷木生孔子冢上，以质得其正也，其材挺干直拔，有条不屈。周、孔为后世楷模，而冢木效其灵。又伏羲、文王冢上，并生蓍草，羲、文为后世作《易》，而墓草亦著其异。

【辨伪】此条抄自清赵吉士《寄园寄所寄》卷七：

模木生周公冢上(其叶春青，夏绿，秋白，冬黯)，以色得其正也。楷木生孔子冢上(其干枝疏而不屈)，以质得其正也。周、孔为后世模楷，而冢木效其灵。又羲、文墓上，并生蓍草，羲、文为后世作《易》，而墓草著其异。(《说储》)

今按：卢氏改赵氏所抄《说储》中注文“其叶春青，夏绿，秋白，冬黯”为正文，并置于“以色得其正也”之后，改注文“其干枝疏而不屈”为正文“其材挺干直拔，有条不屈”，并置于“以质得其正也”之后，其意相同，显系抄袭。

24. 花之别名最多，难以枚举。今略举其大概者言之。牡丹曰木芍药，荷曰芙蕖，栀子曰薝葡，又曰林兰，樱桃曰石蜜，木槿曰蕣华，又曰日及，又曰丽木，瑞香曰麝囊，夜合曰蠲忿，又曰合欢，蔷薇曰玉鸡苗，婴粟曰米囊，山矾曰海桐，辛荑曰木笔，芍药曰将离，杜鹃曰红踯躅，茉莉曰鬘华，木芙蓉曰拒霜，蜀葵曰戎葵，又曰一丈红，丁香曰百结，秋海棠曰断肠，紫薇曰百日红，玉簪曰白萼，萱花曰忘忧草，又曰宜男，素馨曰悉那茗，凌霄曰紫葳。

【辨伪】此条抄自清赵吉士《寄园寄所寄》卷七：

《花小名》：牡丹曰木芍药，荷曰芙蕖，栀子曰薝葡，又曰林兰，樱桃曰石蜜，木槿曰蕣华，又曰日及，又曰丽木，瑞香曰麝囊，夜合曰蠲忿，又曰合欢，蔷薇曰玉鸡苗，罂粟曰米囊，山矾曰海桐，辛夷曰木笔，芍药曰将离，杜鹃曰红踯躅，茉莉曰鬘华，芙蓉曰拒霜，蜀葵曰戎葵，又曰一丈红，又曰茈芣，丁香曰百结，秋海棠曰断肠花，玫瑰曰徘徊，紫薇曰百日红，玉簪曰白鹤，萱曰忘忧，又曰宜男，素馨曰悉那茗，凌霄曰紫葳，荼蘼曰佛见笑，木香曰锦棚儿。(程羽父《花小名》)

今按：卢氏抄录赵氏所抄程羽父《花小名》，于前增"花之别名最多，难以枚举。今略举其大概者言之"，其下所列诸花之别名皆见于《花小名》，而删"又曰茈芣"、"玫瑰曰徘徊"、"荼蘼曰佛见笑，木香曰锦棚儿"，显系抄袭。

25. 家庭园圃中宜种柿树，柿有七妙：一有寿，二多阴，三无禽巢，四无虫蠹，五有佳实，六其树本甚坚固，七经霜则其叶鲜红可爱。

【**辨伪**】此条抄自宋邵博《闻见后录》卷二十九：

种柿有七绝：一有寿，二多阴，三无禽巢，四无虫蠹，五有嘉实，六其本甚固，七霜叶红可玩也。

今按：卢氏改"种柿有七绝"为"家庭园圃中宜种柿树，柿有七妙"，改"七霜叶红可玩也"为"七经霜则其叶鲜红可爱"，其意相同，显系抄袭。

26. 芸香草，古人用以藏书，谓之芸草。置书帙中，即无蠹鱼之患；而不知置席褥下，又能除蚤虱，尤为可贵。产岭南者，其香甚烈，更佳。叶类豌豆，作小丛，遇秋时则叶上微有白粉汗，土人谓之七里香。

【**辨伪**】此条抄自宋邵博《闻见后录》卷二十九：

芸草，古人用以藏书，曰芸香是也。置书帙中，即无蠹。置席下，即去蚤虱。叶类豌豆，作小丛，遇秋则叶上微白如粉汗，南人谓之七里香。

今按：卢氏改"芸草，古人用以藏书，曰芸香是也"为"芸香草，古人用以藏书，谓之芸草"，改"置席下，即去蚤虱"为"而不知置席褥下，又能除蚤虱，尤为可贵"，增"产岭南者，其香甚烈，更佳"，大同小异，显系抄袭。

27. 兖州之曲阜城，正南为圣庙，原系孔子故宅基址。庭中有二桧，树各大数十围，相传为孔子手植也，其树东者纹左旋，西者纹右旋。岂以圣人守正不偏，而木纹亦不敢紊乱耶？又城北郊为孔林，孔子墓在西北隅，伯鱼墓在东北隅，子思墓在正北。盖商尚左，故孔子墓在西边。

【**辨伪**】此条抄自宋邵博《闻见后录》卷二十六：

客又言：兖州之东曲阜城，鲁国也，孔子庙、宅在焉。庭中二桧，各十数围，东者纹左旋，西者纹右旋，世传孔子手植也。殿前有坛，鲁恭王所坏堂基也。城北即孔林，其中有亭，真庙驻跸之地。西北隅孔子墓，东北隅伯鱼墓，正北子思墓。孔氏云：商人尚左，故孔子墓在西也。

今按：卢氏删“客又言”，改“鲁国也，孔子庙、宅在焉”为“正南为圣庙，原系孔子故宅基址”，改“东者纹左旋，西者纹右旋”为“其树东者纹左旋，西者纹右旋”，并置于“孔子手植也”之后。又增“岂以圣人守正不偏，而木纹亦不敢紊乱耶”，而删“殿前有坛，鲁恭王所坏堂基也”、“其中有亭，真庙驻跸之地”，改“西北隅孔子墓，东北隅伯鱼墓，正北子思墓”为“孔子墓在西北隅，伯鱼墓在东北隅，子思墓在正北”，改“孔氏云：商人尚左”为“盖商尚左”，其意相同，显系抄袭。

28. 凡草木，经牛啖之必茂，经羊啖之必枯。谚曰：“牛食如浇，羊食如烧。”同为兽食，何相反如此耶？余细思，牛乃土畜，土能养物，而牛之色苍，又有春生之象焉。羊乃金畜，金主肃杀，故羊之色白，而有秋杀之象焉。二物禀性既不同，故其口中舌与齿亦具有春生秋杀之性，所以草木之荣枯系焉。

【**辨伪**】此条抄自明郎瑛《七修类稿》卷十七“牛羊食草”：

凡草木，经牛啖之必茂，经羊啖之多枯。故谚曰：“牛食如浇，羊食如烧。”意以二物皆畜类而草食者也，何相反之如是。静思，牛，土畜，土能养物也，故牛色苍，而庞厚，有春生之象焉，闻死而觳觫，亦好生之意也。羊，金畜，金主杀伐，故羊色白，而气腥膻，有秋杀之象焉，见死而无惧，亦喜杀之性也。二物禀性既异，必其口中涎沫亦具是性，故草木之茂枯者，生杀之气致然耳。赘此以俟博物君子。

今按：卢氏改“意以二物皆畜类而草食者也，何相反之如是”为“同为兽食，何相反如此耶”，改“静思”为“余细思”，而删“而庞厚”、“闻死而觳觫，亦好生之意也”、“而气腥膻”、“见死而无惧，亦喜杀之性也”，改“必其口中涎沫亦具是性，故草木之茂枯者，生杀之气致然耳”为“故其口中舌与齿亦具有春生秋杀之性，所以草木之荣枯系焉”，又删“赘此以俟博物君子”，大同小异，显系抄袭。

29.《诗经》黍、稷、稻、粱、禾、麻、菽、麦，谓之八谷。解者纷纷，不一其说。余考诸书及注疏，而古今称名，亦多同异。即如黍类，赤黍曰穈，白黍曰芑，黑黍曰秬，一稃二米曰秠。《诗》所云“维秬维秠，维穈维芑”是也。《说文》谓：“黍可为酒，从禾入水意也。”《氾胜之书》谓：“黍者，暑也，待暑而生，暑后乃成也。”而黍之外，另有一种名玉蜀黍，此黍初出西蜀，故又名玉黍。今南北多种之，其黍不择地而生，岗垄平原，俱可种获，可以炒食、蒸食、作酒、作饧、饲畜等用。余考据诸书，即今俗名包谷是也。

【**辨伪**】此条节抄自明李时珍《本草纲目》卷二十三：

《诗》云黍、稷、稻、粱、禾、麻、菽、麦，此八谷也。……赤黍曰虋，曰穈，白黍曰芑，黑黍曰秬，一稃二米曰秠。……时珍曰：按许慎《说文》云：“黍可为酒，从禾入水为意也。”……《氾胜之》云：“黍者，暑也，待暑而生，暑后乃成也。”《诗》

云："诞降嘉种，维秬维秠。维穈维芑。"……时珍曰：玉蜀黍，种出西土，种者亦罕，其苗叶俱似蜀黍，而肥矮，亦似薏苡，苗高三四尺，六七月开花成穗，如秕麦状，苗心别出一苞，如棕鱼形，苞上出白须垂，垂久则苞拆子出，颗颗攒簇，子亦大如棕子，黄白色可煠炒食之，炒拆白花，如炒拆糯谷之状。

今按：卢氏增"解者纷纷，不一其说。余考诸书及注疏，而古今称名，亦多同异"一句。又增"即如黍类"，删"曰虋"、"时珍曰"，删所引《诗》中的"诞降嘉种"，而改置于《说文》例证前。又改"时珍曰：玉蜀黍"以下为"而黍之外，另有一种名玉蜀黍，此黍初出西蜀，故又名玉黍。今南北多种之，其黍不择地而生，岗垄平原，俱可种获，可以炒食、蒸食、作酒、作饧、饲畜等用"，又增"余考据诸书，即今俗名包谷是也"一句，大同小异，显系抄袭。

30. 一曰稷，一名穄，一名粢。陶弘景谓：稷米人多不识，与黍相似，诸书所云，亦难辨别。又据《说文》云："稷乃五谷之长，田正也。"然此乃官名，并非谷名。又据《氾胜之书·种植篇》有黍，不言稷，《本草》有稷，不载穄，穄即稷也。又据李时珍《纲目》考证，稷与黍一类而二种也。粘者为黍，可以酿酒；不粘者为稷，可以作饭。余按，经文中每每以黍稷并举，如"黍稷翼翼"之类，不一而足，则弘景、时珍二人之说似有可凭。

【辨伪】此条节抄自明李时珍《本草纲目》卷二十三：

稷，释名：穄、粢。……弘景曰：稷米人亦不识，书记多云黍与稷相似。……《说文》云："稷乃五谷长，田正也。"此乃官名，非谷号也。……按《氾胜之·种植书》有黍，不言稷，《本草》有稷，不载穄，穄即稷也。……时珍曰：稷与黍一类二种也。粘者为黍，不粘者为稷，稷可作饭，黍可酿酒。

今按：卢氏改"稷，释名：穄、粢"为"一曰稷，一名穄，一名粢"，改"书记多云黍与稷相似"为"与黍相似，诸书所云，亦难辨别"，改"时珍曰"为"又据李时珍《纲目》考证"，已透露其文献来源，又改"粘者为黍，不粘者为稷，稷可作饭，黍可酿酒"为"粘者为黍，可以酿酒；不粘者为稷，可以作饭"，其意相同，显系抄袭。卢氏又补"余按"一句。

31. 一曰稻，一名稌，一名糯。《周颂》"丰年多稌"，《礼记》"牛宜稌"，《豳风》"十月获稻"，虽各处命名不同，总之皆此一物也。据《本草》，其味甘温，而性微寒，可以酿酒，可以熬(锡)[饧]，可以为粢，可以作糕，以其性(懦)[糯]而粘，多食缓筋力，令人多睡，作粥能补中益气，暖肠胃，坚大便。余考证诸书，多虽不一，即今之酒米是也。

【辨伪】此条节抄自明李时珍《本草纲目》卷二十二：

稻，释名：稌、糯。……《周颂》云："丰年多黍多稌。"《礼记》云："牛宜稌。"《豳风》云："十月获稻。"皆是一物也。……时珍曰：糯稻，南方水田多种之，其性粘，可以酿酒，可以为粢，可以蒸糕，可以熬饧，可以炒食，其类亦多。……稻米气味苦温无毒。(思邈曰味甘，宗奭曰性温，颂曰糯米性寒，作酒则热，糟乃温平，亦如大豆与豉酱之性不同也。诜曰：凉发风动气，使人多睡，不可多食。藏器曰：久食令人身软，缓人筋也。)……主治作饭，温中，令人多热，大便坚(别录)。……补中益气，止霍乱后吐逆不止，以一合研水服之(大明)。

今按：卢氏改“稻，释名：稌、糯”为“一曰稻，一名稌，一名糯”，改“皆是一物也”为“虽各处命名不同，总之皆此一物也”，又增“据《本草》”，透露其文献来源。其下改“时珍曰”以下“其性粘，可以酿酒，可以为粢，可以蒸糕，可以熬饧”、“思邈曰味甘，宗奭曰性温，颂曰糯米性寒”、“诜曰：凉发风动气，使人多睡，不可多食。藏器曰：久食令人身软，缓人筋也”、“主治作饭，温中，令人多热，大便坚”、“补中益气”等语为“其味甘温，而性微寒，可以酿酒，可以熬(锡)[饧]，可以为粢，可以作糕，以其性(懦)[糯]而粘，多食缓筋力，令人多睡，作粥能补中益气，暖肠胃，坚大便”，大同小异，显系抄袭。

32. 一曰粱，有青粱米，黄粱米，白粱米三种。又有红毛而赤色者，另为一种。陶弘景谓：凡云粱者，皆是粟类，惟其米色各异，为分别耳。其性味均皆补脾益胃，食之养人，又性微凉故也。又据李时珍谓：粱与粟同类，而粟大有分别，穗大而毛色红长粒粗者为粱，穗小而毛短粒小者为粟，粱与粟苗俱似茅，种类繁多，即今之小米是也。粱能酿酒，最佳。亦可为粢粟煮粥食，补虚损，并能益丹田，降胃火，补脾肾。北方多用以酿酒，以其种各异，故命名亦不一耳。

【辨伪】此条皆抄自明李时珍《本草纲目》卷二十三：

> 粱，校正：别录中品，有青粱米、黄粱米、白粱米，今并为一。……今世俗称粟中之大穗、长芒、粗粒，而有红毛、白毛、黄毛之品者，即粱也，黄、白、青、赤亦随色命名耳。……弘景曰：凡云粱米，皆是粟类，惟其牙头色异，为分别耳。……宗奭曰：青粱、白粱，性皆微凉，独黄粱性味甘平，岂非得土之中和气多耶？颂曰：诸粱比之他谷，最益脾胃。……时珍曰：粟即粱也，穗大而毛长粒粗者为粱，穗小而毛短粒细者为粟，苗俱似茅，种类凡数十，有青、赤、黄、白、黑诸色，或因姓氏地名，或因形似、时令，随义赋名。……粟米，即小米，气味咸，微寒，无毒。……治反胃热痢，煮粥食，益丹田，补虚损，开肠胃。(时珍)

今按：卢氏改“粱，校正：别录中品，有青粱米、黄粱米、白粱米，今并为一”为“一曰粱，有青粱米，黄粱米，白粱米三种”，改“今世俗称粟中之大穗、长芒、粗粒，而有红毛、白毛、黄毛之品者，即粱也，黄、白、青、赤亦随色命名耳”为“又有红毛而赤色者，另为一种”，改“宗奭曰：青粱、白粱，性皆微凉，独黄粱性味甘平，岂非得土之中和气多耶？颂曰：诸粱比之他谷，最益脾胃”为“其性味均皆补脾益胃，食之养人，又性微凉故也”，又改“时珍曰”为“又据李时珍谓”，改“粟即粱也”为“粱与粟同类”，而增“而粟大有分别”，改“种类凡数十，有青、赤、黄、白、黑诸色，或因姓氏地名，或因形似、时令，随义赋名。……粟米，即小米”为“种类繁多，即今之小米是也”，又增“粱能酿酒，最佳”、“北方多用以酿酒，以其种各异，故命名亦不一耳”，改“治反胃热痢，煮粥食，益丹田，补虚损，开肠胃”为“亦可为粢粟煮粥食，补虚损，并能益丹田，降胃火，补脾肾”，大同小异，显系抄袭。

33. 一曰麻，一名巨胜，又名方茎，又名狗虱，诸书名别不同，总是胡麻一物耳。又其脂多油，俗又名脂麻。《本草》谓：其性味甘平，无毒，食之补中益气，润肺养肠，久服轻身不老，益寿延年，为仙家食品。昔刘阮入天台，仙子曾以胡麻饭饲之，是也。服食之法，《抱朴子》载之甚详，孙真人稍略耳。苏东坡因陈正辅治痢疾，教以服黑脂麻丸，亦极详备。其叶名青蘘（音相），茎名麻藍（音楷），皆可治病，诸疮用叶茎同仁嚼烂敷患处，最良。而油药方主治尤多，具载《本草》。

【辨伪】此条节抄自明李时珍《本草纲目》卷二十二：

胡麻，释名：巨胜（本经）、方茎（吴普）、狗虱（别录）、油麻（食疗）、脂麻（衍义，俗作芝麻，非）。叶名青蘘（音箱），茎名麻藍（音皆，亦作稭）。脂麻谓其多脂油也。……气味甘平，无毒。……主治伤中虚羸，补五内，益气力，长肌肉，填髓脑，久服轻身不老。……刘阮入天台，遇仙女，食胡麻饭。亦以胡麻同米作饭，为仙家食品焉尔。又按苏东坡《与程正辅书》云：凡痔疾，宜断酒肉与盐酪酱菜厚味及粳米饭。唯宜食淡面一味，及以九蒸胡麻，即黑脂麻，同去皮茯苓，入少白蜜，为面食之，日久气力不衰，而百病自去，而痔渐退，此乃长生要诀，但易知而难行尔。据此说，则胡麻为脂麻，尤可凭矣。其用茯苓，本陶氏注胡麻之说也。近人以脂麻擂烂去滓，入绿豆粉作腐食，其性平润，最益老人。服食胡麻，《抱朴子》云：用上党胡麻三斗，淘净，甑蒸令气遍，日干，以水淘去沫，再蒸，如此九度，以汤脱去皮，簸净，炒香为末，白蜜或枣膏丸，弹子大，每温酒化下一丸，日三服，忌毒鱼狗肉生菜，服至百日，能除一切痼疾，一年身面光泽不饥，二年白发返黑，三年齿落更生，四年水火不能害，五年行及奔马，久服长生，若欲下之，饮葵菜汁。孙真人云：用胡麻三升，去黄褐者，蒸三十遍，微炒香为末，入白蜜三升，杵三百下，丸梧桐子大，每旦服五十丸，人过四十以上，久服明目洞视，肠柔如筋也。……头面诸疮，脂麻生嚼，傅之。《普济》……油气味甘，微寒，无毒。主治利大肠，产妇胞衣不落，生油摩肿，生秃发（别录）。去头面游风（孙思邈）。主天行热，閟肠内结，热服一合，取利为度（藏器）。主瘖痖，杀五黄，下三焦，热毒气，通大小肠。治蚘心痛，傅一切恶疮疥癣，杀一切虫，取一合和鸡子两颗，芒硝一两，搅服，少时即泻下热毒，甚良（孟诜）。陈油煎膏，生肌长肉，止痛消痈肿，补皮裂（日华）。治痈疽、热病（苏颂）。解热毒、食毒、虫毒，杀诸虫蝼蚁（时珍）。

今按：卢氏改“胡麻，释名：巨胜（本经）、方茎（吴普）、狗虱（别录）、油麻（食疗）、脂麻（衍义，俗作芝麻，非）”、“脂麻谓其多脂油也”为“一曰麻，一名巨胜，又名方茎，又名狗虱，诸书名别不同，总是胡麻一物耳。又其脂多油，俗又名脂麻”。又增“《本草》谓”，透露此条文献来源。改“主治伤中虚羸，补五内，益气力，长肌肉，填髓脑，久服轻身不老”、“亦以胡麻同米作饭，为仙家食品焉尔”为“食之补中益气，润肺养肠，久服轻身不老，益寿延年，为仙家食品”，又改“服食胡麻，《抱朴子》云”至“肠柔如筋也”为

“服食之法，《抱朴子》载之甚详，孙真人稍略耳”，并前置。又改“又按苏东坡《与程正辅书》云”至“但易知而难行尔”为“苏东坡因陈正辅治痢疾，教以服黑脂麻丸，亦极详备”，改“叶名青蘘(音箱)，茎名麻藍(音皆，亦作稭)”为“其叶名青蘘(音相)，茎名麻藍(音楷)”，并后置。又改“头面诸疮，脂麻生嚼，傅之。《普济》”为“皆可治病，诸疮用叶茎同仁嚼烂敷患处，最良”，改“油气味甘，微寒，无毒”以下一节为“而油药方主治尤多，具载《本草》”，且透露其文献来源。繁简虽异，而其大义相同，显系抄袭。

34. 一曰菽，即尗也，豆之总名，角曰荚，叶曰藿，茎曰萁，子曰荳，有黑、白、黄、赤四种，黄白可以炒食、作腐、造酱、笮油，黑、赤多入药用，即黑小豆、赤小豆是也，又名红豆。又一种名曰豌豆，又名戎菽。又一种名曰蚕豆，又曰胡豆，此二种豆均能作蔬疗饥，并可作粉。又一种名曰豇豆，江、绛二音，有红、白、青、紫、赤、斑驳数色，只可作蔬菜。又一种名曰藊豆，一名沿篱豆，一名蛾眉豆，人家用作蔬菜，干豆入药用恒多，能健脾除湿，解药毒，治妇女赤白带下，脾胃中之补剂也。又一种名刀豆，可作蔬，入酱用，更宜。

【辨伪】此条节抄自明李时珍《本草纲目》卷二十四：

> 大豆，释名：尗，(俗作菽。时珍曰：豆、尗，皆荚谷之总称也。)角曰荚，叶曰藿，茎曰萁。……时珍曰：大豆有黑、白、黄、褐、青、斑数色。黑者名乌豆，可入药，及充食作豉。黄者可作腐，榨油，造酱，余但可作腐及炒食而已。……赤小豆，释名：赤豆(恭)、红豆(俗)、答(《广雅》)。……豌豆，释名：胡豆(拾遗)、戎菽(《尔雅》)、回鹘豆(《辽志》)。……时珍曰：豌豆种出西胡，今北土甚多……出胡地者大如杏仁，煮炒皆佳，磨粉面甚白细腻，百谷之中最为先登。……蚕豆，释名：胡豆。时珍曰：蚕豆，南土种之，蜀中尤多，八月下种……结角连缀，如大豆，颇似蚕形，蜀人收其子，以备荒歉。……豇豆(江、绛二音)，释名：䜶𩏽(音绛双)。……时珍曰：豇豆，处处三四月种之……荚有白、红、紫、赤、斑驳数色，长者至二尺，嫩时充菜，老则收子。……藊豆，释名：沿篱豆(俗)、蛾眉豆。……时珍曰：扁豆，二月下种，蔓生延缠……白露后，实更繁衍，嫩时可充蔬食、茶料，老则收子煮食。子有黑、白、赤、斑四色，一种荚硬不堪食，惟豆子粗圆而色白者，可入药。……主治：和中下气(别录)，补五脏，主呕逆，久服头不白(孟诜)，疗霍乱、吐利不止，研末和醋服之(苏恭)，行风气，治女子带下，解酒毒，河豚鱼毒(苏颂)，解一切草木毒，生嚼及煮汁饮取效(甄权)，止泄痢，消暑，暖脾胃，除湿热，止消渴(时珍)。……刀豆，释名：挟剑豆。……时珍曰：刀豆，人多种之，三月下种……嫩时煮食，酱食，蜜煎，皆佳，老则收子。

今按：卢氏改“大豆，释名：尗，(俗作菽。时珍曰：豆、尗，皆荚谷之总称也)”为“一曰菽，即尗也，豆之总名”，改“时珍曰：大豆有黑、白、黄、褐、青、斑数色”为“子曰荳，有黑、白、黄、赤四种”，改“黄者可作腐，榨油，造酱，余但可作腐及炒食而已”为“黄白可以炒食、作腐、造酱、笮油”，改“黑者名乌豆，可入药”为“黑、赤多入药用”，并增“即黑小豆、赤小豆是也”，改“赤小豆，释名：赤豆(恭)、红豆(俗)”为“又名红豆”。又改“豌豆，释名：胡豆(拾遗)、戎菽(《尔雅》)”为“又一种名曰豌豆，又名戎菽”，改“蚕豆，释名：胡豆”为“又一种名曰蚕豆，又曰胡豆”，改“煮炒皆佳，磨粉面甚白细腻”、“蜀人收其子，以备荒歉”为“此二种豆均能作蔬疗饥，并可作粉”，改“豇豆(江、绛二音)”为“又一种名曰豇豆，江、绛二音”，改“荚有白、红、紫、赤、斑驳数色”为“有红、白、青、紫、赤、斑驳数色”，改“嫩时充菜”为“只可作蔬菜”，改“藊豆，释名：沿篱豆(俗)、蛾眉豆”为“又一种名曰藊豆，一名沿篱豆，一名蛾眉豆”，改“嫩时可充蔬食、茶料”为“人家用作蔬菜”，改“惟豆子粗圆而色白者，可入药”为“干豆入药用恒多”，改“治女子带下，解酒毒，河豚鱼毒”、“暖脾胃，除湿热”为“能健脾除湿，解药毒，治妇女赤白带下，脾胃中之补剂也”，改“刀豆，人多种之，三月下种……嫩时煮食，酱食，蜜煎，皆佳，老则收子”为“又一种名刀豆，可作蔬，入酱用，更宜”，改动虽大，而其抄袭痕迹仍然可见。

35. 一曰麦，有小麦、大麦之分。小麦一名来，《诗》贻我来牟，《说文》作秾。大麦，一名牟麦，又曰穬麦，又曰稞麦，纷纷不一其名。或谓：大麦皮薄面多，为五谷之长。或谓：小麦磨面甚佳，大麦皮粗而壳厚。诸书所说不同如此。余按：《素问》，麦属火，心之谷也。又据郑玄云：麦属木。又据许慎云：麦属金，以其金旺而生，火旺而死。三说各异。又据《别录》云：麦养肝。与郑说合。又据孙思邈云：麦养心。与《素问》合。又据李时珍云：麦除烦，止渴，收汗，利水，止血，皆心经病也。当以《素问》为准。又一种名穬麦，壳厚皮粗，今俗人亦呼之为大麦，用以饲畜，间亦有作磨面炒熟，与儿童食者，谓之炒面。贫家用以和谷米食，谓能充饥耐久。审是，则磨面为小麦，非大麦也。

【辨伪】此条节抄自明李时珍《本草纲目》卷二十二：

> 小麦，释名：来。时珍曰：来亦作秾，许氏《说文》云：天降瑞麦，一来，二辫，象芒刺之形，天所来也。如足行来，故麦字从来从夂，夂音绥，足行也。《诗》云“贻我来牟”是矣。……时珍曰：按《素问》云：麦属火，心之谷也。郑玄云：麦有孚甲，属木。许慎云：麦属金，金王而生，火王而死。三说各异。而《别录》云：麦养肝气。与郑说合。孙思邈云：麦养心气。与《素问》合。夷考其功，除烦，止渴，收汗，利溲，止血，皆心之病也。当以《素问》为准。……大麦，释名：牟麦。弘景曰：今稞麦，一名牟麦，似穬麦，惟皮薄尔。恭曰：大麦出关中，即青稞麦，形似小麦而大，皮厚，故谓大麦，不似穬麦也。颂曰：大麦，今南北皆能种莳，穬麦有二种，一种类小麦而大，一种类大麦而大。藏器曰：大、穬二麦，前后两出，盖穬麦是连皮者，大麦是麦米，但分有壳、无壳也。……陈承曰：小麦，今人以磨面日用者为之，作饼饵之类是也。大麦，今人以粒皮似稻者为之，作饭滑饲马良。穬麦，今人以似小麦而大粒，色青黄，作面脆硬，食多胀人，汴洛河北之间，又呼为黄稞。关中一种青稞北近道者，粒微小，色微青，专以饲马，未见入药用。然大、穬二麦其名差互。今之穬麦，似小麦而大者，当谓之大麦；今之大麦，不似小麦而矿脆者，当谓之穬麦。不可不审。时珍曰：大、穬二麦，注者不一。按吴普《本草》：大麦一名穬麦，五谷之长也。王祯《农书》云：青稞有大、小二种，似大、小麦，而粒大皮薄，多面无麸，西人种之，不过与大、小麦异名而已。

今按：卢氏据《本草纲目》载“小麦”、“大麦”，增“一曰麦，有小麦、大麦之分”，改“小麦，释名：来”为“小麦一名来”，改“时珍曰：来亦作秾”至“《诗》云‘贻我来牟’是矣”为“《诗》贻我来牟，《说文》作秾”，改“大麦，释名：牟麦。弘景曰：今稞麦，一名牟麦，似穬麦，惟皮薄尔”为“大麦，一名牟麦，又曰穬麦，又曰稞麦，纷纷不一其名”，改“按吴普《本草》：大麦一名穬麦，五谷之长也。王祯《农书》云：青稞有大、小二种，似大、小麦，而粒大皮薄，多面无麸”为“或谓：大麦皮薄面多，为五谷之长”，改“小麦，今人以磨面日用者为之，作饼饵之类是也。大麦，今人以粒皮似稻者为之”为“或谓：小麦磨面甚佳，大麦皮粗而壳厚”，增“诸书所说不同如此”。又改“夷考其功”为“又据李时珍云”，已透露其文献来源。又改“穬麦，今人以似小麦而大粒”至“不可不审”为“又一种名穬麦，壳厚皮粗，今俗人亦呼之为大麦，用以饲畜，间亦有作磨面炒熟，与儿童食者，谓之炒面。贫家用以和谷米食，谓能充饥耐久。审是，则磨面为小麦，非大麦也”，改动虽大，其抄袭痕迹仍然可见。

36. 粳米，一名秔，其性不粘，即今之饭谷也。

【辨伪】此条节抄自明李时珍《本草纲目》卷二十二：

> 粳，释名：秔（与粳同）。时珍曰：粳乃谷稻之总名也。……粘者为糯，不粘者为粳。……弘景曰：粳米，即今人常食之米。

今按：卢氏改“粳，释名：秔（与粳同）”为“粳米，一名秔”，改“不粘者为粳”、“弘景曰：粳米，即今人常食之米”为“其性不粘，即今之饭谷也”，其意相同，显系抄袭。

37.《礼记·内则》云：鱼宜苽。诸书所注不一。余考《文选》谓之芰米，《尔雅》谓之雕蓬，《说文》谓之雕苽，《西京杂记》谓之雕胡，并不指实其为何米。大约水边之一物，总是能结子耳。

【辨伪】此条节抄自明李时珍《本草纲目》卷二十三：

> 菰米，释名：茭米（《文选》）、雕蓬（《尔雅》）、雕苽（《说文》，《唐韵》作胡）、雕胡。……故《内则》云：“鱼宜苽”。皆水物也。……颂曰：菰生水中，叶如蒲苇，其苗有茎梗者，谓之菰蒋草。至秋结实，乃雕胡米也。古人以为美馔，今饥岁人犹采以当粮。葛洪《西京杂记》云：汉太液池边，皆是雕胡、紫箨、绿节、蒲丛之类。

今按：卢氏改“故《内则》云：‘鱼宜苽’”为“《礼记·内则》云：鱼宜苽”，增“诸书所注不一”，改“菰米，释名：茭米（《文选》）、雕蓬（《尔雅》）、雕苽（《说文》，《唐韵》作胡）、雕胡”为“余考《文选》谓之芰米，《尔雅》谓之雕蓬，《说文》谓之雕苽，《西京杂记》谓之雕胡，并不指实其为何米”，其中“茭米”误为“芰米”。又改“皆水物也”、“至秋结实，乃雕胡米也”为“大约水边之一物，总是能结子耳”，大同小异，显系抄袭。

38. 春初早韭，秋末晚菘。人不知菘何物，以余考之，即今俗呼为白菜也。

【辨伪】此条抄自明李时珍《本草纲目》卷二十六：

> 菘，释名：白菜。时珍曰：按陆佃《埤雅》云：菘性凌冬晚凋，四时常见，有松之操，故曰菘。今俗谓之白菜，其色青白也。

今按："春初早韭，秋末晚菘"见《南齐书》卷四十一《周颙传》。本书此条前后皆抄自《本草纲目》，其中"菘"一条亦载"今俗谓之白菜"，卢氏当据此而来，又增"人不知菘何物，以余考之"，无关主旨，显系抄袭。

39. 菰米，《西京杂记》谓之雕胡，云："太液池边，皆是雕胡、紫萚、绿节之类。"

【辨伪】此条抄自明李时珍《本草纲目》卷二十三：

> 葛洪《西京杂记》云："汉太液池边，皆是雕胡、紫萚、绿节、蒲丛之类。盖菰之有米者，长安人谓之雕胡。"

今按：卢氏改葛洪《西京杂记》中"盖菰之有米者，长安人谓之雕胡"为"菰米，《西京杂记》谓之雕胡"，其意相同，显系抄袭。

40. 甘蕉，一名芭蕉，又名巴苴，树大一围，叶长丈余及八九尺不等，广亦二三尺。惟岭南开花结子，如皂角形，他处则否。剥其子，上皮色白而微黄，味似葡萄，而更香甜脆嫩，又可疗饥。其茎解散如丝，以灰水练之，可以纺绩为絺绤，谓之蕉葛，较葛布而细致。交、广俱有之。

【辨伪】此条抄自晋嵇含《南方草木状》卷上：

> 甘蕉，望之如树，株大者一围余。叶长一丈或七八尺，广尺余二尺许。花大如酒杯，形色如芙蓉，著茎末百余子大，名为房，相连累，甜美，亦可蜜藏。根如芋魁，大者如车毂，实随华，每华一阖，各有六子，先后相次，子不俱生，花不俱落。一名芭蕉，或曰巴苴。剥其子，上皮色黄白，味似蒲萄，甜而脆，亦疗饥。……其茎解散如丝，以灰练之，可纺绩为絺绤，谓之蕉葛，虽脆而好，黄白不如葛赤色也。交、广俱有之。

今按：卢氏改"甘蕉，望之如树，株大者一围余。叶长一丈或七八尺，广尺余二尺许"、"一名芭蕉，或曰巴苴"为"甘蕉，一名芭蕉，又名巴苴，树大一围，叶长丈余及八九尺不等，广亦二三尺"。改"花大如酒杯"至"花不俱落"为"惟岭南开花结子，如皂角形，他处则否"，改"虽脆而好，黄白不如葛赤色也"为"较葛布而细致"，大同小异，显系抄袭。

41. 蒟酱，即荜茇也。生于蕃国者，大而紫，谓之荜茇；生于番禺者，小而青，谓之蒟焉。可以为食，故可以为酱。交趾与九真郡人家，多有之。汉使唐蒙通夜郎郡，以求蒟酱，即此。

【辨伪】此条抄自晋嵇含《南方草木状》及明李时珍《本草纲目》。《南方草木状》卷上：

> 蒟酱，荜茇也。生于蕃国者，大而紫，谓之荜茇；生于番禺者，小而青，谓之蒟焉。可以调食，故谓之酱焉。交趾、九真人家多种，蔓生。

《本草纲目》卷十四“蒟酱”：

> 昔汉武帝使唐蒙晓谕南越，越王食蒙以蒟酱，曰：此出番禺城下。武帝感之，遂开牂牁越隽也。

今按：卢氏所记的前半部分与嵇氏所记大致相同，删“蔓生”。末尾“汉使唐蒙通夜郎郡，以求蒟酱，即此”一句则据《本草纲目》而来，显系抄袭。

42. 水葱，花叶皆如鹿葱，花色有红、黄、紫三种，出始兴者佳，妇人怀娠，取其花佩之，即生男，其实非鹿葱也。交广娠妇佩之，极有验。

【辨伪】此条抄自晋嵇含《南方草木状》卷上：

> 水葱，花叶皆如鹿葱，花色有红、黄、紫三种，出始兴，妇人怀娠，佩其花，生男者，即此花，非鹿葱也。交广人佩之，极有验。然其土多男，不厌女子，故不常佩也。

今按：卢氏改“出始兴，妇人怀娠，佩其花，生男者，即此花，非鹿葱也”为“出始兴者佳，妇人怀娠，取其花佩之，即生男，其实非鹿葱也”，删“然其土多男，不厌女子，故不常佩也”，显系抄袭。

43. 水松，叶如桧而细长，出南海。土产众香，而此木不大香，故人无佩者。惟出境则香胜在南方，植物无情，不香于此而香于彼，岂屈于不知己，而伸于知己者欤？物理之难穷如此。

【辨伪】此条抄自晋嵇含《南方草木状》卷中：

> 水松，叶如桧而细长，出南海。土产众香，而此木不大香，故彼人无佩服者。岭北人极爱之，然其香殊胜在南方时，植物无情者也，不香于彼而香于此，岂屈于不知己，而伸于知己者欤？物理之难穷如此。

今按：卢氏改“岭北人极爱之，然其香殊胜在南方时”为“惟出境则香胜在南方”，其意相同，显系抄袭。

44. 鄚都稻名重思，其米如石榴子，粒稍大，味如菱。杜琼作《重思赋》曰：“霏霏春暮，翠矣重思。云气交被，嘉谷应时。”

【辨伪】此条抄自唐段成式《酉阳杂俎》前集卷二：

> 鄚都稻名重思，其米如石榴子，粒稍大，味如菱。杜琼作《重思赋》曰：“霏霏春暮，翠矣重思。云气交被，嘉谷应时。”

今按：卢氏所记与段氏全同，显系抄袭。

45.《庄公三十一年》：“齐侯来献戎捷。”《传》曰“戎菽”也。《尔雅》：“戎菽谓之荏菽。”亦作“茙菽”。又《列子》亦作“茙菽”。然则戎菽自后稷时已有之，而管仲何得谓桓公得之山戎，始布种天下？殆未考也。

【辨伪】此条节抄自清顾炎武《日知录》卷四“戎菽”：

> 《庄公三十一年》：“齐侯来献戎捷。”《传》曰“戎菽”也。似据《管子》“桓公北伐山戎，得冬葱及戎菽，布之天下”而为之说。……《尔雅》：“戎菽谓之荏菽。”（亦作“荏菽”。《列子》：“北宫子既归，进其茙菽，有稻粱之味。”）则是后稷之生，而已艺之，不待桓公而始布矣。

今按：卢氏改注文“亦作‘荏菽’。《列子》：‘北宫子既归，进其茙菽，有稻粱之味’”为正文“亦作‘茙菽’。又《列子》亦作‘茙菽’”，又改“似据《管子》‘桓公北伐山戎，得冬葱及戎菽，布之天下’而为之说”、“则是后稷之生，而已艺之，不待桓公而始布矣”为“然则戎菽自后稷时已有之，而管仲何得谓桓公得之山戎，始布种天下？殆未考也”，其意相同，显系抄袭。

卷二十四
外域随笔

1. 金耶律柳溪，丞相文献公之子湛然居士，有文集百卷，行于世。其父子从征西域六七年，所行五六万里，著有《西游录》，述其事，其书人亦罕见。今于上都残篇中获见之，节录于此：戊寅春三月，扈从出云中，抵天山，涉大碛，踰沙漠。道过金山，时方盛夏，雪凝冰积，斫冰为道，松桧参天，花草弥谷，金山而西，水皆西流入于海，其南有回鹘城(即回纥)，名别石把。有唐碑，所谓翰海军，即此也。瀚海去城数百里，海中有岛，其上多禽鸟羽毛。城二百里有轮台县，唐碑在焉。城南五百里有和州，即唐之高昌，又名伊州。伊州西三四千里，有五端城，即唐之于滇国，出玉石。过瀚海千余里，有不剌城，城南有阴山，东西千里，南北二百里。山顶有池，周围七八十里。池南皆林擒树，浓阴不露日色。出阴山，有阿里马城，西人目林擒为阿里马，附城皆林擒园，故以名城。又有附庸城八九所，多葡萄、梨果，播种五谷，一如中原。西有大河，名亦列。河西有城，名虎司窝鲁朵，即西辽之都城，有附庸城数十。又西有答剌思城，又西数百里，有苦盏城、八普城、可伞城、芭榄城。苦盏出石榴，其大如拱，甘而微酸，尤多汁，三五枚即可绞汁一大盂，渴中之尤物也。芭榄周围皆巴榄，故以名城，花如杏而微淡，叶似桃而差小，冬花夏实。八普城出西瓜，大者五六十斤，人仅负二枚。苦盏城西北五百里，有讹打剌城，有附庸十余城。其渠酋嗜杀人，常命吏杀商贾，而尽掠其货财。太祖之西征，由此举也。讹打剌城西千余里，有寻思干者，西人谓肥为寻思干，以地土肥饶，故名。用金银，银无孔，甚富庶。环城数十里，皆园林，飞渠走石，方池曲沼，花木连延，诚为胜境。瓜大如马首，谷无糯米、大豆。盛夏无雨。以葡萄酿酒，有桑不能蚕，以白衣为吉服，青衣为丧服。寻思干之西六七百里，有蒲华城，更富饶，城邑多于寻思干，乃谋速鲁蛮种部落梭里檀所都，而苦盏、讹打剌等城皆隶焉。蒲华之西有大河，西入于海，其西有犍城，梭里檀圣母所居，富庶又过于蒲华。西滨大河，有班城，又西有砖城。自此而西，直入黑色印度，亦有文字，与佛国字体声音不同，佛像甚多，不宰牛羊，只饮其乳。人不识雪，岁三次熟麦。盛夏置锡器于沙中，旋即镕化，月光射人如夏日。南有大河，冷于冰雪，湍流猛峻，入于南海。地多甘蔗，取汁以酿酒熬糖。黑印度之西北有可弗义国，数千里皆平川，无丘垤，不立城邑，民养羊马，以蜜为酿。此国昼长夜短，羊膊方熟，日又复出，与唐史所载骨利干国相同，但国名不同，抑或年代久远语音讹舛，亦未可知。寻思干去中原几二万里，黑印度去寻思干又等之，可弗义去黑印度又等之，纡回曲折，不知其几千万里也。

【辨伪】此条抄自元盛如梓《庶斋老学丛谈》卷上：

耶律文献公，子中书令湛然居士，孙丞相双溪，曾孙宣慰柳溪，四世皆有文集，共百卷，行于世。……中书令国初时扈从西征，行五六万里，留西域六七年，有《西游录》述其事，人所罕见，因节略于此："公戊寅春三月，出云中，抵天山，涉大碛，逾沙漠，达行在所。明年，大举西伐，道过金山，时方盛夏，雪凝冰积，斫冰为道，松桧参天，花草弥谷。金山而西，水皆西流入海。其南有回鹘城，名别石把。有唐碑，所谓瀚海军。瀚海去城数百里，海中有屿，其上皆禽鸟所落羽毛。城西二百里有轮台县，唐碑在焉。城之南五百里有和州，即唐之高昌，亦名伊州。高昌西三四千里，有五端城，即唐之于阗国，河出乌白玉。过瀚海千余里，有不剌城。不剌南有阴山，东西千里，南北二百里。山顶有池，周围七八十里。池南地皆林檎，树阴蓊翳，不露日色。出阴山，有阿里马城。西人目林擒曰阿里马，附郭皆林擒园，故以名。附庸城邑八九，多葡萄、梨果，播种五谷，一如中原。又西有大河，曰亦列。其西有城，曰虎司窝鲁朵，即西辽之都，附庸城数十。又西数百里，有塔剌思城。又西南四百余里，有苦盏城、八普城、可伞城、芭榄城。苦盏多石榴，其大如拱，甘而差酸，凡三五枚绞汁盈盂，渴中之尤物也。芭榄城边皆芭榄园，故以名，其花如杏而微淡，叶如桃而差小，冬季而花，夏盛而实。八普城西瓜，大者五十斤，长耳仅负二枚。苦盏西北五百里，有讹打剌城，附庸城十数。此城渠酋常杀命吏数人，商贾百数，尽掠其财货，西伐之举由此也。讹打剌西千余里，有大城，曰寻思干。寻思干者，西人云肥也。以地土肥饶，故以名。甚富庶，用金铜。钱无孔郭。环城数十里皆园林，飞渠走泉，方池圆沼，花木连延，诚为胜概。瓜大者如马首。谷无黍、糯、大豆。盛夏无雨。以葡萄酿酒。有桑不能蚕。皆服屈眴，以白衣为吉，以青衣为丧服，故皆衣白。寻思干西六七百里，有蒲华城，土产更饶，城邑稍多寻思干，乃谋速鲁蛮种落梭里檀所都，蒲华、苦盏、讹打剌城皆隶焉。蒲华之西有大河，西入于海。其西有五里犍城，梭里檀母后所居，富庶又盛于蒲华。又西濒大河，有班城，又西有砖城。自此而西，直抵黑色印度城，亦有文字，与佛国字体声音不同，佛像甚多，不屠牛羊，但饮其乳。土人不识雪，岁二熟麦。盛夏置锡器于沙中，寻即镕铄。马粪堕地沸溢。月光射人如夏日。其南有大河，冷于冰雪，湍流猛峻，注于南海。土多甘蔗，取其液酿酒熬糖。印度西北有可弗义国，数千里皆平川，无复丘垤，不立城邑，民多羊马，以蜜为酿。此国昼长夜促，羊膊熟，日已复出，正符唐史所载骨利干国事，但国名不同，岂非岁时久远，语音讹舛？寻思干去中原几二万里，印度去寻思干又等，可弗义去印度亦等，虽萦迂曲折，不为不远，不知几万里也。

今按：卢氏改"耶律文献公，子中书令湛然居士，孙丞相双溪，曾孙宣慰柳溪，四世皆有文集，共百卷"为"金耶律柳溪，丞相文献公之子湛然居士，有文集百卷"，改"中书令国初时扈从西征，行五六万里，留西域六七年，有《西游录》，述其事，人所罕见，因节略于此”为“其父子从征西域六七年，所行五六万里，著有《西游录》，述其事，其书人亦罕见。今于上都残篇中获见之，节录于此”，删“达行在所。明年，大举西伐”，增注文“即回纥”、正文“即此也”，改“河出乌白玉”为“出玉石”，改“又西南四百余里”为“又西数百里”，增“尤多汁”，改“此城渠酋常杀命吏数人，商贾百数，尽掠其财货，西伐之举由此也”为“其渠酋嗜杀人，常命吏杀商贾，而尽掠其货财。太祖之西征，由此举也”，改“有大城，曰寻思干。寻思干者，西人云肥也”为“有寻思干者，西人谓肥为寻思干”，改“甚富庶，用金铜。钱无孔郭”为“用金银，银无孔，甚富庶”，删“皆服屈眴”、“故皆衣白”，改“土产更饶”为“更富饶”，改“岁二熟麦”为“岁三次熟麦”，删“马粪堕地沸溢”，改“正符唐史所载骨利干国事”为“与唐史所载骨利干国相同”，改“岂非岁时久远，语音讹舛”为“抑或年代久远，语音讹舛，亦未可知”，改“虽萦迂曲折，不为不远，不知几万里也”为“纡回曲折，不知其几千万里也”，大同小异，显系抄袭。

2. 又《湛然居士集》有《河中府》诗十首。考河中府，即西辽寻思干城也。诗中云：“冲风磨旧麦，悬碓杵新粳。”西人用风磨面，如中原之用水磨者。又云：“救旱河为雨，无衣垄种羊。”余向在京，闻西北极边有种羊之说，今皮衣中谷种羊是也。然未敢深信，后读《唐会要》载：西极边有种羊为业。今观此诗，方信。

【辨伪】此条节抄自元盛如梓《庶斋老学丛谈》卷上：

> 《湛然居士集》有《河中府》诗十首。寻思干城，西辽称河中府。咏其风景云：……“园林无尽处，花木不知名。冲风磨旧麦，悬碓杵新粳。”西人用风磨，如南方水磨，舂则悬杵。……“黄橙调蜜煎，白饼糁糖霜。救旱河为雨，无衣垄种羊。”余尝阅《唐会要》有垄种羊，未之信，观此，信有之。

今按：卢氏改“寻思干城，西辽称河中府”为“考河中府，即西辽寻思干城也”，节录《河中府》诗两句，并改“西人用风磨，如南方水磨，舂则悬杵”为“西人用风磨面，如中原之用水磨者”，又增“余向在京，闻西北极边有种羊之说，今皮衣中谷种羊是也。”一句，改“然未敢深信，余尝阅《唐会要》有垄种羊，未之信，观此，信有之”为“后读《唐会要》载：西极边有种羊为业。今观此诗，方信”，大同小异，显系抄袭。

3. 许献臣云：盎吉剌地方日不落，只一道黑气遮日。煮羊膊熟，日又出也。保定刘敬之到此地，亲见之。与唐史骨利干国相似，惟地名不同耳。观此，则诸书所载日月不出入于地中，绕北极之下以为昼夜，信而有征。刘梦得、苏东坡均有《罗浮夜半见日》诗，此山恐与彼相对，但不知相隔几千万里也。

【辨伪】此条抄自元盛如梓《庶斋老学丛谈》卷上：

> 许献臣佥事说：盎吉剌日不落，只一道黑气遮日。煮羊膊熟，日又出也。保定刘敬之往任断事官，亲见之。此亦符唐史骨利干国事，但地名又不同，或有沿革。观此，则日月不出入乎地中，绕北极之下以为昼夜，信而有证。刘梦得、苏子瞻皆有《罗浮夜半见日》诗，恐此山正与彼对，但不知相去几千万里也。

今按：卢氏改“往任断事官”为“到此地”，改“此亦符唐史骨利干国事，但地名又不同，或有沿革”为“与唐史骨利干国相似，惟地名不同耳”，其意相同，显系抄袭。

4. 滇南土司婚礼，犹有古风。惟宋、蔡、罗、龙、凤四姓五家相为联婚，以龙与凤系同一姓故也。间亦有与滇士大夫家通婚者，其纳采、奠雁与汉人无异，多行入赘礼。而四姓世袭长官，世为婚姻，以嫡长女嫁嫡长男，每娶长女，必一妻八媵，有古诸侯一娶九女之遗意。然媵则或养同姓女，或选良家女，或庶出女为之，嫡女则不能也。中国士大夫家嫡子娶长官五家嫡长女，亦然，犹王姬嫁于诸侯也，常人则否。至长官女，则靳与常人，其宗族勿论矣。长官女服饰裙妆，与汉人稍异，尚短衣，衣齐腰，着百折长裙，或二百折不等，以锦绣为之。至衷衣及裩，冬夏皆用纻布。其衷衣与裩相联接，扣以钮扣，而根脚又与罗袜相联，亦扣以扣。处子夜卧，不脱不沐，既嫁方沐，每一日沐。沐毕，涂以苏合油，贫者涂以羊膏，故肤如凝脂也。合卺之夕，定情时，始解衷衣与裩扣。土司女多缠足，其缚脚甚易，山中有草名“葳灵仙”，取其叶与根煎汁濯之，日三四濯，不数日而步步金莲矣。又苗家风俗，妇女未受孕，大有分别，妇一受孕，眉间即有红丝一缕，隐隐而现，以是知其受胎也。

【辨伪】此条节抄自清陈鼎《滇黔土司婚礼记》：

> 滇黔龙土司，本鬻氏也，于周为汉上诸姬，《左氏传》所载罗人、鬻人是也。楚灭宋、蔡、罗、鬻四国，俘其宗室，放之南徼，遂成苗彝。今滇黔之间，有宋家、蔡家、罗家、龙家之苗，即其裔也。……鬻氏于三国时，伯仲从诸葛武侯平南蛮有功。兄王于滇东为龙氏，弟王于滇南为凤氏。一去鸟为龙，一增凡为凤，世为诸苗之长。……四家世为姻好，嫁嫡长女为嫡长妇，必一媵八人，古诸侯一娶九女之遗意也。然所媵或养同姓，或选良家，或庶产，嫡女则不能矣。中国士大夫嫡长子娶四家长官嫡长女，亦然，王臣加于诸侯也，常人则否。长官女，亦靳与常人，其宗族则勿论矣。余幼以文字见知宣慰父子，以嫡长女许字、问名、拜允、纳采、下聘，以及亲迎、奠雁，一遵周礼。余飘流异域，一贫如洗，安能备礼，皆内父母资之而后行也。内父母以余为士也，不可以筚门圭窦而成大礼，乃为治第于宣慰府西之里许，即蜀汉阜东柘察第故址也。柘察者，苗语也。峒主呼婿为柘察，呼女为以纳，即汉语郡马郡主之称也。龙氏既对王，其婿阜东母拜司隶副尉，曾列第于此。……女子尚短衣，衣齐腰长裙，裙百折，或二百折。富者穿五重，贫者亦两三重，男子亦然。其衷衣及裩，冬夏皆纻。处女夜卧，不脱不沐。临嫁方沐，既嫁日一沐。沐毕，涂以苏合油，贫者涂以羊膏，故肤如凝脂也。其衷衣与裩相接，皆联金扣，以百数。裩口与罗袜相接，亦密以扣。扣皆圆而扁者，贫家以铅锡为之。合卺之夕，始解。既定情，复起穿如故。……长官家女有缚足者，民间多不缚，便于工作也。其缚也甚易，山中有草曰“威灵仙”者，取其根汁煎濯之，不数日而步步金莲矣。……今夕受胎，明晨妇眉间即有一缕红丝，隐隐而现。

今按：卢氏改“滇黔龙土司”至“世为诸苗之长”为“滇南土司婚礼，犹有古风。惟宋、蔡、罗、龙、凤四姓五家相为联婚，以龙与凤系同一姓故也”，改“余幼以文字见知宣慰父子”至“曾列第于此”为“间亦有与滇士大夫家通婚者，其纳采、奠雁与汉人无异，多行入赘”，改“四家世为姻好，嫁嫡长女为嫡长妇，必一媵八人，古诸侯一娶九女之遗意也”为“而四姓世袭长官，世为婚姻，以嫡长女嫁嫡长男，每娶长女，必一妻八媵，有古诸侯一娶九女之遗意”，改“王臣加于诸侯也”为“犹王姬嫁于诸侯也”，增“长官女服饰裙妆，与汉人稍异”、“以锦绣为之”，删“富者穿五重，贫者亦两三重，男子亦然”，改“其衷衣与裩相接，皆联金扣，以百数。裩口与罗袜相接，亦密以扣”为“其衷衣与裩相联接，扣以钮扣，而根脚又与罗袜相联，亦扣以扣”，并前置，而删“扣皆圆而扁者，贫家以铅锡为之”，改“合卺之夕，始解。既定情，复起穿如故”为“合卺之夕，定情时，始解衷衣与裩扣”，删“民间多不缚，便于工作也”，增“日三四濯”，改“今夕受胎，明晨妇眉间即有一缕红丝，隐隐而现”为“又苗家风俗，妇女未受孕，大有分别，妇一受孕，眉间即有红丝一缕，隐隐而现，以是知其受胎也”，大同小异，显系抄袭。

5. 滇黔苗种最多，惟(冲)[仲]家牯、羊苗、黄毛猪狫、白猓猓、黑猓猓五种为盛。其婚姻以踏月跳歌为定，男女皆毡衣，女不着裩，惟着裙。元夕立标于野，大会男女，男吹芦笙，女振金铎，盘旋蹈舞，各有行列，讴歌互答，有合于心，即奔就之。越日送归母家，然后遣媒，请聘价焉。既成，则男就女家，必生子乃归夫家。按《周礼》：“孟春之月，大会男女，过时者奔之勿禁，不及时者勿许。”今此苗俗，无论过时不及时皆奔，殆其流弊欤？

【辨伪】此条抄自清陈鼎《滇黔土司婚礼记》：

> 惟仲家牯、羊苗、黄毛猪狫、白猓猓、黑猓猓五种苗，以跳月为婚者，皆不裩。跳月为婚者，元夕立标于野，大会男女，男吹芦笙于前，女振金铎于后，盘旋跳舞，各有行列，讴歌互答，有洽于心，即奔之。越日送归母家，然后遣媒妁，请聘价焉。既成，则男就于女，必生子然后归夫家。《周礼》：“暮春之月，大会男女，过时者奔之勿禁，不及时者勿许。”今此五苗，无论过时与不及时者皆奔，殆其流弊欤？

今按：卢氏改“惟仲家牯、羊苗、黄毛猪狫、白猓猓、黑猓猓五种苗”为“滇黔苗种最多，惟(冲)[仲]家牯、羊苗、黄毛猪狫、白猓猓、黑猓猓五种为盛”，改“以跳月为婚者，皆不裩。跳月为婚者”为“其婚姻以踏月跳歌为定，男女皆毡衣，女不着裩，惟着裙”，大同小异，显系抄袭。

6. 岭表蛮洞风俗，非亲丧，男女头皆顶白巾，妇女以白布缠头。家有祀事，以青叶标门禁往来。人皆文身，男女同浴，名曰：“冒白乡风旧，标青社酒酣。文身老及幼，川浴女同男。”近族人自岭外归，询之，诚然。

【辨伪】此条抄自宋周煇《清波杂志》卷十：

> 广南黎洞，非亲丧亦顶白巾，妇人以白布巾缠头。家有祀事，即以青叶标门禁往来。人皆文身，男女同浴。故曰：“冒白乡风旧，标青社酒酣。文身老及幼，川浴女

同男。”近有族人自海外归，询之，曰然。

今按：卢氏仅改“广南黎洞，非亲丧亦顶白巾”为“岭表蛮洞风俗，非亲丧，男女头皆顶白巾”，大同小异，显系抄袭。

7. 至道元年，牂牁诸蛮贡方物。牂牁在宜州之西，累世不朝贡，至是始通中国。上问其使臣宠光近地里风俗，译代对曰：“去宜州陆行四十五日，地产五谷，人食秔稻，持木弩于林树间射獐鹿为业。每二三百户为一州，州有长。杀人者不死，以家财为赎。王居有城郭，官府无壁垒，止短垣而已。”其使衣衣虎皮、毡裘，以虎尾加于首为饰。从者百余人，均皆篷发、黧面，状若猿猱，服饰诡异，不可名状。

【辨伪】此条抄自宋周煇《清波杂志》卷十二：

> 至道元年，西南牂牁诸蛮贡方物。牂牁在宜州之西，累世不朝贡，至是始通。上问其吏宠光进地里风俗，译代对曰：“去宜州陆行四十五日，土宜五谷，人多食秔稻，持木弩于林木间射麞鹿。每三二百户为一州，州有长。杀人者不死，以其家财为赎。王居有城郭，官府无壁垒，止短垣而已。”……牂牁使十数辈，从者百余人，皆蓬发黧面，状如猿猱。使者衣虎皮、毡裘，以虎尾加于首为上饰，他悉类此。煇顷从使节出疆，抵燕，与渤海使先后入见。当少须，于次际见其过前，服饰诡异，殆不可名状。

今按：卢氏改“牂牁使十数辈”至“他悉类此”为“其使衣衣虎皮、毡裘，以虎尾加于首为饰。从者百余人，均皆篷发、黧面，状若猿猱”，删“煇顷从使节出疆”至“于次际见其过前”，大同小异，显系抄袭。

8.《隋书》载西南蛮有八诏。余考隋时永昌姚州有蒙舍诏，蒙嶲诏，越祈诏，浪穷诏，施浪诏，邆赕诏，又有傍、矣川罗识二族，通号八诏。其后二族为合罗凤所灭，至今存者只有六诏。南方之蛮夷，惟南诏为最大，盖夷语谓王为诏，故《戎州舆地志》有南临六诏之地。

【辨伪】此条抄自宋周煇《清波别志》卷上：

> 八诏者，隋时永昌姚州闻有蒙舍诏、蒙嶲诏、越析诏、浪穹诏、施浪诏、邆赕诏，又有傍、矣川罗识二族，通号八诏。其后二族为合罗凤所灭，独有六诏。南方之夷，惟南诏为最大，夷语谓王为诏。或曰：当六诏皆在，岁有事，天子各赐一诏，故曰八诏。

今按：卢氏增“《隋书》载西南蛮有八诏”一句，检《隋书》，不载西南蛮八诏。又增“余考”二字，改“越析诏”为“越祈诏”，改“浪穹诏”为“浪穷诏”，改“邆赕诏”为“邆睒诏”，改“独有六诏”为“至今存者只有六诏”，又删“或曰：当六诏皆在，岁有事，天子各赐一诏，故曰八诏”一句，增“故《戎州舆地志》有南临六诏之地”一句，大同小异，显系抄袭。

9. 木兰皮国在大食国之西极边。过大海西岸，由大食国乘巨舰，百余日可到其地。凡舟之大者，莫如木兰皮舟，一舟能载数千人，舟中有酒食肆、机杼，货物悉备。一舟要具数年饮食，恐为风所阻滞，不能前进故也。地产麦，麦(粗)[粒]长二寸许，瓜大有六七尺围，米麦窖地中数十年不坏。

【辨伪】此条抄自宋周去非《岭外代答》卷三“木兰皮国”：

> 大食国西有巨海，海之西，有国不可胜数。大食巨舰所可至者，木兰皮国尔。盖自大食之陁盘地国发舟，正西涉海一百日而至之。一舟容数千人，舟中有酒食肆、机杼之属。言舟之大者，莫木兰若也。今人谓木兰舟，得非言其莫大者乎？木兰皮国所产极异，麦粒长二寸，瓜围六尺，米麦窖地数十年不坏。

今按：卢氏改“大食国西有巨海，海之西，有国不可胜数。大食巨舰所可至者，木兰皮国尔”为“木兰皮国在大食国之西极边”，改“盖自大食之陁盘地国发舟，正西涉海一百日而至之”为“过大海西岸，由大食国乘巨舰，百余日可到其地”，改“一舟容数千人，舟中有酒食肆、机杼之属。言舟之大者，莫木兰若也”为“凡舟之大者，莫如木兰皮舟，一舟能载数千人，舟中有酒食肆、机杼，货物悉备”，增“一舟要具数年饮食，恐为风所阻滞，不能前进故也”，删“今人谓木兰舟，得非言其莫大者乎”，改“木兰皮国所产极异”为“地产麦”，大同小异，显系抄袭。

10. 安南，自汉唐以来，皆归附中国。余读《宋史》，绍兴二十六年乞入贡，所献方物甚盛，前古未有如此之多者。贡金器数十件，计重一千二百余两，均以珠宝饰之。贡珍珠如(茹)[茄]子大者三颗，其次如波罗蜜核者六颗，又次如核桃者二十四颗，又次如李核者一十七颗，其小如枣核者一百颗，均以金瓶盛之。贡沉香一千斤，翠羽五十只，深黄盘龙缎八百五十匹，驯象五头，常进马八匹，鞍辔全副。其后入贡，皆不及。

【辨伪】此条抄自宋周去非《岭外代答》卷二“安南国”：

> 交址本秦象郡，汉唐分置，已见于百粤，故地首篇。……绍兴二十六年乞入贡，许之，乃遣使由钦入。正使安南右武大夫李义嗣、安南武翼郎郭应以五象充常进纲外，更进升平纲，以安南太平州刺史李国为使，所献方物甚盛，表章皆金字。贡金器凡一千二百余两，以珠宝饰之者居半。贡珍珠，大者三颗如茄子，次六颗如波罗密核，次二十四颗如桃核，次十七颗如李核，次五十颗如枣核，凡一百颗，以金瓶盛之。贡沉香一千斤，翠羽五十只，深黄盘龙段子八百五十匹，御马六匹，鞍辔副之，常进马八匹，驯象五头。二纲衙官各五十人，使者颇以所进盛多自矜。后乞入贡，朝廷辄却之。

今按：卢氏改“交址本秦象郡，汉唐分置，已见于百粤，故地首篇”为“安南，自汉唐以来，皆归附中国”，增“余读《宋史》”，删“许之，乃遣使由钦入。正使安南右武大夫李义嗣、安南武翼郎郭应以五象充常进纲外，更进升平纲，以安南太平州刺史李国为使”、“表章皆金字”，增“前古未有如此之多者”，改“贡金器凡一千二百余两，以珠宝饰之者居半”为“贡金器数十件，计重一千二百余两，均以珠宝饰之”，改“贡珍珠，大者三颗如茄子，次六颗如波罗密核，次二十四颗如桃核，次十七颗如李核，次五十颗如枣核，凡一百颗”为“贡珍珠如(茹)[茄]子大者三颗，其次如波罗蜜核者六颗，又次如核桃者二十四颗，又次如李核者一十七颗，其小如枣核者一百颗”，删“御马六匹，鞍辔副之”、“二纲衙官各五十人，使者颇以所进盛多自矜”，增“鞍辔全副”，改“后乞入贡，朝廷辄却之”为“其后入贡，皆不及”，大同小异，显系抄袭。

11. 占城国，前此未通中国。自唐显德五年，国王因德漫，遣使来，贡猛火油八十四瓶，蔷薇水十五瓶。其表以贝多叶书之，香木为函。猛火油见水愈炽，殆类今之井油、洋油者。蔷薇水得自西域，洒衣，虽弊而香气不减。余阅《五代史·四夷》。内典云：“人火得水而灭，龙火得水而燃。”此阴阳自然之变化，信有此理，盖谓：“人能变火，龙能变水。龙不见石，人不见风，鱼不见水，鬼不见地。”亦此理也。

【**辨伪**】此条抄自宋张世南《游宦纪闻》卷三：

> 占城国，前此未尝与中国通。唐显德五年，国王因德漫，遣使者莆诃散来，贡猛火油八十四瓶，蔷薇水十五瓶。其表以贝多叶书之，香木为函。猛火油以洒物，得水则出火。蔷薇水得自西域，洒衣，虽弊而香不减。已上见《五代史·四夷附录》。内典云：“人火得水而灭，龙火得水而炽。”信有此理，阴阳自然变化，论曰：“龙能变水，人能变火。龙不见石，人不见风，鱼不见水，鬼不见地。”此亦理也。

今按：卢氏改“前此未尝与中国通”为“前此未通中国”，改“遣使者莆诃散来”为“遣使来”，改“猛火油以洒物，得水则出火”为“猛火油见水愈炽，殆类今之井油、洋油者”，改“已上见《五代史·四夷附录》”为“余阅《五代史·四夷》”，改“信有此理，阴阳自然变化，论曰”为“此阴阳自然之变化，信有此理，盖谓”，其意相同，显系抄袭。

12. 日本倭国，在大海中，浙闽之东北隅。汉灭朝鲜，通使称王。至光武时，赐以印绶。历晋、魏、隋、唐，朝贡不绝。咸亨初，(遗)[遣]使入贡，求习夏言，遂恶倭字，改国号为日本，以其国近日出处也。宋雍熙初，僧奝然入贡，乞赐印本《大藏经》，诏与之，归国。元时，不肯奉命。明初，遣赵秩往谕来朝，后因侵扰绝之。嘉靖间，巡抚张经剿败之，为赵文华诬谤论死，倭人复炽。其国在东海最大，分五畿、七道、三岛。道统州六十六，州统郡五百七十二。又有属国百余国。

【**辨伪**】此条抄自清陆次云《八纮译史》卷一“日本”：

> 日本倭国，在大海中，浙闽之东北隅。汉灭朝鲜，通使称王者三十余国。……建武初，奉朝贡，光武赐以印绶。……历晋、齐、梁、陈，朝聘不绝。隋开皇时，王多利思比孤遣使诣阙。……唐时，倭王天智遣使者与虾人偕朝。……咸亨初，遣使入贡，求习夏言，恶倭名，改号日本，以国近日出处故也。……宋雍熙初，僧奝然来

贡，乞赐印本《大藏经》，载之归国。宋亡，终元之世，不肯奉命。明初，遣赵秩往谕来朝，后因通胡惟庸谋逆，绝之。永乐初，复来归附，其后侵扰滋甚。至嘉靖时，巡抚张经剿败之，为赵文华谗忌论死，倭人复炽。……其地于东海中最大，分五畿、七道、三岛。道统州六十六，州统郡五百七十二。又有属国百余。

今按：卢氏删“者三十余国”，改“建武初，奉朝贡，光武赐以印绶”为“至光武时，赐以印绶”，改“历晋、齐、梁、陈，朝聘不绝。隋开皇时，王多利思比孤遣使诣阙。……唐时，倭王天智遣使者与虾人偕朝”一段为“历晋、魏、隋、唐，朝贡不绝”，改“载之归国”为“诏与之，归国”，改“宋亡，终元之世”为“元时”，改“后因通胡惟庸谋逆，绝之。永乐初，复来归附，其后侵扰滋甚”为“后因侵扰绝之”，大同小异，显系抄袭。

13. 琉球，在东南海中，自汉、唐及宋、元，不通中国。明洪武时，遣行人杨载招谕琉球，其国使人随载入贡。国内分中山、山南、山北，称为三王。明永乐时，赐闽人三十六姓善操舟者，令往来于国，以便朝贡。景泰时，山南、山北为中山尚思达所并，遂为一王。习中国语文字，遣世子入学，至本朝犹然。

【辨伪】此条节抄自清陆次云《八纮译史》卷一“琉球”：

琉球，处东南海中，其国甚大，自汉迄宋，不通中国。……明洪武初，遣行人杨载招谕琉球，其使随载入贡。其国分中山、山南、山北，称三王。永乐时，赐闽人三十六姓善操舟者，令往来朝贡。……景泰时，山南、山北为中山尚思达所并。……自唐、宋至元，王之长子至中国，入国子监读书。……习中国语言文字。

今按：卢氏删“其国甚大”，改“自汉迄宋”为“自汉、唐及宋、元”，改“令往来朝贡”为“令往来于国，以便朝贡”，改“自唐、宋至元，王之长子至中国，入国子监读书。……习中国语言文字”为“习中国语文字，遣世子入学，至本朝犹然”，大同小异，显系抄袭。

14. 朝鲜，即周封箕子国也。自汉、魏、隋、唐以迄宋、元，兴灭不常。以其国王高琏辟地得国，不易其姓，故号高丽。明洪武初，封其国王，改号朝鲜，后为国相李成桂废其主而自立。其界东西南三面皆滨大海，惟北岸抵鸭绿江，本朝仍入贡。

【辨伪】此条节抄自清陆次云《八纮译史》卷一“朝鲜”：

朝鲜，周封箕子国也。传四十余世，汉初，燕人卫满据其地，武帝置四郡，至昭帝时，有高句丽者，夫余种也。……遂号曰高句丽。又数传至汉末，国为公孙度所据。至孙渊，为曹魏所灭。……晋永嘉末，陷于高丽，其王高琏居平壤城。五代时，王建代高氏，辟地益广。并占、新罗、百济为一，其后子孙朝贡。历五代、宋、元不易姓。洪武初，封高丽国王，改号朝鲜。后为国相李成桂废主自立。其国东西南三面濒海，西北抵鸭绿江。

今按：卢氏改“传四十余世”至“历五代、宋、元不易姓”为“自汉、魏、隋、唐以迄宋、元，兴灭不常。以其国王高琏辟地得国，不易其姓，故号高丽”，又增“本朝仍入贡”，大同小异，显系抄袭。

15. 荷兰国，在西海之西北隅，其地富饶，有城郭宫室，其人多技巧，制造奇器，前古未通中国，顺治初年，由福建台湾入朝，贡献不绝。

【辨伪】此条抄自清陆次云《八纮译史》卷二“荷兰”：

> 荷兰，在西海之西北隅，通番商，国饶富，有城郭宫室，甚精洁，多技巧，能制造奇器，国俗与西洋相似。……前古未通中夏，至本朝顺治初年，由福建省入贡，亦遣侍子来朝，比岁不绝。

今按：卢氏所记与陆氏同，文句稍有改窜，如删“通番商”、“甚精洁”、“国俗与西洋相似”，改“由福建省入贡，亦遣侍子来朝，比岁不绝”为“由福建台湾入朝，贡献不绝”，大同小异，显系抄袭。

16. 阿路索，在西洋之东北，有城郭，人稀地广，天气甚寒，六月犹有僵冻者，贵者衣貂皮。前此未通中国。康熙时，入贡，献黑貂皮、鱼牙、海青、自鸣钟、玻璃镜等方物，适遇西士南怀仁在京，译通其语。

【辨伪】此条抄自清陆次云《八纮译史》卷二“阿路索”：

> 阿路索，在中国西北，西洋之东北，有城郭，贵者衣貂衣，男女自定婚配，住木屋，属国最多。人稀地广，天气甚寒，其边隅六月中有僵冻者。明季未通中国，至本朝康熙时，始进黑貂、鱼牙、海青、自鸣钟、玻璃镜诸物，其人语异西洋之语，文用西洋之文。西儒南怀仁译通其辞。

今按：卢氏所记与陆氏同，文句稍有改窜，如删“中国西北”，改置“贵者衣貂衣”于后，删“男女自定婚配，住木屋，属国最多”，改“明季未通中国”为“前此未通中国”，删“其人语异西洋之语，文用西洋之文”，改“西儒南怀仁译通其辞”为“适遇西士南怀仁在京，译通其语”，大同小异，显系抄袭。

17. 吐(番)[蕃]，即西羌种，舜徙三苗于三危，即此地，与高昌国接境。其俗：子妻母，弟妻嫂，种类繁多，信佛无伦纪。周平王迁都避之，秦始皇筑长城限之，汉武帝令居塞上，置张掖、酒泉、敦煌、威武四郡距之。晋怀帝时，有赤亭羌姚弋仲者，初事晋，后灭(符)[苻]坚，称帝于长安，国号秦。唐代宗时，吐蕃屡入寇，郭子仪、回纥讨平之。宋时贡、寇不常，元时尽取其地，封其僧八思巴为大宝法王。明洪武，以其地为乌思藏，置指挥宣慰司统之，封其僧赞善为大乘大宝法王，赐印诰。俗人相传，法王能预知人生死，故称为活佛，即今西藏之哪叭僧头也。

【辨伪】此条抄自清陆次云《八纮译史》卷二“吐番”：

吐蕃，即西羌种，出三苗，舜徙三苗于三危，近肃州，接高昌。其俗：子妻母，弟纳嫂，故无鳏寡，种类繁多。周平王迁都，羌偪诸夏陇山、伊洛之际，遂杂居焉。秦始皇筑长城，汉武帝令居塞上，置张掖、酒泉、敦煌、威武四郡距之。晋怀帝时，有赤亭羌姚弋仲者，生子苌，初事晋，后灭苻秦，于长安称帝，亦号秦，再传而为刘裕所灭。唐代宗时，吐蕃屡入大扰，为郭子仪合回纥兵击败而去。宋时贡、寇不常，元时尽取其地，封其僧八思巴为大宝法王。明洪武，以其地为乌思藏，置指挥宣慰，封其僧赞善为阐教大乘大宝法王，有封灌顶国师及资善王、阐化王者，俱赐印诰。法王演法，能使孔雀抟空，天花乱坠。近今有能预知生死，称为活佛。

今按：卢氏删“出三苗”、“近肃州”，增“即此地”，改“接高昌”为“与高昌国接境”，删“故无鳏寡”，增“信佛无伦纪”，改“周平王迁都，羌偪诸夏陇山、伊洛之际，遂杂居焉。秦始皇筑长城”为“周平王迁都避之，秦始皇筑长城限之”，删“生子苌”、“再传而为刘裕所灭”，改“为郭子仪合回纥兵击败而去”为“郭子仪、回纥讨平之”，删“有封灌顶国师及资善王、阐化王者”，改“法王演法，能使孔雀抟空，天花乱坠。近今有能预知生死，称为活佛”为“俗人相传，法王能预知人生死，故称为活佛，即今西藏之哪叭僧头也”，大同小异，显系抄袭。

18. 哈密，西域入贡要道。汉魏时置屯田以戍之，兴废不常。唐贞观中，裂其地为伊州，置郡县。元时，为安帖木儿所居。明永乐，入贡，封帖木儿子脱脱为忠顺王。本朝因之，仍入贡献。

【辨伪】此条抄自清陆次云《八纮译史》卷二“哈密”：

哈密，西域入贡要道也。汉时为伊吾庐，明帝曾遣将屯田其地，至章帝时，罢屯田，伊吾遂不为汉有，后班超复得其地，邓太后时，令复设屯田。……唐贞观初，裂其地为伊州，遂为郡县。……元末，威武王安克帖木儿居此。明永乐，入贡，封帖木儿子脱脱为忠顺王。

今按：卢氏所记与陆氏同，文句稍有改窜，如概括“汉时为伊吾庐”至“令复设屯田”为“汉魏时置屯田以戍之，兴废不常”一句，又于末尾增“本朝因之，仍入贡献”一句，显系抄袭。

19. 撒马儿罕，西域大国也。汉为罽宾，隋为漕国，唐贞观中入贡，仍名罽宾，以后贡献不绝。又有亦力把力，即古龟兹国也。汉乌孙公主女妻龟兹，龟兹国王随主女入朝，自以为汉外孙也。其国衣冠、宫室、车马、侍卫，皆师汉仪度。

【辨伪】此条抄自清陆次云《八纮译史》卷二“撒马儿罕”、“亦力把力”二条。“撒马儿罕”条：

撒马儿罕，西域大国也。汉为罽宾，隋为漕国。……至唐复名罽宾。贞观中，贡俱物头花。……开元时，遣使献天文书及秘方齐药……明成化时，阿黑麻贡二狮子……嘉靖时，其国称王者五十三人，皆入贡。

“亦力把力”条：

亦力把力，古龟兹也。汉乌孙公主女妻龟兹，龟兹国王随主女入朝，自以为汉外孙也。归国后，衣服、宫室、侍从、周卫，皆师汉仪。

今按：卢氏所记与陆氏同，文句稍有改窜，卢氏改“至唐复名罽宾。贞观中，贡俱物头花”为“唐贞观中入贡，仍名罽宾”，又概括“开元时，遣使献天文书及秘方齐药……明成化时，阿黑麻贡二狮子……嘉靖时，其国称王者五十三人，皆入贡”为“以后贡献不绝”。又改“归国后，衣服、宫室、侍从、周卫，皆师汉仪”为“其国衣冠、宫室、车马、侍卫，皆师汉仪度”，其意相同，显系抄袭。

20. 天竺，一名身毒，地方三万余里，中分为五国，即五印度是也。中印度属国甚多，四印度亦各有属国三四十。自汉明帝遣使天竺求佛，于是佛教始入中国，以后贡献不绝。

【辨伪】此条抄自清陆次云《八纮译史》卷二“天竺”：

天竺，一名身毒，地方三万余里，分五国，即五印度也。……中印度属国甚多，四印度亦各有属国数十。……汉明帝梦丈六金身，遣使天竺求佛，于是释教入于中国。宋元嘉时，天竺属国伽毗黎国遣使献金刚指环、赤白鹦鹉，后苏摩黎国、斤陀利国，婆利国俱入贡。梁天监初，中天竺遣使献琉璃吐壶。……至宋世，朝贡不绝。

今按：卢氏所记与陆氏同，文句稍有删改，如改“汉明帝梦丈六金身，遣使天竺求佛”为“自汉明帝遣使天竺求佛”，改“宋元嘉时”至“至宋世，朝贡不绝”为“以后贡献不绝”，显系抄袭。

21. 缅甸，地热，多烟瘴。其人形陋体黑，男髻绾前，女髻绾后，皆以麝香涂体。风俗事佛敬僧。国内建有武侯祠，以武侯南征，曾至其地，名之曰剩村。武侯立碑道旁，题曰异日皇帝过此。明末，永历投荒，实应其谶。后永历被擒，雷碎其碑。

【辨伪】此条节抄自清陆次云《八纮译史》卷二“缅甸”：

缅甸，地热，多瘴。……其人形陋体黑……男髻绾前，女髻绾后，皆以麝香涂体。……事佛敬僧。……其国有孟获城，内建武侯祠，武侯至此，名其地曰剩村，勒石纪事。过金沙江，向木邦国，武侯立碑道旁，题字曰异日皇帝过此。明末，永历投荒，乃应其谶。永历就擒后，雷碎其碑。

今按：卢氏所记与陆氏同，文句有所删改，如改“其国有孟获城，内建武侯祠，武侯至此”为“国内建有武侯祠，以武侯南征，曾至其地”，删“勒石纪事。过金沙江，向木邦国”，显系抄袭。

22. 安南国，秦属象郡，汉为南粤尉佗兼有其地，武侯时，置交趾、九真、日南三郡。后为女子征则、征贰反据，马援讨平之。魏、晋、隋、唐，以迄五代、宋、元、明，皆置州郡，屡被叛据。至宣德时，遣使谢罪，因宥而封之。后为莫登庸所纂，命毛伯温讨平之，黎氏仍复其国，至今朝贡不绝。其俗讲学崇儒，亦尚佛教，考试取士，以四场为式，一头场经艺，二场四六，三场诗赋，四场策论。衣冠、刑法，多与中国同。

【辨伪】此条节抄自清陆次云《八纮译史》卷三“安南”：

> 安南，《尧典》所谓南交也。秦属象郡，汉为南越尉佗兼有其地。汉武帝平南越，置交趾、九真、日南三郡。……建武中，女子征则、征贰反，马援征平之。桓、灵后，蛮獠据象郡为林邑国。由魏、晋至唐，屡为州郡。五代时，土豪曲承美据之……乃立交趾布政司使，郡县其地。其后黎利复叛，屡征失利。宣德间，遣使谢罪，因宥而封之。七传而其臣莫登庸逐其君譓而自立，国号越。嘉靖帝命毛伯温讨平之，登庸出降，诏以之为都统。无何，黎氏仍复其国，莫氏窜居南海，黎氏修贡不绝。其俗犷悍喜斗，近亦崇儒，亦有释道，不甚尊礼。取士亦三年考试，试有四场，一经义，二四六，三诗，四策。……律文亦遵中夏。……文臣纱帽圆领，居恒戴黑尾高帽。武职衣哆啰呢虎豹象服，平时青帽青袍。

今按：卢氏所记与陆氏同，文句稍有改窜，如删“《尧典》所谓南交也”，误改“汉武帝平南越”为“武侯时”，又概括“建武中”至“屡征失利”数句为“魏、晋、隋、唐，以迄五代、宋、元、明，皆置州郡，屡被叛据”一句，又概括“律文亦遵中夏。……文臣纱帽圆领，居恒戴黑尾高帽。武职衣哆啰呢虎豹象服，平时青帽青袍”为“衣冠、刑法，多与中国同”，显系抄袭。

23. 默德那，即古回回国也。其教以祀天为本，其字体有篆、楷、草三法，今西洋诸国皆用之。明宣德时，遣使随天方国入贡，其风土所产，五谷、花果与中国无异。其风俗重杀生，不食豕肉，非同类杀者亦不食，至犬肉亦不食。

【辨伪】此条节抄自清陆次云《八纮译史》卷三“默德那”：

> 默德那，即古回回祖国。……其教以祀天为本，而无设像。……其书体旁行，有篆、草、楷三法，今西洋诸国皆用之。……明宣德中，遣使随天方使臣入贡。俗有城池、宫室、田畜、市肆，与江淮风土不异，寒暑应候，民物繁庶，种五谷、葡萄诸果。重杀，非同类杀者不食，不食豕肉。

今按：卢氏改“俗有城池、宫室、田畜、市肆，与江淮风土不异，寒暑应候，民物繁庶，种五谷、葡萄诸果”为“其风土所产，五谷、花果与中国无异”，又增“至犬肉亦不食”一句，其他大致相同，显系抄袭。

24. 天方国，其地四时融和，如春晚夏初，与回回国相近，最富饶，物产亦多。明宣德时，始通中国。其俗：有老人年至七八十岁者，甘愿舍身济众，遂绝粒，不食五谷酒肉，每日惟澡身饮蜜，饮至数月或年余，便溺皆蜜而死。国人殓以棺，仍用蜜满侵其身，志其岁月，瘗之地中，俟百年后起封，则成蜜剂，遇刀斫、折伤肢体者，服少许，即愈，名曰木乃伊。外域最贵重。余按：李时珍《本草纲目》亦载此方。

【辨伪】此条抄自明罗日褧《咸宾录》及清陆次云《八纮译史》。《咸宾录》卷四“天方”：

天方，古筠冲地，一名天堂。宣德五年，太监郑和等往各番国，到古里，差使谕天方国王。王即遣使来贡方物，并画《天堂图》以献。其地风景融，四时皆春，田沃稻饶，居民安业。

《八纮译史》卷三“天方”：

天方，古冲筠地，一名天堂，其地风景融和，四时皆春。田沃稻饶，用回回历，民居安业……其国有人，年七八十岁，愿舍身济众者，绝不饮食，惟澡身啖蜜，经月便溺皆蜜而死。国人殓以棺，仍满用蜜浸之，镌年月于棺瘗之，俟百年后起封，则成蜜剂，遇人折伤肢体，服少许立愈，其名曰木乃伊。

今按：卢氏所记与陆氏同，文句稍有改窜，卢氏改陆氏“其地风景融和，四时皆春。田沃稻饶，用回回历，民居安业”一句为“其地四时融和，如春晚夏初，与回回国相近，最富饶，物产亦多”，又改罗氏“宣德五年，太监郑和等往各番国，到古里，差使谕天方国王”一句为“明宣德时，始通中国”，其他与《八纮译史》大致相同。又增“外域最贵重。余按：李时珍《本草纲目》亦载此方”，显系抄袭。

25. 占城国，即古越裳氏地。汉为林邑，唐为占城。历汉、魏、晋、齐、梁、隋、唐，皆入贡。宋淳熙中，以兵袭破真腊。后真腊复仇，占城几无噍类。其国南距真腊，北距交趾，恒与二国相攻伐，每赖中国为解和。其俗最好洁，日常澡身三五次，浴罢，即以脑麝涂体，速檀熏衣。

【辨伪】此条节抄自清陆次云《八纮译史》卷三“占城”：

占城，古越裳氏。汉为林邑，唐名占城。……汉初有区逨者，自立为林邑王……历宋、齐、梁、陈，皆入贡。隋文帝遣将刘方攻其国……唐贞观初，遣使献朝霞大火珠……宋时，屡入朝贡。淳熙间，占城以舟师袭破真腊。后真腊大举复仇，勦杀几无噍类。……其国南距真腊，北距交趾，故与二国相攻伐，中国每为和解。其俗犷悍……性好洁，日三五浴，脑麝涂体，沉速熏衣。

今按：卢氏所记与陆氏同，文句有所删改，卢氏概括“汉初有区逨者”至“宋时，屡入朝贡”数句为“历汉、魏、晋、齐、梁、隋、唐，皆入贡”一句，其他大致相同，显系抄袭。

26. 真腊，其先为扶南属国，后并扶南而有其地，遂为大国。其风俗、贡赋，有《真腊风土记》，言之最详。

【辨伪】此条节抄自明罗日褧《咸宾录》卷六“真腊”：

> 真腊，本扶南属国。……唐初，其王质多斯那并扶南，其势遂盛。……昔元时周达观出使其国，著有《真腊风土记》，载其事甚详。

今按：卢氏改“唐初，其王质多斯那并扶南，其势遂盛”为“后并扶南而有其地，遂为大国”，改“昔元时周达观出使其国，著有《真腊风土记》，载其事甚详”为“其风俗、贡赋，有《真腊风土记》，言之最详”，大同小异，显系抄袭。

27. 暹罗，初为二国。元时，暹降于罗，合为一国，即以暹罗名之。由东粤香山县登舟，遇顺风四十日可到其国。自明及今，仍入贡献。

【辨伪】此条节抄自清陆次云《八纮译史》卷三“暹罗”：

> 暹罗，本暹与罗斛二国。……元时，暹降于罗，合为一国。明时，朝贡不绝。由东粤香山县登舟，顺风四十日可至其国。

今按：卢氏所记与陆氏同，文句稍有改窜，如改“本暹与罗斛二国”为“初为二国”，增“即以暹罗名之”，改“明时，朝贡不绝”为“自明及今，仍入贡献”，并置于末尾。显系抄袭。

28. 又朝鲜地，据《汉书·地理志》：“乐浪郡之县二十五，其一为朝鲜。”应劭注：“故朝鲜国，武王封箕子于此。”而朝鲜今在高丽境内。又慕容氏于营州立朝鲜县，又于平州亦立朝鲜，但取其名，与汉置之县相去则千有余里。而《一统志》乃云：“朝鲜城，在永平府境内，箕子受封之也。”何其不知古今之地理哉？

【辨伪】此条节抄自清顾炎武《日知录》卷三十一“大明一统志”：

> 《汉书·地理志》：“乐浪郡之县二十五，其一曰朝鲜。”应劭曰：“故朝鲜国，武王封箕子于此。”……在今高丽国境内。慕容氏于营州之境立朝鲜县，魏又于平州之境立朝鲜县，但取其名，与汉县相去则千有余里。《一统志》乃曰：“朝鲜城，在永平府境内，箕子受封之地。”则是箕子封于今之永平矣。当日儒臣令稍知今古者为之，何至于此。为之太息！

今按：卢氏改“则是箕子封于今之永平矣。当日儒臣令稍知今古者为之，何至于此。为之太息”为“何其不知古今之地理哉”，其他大致相同，显系抄袭。

29. 戎州为古僰国地，种类不一，其人短小，有猡鬼犵狫，言语不通，皆僰人为之传译。僰人善禁咒，有祷辄应，能变幻报仇，破其法即不验。人死有棺而不葬，置之悬岩峭壁间，以其能缘壁而走也。迄今滇之大关厅所属棺木岩，比比皆是，即僰人所搁棺也。而袁子才载：巫峡悬崖上搁有棺，为大禹未开河以前洪水滔天时物，系属以讹传讹，不知有僰人也。

【辨伪】此条节抄自清陆次云《峒溪纤志》卷上"僰人"、"猓"、"犵狫"三条。"僰人"条：

> 僰人号十二营，长猡鬼犵狫，言语不通，僰人为之传译。……又好佛，手持数珠，善诵梵咒，有祷辄应。

又"猓"条：

> 猓，僰人，后住元谋，……其人能咒咀，变幻报仇家。又善变犬马诸物，破其法即不验。

又"犵狫"条：

> 犵狫，……死则有棺而不葬，置之崖穴，或临大河。

今按：卢氏改"僰人号十二营，长猡鬼犵狫"为"戎州为古僰国地，种类不一，其人短小，有猡鬼犵狫"，改"又好佛，手持数珠，善诵梵咒，有祷辄应"、"其人能咒咀，变幻报仇家。又善变犬马诸物，破其法即不验"为"僰人善禁咒，有祷辄应，能变幻报仇，破其法即不验"，改"死则有棺而不葬，置之崖穴，或临大河"为"人死有棺而不葬，置之悬岩峭壁间，以其能缘壁而走也"，大同小异，显系抄袭。又补"迄今滇之大关厅所属棺木岩，比比皆是，即僰人所搁棺也。而袁子才载：巫峡悬崖上搁有棺，为大禹未开河以前洪水滔天时物，系属以讹传讹，不知有僰人也"。

30. 播播，即古夜郎。郡有女子浴于水涘，见竹节流至，内有啼声，剖之，得一婴儿，取以养育之，长大，遂雄荒服，以竹为姓，号曰竹王。

【辨伪】此条抄自清陆次云《峒溪纤志》卷上"播州苗"：

> 播州，古夜郎地。昔有女子浣于水滨，见竹节流至，内有啼声，剖之，得一婴孩，长大，遂雄荒徼，以竹为姓，号曰竹王。

今按：卢氏改"昔有女子浣于水滨"为"郡有女子浴于水涘"，增"取以养育之"，其他大致相同，显系抄袭。

31. 黎州蛮，乃白马氏之遗裔，凡十一种，有曰西箐蛮、三王蛮、邛部蛮、风巴蛮、保塞蛮、净浪蛮、阿宗蛮、乌蛮、白蛮、两林蛮、山后蛮，交易不用银钱，用货物相易。

汉人以绢、帛、茶、布，蛮人以盐、马、花椒。

【辨伪】此条抄自清陆次云《峒溪纤志》卷上“黎州蛮”：

> 黎州蛮，白马氏之遗裔，其类凡十一种，曰西箐蛮、三王蛮、邛部蛮、风琶蛮、保塞蛮、净浪蛮、阿宗蛮、乌蛮、白蛮、两林蛮、山后蛮，交易不用银钱，汉以绢、帛、茶、布，蛮以盐、马、红椒。其俗尚鬼，称其长曰都鬼主。

今按：卢氏增“用货物相易”，删“其俗尚鬼，称其长曰都鬼主”，其他大致相同，显系抄袭。

32. 松潘，即古冉駹地，盛夏积雪不消。其人累石为室，高者十余丈，矮者亦六七丈不等，谓之碉房，亦谓之碉楼，部落甚众。其风俗好淫而恶淫，凡奸淫事，输金讲和，而弃去其妻。惟处女、孀妇犯淫勿禁。有罪者，树一长木，令罪人系其上，击鼓集大众，然后杀之。

【辨伪】此条抄自清陆次云《峒溪纤志》卷上“松潘苗”：

> 松潘，古冉駹地，积雪凝寒，盛夏不解。人居累石为室，高者至十余丈，名曰碉房。亲死斩衰布衣，五年不浴。如淫事，输金请和，而弃其妻。惟处女、嫠妇勿禁。有罪者，树一长木，击鼓集众，杀之。

今按：卢氏改“积雪凝寒，盛夏不解”为“盛夏积雪不消”，增“矮者亦六七丈不等”、“亦谓之碉楼，部落甚众”，删“亲死斩衰布衣，五年不浴”，增“其风俗好淫而恶淫”、“令罪人系其上”，大同小异，显系抄袭。

33. 建昌路与马雷猓猡有黑白二种，本名卢鹿。累石为屋，覆以木板或树皮，四时皆烧火于中堂。其俗以黑者为大族，最尊贵，谓之黑骨头。白者谓之为娃子，用以牧牛羊、耕种，服役黑夷。

【辨伪】此条抄自清陆次云《峒溪纤志》卷上“猡猡”：

> 猡猡，本名卢鹿，有黑白二种，黑为大族，深目，长身而黑，齿白，故名猡鬼。

今按：卢氏改“猡猡，本名卢鹿，有黑白二种”为“建昌路与马雷猓猡有黑白二种，本名卢鹿”，增“累石为屋，覆以木板或树皮，四时皆烧火于中堂”，改“黑为大族，深目，长身而黑，齿白，故名猡鬼”为“其俗以黑者为大族，最尊贵，谓之黑骨头”，而增“白者谓之为娃子，用以牧牛羊、耕种，服役黑夷”，前后二条皆抄自《峒溪纤志》，此条增改虽大，仍可见其抄袭痕迹。

34. 八百媳妇，其先代土酋，有妻八百人，令其各领一寨，故以为名。其俗：妇女刻花鸟形象于眉目之上，以为妆饰。

【辨伪】此条抄自清陆次云《峒溪纤志》卷上“八百媳妇”：

> 八百媳妇，传其土酋有妻八百，各领一寨，故以为名。其人性缓，刺花乌于眉目之间，以为饰。俗同缅甸，相见以把手为礼。

今按：卢氏删“其人性缓”、“俗同缅甸，相见以把手为礼”，其他大致相同，显系抄袭。

35. 婆罗门国，古师子国也，属于天竺，在西海中，其地二千余里。先是，南印度国王女嫁邻国，路逢狮子，负女而去，遂孕，生男、女各一，及长，力能格兽，问母，知昔事，曰：“人畜殊途，宜速逃去。”担母与妹归本国。狮子追念愤恨，暴害人物。王募能制狮子者，酬重赏。子欲往，其母止之，曰：“彼虽畜，犹父子，尔何忍？”子曰：“人畜异类，礼安在？”乃佩小刀出，应募。时狮子踞林中，人不敢近，其子即前，父认识未动，因刺其胸而死。王曰：“逆哉，父尚害，畜种难驯。重赏以酬其功，远放以诛其逆。”于是装二船，多储粮糗，母留在国供养，子女各一舟，随风飘荡，男舟泛海至宝渚，建都邑，号为狮子国，女舟泛至波剌西，后为西大女国。狮子国中多奇宝，四时和暖，五谷随种皆可收获。晋义熙中，遣使入贡。宋淳化中，阇婆国入贡，其使言邻国有婆罗门者，国人善察人情，先知吉凶。明时亦遣使入贡。风俗与印度相同。

【辨伪】此条抄自清陆次云《八纮译史》卷二“婆罗门”：

> 婆罗门，古师子国，属于天竺，处西海中，广二千余里。先时，南印度国王女嫁邻国，路逢狮子，负女而去，遂孕男女，男长，力格猛兽，问其母，知昔事，曰：“人畜殊途，宜速逃逝。”担母、妹趋本国。狮子追恋愤恚，暴害人物。王募能擒狮子者，酬重赏。子欲往，母曰：“彼虽畜，犹父焉，尔何忍？”子曰：“人畜异类，礼安在？”乃袖小刃出，应募。狮子踞林中，人莫敢近，子即其前，父遂驯伏，乃剚刃于其胸中而死。王曰：“逆哉，父而尚害，畜种难驯。重赏以酬其功，远放以诛其逆。”于是装二大船，多储粮糗，母留在国，周给从优，子女各从一舟，随风飘荡。男船泛海至宝渚，建都筑邑，因为狮子国王。女船泛至波剌西，神鬼所居，产育群女，为西大女国。师子国中多奇宝，四时和适，冬夏无殊，五谷不拘时节，随人种植。……晋义熙初，遣献玉佛，高四尺二寸，形制特殊，五色洁润，似非人工所至，在建康瓦官寺。宋淳化中，阇婆国使来，言其邻有婆罗门者，国人善察人情，先知吉凶。明时亦尝入贡。其境负山面海，念佛修斋，风俗同于印度。

今按：卢氏所记与陆氏同，文句稍有改窜，如改“父遂驯伏，乃剚刃于其胸中而死”为“父认识未动，因刺其胸而死”，删“冬夏无殊”，改“五谷不拘时节，随人种植”为“五谷随种皆可收获”，改“晋义熙初，遣献玉佛，高四尺二寸，形制特殊，五色洁润，似非人工所至，在建康瓦官寺”为“晋义熙中，遣使入贡”，删“其境负山面海，念佛修斋”，改“风俗同于印度”为“风俗与印度相同”，显系抄袭。

36. 苏门答剌，即汉之条支，唐之波斯、大食国也。汉章帝时遣使入贡，进鵕鹕，高七尺，善解人言。

【辨伪】此条抄自明罗日褧《咸宾录》或清陆次云《八纮译史》。《咸宾录》卷三“苏门答剌”：

> 苏门答剌，汉之条支，唐之波斯、大食，皆其地也。……章帝时，国人来进异瑞，有鸟名鵕鹕，形高七尺，解人言。

《八纮译史》卷二“苏门答剌”：

> 苏门答剌，一名须文达那，汉条支，唐波斯、大食地也。汉章帝时，来进鵕鹕，高七尺，解人言。

今按：卢氏所记与罗氏、陆氏同，文字略有改窜，显系抄袭。

37. 又条支国，于魏神龟中亦遣使入贡。唐贞观中，入贡，献水珠，行军乏水，置之土中，清流自出。开元时，遣使入贡，见帝不拜，曰：国人只拜天，不拜王。斥之，乃拜。有白衣大食、黑衣大食二种，代宗曾取其兵以平两京。及宋、明两代，朝贡不绝。其俗：每岁必杀十余人，取其血以浴身，谓之除疾疫。以六月为岁首，有礼拜堂，每七日王出礼拜，登高座，为众说法。王居室以玛瑙为柱，水晶为砖瓦，绿甘为壁，幄幕皆文锦。官有丞相、太尉等官。物产富饶，螺子黛，每颗价值千金。龙涎香，有大如斗者。寻枝瓜，其瓜极大，一枚可供十人食。石榴亦大，每颗重五六斤。美菜，高六七尺。扶苏如树，人可坐卧其下。又出臭果，长八九寸，闻之臭，不可近，剖开，中有白肉十四五片，其味最佳。所产蒲桃，其大如鸡子。又有龙马，系龙与马交而生者，一日能行千里。

【辨伪】此条节抄自清陆次云《八纮译史》卷二“苏门答剌”：

> 苏门答剌，一名须文达那，汉条支、唐大食、波斯第也。……魏神龟中，上书入贡。……唐贞观中，献水珠，行军乏水，置之土中，清流自出。……唐开元，遣使入贡，见帝不拜，曰：国人止拜天，不拜王也。有司责之，乃拜。有白衣大食、黑衣大食二种，唐代宗曾取其兵以平两京。宋、明朝贡不绝。……每岁必杀十余人，取血浴身，以却疹疾。王居以玛瑙为柱，绿甘为壁，水晶为瓦，碌石砖，帷幕悉皆文锦。官有丞相、太尉。……有礼堂客数万人，每七日王出礼拜，登高座，为众说法。……六月为岁首。……物产：龙马，马与龙交所产。螺子黛，每颗价值千金。龙涎香，龙斗涎出，取以市远。美菜，高六七尺，扶苏如树，下可坐卧。寻枝瓜，其瓜极大，一枚可供十人食。石榴，重五六斤。臭果，长八九寸，闻之甚臭，内有白肉十四五片，其味最佳。蒲桃，大如鸡子。

今按：卢氏改“苏门答剌，一名须文达那，汉条支、唐大食、波斯第也。……魏神龟中，上书入贡”为“又条支国，于魏神龟中亦遣使入贡”，改“有司责之”为“斥之”，改“以却疹疾”为“谓之除疾疫”，改“有礼堂客数万人，每七日王出礼拜，登高座，为众说法”、“六月为岁首”为“以六月为岁首，有礼拜堂，每七日王出礼拜，登高座，为众说法”，并置于“王居室”之前。又改“绿甘为壁，水晶为瓦，碌石砖”为“水晶为砖瓦，绿甘为壁”，改“龙涎香，龙斗涎出，取以市远”为“龙涎香，有大如斗者”，增“不可近，剖开”、“一日能行千里”，所举例证顺序亦有改动，但其内容相同，显系抄袭。

38. 佛林国，即大秦国也。其地方万余里，在海之西，有属国四百余城，其山川与中域无异。有水银海，当日没之处，水银海周围有四五十里，国人于近海十来里许，多掘深坑数百处，使健儿骑壮马，人马通身并贴黄金，在海边驰驱行走，使日光照映，金光闪耀，相射海中，则水银潮涌滚沸而来，人急鞭马疾走，若稍迟，则为水银卷入海去，水银追人不及，往往飞坠落坑中，人因得取之，与香草同煎，遂成真白银矣。

【辨伪】此条节抄自清陆次云《八纮译史》卷二“佛菻”：

> 佛菻，汉大秦国也。……其国又名海西，去长安四万余里，地方万里，城四百，小国数十。山川：水银海，在佛菻国，当日没之处，有水银海周围有四五十里，国人于近海十里许，掘坑数十，使健儿骑壮马，人马并皆贴金，行近海际，日照金光炫耀，则水银潮涌滚沸而来，人即回马疾驰，若稍缓，则为卷去，水银追人不及，飞坠坑中，人因取之，与香草同煎，遂化真银无异。

今按：卢氏改“其国又名海西，去长安四万余里，地方万里，城四百，小国数十”为“其地方万余里，在海之西，有属国四百余城，其山川与中域无异”，改“掘坑数十”为“多掘深坑数百处”，改“行近海际，日照金光炫耀”为“在海边驰驱行走，使日光照映，金光闪耀，相射海中”，大同小异，显系抄袭。

39. 俗语皆有所本。如“利市”出《易·说卦》：“利市三倍。”“难为人”出《表记》：“君子以义度人，则难为人。”“生活”出《孟子》。“家数”出《墨子》。“服事”出《周礼》。

【辨伪】此条节抄自宋王应麟《困学纪闻》及翁元圻注。《困学纪闻》卷十九：

> 俗语皆有所本。如“利市”出《易·说卦》(翁注：为近利市三倍)、《左传》。“难为人”出《表记》(翁注：君子以义度人，则难为人)。……“生活”出《孟子》，“家数”出《墨子》，“服事”出《周礼·大司徒》。

今按：此条内容已见卷十八第51条。卢氏所考与王氏同，且删“《左传》”、“大司徒”，又改翁氏注文为正文，显系抄袭。

卷二十五(上)
读史随笔补遗

1.《封禅书》,《皇王大纪》曰:“自史迁言上古封禅之君七十有二,后世人主慕之,以为太平盛典。然登不遍于四岳,封非十有二山。入怀晏安,不行五载一巡狩之制;出崇太侈,无纳言计功行赏之实。镌文告成,明示得意,非所以教诸侯德也。泥金检玉,遂其侈心,非所以教诸侯礼也。心与天道相反,事与圣人相违,故太平之典方举,而天灾人祸随至者多。”是以梁许懋曰:“燧人之前,世质民醇,安得泥金检玉?结绳而治,安得镌文告成?”考《舜典》,可知后世封禅之失;稽许懋之言,史迁能无愧乎?

【辨伪】此条抄自宋王应麟《困学纪闻》卷十一:

> 《封禅书》,《皇王大纪》曰:“自史迁载管仲言,上古封禅之君七十有二,后世人主希慕之,以为太平盛典。然登不遍于四岳,封非十有二山。入怀宴安,不行五载一巡守之制;出崇泰侈,无纳言计功行赏之实。镌文告成,明示得意,而非所以教诸侯德也。泥金检玉,遂其侈心,而非所以教诸侯礼也。心与天道相反,事与圣人相悖,故太平之典方举,而天灾人祸随至者多矣。”梁许懋曰:“燧人之前,世质民淳,安得泥金检玉?结绳而治,安得镌文告成?”是故考《舜典》,可以知后世封禅之失;稽懋言,可以知史迁著书之谬。

今按:卢氏改“稽懋言,可以知史迁著书之谬”为“稽许懋之言,史迁能无愧乎”,其意相同,显系抄袭。

2. 三国鼎峙,司马公《通鉴》以魏为正统,本于陈寿。朱子《纲目》以蜀为正统,本于习凿齿《汉晋春秋》。稽诸天文,则荧惑守心,而魏文帝殂,蜀与吴无事。此黄权对魏明帝之言,似可以魏为正统也。月犯心大星,而汉昭烈帝崩,魏与吴无事,权又将何以对?余按:以蜀为帝,自是定论。

【辨伪】此条抄自宋王应麟《困学纪闻》卷十三:

> 三国鼎峙，司马公《通鉴》以魏为正统，本陈寿。朱子《纲目》以蜀汉为正统，本习凿齿。然稽于天文，则荧惑守心，魏文帝殂，而吴、蜀无它。此黄权对魏明帝之言也，若可以魏为正矣。月犯心大星，王者恶之，汉昭烈殂，而魏、吴无它。权将何辞以对？

今按：卢氏所考与王氏同，仅增“《汉晋春秋》”四字，又于末尾增“余按：以蜀为帝，自是定论”一句，大同小异，显系抄袭。

3. 孔北海《答王修教》曰：“(椽)[掾]清身洁己，历试诸艰；谋而鲜过，惠训不倦。余嘉乃绩，应乃懿德。用升尔于王庭，其可辞乎？”余谓此等文词温雅，有典谟诰语之风，想见汉时之条教如此。

【辨伪】此条抄自宋王应麟《困学纪闻》卷十三：

> 孔北海《答王修教》曰：“掾清身洁己，历试诸难。谋而鲜过，惠训不倦。余嘉乃勋，应乃懿德，用升尔于王庭，其可辞乎？”文辞温雅，有典诰之风，汉郡国之条教如此。然“历试诸难”，恐不可用。

今按：卢氏改“文辞温雅，有典诰之风，汉郡国之条教如此”为“余谓此等文词温雅，有典谟诰语之风，想见汉时之条教如此”，其意相同，并删末尾“然‘历试诸难’，恐不可用”一句，大同小异，显系抄袭。

4. 唐内殿《无逸图》代以山水，开元、天宝治乱所以分也。宋仁宗初，图农家耕织图于延春阁。哲宗元符间，易以山水，勤怠判焉。徽宗时，宣取秘书省图画进览，陈师锡奏曰：“《六经》载道，诸子谈理，历代史册、祖宗图书，天人之蕴，性命之妙，治乱安危之机，善恶邪正之迹在焉。以此为图，天地在心，流出万物；以此为画，日月在目，光宅四海。观心于此，则天地和气生焉；注目于此，则日月祥光丽焉。心以道观则正，目以德视则明。”余谓徽宗能纳师锡谏，置此言于座右，则必能鉴成败、别淑慝，而何致有漠北之辱哉？惜其不知大体，终日以学画称能，虽画鹰为世贵重，而“黍离麦秀”之风景，其可画乎？

【辨伪】此条抄自宋王应麟《困学纪闻》卷十五：

> 唐内殿《无逸图》代以山水，开元、天宝治乱所以分也。仁宗宝元初，图农家耕织于延春阁。哲宗元符间，亦更以山水，勤怠判焉。徽宗宣取秘书省图画进览，陈师锡奏曰：“《六经》载道，诸子谈理，历代史籍、祖宗图书，天人之蕴，性命之妙，治乱安危之机，善恶邪正之迹在焉。以此为图，天地在心，流出万物；以此为画，日月在目，光宅四海。观心于此，则天地冲气生焉；注目于此，则日月祥光丽焉。心以道观则正，目以德视则明。”噫，使徽宗能置其言于坐右，则必能鉴成败、别淑慝矣。以规为瑱，听之藐藐而画学设焉。“黍离麦秀”之风景，其可画乎？

今按：卢氏改“噫，使徽宗能置其言于坐右”为“余谓徽宗能纳师锡谏，置此言于座右”，据王氏之论为己有，其他大致相同，显系抄袭。

5.《今史·方伎传》云：“古之为术，以吉凶导人而为善；今之术者，以休咎导人而为不善。”诚为至论。

【辨伪】此条抄自清顾炎武《日知录》卷一“卜筮”：

> 《金史·方伎传》序曰：“古之为术，以吉凶导人而为善；后世术者，或以休咎导人而为不善。”

今按：卢氏增“诚为至论”四字，又误改“金史”为“今史”，其他大致相同，显系抄袭。

6. 明天顺八年，给事中王徽奏：“正统时，王振专权，使先帝远播，宗社几移。天顺初，曹吉祥专权，举兵焚阙，欲危宗社。今日牛玉专权，谋出皇后，欺侮陛下，是皆贻笑四方，取议万世者也。臣请自今以后，一不许内官与国政，二不许内官与外官私相交结，三不许内官弟侄在外管事，并置田业。自古贤良者，万无一人。无事时似谨慎，一闻国政便作奸欺。如闻陛下将用某人也，必先卖之为己功；将行某事，必先泄之张己势。人望日归，威权日重，而内官之祸起矣。此臣等劝陛下不许与闻国政者此也。内官侍奉，朝夕在侧，文武大臣不知廉耻者，多与交结，馈以金银珠宝，加之婢膝奴颜，内官便以为贤，朝夕在陛下前称美之。有正大不阿者不肯私谒，内官便以为不贤，朝夕在陛下非毁之。陛下天纵圣明，虽不为惑，而日加浸润，未免致疑。称誉者骤迁显位，非毁者久屈下僚，怨归朝廷，恩结宦寺，而内官之祸起矣。臣等以为不许内官交结外官者此也。内官弟侄人等，授职任事，倚势为非，聚奸养恶，家人百数，财货万余，田连千顷，马系千匹，内官恃此家产，所以贪婪无厌，奸弊多端，身虽在内，心实在外。内外相通，祸乱所由起矣。臣等劝陛下不许内官弟侄在外管事者此也。陛下果能鉴彼三人，行此三事，则祸患不作，灾害不生。倘或不然，臣恐祸起萧墙，变生肘腋，异日之患，有不可言者矣。”疏入，上责徽妄言要誉，贬远州判官。

【辨伪】此条节抄自清顾炎武《日知录》卷九“宦官”：

> 天顺八年十一月丙寅，两京六科给事中王徽等言：“正统末年，王振专权，使先帝远播，宗社几危。天顺年间，曹吉祥专权，举兵焚阙，欲危宗社。今日牛玉专权，谋出皇后，欺侮陛下，是皆贻笑于四方，取议万世者也。臣请自今以后，一不许内官与国政，二不许外官与内官私相交结，三不许内官弟侄在外管事，并置立产业。自古内官贤良者，万无一人。无事之时，似为谨慎，一闻国政，便作奸欺。如闻陛下将用某人也，必先卖之以为己功；闻陛下将行某事也，必先泄之以张己势。人望日归，威权日盛，而内官之祸起矣。臣等所以劝陛下不许内臣与闻国政者此也。内官侍奉陛下，朝夕在侧，文武大臣不知廉耻者，多与之交结，有馈以金宝珠玉，加之婢膝奴颜

者，内官便以为贤，朝夕在陛下前称美之。……有正大不阿不行私谒者，内官便以为不贤，朝夕在陛下前非毁之。陛下天纵圣明，固不为惑，日加浸润，未免致疑。称美者骤踰显位，非毁者久屈下僚，怨归朝廷，恩结宦寺，而内官之祸起矣。臣等所以劝陛下不许外官与内官交结者此也。内官弟侄人等，授职任事，倚势为非，聚奸养恶，家人百数，赀货万余，田连千顷，马系千匹。内官因有此家产，所以贪婪无厌，奸弊多端，身虽在内，心实在外。内外相通，而祸乱所由起矣。此臣等所以劝陛下不许内官弟侄在外管事并置立家产者此也。陛下果能鉴彼三人于既往，行此三事于方今，则祸乱自然不作，灾害自然不生。倘或不然，则祸起萧墙，变生肘腋，异日之患，有不可言者矣。然臣等今日之所言，乃举朝廷之所讳。臣等虽愚，亦知避祸，但受恩朝廷，无以为报，居官言路，不可苟容。若陛下能行而不疑，则臣等虽死而无悔矣。"上责徽等妄言要誉，命吏部俱调州判官。

今按：卢氏删"然臣等今日之所言，乃举朝廷之所讳。臣等虽愚，亦知避祸，但受恩朝廷，无以为报，居官言路，不可苟容。若陛下能行而不疑，则臣等虽死而无悔矣"数句，改末句"上责徽等妄言要誉，命吏部俱调州判官"为"疏入，上责徽妄言要誉，贬远州判官"，大同小异，显系抄袭。

7. 汉和熹邓后诏中官近侍，于东观读书，以教授宫人，秦苻坚选宫内奄人及女隶有聪识者，置博士授经。若夫巷伯能诗，列于《小雅》，史游《急就》，著在艺文，古固有之，而不限其人也。明太祖深鉴前代之蔽，令内官不许识字。永乐以后，此令渐不行，至宣德乃有内书堂之设，去祖制远矣。余按隋蔡允恭为起居舍人，帝使允恭教宫人，允恭耻之，遂称疾不赴。又宋贾昌期为侍讲，编修资善堂书籍，其实则教授诸内侍。谏官吴育奏请罢之，随即停止。以宣庙之纳谏求言，当时廷臣并未有论及此者。其后有王、刘、魏奄等之祸，得非内书堂阶之厉乎？

【辨伪】此条抄自清顾炎武《日知录》卷九"宦官"：

汉和熹邓后诏中官近臣，于东观受读经传，以教授宫人。秦苻坚选奄人及女隶有聪识者，置博士授经。若夫巷伯能诗，列于《小雅》，史游《急就》，著于艺文，古固有之，而不限其人也。我太祖深惩前代宦寺之弊，命内官不许识字。永乐以后，此令不行，宣德中乃有内书堂之设。昔隋蔡允恭为起居舍人，帝遣教宫人，允恭耻之，数称疾。宋贾昌朝为侍讲，以编修资善堂书籍为名，而实教授内侍。谏官吴育奏罢之。以宣庙之纳谏求言，而廷臣未有论及此者，驯致秉笔之奄，其尊侔于内阁，而大权旁落，不可复收，得非内书堂阶之厉乎？

今按：卢氏增"去祖制远矣"五字，并改"昔隋蔡允恭为起居舍人"为"余按隋蔡允恭为起居舍人"，据顾氏考证为己有，改"驯致秉笔之奄"至"不可复收"为"其后有王、刘、魏奄等之祸"，其他大致相同，显系抄袭。

8.《五代史·冯道传》曰："礼义廉耻，国之四维，四维不张，国乃灭亡。善哉管子之言也。礼义治人之大法，廉耻立人之大节。盖不廉则无所不取，不耻则无所不为。人而如此，则祸败乱亡，无所不至。况为大臣，而无不取，无不为，则天下国家未有不乱亡者矣。”然四者之中，耻尤为要。故夫子谓士曰：“行己有耻。”《孟子》曰：“人不可以无耻。”又曰：“耻之于人大矣。”是以人之不廉而至悖礼犯义，皆由于无耻矣。故士大夫之无耻，是谓国耻。人何不以廉耻自厉哉？

【辨伪】此条抄自清顾炎武《日知录》卷十三“廉耻”：

> 《五代史·冯道传》论曰：“礼义廉耻，国之四维，四维不张，国乃灭亡。善乎管生之能言也。礼义治人之大法，廉耻立人之大节。盖不廉则无所不取，不耻则无所不为。人而如此，则祸败乱亡，亦无所不至。况为大臣，而无所不取，无所不为，则天下其有不乱，国家其有不亡者乎？”然而四者之中，耻尤为要。故夫子之论士曰：“行己有耻。”《孟子》曰：“人不可以无耻。无耻之耻，无耻矣。”又曰：“耻之于人大矣，为机变之巧者，无所用耻焉。”所以然者，人之不廉而至于悖礼犯义，其原皆生于无耻也。故士大夫之无耻，是谓国耻。

今按：卢氏删“‘为机变之巧者，无所用耻焉。’所以然者”，而于末尾增“人何不以廉耻自厉哉”一句，显系抄袭。

9. 王安石创行新法，苏东坡奏疏中有云：“国家之所以存亡者，在道德之浅深，不在乎强与弱；历数之所以长短者，在风俗之厚薄，不在乎富与贫。臣愿陛下崇道德而厚风俗，不愿陛下急功利而贪富强。”至理名言，当时论新法皆不若此深切著明。

【辨伪】此条节抄自清顾炎武《日知录》卷十三“宋世风俗”：

> 《苏轼传》：“熙宁初，安石创行新法，轼上书言：‘国家之所以存亡者，在道德之浅深，不在乎强与弱；历数之所以长短者，在风俗之厚薄，不在乎富与贫。臣愿陛下务崇道德而厚风俗，不愿陛下急于有功而贪富强。……’”当时论新法者多矣，未有若此之深切者。

今按：顾氏引《苏轼传》而发议论，卢氏则删“《苏轼传》”，并改“熙宁初，安石创行新法，轼上书言”为“王安石创行新法，苏东坡奏疏中有云”，又增“至理名言”四字，改“当时论新法者多矣，未有若此之深切者”为“当时论新法皆不若此深切著明”，其意相同，显系抄袭。

10.《史通》谓：“《晋史》之成，多采小书，如《语林》、《世说》、《搜神记》、《幽明录》之类是也。至曹嘉之、干宝二《晋纪》，及孙盛、檀道鸾二《晋秋阳》，皆不取。其中所记，美事遗略过多。”

【辨伪】此条抄自宋王应麟《困学纪闻》卷十三：

> 《史通》云：“《晋史》所采多小书，若《语林》、《世说》、《搜神记》、《幽明录》是

也。曹、干两《纪》，孙、檀二《阳秋》，皆不之取。其中所载，美事遗略甚多。”(曹嘉之、干宝《晋纪》。孙盛、檀道鸾《晋阳秋》。)

今按：卢氏取王氏注文之语补足所引《史通》中语，其意相同，显系抄袭。

11. 周赧王卒于乙巳，明年丙午，秦迁西周公，而东周君犹存也。壬子，秦迁东周君，而不能奉周祀。作史者，当自丙午至壬子，此七年系周统于七国之上，乃得《春秋》之大义。何以东莱《大事记》周赧王后即系秦为正统，朱子以为未当。

【辨伪】此条抄自宋王应麟《困学纪闻》卷十一：

> 周赧王卒于乙巳，明年丙午，秦迁西周公，而东周君犹存也。壬子，秦迁东周君，而周遂不祀。作史者，当自丙午至壬子，系周统于七国之上，乃得《春秋》存陈之义。《大事记》周赧后即系秦，朱子以为未当，《纲目》以七国如楚、汉并书之。

今按：卢氏改“乃得《春秋》存陈之义”为“乃得《春秋》之大义”，又改“《大事记》周赧后即系秦”为“何以东莱《大事记》周赧王后即系秦为正统”，又删“《纲目》以七国如楚、汉并书之”一句，大同小异，显系抄袭。

12. 宋有蔡京，人人皆知其为奸也。而不知唐时先已有一蔡京，为岭南节度使，以贪虐败，见《云溪友议》并《旧唐书》，此奸臣之同姓同名也。吴有桓彝，晋亦有桓彝，此又忠臣之同姓同名者，见《吴中纪闻》，及《晋纪》。是史之不可不读如此。

【辨伪】此条抄自宋王应麟《困学纪闻》卷十四：

> 唐亦有蔡京(咸通三年岭南节度使，以贪虐诛。京始末，见《云溪友议》)，此奸臣名氏之同者。吴有桓彝，晋亦有桓彝，此忠臣名氏之同者。

今按：卢氏增“宋有蔡京，人人皆知其为奸也”一句，并删“咸通三年”、“京始末”，又于“见《云溪友议》”后增“并《旧唐书》”。又于末尾增“见《吴中纪闻》，及《晋纪》。是史之不可不读如此”，大同小异，显系抄袭。

13. 七国齐、赵、魏、韩皆大夫篡立，楚为黄春申后，秦为吕不韦后，惟燕为旧国，召公之泽远矣。

【辨伪】此条抄自宋王应麟《困学纪闻》卷十一：

> 七国齐、魏、赵、韩皆大夫篡，楚为黄，秦为吕，唯燕为旧国，召公之泽远矣。惠王不用乐毅，太子丹乃用荆轲，其能国乎？

今按：卢氏改“魏、赵”为“赵、魏”，改“楚为黄，秦为吕”为“楚为黄春申后，秦为吕不韦后”，并删“惠王不用乐毅，太子丹乃用荆轲，其能国乎”一句，大同小异，显系抄袭。

14. 洪武十五年五月，广西府吏王允道奏："磁州临水镇产铁，请置炉冶，可获重利。"上曰："朕闻治世天下无遗贤，不闻天下无遗利。且利不在官即在民，民得其利，则财源通有益于官，官专其利，则财源塞必损于民。今各冶数多，军需不乏，而民生业已定。若复设冶，必致滋扰。"杖之，流海外。大哉王言！此见太祖之不畜货利如此。

【辨伪】此条节抄自清顾炎武《日知录》卷十二"言利之臣"：

> ……又广平府吏王允道言："磁州临水镇产铁，请置炉冶。"上曰："朕闻治世天下无遗贤，不闻天下无遗利。且利不在官则在民，民得其利，则财源通而有益于官，官专其利，则利源塞而必损于民。今各冶数多，军需不乏，而民生业已定。若复设此，必重扰之矣。"杖之，流海外。（十五年五月。）圣祖不肩好货之意，可谓至深切矣！

今按：卢氏据上文引《明实录》洪武十三年文，改注文"十五年五月"为"洪武十五年五月"，又改"广平府"为"广西府"，又改末句"圣祖不肩好货之意，可谓至深切矣"为"大哉王言！此见太祖之不畜货利如此"，大同小异，显系抄袭。

15. 崇祯十四年，上谕宰臣部院及各衙门曰："官常典制，内外攸分。本职之外，不宜侵越。我高皇帝，酌古准今，独严内官之防，毋预外事。一时朝政清明，法纪整肃，正本澄源，意甚深远。朕鉴后思前，凛持祖训，自今以后凡宫殿陛等监，及各司局库等衙门，或典礼缮戎，或鸠工管钥，或司膳服，或辨文书，都着勤慎小心料理本等职事，不许违越祖制，干预在外政事。违者即以乱政挐问处斩，仍令六部详察旧典，开列职掌具奏。"时礼部侍郎蒋德璟奏曰："《周官》内职，不满百人，纠禁王宫，掌于小宰，古圣垂法，下戒将来，盖其慎也。太祖高皇帝，鉴于往代，而取衷焉。其设内官，监司局库，各有定员，秩不过四品，俸不过一石，而且纠察有令，交通有戒，预政典兵有禁，谨内外之防，杜假窃之渐。至尚论汉、唐已事，而三致意焉。大哉天训，亘古不易。所以致清明整肃之治，而开万世太平之基也。自列圣缵承，宫府之大防未改，而时事偶兴，中外之任使间闻。永乐中，始有遣使外国及遣往甘肃巡视者。洪熙中，始有守备南京者。正统中，始有统兵讨贼防边及各省镇守者。景泰中，始有分坐十营，称监仓者。然犹听尚书节制。正德中，边关置内监，且令提督禁兵内操，分坐勇士四卫军营，益非祖制也。他如监工监器，会同审录，苏杭织造，榷税开鑛之遗，皆利少害多，亦旋设旋止，操纵在握，一时暂托权宜，而事过境迁，每多厘正。惟世宗肃皇帝，毅然裁革，独断于先，我皇剪除逆珰，媲美于后。皆凛承高皇帝之训谕'内臣毋预政事，外臣毋行交结'二语，足括千与古治乱之源矣。臣等仗读宝训，深遡贻谋，不使其有功，自无窃柄之患；尝令畏法，实杜乱政之阶。若委腹心则威福移，寄耳目则罗织启，遵典章则职守自恪，严内外则侵越不生。此实酌古准今，可以无敝，而神孙圣祖于焉一揆者也。谨遵谕，照旧章将监局职掌，著为令甲，胪列上呈。"（鑛，一作矿。）

【辨伪】此条节抄自清顾炎武《日知录》卷九"宦官"：

崇祯十四年十二月戊午，上谕礼部并在内各监局等衙门："官常典制，内外攸分。本职之外，岂宜侵越？我太祖高皇帝，酌古式今，独严近习之防，敕内官毋预外事。一时朝政清明，法纪整肃，拔本澄源，意甚深远。朕鉴后追前，凛持祖训，自今神宫等监，及各司局库等衙门，或典礼缮戎，或鸠工管钥，或司膳服，或办文书，都着勤慎小心料理本等职业，不许违越祖制，干预在外政事。违者即以乱政参拿处斩，仍详察旧典，开列职掌具奏。"礼部右侍郎蒋德璟疏言："《周官》内职，不满百人，纠禁王宫，掌于小宰，古圣垂法，下戒将来，盖其慎也。太祖高皇帝，实详监于往代，而取衷焉。其设内官也，监司局库，各有定员，秩不过四品，俸不过一石，而且纠劾有令，交通有戒，豫政典兵有禁，谨内外之防，杜假窃之渐。至尚论汉、唐已事，而三致意焉。渊哉天训，亘古不易矣。……此所以致清明整肃之治，而开万世太平之基也。乃若列圣缵承，宫府之大防无改，而时事偶异，中外之任使间闻。永乐中，始有遣使外国及遣往甘肃巡视者。洪熙中，始有守备南京者。正统中，始有率兵讨贼边防及各省镇守者。景泰初，始有分坐十营，或称监枪者。然仍听尚书于谦等节制。至正德中，边关始置内监，且令提督禁兵内操，分坐勇士四卫军营，益非祖宗之旧矣。他如监工监器，会同审录，苏杭织造，榷税开矿之遣，皆利少害多，亦旋设旋止，操纵在握，一时暂托权宜，而事任递迁，易世每多厘正。惟世宗肃皇帝，毅然裁革，独断于先，我皇上翦除逆珰，媲美于后。总之禀成于高皇帝训谕'内臣毋豫政事，外臣毋行交结'二语，足括千古治乱之源矣。臣等伏读宝训，深遡贻谋，不使有功，自无窃柄之患；尝令畏法，实杜乱政之阶。故委腹心则威福移，寄耳目则罗织启，遵典章则职守自恪，严内外则侵越不生。此实鉴古酌今，可以无弊，而神孙圣祖于焉一揆者也。谨遵圣谕，备察旧章，将各监局职掌，著为令甲，可考见者，胪列上呈，恭候圣明裁夺。"得旨申饬。

今按：卢氏删"'恭候圣明裁夺。'得旨申饬"，又补注文"鑛，一作矿"，其他大致相同，显系抄袭。

16. 唐太宗《赠蒲州刺史尧君素》曰："虽桀犬吠尧，乖倒纲之志，而疾风劲草，表岁寒之心。"又宋太祖《赠中书令韩通诏》曰："易姓受命，王者所以徇至公；临难不苟，人臣所以明大节。"大哉二帝之言！可谓表忠义以厉臣节。唐、宋命世之英主，识见远矣。

【辨伪】此条抄自宋王应麟《困学纪闻》卷十四：

唐太宗《赠尧君素蒲州刺史诏》曰："虽桀犬吠尧，乖倒戈之志，而疾风劲草，表岁寒之心。"我艺祖《赠韩通中书令制》曰："易姓受命，王者所以徇至公；临难不苟，人臣所以明大节。"大哉王言！表忠义以厉臣节，英主之识远矣。

今按：卢氏改王氏"我艺祖"为"又宋太祖"，又改"大哉王言"为"大哉二帝之言"，改"英主之识远矣"为"唐、宋命世之英主，识见远矣"，其意相同，显系抄袭。

17. 汉武帝年十二岁，而决廷尉狱防年之疑；明帝年十二岁，而辨陈留吏恳田之牍。其英明略同，而武帝之事，史册不书，仅见于《通典》及《刑法杂议》。

【辨伪】此条抄自宋王应麟《困学纪闻》卷十二：

> 武帝年十二，而决廷尉狱防年之疑；明帝年十二，而辨陈留吏垦田之牍。其英明略同，而武帝之事，史策不著，仅见于《通典》、《刑法杂议》。

今按：卢氏改“史策不著”为“史册不书”，其意相同，显系抄袭。

卷二十五（下）
经史随笔补遗

18.《仲虺之诰》，始言仁；《汤诰》，始言性；《太甲》，始言诚；《说命》，始言学。皆见于《商书》。

【辨伪】此条抄自宋王应麟《困学纪闻》卷二：

> 《仲虺之诰》，言仁之始也；《汤诰》，言性之始也；《太甲》，言诚之始也；《说命》，言学之始也。皆见于《商书》。

今按：卢氏改“言仁之始也”、“性之始也”、“言诚之始也”、“言学之始也”四语为“始言仁”、“始言性”、“始言诚”、“始言学”，其意相同，显系抄袭。

19.《书》有七观，人多不晓。谓：“《六誓》可以观义，《五诰》可以观仁，《甫刑》可以观诫，《洪范》可以观度，《禹贡》可以观事，《皋陶谟》可以观治，《尧典》可以观美。”见《大传》。而《孔丛子》又谓：“《泰誓》观义，《皋陶谟》、《益稷》观政，《大禹谟》、《禹贡》观事。”与《大传》略有不同。

【辨伪】此条抄自宋王应麟《困学纪闻》卷二：

> 《文心雕龙》云：“《书》标七观。”孔子曰：“《六誓》可以观义，《五诰》可以观仁，《甫刑》可以观诫，《洪范》可以观度，《禹贡》可以观事，《皋陶谟》可以观治，《尧典》可以观美。”见《大传》。（《孔丛子》云：“《帝典》观美，《大禹谟》、《禹贡》观事，《皋陶谟》、《益稷》观政，《泰誓》观义。”此其略略异者。）

今按：卢氏删“《文心雕龙》云”、“孔子曰”二语，而增“人多不晓”四字。又改注文所引《孔丛子》为正文，并改变顺序，其中“此其略略异者”改为“与《大传》略有不同”，其意相同，显系抄袭。

20. 三以天下让，其解有二。当王季、太伯之时，周日强大，乃托诸采药而不反，以国让也。自后日言之，则以天下让也。当其时让王季也，而自后日言之，则让于文王、武王也。有天下者，在三世之后，而让之者，在三世之前。宗祧不记其功，彝鼎不铭其迹，所谓三以天下让也，故圣人有“无得而称”之叹。又《路史》云：“方太伯于太王时，托采药以弭疾。及太王没后太伯不反，以与王季。王季以与文王，文王以与武王，皆太伯有以启之也。”故曰三让。

【辨伪】此条节抄自清顾炎武《日知录》卷七“三以天下让”：

> 《皇矣》之诗曰：“帝作邦作对，自太伯王季。”则泰伯之时，周日以强大矣，乃托之采药，往而不反，当其时以国让也。而自后日言之，则以天下让也。当其时让王季也，而自后日言之，则让于文王、武王也。有天下者，在三世之后，而让之者，在三世之前。宗祧不记其功，彝鼎不铭其迹，此所谓三以天下让，民无得而称焉者也。《路史》曰：“方太王时，以与王季，而王季以与文王，文王以与武王，皆泰伯启之也。”故曰三让。

今按：卢氏增“三以天下让，其解有二”一句于首，删“《皇矣》之诗曰”一句，改“则泰伯之时”为“当王季、太伯之时”，改“民无得而称焉者也”为“故圣人有无得而称之叹”，并于《路史》中妄增“托采药以弭疾。及太王没后太伯不反”一句，大同小异，显系抄袭。

21.《诗》芑有三：“薄言采芑”，菜也；“丰水有芑”，草也；“维糜维芑”，稻粱米也。而杞亦有三：“无折我树杞”，杞柳也；“南山有杞”、“在彼杞棘”，杞梓也；“言采其杞”、“隰有杞桋”，枸檵也。又荼亦有三：“谁谓荼苦”、“堇荼如饴”，苦菜也；“有女如荼”，茅秀也；“以薅荼蓼”，陆草也。

【辨伪】此条节抄自宋王应麟《困学纪闻》卷三：

> 《诗》芑有三：“薄言采芑”，菜也；“丰水有芑”，草也；“维糜维芑”，白粱粟也。……杞有三：“无折我树杞”，柳属也；“南山有杞”、“在彼杞棘”，梓杞也；“集于苞杞”、“言采其杞”、“隰有杞桋”，枸檵也。荼有三：“谁谓荼苦”，苦菜也；“有女如荼”，茅秀也；“以薅荼蓼”，陆草也。

今按：卢氏改“白粱粟也”为“稻粱米也”，删“集于苞杞”，增“堇荼如饴”，其他大致相同，显系抄袭。

22.《书·泰誓》，古文作《大誓》，孔注：“大会诸侯以誓众。”自隋顾彪以为泰者大之极，犹天子之子曰太子，天子之卿曰太宰，此会中之大，故称泰誓。何以唐时卫包引为说，作交泰之泰，殊非经文本意。余按：《大誓》与《大诰》同。原注谓作泰者，非。

【辨伪】此条抄自宋王应麟《困学纪闻》及翁元圻注。《困学纪闻》卷二：

《泰誓》古文作《大誓》，孔氏注："大会以誓众。"晁氏曰："开元间，卫包定今文，始作泰。或以交泰为说，真燕书哉！"……《大誓》与《大诰》同。音"泰"者，非。

翁元圻注：

惠氏《九经古义》曰：顾彪《古文尚书义疏》云：泰者，大之极也，犹如天子之子曰太子，天子之卿曰太宰。此会中之大，故称泰誓。彪字仲文，隋炀帝时为秘书学士，当时已改为泰，非始于卫包也。

今按：卢氏改翁注中惠栋引顾彪说为"自隋顾彪以为泰者大之极，犹天子之子曰太子，天子之卿曰太宰，此会中之大，故称泰誓"一句，并置于孔注之后。又改"晁氏曰"一句为"何以唐时卫包引为说，作交泰之泰，殊非经文本意"，又改末尾"《大誓》与《大诰》同。音'泰'者，非"为"余按：《大誓》与《大诰》同。原注谓作泰者，非"，据王氏考证为己有，大同小异，显系抄袭。

23.《孟子》："若伊尹、莱朱。"注云："莱朱，汤贤臣，一云仲虺也。"《春秋传》曰："仲虺居薛，为汤左相。"则是伊尹为右相也。余按《唐宰相世系表》："仲虺为汤左相，臣扈、祖己皆其后裔。"

【辨伪】此条抄自宋王应麟《困学纪闻》卷二：

《孟子》云："伊尹、莱朱。"注："莱朱，亦汤贤臣，一曰仲虺是也。"《春秋传》曰："仲虺居薛，为汤左相。"是则伊尹为右相。《唐宰相世系表》："仲虺为汤左相，臣扈、祖己皆其胄裔也。"未详所据。

今按：卢氏增"余按"二字于《唐宰相世系表》前，据王氏考证为己有。又删"未详所据"四字。其他大致相同，显系抄袭。

24."西陆朝(觐)[觌]"，其说有三：服虔谓"春分奎晨见东方"，杜预谓"三月奎朝见"，郑氏谓"四月昴朝见"。《尔雅》："西陆，昴也。"刘炫云："郑说为近。""三星在天"，有二说：毛氏谓"参，十月始见"，郑氏谓"心，三月见东方"。朱子从郑说。

【辨伪】此条抄自宋王应麟《困学纪闻》卷六：

"西陆朝觌"，其说有三：服氏谓"春分奎晨见东方"，杜氏谓"三月奎朝见"，郑氏谓"四月昴朝见"。《尔雅》："西陆，昴也。"刘炫云："郑为近之。"《诗》"三星在天"，其说有二：毛氏以为"参，十月始见"，郑氏以为"心，三月见东方"。朱文公从郑说。

今按：卢氏删"三星在天"前之"《诗》"字，又改"朱文公"为"朱子"，其意相同，显系抄袭。

25. 古人以一句为一言，如《左传·定公四年》子太叔九言，《论语》思无邪一言。自秦、汉以来，专以一字为一言，如五言、六言、七言诗之类是也。然《论语》亦有一字为一言者，如子贡问："一言可以终身行之者。"子曰："其恕乎？"是也。

【辨伪】此条抄自宋王应麟《困学纪闻》两则。卷六：

> 古以一句为一言。《左氏传》：子大叔九言。《论语》：一言蔽之曰："思无邪。"秦、汉以来，乃有句称。今以一字为一言，如五言、六言、七言诗之类，非也。

又卷七：

> 陆务观云："一言可以终身行之者，其恕乎！此圣门一字铭也。"

今按：卢氏改"《左氏传》"为"《左传·定公四年》"，改"《论语》：一言蔽之曰：'思无邪'"为"《论语》'思无邪'一言"，又改"秦、汉以来，乃有句称。今以一字为一言，如五言、六言、七言诗之类，非也"为"自秦、汉以来，专以一字为一言，如五言、六言、七言诗之类是也"。又改王氏引"陆务观云"一句为"然《论语》亦有一字为一言者，如子贡问：'一言可以终身行之者。'子曰：'其恕乎？'是也"，大同小异，显系抄袭。

26.《论语》次章即先列有子之言，盖以子夏、子游、子张以有若似圣人，欲以所事孔子事之，是其言行气象有相似者。如《檀弓》云"有若之言似夫子"是也。非谓貌似之也。《孟子》谓"宰我、子贡、有若，智足以知圣人"，皆定论也。观其盍彻之对，出类拔萃之语，见于《论》、《孟》，而《学而》首篇所载三章，曰"孝弟"，曰"礼"，曰"信恭"，皆精要之言也。至论"晏子焉知礼"，又见《檀弓》。《荀子》云："有子恶卧焠掌。"是其苦学处，其以子称之，宜哉！

【辨伪】此条节抄自宋王应麟《困学纪闻》卷七"论语"：

> 或问："《论语》首篇之次章，即述有子之言。……《孟子》谓：子夏、子张、子游以有若似圣人，欲以所事孔子事之。朱子云：'盖其言行气象有似之者，如《檀弓》所记子游谓有若之言似夫子之类是也。'岂谓貌之似哉？"曰："有子不列于四科，其人品何如？"曰："宰我、子贡、有若，智足以知圣人。此《孟子》之言也。盖在言语之科，宰我、子贡之流亚也。"曰："有子之言，可得闻与？"曰："盍彻之对，出类拔萃之语，见于《论》、《孟》。而《论语》首篇所载，凡三章，曰'孝弟'，曰'礼'，曰'信恭'，尤其精要之言也。其论'晏子焉知礼'，则《檀弓》述之矣。《荀子》云：'有子恶卧而焠掌。'可以见其苦学。"

今按：卢氏改王氏问答体为陈述体，删"《孟子》谓"、"朱子云"，并改变原文顺序，又于末尾增"其以子称之，宜哉"一句，大同小异，显系抄袭。

27. 奡荡舟，孔安国注“陆地行舟”，后人因之。余按《竹书纪年》，帝相二十七年，“浇伐斟鄩，战于潍，覆其舟，灭之。”《楚辞·天问》所谓“覆舟斟鄩”，正谓此也。又古人以左右冲杀为荡阵，又晋《健儿歌》：“丈八蛇矛左右盘，十荡十决无当前。”然则荡舟非陆地行舟也。盖孔氏注《论语》时，《竹书纪年》尚未出故耳。

【辨伪】此条抄自清顾炎武《日知录》卷七“奡荡舟”：

> 《竹书纪年》，帝相二十七年，“浇伐斟鄩，大战于潍，覆其舟，灭之。”《楚辞·天问》：“覆舟斟鄩，何道取之?”正谓此也。汉时《竹书》未出，故孔安国注为“陆地行舟”，而后人因之。古人以左右冲杀为荡阵。其锐卒谓之跳荡，别帅谓之荡主。《晋书·载记》“陇上健儿歌”曰：“丈八蛇矛左右盘，十荡十决无当前。”……荡舟盖兼此义，与蔡姬之乘舟荡公不同。

今按：卢氏改“汉时《竹书》未出，故孔安国注为‘陆地行舟’，而后人因之”为首句“奡荡舟，孔安国注陆地行舟，后人因之”及末句“盖孔氏注《论语》时，《竹书纪年》尚未出故耳”。其下“余按”一节，抄自顾氏考证，而删“其锐卒谓之跳荡，别帅谓之荡主”一句，增“然则荡舟非陆地行舟也”，并改末句“荡舟盖兼此义，与蔡姬之乘舟荡公不同”为“然则荡舟非陆地行舟也”，大同小异，显系抄袭。

28.《论语》：“逸民：虞仲、夷逸。”《左传》：“太伯、虞仲，太王之昭也。”似虞仲为太伯之弟，即仲雍也。而《史记》载：“太伯逃荆蛮，自号勾吴。荆蛮人义之，从者如归市，立为吴太伯。卒后无子，弟仲雍嗣立，为吴仲雍。雍卒，子季简立。简卒，子叔达立。达卒，子周章立。至武王克商时，求太伯、仲雍后，时周章已立为君矣，不复更封，遂以周章之弟虞仲封于夏墟，列为诸侯。”据此则仲雍为吴仲雍，而虞仲乃仲雍之曾孙也。殷时诸侯有虞国，因国已灭，武王以周章之弟封之，故有虞仲之名。若谓仲雍、虞仲为一人，是祖孙同号，必无此理。又按古语“吴”、“虞”通用。《书》传谓：“虞仲或是吴仲雍之误。”

【辨伪】此条抄自清顾炎武《日知录》卷七“虞仲”：

> 《史记》：“太伯之奔荆蛮，自号句吴。荆蛮义之，从而归之千余家，立为吴太伯。太伯卒，无子，弟仲雍立，是为吴仲雍。仲雍卒，子季简立。季简卒，子叔达立。叔达卒，子周章立。是时周武王克殷，求太伯、仲雍之后，得周章。周章已君吴，因而封之。乃封周章弟虞仲于周之北故夏墟，是为虞仲，列为诸侯。”按此，则仲雍为仲雍，而虞仲者，仲雍之曾孙也。殷时诸侯有虞国，《诗》所云“虞芮质厥成”者，武王时，国灭，而封周章之弟于其故墟，乃有虞仲之名耳。《论语》：“逸民：虞仲、夷逸。”《左传》：“太伯、虞仲，文王之昭也。”即谓仲雍为虞仲，是祖孙同号，且仲雍君吴，不当言虞。古“吴”、“虞”二字多通用。窃疑二书所称虞仲，并是吴仲之音误。

今按：卢氏改置顾氏文中引《论语》、《左传》二句于首，又删“《诗》所云‘虞芮质厥成’者”，改“即谓仲雍为虞仲，是祖孙同号，且仲雍君吴，不当言虞”一句为“似虞仲为太伯之弟，即仲雍也”、“若谓仲雍、虞仲为一人，是祖孙同号，必无此理”二句，其意相同。卢氏又误改顾氏“窃疑二书所称虞仲，并是吴仲之音误”为“《书》传谓：‘虞仲或是吴仲雍之误’”，大同小异，显系抄袭。

29. 凡卦爻二至四、三至五，两体交互，各成一卦，谓之互体，见于《左传》：“陈侯筮之，遇《观》之《否》。”注云：“自二至四，有艮象，艮为山。”是也。然夫子未尝及之，至云二与四、三与五，同功而异位，持就两爻相较而言之，亦未有互体之说？

【辨伪】此条抄自清顾炎武《日知录》卷一“互体”：

> 凡卦爻二至四、三至五，两体交互，各成一卦，先儒谓之互体，其说已见于《左氏·庄公二十二年》：“陈侯筮，遇《观》之《否》。曰：风为天于土上，山也。”注：“自二至四，有艮象，艮为山。”是也。然夫子未尝及之，后人以“杂物撰德”之语当之，非也。其所论二与四、三与五，同功而异位，特就两爻相较言之，初何尝有互体之说？

今按：卢氏删“先儒”二字，又改“其说已见于《左氏·庄公二十二年》”为“见于《左传》”，并删“曰：风为天于土上，山也”、“后人以‘杂物撰德’之语当之，非也”二句，大同小异，显系抄袭。

30. “夏后氏五十而贡，殷人七十而助，周人百亩而彻。”井田之制，一井之中，画为九区，一夫受田百亩。苏老泉谓：“万夫之地，为地三十二里有半。其间为川为路者一，为浍为道者九，为洫为涂者百，为沟为畛者千，为遂为径者万。”使夏必五十，殷必七十，周必百里，必将改道路，变沟洫，移遂畛之不暇，岂不烦扰而无益乎？盖三代取民之异，在乎贡助彻，而不在乎五十、七十、百亩也，虽亩数丈尺不同，而田未尝有易也。故曰“其实皆什一也”。古者以八尺为步，今人以六尺四寸为步。夏时土广人稀，当日因时制宜，其亩特大。殷周地密人多，其亩渐小。以夏之一亩为今之二亩，其名虽殊而实则一也。

【辨伪】此条抄自清顾炎武《日知录》卷七“其实皆什一也”：

> 《孟子》乃曰：“夏后氏五十而贡，殷人七十而助，周人百亩而彻。”夫井地之制，一井之地，画为九区，故苏洵谓：“万夫之地，盖三十二里有半。而其间为川为路者一，为浍为道者九，为洫为涂者百，为沟为畛者千，为遂为径者万。”使夏必五十，殷必七十，周必百，则是一王之兴，必将改畛涂，变沟洫，移道路以就之，为此烦扰而无益于民之事也。岂其然乎？盖三代取民之异，在乎贡助彻，而不在乎五十、七十、百亩，其五十、七十、百亩，特丈尺之不同，而田未尝易也。故曰“其实皆什一也”。……故《王制》曰：“古者以周尺八尺为步，今以周尺六尺四寸为步。”而当日因时制宜之法，亦有可言。夏时土旷人稀，故其亩特大。殷周土易人多，故其亩渐小。以夏之一亩为二亩，其名殊而实一矣。

今按：卢氏删“《孟子》乃曰”、“故《王制》曰”二语，又增“一夫受田百亩”，改“苏洵”为“苏老泉”。又改“而当日因时制宜之法，亦有可言。夏时土旷人稀，故其亩特大”为“夏时土广人稀，当日因时制宜，其亩特大”，其意相同，显系抄袭。

31.《尔雅·释山》与《诗》注疏不同。多草木曰岵，无草木曰峐。《疏》谓峐当作屺，石戴土谓之崔嵬，土戴石为砠，与《毛传》所引互相反。

【辨伪】此条抄自清顾炎武《日知录》卷二十七“注疏中引书之误”：

> 《尔雅·释山》：多草木岵，无草木峐。《疏》：峐当作屺。石戴土谓之崔嵬，土戴石为砠。《毛传》引之互相反。

今按：卢氏改“《尔雅·释山》”为“《尔雅·释山》与《诗》注疏不同”，其他大致相同，显系抄袭。

32. 朱子注《论语》：“夏曰瑚，商曰琏。”与《礼记》亦异。余考《记》曰：“夏后氏之四琏，殷之六瑚。”是夏琏、商瑚明甚，朱子当日盖仍古注耳。

【辨伪】此条抄自清顾炎武《日知录》卷二十七“注疏中引书之误”：

> 朱子注《论语》：“夏曰瑚，商曰琏。”此仍古注之误。《记》曰：“夏后氏之四琏，殷之六瑚。”是夏曰琏，商曰瑚也。

今按：卢氏改“此仍古注之误”为“与《礼记》亦异”，并于“《记》曰”前增“余考”二字，又于末尾增“朱子当日盖仍古注耳”一句，大同小异，显系抄袭。

33. 格物之学，莫过于《诗》。“关关之雎”，挚有别也；“呦呦之鹿”，食相呼也；“德如鸤鸠”，言均一也；“德如羔羊”，取纯洁也；“仁如驺虞”，不嗜杀也；“鸳鸯在梁”，得所止也；“桑扈啄粟”，失其性也。“仓庚”，阳之候也；“鸣鵙”，阴之兆也。“蒹葭露霜”，变也；“桃虫拚飞”，化也。“鹤鸣于九皋，声闻于野”，诚不可掩也；“鸢飞戾天，鱼跃于渊”，道无不在也。“南有乔木”，正女之操也；“隰有荷华”，君子之德也。“匪鳣匪鲔”，避危难也；“匪兕匪虎”，慨劳役也。“蓼莪、棠棣”，知孝友也；“蘩苹、行苇”，见忠信也。“葛屦”褊而“羔裘”怠也，“蟋蟀”俭而“蜉蝣”奢也。“爰有树檀，其下维谷”，美必有恶也；“周原膴膴，堇荼如饴”，恶可为美也。“黍以为稷”，心眩于视也；“蝇以为鸡”，心惑于听也。“菉竹猗猗”，文章著也；“皎皎白驹”，贤人隐也。“赠以芍药，贻我握椒”，芳馨之辱也。“焉得萱草，言采其蝱”，忧思之深也。“柞棫斯拔，侯薪侯蒸”，盛衰之象也；“凤凰于飞，雉离于罗”，治乱之符也。“相鼠、硕鼠”，为疾恶也；“采葛、采苓”，为伤谗也。

【辨伪】此条抄自宋王应麟《困学纪闻》卷三：

格物之学，莫近于《诗》。“关关之雎”，挚有别也；“呦呦之鹿”，食相呼也。“德如鸤鸠”，言均一也；“德如羔羊”，取纯洁也；“仁如驺虞”，不嗜杀也。“鸳鸯在梁”，得所止也；“桑扈啄粟”，失其性也。“仓庚”，阳之候也；“鸣鵙”，阴之兆也。“蒹葭露霜”，变也；“桃虫拚飞”，化也。“鹤鸣于九皋，声闻于野”，诚不可掩也；“鸢飞戾天，鱼跃于渊”，道无不在也。“南有乔木”，正女之操也；“隰有荷华”，君子之德也。“匪鳣匪鲔”，避危难也；“匪兕匪虎”，慨劳役也。“蓼莪、常棣”，知孝友也；“蘩苹、行苇”，见忠信也。“葛屦”褊而“羔裘”怠也，“蟋蟀”俭而“蜉蝣”奢也。“爰有树檀，其下维谷”，美必有恶也；“周原膴膴，堇荼如饴”，恶可为美也。“黍以为稷”，心眩于视也；“蝇以为鸡”，心惑于听也。“绿竹猗猗”，文章著也；“皎皎白驹”，贤人隐也。“赠以勺药，贻我握椒”，芳馨之辱也；“焉得谖草，言采其虻”，忧思之深也。“柞棫斯拔，侯薪侯蒸”，盛衰之象也；“凤凰于飞，雉离于罗”，治乱之符也。“相鼠、硕鼠”，疾恶也；“采葛、采苓”，伤谗也。引而伸之，触类而长之，有多识之益也。

今按：卢氏仅删末尾“引而伸之，触类而长之，有多识之益也”一句，其他大致相同，显系抄袭。

34.《逸诗》虽多，其篇名见于经传者，《狸首》见《射义》，《骊驹》见《大戴礼》并《汉书注》，《祈招》见《左传》，《辔之柔矣》见《左传》并《周书》，《采荠》见《周礼》，《河水》、《新宫》、《茅鸱》见《左传》。

【辨伪】此条抄自宋王应麟《困学纪闻》卷三：

《逸诗》篇名，若《狸首》(《射义》)、《骊驹》(《大戴礼》、《汉书注》)、《祈招》(《左传》)、《辔之柔矣》(《左传》、《周书》)，皆有其辞，唯《采荠》(《周礼》)、《河水》、《新宫》、《茅鸱》(《左传》)、《鸠飞》(《国语》)，无辞。

今按：王氏考《逸诗》篇名，出处皆为注文，且分“有辞”、“无辞”，卢氏则改注文为正文，且无“有辞”、“无辞”之别。并改“《逸诗》篇名”为“《逸诗》虽多，其篇名见于经传者”，大同小异，显系抄袭。

35. 曾西，《集注》以为曾子之孙，而不知误也。按《经典序录》云：曾申，字子西，曾子之子。子夏以《诗》授曾申，左丘明作《传》以授曾申。于此可以考证非曾参之孙也。又按楚有斗宜申、公子申，皆字子西，则曾西之为曾申无疑。

【辨伪】此条抄自宋王应麟《困学纪闻》卷八：

曾西，注以为曾子之孙，《集注》因之。《经典序录》：曾申，字子西，曾参之子。子夏以《诗》传曾申，左丘明作《传》以授曾申。曾西之学，于此可考。楚斗宜申、公子申，皆字子西，则曾西之为曾申无疑。

今按：卢氏改“注以为曾子之孙，《集注》因之”为“《集注》以为曾子之孙，而不知误也”，改“曾西之学，于此可考”为“于此可以考证非曾参之孙也”，又增“按”、“又按”于“《经典释文》”、“楚斗宜申”之前，大同小异，显系抄袭。

36. 五霸诸说不同。服虔以夏昆吾，商大彭、豕韦，周齐桓、晋文。应劭《风俗通》、《汉书·异姓诸侯王表》及杜元凯均主此说。赵岐注《孟子》则以齐桓、晋文、秦穆、宋襄、楚庄为五霸。是《孟子》五霸桓公为盛，就东周以后言耳，而未及夏、商之世。如严安云周衰三百余年，而五霸更起者也。或谓宋襄求伯不成，伤于泓，是未伯不可以列五霸。《史记》载勾践报吴仇，观兵于中国，时号五霸。然子长在台卿之前，必有所据。又《越绝书》载周元王使赐勾践胙，命为伯。《淮南子》亦云：“勾践胜吴，遂伯天下。”然则言三代五霸，当如服虔言；春秋五霸，当列勾践而去宋襄。

【辨伪】此条节抄自清顾炎武《日知录》卷四“五伯”：

> “五伯”之称有二，有三代之“五伯”，有春秋之“五伯”。《左传·成公二年》，齐国佐曰：“五伯之霸也，勤而抚之，以役王命。”杜元凯云：“夏伯昆吾，商伯大彭、豕韦，周伯齐桓、晋文。”(《诗正义》引服虔云：“五伯谓夏伯昆吾，商伯大彭、豕韦，周伯齐桓、晋文。”与此同。应劭《风俗通》亦主此说。)《孟子》：“五霸者，三王之罪人也。”赵台卿注：“齐桓、晋文、秦缪、宋襄、楚庄。”二说不同。(颜师古注《汉书·异姓诸侯王表》“五伯”，则以为昆吾、大彭、豕韦、齐桓、晋文。)……若《孟子》所称五伯，而以桓公为盛，则止就东周以后言之。如严安所谓周之衰三百余岁，而五霸更起者也。然赵氏以宋襄并列，亦未为允，宋襄求霸不成，伤于泓以卒，未尝霸也。《史记》言：“越王句践遂报强吴，观兵中国，称号五伯。”子长在台卿之前，所闻异辞。(《越世家》言：“周元王使人赐句践胙，命为伯。”又言：“越兵横行于江、淮东，诸侯毕贺，号称霸王。”《淮南子》亦言，“越王句践胜夫差于五湖，南面而霸天下，泗上十二诸侯皆朝之”。)然则言三代之“五伯”，当如杜氏之说；言春秋之“五伯”，当列句践而去宋襄。荀子以桓、文及楚庄、阖闾、勾践为五伯，斯得之矣。

今按：卢氏改首句“‘五伯’之称有二，有三代之‘五伯’，有春秋之‘五伯’”为“五霸诸说不同”。又改注文中的《诗正义》引服虔说为正文，并删去“《诗正义》”字眼，并改杜预《左传注》语、注文“应劭《风俗通》亦主此说”以及注文中颜师古注《汉书·异姓诸侯王表》语，为“应劭《风俗通》、《汉书·异姓诸侯王表》及杜元凯均主此说”。又改顾氏引《孟子》语及赵注语为“赵岐注《孟子》则以齐桓、晋文、秦穆、宋襄、楚庄为五霸”，而增“而未及夏、商之世”一语，并改“然赵氏以宋襄并列，亦未为允，宋襄求霸不成，伤于泓以卒，未尝霸也”为“或谓宋襄求伯不成，伤于泓，是未伯不可以列五霸”。又改“所闻异辞”为“必有所据”，并改注文引《越绝书》、《淮南子》为正文，而有改窜。又改“当如杜氏之说”为“当如服虔言”，并删“荀子以桓、文及楚庄、阖闾、句践为五伯，斯得之矣”一句，大同小异，显系抄袭。

37. 孔子删《诗》，所以存列国之《风》也。故善不善，有兼而存之者，亦犹太史“陈诗观民风”之意。所以季札一听，便知其国之兴衰。然世非二帝，时非三王，不能四方之民有贞而无淫，有治而无乱。是以文王化行南国，而北鄘杀伐之声，即文王亦不能化也。《桑中》之篇，《溱洧》之什，夫子不删，志淫风也。《叔于田》为誉段之词，《扬之水》、《椒聊》为从沃之语，夫子不删，著乱本也。淫奔之诗，录之不一，所以志其风之甚也。一国皆淫，而中有不变者焉，则急录之。《将仲子》，畏人言也；《女曰鸡鸣》，相警以勤生也；《出其东门》，不慕色也；《衡门》，不愿外也。后之迂儒，不达此旨，乃谓圣人不当录淫奔之诗于经，不知删《诗》之义也。

【辨伪】此条节抄自清顾炎武《日知录》卷三“孔子删诗”：

> 孔子删《诗》，所以存列国之《风》也。有善有不善，兼而存之，犹古之太师“陈诗以观民风”。而季札听之，以知其国之兴衰。……世非二帝，时非上古，固不能使四方之风有贞而无淫，有治而无乱也。文王之化，被于南国，而北鄘杀伐之声，文王不能化也。……是以《桑中》之篇，《溱洧》之作，夫子不删，志淫风也。《叔于田》为誉段之辞，《扬之水》、《椒聊》为从沃之语，夫子不删，著乱本也。淫奔之诗，录之不一而止者，所以志其风之甚也。一国皆淫，而中有不变者焉，则亟录之。《将仲子》，畏人言也；《女曰鸡鸣》，相警以勤生也；《出其东门》，不慕乎色也；《衡门》，不愿外也。……后之拘儒，不达此旨，乃谓淫奔之作，不当录于圣人之经，是何异唐太子弘谓商臣弑君，不当载于《春秋》之策乎！

今按：卢氏改末句“乃谓淫奔之作，不当录于圣人之经，是何异唐太子弘谓商臣弑君，不当载于《春秋》之策乎”为“乃谓圣人不当录淫奔之诗于经，不知删《诗》之义也”，其他大致相同，显系抄袭。

38. 经书中不淑有四义。人死谓之不淑，《礼记》“如何不淑”是也。生离亦谓不淑，《诗·中谷有蓷》“遇人不淑”是也。失德亦谓不淑，《诗·君子偕老》“子之不淑”是也。国亡亦谓不淑，《逸周书》“王乃升汾之阜，以望商邑曰：呜呼不淑”是也。又亡字亦有三义。有以死而名之者，《中庸》“事亡如事存”是也。有以出奔在外而名者，晋公子重耳称“亡人”是也。有以不在而名者，《诗》“予美亡此”、《论语》“孔子时其亡也，而往拜之”是也。

【辨伪】此条抄自清顾炎武《日知录》卷三十二“不淑”、“亡”二条。“不淑”：

> 人死谓之不淑。《礼记》“如何不淑”是也。生离亦谓之不淑。《诗·中谷有蓷》“遇人之不淑矣”是也。失德亦谓之不淑。《诗·君子偕老》“子之不淑，云如之何”是也。国亡亦谓之不淑。《逸周书》“王乃升汾之阜，以望商邑曰：呜呼不淑”是也。

“亡”：

> 亡有三义。有以死而名之，《中庸》“事亡如事存”是也。有以出奔于外而名之，晋公子称“亡人”是也。有但以不在而名之，《诗》“予美亡此”、《论语》“孔子时其亡也，而往拜之”是也。

今按：卢氏于前增“经书中不淑有四义”一句，其他大致相同，显系抄袭。

39. 尧、舜、禹皆名也，并非号，上古帝王有名无号。《尚书》帝曰“格汝舜”、“格汝禹”，皆君命名其臣也。尧崩，舜与臣言，则曰“帝”。禹崩，《五子之歌》则曰“皇祖”，《胤征》则曰“先王”。无有言尧、舜、禹者，不敢名其君也。自启至发，乃有名。夏后氏之季，始有以十干为号者，若桀癸之类是也。至商世乃著号不著名，而名之见于经者，仅天乙名履辛、纣名受是也。若汤、若纣，皆其号也。曰“武汤”、曰“成汤”，乃臣子称之词也。曰“文祖”、曰“艺祖”、曰“皇祖”、曰“高宗”、曰“中宗”、曰“神宗”，而庙号起矣。曰“文王”、曰“武王”，而谥法立矣。自夏以前纯乎质，故帝王有名而无号。自商以下寖乎文，有名有号而又有谥，诂经者不可不知。

【辨伪】此条节抄自清顾炎武《日知录》卷二“帝王名号”：

尧、舜、禹皆名也，古未有号，故帝王皆以名纪，临文不讳也。考之《尚书》，帝曰“格汝舜”、“格汝禹”，名其臣也。尧崩之后，舜与其臣言，则曰“帝”。禹崩之后，《五子之歌》则曰“皇祖”，《胤征》则曰“先王”。无言尧、舜、禹者，不敢名其君也。自启至发，皆名也。夏后氏之季，而始有以十干为号者，桀之癸，商之报丁、报乙、报丙、主壬、主癸，皆号以代其名。自天乙至辛，皆号也。商之王，著号不著名，而名之见于经者二：天乙之名履，辛之名受是也。曰汤、曰纣，则亦号也。……《颂》曰“武汤”、曰“成汤”、曰“汤孙”也。(《微子之命》言“乃祖成汤”，《多士》言“尔先祖成汤”，皆对其臣子称之。)曰“文祖”、曰“艺祖”、曰“神宗”、曰“皇祖”、曰“烈祖”、曰“高祖”、曰“高后”、曰“中宗”、曰“高宗”，而庙号起矣。曰“玄王”、曰“武王”，而谥立矣。……自夏以前纯乎质，故帝王有名而无号。自商以下寖乎文，故有名有号，而德之盛者，有谥以美之。

今按：卢氏改“古未有号，故帝王皆以名纪，临文不讳也”为“并非号，上古帝王有名无号”，改“桀之癸，商之报丁、报乙、报丙、主壬、主癸，皆号以代其名。自天乙至辛，皆号也”为“若桀癸之类是也”，改“《颂》曰‘武汤’、曰‘成汤’、曰‘汤孙’也”及注文为“曰‘武汤’、曰‘成汤’，乃臣子称之词也”一句，改“故有名有号，而德之盛者，有谥以美之”一句为“有名有号而又有谥”，并增“诂经者不可不知”一句，大同小异，显系抄袭。

40. 廛无夫里之布，人多不知。谓有夫布，有里布。《周礼》云：“凡宅不毛者有里布，凡田不耕者出屋粟，凡民无职业者出夫家之征。”闾师职曰：“凡无职者出夫布。”“郑司农云：里布者，广二寸，长二尺，以为币，贸易物。《诗》云：‘抱布贸丝。’抱此布也。盖谓宅不毛者，罚以一里二十五家之布。”今《集注》中未引闾师夫布之文，遂以布属于里。

【辨伪】此条抄自清顾炎武《日知录》卷七“廛无夫里之布”：

有夫布，有里布。《周礼·地官》载师职曰：“凡宅不毛者有里布，凡田不耕者出屋粟，凡民无职事者出夫家之征。”闾师职曰：“凡无职者出夫布。”“郑司农云：里布者，布参印书，广二寸，长二尺，以为币，贸易物。《诗》云：'抱布贸丝。'抱此布也。……玄谓宅不毛者，罚以一里二十五家之泉。"《集注》未引阎师文，今人遂以布专属于里。

今按：卢氏于前增"廛无夫里之布，人多不知"一句，又改"《周礼·地官》载师职曰"为"《周礼》云"，其他大致相同，显系抄袭。

41.《春秋·桓公二年传》曰："卿置侧室。"杜预注："侧室众子也。"《文公十二年》传曰："赵氏有侧室曰穿。"是又以诸子为侧室也。而《汉·南粤传》："朕高皇帝侧室之子也。"师古注："言非正嫡所生也。"是又以侧室为妾也，今人谓妾为侧室意本此。

【辨伪】此条抄自清顾炎武《日知录》卷二十七"汉书注"：

《南粤传》："朕高皇帝侧室之子。"师古曰："言非正嫡所生。"非也。《春秋左氏·桓公二年传》曰："卿置侧室。"杜解："侧室众子也。"《文公十二年传》曰："赵有侧室曰穿。"

今按：顾氏此条为辨《汉书》颜注之误，故先列《汉书》语及颜氏注文，并据《左传》及杜预解以考证颜注之误。卢氏则按时代，先列《左传》，后列《汉书》，增"是又以诸子为侧室也"、"是又以侧室为妾也，今人谓妾为侧室意本此"二句，以为"侧室"有二义。其观点虽不尽相同，但其抄袭显而易见。

42.《书》以尧、舜为首，《诗》以文王为首，《春秋》以隐公为首，《史记》以吴太伯列世家之首，列传以伯夷为首。皆能让国也，此夫子所以称太伯为至德。噫！让之为德，亦大矣哉！

【辨伪】此条抄自宋邵博《闻见后录》卷三：

《书》首尧、舜，《诗》首文王，《春秋》首鲁隐公，《史记》世家首吴泰伯，列传首伯夷。让之为德也，大矣哉！

今按：此条已见本书卷十四第18条，稍有不同。卢氏仅增"皆能让国也，此夫子所以称太伯为至德"一句，其他大致相同，显系抄袭。

卷二十六

舆地随笔补遗

1.《八阵图》，诸书所载不一，据薛士龙云："图之可见者有三：一在沔阳之高平旧垒，一在新都之八阵乡，一在鱼复永安宫江滩上。"《水经注》谓：沔阳定军山东谷高平，是亮宿营处，营东即八阵图也，遗址难寻。在新都者，《郡县志》云：在县北十九里；《寰宇记》：在县北三十里；李膺《益州记》：在稚子阙北五里土城四门。在鱼复者，《寰宇记》：夔州奉节县，即汉鱼复地，图在县西南七里。《荆州图经》云：细石为之，历历如棋布，或经夏水冲没，至冬水退，依然如故，所以为奇。余按《成都图经》云：八阵有三，在夔州者六十有四，方阵法也。在新都者百二十有八，当头阵法也。在棋盘市者二百五十六，下营阵法也。余又考兴元至西县，亦有八阵图，据此则图有四。

【辨伪】此条节抄自宋王应麟《困学纪闻》及《玉海》。《困学纪闻》卷十三：

> 《八阵图》，薛士龙曰："图之可见者三：一在沔阳之高平旧垒，一在新都之八阵乡，一在鱼复永安宫南江滩水上。"蔡季通曰："一在鱼复石碛，迄今如故。一在广都土垒，今残破不可考。"

《玉海》卷一百四十二"汉诸葛亮八阵图"：

> 《本传》：亮推演兵法，作《八阵图》，咸得其要。《郡县志》：八阵图在夔州奉节县西七里。《寰宇记》：夔州奉节县，本汉鱼复县，八阵图在县西南七里。《荆州图副》云：永安宫南一里渚下平碛上，周回四百一十八丈，中有诸葛武侯八阵图，聚细石为之，各高五尺，广十围，历然棋布，纵横相当，中间相去九尺，正中开北巷，巷悉广五尺，凡六十四聚，或为散乱，反为夏水所没，冬水退复，依然如故。……《水经注》："又东迳诸葛亮图垒，南注沔阳定军山东谷高平，是亮宿营处，营东即八阵图也，遗略在难识。"……薛氏曰："图之可见者三：在沔阳之高平旧垒，(《郡县志》：在兴元府西县东南十里，武侯垒石门为图。)一在新都之八阵乡，(《郡县志》：在城都

府西县北十九里。《寰宇记》：在县北三十里牟弥镇。李膺《益州记》云：椎子关北五里武侯八阵图土城四门，中起六十四魁，八八为行，魁方一丈，高三尺。）一在鱼复永宫安南江滩水上。”蔡氏曰：“八阵有二：一在鱼复石碛，迄今如故。一在广都土垒，今已残破不可考。……《成都图经》云：八阵凡三，在夔者六十有四，方阵法也；在弥牟者一百二十有八，当头阵法也；在棋盘市者二百五十有六，下营法也。《兴元志》：西县亦有之。”则八阵凡四。

今按：王氏《困学纪闻》较《玉海》所载为简略。卢氏于前增“诸书所载不一”，并移《玉海》中“《水经注》”一句于“据薛士龙云”一句之后。改《玉海》中“一在新都之八阵乡”之注文为“在新都者”一句，并改“椎子关”为“稚子阙”；改“《寰宇记》：夔州奉节县”至“依然如故”数句为“在鱼复者”二句，并改其中“《荆州图副》”为“《荆州图经》”，“余按”以下数句，则改自“蔡氏曰”以下数句。大同小异，显系抄袭。

2.“引而置之庄岳之间。”注：“齐街里名。”余考庄街名，岳里名。《左传·襄公廿八年》：“得庆氏之木百车于庄。”注云：“六轨之道。”又“反陈于岳”，注云：“岳，里名。”又《昭公十年》，“败诸庄”；《哀公六年》，“战于庄”。注并同此，可为证。

【辨伪】此条抄自清顾炎武《日知录》卷七“庄岳”：

“引而置之庄岳之间。”注：“庄岳，齐街里名也。”庄是街名，岳是里名。《左传·襄二十八年》：“得庆氏之木百车于庄。”注云：“六轨之道。”（《昭十年》，“又败诸庄”；《哀六年》，“战于庄败”。注并同。）“反陈于岳。”注云：“岳，里名。”

今按：卢氏改“庄是街名，岳是里名”为“余考庄街名，岳里名”，据顾氏考证为己有。并改注文为正文，而删“‘反陈于岳。’注云：‘岳，里名’”一句，增“可为证”三字，大同小异，显系抄袭。

3. 费国，春秋时有两费，其一见《成公十三年》，吕相绝秦，“殄灭我费滑”。注：“滑国都于费，今河南缑氏县。”是也。又《襄公十八年》，楚蒍子冯公子格率锐师侵费滑。本一地，而秦灭之，后为晋有耳。其一见《僖公元年》：“公赐季友汶阳之田及费。”注：“费，季氏邑。”在子思时，滑费之亡已久，孟子所称费惠公，即季氏之费邑而僭称公者，故又云小国之君。曾子书亦有费君、费子之称，盖由季氏专鲁，必自据其私邑，如附庸之国矣。春秋时大夫为诸侯，岂独三晋哉？

【辨伪】此条抄自清顾炎武《日知录》卷七“费惠公”：

《孟子》“费惠公”注：“惠公，费邑之君。”按春秋时有两费，其一见《左传·成公十三年》：“晋侯使吕相绝秦，曰：殄灭我费滑。”注：“滑国都于费，今河南缑氏县。”《襄公十八年》，楚蒍子冯公子格率锐师侵费滑。盖本一地，秦灭之，而后属晋耳。其一《僖公元年》：“公赐季友汶阳之田及费。”《齐乘》：“费城在费县北西二十里，鲁季氏邑。”在子思时，滑国之费，其亡久矣，疑即季氏之后而僭称公者。……仁山金氏曰："费本鲁季氏之私邑，而孟子称小国之君。曾子书亦有费君、费子之称，盖季氏专鲁，而自春秋以后，计必自据其邑，如附庸之国矣。大夫之为诸侯，不待三晋而始，然其来亦渐矣。"

今按：卢氏删"《孟子》'费惠公注'"一句，又改顾氏所引"《齐乘》"一句为"注：'费，季氏邑'"，又增"孟子所称费惠公"一语。并据顾氏所引金履祥语为己有，改其中"费本鲁季氏之私邑，而孟子称小国之君"一语为"故又云小国之君"，删"而自春秋以后"，改"大夫之为诸侯，不待三晋而始，然其来亦渐矣"为"春秋时大夫为诸侯，岂独三晋哉"，大同小异，显系抄袭。

4.《禹贡》三江，人多误解。北江，今之扬子江；中江，今之吴淞江。而不言南江，南江即今之钱唐江也。禹平水该括众流，岂有独遗浙江之理，况会稽又为会合诸侯之地，而不云浙江者，特以施功少，故不言导水耳。以余考之，"三江既入"是一事，"震泽底定"是一事，后人有谓三江之入皆由震泽，是以二句相蒙为文以解经，不但失却本经之意旨，并三江之说亦误矣。

【辨伪】此条抄自清顾炎武《日知录》卷二"三江"：

北江，今之扬子江也；中江，今之吴淞江也。不言南江，而以三江见之，南江，今之钱塘江也。《禹贡》该括众流，无独遗浙江之理，而会稽又他日合诸侯计功之地也，特以施功少，故不言于导水尔。"三江既入"，一事也；"震泽底定"，又一事也。后之解《书》者，必谓三江之皆由震泽，以二句相蒙为文，而其说始纷纭矣。

今按：卢氏于前增"《禹贡》三江，人多误解"一句，又删"而以三江见之"，而增"而不云浙江者"。又增"以余考之"四字，据顾氏考证为己有，并改"后之解《书》者"为"后人"，改"而其说始纷纭矣"为"以解经，不但失却本经之意旨，并三江之说亦误矣"，大同小异，显系抄袭。

5.《左传·成公元年》：战于鞌，入自丘舆。注："丘舆，齐邑"。《三年》：郑师御晋，败诸丘舆。注云"郑地"。《哀公十四年》："坑氏葬于丘舆。"注云："坑氏，鲁人。丘舆在泰山南城县西北舆城是也。"是齐、郑、鲁皆有丘舆也。又《文公七年》：穆伯如莒莅盟，及鄢陵。注："鄢陵，莒邑。"《成公十六年》：战于鄢陵。注："郑地。"是二鄢陵也。又《襄公十七年》："卫孙蒯田于曹隧，饮马于重丘。"注："曹邑。"《二十五年》："同盟于重丘。"注："齐地。"是二国皆有重丘也。又姑蔑为鲁地。《哀公十三年》："弥庸见姑蔑之旗。"在越地。

【辨伪】此条节抄自清顾炎武《日知录》卷四"地名"：

《左传·成公元年》：战于鞍，入自丘舆。注云"齐邑"。《三年》：郑师御晋，败诸丘舆。注云"郑地"。《哀公十四年》："坑氏葬诸丘舆。"注："坑氏，鲁人也。泰山南城县西北有舆城。"又是鲁地，是三丘舆为三国地也。《文公七年》：穆伯如莒莅盟，及鄢陵。注云："莒邑。"《成公十六年》：战于鄢陵。注云："郑地，今属颍川郡。"是二鄢陵为二国地也。……《襄公十七年》："卫孙蒯田于曹隧，饮马于重丘。"注云："曹邑。"《二十五年》："同盟于重丘。"注云："齐地。"是二重丘为二国地也。《定公十二年》："费人北，国人追之，败诸姑蔑。"无注，当是鲁地。《哀公十三年》："弥庸见姑蔑之旗。"注云："越地，今东阳大末县。"是二姑蔑为二国地也。

今按：卢氏改"又是鲁地。是三丘舆为三国地也"为"是齐、郑、鲁皆有丘舆也"，又删"今属颍川郡"五字，而改"是二鄢陵为二国地也"为"是二鄢陵也"。又改"是二重丘为二国地也"为"是二国皆有重丘也"。又改顾氏考证"二姑蔑为二国地"一句为"又姑蔑为鲁地。《哀公十三年》：弥庸见姑蔑之旗。在越地"，大同小异，显系抄袭。

6. 浙之高淳县永丰乡，即宋时湖田也。《文献通考》所谓"永丰圩者，政和五年围湖成田，初赐蔡京，又赐韩世忠，又赐秦桧，继拨隶行宫。"每岁约收租米三万余石。王弼《永丰谣》曰："永丰圩接永宁乡，一亩官田八斗粮。人家种田无厚薄，了得官租身即乐。去年大水平斗门，圩底禾苗没半分。里胥告灾县官怒，至今追租如追魂。有田追租未足怪，尽将官田作民卖。富家得田贫纳租，年年旧租结新债。旧租了，新租促，更向城中卖黄犊。一犊千文任时估，债家算息不算母。呜呼！有犊可卖君莫悲，东邻卖犊兼卖儿。但愿有儿在我边，明年还得种官田。余按此谣可与《流民图》、《耕织图》并传不朽。今读其诗，犹令人想见当日种官田之苦。

【辨伪】此条抄自清顾炎武《日知录》卷十"苏松二府田赋之重"：

今高淳县之西，有永丰乡者，宋时之湖田，所谓永丰圩者也。《文献通考》："永丰圩自政和五年围湖成田，初令百姓请佃，后以赐蔡京，又以赐韩世忠，又以赐秦桧，继拨隶行宫，今隶总所。"(《宋史》："建康府永丰圩，租米岁以三万石为额。")王弼《永丰谣》曰："永丰圩接永宁乡，一亩官田八斗粮。人家种田无厚薄，了得官租身即乐。前年大水平斗门，圩底禾苗没半分。里胥告灾县官怒，至今追租如追魂。有田追租未足怪，尽将官田作民卖。富家得田贫纳租，年年旧租结新债。旧租了，新租促，更向城中卖黄犊。一犊千文任时估，债家算息不算母。呜呼！有犊可卖君莫悲，东邻卖犊兼卖儿。但愿有儿在我边，明年还得种官田。"读此，知当日官佃之苦，即已如此。

今按：卢氏改顾氏引《文献通考》中"初令百姓请佃，后以赐蔡京"为"初赐蔡京"，又删"今隶总所"，又改注文中引《宋史》语为"每岁约收租米三万余石"一句，并增"余按此谣可与《流民图》、《耕织图》并传不朽"一句，改"读此，知当日官佃之苦，即已如此"为"今读其诗，犹令人想见当日种官田之苦"，大同小异，显系抄袭。

7. 驿站，古人以三十里为一舍。《左传》："楚子入郑，退三十里而许之盟。"故《诗》云："我服既成，于三十里。"《周礼·遗人》："三十里有宿，宿有路室。"汉、唐以来亦以三十里置马驿。古人谓三舍，盖九十里也。今人有十里一铺者，即《孟子》谓"置邮传命"

遗意。

【辨伪】此条抄自清顾炎武《日知录》卷十“驿传”：

> 古人以三十里为一舍。《左传》：“楚子入郑，退三十里而许之平。”注以为“退一舍”。而《诗》言：“我服既成，于三十里。”《周礼·遗人》：“三十里有宿，宿有路室。”然则汉人之驿马三十里一置，有自来矣。(《史记·晋世家》注引贾逵曰：司马法从遯不过三舍。三舍九十里也。)……今时十里一铺，设卒以递公文。《孟子》所云“置邮而传命”，盖古已有之。

今按：卢氏删“注以为‘退一舍’”一句，而改“然则汉人之驿马三十里一置，有自来矣”为“汉、唐以来亦以三十里置马驿”，并改顾氏注文为“古人谓三舍，盖九十里也”。又删“设卒以递公文”，而改“《孟子》所云‘置邮而传命’，盖古已有之”为“即《孟子》谓‘置邮传命’遗意”，大同小异，显系抄袭。

8. 禹之治水也，曰播、曰潴。水之性，合则冲，骤则溢，别而疏之，所以杀其冲也，北播九河是也。旁而蓄之，所以节其溢也，大野既潴是也。必使有所容而不为暴，然后丰物阜民，而百姓之利兴矣。今也不然，堤之障之，偪之束之，使之无所容其流，而不得不发其怒。不由地中行，而横出原隰，无足怪也。考前朝徐有贞治河，犹分疏水流于濮、汜，不使并趋一道。自弘治筑黄陵冈以绝北来水，而河流总汇于曹、单之间，乃犹于兰阳、仪封各开一口以泄之于南，今又塞之，故河至今日，有欲北不得，欲南不得，惟有一道入淮，淮狭又不能容。此河患频岁为灾，生民欲免为鱼之叹，不亦难乎？

【辨伪】此条抄自清顾炎武《日知录》卷十二“河渠”：

> 《禹贡》之言治水也，曰播、曰潴。水之性，合则冲，骤则溢，故别而疏之，所以杀其冲也，又北播为九河是也。旁而蓄之，所以节其溢也，大野既潴是也。必使之有所容而不为暴，然后钟美可以丰物，流恶可以阜民，而百姓之利繇是而兴矣。今也不然，堤之障之，偪之束之，使之无以容其流，而不得不发其怒。则其不由地中，而横出于原隰之间，固无怪其然也。丘仲深谓以一淮受黄河之全，然考之先朝徐有贞治河，犹疏分水之渠于濮、汜之间，不使之并趋一道。自弘治六年，筑黄陵冈以绝其北来之道，而河流总于曹、单之间，乃犹于兰阳、仪封各开一口而泄之于南，今复塞之，故河之在今日，欲北不得，欲南不得，唯以一道入淮，淮狭而不能容，又高而不利下，则频岁决于邳、宿以下，以病民而妨运。而邳、宿以下，左右皆有湖陂，河必从而入之。吾见刘贡父所云，别穿一梁山泺者，将在今淮、泗之间，而生民鱼鳖之忧，殆未已也。

今按：卢氏改“《禹贡》之言治水也”为“禹之治水也”，改“然后钟美可以丰物，流恶可以阜民，而百姓之利繇是而兴矣”为“然后丰物阜民，而百姓之利兴矣”，又删“丘仲深谓以一淮受黄河之全”一语，又改末尾“又高而不利下”至“殆未已也”一节为“此河患频岁为灾，生民欲免为鱼之叹，不亦难乎”，大同小异，显系抄袭。

9. 四川，在唐时以前并无四川之名，只分东、西两川。至宋时始以成都为益州路，潼川为梓州路，保宁为利州路，夔府为夔州路，谓之川峡四路。后人省文因名之曰四川。

【辨伪】此条抄自清顾炎武《日知录》卷三十一“四川”：

> 唐时剑南一道，止分东、西两川而已。至宋则为益州路(后改为成都府路)、梓州路(后改为潼川府路，即今潼川州)、利州路(今保宁府广元县)、夔州路，谓之川峡四路。后遂省文名为四川。

今按：卢氏改“唐时剑南一道”为“四川，在唐时以前并无四川之名”，并改顾氏注文为正文，而有所点窜，其意相同，显系抄袭。

10. 岳顶无字碑，世传为秦始皇立。余按秦碑在玉女池上，李斯篆书，高四五尺，而铭文并二世诏书咸具，不当又立此无字碑也。考宋以前无此说。因取《史记》读之，知为汉武帝立也。又读《始皇本纪》本云：“上泰山，立石，封祠祀。”下又云：“刻所立石。”是秦碑有字之证，今李斯篆碑是也。又考《封禅书》云：“东上泰山，泰山之草木未生，乃令人上石立之泰山巅。上遂东巡海上。”“四月，还，至奉高。”据此则云“立泰山巅”而不云刻石，是汉石无文之证，今无字碑是也。又《后汉书·祭祀志》亦云：“上东上泰山，乃立石泰山之巅。”亦不言刻石，然则今之无字碑，乃汉武之碑，而非始皇之碑也。

【辨伪】此条抄自清顾炎武《日知录》卷三十一“泰山立石”：

> 岳顶无字碑，世传为秦始皇立。按秦碑在玉女池上，李斯篆书，高不过四五尺，而铭文并二世诏书咸具，不当又立此大碑也。考之宋以前，亦无此说。因取《史记》反复读之，知为汉武帝所立也。《史记·秦始皇本纪》云：“上泰山，立石，封祠祀。”其下云：“刻所立石。”是秦石有文字之证，今李斯碑是也。《封禅书》云：“东上泰山，泰山之草木叶未生，乃令人上石立之泰山巅。上遂东巡海上。”“四月，还，至奉高。”上泰山封，而不言刻石，是汉石无文字之证，今碑是也。《续汉书·祭祀志》亦云：“上东上泰山，乃上石立之泰山巅。”然则此无字碑，明为汉武帝所立，而后之不读史者误以为秦耳。

今按：卢氏增“亦不言刻石”一语，又改“明为汉武帝所立，而后之不读史者误以为秦耳”为“乃汉武之碑，而非始皇之碑也”，大同小异，显系抄袭。

11. 芜湖县西南七里大江中有蟂矶，相传为汉昭烈孙夫人投江处，有庙在焉。按《水经注》云：“武陵孱陵县故城，王莽更名孱陆。昭烈孙夫人又更修之。”则是夫人已随昭烈到荆州矣。又《蜀志》云：“先主既定蜀，而孙夫人还吴。”又据《赵云列传》曰：“先主入益州，云领留营司马。时孙夫人以权妹娇豪，多将吴吏兵，纵横不法，先主以云严重，必能掌齐，特以云掌内事。权闻备西征，大遣舟船迎妹，而孙夫人欲将后主还吴。云与张飞勒兵截江，乃得后主还。”是夫人自荆州已复归于吴矣，后不知其所终，而后世何得有蟂矶沈江之事。

【辨伪】此条抄自清顾炎武《日知录》卷三十一“蟂矶”：

芜湖县西南七里大江中蟂矶，相传昭烈孙夫人自沉于此，有庙在焉。按《水经注》：“武陵孱陵县故城，王莽更名孱陆也。刘备孙夫人，权妹也，又更修之。”则是随昭烈而至荆州矣。《蜀志》曰：“先主既定益州，而孙夫人还吴。”又裴松之注引《赵云列传》曰：“先主入益州，云领留营司马。时孙夫人以权妹骄豪，多将吴吏兵，纵横不法，先主以云严重，必能整齐，特任掌内事。权闻备西征，大遣舟船迎妹，而夫人欲将后主还吴。云与张飞勒兵截江，乃得后主还。”是孙夫人自荆州复归于权，而后不知所终。蟂矶之传殆妄。

今按：卢氏改顾氏所引《水经注》中“刘备孙夫人，权妹也，又更修之”一句为“昭烈孙夫人又更修之”，又改“裴松之注引《赵云列传》”为“据《赵云列传》”，又改末句“蟂矶之传殆妄”为“而后世何得有蟂矶沈江之事”，大同小异，显系抄袭。

12. 历城北莲子湖，周围二十里，湖中多莲，每到盛夏花开，红白相间，最为浏览之胜。魏袁翻曾燕集湖中，每每作血羹，不成。询于参军张伯瑜，张曰：“取洛水必成。”遂如张说，果成。时清河王怪而异焉，问：“取何义而得？”张曰：“可思湖目。”王笑而然之，其实未解。宴散，王以此语主簿房叔道曰：“不解湖目之事。”房曰：“藕能散血，湖目，莲子名也。故令王思。”王叹曰：“人不读书，一事不知，其何能格物乎？”

【辨伪】此条抄自唐段成式《酉阳杂俎》前集卷十一：

历城北二里有莲子湖，周环二十里，湖中多莲花，红绿间明，乍疑濯锦，又渔船掩映，罟罾疏布，远望之者，若蛛网浮杯也。魏袁翻曾在湖燕集，参军张伯瑜谘公言：“向为血羹，频不能就。”公曰：“取洛水必成也。”遂如公语，果成。时清河王怪而异焉，乃谘公：“未审何义得尔？”公曰：“可思湖目。”清河笑而然之，而实未解。坐散，语主簿房叔道曰：“湖目之事，吾实未晓。”叔道对曰：“藕能散血，湖目，莲子。故令公思。”清河叹曰：“人不读书，其犹夜行，二毛之叟，不如白面书生。”

今按：卢氏改“红绿间明，乍疑濯锦，又渔船掩映，罟罾疏布，远望之者，若蛛网浮杯也”为“每到盛夏花开，红白相间，最为浏览之胜”，改“参军张伯瑜谘公言：‘向为血羹，频不能就’”为“每每作血羹，不成。询于参军张伯瑜”，改“湖目之事，吾实未晓”为“不解湖目之事”，又改“人不读书，其犹夜行，二毛之叟，不如白面书生”为“人不读书，一事不知，其何能格物乎”，大同小异，显系抄袭。

13. 四川幅员之广，至今日可谓大矣。江水出于巴萨，过拉木山黑水，实为喀喇乌苏河，此桑经、郦注未悉之山川也。职贡极于廓尔喀，郡县列于大小金川，此尧封禹甸未辟之疆域也。驿站抵于唐古特，屯戍接于巴勒布，此汉主、唐宗未立之边防也。賨人敛舞而力农，巴女罢歌而输织，此太史公未录之风俗也。升庵以放废老滇，此度以离乱去蜀，此陈承祚未纪之耆旧也。眉山之义旗拒贼，石柱之嫠妇勤王，此常道将未志之士女也。献贼以窃据被诛，教匪以左道致戮，此张唐英未编之《梼杌》也。江源绘于蕃部，天文画于鹑首，此唐求未缉之《图经》也。茶纲通乎藏卫，盐井济于滇黔，此班固未书之《食货》也。余按：陈寿《耆旧传》、李膺《益州记》、常璩《华阳国志》、张唐英《蜀梼杌》、唐求缉《图经》、李文子《蜀鉴》，皆未此时之大且广矣。盖山民为岷，山番为嶓，蜀为汉番杂处，山谓岷、嶓，水谓江、汉，江抱岷而东下，汉抱嶓而南下，两山会夔门，两水会夏汭，又况玉垒锦江，蚕丛粟海，沃野千里，真天府之国也。

【辨伪】此条抄自《(嘉庆)四川通志》常明《重修四川通志序》及李銮宣《重修四川通志序》、宪德《四川通志序》。常序：

> 夫江水出于巴萨，过拉木山黑水，实为喀喇乌苏河，此桑经、郦注未悉之山川也。职贡极于廓尔喀，郡县列于大小金川，此尧封禹甸未辟之疆域也。粮站抵于唐古特，屯戍接于巴勒布，此汉主、唐宗未立之边防也。賨人敛舞而力农，巴女罢歌而输织，此太史公未录之土风也。升庵以放废老滇，此度以乱离去蜀，此陈承祚未纪之耆旧也。眉山之义旗拒贼，石柱之嫠妇勤王，此常道将未志之士女也。献贼以窃据被诛，教匪以左道致戮，此张唐英未编之《梼杌》也。江源绘于蕃部，天文画于鹑首，此唐求未缉之《图经》也。茶纲通乎藏卫，盐井济于滇黔，此班固未书之《食货》也。

李序：

> 蜀于天下扶舆西南一隅也。其山岷、嶓，其水江、汉，江抱岷而东下，汉抱嶓而南下，两山会于夔门，两水汇于夏汭，四围屏障如围垣，千里沃野如釜底，真天府之国也。山民为岷，山番为嶓，故蜀为汉番杂处之区也。

宪德序：

> 蜀志何昉乎？盖自陈寿《耆旧传》、李膺《益州记》、常璩《华阳国志》、张唐英《蜀梼杌》、赵阅道《集古今记》、唐求缉《图经》、李文子撰《蜀鉴》，作者迭兴，于戏备矣。

今按：卢氏增“四川幅员之广，至今日可谓大矣”一句于前。其“余按”之前抄自常明序，“余按”中“陈寿《耆旧传》”至“皆未此时之大且广矣”改自宪德序，末尾“盖山民为岷”至“真天府之国也”改自李銮宣序，文字稍有改窜，语序有所调整，但其意大同小异，显系抄袭。

14. 蜀之离堆，不一其处。余考《通志》，蜀称离堆有七：一在夔州，即古歌云“滟滪大如马，瞿塘不可下”是也。一在苍溪，颜真卿《摩崖记》所谓“突入嘉陵江，直上数百丈，不与众山连属”者是也。一在南部，《总志》载“鲜于仲通与其弟叔明潜修之处”者是也。一在乐山，《寰宇记》载龙游县云“李冰凿离堆以避沫水之害”者是也。一在多功峡，属雅州，

《雅州府志》多功峡“谓大禹治水，用功独多”者是也。一在雅州与嘉定交界之处，地名曰龟都，《郡国志》所谓“汉源县有离堆，即蜀守李冰所凿”者是也。一在灌县，据《灌县志》，所谓“秦太守李冰所凿”者是也。然夔州、苍溪、南部、乐山四处离堆，皆生成天设，惟雅州、灌县、汉源三处离堆，尚为李冰所凿，考《水经注》、《华阳国志》、《名胜志》，详哉言之矣。又考《史记·河渠志》，蜀守李冰凿离堆避沫水之害，穿二江成都之中，所谓离堆者，亦指嘉定雅州交界上者而言之，后人遂将太史公二句文并读，乃误以灌县者当之，毋惑乎以岷江为沫水矣。

【辨伪】此条抄自《(同治)嘉定府志》卷四十八：

> 蜀称离堆有七：其一在夔州，古歌云“滟滪大如马，瞿唐不可下”者是也。其一在苍溪，颜真卿《摩崖记》所谓“突入嘉陵江，直上数百丈，不与众山连属”者是也。其一在南部，《总志》载“鲜于仲通与其弟叔明潜修处”者是也。其一在乐山，《寰宇记》于龙游县云“李冰凿离堆避沫水之害”者是也。其一在雅州，《雅州志》多功峡“大禹治水，用功独多”者是也。其一在雅州、嘉定界上，曰龟都，《郡国志》所谓“汉源县有离堆，即蜀守李冰所凿”者是也。夔州、苍溪、南部、乐山四处离堆，皆天设，惟灌县、雅州三处，当为李冰所凿，《水经注》、《华阳国志》、《名胜志》，详哉言之。《史记·河渠志》，蜀守李冰凿离堆避沫水之害，穿二江成都之中，所谓离堆者，亦指嘉定雅州交界上者而言之，《水经注》称溷岩在南安西是也。惟后人将史公此文二句并读，乃误以灌县者当之，毋惑乎以岷江为沫水矣。余尝有辨，详著其谬云。(《吾鼎斋日记》)

今按：《(同治)嘉定府志》据《吾鼎斋日记》载七处离堆，卢氏于前增“蜀之离堆，不一其处”一句，又增“余考《通志》”四字，据他人考证为己有。又改“其一在雅州”为“一在多功峡，属雅州”，又增“一在灌县，据《灌县志》，所谓秦太守李冰所凿者是也”，又增“汉源”二字于“雅州”、“三处”之间，并删“《水经注》称溷岩在南安西是也”及末尾“余尝有辨，详著其谬云”一句，大同小异，显系抄袭。

15. 天下之水大而流长者，惟河与江，其源皆出于西番。河之源，自《元史》发明之，人因而得其大略。至江之源，则从未有确指其地者。郦道元《水经》虽言其端委，而于发源之处，亦阙疑而弗敢定也。今三藏皆入版图，其山川原委，俱可按图以稽，所谓岷山导江者，江水泛滥中国，禹从此水而导之耳。江之源，实不在此也。江源发于科尔坤山之东南，有三泉流出，合而东南流，土人名为岷捏撮。岷捏撮者，译言岷江也。是为岷江之源。南流至岷纳克，地名鸦龙江，又南流至瞻对宣抚司，会打冲河，入金沙江，径云南境，至叙州府城，与锦江会合，是江源根据，后人但见打冲河之金沙江，金沙之入川江，而又据《禹贡》东别为沱之文，遂谓川江为岷江，溯流穷原，谓江源必在黄胜关外，不知鸦龙江之上流，实江源也。故导江之江，有蜀江、离江、锦江、都江之称，随地异名，而不专，岷江之目者，非其源也。宋范成大《吴船录》曰：江源自西戎，由岷山涧壑中出，而合于都江，亦只就川省中言耳。又陆游《入蜀记》曰：尝登岷山，欲穷江源，而不可得。盖自蜀郡之西，大山深谷，西南蛮箐中皆岷山也。则江源所从来远矣。二说皆知黄胜关流入之江非江源，而不能定其所在。《汉书·地理志》谓：岷山在湔氐道西徼外，江水所出，言虽无弊，特不知所谓徼外者，今科尔坤山之东南耶？抑即黄胜关外之地耶？又据《元史》云：江水源出蜀西南徼外，而禹导之，可谓得其方矣。但不能明悉，如记河源者，盖大江发源之处，从无有人至者，故不得其详也。然亦有至其地而究未能辨者，如明朝之宗泐是也。宗泐使西域归，云：西番抹必力赤巴山，有二水，在东北者为河源，在东南者为牦牛河，江源也。牦牛河，即今丽江，一名金沙江，宗泐但见是水之先合于金沙江，而后合于川江，不知金沙江别源于西番之乳牛山，去江源西有千余里，而谓岷江即金沙江，误矣。惟明徐弘祖撰有《溯江纪源》一篇，颇切于形理，其曰：河入中国，历五省而入海，江入中国，亦历五省而入海。计其吐纳，江倍于河，按其发源，河自昆仑之北，江自昆仑之南，考昆仑即科尔坤之讹，非真昆仑也，并非江源短而河源长也。又云：北龙夹河之北，南龙抱江之南，北龙只南半支入中国，惟南龙磅礴半宇内，其脉亦发于昆仑，与金沙江相并南下，环滇池以达五岭，龙长则源脉亦长，江之所以大于河也。至李膺《益州记》谓：羊膊岭水分为二派，一东南流为大江，一西南流为大渡河，元金履祥释《禹贡》从之，盖大渡河发源于大邑县之露中山，至嘉定合川江，其去岷江真源，东西相隔千余里，去禹贡导江之处，南北亦隔五百余里，而谓俱发源于羊膊岭，何其谬耶？余按《禹贡》导江之处，在今黄胜关外，乃褚山，考江源者，当以此为定。

【辨伪】此条抄自清爱新觉罗·玄烨《圣祖仁皇帝御制文集》四集卷三十一《江源》：

> 中国水之大而流长者，惟河与江，其源皆出西番界。河之源，自《元史》发明之后，人因得知其大略。江之源，则从未有能确指其地者。郦道元《水经注》颇言其端委，而于发源之处，则云："以今所闻，殆未滥觞。"道元亦阙疑而弗敢定也。今三藏之地俱归版籍，山川原委，皆可按图以稽，乃知所谓岷山导江者，江水泛滥中国之始，禹从此水而导之。江之源，实不在是也。江源发于科尔坤山之东南，有三泉流出，合而东南流，土人名岷捏撮。岷捏撮者，译言岷江也，是为岷江之源。南流至岷纳克，地名鸦龙江，又南流至占对宣抚司，会打冲河，入于金沙江，东流经云南境，至四川叙州府，与川江合，是真江源根据。后人但见打冲河之入金沙，金沙之入川江，而又据《禹贡》东别为沱之文，谓川江为岷江，溯流以穷源，谓江源必在黄胜关外，不知鸦龙江之上流，实江源也。故导江之江，有蜀江、离江、锦江、都江之称，随地随时异名，而不得专。岷江之目者，非其源也。宋范成大、陆游亦尝言之。宋范成大《吴船录》曰：江源自西戎，由岷山涧壑中出，而合于都江。今书所云，止自中国言耳。陆游《入蜀记》曰：尝登岷山，欲穷江源，而不可得。盖自蜀郡之西，大山广谷，西南走，蛮箐中皆岷山也。则江所从来远矣。二说皆知黄胜关流入之江非江源，而不能定其所在。后人反据《禹贡》文，以辨其非。《汉书·地理志》谓：岷山在湔氐道西徼外，江水所出。言虽无弊，特不知所谓徼外者，今科尔坤山之东南耶？抑即黄胜关外地也？《元史》云：江水出蜀西南徼外，东至于岷山，而禹导之，可谓得其方矣。而不能明悉如记河源者，盖河自都实奉使后，始得其源。大江浚发之地，从无人至者。元世祖南征，即从葱岭而南，直达天竺、缅甸，由云贵胡广以返，路在江源之外，故不得其详也。然亦有至其地，而究未能辨之者，明之宗泐是也。宗泐使西域归，云：西番抹必力赤巴山有二水，在东北者为河源，在东南为犛牛河，江源也。

犛牛河即丽江，一名金沙江者。宗泐但见是水之先合于金沙江，而后合于川江，不知金沙江别源于西番之乳牛山，去江源西千余里，乃谓岷江即金沙，误矣。……惟明徐弘祖有《溯江纪源》一篇，颇切于形理，弘祖曰：河入中国，历省五而入海，江入中国，亦历省五而入海。计其吐纳，江倍于河，按其发源，河自昆仑之北，江自昆仑之南(按：昆仑，即科尔坤之讹，非真昆仑也)。非江源短，而河源长也。又云：北龙夹河之北，南龙抱江之南，中龙中界之。北龙只南向半支入中国，惟南龙磅礴半宇内，其脉亦发于昆仑，与金沙江相并南下，环滇池以达五岭，龙长则源脉亦长，江之所以大于河也。至李膺《益州记》云：羊膊岭水分为二派，一东南流为大江，一西南流为大渡河。元金履祥释《禹贡》从之。夫大渡河源发于四川大邑县之雾中山，至嘉定合川江，其去岷江真源，东西相隔千余里，去禹贡导江之处，南北亦相悬五百余里，而云俱发于羊膊岭，何其谬耶？此皆未得其真，惑于载籍，以意悬揣，而失之矣。学者孰从而证之。故详记江源，并论列诸家之说于篇。

今按：卢氏改“中国水之大而流长者”为“天下之水大而流长者”，又改末尾“此皆未得其真，惑于载籍，以意悬揣，而失之矣。学者孰从而证之。故详记江源，并论列诸家之说于篇”一句为“余按《禹贡》导江之处，在今黄胜关外，乃褚山，考江源者，当以此为定”，其他大致相同，显系抄袭。

16. 又《蜀江考》：岷江，《旧志》谓：出羊膊岭，一云出木塔山，经松潘卫西，又南经叠溪营西转，南流入茂州，及威州西折，而东南至灌县，由灌县导流益多，分数派，包络于成都府境。随地异名，曰汶江，曰都江，曰锦江，曰大江，其正派由灌县西，又东南经温江县西，崇庆州东，又东南经新津县东，又东南经彭山县，而入眉州，又南过嘉定、叙州、泸州、重庆、忠州、夔州，出巫峡而入湖广界。其曰沱江者，在灌县南，大江分流，经崇宁县，南东流入郫县界，又东经新繁县南、成都县北，又东经新都、金堂二县南，而合湔水，即《禹贡》岷山导江东别为沱是也。《汉·地理志》：《禹贡》江沱在西，东入大江。又《旧志》，沱水，自灌县南分一小支，穿县下注四十五里，入崇宁界，曰渡船河，经县北又东十里入彭县界，为清白江，合王村河，又东入新繁界，又分一支为督桥河，又东入新都界，经北三十里又东经汉州西南二十五里，又东南流五十里至三水关，合马水河，又南入金堂河，又二十五里至焦山坡，合前后两河，总名金堂河，又东南流九十里，出金堂峡，入简州界，通名为中江。又《一统志》自彭县以西，俗名为渡船河，自彭县以东，曰清白河，江自金堂以下，曰中江，即古湔水也。又考《水经注》：湔水出玉垒山。《汉·地理志》：绵虒县玉垒山，湔水所出。又绵水源出绵竹县紫岩山，经德阳县，过汉州，入雒水。又雒水自什邡西北发源，经德阳入汉州界，又南流入金堂界，合绵、湔诸水，一名石亭河，《汉·地理志》雒县章山，雒水所出。以上岷江、沱江、湔水、雒水之源流，并附于此。

【辨伪】此条抄自清《(嘉庆)四川通志》卷十：

“灌县”：岷江，《一统志》：出岷山北。《旧志》云：出羊膊岭，一云出木塔山，经松潘卫西，又南经叠溪营西，复南流入茂州，及威州西折，而东南至灌县，导流益多，包络于成都府境，而南入眉州界，经州东又南历嘉定、叙州、泸州、重庆、涪州、忠州、夔州，出巫峡而入湖广界。《旧志》云：岷江亦曰汶江，亦曰都江，亦曰外水，其在州郡城邑间者，往往随地立名，而都江、外水则岷江之通称也。……沱江，在县南，大江分流，又东流入郫县界。《一统志》：自灌县南，分大江，东流经崇宁县南、郫县北，又东经新繁县南、成都县北，又东经新都、金堂二县南，又东合湔水。《书·禹贡》岷山导江东别为沱。孔安国传：江东南流沱东行。《汉书·地理志》：郫县，《禹贡》江沱在西，东入大江。……"湔江"：在县东北，又东流入郫县界。《一统志》：……自彭县以西，俗名为渡船河，彭县以东，曰清白河，江自金堂以下，曰中江，即古湔水也。《汉书·地理志》：绵虒县玉垒山，湔水所出。……《水经注》：湔水出绵虒县玉垒山。……《旧志》：沱水，自灌县南分一小支，穿县下注四十五里，入崇宁界，曰渡船河，经县北又东十里入彭县界，为清白江，合王村河，又东入新繁界，又分一支为督桥河，又东入新都县界，经县北三十里，又东经汉州西南二十五里，又东南流五十里至三水关，合马水河，又南入金堂县界，流二十五里至焦山坡，合前后两河，总名金堂河，又东南流九十里，出金堂峡，入简州界，通名为中江。……"汉州"：绵水，在州东十里，源出绵竹县紫岩山。《一统志》：在汉州东，自德阳县流入，又南入雒水。……雒水在州北，自什邡流经德阳，入州境，又南如金堂县界，亦曰中水。《一统志》：自什邡西北发源，东南流经绵竹、德阳，又南至汉州，东流至金堂县东，合绵、湔诸水，一名石亭河，亦名后江。《汉书·地理志》：雒县章山，雒水所出，南至新都谷入湔。

今按：卢氏此条考证蜀地之江，故增"又《蜀江考》"四字于前。改"灌县"所载"岷江，《一统志》：出岷山北"至"而都江、外水则岷江之通称也"一节为"岷江，《旧志》谓"至"出巫峡而入湖广界"，改"沱江，在县南"至"东入大江"一节为"其曰沱江者"至"东入大江"一节，改"《旧志》：沱水"至"通名为中江"一节为"又《旧志》，沱水"至"通名为中江"一节，改"湔江"所载"《一统志》：……自彭县以西"至"《水经注》：湔水出绵虒县玉垒山"一节为"又《一统志》自彭县以西"至"湔水所出"一节，改"汉州"所载"绵水，在州东十里"至"又南入雒水"一节为"又绵水源出绵竹县紫岩山，经德阳县，过汉州，入雒水"一句，改"《一统志》：自什邡西北发源"至"南至新都谷入湔"一节为"又雒水自什邡西北发源"至"雒水所出"一节，大同小异，显系抄袭。

卷二十七（上）

解字随笔补遗

1. 五经文字不同者多。即如一经之中，“桑(甚)[葚]”见于《卫诗》，而《鲁颂》则为“黮”。“辔弓”著于《郑风》，而《秦风》则为“(韔)[韔]”。《左传》一书，亦多不同之字，如楚之“蒍氏”，又为“薳氏”，“箴尹氏”又为“针尹氏”。同在一国，而不同如此，况于钟鼎文乎？

【辨伪】此条抄自清顾炎武《日知录》卷四“文字不同”：

> 五经中文字不同多矣。有一经之中而自不同者，如“桑葚”见于《卫诗》，而《鲁》则为“黮”。“辔弓”著于《郑风》，而《秦》则为“韔”。《左氏》一书，其录楚也，“薳氏”或为“蒍氏”，“箴尹”或为“针尹”。况于鼎钟之文乎？《记》曰“书同文”，亦言其大略耳。

今按：卢氏增“同在一国，而不同如此”一句，并删“《记》曰‘书同文’，亦言其大略耳”一句，大同小异，显系抄袭。

2.《古文尚书》及《说文》字亦多异。璪火黺黹黼黻，艾轩谓：“黺、黹、黼、黻，当各为一物。璪如玉(藻)[璪]之璪，璪，圜物也，意其为璪之状而以火饰之。《考工记》谓火以圜，得非指璪火为一物乎？郑司农谓圜形似火，此为近之。黺黹黼黻皆从黹，同谓希冕。陆德明《释文》希与黹同，盖有由也。”《释文》作藻粉米，《说文》作黺黹，徐本黹作絉，藻与璪通。又《尔雅·释言》：“黹，紩也。”郭璞注：“今人呼缝紩衣为黹。”疏谓：“刺绣也。”《说文》：“黹谓箴缕所紩衣。”《礼·司服》注：“希读为絺，或作黹。”此可为证。

【辨伪】此条抄自宋王应麟《困学纪闻》及清陈鳣《简庄疏记》。《困学纪闻》卷二：

> 《古文尚书》及《说文》璪火黺黹黼黻，艾轩曰：“黺、黹、黼、黻，当各为一物。

‘璪’当为‘玉璪’之‘璪’。‘璪’，圜物也，意其为‘璪’之状而以火旁饰之，火因物而后见耳。《考工记》谓火以圜，得非指璪火为一物乎？郑司农谓为圜形似火，此为近之。希冕，谓黹黺黼黻皆从黹，同谓之希冕。陆德明希与黹同，盖有由来也。”

《简庄疏记》卷二：

按《释言》云：“黹，紩也。”郭注：“今人呼缝紩衣为黹。”《说文》云：“黹，箴缕所紩衣，从㡀丵省。”《春官·司服》云：“祭祀则希冕。”郑注：“希读为黹，或作稀，字之误也。”

今按：卢氏考证综合王氏、陈氏而来，增“字亦多异”，又增“《释文》作藻粉米”至“藻与璪通”一句，又增“疏谓：‘刺绣也’”、“此可为证”，大同小异，显系抄袭。

3. 古文“箾韶九成”，今文作“箫”。原注：“箾韶，大舜乐名。”而诸儒误以箫管解之，不可不知。

【辨伪】此条抄自宋王应麟《困学纪闻》卷二：

古文“箾磬”，今文作“箫”，《左氏》曰：“韶磬，舜乐名也。”诸儒误以箫管解之。

今按：卢氏改“《左氏》曰”为“原注”，又于末尾增“不可不知”四字，大同小异，显系抄袭。

4.《说文叙》：尉律试八体。按：八体谓大篆、小篆、刻符、虫书、摹印、署书、殳书、隶书。亡新使甄丰改定古文，时有六书。按：六书谓古文、奇字、篆书、佐书、缪篆、鸟虫书。《书正义》亦云：“秦有八体，亡新有六书。”而《汉·艺文志》谓：萧何《草律》著其法曰：“太史试学童，以六体法试之。”原注：谓古文、奇字、篆书、隶书、缪篆、虫书。此六体也，而六体非汉法，当从《说文叙》改六为八。余按：萧何草律，即尉律也。佐书即隶书也。故徐锴云：尉律，汉律篇名；大篆，史籀作；小篆，李斯省大篆为之；刻符，谓剖竹而中分之；署书，萧何所定，以题苍龙、白虎二阙也；殳书，随其势而书之；隶书，程邈作，即今楷书；奇字，即古文而异画者；缪篆，即摹印者，如秦玺文云。刻符、殳书、署书三体，大小不同，以其形而言，则六；以其用言，则八。

【辨伪】此条前半部分抄自宋王应麟《困学纪闻》卷八：

《说文叙》：尉律试八体，（大篆、小篆、刻符、虫书、摹印、署书、殳书、隶书。）亡新使甄丰等改定古文，时有六书。（古文、奇字、篆书、佐书、缪篆、鸟虫书。佐即隶也。）《书正义》亦云：“秦有八体，亡新六书。”（去大篆、刻符、殳书、署书，加古文、奇字。）《艺文志》谓：汉兴，萧何《草律》著其法曰：“太史试学童，以六体试之。”（古文、奇字、篆书、隶书、缪篆、虫书。）律即尉律也。六体非汉兴之法，当从《说文叙》，改六为八。

今按：卢氏前半部分与王氏相同，并改注文为正文，显系抄袭。卢氏又补“余按”以下一节。

5.《汉·西域传》：“安息国书，皆旁行为书。”颜氏注：“今西方胡国南方林邑书，皆横下，不直下。”又《法苑珠林》云：“造书凡有三人，长名曰梵，其书右行；次曰佉卢，其书左行；少曰苍颉，其下直下。”郑夹漈亦谓：“梵书左旋，华书右旋。”

【辨伪】此条抄自宋王应麟《困学纪闻》卷八：

> 《汉·西域传》：“安息国书革，旁行为书记。”颜氏注：“今西方胡国及南方林邑书，皆横行，不直下。”《法苑珠林》云：“造书凡有三人，长名曰梵，其书右行；次曰佉卢，其书左行；少者苍颉，其书下行。”夹漈《六书略》云：“梵书左旋，其势向右；华书右旋，其势向左。”

今按：卢氏改“夹漈《六书略》云：‘梵书左旋，其势向右；华书右旋，其势向左’”为“郑夹漈亦谓：‘梵书左旋，华书右旋’”，其意相同。其他大致相同，显系抄袭。

6. 董彦远除正字，其谢启云：“残经不悟于郭亡，阙文徒存于夏有。马不足一者，既失其全；虎多其六者，自乖其数。书残武殪，颂乱汤齐；乌舄混淆，鱼鲁杂糅。增河南之邑为雒，减汉东之国为隋。避上则辠不从辛，绝下则对因去口。枣合而棘氏微，足省而踈姓绝。定文于六穗之禾，训同于导；分序于八寸之策，执异为宗。丁尾乱真，钩须失实。书立书肖，既谬国名；为卷为端，遂乖服制。篆文误伪，谁正云兴之祁祁；隶体散亡，共守鸾声之钺钺。锁定银铛之名，车改金根之目；知一束二缝之为来，指二首六身之为亥。郡章立信，救时惟正于一羊；国史传疑，考义共惑于三豕。傅会作九禾之秀，离析为三刀之州。合乐之奏，妄加文武为斌；定经之名，误合日月为易。字失部居，改白水真人之号；书忘形象，作非衣小儿之谣。四十八安取于桑？三十七未足语世。梁父七十二家，名虽俱在；尉律四十九类，书盖已亡。”学者遍观异书，亦多识之一助。

【辨伪】此条抄自宋王应麟《困学纪闻》卷八：

> 董彦远除正字，谢启叙字学，涉猎该洽，其略云：“残经不悟于郭亡，阙文徒存于夏有。马不足一者，既失其全；虎多于六者，自乖其数。书残武殪，颂乱汤齐；乌写混淆，鱼鲁杂糅。增河南之邑为雒，减汉东之国为隋；避上则辠不从辛，绝下则对因去口。枣合而棘氏微，足省而踈姓绝。定文于六穗之禾，训同于导；分序于八寸之策，执异为宗。丁尾乱真，钩须失实。书立书肖，而既谬国名；为卷为端，而遂乖服制。篆形误伪，谁正云兴之祁祁；隶体散亡，共守鸾声之钺钺。锁定银铛之名，车改金根之目；知一束二缝之为来，指二首六身之为亥。郡章立信，救时唯正于四羊；国史传疑，考义共惑于三豕。傅会作九禾之秀，离析为三刀之州。合乐之奏，妄加文武之为斌；定经之名，误合日月之为易。字失部居，改白水真人之兆；书忘形象，作非衣小儿之谣。四十八安取于桑？三十七未足语世。梁父七十二家，名虽俱在；尉律四

十九类，书盖已亡。误存舟二间之为航，安识门五日之为闰?”学者遍观异书，而求其事之所出，亦多识之一也。

今按：卢氏删“叙字学，涉猎该洽，其略”，又删书启中“误存舟二间之为航，安识门五日之为闰”一句及“而求其事之所出”一语。其他大致相同，显系抄袭。

7.《尔雅》注云：“兹、斯，此也。”今考《尚书》多言“兹”，《论语》多言“斯”，《大学》以后之书多言“此”。故《论语》不言“此”，而言“斯”者七十，《檀弓》言“斯”者五十有三，而言“此”者一而已。《大学》成于曾子门人，一卷之中言“此”者一十有九，语言轻重之间，不同如此。

【辨伪】此条抄自清顾炎武《日知录》卷六“檀弓”：

《论语》之言“斯”者七十，而不言“此”。《檀弓》之言“斯”者五十有三，而言“此”者一而已。《大学》成于曾氏之门人，而一卷之中言“此”者十有九。语音轻重之间，而世代之别，从可知已。(《尔雅》曰：“兹、斯，此也。”今考《尚书》多言“兹”，《论语》多言“斯”，《大学》以后之书多言“此”。)

今按：卢氏改顾氏注文为正文，并置于顾氏正文之前，又改“《论语》之言‘斯’者七十，而不言‘此’”为“故《论语》不言‘此’，而言‘斯’者七十”，又改“而世代之别，从可知已”为“不同如此”，大同小异，显系抄袭。

8. 春秋以上，言“文”不言“字”。《(在)[左]传》：“于文，止戈为武”，“于文，皿虫为蛊”。《论语》“史阙文”，《中庸》“书同文”之类，未尝言“字”也。至《易经》“女子贞不字，十年乃字”，《诗经》“牛羊(肥)[腓]字之”，《康诰》“于父不能字厥子”，《左传》“大字小”，始有“字”。“字”皆训为“乳”，取爱养之意。惟《仪礼·士冠礼》：“宾字之。”《礼记·郊特牲》“冠而字之，敬其名也”，此与“文字”相近，亦未尝谓“文”惟“字”也。以“文”为“字”，余按始于秦始皇《琅琊台石刻》曰：“书同文字。”《说文序》云：“依类象形谓之文，形声相益谓之字。文者，象物之本；字者，孳乳而生。”是字之名自秦而立，自汉而显。

【辨伪】此条抄自清顾炎武《日知录》卷二十一“字”：

春秋以上，言“文”不言“字”。如《左传》“于文，止戈为武”，“故文，反正为乏”，“于文，皿虫为蛊”。及《论语》“史阙文”，《中庸》“书同文”之类，并不言“字”。《易》：“女子贞不字，十年乃字。”《诗》：“牛羊腓字之。”《左传》：“其僚无子，使字敬叔。”皆训为“乳”。《书·康诰》：“于父不能字厥子。”《左传》：“乐王鲋字而敬，小事大，大字小。”亦取爱养之义。唯《仪礼·士冠礼》：“宾字之。”《礼记·郊特牲》：“冠而字之，敬其名也。”与“文字”之义稍近，亦未尝谓“文”为“字”也。以“文”为“字”，乃始于《史记》秦始皇《琅邪台石刻》曰：“同书文字。”《说文序》云：“依类象形谓之文，形声相益谓之字。文者，物象之本；字者，孳乳而生。”……此则

“字”之名自秦而立，自汉而显也与！

今按：卢氏删顾氏所举“《左传》：‘其僚无子，使字敬叔’”一例，而于诸例证后增“始有字”三字，并改“皆训为乳”、“亦取爱养之义”为“字皆训为乳，取爱养之意”一句。并于“始于秦始皇《琅琊台石刻》”之上增“余按”二字，据顾氏考证为己有，显系抄袭。

9. 三代以上，言“文”不言“字”。自李斯、程邈出，“文”降而为“字”矣。两汉以上，言“音”不言“韵”，自周颙、沈约出，“音”降而为“韵”矣。

【辨伪】此条抄自清顾炎武《日知录》卷二十一“字”：

> 三代以上，言“文”不言“字”。李斯、程邈出，“文”降而为“字”矣。二汉以上，言“音”不言“韵”，周颙、沈约出，“音”降而为“韵”矣。

今按：卢氏仅增二“自”字，并改“二汉”为“两汉”，其他全同，显系抄袭。

10. 六经中无幺字，其始见于《说文》云：“幺，小也。象子初生之形。”故“幼”字从“幺”，亦取此义。盖“一”为数之本，故可以大名之。一年曰元年，长子曰元子是也。又为数之初，故可以小名之，骰子之一数为幺，是也。《尔雅》：“凡豕之最后生者，呼为幺豕。”故人之幼小者亦呼为幺。《汉书·食货志》：“王莽作钱贷六品：有小钱、幺钱、幼钱、中钱、壮钱、大钱。贝货五品：有大贝、壮贝、中贝、幺贝、小贝等名。”又考《隋书》：“凡日不全为余，积以成余曰秒，度不全为分，积以成分者曰篾，其不成秒者曰么，不成篾曰幺。”蔡邕《短人赋》用“其余尫幺”。陆机《文赋》：“犹(统)[弦]幺而徽急。”郭璞《萤火赞》：“虫之微幺。”卢谌《蟋蟀赋》：“享神气之幺啙。”并用此字。又《宋史·岳武穆傅》：“杨幺本名太，因太年纪幼，楚人谓幼小为幺，故名之曰杨幺。”俗作“么”，非。

【辨伪】此条抄自清顾炎武《日知录》卷三十二“幺”：

> “一”为数之本，故可以大名之，一年之称元年，长子之称元子，是也。又为数之初，故可以小名之，骰子之谓一为幺，是也。《尔雅》“幺幼”注曰：“豕子最后生者，俗呼为幺豚。”故后人有幺麽之称。《说文》：“幺，小也，象子初生之形。”“幼”字从“幺”，亦取此义。《汉书·食货志》：“王莽作钱货六品：小钱、幺钱、幼钱、中钱、壮钱、大钱。贝货五品：大贝、壮贝、幺贝、小贝，及不盈寸二分者。布货十品：大布、次布、弟布、壮布、中布、差布、厚布、幼布、幺布、小布。”《隋书·律历志》：“凡日不全为余，积以成余者曰秒，度不全为分，积以成分者曰篾，其有不成秒曰么，不成篾曰幺。”班彪《王命论》：“幺麽尚不及数子。”蔡邕《短人赋》：“其余尫幺。”晋陆机《文赋》：“犹弦幺而徽急，故虽和而不悲。”郭璞《萤火赞》：“熠熠宵行，虫之微幺。”卢谌《蟋蟀赋》：“享神气之幺啙。”并用此字。《唐书·杨炎传》：“卢杞貌幺陋。”《宋史·岳飞传》：“杨幺本名杨太，太年幼，楚人谓小为幺，故曰杨幺。”俗作“么”，非。

今按：卢氏改置顾氏“《说文》”至“亦取此义”一节于前，并增“六经中无幺字，其始见于”于首。又改“故后人有幺麿之称”为“故人之幼小者亦呼为幺”。又删《汉书·食货志》中“布货十品”例证，又删班彪《王命论》、《唐书·杨炎传》两例证，大同小异，显系抄袭。

11. 外国皆无正字，以其音之不同也。唐之吐蕃，即今之土鲁番也。唐之回纥，即今之回回也。《唐书》：“回纥一名曰回鹘。”《元史》有畏兀儿部，“畏”即“回”，“兀”即“鹘”也，其曰“回回”，亦“回鹘”之转音也。其曰“畏吾儿”，亦“畏兀儿”之转声也。考《大明会典》：哈密在炖煌之北大碛外，为诸番往来要道，其国部落与回回、畏兀儿三种杂居，审是则回回与畏兀儿又分为二种矣。

【辨伪】此条抄自清顾炎武《日知录》卷二十九“吐蕃回纥”：

> 大抵外国之音，皆无正字。唐之吐蕃，即今土鲁番是也。唐之回纥，即今之回回是也。《唐书》：“回纥一名回鹘。”《元史》有畏兀儿部，“畏”即“回”，“兀”即“鹘”也，其曰“回回”者，亦“回鹘”之转声也。其曰“畏吾儿”者，又“畏兀儿”之转声也。《大明会典》：哈密古伊吾庐地，在炖煌北大碛外，为西域诸番往来要路，其国部落与回回、畏兀儿三种杂居，则回回与畏兀儿又为二种矣。

今按：卢氏仅改“大抵外国之音，皆无正字”为“外国皆无正字，以其音之不同也”，其意相同，其他基本相同，显系抄袭。

12. 百体书中，有悬针书、垂露书、秦王破冢书、金鹊书、虎爪书、倒薤书、偃波书、信幡书、飞帛书、籀书、谬篆书、制书、列书、日书、月书、风书、云书、虫食叶书、天竺书、胡书、蓬书、横书、楷书、牛书、兔书、狼书、犬书、龙草书、鸡书、震书、反左书、行押书、檝书、景书、半草书、钟隶、鼓隶、芝英隶、龙虎篆、麒麟篆、鱼篆、虫篆、鸟篆、鼠篆、蛇篆等名。

【辨伪】此条抄自唐段成式《酉阳杂俎》前集卷十一：

> 百体中，有悬针书、垂露书、秦王破冢书、金鹊书、虎爪书、倒薤书、偃波书、信幡书、飞帛书、籀书、谬篆书、制书、列书、日书、月书、风书、署书、虫食叶书、胡书、篷书、天竺书、楷书、横书、芝英隶、钟隶、鼓隶、龙虎篆、麒麟篆、鱼篆、虫篆、鸟篆、鼠篆、牛书、兔书、草书、龙草书、狼书、犬书、鸡书、震书、反左书、行押书、檝书、景书、半草书。

今按：相较段氏所列，卢氏有“云书”、“蛇篆”，而无“署书”、“草书”，二者顺序亦有不同，但卢氏显系抄袭段氏而来，且稍有增删。

13. 唐有进士单长鸣者，赴京应春官试，其姓为部书省笔，遂袖状诉吏，书云：“某姓单，音丹，为吏书擅改易单为單(音善)，单虽姓字之僻，而援笔吏得以侮弄而改易之，实贻宗祖之羞也。请主司罪之。”主司初不之理，久之乃曰：“方口尖口，亦何异耶?”长鸣乃厉声曰：“不然，梯航所通，声教所暨，文字之柄，操在明公，明公倘谓尖口方口可以互书，则台州吴儿乃吕州矣儿也。”主文不能对，场中目为字妖。

【辨伪】此条抄自唐高彦休《唐阙史》卷上“单进士辨字”：

进土单长鸣者，随计求试于春官日，袖状诉吏云：“某姓单(音单)，会为笔引榜者易为單(音善)，单诚姓氏之僻，而援毫吏得以侮易之，实贻宗先之羞也。”主司初不谕，久之方云：“方口尖口，亦何异耶?”长鸣厉声曰：“不然，梯航所通，声化所暨，文学之柄，属在明公，明公倘以尖方口得以互书，则台州吴儿乃吕州矣儿也。”主文者不能对，词场目为举妖。

今按：卢氏改“随计求试于春官日，袖状诉吏云”为“赴京应春官试，其姓为部书省笔，遂袖状诉吏，书云”，又改“举妖”为“字妖”，其他大致相同，显系抄袭。

卷二十七(下)
格致随笔补遗

14. 柳下惠见饴曰:“可以养老。”盗跖见饴曰:“可以黏牡。”见物同而用之异。故《吕氏春秋》引曰:“仁人得饴,以养疾侍老也;跖蹻得饴,以开闭取楗也。”原注谓:牡,出《淮南子》,牡,门户钥牡。

【辨伪】此条抄自宋王应麟《困学纪闻》卷十七:

> 柳下惠见饴曰:“可以养老。”盗跖见饴曰:“可以黏牡。”见物同而用之异。(出《淮南子》。牡,门户钥牡。)《左氏博议》用此。《吕氏春秋》:“仁人得饴,以养疾侍老也;跖蹻得饴,以开闭取楗也。”

今按:卢氏改王氏注文“出《淮南子》。牡,门户钥牡”为正文“原注谓:牡,出《淮南子》,牡,门户钥牡”,并置于末尾,并删“《左氏博议》用此”一句,大同小异,显系抄袭。

15. 古乐,舜《韶》、禹《大夏》,人人得而知之矣。而《乐纬动声仪》:颛顼之乐曰《五茎》,帝喾之乐曰《六英》。而《白虎通》云《六茎》、《五英》。《帝王世纪》又云:“高阳作《五英》,高辛作《六茎》。”《列子注》又以《六茎》为帝喾作,《淮南子》注又以《六莹》为颛顼作。诸书所载不同,今备录之以俟考。《六茎》,《列子》亦作《六莹》,与《淮南》同。

【辨伪】此条抄自宋王应麟《困学纪闻》卷五:

> 《乐纬动声仪》:颛顼之乐曰《五茎》,帝喾之乐曰《六英》。《汉志》、《白虎通》云《六茎》、《五英》。《帝王世纪》:“高阳作《五英》、高辛作《六茎》。”《列子注》以《六莹》为帝喾乐,《淮南子注》以《六莹》为颛顼乐。《通鉴外纪》云:“《汉志》、《世纪》仿六乐撰其名,故多异。”

今按：卢氏于前增“古乐，舜《韶》、禹《大夏》，人人得而知之矣”一句，改《列子注》中“《六莹》”为“《六茎》”，又增“诸书所载不同，今备录之以俟考。《六茎》，《列子》亦作《六莹》，与《淮南》同”，而删“《通鉴外纪》云”一句，大同小异，显系抄袭。

16.《诗草木鸟兽虫鱼疏》，是陆玑撰，非陆机也。《隋·经籍志》载：《草木鸟兽疏》二卷，乌程令吴郡陆玑撰。此可举以为证。

【辨伪】此条抄自宋王应麟《困学纪闻》卷三：

> 《草木鸟兽虫鱼疏》，陆玑字符恪所撰，非陆机也。

今按：卢氏改“陆玑字符恪所撰”为“是陆玑撰”，其意相同，显系抄袭。又据《隋书·经籍志》所载补按语以证。

17. 舜之五刑，流也，宫也，教也，赎也，贼也。流宥五刑，舜制五刑，以宥三苗之劓、刵、刖、宫、大辟也。《皇王大纪》之说本此，而以墨、刵、劓、宫、大辟为贼刑之科目。

【辨伪】此条抄自宋王应麟《困学纪闻》卷二：

> 范蜀公《正书》曰：“舜之五刑：流也，宫也，教也，赎也，贼也。流宥五刑者，舜制五流，以宥三苗之劓、刖、刵、宫、大辟也。”《皇王大纪》之说本诸此，而以墨、劓、刵、宫、大辟为贼刑之科目。

今按：卢氏删“范蜀公《正书》曰”字眼，其他大致相同，显系抄袭。

18. 傅玄《琴赋》：“齐桓曰‘号钟’，楚庄曰‘绕梁’，相如曰‘烧尾’，伯喈曰‘绿绮’。而《宋书·乐志》所载不同，谓伯喈为烧尾琴，相如为绿绮琴。余谓《宋志》恐有错误。今据何义门云：此唐人改《琴赋》以就传，非《宋志》误也。烧尾即燋尾，燋、烧同音。

【辨伪】此条抄自宋王应麟《困学纪闻》及清何焯注。《困学纪闻》卷五：

> 傅玄《琴赋》：“齐桓曰号钟，楚庄曰绕梁，相如曰燋尾，伯喈曰绿绮。”《宋书·乐志》曰：“世云燋尾，伯喈琴。以傅氏言之，非伯喈也。”今按《蔡邕传》注引《琴赋序》：相如绿绮，蔡邕焦尾。《宋志》恐误。

何焯注：

> 此唐人改《琴赋》以就传，非《宋志》误也。

今按：卢氏改王氏引“《宋书·乐志》”一句及“相如绿绮”为“而《宋书·乐志》所载不同，谓伯喈为烧尾琴，相如为绿绮琴”，又删“今按《蔡邕传》注引《琴赋序》：相如绿绮，蔡邕焦尾”一句，增“余谓”二字于“《宋志》恐误”之上，并补入何焯注语，又于末尾增“烧尾即燋尾，燋、烧同音”一句，大同小异，显系抄袭。

19. 古未有笔，以书刀刻字于方策，谓之削。鲁为《诗》、《书》之国，故《考工记》以鲁之削为良，《春秋》笔削是也。

【辨伪】此条抄自宋王应麟《困学纪闻》卷四：

> 古未有笔，以书刀刻字于方策，谓之削。鲁为《诗》、《书》之国，故《考工记》以鲁之削为良。

今按：卢氏仅增“《春秋》笔削是也”一句，其他相同，显系抄袭。

20. 西蜀开国最古，不自秦始通中国，即扬子云《蜀记》亦未确。而李太白《蜀道难》云：“蚕丛与鱼凫，开国何茫然？尔来四万八千岁，不与秦塞通人烟。”此诗本于《蜀记》，亦不足据。余按：西蜀，三代时已有岷、嶓，载于《禹贡》，庸、蜀见于《牧誓》。此其明证。

【辨伪】此条抄自宋王应麟《困学纪闻》卷十：

> 李太白《蜀道难》云：“蚕丛及鱼凫，开国何茫然？尔来四万八千岁，不与秦塞通人烟。”其说本扬雄《蜀记》。愚谓：岷、嶓载于《禹贡》，庸、蜀见于《牧誓》，非至秦始通也。

今按：卢氏改王氏末句“非至秦始通也”及文中论及之“扬雄《蜀记》”为“西蜀开国最古，不自秦始通中国，即扬子云《蜀记》亦未确”一句，并于“此诗本于《蜀记》”后增“亦不足据”一句。又改王氏“愚谓”为“余按”，并增“西蜀，三代时已有”数字，据王氏之考证为己有，显系抄袭。

21.《史记》误以重、黎为一人，盖本于《楚世家》：“高阳生称，生卷章，章生重黎，为高辛氏火正，帝喾命曰祝融。”而不知《诗正义》曰：颛顼命南正重司天，火正黎司地。则黎为火正，是高阳时。历高辛仍为此职，则黎为祝融，重为南正，明系二人。《世家》以为一人，非也。余按：少皞氏有子重，颛顼氏有子曰黎。《左传》可证。

【辨伪】此条抄自宋王应麟《困学纪闻》卷十一：

> 《楚世家》：“高阳生称，称生卷章，卷章生重黎，高辛氏之火正，能光融天下，帝喾命曰祝融。”《诗正义》曰：《楚语》称“颛顼命南正重司天以属神，命火正黎司地以属民”，则黎为火正，高阳时也。言高辛者，以重黎是颛顼命之，历及高辛，仍为此职，故二文不同也。黎实祝融，重为南正，而《楚世家》同以重黎为祝融，谬也。……《左传》：“少皞氏有子曰重，颛顼氏有子曰黎。”《史记》以重、黎为一人，又言以吴回为重黎，皆谬。

今按：卢氏改王氏末尾"《史记》以重、黎为一人，又言以吴回为重黎，皆谬"一句为"《史记》误以重、黎为一人"，并置于前。又于王氏引文有所节略改窜，如删"能光融天下"、"《楚语》称"，又改"而《楚世家》同以重黎为祝融，谬也"为"《世家》以为一人，非也"。而"余按"一句则改自王氏所引《左传》，显系抄袭。

22. 陆玑有《诗草木疏》，刘杳有《离骚草木疏》，王方庆有《园庭草木疏》，李德裕有《山居草木记》。又有作为疏者，若单言"草木疏"，则失之远矣。是以君子必贵格物而致知也。

【辨伪】此条抄自宋王应麟《困学纪闻》卷八：

> 陆玑为《诗草木疏》，刘杳为《离骚草木疏》，王方庆有《园庭草木疏》，李文饶有《山居草木记》，君子所以贵乎多识也。

今按：卢氏增"又有作为疏者，若单言'草木疏'，则失之远矣"一句，并改"君子所以贵乎多识也"为"是以君子必贵格物而致知也"，大同小异，显系抄袭。

23. 韦处厚《盛山十二诗》，韩文公为之序，人多不知十二之名。余考《唐诗纪事》，十二谓：《隐月岫》、《流杯渠》、《竹岩》、《绣衣石榻》、《宿云亭》、《梅溪》、《桃坞》、《葫芦沼》、《茶岭》、《盘石磴》、《琵琶台》、《上士瓶泉》。按：《唐诗纪事》八十一卷，宋许有功撰，见《简明书目》。

【辨伪】此条抄自宋王应麟《困学纪闻》及清翁元圻注。《困学纪闻》卷十八：

> 韦处厚《盛山十二诗》，韩文公为序，今见于《唐诗纪事》。十二诗谓：《隐月岫》、《流杯渠》、《竹岩》、《绣衣石榻》、《宿云亭》、《梅溪》、《桃坞》、《胡卢沼》、《茶岭》、《盘石磴》、《琵琶台》、《上士瓶泉》也。

翁元圻注：

> 《唐诗纪事》八十一卷，宋计有功撰。

今按：卢氏增"人多不知十二之名"，改"今见于"为"余考"，据王氏考证为己有。又改翁元圻注为按语，并增"见《简明书目》"五字，大同小异，显系抄袭。

24.《春秋正义》，手五指各有其名，大指曰巨指，《孟子》谓巨擘是也；二指曰食指，见《左传》；中指曰将指，见《仪礼·乡射》；四指曰无名指，见《孟子》；五指曰小指，亦曰季指，见《礼仪·少牢馈食》。

【辨伪】此条抄自宋王应麟《困学纪闻》卷二十：

《春秋正义》：手五指之名曰："巨指(《仪礼·大射》，《孟子》云巨擘)、食指(《左传》)、将指(《仪礼·乡射大射》注)、无名指(《孟子》)、小指(《仪礼·特牲馈食礼》、《少劳馈食》云季指)。"

今按：卢氏改王氏注文为正文，而有所节略，如"巨指"注删"《仪礼·大射》"，"小指"注删"特牲馈食礼"，并增"大指曰"、"二指曰"、"中指曰"、"四指曰"、"五指曰"等，大同小异，显系抄袭。

25. 今人立春用土牛之法，以岁干色为首，支色为身，纳音色为腹。以立春日干色为角耳尾，支色为胫，纳音色为蹄。景祐元年，以《土牛经》四篇颁示天下，令丁度为序，见《宋史》，又见《钦定协纪辨方书》。

【辨伪】此条抄自宋王应麟《困学纪闻》及清翁元圻注。《困学纪闻》卷二十：

土牛之法，以岁之干色为首，支色为身，纳音色为腹。以立春日干色为角耳尾，支色为胫，纳音色为蹄。景祐元年，以《土牛经》四篇颁天下，丁度为序。

翁元圻注：

《宋史·艺文志》"农家类"有丁度《土牛经》一卷。

今按：卢氏增"今人立春用"五字于"土牛之法"之前，又改翁注一句为"见《宋史》"，并增"又见《钦定协纪辨方书》"一语，大同小异，显系抄袭。

26.《周易集林·杂占》云："占天雨否，外卦得阴为雨，得阳不雨。其爻发变，得《坎》为雨，得《离》不雨。《巽》化为《坎》，先风后雨；《坎》化为《巽》，先雨后风。"余按：《集林》十二卷，《隋·经籍志》谓京房撰。《七录》谓伏万寿撰。

【辨伪】此条抄自宋王应麟《困学纪闻》及清万希槐注。《困学纪闻》卷二十：

《周易集林·杂占》曰："占天雨否，外卦得阴为雨，得阳不雨。其爻发变，得《坎》为雨，得《离》不雨。《巽》化为《坎》，先风后雨；《坎》化为《巽》，先雨后风。"

万氏《集证》：

《隋书·经籍志》子部五行类："《周易集林》十二卷，京房撰。《七录》云伏万寿撰。"

今按：卢氏改万氏注语为"余按"一句，其意相同，据万氏考证为己有，显系抄袭。

27. 后汉应劭有《汉官·卤簿图》，见《汉官仪·卤簿篇》；晋有《卤簿图》、《卤簿仪》，齐有《卤簿仪》，陈有《卤簿图》，唐有《大驾卤簿》一卷，又有王象画《卤簿图》。宋景德二年，王钦若上《卤簿记》三卷，天(授)[圣]六年，宋绶又上《卤簿记》共十卷。

【辨伪】此条抄自宋王应麟《困学纪闻》卷二十：

> 后汉应劭有《汉官·卤簿图》(《汉官仪·卤簿篇》)。晋有《卤簿图》、《卤簿仪》，齐有《卤簿仪》，陈有《卤簿图》，唐有《大驾卤簿》一卷，王象画《卤簿图》。景德二年，王钦若上《卤簿记》三卷。天圣六年，宋绶上《卤簿记》十卷。

今按：卢氏改注文"《汉官仪·卤簿篇》"为正文"见《汉官仪·卤簿篇》"，显系抄袭。

28. 六艺古人皆知。"七月流火"，天时也；"相其阴阳"，地理也；"四矢反兮"，射也；"两骖如舞"，御也；"止戈为武"、"皿虫为蛊"，书也；"千乘三去"、"亥有二首六身"，数也。古时人人皆知，而今人遂为绝学。虽曰艺事，益以见古人之务实，而今人之空疏也。

【辨伪】此条抄自清顾炎武《日知录》卷五"不入兆域"：

> "七月流火"，天文也；"相其阴阳"，地理也；"四矢反兮"，射也；"两骖如舞"，御也；"止戈为武"、"皿虫为蛊"，书也；"千乘三去"、"亥有二首六身"，数也。古之时人人知之，而今日遂为绝学。且曰艺而已矣，不知之无害也，此近代之儒所以自文其空疏也。

今按：卢氏于前增"六艺古人皆知"一句，又改末尾"且曰艺而已矣，不知之无害也，此近代之儒所以自文其空疏也"一句为"虽曰艺事，益以见古人之务实，而今人之空疏也"，其意相同，显系抄袭。

29.《乡饮酒礼》："(上)[工]四人，二瑟。"注谓："二人鼓瑟，则二人歌也。"古人琴瑟之用，皆与歌并奏，故有一人歌，一人鼓瑟者。如汉文帝"使慎夫人鼓瑟，上倚瑟而歌"是也。亦有自鼓自歌者，如孔子取瑟而歌是也。

【辨伪】此条抄自清顾炎武《日知录》卷五"不入兆域"：

> 《乡饮酒礼》："工四人，二瑟。"注："二瑟，二人鼓瑟，则二人歌也。"古人琴瑟之用，皆与歌并奏，故有一人歌，一人鼓瑟者。汉文帝"使慎夫人鼓瑟，上自倚瑟而歌"是也。亦有自鼓而自歌，孔子之取瑟而歌是也。

今按：卢氏删注中"二瑟"，其他大致相同，显系抄袭。

30. 三代以来，权量不同。杜氏《通典》谓："六朝量三升当今一升，秤三两当今一两，尺一尺二寸当今一尺。"又考《左传》正义曰："魏、齐斗称，于古二而为一。周、隋斗称，于古三而为一。"又《隋书·律历志》言："梁、陈依古斗，齐以古升五升为一斗，周以玉升一升当官斗一升三合四勺。开皇以古斗三升为一升。大业依古斗。”“梁、陈依古称。齐以古称一斤八两为一斤。周以玉称四两，当古称四两半。开皇以古称三斤为一斤。大业复依古称。”又考传记，《孟子》举百钧为有力人，三十斤为钧，百钧是三千斤。又《晋书》：“成帝令诸郡中举有力人，要能举一千五百斤以上者。”又秦始皇铸金人十二，各重千石，每石重百二十斤。然则千石是十二万斤。据以上三说，想不应如此之重，则知古称之小于此可见。又《史记》：“孔子居鲁，奉粟六万。”《索隐》曰：“六万斗。”正义曰：“六万小斗，当今二千石。”可见唐人所言三而当一之验。

【辨伪】此条节抄自清顾炎武《日知录》卷十一“权量”：

> 三代以来，权量之制，自隋文帝一变。杜氏《通典》言：“六朝量三升当今一升，秤三两当今一两，尺一尺二寸当今一尺。”《左传·定公八年》正义曰：“魏、齐斗称，于古二而为一。周、隋斗称，于古三而为一。”《隋书·律历志》言：“梁、陈依古斗，齐以古升五升为一斗，周以玉升一升当官斗一升三合四勺。开皇以古斗三升为一升。大业初依复古斗。”“梁、陈依古称。齐以古称一斤八两为一斤。周玉称四两，当古称四两半。开皇以古称三斤为一斤。大业初，依复古称。”今考之传记，如《孟子》以举百钧为有力人，三十斤为钧，百钧则三千斤。《晋书·成帝纪》：“令诸郡举力人，能举千五百斤以上者。”《史记·秦始皇纪》：“金人十二，重各千石，置宫廷中。”百二十斤为石，千石则十二万斤。……不应若此之重。……是知古之权量，比之于今，大抵皆三而当一也。《史记·孔子世家》：“孔子居鲁，奉粟六万。”《索隐》曰：“当是六万斗。”《正义》曰：“六万小斗，当今二千石也。”此唐人所言，三而当一之验。

今按：卢氏改首句“三代以来，权量之制，自隋文帝一变”为“三代以来，权量不同”，其下引例证与顾氏相同，稍有改窜，如改“《史记·秦始皇纪》：‘金人十二，重各千石，置宫廷中。’百二十斤为石，千石则十二万斤”一句为“又秦始皇铸金人十二，各重千石，每石重百二十斤。然则千石是十二万斤”。又改“不应若此之重”为“据以上三说，想不应如此之重，则知古称之小于此可见”。其他大致相同，显系抄袭。

31.《唐六典》：“凡度，以北方秬黍中者，一黍之广为分，十分为寸，十寸为尺，十尺为丈。凡量，以秬黍中者，容一千二百黍为龠，二龠为合，十合为升，十升为斗，十斗为斛。凡权衡，以秬黍中者，百黍之重为铢，二十四铢为两，十六两为一斤。”

【辨伪】此条节抄自清顾炎武《日知录》卷十一“大斗大两”：

> 《唐六典》：“凡度，以北方秬黍中者，一黍之广为分，十分为寸，十寸为尺，一尺二寸为大尺，十尺为丈。凡量，以秬黍中者，容一千二百黍为龠，二龠为合，十合为升，十升为斗，三斗为大斗，十斗为斛。凡权衡，以秬黍中者，百黍之重为铢，二十四铢为两，三两为大两，十六两为斤。……”

今按：此条看似卢氏抄自《唐六典》，据前后两条节抄自顾氏《日知录》推测，卢氏此条亦从《日知录》转抄《唐六典》而来，而删“一尺二寸为大尺”、“三斗为大斗”、“三两为大两”三语，以及顾氏此后之考证，显系抄袭。

32. 宋沈括《笔谈》云：“余奉诏考定权律度量及浑仪，求秦汉以来度量，计六斗当宋之一斗七升九合，称三斤当今十三两。”是宋时权量已大于唐也。又据《元史》言：“至元二十年，世祖取江南，命输米者用宋斛。以宋斗一石，当元七斗。”是元斗又大于宋也。

【辨伪】此条抄自清顾炎武《日知录》卷十一“大斗大两”：

> 宋沈括《笔谈》曰：“予受诏考钟律及铸浑仪，求秦汉以来度量，计六斗当今之一斗七升九合，称三斤当今十三两。”是宋时权量又大于唐也。《元史》言：“至元二十年，颁行宋文思院小口斛。”又言：“世祖取江南，命输米者止用宋斗斛。以宋一石，当今七斗故也。”是则元之斗斛又大于宋也。

今按：卢氏删顾氏所引《元史》中的“颁行宋文思院小口斛”一句，其他大致相同，显系抄袭。

33.《千字文》有二本，人只知周兴嗣撰，而不知萧子范有《千字文》也。考《梁书》：“高祖以三桥旧宅为光宅寺，敕兴嗣与陆倕各制碑文。高祖用兴嗣所制者。”是羲之所书千字文，乃兴嗣撰者。又《萧子范传》：“萧除大司马从事中郎，使制《千字文》，其辞甚美，命记室蔡薳注释之。”《唐·经籍志》：“《千字文》一卷，萧子范撰，又一卷，周兴嗣撰。”是萧撰一《千字文》，周撰又一《千字文》也。《隋·经籍志》载：“梁给事郎周撰《千字文》一卷，梁国子祭酒萧撰《千字文》一卷。”何以《宋史·李至传》谓：“《千字》乃梁武帝得钟繇书破碎千余字，命周兴嗣次韵而成。”《山堂考索》亦本其说。与《隋唐经籍志》大异，不知何所据而云然。

【辨伪】此条抄自清顾炎武《日知录》卷二十一“千字文”：

> 《千字文》元有二本，《梁书·周兴嗣传》曰：“高祖以三桥旧宅为光宅寺，敕兴嗣与陆倕制碑。及成，俱奏，高祖用兴嗣所制者。自是铜表铭、栅塘碣、北伐檄、次韵王羲之书千字，并使兴嗣为之。”《萧子范传》曰：“子范除大司马南平王户曹属从事中郎，使制《千字文》，其辞甚美，命记室蔡薳注释之。”《旧唐书·经籍志》：“《千字文》一卷，萧子范撰，又一卷，周兴嗣撰。”是兴嗣所次者，一《千字文》，而子范所制者，又一《千字文》也。乃《隋书·经籍志》云：“《千字文》一卷，梁给事郎周兴嗣撰；《千字文》一卷，梁国子祭酒萧子云注。”《梁书》本传谓子范作之，而蔡薳为之注释，今以为子云注，子云乃子范之弟，则异矣。《宋史·李至传》言：“《千字文》乃梁武帝得钟繇书破碑千余字，命周兴嗣次韵而成。”(《山堂考索》同。)

今按：卢氏据文意增“人只知周兴嗣撰，而不知萧子范有《千字文》也”一句，其下考证所引典籍、论断与顾氏相同，而文字稍有改窜，如改“是兴嗣所次者，一《千字文》，而子范所制者，又一《千字文》也”为“是萧撰一《千字文》，周撰又一《千字文》也”。又于末尾增“与《隋唐经籍志》大异，不知何所据而云然”一句，大同小异，显系抄袭。

34. 扬雄《河东赋》："羲和司日，颜伦奉舆。"注云："颜伦，古之善御者。"见《韩诗外传》，孔子称其美。

【辨伪】此条抄自宋王应麟《困学纪闻》卷十二：

> 扬雄《河东赋》："羲和司日，颜伦奉舆。"注云："伦，古善御者。"愚尝考《韩诗外传》："孔子云：美哉！颜无父之御也。马知后有舆而轻之，知上有人而爱之。至于颜伦，少衰矣。马知后有舆而轻之，知上有人而敬之。"

今按：卢氏改王氏"愚尝考《韩诗外传》"一句为"见《韩诗外传》，孔子称其美"，系檃括其义而来，显系抄袭。

35. 精庐，乃讲授《诗》、《书》之地，即刘淑、包咸、檀敷等《传》所谓精舍也。《文选》任颜升《表》用精庐，李善注以为寺观，谬矣。

【辨伪】此条抄自宋王应麟《困学纪闻》卷十三：

> 精庐，见《姜肱传》，乃讲授之地，即刘淑、包咸、檀敷《传》所谓精舍也。《文选》任彦升《表》用精庐，李善注引王阜事，五臣谓寺观，谬矣。

今按：卢氏删"见《姜肱传》"一语，又改"乃讲授之地"为"乃讲授《诗》、《书》之地"，又误改"李善注引王阜事，五臣谓寺观"为"李善注以为寺观"，大同小异，显系抄袭。

36. 谶纬之术，汉、魏以来相传。沙丘之亡，卯金之兴，皆出于《孔子闭房记》，谓圣人先知先觉，凡事预为之谶，附会其说。余读史，魏高祖太和九年诏："自今图谶秘纬及名为《孔子闭房记》者，一皆焚烬。留者以大辟论。"又考《旧唐书》："王世充将谋篡位，有道士桓法嗣上《孔子闭房记》，画一丈夫持竿以驱羊。解云：羊，隋炀也。一竿，王字也。王居羊后，谓公代隋为帝也。世充大悦。"由此观之，殆似今之《推背图》者，今则托名李淳风，而不言孔子矣。

【辨伪】此条抄自清顾炎武《日知录》卷三十"孔子闭房记"：

> 自汉以后，凡世人所传帝王易姓受命之说，一切附之孔子。如沙丘之亡，卯金之兴，皆谓夫子前知，而预为之谶，其书盖不一矣。魏高祖太和九年诏："自今图谶秘纬及名为《孔子闭房记》者，一皆焚之。留者以大辟论。"《旧唐书·王世充传》："世充将谋篡位，有道士桓法嗣者，自言解图谶，乃上《孔子闭房记》，画作丈夫持一竿以驱羊。释云：隋杨姓也，干一者，'王'字也。王居羊后，明相国代隋为帝也。世充大悦。"详此，乃似今人所云《推背图》者，今则托之李淳风，而不言孔子。

今按：卢氏改"自汉以后，凡世人所传帝王易姓受命之说，一切附之孔子"一句为"谶纬之术，汉、魏以来相传"，又据文中内容增"皆出于《孔子闭房记》"一语，其下引证与顾氏相同，文字稍有改窜，如改“详此”为“由此观之”，大同小异，显系抄袭。

37. 汉公孙弘，赠人以生刍一束，素丝一襚，扑满一枚。扑满之物，今世罕有，人鲜见之。谓之扑满者，以土作器，用以蓄钱，其制空其中，有入窍而无出窍，满则扑之，盖谓其入而不出，聚而不散，必将有扑满之败。古人于制器之微，亦有谨戒之意焉。

【辨伪】此条抄自晋葛洪《西京杂记》卷五：

> 公孙弘以元光五年为国士所推，上为贤良。国人邹长倩以其家贫，少自资致，乃解衣裳以衣之，释所着冠屦以与之，又赠以刍一束、素丝一襚、扑满一枚。书题遗之曰：“……扑满者，以土为器，以蓄钱具，其有入窍而无出窍，满则扑之。土，粗物也；钱，重货也。入而不出，积而不散，故扑之。士有聚敛而不能散者，将有扑满之败，可不诫欤？故赠君扑满一枚。”

今按：卢氏删“以元光五年为国士所推，上为贤良。国人邹长倩以其家贫，少自资致，乃解衣裳以衣之，释所着冠屦以与之”，而使国人邹长倩赠公孙弘三物一事变为公孙弘赠他人三物，可谓妄删。又增“扑满之物，今世罕有，人鲜见之”，删“土，粗物也；钱，重货也”。并改末尾“士有聚敛而不能散者，将有扑满之败，可不诫欤？故赠君扑满一枚”为“古人于制器之微，亦有谨戒之意焉”，大同小异，显系抄袭。

38. 鲁有两曾参，一为杀人者，一为圣门高弟。赵有两毛遂，一为野人坠井死者，一为孟尝君上客。古有两秋胡，一为杜陵人，善古隶，翟公所欲以兄女妻之者；一为鲁人，戏采桑妇，其妻羞惭赴水而死。人固有同名，而物亦有似是而非者。玉之未理者为璞，死鼠未屠者亦为璞。月之旦为朔，车之辀亦为朔。名同实异，所宜辨别也。

【辨伪】此条节抄自晋葛洪《西京杂记》卷六：

> 杜陵秋胡者，能通《尚书》，善为古隶字，为翟公所礼，欲以兄女妻之。或曰：秋胡已经娶而失礼，妻遂溺死，不可妻也。驰象曰：昔鲁人秋胡，娶妻三月而游宦三年，休，还家，其妇采桑于郊，胡至郊而不识其妻也。见而悦之，乃遗黄金一镒。妻曰：妾有夫，游宦不返，幽闺独处，三年于兹，未有被辱于今日也。采不顾。胡惭而退，至家，问家人妻何在，曰：行采桑于郊，未返。既还，乃向所挑之妇也。夫妻并惭，妻赴沂水而死。今之秋胡，非昔之秋胡也。昔鲁有两曾参，赵有两毛遂。南曾参杀人见捕，人以告北曾参母。野人毛遂坠井而死，客以告平原君，平原君曰：“嗟乎，天丧予矣!”既而知野人毛遂，非平原君客也。岂得以昔之秋胡失礼，而绝婚今之秋胡哉？物固亦有似之而非者。玉之未理者为璞，死鼠未屠者亦为璞。月之旦为朔，车之辀亦谓之朔。名齐实异，所宜辩也。

今按：卢氏改“杜陵秋胡者”至“非昔之秋胡也”一节为“古有两秋胡，一为杜陵人，善古隶，翟公所欲以兄女妻之者；一为鲁人，戏采桑妇，其妻羞惭赴水而死”一句。“曾参”、“毛遂”二例亦稍有修改。又改“物固亦有似之而非者”为“人固有同名，而物亦有似是而非者”，大同小异，显系抄袭。

39. 北方地寒，人皆以土为床，而空其中以蓄火，谓之炕。古书不载。自金、辽乃有此制。人遂谓始于胡人，而不知非也。余考《左传》：“宋寺人柳炽炭于位，将至则去之。”《新序》：“宛春谓卫灵公曰：君衣狐裘，坐熊席，陬隅有灶。”又《汉·苏武传》：“凿地为坎，置煴火。”是皆类炕之形制，但其时不名为炕耳。又《旧唐书·高丽传》：“冬月皆作长坑，下燃煴火以取暖。”此即今之炕也，但作坑字。

【辨伪】此条抄自清顾炎武《日知录》卷二十八“土炕”：

> 北人以土为床，而空其下以发火，谓之炕。古书不载。《左传》：“宋寺人柳炽炭于位，将至则去之。”《新序》：“宛春谓卫灵公曰：君衣狐裘，坐熊席，陬隅有灶。”《汉书·苏武传》：“凿地为坎，置煴火。”是盖近之，而非炕也。《旧唐书·东夷高丽传》：“冬月皆作长坑，下然煴火以取暖。”此即今人之土炕也，但作坑字。

今按：卢氏增“北方地寒”，又增“自金、辽乃有此制。人遂谓始于胡人，而不知非也”一句。其下考证引书与顾氏相同，而于前增“余考”二字，据顾氏考证为己有，显系抄袭。

40. 公冶长通鸟音，介葛庐辨牛鸣，诸书所载，固非妄言。咸通初，有渤海僧萨多罗者，寓(四)[西]明精舍，能通鸟兽言，往往闻鸟鸣燕语，言休咎皆验。一日，与朝士数人联骑，将纳凉于郊外，路遇牝豕引群豚而行，喀喀有声。一朝士戏之曰：“此猪有语否?”对曰：“有之。但人不能晓耳。”又问：“所语若何?”曰：“牝豕云：行行行，向前树阴下吃奶。料其不远当有大树，且饲群子矣。”诸朝士共奇之，缓辔以待，果踰沟数十步，直抵古槐阴下，踞乳诸子。以后贵臣宅第多迎僧问之，无少差忒。一时名播京华，僧恐烦扰招尤，遂潜出京，不知所往。

【辨伪】此条抄自唐高彦休《唐阙史》卷下“渤海僧通鸟兽言”：

> 公冶长通鸟语，介葛卢辨牛鸣，著在格言，固非妄矣。咸通初，有渤海僧萨多罗者，寓于西明精舍，云能通鸟兽之言，往往闻鸟鹊燕雀啅噪，则说休咎及闾巷间事，如目击者。佛图澄之听铃声，不是过也。一日，秋暑方炎，与小朝客数人联骑，将纳凉于城西别墅。路避牝豕引诸豚而行，喀喀有声。一朝士戏曰：“此猪有语否?”对曰：“有之。人自不能谕也。”又问曰：“所语何?”对曰：“巨彘顾诸豚云：行行行，向前树阴下吃奶。料其不远当遇官槐而止，且饲群子矣。”诸朝士颇奇之，因缓辔以往，果逾沟不没，过圈不奔，直抵木阴，踞乳诸子。尔后贵臣宅互迎问之，无小差忒。后中官主禁旅者，将藉名于军寺，蕃僧不乐，杖锡出京，不知所往。

今按：卢氏改“往往闻鸟鹊燕雀啅噪，则说休咎及闾巷间事，如目击者”为“往往闻鸟鸣燕语，言休咎皆验”，删“佛图澄之听铃声，不是过也”一句。又改“秋暑方炎，与小朝客数人联骑”为“与朝士数人联骑”，又改“果逾沟不没，过圈不奔”为“果踰沟数十步”，文字虽稍有差异，而叙事相同。又改末句“后中官主禁旅者，将藉名于军寺，蕃僧不乐，杖锡出京，不知所往”为“一时名播京华，僧恐烦扰招尤，遂潜出京，不知所往”，大同小异，显系抄袭。

卷二十八(上)

时序随笔补遗

1. 五行，《大禹谟》以相克为次，《洪范》以生数为次，邹衍以相胜为义，刘向以相生为义。水、火、金、木、土，天地生五行之序也；木、火、土、金、水，五行相生之序也；水、火、金、木、土，五行相克之序也。

【辨伪】此条抄自宋王应麟《困学纪闻》及清翁元圻注。《困学纪闻》卷二：

> 五行，《大禹谟》以相克为次，《洪范》以生数为次。五德，邹衍以相胜为义，刘向以相生为义。

翁元圻注：

> 王氏《六经天文编》引马氏曰："水、火、木、金、土，天地生五行之序也。木、火、土、金、水，五行相生之序也。水、火、金、木、土，五行相克之序也。"

今按：卢氏删"五德"二字，又改翁注中王应麟引语为正文，而隐其出处，大同小异，显系抄袭。

2.《逸周书·周月解》曰："亦越我周改正，以垂三统。敬授民时，巡狩烝享，犹自夏焉。"正谓用夏时也。《豳风·七月》一篇之中，凡言月者皆用夏正也，凡言日者皆周正也，"一之日觱发，二之日栗烈"，"三之日于耜"，传曰："一之日，周正月也。""二之日，殷正月也。""三之日，夏正月也。"

【辨伪】此条抄自清顾炎武《日知录》卷五"正月之吉"：

> ……《逸周书·周月解》曰："亦越我周改正，以垂三统。至于敬授民时，巡狩烝享，犹自夏焉。"正谓此也。《豳诗·七月》一篇之中，凡言月者皆夏正，凡言日者皆

周正，“一之日觱发，二之日栗烈”，“三之日于耜”，传曰：“一之日，周正月。”“二之日，殷正月。”“三之日，夏正月。”

今按：卢氏据文意改“正谓此也”为“正谓用夏时也”，其他大致相同，显系抄袭。

3.《尔雅疏》：“甲至癸十干为十日，子至亥十二支为十二辰，干为阳，支为阴。”此二十二名，古人用以纪日，不以纪岁。岁则有阏逢至昭阳十名为岁阳，摄提格至赤奋若十二名为岁阴。至后人不识古人名义，遂以甲子至癸亥为六十花甲以纪岁，并以甲乙子丑分阴阳相配合，殊非古意。

【辨伪】此条抄自清顾炎武《日知录》卷二十“古人不以甲子名岁”：

《尔雅疏》曰：“甲至癸为十日，日为阳。寅至丑为十二辰，辰为阴。”此二十二名，古人用以纪日，不以纪岁。岁则自有阏逢至昭阳十名为岁阳，摄提格至赤奋若十二名为岁名。后人谓甲子岁、癸亥岁，非古也。

今按：卢氏改顾氏所引《尔雅疏》为“甲至癸十干为十日，子至亥十二支为十二辰，干为阳，支为阴”，其意虽同，却属妄改古书，又误改“岁名”为“岁阴”。并改“后人谓甲子岁、癸亥岁，非古也”一句为“至后人不识古人名义，遂以甲子至癸亥为六十花甲以纪岁，并以甲乙子丑分阴阳相配合，殊非古意”，其意相同，显系抄袭。

4.《左传》谓：“日干数十，故有十时。”而杜元凯注，则以为十二时。其曰夜半者，子时也，鸡鸣者丑也，平旦者寅也，日出者卯也，食时者辰也，隅中者巳也，日中者午也，日昳者未也，晡时者申也，日入者酉也，黄昏者戌也，人定者亥也。人谓此分为十二时之名，自元凯始，而不知非也。然又有分为四时者，谓春夏秋冬也。又有以辰戌丑未为四时者，谓土王于四季也。至夜半、平旦、日出、日中、日昳、晡时，见《黄帝·素问》。又鸡鸣、日出、日昳、禺中，见《吴越春秋》。食时见《史记·孝景纪》，黄昏见《汉书·隗嚣传》，人定见《来歙传》，日入见《史记·天官书》，自古已有十二之名，何得云始自元凯哉？

【辨伪】此条节抄自清顾炎武《日知录》卷二十“古无一日分为十二时”：

《左氏传》：卜楚丘曰：“日之数十，故有十时。”而杜元凯注，则以为十二时。虽不立十二支之目，然其曰夜半者，即今之所谓子也，鸡鸣者丑也，平旦者寅也，日出者卯也，食时者辰也，隅中者巳也，日中者午也，日昳者未也，晡时者申也，日入者酉也，黄昏者戌也，人定者亥也。一日分为十二，始见于此。考之《史记·天官书》曰：“旦至食，食至日昳，日昳至晡，晡至下晡，下晡至日入。”《素问藏·气法时论》，有曰夜半，曰平旦，曰日出，曰日中，曰日昳，曰下晡。（王冰注，以日昳为“土王”，下晡为“金王”。又有曰“四季”者，注云：“土王，是今人所谓丑、辰、未、戌四时也。”）《吴越春秋》有曰，时加日出，时加鸡鸣，时加日昳，时加禺中。则此十二名，古有之矣。《史记·孝景纪》：“五月丙戌，地动，其蚤食时复动。”《汉书·武五子广陵王胥传》："奏酒至鸡鸣时罢。"《王莽传》："以鸡鸣为时。"《后汉书·隗嚣传》："至昏时遂溃围。"《齐武王传》："至食时赐陈溃。"《耿弇传》："人定时步果引去。"《来歙传》："臣夜人定后，为何人所贼伤。"《窦武传》："自旦至食时，兵降略尽。"《皇甫嵩传》："夜勒兵，鸡鸣驰赴其陈，战至晡时，大破之。"《晋书·戴洋传》："永昌元年四月庚辰，禺中时，有大风起自东南，折木。"《宋书·符瑞志》："延康元年九月十日，黄昏时，月蚀，荧惑过，人定时，荧惑出营室，宿羽林。"皆用此十二时。

今按：卢氏删顾氏引《左氏传》中"卜楚丘曰"四字，又改"一日分为十二，始见于此"为"人谓此分为十二时之名，自元凯始，而不知非也"。其下引证诸书，系节录改窜顾氏考证而来，又改末句"皆用此十二时"为"自古已有十二之名，何得云始自元凯哉"，大同小异，显系抄袭。

5. 历家言每日十二时，共百刻。每时八刻，合一日，计之得九十六刻，余四刻，以刻有大刻小刻。自初一至初四、正一至正四谓之大刻，其初初、正初二刻谓之小刻。小刻止当大刻六分之一，合一日而计，为初初者十二，为正初者十二，又得四大刻，并前九十六刻，合为百刻。余按宋王逵《蠡海集》言谓百刻之说："每刻分为六十分，百刻共六千分。布于十二时，每时得五百分。"此理甚明，较诸说最简切。《漏刻经》、《玉海》、《困学记》均主其说。

【辨伪】此条抄自清顾炎武《日知录》卷三十"百刻"：

> 一日十二时，计刻则以百刻为日。今历家每时有十刻，则一百二十刻矣。何以谓之百刻乎？曰：历家有大刻，有小刻。初一、初二、初三、初四，正一、正二、正三、正四，谓之大刻。合一日计之，得九十六刻。其不尽者，置一初初于初一之上，置一正初于正一之上，谓之小刻。每刻止当大刻六分之一。合一日计之，为初初者十二，为正初者十二，又得四大刻，合前为百刻。宋王逵《蠡海集》言百刻之说："每刻分为六十分，百刻共得六千分。散于十二时，每时得五百分。……"《困学纪闻》所载易氏之说亦同。……《五代会要》："晋天福三年，司天监奏《漏刻经》云：昼夜一百刻，分为十二时，每时有八刻三分之一。六十分为一刻，一时有八刻二十分。"《玉海》："每时初行一刻，至四刻六分之一为时正，终八刻三分之一则交入次时。……"

今按：卢氏改"一日十二时，计刻则以百刻为日。今历家每时有十刻，则一百二十刻矣。何以谓之百刻乎？曰：历家有大刻，有小刻"、"合一日计之，得九十六刻"二句为"历家言每日十二时，共百刻。每时八刻，合一日，计之得九十六刻，余四刻，以刻有大刻小刻"，又改"初一、初二、初三、初四，正一、正二、正三、正四，谓之大刻"、"其不尽者，置一初初于初一之上，置一正初于正一之上，谓之小刻"二句为"自初一至初四、正一至正四谓之大刻，其初初、正初二刻谓之小刻"，并于"合为百刻"之前增"并前九十六刻"一语，并改"《困学纪闻》所载易氏之说亦同"一句及下引《五代会要》、《玉海》之语为"《漏刻经》、《玉海》、《困学记》均主其说"一语，且误改王应麟"《困学纪闻》"为"《困学记》”，大同小异，显系抄袭。

6.《礼记 · 月令》：“仲春之月，始雨水。”注谓天所雨者水也，非雪也。今历书“雨水为正月中”，不知何时而改。考郑康成《月令》注曰：“《夏小正》：正月启蛰。《汉书》亦以惊蛰为正月中。”而《汉书 · 律历志》又云：“正月立春节雨水中，二月惊蛰节春分中。”是刘歆作《三统历》改惊蛰为二月节也。然《淮南子》先雨水，后惊蛰，则是汉初已有此说，非自《三统历》改也。又考蔡邕《月令问答》谓：“《三统历》未尝改雨水在惊蛰之前，改之者是《四分历》耳。”又读《左传》“启蛰而郊注”，谓“建寅月也”，《夏小正》亦云“正月启蛰”。余谓当从古制以惊蛰为正月中，雨水为二月节。又按启蛰为避景讳改，启为惊蛰云。

【**辨伪**】此条节抄自清顾炎武《日知录》卷三十“雨水”：

> 《礼记 · 月令》：“仲春之月，始雨水，桃始华，仓庚鸣，鹰化为鸠。”始雨水者，谓天所雨者水，而非雪也。今历去此一句，嫌于雨水为正月中气也。郑康成《月令注》曰：“《夏小正》：正月启蛰。汉始亦以惊蛰为正月中。”《疏》引《汉书 · 律历志》云：“正月立春节雨水中，二月惊蛰节春分中。”是前汉之末，刘歆作《三统历》改惊蛰为二月节也。然《淮南子》先雨水，后惊蛰，则汉初已有此说。而蔡邕《月令问答》云：“……是则《三统》未尝改雨水在惊蛰之前也，改之者《四分历》耳，《记》疏误也。今二月间尚有雨雪，唯南方地暖，有正月雨水者。”《左传 · 桓五年》：“启蛰而郊。”注：“启蛰，夏正建寅之月。《夏小正》，正月启蛰。”(王应麟曰：“改启为惊，盖避景帝讳。”)则当依古以惊蛰为正月中，雨水为二月节为是。

今按：卢氏删顾氏引《礼记 · 月令》中“桃始华，仓庚鸣，鹰化为鸠”，并改“今历去此一句，嫌于雨水为正月中气也”为“今历书‘雨水为正月中’，不知何时而改”，又妄改“汉始”为“汉书”二字。其下引证亦与顾氏同，而有所删减。并改顾氏观点句“则当依古以惊蛰为正月中，雨水为二月节为是”为“余谓当从古制以惊蛰为正月中，雨水为二月节”，据顾氏之考证为已有。又改注文“王应麟曰”一句为“又按启蛰为避景讳改，启为惊蛰云”，大同小异，显系抄袭。

7. 古人用火，必分四时，故有钻燧改火之制。然有明火，有国火。明火以阳燧取于日，近于天，故卜祭用之。国火取五行之木，近于人，故烹饪用之。

【**辨伪**】此条抄自清顾炎武《日知录》卷五“用火”：

> 有明火，有国火，明火以阳燧取之于日，近于天也，故卜与祭用之。国火取之五行之木，近于人也，故烹饪用之。古人用火，必取之于木，而复有四时五行之变。

今按：卢氏改“古人用火，必取之于木，而复有四时五行之变”一句为“古人用火，必分四时，故有钻燧改火之制”，并置于前，其他大致相同，显系抄袭。

8. 又按历家于每日之下载有义、宝、专、制、困等字，见于《淮南子》，有子胜母、母胜子、子生母、母生子、子母相得之说。其义多晦，道理难明。余阅《抱朴子》引《灵宝经》甚为简切详明。谓："每日干支上生下曰宝，下生上曰义，上克下曰制，下克上曰伐，上下相同曰专。"今历家之通书，有以宝为保、以困为伐、以专为和者，不可不知。

【辨伪】此条抄自清顾炎武《日知录》卷三十"五行"：

> 《淮南子》："五行子生母曰义，母生子曰保，子母相得曰专，母胜子曰制，子胜母曰困。"《抱朴子》引《灵宝经》谓："支干上生下曰宝，下生上曰义，上克下曰制，下克上曰伐，上下同曰专。"以"保"为"宝"，以"困"为"伐"，今历家承用之。

今按：卢氏改顾氏引《淮南子》一句为"又按历家于每日之下载有义、宝、专、制、困等字，见于《淮南子》，有子胜母、母胜子、子生母、母生子、子母相得之说"，并增"其义多晦，道理难明"一句于后。又改"《抱朴子》引《灵宝经》"为"余阅《抱朴子》引《灵宝经》甚为简切详明"，据顾氏之考证为已有。又改"以'保'为'宝'，以'困'为伐，今历家承用之"为"今历家之通书，有以宝为保、以困为伐、以专为和者，不可不知"，显系抄袭。

9.《史记・日者传》有建除家。余按建除之名，自斗而起，始见于太公《六韬》云："开牙门当背建向破。"又见于《淮南子》以十二辰顺布数去："寅为建，卯为除，辰为满，巳为平，午为定，未为执，申为破，酉为危，戌为成，亥为收，子为开，丑为闭。"

【辨伪】此条节抄自清顾炎武《日知录》卷三十"建除"：

> 建除之名，自斗而起，始见于太公《六韬》云："开牙门常背建向破。"……《淮南子・天文训》："寅为建，卯为除，辰为满，巳为平，午为定，未为执，申为破，酉为危，戌为成，亥为收，子为开，丑为闭。"……盖是战国后语。《史记・日者传》有建除家。

今按：卢氏改置末尾"《史记・日者传》有建除家"一句于前，并于"建除之名"前加"余按"二字，据顾氏考证为已有。又改"《淮南子・天文训》"为"又见于《淮南子》以十二辰顺布数去"，大同小异，显系抄袭。

10. 钻燧改火，圣人顺应天时，恐民火食生病，不得不别五木之性而生之。榆柳色青，故春取之；枣杏色赤，故夏取之；桑柘色黄，故季夏取之；柞楢色白，故秋取之；槐檀色黑，故冬取之。皆因其性，故可以救时疾。余尝考诸书所载，火恶陈火，薪恶劳薪，自古皆然。师旷食饭，云是劳薪所爨，晋平公使人视之，果然用车辋。所爨不特此也。荀勖亦知劳薪煮饭为不美。凡用石炭火、木炭火、竹火、草火、麻梗火，气味各自不同。传记中有用巴豆木入爨者，人食之得痢疾。而况用粪臭之草木以煮物，其味断未有不恶者。以此推之，新火、陈火，理应有异。古圣取五木以顺四时，用功甚少，而救益甚大。

【辨伪】此条抄自清顾炎武《日知录》卷二十五"介子推"：

《路史》:《燧人改火论》曰:"顺天者存,逆天者亡,是必然之理也。昔者燧人氏作,观乾象,察辰心而出火,作钻燧,别五木以改火,岂惟惠民哉,以顺天也。(四时五变:榆柳青,故春取之。枣杏赤,故夏取之。桑柘黄,故季夏取之。柞楢白,故秋取之。槐檀黑,故冬取之。皆因其性,故可救时疾。)……昔师旷食饭,云是劳薪所爨,晋平公使视之,果然车辋。今温酒炙肉,用石炭火、木炭火、竹火、草火、麻荄火,气味各自不同。以此推之,新火、旧火,理应有异。伏愿远遵先圣,于五时取五木以变火,用功甚少,救益方大。夫火恶陈,薪恶劳。晋代荀勗进饭,亦知薪劳。而隋文帝所见江宁寺晋长明镫,亦复青而不热。传记有以巴豆木入爨者,爰得泄利,而粪臭之草炊者,率致味恶。"

今按:顾氏引用《路史》中的《燧人改火论》,而卢氏删其出处,有所改窜。如改"顺天者存"至"以顺天也"一句为"钻燧改火,圣人顺应天时,恐民火食生病,不得不别五木之性而生之",又改"四时五变"一句注文为正文。又改"夫火恶陈,薪恶劳"为"余尝考诸书所载,火恶陈火,薪恶劳薪,自古皆然",其下引师旷、荀勖二例证,而删隋文帝例证,并置"以此推之"一句于末尾,颠倒原文顺序。而文意大同小异,显系抄袭。

卷二十八(下)
神鬼随笔补遗[①]

11.《集古录》：李阳冰云："城隍之神，祀典无之，惟吴、越乃有。"余按：北齐慕容俨镇郢城，城中先有祠，号城隍神。则是唐以前已有此神也。

【辨伪】此条抄自宋王应麟《困学纪闻》卷二十：

> 《集古录》：李阳冰《记》云："城隍神，祀典无之，吴、越有尔。"按：北齐慕容俨镇郢城，城中先有神祠，俗号城隍神。则唐以前已有之。

今按：卢氏删"《记》"字，又改"按"为"余按"，据王氏考证为己有，其他大致相同，显系抄袭。

12. 奥何神哉？如祀灶，则迎尸而祭于奥，此即灶神也。而时人之语，则以奥比君，以灶比权臣，是析而二之，不但于语意未合，实不知其本一神也。余按《诗》云："于以奠之，宗室牖下。"注："牖下，即室西南隅，所谓奥也。"非别有一神也。

【辨伪】此条抄自清顾炎武《日知录》卷七"媚奥"：

> 奥何神哉？如祀灶，则迎尸而祭于奥，此即灶之神矣。(《诗》："于以奠之，宗室牖下。"注："牖下，室西南隅，所谓奥也。"……)时人之语，谓媚其君者，将顺于朝廷之上，不若奉迎于燕退之时也。注：以奥比君，以灶比权臣，本一神也，析而二之，未合语意。

今按：卢氏删"谓媚其君者，将顺于朝廷之上，不若奉迎于燕退之时也"一句，又改

---

① 原书此处本无"神鬼随笔补遗"标题，但书前总目录中本卷标题为"时序神鬼补遗"，今此下内容多记神鬼之事，故分本卷前10条为"时序随笔补遗"，并于此补标题"神鬼随笔补遗"。

“本一神也”、“未合语意”为“不但于语意未合，实不知其本一神也”，并改注文为正文，并于前增“余按”二字，据顾氏考证为己有，又末尾增“非别有一神也”一句，大同小异，显系抄袭。

13. 今人于户上壁间画钟馗像，云系唐时人能捕鬼，玄宗尝梦见之，事载沈存中《笔谈》。余读《考工记》：“大圭长三尺，杼上终葵首。”注云：“终葵，椎也。”又《玉藻》：“终葵，椎也。”《方言》：“齐人谓椎为终葵。”又马融《广成颂》：“挥终葵，扬关斧。”盖古人用椎以逐鬼耳。《魏书》：“尧暄本名钟葵，字辟邪。”随后又有王钟葵、杨钟葵、丘钟葵、李钟葵，不一而足。是古人皆以辟邪之物，故以名之。于是“终”易为“钟”。至《北史·庶人谅传》有乔钟馗，又《恩幸传》有宫钟馗，而“葵”又易为“馗”也。《左传·定公四年》分殷民七族于康叔，内有终葵氏，可为证。

【**辨伪**】此条抄自清顾炎武《日知录》卷三十二“终葵”：

> 《考工记》：“大圭长三尺，杼上终葵首。”(注：“终葵，椎也，为椎于其杼上，明无所屈也。”)《礼记·玉藻》：“终葵，椎也。”《方言》：“齐人谓椎为终葵。”马融《广成颂》：“翚(挥同)终葵，扬关斧。”盖古人以椎逐鬼，若大傩之为耳。今人于户上画钟馗像，云唐时人能捕鬼者，玄宗尝梦见之，事载沈存中《补笔谈》，未必然也。《魏书》：“尧暄本名钟葵，字辟邪。”则古人固以钟葵为辟邪之物矣。又有淮南王佗子名钟葵，有杨钟葵、丘钟葵、李钟葵、慕容钟葵、乔钟葵(《北史·庶人谅传》作“乔钟馗”，又《恩幸传》末有宫钟馗)、段钟葵、于劲字钟葵、张白泽本字钟葵。《唐书》有王武俊将张钟葵，则以此为名者甚多。岂以其形似而名之，抑取辟邪之义与？《左传·定四年》，分康叔以殷民七族，有终葵氏，是又不可知其立名之意也。

今按：卢氏改置“今人于户上画钟馗像”一句于前，并删“未必然也”四字。又于其下引证诸书前增“余读”二字，据顾氏考证为己有。其下引证，于顾氏相同，而有所改窜。如改“又有淮南王佗子名钟葵”至“则以此为名者甚多”为“随后又有王钟葵、杨钟葵、丘钟葵、李钟葵，不一而足”，又改“则古人固以钟葵为辟邪之物矣”、“岂以其形似而名之，抑取辟邪之义与”二句为“是古人皆以辟邪之物，故以名之”，并增“于是终易为钟”一语。又改注文中引《北史》二例证为正文，而增“而葵又易为馗也”一语。又改末尾“是又不可知其立名之意也”为“可为证”，大同小异，显系抄袭。

14. 今士大夫培补文风，多建奎阁、奎楼以崇奉之，而其中所祀者，并非奎宿。盖奎为文章之府，祀之，宜矣。乃改而祀魁星，像其字形，而为鬼举其足而望其斗。不知奎为玄武七宿之一，魁乃北斗之第一星也，所主不同，而二字之音亦别。问之先达，莫能究其理，无怪今之应试者中与不中、作文人与衡文人，均不能操其柄，大家都是浑浑浊浊过日耳。然魁字原非好字，《书》云：“歼厥渠魁。”《曲礼》：“不为魁，主人能，则执兵而陪其后。”而今世人多以魁字命名者，不知何故。

【**辨伪**】此条节抄自清顾炎武《日知录》卷三十二“魁”：

> 今人所奉魁星，不知始自何年。以奎为文章之府，故立庙祀之。乃不能像奎，而改“奎”为“魁”，又不能像魁，而取之字形，为鬼举足而起其斗。不知奎为北方玄武七宿之一，魁为北斗之第一星，所主不同，而二字之音亦异。今以文而祀，乃不于奎而于魁，宜乎今之应试而获中者，皆不识字之人与？……《说文》：“魁，羹斗也。”赵宧光曰：“斗首曰魁，因借凡首皆谓之魁。其见于经者，《书·胤征》之‘歼厥渠魁’，《记·曲礼》之‘不为魁，主人能，则执兵而陪其后’。”然则五魁之名，岂佳语哉？或曰里有里魁，市有市魁，皆长帅之意，要非雅俊之目。近时人好以魁命名，亦取五魁之义，古人以魁命名者绝少。

今按：卢氏改“今人所奉魁星，不知始自何年”一句为“今士大夫培补文风，多建奎阁、奎楼以崇奉之，而其中所祀者，并非奎宿”。又改“以奎为文章之府，故立庙祀之。乃不能像奎，而改‘奎’为‘魁’，又不能像魁，而取之字形，为鬼举足而起其斗”为“盖奎为文章之府，祀之，宜矣。乃改而祀魁星，像其字形，而为鬼举其足而望其斗”，又改“今以文而祀，乃不于奎而于魁，宜乎今之应试而获中者，皆不识字之人与”为“问之先达，莫能究其理，无怪今之应试者中与不中、作文人与衡文人，均不能操其柄，大家都是浑浑浊浊过日耳”，又改“然则五魁之名，岂佳语哉”为“然魁字原非好字”，其意相同。卢氏引《尚书》、《礼记》二例证，则摘自赵宧光之说。又改末尾二句为“而今世人多以魁字命名者，不知何故”一句，大同小异，显系抄袭。

15. 河伯冯夷，世人相传为水神。余读《竹书纪年》：“帝(葵)[芬]十六年，雒伯用与河伯冯夷斗。”“帝泄十六年，殷侯微以河伯之师伐有易，杀其君绵臣。”是河伯者国居河上，命以为伯，得专征伐，而名冯夷，并非水神矣。又阅《穆天子传》：“至于阳纡之山，河伯、无夷之所都。”注云：“无夷，冯夷也。”又《山海经》云：“中极之渊，深三百仞，惟冰夷恒居焉。”郭璞注：“冰夷，冯夷也。即河伯之名。”据此是河伯国居近水，命之为伯也。

【辨伪】此条节抄自清顾炎武《日知录》卷二十五“河伯”：

> 《竹书》：“帝芬十六年，雒伯用与河伯冯夷斗。”“帝泄十六年，殷侯微以河伯之师伐有易，杀其君绵臣。”是河伯者国居河上，而命之为伯，如文王之为西伯，而冯夷者其名尔。……是河伯冯夷皆水神矣。《穆天子传》：“至于阳纡之山，河伯、无夷之所都居。”(注：“无夷，冯夷也。《山海经》云冰夷。”)《山海经》：“中极之渊，深三百仞，唯冰夷恒都焉。冰夷人面，乘两龙。”郭璞注：“冰夷，冯夷也，即河伯也。”

今按：卢氏改“是河伯冯夷皆水神矣”为“河伯冯夷，世人相传为水神”，并置于前。又于“《竹书》”、“《穆天子传》”前增“余读”、“又阅”二语，据顾氏考证为己有。并改“如文王之为西伯，而冯夷者其名尔”为“得专征伐，而名冯夷，并非水神矣”。又改注文为正文，并于末尾增“据此是河伯国居近水，命之为伯也”一句，大同小异，显系抄袭。

16. 余又阅《庄子》云：“冯夷得之以游大川。”司马喜注云：“冯夷，华阳潼乡堤首里人也，得道为水仙，是为河伯。”死后而为神，其说怪矣。又据《龙鱼河图经》云：“河伯姓吕名公子，夫人姓冯名夷。”以冯夷为河伯之妻，是为二人，其说又怪矣。又考《魏书》：“高句丽之先祖朱蒙，而朱蒙之母为河伯女，长为夫余王妻，故朱蒙自称为河伯外孙。”审是，则河伯又有女，又有外孙，其说更怪矣。

【**辨伪**】此条节抄自清顾炎武《日知录》卷二十五“河伯”：

> 《庄子》：“冯夷得之以游大川。”司马喜注引《清泠传》曰：“冯夷，华阴潼乡堤首里人也，服八石得道为水仙，是为河伯。”是以冯夷死而为神，其说怪矣。《龙鱼河图》曰：“河伯姓吕名公子，夫人姓冯名夷。”以冯夷为河伯之妻，更怪。……《魏书》：“高句丽先祖朱蒙。朱蒙母河伯女，为夫余王妻，朱蒙自称为河伯外孙。”则河伯又有女、有外孙矣。

今按：卢氏于“《庄子》”上增“余又阅”三字，据顾氏考证为己有，并删“引《清泠传》”语。改“更怪”为“是为二人，其说又怪矣”，并于末尾增“其说更怪矣”一语，大同小异，显系抄袭。

17.《楚词》湘君、湘夫人，盖谓湘水之神，有后有夫人。并不言舜之二妃也。《记》传载：“舜葬苍梧之野，二妃原未相从。”《山海经》云：“洞庭之山，帝之二女居之。”郭璞注云：“帝谓天帝，二为江神。”即《列仙传》江妃二女也。《九歌》所谓《湘夫人》，称帝子是也。至秦始皇浮江至湘山，遇大风，而问博士：“湘君何神？”对曰：“尧之二女，为舜妃，死而葬此。”俗谓之湘君。郑司农本其说，亦以湘君为舜妃，谓舜陟方而死，二妃从之，俱溺于湘水，遂号湘夫人。余按《九歌》，湘君、湘夫人，自是二神，湘水之有夫人，犹雒水之有虙妃也，安得有尧之二女？既为帝后，又何故下降而为君、而为夫人哉？考《礼记》之文明明载二妃生不从征，死不从葬，又何从而到湘水哉？推原其致谬之由，皆因其俱以帝女为名，以讹承讹，后人不能证其是，至今而莫悟耳。即以《楚词》证之，“湘灵鼓瑟”，是二妃与湘灵判然各别，又何得谓为舜妃哉？文人附会其说，渎神乱圣，不太甚乎！举此可为戒。

【**辨伪**】此条抄自清顾炎武《日知录》卷二十五“湘君”：

> 《楚辞》湘君、湘夫人，亦谓湘水之神，有后有夫人也。初不言舜之二妃。《记》曰：“舜葬于苍梧之野，盖三妃未之从也。”《山海经》：“洞庭之山，帝之二女居之。”郭璞注曰：“天帝之二女，而处江为神。”即《列仙传》江妃二女也。《九歌》所谓《湘夫人》，称帝子者是也。而《河图玉版》曰：“湘夫人者，帝尧女也。秦始皇浮江至湘山，逢大风，而问博士：‘湘君何神？’博士曰：‘闻之尧二女，舜妃也，死而葬此。’”《列女传》曰：“二女死于江湘之间，俗谓之湘君。”郑司农亦以舜妃为湘君。说者皆以舜陟方而死，二妃从之，俱溺死于湘江，遂号为湘夫人。按《九歌》，湘君、湘夫人，自是二神，江湘之有夫人，犹河雒之有虙妃也。此之谓灵与天地并，安得谓之尧女？且既谓之尧女，安得复总云湘君哉？何以考之？《礼记》云：“舜葬苍梧，二妃不从。”明二妃生不从征，死不从葬。……而二女帝者之后，配灵神祇，无缘复下降小水，而

为夫人也。原其致谬之繇，繇乎俱以帝女为名，名实相乱，莫矫其失，习非胜是，终古不悟，可悲矣！此辩甚正。又按《远游》之文，上曰："二女御《九招》歌。"下曰："湘灵鼓瑟。"是则二女与湘灵固判然为二，即屈子之作，可证其非舜妃矣。后之文人附会其说，以资谐讽，其渎神而慢圣也，不亦甚乎！

今按：卢氏改郭璞注"天帝之二女，而处江为神"为"帝谓天帝，二为江神"，又删顾氏所引《河图玉版》一句中书名及"湘夫人者，帝尧女也"，删所引《列女传》一句中书名及"二女死于江湘之间"，于"郑司农"后增"本其说"。又删"此之谓灵与天地并"一语，改"《礼记》云"一句为"考《礼记》之文明明载二妃生不从征，死不从葬"，改"而二女帝者之后，配灵神祇，无缘复下降小水，而为夫人也"一句为"又何从而到湘水哉"，其意相同。又改"名实相乱，莫矫其失，习非胜是，终古不悟，可悲矣！此辩甚正"为"以讹承讹，后人不能证其是，至今而莫悟耳"，又改末句"后之文人附会其说，以资谐讽，其渎神而慢圣也，不亦甚乎"为"文人附会其说，渎神乱圣，不太甚乎！举此可为戒"，大同小异，显系抄袭。

18. 北齐文宣敕道士剃发为沙门，徽宗令沙门冠簪为德士。宣和元年诏僧称德士，尼称女德士。后周武帝废佛、道教，其子天元复之。唐高祖废浮屠、老子法，其子太宗复之。天元固不足道也，而谓太宗亦为之乎？

【辨伪】此条抄自宋王应麟《困学纪闻》及宋王偁《东都事略》。《困学纪闻》卷二十：

北齐文宣敕道士剃发为沙门，徽宗令沙门冠簪为德士。其相反如此。……后周武帝废佛、道教，其子天元复之。唐高祖废浮屠、老子法，其子太宗复之。天元不足论也，太宗亦为之何哉？

《东都事略》卷十一：

宣和元年春正月……乙卯，诏改佛为大觉金仙，余为仙人大士。僧称德士，尼为女德士。

今按：卢氏删《困学纪闻》"其相反如此"五字，而据《东都事略》增"宣和元年诏僧称德士，尼称女德士"一句于后。并改《困学纪闻》末句"天元不足论也，太宗亦为之何哉"为"天元固不足道也，而谓太宗亦为之乎"，其意相同，显系抄袭。

参考文献

[1](汉)东方朔:《海内十洲记》,影印《文渊阁四库全书》本。
[2](汉)戴德:《大戴礼记》,影印《文渊阁四库全书》本。
[3](汉)班固:《汉书》,中华书局1962年版。
[4](三国魏)刘邵:《人物志》,影印《文渊阁四库全书》本。
[5](三国吴)陆玑:《毛诗草木鸟兽虫鱼疏》,影印《文渊阁四库全书》本。
[6](晋)嵇含:《南方草木状》,影印《文渊阁四库全书》本。
[7](晋)葛洪:《西京杂记》,影印《文渊阁四库全书》本。
[8](南朝宋)刘敬叔:《异苑》,影印《文渊阁四库全书》本。
[9](南朝梁)萧绎:《金楼子》,长塘鲍氏刻《知不足斋丛书》本。
[10](北朝北齐)颜之推:《颜氏家训》,长塘鲍氏刻《知不足斋丛书》本。
[11](唐)段成式:《酉阳杂俎》,影印《文渊阁四库全书》本。
[12](唐)高彦休:《唐阙史》,影印《文渊阁四库全书》本。
[13](唐)范摅:《云溪友议》,影印《文渊阁四库全书》本。
[14](五代)何光远:《鉴诫录》,长塘鲍氏刻《知不足斋丛书》本。
[15](宋)吴淑:《江淮异人录》,长塘鲍氏刻《知不足斋丛书》本。
[16](宋)释文莹:《玉壶清话》,长塘鲍氏刻《知不足斋丛书》本。
[17](宋)王辟之:《渑水燕谈录》,长塘鲍氏刻《知不足斋丛书》本。
[18](宋)王得臣:《麈史》,长塘鲍氏刻《知不足斋丛书》本。
[19](宋)苏轼:《苏轼文集》,中华书局1986年版。
[20](宋)苏轼:《仇池笔记》,影印《文渊阁四库全书》本。
[21](宋)王铚:《默记》,长塘鲍氏刻《知不足斋丛书》本。
[22](宋)魏泰:《临汉隐居诗话》,长塘鲍氏刻《知不足斋丛书》本。
[23](宋)蔡绦:《铁围山丛谈》,长塘鲍氏刻《知不足斋丛书》本。
[24](宋)王巩:《闻见近录》,影印《文渊阁四库全书》本。

[25](宋)王巩:《甲申杂记》,影印《文渊阁四库全书》本。
[26](宋)赵令畤:《侯鲭录》,长塘鲍氏刻《知不足斋丛书》本。
[27](宋)王灼:《碧鸡漫志》,长塘鲍氏刻《知不足斋丛书》本。
[28](宋)马永卿:《懒真子》,影印《文渊阁四库全书》本。
[29](宋)吴可:《藏海诗话》,长塘鲍氏刻《知不足斋丛书》本。
[30](宋)邵伯温:《闻见前录》,影印《文渊阁四库全书》本。
[31](宋)邵博:《闻见后录》,影印《文渊阁四库全书》本。
[32](宋)吴炯:《五总志》,长塘鲍氏刻《知不足斋丛书》本。
[33](宋)费衮:《梁溪漫志》,长塘鲍氏刻《知不足斋丛书》本。
[34](宋)王偁:《东都事略》,影印《文渊阁四库全书》本。
[35](宋)龚明之:《中吴纪闻》,长塘鲍氏刻《知不足斋丛书》本。
[36](宋)朱翌:《猗觉寮杂记》,长塘鲍氏刻《知不足斋丛书》本。
[37](宋)吴曾:《能改斋漫录》,影印《文渊阁四库全书》本。
[38](宋)范成大:《吴船录》,长塘鲍氏刻《知不足斋丛书》本。
[39](宋)孙奕:《示儿编》,长塘鲍氏刻《知不足斋丛书》本。
[40](宋)周煇:《清波杂志》,长塘鲍氏刻《知不足斋丛书》本。
[41](宋)周煇:《清波别志》,长塘鲍氏刻《知不足斋丛书》本。
[42](宋)陈鹄:《耆旧续闻》,长塘鲍氏刻《知不足斋丛书》本。
[43](宋)朱弁:《曲洧旧闻》,《知不足斋丛书》本。
[44](宋)曾敏行:《独醒杂志》,《知不足斋丛书》本。
[45](宋)王楙:《野客丛书》,影印《文渊阁四库全书》本。
[46](宋)韩淲:《涧泉日记》,影印《文渊阁四库全书》本。
[47](宋)陈櫄:《负暄野录》,长塘鲍氏刻《知不足斋丛书》本。
[48](宋)刘昌诗:《芦浦笔记》,长塘鲍氏刻《知不足斋丛书》本。
[49](宋)俞文豹:《吹剑录外集》,长塘鲍氏刻《知不足斋丛书》本。
[50](宋)史绳祖:《学斋占毕》,影印《文渊阁四库全书》本。
[51](宋)叶绍翁:《四朝闻见录》,长塘鲍氏刻《知不足斋丛书》本。
[52](宋)罗大经:《鹤林玉露》,影印《文渊阁四库全书》本。
[53](宋)王应麟、(清)翁元圻等:《全校本困学纪闻》,上海古籍出版社2008年版。
[54](宋)王应麟:《玉海》,江苏古籍出版社1987年版。
[55](宋)周密:《齐东野语》,影印《文渊阁四库全书》本。
[56](宋)李季可:《松窗百说》,长塘鲍氏刻《知不足斋丛书》本。
[57](宋)张世南:《游宦纪闻》,长塘鲍氏刻《知不足斋丛书》本。
[58](宋)周去非:《岭外代答》,长塘鲍氏刻《知不足斋丛书》本。
[59](宋)彭叔夏:《文苑英华辨证》,长塘鲍氏刻《知不足斋丛书》本。
[60](宋)王谠:《唐语林》,影印《文渊阁四库全书》本。
[61](宋)罗愿:《尔雅翼》,影印《文渊阁四库全书》本。
[62](宋)张舜民:《画墁集》,长塘鲍氏刻《知不足斋丛书》本。
[63](宋)沈某:《鬼董》,长塘鲍氏刻《知不足斋丛书》本。

[64]（宋）佚名：《南窗纪谈》，长塘鲍氏刻《知不足斋丛书》本。
[65]（金）刘祁：《归潜志》，长塘鲍氏刻《知不足斋丛书》本。
[66]（元）杨瑀：《山居新话》，长塘鲍氏刻《知不足斋丛书》本。
[67]（元）盛如梓：《庶斋老学丛谈》，长塘鲍氏刻《知不足斋丛书》本。
[68]（元）陈世隆：《北轩笔记》，长塘鲍氏刻《知不足斋丛书》本。
[69]（元）白珽：《湛渊静语》，长塘鲍氏刻《知不足斋丛书》本。
[70]（元）鲜于枢：《困学斋杂录》，长塘鲍氏刻《知不足斋丛书》本。
[71]（元）蒋正子：《山房随笔》，长塘鲍氏刻《知不足斋丛书》本。
[72]（明）方鹏：《责备余谈》，长塘鲍氏刻《知不足斋丛书》本。
[73]（明）霍韬：《渭厓文集》，明万历四年霍与瑕刻本，《四库全书存目丛书》集部第68册，齐鲁书社1995年版。
[74]（明）郎瑛：《七修类稿》，上海书店出版社2001年版。
[75]（明）杨慎：《升庵集》，影印《文渊阁四库全书》本。
[76]（明）周复俊：《全蜀艺文志》，影印《文渊阁四库全书》本。
[77]（明）李时珍：《本草纲目》，人民卫生出版社1982年版。
[78]（明）陈绛：《金罍子》，明万历三十四年陈昱刻本，《四库全书存目丛书》子部第84册，齐鲁书社1995年版。
[79]（明）胡应麟：《少室山房笔丛》，上海书店出版社2001年版。
[80]（明）艾儒略：《职方外纪》，影印《文渊阁四库全书》本。
[81]（明）邝露：《赤雅》，长塘鲍氏刻《知不足斋丛书》本。
[82]（明）陈师：《禅寄笔谈》，明万历二十一年自刻本，《四库全书存目丛书》子部第103册，齐鲁书社1995年版。
[83]（明）许浩：《复斋日记》，涵芬楼影印明刻《历代小史》本，《四库全书存目丛书》子部第239册，齐鲁书社1995年版。
[84]（明）罗日褧：《咸宾录》，中华书局1983年版。
[85]（明）袁袠：《世纬》，长塘鲍氏刻《知不足斋丛书》本。
[86]（清）顾炎武、黄汝成：《日知录集释》，浙江古籍出版社2013年版。
[87]（清）余怀：《板桥杂记》，清康熙刻《说铃》本，《四库全书存目丛书》子部第253册，齐鲁书社1995年版。
[88]（清）吴绮：《扬州鼓吹词序》，清康熙刻《说铃》本。
[89]（清）南怀仁：《坤舆外纪》，清康熙刻《说铃》本。
[90]（清）陆次云：《峒溪纤志》，清康熙二十二年宛羽斋刻《陆云士杂著》本，《四库全书存目丛书》史部第256册，齐鲁书社1995年版。
[91]（清）陆次云：《八纮译史》，清康熙二十二年宛羽斋刻《陆云士杂著》本，《四库全书存目丛书》史部第256册，齐鲁书社1995年版。
[92]（清）陆次云：《湖壖杂纪》，清康熙二十二年宛羽斋刻《陆云士杂著》本，《四库全书存目丛书》史部第249册，齐鲁书社1995年版。
[93]（清）赵吉士：《寄园寄所寄》，黄山书社2008年版。
[94]（清）王士禛：《陇蜀余闻》，清康熙王氏家刻本，《四库全书存目丛书》子部第245

册，齐鲁书社 1995 年版。
[95]（清）劳大舆：《瓯江逸志》，清康熙刻《说铃》本，《四库全书存目丛书》史部第 249 册，齐鲁书社 1995 年版。
[96]（清）陈鼎：《滇黔土司婚礼记》，长塘鲍氏刻《知不足斋丛书》本。
[97]（清）爱新觉罗·玄烨：《圣祖仁皇帝御制文集》，影印《文渊阁四库全书》本。
[98]（清）江永：《群经补义》，影印《文渊阁四库全书》本。
[99]（清）杭世骏：《诸史然疑》，长塘鲍氏刻《知不足斋丛书》本。
[100]（清）陈鱣：《简庄疏记》，《丛书集成续编》本。
[101]（清）常明等：《（嘉庆）四川通志》，《中国地方志集成·省志辑》，凤凰出版社 2011 年版。
[102]（清）文良等：《（同治）嘉定府志》，《中国地方志集成·四川府县志辑》，巴蜀书社 1992 年版。
[103]（清）卢秉钧：《红杏山房闻见随笔》，清光绪卢氏家塾刻本，《四库未收书辑刊》第 9 辑第 15 册，北京出版社 1997 年版。
[104]周祖谟：《尔雅校笺》，云南人民出版社 2004 年版。

后　记

2007 年秋，我南下武昌，来到珞珈山旁的武汉大学。

自小生活在豫北平原的我，是没有见过什么山的，于是珞珈山成了我生命中的第一座山。珞珈山的美，是众所周知的。春樱夏桂，秋枫冬梅，珞珈山一年四季都是花草树木的世界。再加上那古朴典雅的建筑——雄壮巍峨的老图书馆、依山而建的老斋舍……简直就是绝配。建筑的稳重与花木的张扬，得到了完美的融合，动静之间，相得益彰。以往被人问到为何还没从武大毕业时，我常回答说："珞珈山太美，我舍不得离开。"

珞珈山还是个求知的圣地。本科期间，我就读于哲学学院国学专业。在这里，我开始进入一个全新的知识世界，接受中国传统学术研究的正规训练。国学专业由现任国学院院长郭齐勇教授等人创建，它整合文史哲三院师资，采取小班授课，以研读传统经典为主。当时开设的课程有郭齐勇教授的《四书》课、吴根友教授的《老子》课、丁四新教授的《庄子》课、陈伟教授的《国语》课、徐少华教授的《汉书》课、曹建国教授的《诗经》课、谢贵安教授的"国学通论"、聂长顺教授的"中国通史"等，这些课都让我有如沐春风之感！

真正将我领进学术研究之门的，是我的导师司马朝军教授。

我与司马老师相识于 2008 年的秋天。那时候我刚读大二，在"《四库全书》与中国文化"的通识课上第一次见到了司马老师。听了几次课后，我开始关注司马老师关于四库学的研究，在翻阅了他的《〈四库全书总目〉研究》、《〈四库全书总目〉编纂考》之后，更是为其扎实的学术功底折服。后来得知他也是国学班的兼职老师，于是在某次课后，我向他作了自我介绍，表示希望今后能多多向他请教。司马老师爽快地答应了，并耐心指导我在本科期间应如何读书，如何为今后的学术研究打下坚实基础。就这样，在那个层林尽染的秋天，我与司马老师开始了珞珈山上的师生之缘。

2011 年，我本科毕业后，考入国学院硕士班，正式师从司马老师攻读硕士学位。之后，司马老师让我关注文献辨伪学，并指定以《子华子》为研究对象，写作硕士学位论文。在他的指导下，我的硕士论文《〈子华子〉研究》得以顺利完成，并以全优的成绩通过答辩。2013 年，我硕士毕业后，从国学院转战中国传统文化研究中心，继续师从司马老师攻读历史学博士学位。现在，我正以“《四库全书总目》儒家类研究”为题，展开博士论文的写作。回顾珞珈山求学的这些岁月，司马老师在指导我读书、治学方面，实在是倾注了不少心血，“良师”之称，当之无愧。

《论语》曰：“子温而厉，威而不猛，恭而安。”此语同样可作司马老师之写照。硕士阶段快结束时，对于写作期刊论文，我还是不得其门而入，并颇有眼高手低之病。司马老师对此多有批评，并提出了许多具体可行的解决方案。在下了一番苦功之后，我逐渐对撰写学术论文有了心得体会，并有所突破，先后发表了一些文章。而这些都与司马老师对我的严格要求和一次次的耳提面命密不可分，或许那一篇篇朱墨满纸的论文修改稿就是最好的见证吧。我很庆幸，在我初入学术之门时，能遇到这样一位既严格要求又极度负责的良师，这必将使我终生受益。我同样很庆幸，在那段“寒彻骨”的岁月里，我坚持了下来，没有退缩，也没有逃避。

眼前的这本《〈红杏山房闻见随笔〉辨伪》，如果说还有些学术价值的话，那多半要归功于司马老师这么多年的谆谆教诲。当然，书中肯定仍不免有许多失误之处，那只能怪我自己学艺不精，有辱师门了。

其实，写这本《〈红杏山房闻见随笔〉辨伪》是一件很偶然的事情。司马老师为我规划博士阶段研究计划时，曾拟让我以顾炎武学术为对象，展开博士论文前期准备，我的主要任务是完成《日知录汇校集释》的初稿，并定期撰写学术论文。2014 年 4 月，我以“顾炎武学术史研究”为题，申请了武汉大学博士生自主科研重点项目。为此，司马老师还专门成立了由硕士生、博士生组成的“《日知录》读书班”，每周日上午在珞珈山十八栋别墅 6 号楼国学院举行读书会，由我诵读并讲解，大家讨论，最后由司马老师点评。在做《日知录汇校集释》期间，我从“中国基本古籍库”中检索材料，发现《红杏山房闻见随笔》中很多条目与《日知录》极为相似，并且都没有注明文献来源。凭着对伪书的敏感，我检索了书中的其他一些条目，发现其中不少条目与其他古书也有雷同。在我将这一情况向司马老师汇报之后，他认为有必要对此书进行全面清理，以确定书中抄袭他书的具体条目与数量。就这样，我暂时全力投入到对《随笔》的辨伪之中。在完成初步的检索之后，尚有近 200 条未能查明抄袭来源，司马老师就让我进一步扩大搜索范围，并翻阅一些可能相关的典籍。又经历了一番“上穷碧落下黄泉”的辛苦爬梳，我才勉强拿出了本书的初稿，全书 908 条，仅剩 6 条未能查明来源。

去年秋，司马老师主持的国家社科基金项目“文献辨伪新探”申请结项，将《〈红杏山房闻见随笔〉辨伪》作为成果之一参与评审，现已顺利结项。司马老师又将本书纳入其“辨伪研究书系”，与武汉大学出版社签订出版合同，并得到湖北省出版基金重点项目资助，这才使本书得以出版。司马老师对我的关爱、提携，我将永远铭记于心。

最后，我还要感谢我的父母、弟弟。我的父母都是最普通的农民，或许他们并不清楚我所谓的学术到底是什么，但他们相信我的选择，尊重我的决定。在这近十年的时间里，我固执地选择从本科一路读到博士，而他们对此毫无怨言。他们在经济上尽量满足我的需求，使我不致于生活窘迫；他们很少为了家里的琐事打扰我，只是为了让我能有更多的时间安心读书。对父母的感恩，用言语表达，总会显得苍白，但我仍要对他们说一句：感谢这么多年来你们对我的支持和付出、信任和包容，我会用行动证明这一切都是值得的！我的弟弟现在已经成家立业，在家里多由他照应父母，而我一直在学校忙于学业，未能尽到自己应尽的责任，每念及此，甚为愧疚！

王献松
2016年5月4日定稿
于武昌珞珈山

补记

2016年上半年，本书书稿虽已基本处理完毕，但我当时忙于撰写博士论文、寻找工作单位等事，无暇分心，未能再将书稿细心校读一遍，所以一直拖着未正式出版。2017年6月，我从武汉大学中国传统文化研究中心博士毕业，进入安徽大学徽学研究中心从事专职科研工作，才有余暇将书稿再通校一遍，但因琐事缠身，校读进度并不快，断断续续又过了半年多，才算正式完工。转眼之间，将近两年的时间又过去了。古人有云："校书如拂几上尘，旋拂旋生。"书中肯定还有未能校正之处，希望各位专家学者批评指正。

在本书即将出版之际，我的导师司马朝军教授又欣然赐序，不胜感激。在本书的出版过程中，朱凌云、韩秋婷两位编辑付出了辛勤的劳动，校正了书中的许多错误，在此表示感谢。

王献松
2018年3月10日
于安徽大学磬苑校区蕙园寓所